谨以此书献给

为江西高速公路发展事业作出贡献的决策者、建设者、管理者

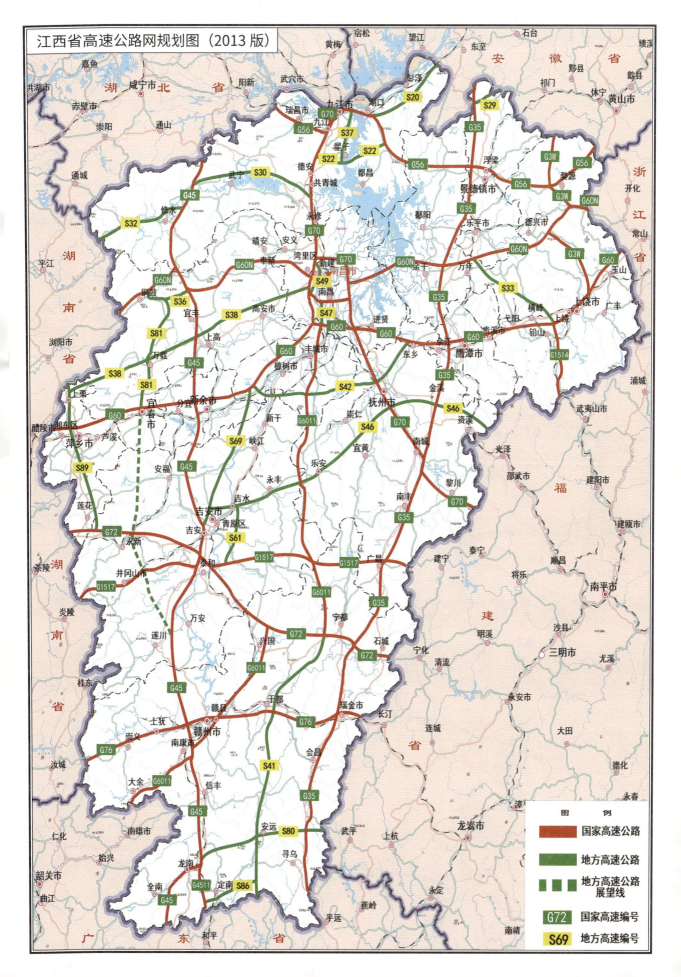

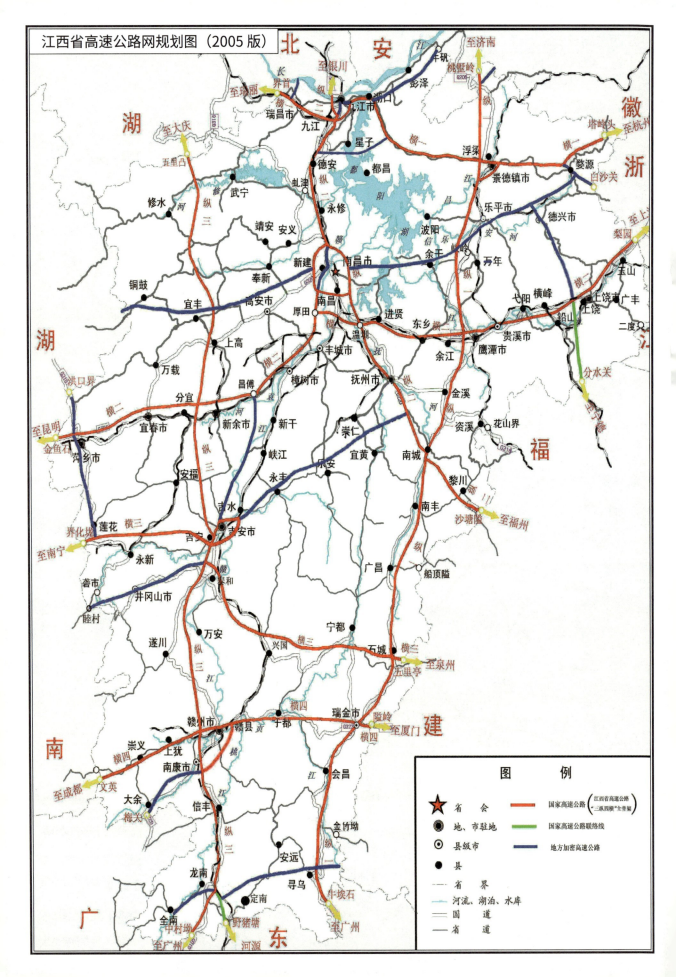

图1 2008年1月20日，武吉高速公路建成通车，全省高速公路通车里程突破2000公里

图2 2010年9月16日，江西高速公路通车里程突破3000公里

图3 2016年1月13日,江西高速公路通车里程突破5000公里

图4 2017年1月4日,江西高速公路通车里程基本建成6000公里

Record of Expressway Construction in
Jiangxi

图4 江西第一条高速公路——昌九高速公路

图5 江西第二条也是首条实施"四改八"工程的高速公路——南昌至樟树高速公路

图6 江西首条通往机场的高速公路——南昌昌北机场高速公路

图7 九江至景德镇高速公路上的鄱阳湖大桥

图8 梨园至温家圳高速公路打通长三角大通道

图9 第一条由地方政府建设的赣州至定南高速公路

图10 通往福建的温家圳至沙塘隘高速公路

图11 通往中西部的昌傅至金鱼石高速公路

Record of Expressway Construction in
Jiangxi

图12 江西第一条旅游高速公路——泰和至井冈山高速公路

图13 江西第一条获得詹天佑奖的高速公路——景德镇至婺源至安徽黄山高速公路

江西
高速公路建设实录

图14　江西第一条六车道高速公路——南昌东绕城乐化至温家圳高速公路

图15　江西一次性开工建设里程最长的高速公路——鹰潭至瑞金高速公路

Record of Expressway Construction in
Jiangxi

图16 通往湖北的武宁至吉安高速公路

图17 九江长江二桥项目荣获"中国建设工程鲁班奖"

图18 连接东西的赣州至崇义高速公路

Record of Expressway Construction in
Jiangxi

图19 江西第一个试行项目管理与工程监理体化的项目
——井冈山至睦村高速公路

图20 全国"十二五"首批交通科技示范工程
——永修至武宁高速公路

图21 江西和湖南之间又一快速通道
——南昌至上栗高速公路

江西
高速公路建设实录

图22 昌宁高速公路路基施工

图23 武吉高速公路隧道施工

图24 赣崇高速公路桥梁施工

图25 江西高速公路积极推进公路 ETC（不停车收费系统）

图26 高速公路养护作业

图27 "微笑映山红"荣获交通运输十大文化品牌

图28 江西高速公路文化建设方兴未艾

"十三五"国家重点图书出版规划项目

中 国 高 速 公 路 建 设 实 录

Record of Expressway Construction in
Jiangxi

江　西
高速公路
建设实录

江西省交通运输厅

内 容 提 要

本书是《中国高速公路建设实录》系列丛书之江西卷,全书共八章,分别为:公路建设及运输发展情况,高速公路建设发展,高速公路建设项目,高速公路建设管理,高速公路运营管理,高速公路科技创新,人物、先进集体,高速公路文化;结尾附有江西高速公路建设大事记。

本书全面系统总结了江西省高速公路建设发展成就,详细记述了高速公路建设过程中的项目建设实情、管理经验、科技创新及文化传承,具有很强的史料价值,可供交通运输建设行业相关人员阅读、学习与查询参考。

图书在版编目(CIP)数据

江西高速公路建设实录/江西省交通运输厅组织编写.—北京:人民交通出版社股份有限公司,2018.9
 ISBN 978-7-114-14833-0

Ⅰ.①江… Ⅱ.①江… Ⅲ.①高速公路—道路建设—江西 Ⅳ.①U412.36

中国版本图书馆 CIP 数据核字(2018)第 137616 号

"十三五"国家重点图书出版规划项目
中国高速公路建设实录

书　　名:	江西高速公路建设实录
著　作　者:	江西省交通运输厅
责任编辑:	刘永超　周　宇　黎小东
责任校对:	宿秀英
责任印制:	张　凯
出版发行:	人民交通出版社股份有限公司
地　　址:	(100011)北京市朝阳区安定门外外馆斜街 3 号
网　　址:	http://www.ccpress.com.cn
销售电话:	(010)59757973
总　经　销:	人民交通出版社股份有限公司发行部
经　　销:	各地新华书店
印　　刷:	北京雅昌艺术印刷有限公司
开　　本:	787×1092　1/16
印　　张:	42.25
字　　数:	848 千
版　　次:	2018 年 9 月　第 1 版
印　　次:	2018 年 9 月　第 1 次印刷
书　　号:	ISBN 978-7-114-14833-0
定　　价:	320.00 元

(有印刷、装订质量问题的图书,由本公司负责调换)

《江西高速公路建设实录》
编 委 会

主　　　任：王爱和

常务副主任：胡钊芳

副　主　任：王昭春　　王江军

成　　　员：熊华武　　张建明　　朱　晗　　陈玉书

　　　　　　秦小辉　　蔡建新　　胡建强　　糜向荣

　　　　　　熊昌军　　彭辉勇　　冯义卿　　黄　强

　　　　　　邝宏柱　　刘学斌　　郭　昌　　徐华兴

　　　　　　李　坪　　王垒嘉　　高东升　　万杰兵

　　　　　　颜庆华　　张　伟　　刘光锌　　胡　烈

《江西高速公路建设实录》
编 辑 部

主　编：李国峰

副主编：王林水　邓振胜

编　辑：邓振胜　黄自强　陈海明　彭益民　陈明中

　　　　何战鏖　游小荣　李　强　毛　涛

《江西高速公路建设实录》编辑人员分工

彩页	王林水	游小荣
概述	王林水	陈海明
第一章 公路建设及运输发展情况	陈海明	毛　涛
第二章 高速公路建设发展	邓振胜	何战鏖
第三章 高速公路建设项目	邓振胜	李　强
第四章 高速公路建设管理	黄自强	
第五章 高速公路运营管理	黄自强	
第六章 高速公路科技创新	彭益民	
第七章 人物、先进集体	游小荣	
第八章 高速公路文化	陈明中	
附录　江西高速公路建设大事记	彭益民	
后记	邓振胜	

《江西高速公路建设实录》
主审、主笔名单

邝宏柱　万益春　吴小文　杜岩伟　朱　革

李　鹏　黄　云　夏为卿　毛　涛　龚莉萍

陈　翔　陈　晨　陈　菁　陈玉龙　刘红芳

陈　丹　杨霞燕　童冬林　李玉英　陈志光

陈　明　王　硕　徐华兴　赵　宇　郭十亿

廖　磊　杨　曦　何爱鹏　练崇田　李　强

卢世军　郭　萍　李　竞　高　梅　朱　莘

彭　明　吴敏杰　刘　卫　林为群　周　鹏

江西省地处中国中部偏东南,长江中下游南岸,古称"吴头楚尾,粤户闽庭",乃"形胜之区",东邻浙江、福建,南连广东,西靠湖南,北毗湖北、安徽,为我国内陆地区唯一直接连通长江三角洲、珠江三角洲和闽南三角地区的交通要道省份。20世纪80年代,与东南沿海省市相比,江西总体经济处于相对落后地位。为尽快缩小与发达地区的差距,省委、省政府审时度势、果断决策,交通部门应势而动、缜密论证,提出了高速公路建设"北上南下、东拓西进"的战略构想,拉开了江西高速公路建设的帷幕。

弹指一挥间,江西省高速公路发展已走过28个春秋。

这28年,江西交通人在省委、省政府和交通运输部的正确领导下,勇立潮头、扬帆击浪,用改革发展这支如椽巨笔,写下了高速公路历史上灿烂夺目的篇章。

从1989年昌九高速公路开工建设以来,我省共投入资金2400多亿元,建成了61条5908公里高速公路,打通28条出省通道,基本形成"四纵六横八射十七联"高速公路网,创造了令人瞩目的"江西速度"。特别是近年来平均每2年建成1000公里,实现了从2010年突破3000公里,2012年突破4000公里,2014年实现县县通高速,2015年突破5000公里,到2016年底基本实现6000公里的"五级连跳"。通车里程占全国的4.5%,路网密度、全省每万人平均拥有高速公路里程分别为全国平均水平的2.5倍、1.4倍。江西高速公路的快速发展,大大缩短了各市县的空间距离,基本形成了省会到设区市3小时、到周边省会城市5小时的经济圈,有力地提升了江西的区位优势,加强了中部地区与全国的交通联系,为江西全面融入"一带一路"建设、长江经济带发展等国家战略,推动全省经济社会发展、服务百姓出行发挥了重要的支撑保障作用。

这28年，江西交通人顽强拼搏、锐意进取、改革创新，以高质量造福社会，高标准服务百姓，高效益共享成果，高水平创造价值，实现了高速公路发展速度和发展效益的有机统一。

以改革创新为动力，不断探索建设管理新模式。在全国率先实行主体工程全过程电子化招标，率先开展"代建+监理一体化"、改进传统监理等5种建管模式改革试点，相关经验和成果得到交通运输部的充分肯定。创新农民工工资管理，实现农民工工资零拖欠、零投诉、零上访，在2016年于南昌举行的全国社会治安综合治理创新会议上作为创新经验在全国推广。以质量安全为生命线，狠抓标准化管理，打造出一批精品工程。景婺黄（常）高速公路荣获"詹天佑奖"；九江长江公路二桥列居世界斜拉桥第7位，荣获"鲁班奖"和"詹天佑奖"。全面推广标准化养护和精细化管理，在"十一五""十二五"的全国干线公路养护管理大检查中，连续两次取得了全国排名第六的优异成绩。以服务驾乘为根本，打造出"微笑映山红""巾帼鹰西"等一批全国知名高速公路收费服务品牌，以及庐山、龙虎山等一批全国百佳示范服务区。

这28年，江西交通人攻坚克难、砥砺奋进、勇攀高峰，一路披荆斩棘，全程奋进突围，充分展示了特别能吃苦、特别能战斗、特别能奉献的精神风貌。

以大无畏精神破解施工难题，面对超长的雨水天气、复杂的地质条件、极大的施工难度，全体参建人员凝神聚力，倒排工期，挂图作战，抢晴战雨、抢日争时，确保了项目建设的顺利建成。以不等不靠、主动作为精神破解用地难题，主动与相关部门加强沟通、形成合力，前盯后跟、既催又保，通过争取各类国家用地指标、交通战备公路用地指标，有力地保证了项目建设用地。全力破解融资难题，最大限度地争取到部省政策和资金支持；支持省高速公路投资集团创新融资方式，通过发行中期票据、组建银团贷款等开展融资，有力保证了项目建设资金。全力确解施工组织难题，昌樟高速公路在交通组织、农民工工资管理、建设施工三大领域实现突破创新，交通组织在全国首创"边通行、边施工"先例。

盛世修史、明时修志。编撰出版这本实录，目的就是通过翔实的资料和数据，记录江西高速公路从无到有、从小到大的发展历程和方方面面取得的丰硕成果；回答江西高速公路为什么能实现跨越式发展，怎么实现跨越式发展；展示江西高速公路建设发生的翻天覆地变化，给经济社会发展带来的翻天覆地变化，给老百姓生产生活带来的翻天覆地变化，为今后高速公路发展以及交通运输发展提供借鉴和指导。

　　当前,江西交通运输事业正处在转型升级、持续发展的黄金时期,省第十四次党代会擘画了"决胜全面建成小康社会,建设富裕美丽幸福江西"的美好愿景。我们将认真贯彻落实省委、省政府和交通运输部的决策部署,进一步增强政治自觉、思想自觉和行动自觉,紧紧围绕全省经济社会发展大局,坚持适度超前、率先作为,充分发挥交通基础设施建设的投资拉动和先行引领作用,以勇于改革、敢于担当的开拓精神,奋发有为、迎难而上的精神状态,只争朝夕、奋勇争先的干事激情,加快推进高速公路提质升级工程,大力建设国省干路、农村公路和水运航道,早日建成互联互通大网络、综合立体大枢纽、多式联运大通道,为决胜全面建成小康社会、建设富裕美丽幸福江西提供坚强保障。

江西省交通运输厅党委书记、厅长　王爱和

2017 年 12 月

编辑说明

一、江西高速公路建设自1989年始至2017年已经28年,建成高速公路6000km。为了总结高速公路的发展理念、管理制度、技术政策、建设实践等各个方面的规律性成果,在交通运输部的领导和具体指导下,江西省交通运输厅决定编撰《江西高速公路建设实录》,全面系统地梳理相关史料,原原本本地记录这段历史,为社会、为交通以后的发展提供有益的经验和借鉴。同时,总结高速公路建设对经济社会的重大推动作用,彰显中国特色社会主义制度的优越性,树立在新时期、新阶段的道路自信、理论自信、制度自信、文化自信,有着现实和历史价值。

二、编撰目的。全面、客观、准确记述江西高速公路建设的历史进程、成就经验、工程技术、建设规范、资金筹措、党的建设、精神文明和职工精神风貌等,以及全省高速公路建设取得的巨大成就,激发全省交通运输系统干部职工爱岗敬业热情,更加勤奋努力工作,全面推动江西交通运输事业升级提速。

三、本书时间断限为1989年至2017年。

四、本书基本结构。由编辑说明、图照、文字内容、统计表、附录、索引等组成。正文主体依次为序言、概述、公路建设和运输发展情况、高速公路建设发展、高速公路建设项目、高速公路建设管理、高速公路营运管理、高速公路科技创新、人物和先进集体、高速公路文化、大事记等部分组成。以横为主,纵横结合。以记述体为主,加适量的描述和议论。力求记事准确、结构严谨、归属得当、层次分明、排列有序。

五、本书除引用文字外,均采用规范的语体文,使用标准的简化字,以国家语言文字工作委员会正式发布的简化字为准。

六、本书采用第三人称记述,人物直书其名,必要时冠以职务;地名,以现行标准地名为准;过繁的名称,首次出现时使用全称、之后用简称。涉及外国人名、地名、机构名及术语译名,均以现行的通用译名为准,必要时括注外文字母。

七、本书设先进人物与先进集体。人物分人物传、人物简介、人物表。入传者是对高速公路建设贡献卓著的人物,按照卒年为序;人物简介收录的是对高速公路建设有突出贡献的健在的劳动模范,按照生年为序;人物表中的人物以任职时间为序。

八、本书资料来源。除交通运输厅规划统计处、基建处提供的统计数据外,由厅其他处室、厅直属单位省公路局、省高速集团、规划办、设计院、交通工会,以及南昌交通运输局、上饶交通运输局、赣州交通运输局、各高速公路项目办提供。

目录 Contents

概述	1
第一章　公路建设及运输发展情况	11
第二章　高速公路建设发展	28
第一节　高速公路线路	28
第二节　高速公路桥梁建设	38
第三节　高速公路隧道建设	47
第四节　高速公路服务区建设	53
第五节　高速公路机电工程建设	62
第六节　高速公路养护	70
第七节　高速公路勘测设计	84
第八节　高速公路建设规划	124
第三章　高速公路建设项目	134
第一节　"九五"计划时期建成的项目	134
第二节　"十五"计划时期建成的项目	156
第三节　"十一五"计划时期建成的项目	188
第四节　"十二五"规划时期建成的项目	236
第五节　"十三五"规划时期建成的项目	314
第四章　高速公路建设管理	371
第一节　法律法规、部门规章制度	372
第二节　项目管理制度	377
第三节　财务管理	390
第四节　投融资管理	393
第五节　企业管理	399
第六节　建设质量监督管理	406

第五章	高速公路运营管理	411
第一节	高速公路收费管理	411
第二节	高速公路联网管理	438
第三节	高速公路经营管理	442
第六章	高速公路科技创新	455
第一节	公路科技	456
第二节	桥梁隧道科技	476
第三节	科技成果	492
第七章	人物、先进集体	527
第一节	人物传略	527
第二节	人物简介、人物表	529
第三节	先进单位、先进集体	541
第四节	获奖项目	546
第八章	高速公路文化	548
第一节	诗歌	549
第二节	文艺会演	570
第三节	体育运动	577
第四节	摄影、摄影作品	590
第五节	书法	617
附录	江西高速公路建设大事记	625
后记		640

概 述

一

江西,地处长江中下游南岸,古称"吴头楚尾,粤户闽庭",乃"形胜之区",东邻浙江、福建,南连广东,西靠湖南,北毗湖北、安徽而共接长江,为长江三角洲、珠江三角洲和海峡西岸经济区的腹地,区位优势独特。优越的地理位置为江西高速公路的发展创造有利条件。

江西作为内陆省份,改革开放之初,交通的滞后严重影响了江西经济的发展。1996年以前江西最好的路是二级公路,105国道、320国道组成"十"字公路主网架,承担着南来北往的交通重任,其24小时饱和通行能力仅为7000辆,但平时这两条路的通行量在10000辆以上,高峰时局部路段达到18000辆,不少路段拥堵严重。迫切需要快捷的高速通道来承东启西,连南通北。

"交通兴则江西兴",这是发展的要求、是时代的呼唤、是老区人民最深情的夙愿。面对机遇和挑战,江西省委、省政府紧紧围绕全省经济社会发展大局的需要,大力推进基础设施建设,将加快推进高速公路建设作为基础设施建设工作的重中之重。

1989年7月28日,江西省第一条全封闭、全立交的高等级公路——南昌至九江一级汽车专用公路开工建设,拉开全省高等级公路建设的序幕。设计速度100km/h,路基宽度24.5m(其中德安乌石门、通远铁门坎路段路基宽度18m),全线里程101.099km(蛟桥至十里铺)。共分单幅、南端连接线和第二幅及北端连接线三期建设。一期工程为新建南昌市北郊蛟桥镇至九江市十里铺的两车道汽车专用公路,是国家第四批利用世界银行贷款修建的公路项目,也是国家"七五"交通规划期间的重点工程,1989年7月动工兴建,1993年1月18日建成通车。二期工程为南端连接线工程,即南昌大桥至蛟桥段的四车道高速公路,1992年下半年开工,1994年2月建成通车。三期工程为拓宽南昌蛟桥至九江十里铺路段至四车道,同时新建十里铺至九江长江大桥的四车道连接线工程,1994年3月动工,1996年1月建成。至此,全封闭、全立交、双向四车道的昌九高速公路全面建成通车。

此后,江西高速公路进入快速发展时期,而且发展速度越来越快。近30年来,全省共建成61条、5908km高速公路,创造令人瞩目的"江西速度":

第一个1000km建设期十五年(1989—2004年)。建成南昌至九江、南昌至樟树、樟树至昌傅、昌傅至赣州、赣州至定南、梨园至温家圳、温家圳至厚田、九江至景德镇、昌北机场高速公路等项目,总计1065km,总投资200亿元,平均每公里造价1880万元。

第二个1000km建设期四年(2005—2008年)。建成景婺黄(常)、景德镇至鹰潭、南昌西外环、乐化至温家圳、温家圳至沙塘隘、昌傅至金鱼石、泰和至井冈山、赣州城西、南康至大余、武宁至吉安等高速公路项目,累计达2317km,总投资451亿元,平均每公里造价3602万元。

第三个1000km建设期两年(2009—2010年)。建成彭泽至湖口、鹰潭至瑞金、瑞金至赣州、赣州绕城、石城至吉安等高速公路项目,累计达3043km,总投资328亿元,平均每公里造价4524万元。

第四个1000km建设期两年(2011—2012年)。建成九江至瑞昌、祁门至浮梁、永修至武宁、德兴至南昌、南昌至奉新、奉新至铜鼓、德兴至上饶、上饶至武夷山、抚州至吉安、吉安至莲花、隘岭至瑞金、瑞金至寻乌、赣州至崇义、龙南里仁至杨村等高速公路项目,累计达4260km,总投资664亿元,平均每公里造价5452万元。

第五个1000km建设期三年(2013—2015年)。建成九江长江公路大桥、井冈山至睦村、万载至宜春、九江绕城、萍乡至洪口界、寻乌至全南、都昌至九江高速公路星子至九江段、金溪至抚州、南昌至宁都、南昌至上栗等高速公路项目,全省高速公路通车里程突破5000km,出省高速公路通道达24条,其中通往安徽省4条、浙江省2条、福建省5条、广东省4条、湖南省6条、湖北省3条。

第六个1000km于2016年底前基本实现。为认真贯彻省委十三届七次全会提出的"发展升级、小康提速、绿色崛起、实干兴赣"的十六字方针,2013年底省交通运输厅在深入调研、充分论证的基础上,决定加快推进高速公路升级提速,尽快建成"纵贯南北、横跨东西、覆盖全省、连接周边"的高速公路网。主要目标是:"两步并作一步走,6000km大提速。"将原计划到2020年建成6000km的目标提前到2016年底前基本实现,七年的任务三年半完成。

至2017年1月,江西高速公路通车里程达到5908km,改扩建里程97km,基本建成6000km,通车里程位居全国第7,打通28条出省通道,是全国继河南、辽宁后第三个实现全省县县通高速公路的省份,构建南昌到设区市省内3小时、到周边省会省际5小时的经济圈,"纵贯南北、横跨东西、覆盖全省、连接周边"的高速公路网基本形成。

二

江西高速公路建设把生态环保作为重要标准,将生态环保理念贯穿于高速公路建设的全过程。在设计上顺应自然、生态优先,在施工中做到"三不五隐蔽"(不大挖大填,不砍风景林、名贵树木和古樟树,不扰乱山洪水系;取土场、弃土场、采石场、拌和楼、建筑垃圾要隐蔽),"施工不流土,竣工不露土",建设一处、绿化一处、施工一片、恢复一片,打造了一条条蜿蜒于青山绿水之中的生态景观路。温沙高速公路率先将公路建设同自然、人文景观、生态环保紧密结合,树立人文、生态景观高速公路品牌。景婺黄(常)高速公路作为交通部首批典型示范工程创造出原生态带绿施工的典型经验。永武项目成为全国"十二五"第一条科技示范路,庐山西海绿色安全交通示范工程通过交通运输部验收,昌樟高速公路改扩建项目被交通运输部评为绿色交通优秀示范项目,广吉高速公路被列为绿色公路典型示范项目。

在高速公路建设过程中,江西交通部门创新项目建设管理模式。乐温高速公路实现填沙路基节约土地资源、软土地基处理、桥梁分隔带绿化防眩、"邮递直通车"阳光支付新突破。总结完善昌宁、昌栗高速公路电子化招标经验,在全国率先开展交通重点工程全过程电子招标工作,得到交通运输部的充分肯定。在2013年制定招投标、设计变更、信用评价、从业资质审查、高速公路连接线管理5项制度"管牢手脚,关住权力"的基础上,"重心下移,触角延伸",制定施工分包、施工图审查、项目机构设置、项目机构考核评价、项目人员津补贴标准5项制度,得到省领导的充分肯定。深化项目管理体制机制改革。2014年开始,针对工程建设监管等权力运行方面存在的问题,江西在公路重点工程招投标中全过程采用电子招标交易系统,做到项目建设前期工作、招标投标、财务管理、政治监察和工程技术管理"五统一",努力做到"把权力关进制度的笼子里"。经过向交通运输部积极争取,江西成为全国公路建设管理体制改革试点省份之一。在都九高速公路都昌至星子段、上万、宁安等项目实施"自管模式""改进传统监理""代建+监理一体化"三种建管模式试点。在安定、上万项目试点"机电工程设计、施工、维护总承包",在宁安项目试点"房建工程设计+施工监理一体化"模式。通过建管模式改革,试点项目的各方职责更为清晰、机构更加优化,改革试点工作走在全国前列。昌樟改扩建工程创建农民工工资管理试点,在国内首创工程项目农民工工资管理网络监管信息平台,2013年12月被江西省政法委推广,受到中央领导和省领导的肯定,在2016年全国综治"南昌会议"上,作为创新经验在全国推广。

高速公路的科技化水平不断提升。九景高速公路鄱阳湖大桥创造了全国大小不对称塔同类斜拉桥跨径之最、全国最早采用冻结法工艺进行特大桥水下桩基施工、全国最大孔径为5m的钻孔灌注桩三个"全国之最"。景婺黄高速公路荣获工程建设领域最高奖项"詹天佑奖"。九江长江公路大桥主桥跨径818m，位居世界斜拉桥第7位，创造了不对称斜拉桥跨径第一等四个世界之最，标志着江西省公路桥梁建设水平跻身世界先进行列，继2015年获得"中国建设工程鲁班奖"后，2017年又获得了第十四届"中国土木工程詹天佑奖"。井睦高速公路项目建成全省最长公路隧道井冈山隧道，并在国内第一个试行项目监管一体化和设计施工总承包组合模式，开创全国高速公路建设的建管新模式。吉莲高速公路永莲隧道克服特别复杂的地质条件、极大地处治难度和极高的施工风险等罕见施工难度，顺利完工。昌樟"四改八"项目作为江西省第一个高速公路改扩建工程，全国首创"边通行、边施工"先例，在车道不封闭、车辆不分流，保障四车道通行的情况下，圆满实现"保安全、保畅通、保施工"，为全省今后实施高速公路扩容改造积累有益经验。

三

高速公路建设是资金投入巨大的工程，筹集资金是关键。为解决公路建设资金，国家先后出台多项政策，江西交通系统不断开拓创新，在公路建设投融资体制上闯出了一条新路，形成"国家投资、地方筹资、社会融资、利用外资"的投融资机制。

积极创新投融资模式。2000年5月，江西公路行业第一家上市公司——赣粤高速1.2亿元A投在上海证券交易所上市，募集资金13.2亿元。其中6.5亿元用于收购江西高速公路投资发展(控股)有限公司所持有的江西昌樟高速公路有限公司70%的股权，投资4.6亿元合资建设赣粤高速公路向南延伸段——胡傅高速公路，持有其70%的股权。之后，赣粤高速以高速公路经营管理为依托，突出主业，稳健经营，规范运作，合理充分地运用资本市场工具，在资本市场树立良好的市场形象和优良的融资品牌，全面实现国有资产保值增值目标和经济社会效益的稳步增长。

2009年11月28日，江西省高速公路投资集团有限责任公司(以下简称省高速集团)经江西省人民政府批准正式成立，并于2010年1月1日正式开始运作。省高速集团是在江西高速公路投资发展(控股)有限公司的基础上，成功整合省属高速公路管理单位，组建成立的负责省属高速公路投资、建设、经营等工作的国有独资有限责任公司。省高速集团，受省交通运输厅委托，统一管理省政府授权范围内由省交通运输厅投资的经营性高速公路，维护省交通运输厅作为出资人代表的各项权益；运用集团公司资产在资本市场进行融资活动，筹集资金投资高速公路及其他项目的建设和开发，实现滚动发展；通过多种资本运作方式盘活高速公路资产，实行规模化经营、市场化运作，确保国有资产保值增值，打造资产规模大、融资能力强、管理水平高的高速公路产业集团。2012年6月15日,省人民政府印发赣府字〔2012〕49号文件批复同意《省交通运输厅收费还贷高速公路资产和负债移交管理及运作方案》。昌金、温沙、乐温、景婺黄、武吉、泰赣、瑞赣、鹰瑞、石吉、赣州城西段、隘瑞、永武、机场和赣崇共计14条收费还贷高速公路和省高等级公路管理局赣州管理处、省公路管理局沪瑞高速公路昌金管理处、大广高速公路武吉管理处、京福高速公路温沙管理处、景婺黄高速公路管理处5个管理处移交至省高速集团管理及运作。省高速集团成立后,面对外部融资环境恶劣,以及建设任务重、资产基础薄、抵押资源无、营业收入低等不利情况,制定并实施"北上广战略""总部战略""直接融资战略"等,通过拓宽融资渠道,扩大融资规模。北上广战略就是在北京、上海、广州开拓与省外数十家金融机构合作,引入省外资金。总部战略就是主动拜访金融机构总部,在各大金融机构总部的支持下,先后创造国内首批发行短期融资券、首批发行国内最低利率债券、首家发行定向工具地方企业、首获七折优惠利率贷款、首支半年期基础利率贷款、首家发行地方企业超短期融资券六项全国第一,在资本市场中逐步树立良好形象。直接融资降低融资成本,优化资本结构。省高速集团自成立以来,共融资2600多亿元,银行贷款和融资创新各占一半的规模。

同时用足用好各项政策。通过项目争取国家补助,积极争取世界银行、亚洲开发银行贷款用于重大项目建设。盘活收费还贷高速公路存量资产,通过资产注入收回部、省投资,撬动银行贷款,为新开工项目筹集资本金提供支持。加强高速通行费征收和管理。从2013年4月1日零时起,为进一步加强江西省公路建设和管理,促进公路事业持续发展,适应江西省社会经济发展的需要,依据《中华人民共和国公路法》的规定,江西省调整了高速公路车辆通行费收费标准。对客车一类车(7座及以下)车辆通行费标准统一调整为0.45元/(车·km)。其他类型的客车仍维持原定收费标准。货车计重收费基本费率为0.09元/(t·km)。合法装载车辆10~40t部分,按0.09元/(t·km)线性递减至0.045元/(t·km)收取,40t以上部分按0.045元/(t·km)计费。超限运输车辆按原倍率执收。增强高速公路还本付息能力和统筹"两个公路体系"建设能力。

四

在加快高速公路建设同时,江西省交通运输厅和各高速公路管理部门不断强化养护和路政管理,大力加强服务区建设,提高公路收费服务水平,实现建管养服综合协调发展。

江西省积极探索适应江西高速公路养护管理的体制机制,逐级落实养护管理责任主体,逐步建立养护管理三级网络。坚持把加强公路养护作为转变发展方式的重要举措,不断加大投入,每年安排专项资金,有计划、有步骤地实施大中修工程,有效地改善公路设施的整体面貌,全面提升干线公路路况水平。"十一五"期间全省高速公路累计投入养护资金50.6亿元,确保全省各年度高速公路技术状况评定指数MQI≥90的路段达到95%;路面状况指数PCI≥90的路段达到90%;绿化保存率在95%以上。先后对昌九高速114.5km路段实施技术改造、完成134km的九景高速公路技术改造工程,并对梨温、昌樟、泰赣等1000多公里高速公路进行了维修、改造、升级。在"十一五"期间全国干线公路养护管理大检查的排名中,江西高速公路排名第6(不含直辖市)。"十二五"期,全省累计投入80多亿元实施高速公路养护大中修,为"十一五"期的1.6倍,累计完成大修900km,完成中修及预防性养护1500km。实施道路改造和路域整治,高速公路优良路率达99%,路面使用性能指数达95。在"十二五"全国干线公路养护管理检查中,高速公路又取得全国第6名的好成绩。

全面推进不停车收费系统建设。2004年开始进行联网改造,拆除路段之间的主线收费站,实现通行全省高速公路"一卡通"。2006年,采用动态计重设备进行计重收费改造,对货车采用动态称重按重量计费,有效缓解货车超载。作为交通运输部确定的联网不停车收费示范工程省份,2007年,在昌九高速公路首先进行ETC(不停车收费)试点,先期实施了昌北、机场、邹家河等收费站,2009年在全省主要收费站全面实施不停车收费车道建设,累计建成ETC车道618条,实现主线收费站全覆盖,顺利加入全国ETC联网,赣通卡一卡通行29个省(区、市),用户突破150万。加强无人值守自动发卡车道建设。切实保障重点物资运输和特殊时段旅客运输,认真执行鲜活农产品运输"绿色通道"和重大节假日小客车免费通行等政策。认真落实省政府"促进经济平稳健康发展22条",对持有赣通卡的货运车辆通行费优惠标准在原有基础上提高2个百分点,对合法装载的国际集装箱运输车辆通行费优惠28%,优惠幅度远超周边省份。大力推进12328服务监督电话建设,在全国率先开通省级服务热线,有效服务百姓出行。

服务区是高速公路上必不可少的设施,对保障行车安全、保证运输效率、缓解驾驶员在生理上的过度疲劳和车辆使用上的极限状况十分重要。随着高速公路通车里程的不断延伸、客流量的不断增长,必然要求服务区扩大服务项目的种类、数量和提升服务质量。早期江西的高速公路服务区存在占地面积小、接口不太合理、服务设施不完善、功能比较单一、运营管理各自为战等问题。2006年6月至9月,江西省交通部门对已建成的30对服务区开展了一次集中整治活动,整治的重点是服务区区容区貌和区内汽车维修站、加油站、餐饮住宿、停车场、超市购物、厕所以及其他公共服务设施、场地道路状况、文明诚信服务经营等。为使整治工作真正落到实处,江西交通部门投入大量资金对达不到要求的服务区硬件设施进行改造和完善。同时,出台《江西省高速公路服务区管理办法》《江西省高速公路服务区服务质量投诉管理办法》《江西省高速公路服务区星级服务千分制考核办法》,加强对服务区的服务质量和经营管理的监管。决定每年还将开展一次高速公路服务区星级评定活动,按照综合管理和服务水平的高低,分别评定为五星级至一星级服务区。2009年1月,江西畅行高速公路服务区开发经营有限公司成立。2009年5月,省交通运输厅下发《江西省高速公路服务区规划与设施建设指南(试行)》。"十二五"期间,以高速公路服务区整治为抓手,涌现出三清山、庐山、石钟山、峡江、鄱阳等服务区改造样板,以点带面推进服务区改造及整治工作。2012年开始,省交通运输厅和省文明办每年连续开展"百姓满意服务区"创评活动。创评内容包括服务区整体形象、依法经营、硬件设施、服务质量、窗口文明建设、投诉处理等。通过深入开展"百姓满意服务区"评选和高速公路服务区文明服务创建活动,进一步提升高速公路服务区管理水平。5对服务区被评为"全国百佳示范服务区",19对服务区被评为"全国优秀服务区"。

2009年之前,全省高速公路路政管理由省交通运输厅主管,省高等级公路管理局所属的路政一支队和省公路管理局所属的路政二支队分别履行路政管理职责。2009年6月,根据江西省编办下发《关于设立江西省公路路政管理总队等事宜的批复》(赣编办发〔2009〕40号),江西省公路路政管理总队成立,整合了原有的一支队和二支队,在11个设区市成立高速公路路政支队,具体负责区域内高速公路路政管理工作。公路法治化不断加强,1998年10月23日,江西省第九届人民代表大会常务委员会第五次会议通过了《江西省高速公路管理条例》,2008年9月27日和2010年9月17日进行了两次修正,2015年9月24日,《江西省公路条例》经江西省第十二届人民代表大会常务委员会第二十次会议通过后,因里面涵盖高速公路相关内容,《江西省高速公路管理条例》同时被废止。高速公路路政完成行政执法工作服装、执法标志、执法证件的统一,开展执法场所外观形象建设统一工作。2012年8月至12月,全省路政系统开展为期4个月的路政系统大练兵、大比武活动,提高路政执法人员的政策法规水平和规范执法、文明服务水平。2016年7月,省政府印发《全省高速公路沿线广告设施专项清理整治工作方案》。交通运输部门按照"整治违法广告、管好合法广告"的要求,着力解决高速公路沿线广告设施杂乱无序、安全隐患突出的问题,为驾乘人员营造"畅、洁、安、美"的出行环境。经过整治,广告牌清理工作取得明显成效,高速公路行车环境大为改观。

高速公路物质文明取得丰硕成果的同时,精神文明建设也同步加强。从1989年开始,在"江西第一路"昌九高速公路的建设实践中,孕育形成以"改革创新、团结拼搏、艰苦奋斗、无私奉献、率先垂范"为内容的昌九精神。1998年9月,昌九高速公路率先创建成为"青年文明号"一条路。此后,在20多年来的高速公路建设管理、实践中,逐步形成以昌九精神、"五人"思路、"六高六实"为主要内容的精神文化,以建设畅洁绿美高速公路和花园式所站为主要内容的物质文化,以准军事化管理等为主要内容的制度文化,以及争创一流的行为文化。省高速集团形成"高速高效"的企业精神,"路畅人和,利国利民"的核心价值观。文明行业、文明单位、文明示范窗口创建活动蓬勃开展。20多年来,涌现出梨温高速鹰西女子收费站、昌樟高速微笑服务、文明手语、泰和管理中心"映山红"收费班组、"温暖伴君行"、12328出行服务热线等文明创建品牌。泰和管理中心莲花所"龚全珍班组"获2015年"感动交通年度人物"。省高速集团荣获"交通运输文化建设示范单位","微笑映山红"荣获"十二五"交通运输十大文化品牌,熊文清、敖志凡等一大批先进典型受到省、部表彰。

五

江西高速公路发展,成为这些年江西经济生活最突出的亮点之一,得到了社会各界的高度肯定。2008年,由江西日报社组织评选的"江西改革开放30年十件大事及十件提名大事",昌九高速公路建成被评为第5件大事。由经济晚报社组织评选的"2015江西经济十件大事","交通铺坦途,水陆空提质提速"入选,省高速集团及其子公司公路开发公司、赣粤高速公司获评功勋企业。"2016江西经济十件大事"评选中,"交通先行,筑起江西富裕之路"又成为大事之一,省高速集团又获评功勋企业。

孙中山先生曾说,"交通为实业之母""道路者,文明之母也,财富之脉也"。修建高速公路的意义并不局限路的本身。它在修建时不但能直接增加税收,还可带动工程建材、饮食服务、商贸、运输、劳务等一系列产业的兴旺,促进当地经济繁荣,增加沿线农民收入。在工程竣工后,随着大量车流、客流、物流、信息流的涌入,促使第三产业迅速繁荣,带来旅游业发展的"黄金机遇",从而大大提升城市品位,增加知名度和对外开放程度。还可以使城市化水平得到显著提高,吸引大量资金流入,第三产业及其他产业将进入高速发展期,其拉动经济增长的明显性凸现,其潜在的拉动作用逐渐显露。

据有关专家研究,高速公路建设投资乘数效应约为3,每1亿元的高速公路建设投资带动社会总产值近3亿元,相应创造国民生产总值0.4亿元,创造直接税收0.13亿元,提供就业机会1800人次,建设带动采购水泥15300t、钢材1740t。如果按这个数据,仅"十二五"以来,全省高速公路投资2300多亿元,带动全省生产总值增加6000多亿元,为400多万人次提供就业岗位。

翻开江西统计年鉴,江西经济发展近30年同样取得辉煌的成绩:1995年,全省生产总值1169.7亿元,比上个五年末增长172.9%;2000年,全省生产总值2003.07亿元,比上个五年末增长71.25%;2005年,全省生产总值达到4056.7亿元,比上个五年末增长102.52%;2010年,全年实现地区生产总值9451.2亿元,比上个五年末增长132.98%;2015年,全年实现地区生产总值16723.8亿元,比上个五年末增长76.95%;2016年,江西省实现地区生产总值18364.4亿元,比上年增长9.0%。这一连串耀眼成就的背后,高速公路建设功不可没。

　　高速公路缩短时空距离。全省11个设区市、100个市县之间的空间距离大大缩短,生产要素得到重新组合和高效利用。高速公路降低物流运输成本,改善运输市场服务质量,改善投资环境,促进企业的集聚。余江县中童镇是有名的"眼镜之乡",全镇3.5万人中有1.2万人销售眼镜,但大部分是"两头在外"——在外地卖眼镜,卖外地的眼镜,这使"眼镜之乡"名不副实,交通不发达制约了该产业的发展。2002年底,连接浙沪的梨温高速公路通车,余江县成为国内外客商看好的投资热点。2016年,中童眼镜工业园区已建成2.6km^2,先后引进眼镜生产企业70余家,工人1万多人,实现工业产值达10多亿元,眼镜产业日益成为当地老百姓的"聚宝盆"。

　　高速公路促进旅游业发展。在一条条高速公路的穿针引线下,婺源、庐山、井冈山、三清山等景区全部实现高速公路直达,各主要景区之间全部实现高速连接,越来越完善的高速公路网拓宽旅游产业的发展空间。加快江西红色、绿色、古色旅游资源的开发和旅游景区的建设,带动沿线地区旅游业的繁荣。越来越多的地方,享受到高速公路带来的巨变。越来越多的游客,享受到高速公路出行的便捷。婺源县2005年全年游客大概在280万人次,2006年景婺黄(常)高速公路开通之后,游客一年比一年多。2016年,婺源全县接待游客1750万人次、门票收入4.3亿元、综合收入110亿元,同比分别增长14.4%、19.4%、44.7%,游客人次连续十年全省第一。城镇居民人均可支配收入21676元,增长8.3%;农村居民人均可支配收入10750元,增长9.6%;人均储蓄存款2.95万元。

　　根据江西省人民政府办公厅2017年下发的《江西省"十三五"综合交通运输体系发展规划》,"十三五"期间,江西高速公路的发展目标是:建成"四纵六横八射十七联"江西省高速公路网规划(2013—2030年)布局的以"四纵六横八射"为主骨架,17条联络线为补充的高速公路网络。高速公路预计完成投资1177亿元、新增里程1353km。建成25条高速公路,其中续建南昌至九江高速公路改扩建工程、南昌南外环、广昌至船顶隘(赣闽界)、兴国至赣县、资溪花山界至里木、南昌至宁都高速公路南昌连接线、宁都至定南高速公路宁都至安远段、宁都至定南高速公路安远至定南段、宁都至定南高速公路定南联络线、东乡至昌傅、都昌至九江高速公路都昌至星子段、修水至平江、上饶至万年、铜鼓至万载14条高速公路;开工建设广昌至吉安、广昌至吉安高速公路支线、铜鼓至万载高速公路宜丰联络线、赣皖界至婺源、萍乡至莲花、抚州东外环、贵溪至资溪、兴国至赣县高速公路北延、上海至昆明高速公路赣浙界至东乡段扩容改造工程、大庆至广州高速公路赣州至定南段扩容改造工程、大庆至广州高速公路吉安至赣州段扩容改造工程11条高速公路。规划建设上海至昆明高速公路昌傅至赣湘界段扩容改造、南昌市西外环绕城高速公路、环鄱阳湖旅游快速通道、武汉至阳新至南昌、通山至武宁高速公路江西段等项目,适时启动信丰至南雄、寻乌至龙川、广丰至蒲城等省际高速公路前期研究工作。

承中原、接百粤、连荆楚、启浙闽……一条条高速公路,穿越历史和未来;一条条高速公路,寄托梦想与期待。放眼赣鄱大地,"纵贯南北、横跨东西、覆盖全省、连接周边"高速公路网如同强劲有力的大引擎,将这个内陆省份推向经济发展前沿,为建设富裕美丽幸福江西插上腾飞的翅膀,引领着赣鄱儿女奔向更美好的明天。

第一章
公路建设及运输发展情况

江西公路里程从1991年的3.32万km到2016年的16.19万km，25年增加了12万多公里，里程增长为原来的4.8倍。全省公路建设从量变到质变，基础设施不断完善，通行能力不断增强，服务水平不断提升，为江西经济社会发展提供强有力的支撑。其中：

高速公路。从20世纪90年代江西省内建设第一条高速公路——昌九高速公路开始，经过28年的发展，高速公路里程将近6000km，使得省内县城均可半小时上高速公路，基本形成省会到设区市3小时，到周边省会城市5小时经济圈人流、物流的快速通道。

国省干线公路。从20世纪90年代开始，江西公路交通建设抓住国家实行积极财政政策的机遇全面加速，国省道干线公路加快提等升级。全面深化公路管理体制改革，按照"谁积极，谁先上""条件优惠、优先安排"，充分调动地方政府积极性。通过争取财政投入、以奖代补、打造融资平台等方式多渠道筹集资金，至2016年底，全省普通国省干线公路优良路率达85%以上，路面整体性能PQI均达到85以上。

农村公路。从2003年省启动中华人民共和国成立以来规模最大的农村公路建设，省政府连续六年召开农村公路建设现场会，全省农村公路建设取得飞跃发展。2004年6月，江西作为交通部渡改桥3个试点省市之一，在全省启动撤渡建桥试点工作。至2010年，江西基本完成621座渡改桥，撤销800个渡口，实现改渡建桥项目100%完成的目标。"十二五"期间，江西重点对赣南原中央苏区等公路基础薄弱和贫困地区给予大力倾斜和支持，通自然村给予10万元每千米补助，努力促进公路交通公共服务均等化。农村公路的建设全面改变农村面貌，至2016年底，全省农村公路总里程达到137441km。

江西公路基础设施建设得到很快的发展，已构建全省"四纵六横八射"为主骨架，17条联络线为补充的高速公路网络，县县通高速公路，乡镇、行政村村村通水泥路或油路，甚至水泥路通到农家门口，全省已经形成以城市为中心，县区乡镇为结点，辐射广大城乡、干支相联、四通八达的公路运输网络，那个过去被人们戏称为"公路摇篮"的时代一去不复返。公路快速运输网络基本形成，高速高品质客运、高速大吨位货运，都呈规模化、品牌化、网络化经营。

一、"八五"时期公路建设

进入20世纪90年代，江西经济快速发展，公路建设也取得较快较好发展，历经"缓解""改观""快速推进"三个时期,进入以高速公路为代表的现代化交通发展新阶段。

1. 高速公路建设启动并持续发展

自"八五"开始,江西高速公路从起步到快步到跑步再到全面加速,从通道建设到网络建设,二十几年来赣鄱大地高速公路不断扩展、延伸,不断跨越发展。1989年南昌至九江汽车专用公路开工建设,1993年建成通车,1996年完成昌九公路拓宽改造,江西拥有第一条高速公路,高速公路建设自此发轫并持续快速发展。

2. 国省道干线公路提等升级实现稳步发展

进入20世纪90年代,江西公路交通建设抓住国家实行积极财政政策的机遇全面加速,国省道干线公路加快提等升级。1994年5月27日,江西省政府召开会议,要求省交通公路部门对105国道南昌至龙南路段路面进行改建。1994年下半年就从全省公路部门调集精兵强将和机械设备开始105国道路面改造攻坚战,半年时间里在105国道上新建水泥路128km。"八五"时期,省委、省政府出台政策,全面推行按照公路建设技术等级、基数包干的公路改造模式,实行省、地联合建设,由省投资建设路面、桥涵工程,地方配套完成征地拆迁、路基土石方工程,"谁积极,谁先上""条件优惠、优先安排",1995年大力推进地县通油路建设,干线公路保持稳步发展。

3. 农村公路进镇入村迅猛发展

江西农村公路从改革开放以来先后经过以工代赈建设、县乡油路水泥路建设和大规模建设三个时期,公路通达深度、通畅能力大幅提升,农村公路交通条件发生翻天覆地的变化。20世纪90年代江西农村公路开始加快建设,利用世界银行贷款和国家拨粮、棉、布和工业品补助,以及交通部专款补助修建、改建农村公路2800多公里。

4. "八五"时期公路基本情况

1995年全省公路总里程34915km,干线公路里程达到9637km,其中国道3346km、省道6291km。农村公路里程达到25278km,其中县乡路16959km、乡公路8078km、专用公路241km。1995年全省汽车拥有量1703.85百辆,公路密度平均每百平方公里有公路20.9km。

按技术等级分,1995年全省等级公路有20943km,其中汽车专用公路128km(一级15km、二级113km),一般公路20814km(二级1886km、三级2571km、四级16357km)。

5. "八五"时期的公路运输

1991—1995年,全省各级运管部门抓住机遇,乘势发展,提出"七放开二协调一试行"的政策,即运力发展全面放开,货运市场、搬运装卸市场、运输服务市场全面放开,三、四类汽车维修业全面放开,县内班线放开,邻省毗邻县之间的客运班线放开;加强对跨省跨区班线和一类维修企业的协调与管理;试行客运线路有偿使用。全省营运汽车从1990年的

5.85万辆增加到1995年7.41万辆,机动车辆从1990年的2.28万辆增加到1995年的50万辆,客货运输形成国有、集体、私营、中外合资各种类型的运输业户平等竞争、协调发展的道路运输新格局。"运输难"得到基本缓解。1995年,全省公路旅客运输完成客运量27239万人次,比1990年增长20.1%,旅客周转量117.8亿人公里,比1990年增长70.2%。交通运输国有货运企业经营滑坡得到有效遏制,江西长运股份有限公司、上饶汽运公司、萍乡长运公司等专业汽车运输企业通过深化改革,获得新的经济增长点,在支农、大件、抢险救灾、重点工程及国家重点物资运输中仍起着主导与骨干作用。作为全省唯一一家建立现代企业制度的试点企业,江西长运股份有限公司于1992年开始进行股份制改革,1993年成立长运股份有限公司,1995年,公司总资产由注册时的4555.2万元发展到1.1亿元,实现利润731万元,为全省道路运输企业深化改革、转机建制起良好的示范作用。

二、"九五"时期公路发展

"九五"时期,全省公路部门以改善公路交通环境服务江西经济为宗旨,以提高公路技术等级为主,高标准、高质量建设国省干线公路,使全省公路技术等级、路况和通达程度发生巨大变化,并通过昌樟高速公路、胡傅高速公路、昌厦一级公路、湖口大桥、105国道、320国道、323国道的建设,大大地改善了全省公路交通的落后状况。

1. 高速公路由"线"向"网"扩张

"九五"时期,江西高速公路建设由昌九一条线向网状扩张。1995年12月,全省第一条自行设计建设的全标准的高速公路——南昌至樟树高速公路开工建设;1996年12月,进贤温家圳至新建厚田高速公路开工建设;1997年6月,通往南昌昌北机场的专用公路——机场高速公路开工建设;1997年3月和11月,九江至景德镇高速公路九江至湖口段和湖口至景德镇段先后开工建设。高速公路逐渐以南昌为中心向外扩散,里程不断延伸。高速公路建设者克服不少困难,有不少创新之举。比如,在九景高速公路鄱阳湖特大桥的施工过程中,创造三个"全国之最":全国大小不对称塔同类斜拉桥跨径之最、全国最早采用冻结法工艺进行特大桥水下桩基施工和全国最大孔径为5m的钻孔灌注桩。不仅克服施工难题,而且节约施工成本和施工时间。

"九五"期全省共建成昌九、昌樟、昌北机场、温厚、九景5条高速公路,共384km。

2. 实行新的干线公路改造模式

为贯彻中央扩大内需的发展方针,1998年,省政府召开全省加快公路建设工作会议,下发《关于加快全省公路建设的通知》,提出加快公路建设三年规划,明确建设目标和各方面责任。省交通厅根据会议精神,制定《加快我省公路建设的政策措施》,主动调增国省道改善包干基数,以调动地方政府建设国省道干线的积极性;增设"九五"计划外项目,鼓励地方政府采取加大财政投入、社会集资、招商引资等方式多渠道筹集资金,加快县域经济干线公路的建设。同时借加快之机,积极加强与地方政府的协调,争取优惠政策,共同营造良好建设环境。

公路改造(善)模式的实行,极大地调动地方政府加快公路建设的积极性,有效促进全省国省道建设和路网的改善。1991—1999年,全省共向银行贷款38.07亿元,共改建公路5900多公里,年平均改建600余公里。

同时,江西制定《公路改善工程建设管理实施办法》和《公路工程建设投资包干经济责任制实施办法》,全面建立项目行政首长负责制、项目及技术负责人、监理工程师责任制。所有项目实行工程合同管理和质量、效益全员风险责任。坚持质量事前把关"三严格":严格设计审查,把住建设标准和等级;严格路基验收,强调以资代劳、专业队伍施工;严格工程招标管理,优选施工队伍。全面推行工程监理制和异地监理。大力提高机械化施工程度。通过这些措施的推行,各项工程标准、质量、进度、资金使用得到较好控制,年年工程合格率100%,优良率在80%以上。

3. 农村公路进入最快最好的发展时期

进入"九五"后,江西公路进入最快最好的发展时期,1996—1999年,全省交通基础设施建设完成投资136.86亿元,其中公路建设投资完成126.65亿元。建成农村公路27122km。

"九五"时期,省会至地市、地市至县基本实现油路化,100%乡镇通公路。基本形成以省会南昌为中心,昌九和昌樟高速公路、105国道、320国道为大十字主轴、辐射东西南北的公路交通网络。

4. "九五"时期公路基本情况

2000年全省公路总里程37138km;其中,等级路26448km,占总里程的71.2%。

按技术等级分,高速公路里程为414km(四车道),占全省公路总里程的1.1%。其中,南昌至九江公路138km、南昌至樟树公路70km、昌北机场公路4km、九江至湖口至景德镇公路134km、胡家坊至昌博公路33km、温家圳至厚田公路35km。一级公路248km,占总里程的0.7%;二级公路4568km,占总里程的12.3%;三级公路3992km,占总里程的10.7%;四级公路为17226km,占总里程的46.4%;等外公路为10690km,较之上年减少900km,占总里程的28.8%。

按行政等级分,国道6条3511km,占总里程的9.5%;省道95条6505km,占总里程的17.5%;县道17708km,占总里程的47.7%;乡道9175km,占总里程的24.7%;专用道239km,占总里程的0.64%。

5."九五"时期公路运输情况

1996—2000年,全省交通基础设施建设规模大、速度快、质量好,公路运输继续保持良好的发展势头。1996年1月,昌九高速公路全线建成通车,实现江西高速公路建设零的突破。同年12月28日,全省开通第一条高速客运线路——南昌至九江客运班线。此后短短的几年间,江西交通部门以加快公路建设为重点,努力加速交通基础设施建设,并基本形成一个干支衔接、布局合理、功能较强的交通运输网络,总体上结束交通"瓶颈"制约时代。全省道路运输业凭借着公路路网的不断拓展和完善迎来崭新的机遇。道路快速客运以其车辆高档次、发车高密度、运行高速度、服务高品位的优势,迅速地崛起,赢得旅客,占领市场,道路快速客运已成为全省道路客运的一支主力军。到2000年,全省先后开通34条快客班线,投入豪华型大客车35辆,空调中巴273辆,并已开通江西省至南京、合肥、芜湖、武汉等省际高速公路客运。至此,一个以省会南昌为中心,与11个设区市及部分县区、省际相连的快速客运网络基本形成。货运交易市场从无发展到19个,覆盖除新疆、台湾、西藏外的全国各地。这一时期货物运输快速发展,主要以短途运输为主,短途运输向小型吨位货车发展,发挥汽车货运短小灵活的特点,提高实载率,降低运输成本;长途货源增多,集装箱、零担、大件运输、罐车冷藏车等专用货车增多,极大地满足不同种类、不同体积、不同要求的货物运输需求。"乘车难""运货难"已经成为历史。

三、"十五"时期公路建设

进入新世纪以来,江西公路交通不断为江西在中部地区的崛起,为建设和谐江西,共创富民兴赣大业提供强有力的支撑。"十五"时期,全省突出强化行业管理这根主线,主攻高速公路和农村公路两个建设战场,深化改革,加快发展,促进江西公路事业以前所未有的速度和水平飞速发展。

1.出省主通道和南昌至各设区市全部高速化

五年新增高速公路1159km,是"八五""九五"时期总和的2.76倍,总里程达1580km,实现出省主通道和南昌至各设区市全部高速化。2004年9月26日,福州至银川高速公路江西温沙段和上海至昆明高速公路江西昌金段提前一年胜利建成通车。这两条全长346km高速公路的建成,标志着江西出省主通道全部实现高速化,形成省际8小时经济圈;同时,省会南昌至各设区市主通道也全部实现高速化,形成省内4小时经济圈。宣告江西"十五"时期新建1000km高速公路的计划,仅用三年零九个月的时间就完成,比原计划整整提前15个月,江西由此成为21世纪初中国高速公路建设速度最快的省份之一。

在温沙和昌金高速公路建设过程中,按照"既要金山银山,又要绿水青山"的要求,江西创新修路理念,把高速公路建设推向一个新阶段。"每一个建设者都是环保先行者"

"每一道工序都从保护环境、融入环境、使路与自然和谐统一""以人为本,最大限度地保护驾乘人员的安全"这些理念开创江西高速公路建设的新天地;边坡、沿线和服务区的各种雕塑艺术长廊,妙趣横生,首次赋予江西高速公路以文化的内涵。1000多个变化的边坡,就是1000多个变幻的风景,流动的鱼群、飞行的大雁,绿色的边坡,不同颜色的灌木绘就一幅幅生动的图画。

"十五"期间,建成胡傅、梨温、昌泰、泰赣、赣定、厦昆线赣州城西段、温沙、昌金、泰井、乐温10条高速公路,共1194km。

2. 国省道的改造建设步伐不断加快

"十五"时期,江西加大招商引资力度,拓宽融资渠道,使国省道建设投资不断加大,改建里程不断增多。先后完成宜春至万载、省庄至大城、南昌至安义、南昌至进贤、上饶至广丰等一大批一级公路改建,完成南昌至万年等一大批重点工程新建任务,国道319和国道206江西境内全部完成二级路改造,10条旅游公路建设全面铺开并建成。"十五"时期,全省共完成国省道公路改建投资62.2亿元,是"九五"时期的1.7倍;改建里程4201km,已超过"九五"时期200多公里。全省路网结构进一步改善,路面等级进一步提高。

3. 农村公路建设全面推进

江西省委、省政府非常重视农村公路建设,于2003年作出关于加快农村公路建设的决定,并且每年召开一次农村公路建设现场会,充分发挥先进典型的作用。全省掀起一轮又一轮农村公路建设高潮,展开新中国成立以来规模最大的农村公路建设工程。"十五"时期,全省农村公路建设投资完成156.9亿元,硬化农村公路3.8万km,是"九五"时期的6.3倍,农村公路总里程突破5万km。实现乡镇基本通水泥路(沥青路),行政村49%通水泥路(沥青路)。

2004年6月,江西作为交通部渡改桥3个试点省市之一,在全省启动撤渡建桥试点工作。为切实把这项民心工程办好,江西组织全省11个设区市和99个县级交通部门对渡口进行专项调查,并结合实际制定《江西省农村渡口改渡建桥管理办法》,建立起农村渡口改渡建桥项目工作的长效机制。通过施行三级补助机制、优惠计征等政策措施,落实"市长抓调度、县长总负责、一桥一领导、一桥一技术干部"的组织领导,狠抓招标、施工控制,使得渡改桥项目建设真正成为民心工程、满意工程、廉洁工程。

4. "十五"全省公路基本情况

2005年末,全省公路总里程为62300.43km,比上年增加440.923km。

按技术等级分,高速公路里程为1559.123km,占全省公路总里程的2.5%。一般等级公路为41964.128km,占总里程的67.4%;其中:一级路564.713km,占总里程的0.9%;二级路 8554.855km,占总里程的 13.7%;三级路 6192.902km,占总里程的 9.9%;四级路 26651.659km,占总里程的 42.8%。等外公路里程为 18777.179km,占总里程的 30.1%。

按行政等级分,国道 6 条 4469.791km,占总里程的 7.2%。省道 6865.661km,占总里程的 11%。县道 21923.532km,占总里程的 35.2%。乡道 28626.98km,占总里程的 45.9%。专用道 414.466km,占总里程的 0.7%。

5."十五"全省公路运输情况

进入 2000 年,江西道路运输业受益于全省交通基础设施的日趋完善,一大批高速公路建成通车,提高道路运输基础条件,客运由原来的中、短途为主逐步转向中、长途为主发展。面对激烈的竞争市场,全省客运企业加大改革力度,重点调整运力结构,投入资金购入高速豪华客车,同时把"航空式"的服务机制引进汽车客运中,提高客运企业的竞争能力。全省 11 个设区市专业运输企业已有 7 户完成改制,建立现代企业制度,江西长运公司成为中国第一家道路客运上市公司。全省清理挂靠经营工作历时 3 年,道路运输结构调整有突破性进展。2005 年底,全省客、货营运车辆分别达到 1.7 万辆和 11 万辆,比"九五"期末分别增长 12.5% 和 61.5%。其中,中、高级客车占整个客运运力的 22.7%。2005年与 2000 年相比,全省客运营业户由 11332 户下降到 2704 户,减少 76.1%,而 2005 年完成的客运量与旅客周转量比 2000 年分别上升 16.5% 和 18.9%。全省共开通高速客运班线 38 条,投入高级客车 129 辆,初步形成以南昌为中心,"省会通达地市、地市彼此畅通、连接重要县市"的高速客运网络,实现 400~500km 以内当日往返。同时,各地货运发展加快,货运的合理运距不断加大,从过去以中、短途为主正逐步向中、长途运输发展。快速货运网络初步形成,江西长运股份有限公司等积极筹建"乐乐快运"网络中心,并成为全国货物快运网络中心 3 个试点单位成员之一。各地积极推行合同运输,引导道路货运企业发展第三方物流,推进建立集运输、仓储、配载交易、搬运装卸连接工矿、商贸于一体的物流服务系统,保证货物运输的快速增长。

四、"十一五"时期公路建设

"十一五"期间,江西交通人以大气魄、大手笔,谱写科学发展、进位赶超、绿色崛起的新诗篇,高速公路通车里程突破 3000km。干线公路网通畅能力、等级结构明显提升,农村公路建设速度加快,公路运输能力不断增强。打造"精品工程"理念深入人心,交通技术、施工工艺不断推陈出新,省委、省政府多次通令嘉奖,社会各界充分肯定。

1.高速公路建设决胜千里

高速公路通车总里程 5 年翻一番,新增高速公路 1508km,通车总里程突破 3000km,达到 3088km,位居全国第九、中部地区第三。"十一五"期间,先后建成景婺黄(常)、南昌西外环、景鹰、赣大、武吉、瑞赣、鹰瑞、石吉、彭湖、赣州绕城、九瑞11条高速公路共计1512km。

2009年,面对金融危机的严重冲击,全省以时不我待的紧迫感和审时度势的敏锐性,抓住鄱阳湖国家经济生态区建设机遇,顺势调整全省高速公路规划实施时序。高速公路规划总里程由4650km增至4800km左右,布局明确为:三纵四横、五条环线、两条联络线和22条地方加密高速公路,省际高速通道出口28个。

"十一五"时期,江西高速公路建设牢固树立"精品工程"理念,"十二公开"、高速公路建设管理标准化等制度的全面推行,代表国际先进水平的航测技术卫星地面定位系统、探地雷达等技术的相继应用,有力保证高速公路建设的工程质量。生态理念、环保理念、人文理念不断被继承、发展,一个个工程被当成工艺品来雕琢:"自然式设计""乡土化设计""保护性设计""恢复性设计",使路与自然和谐统一;"多保护、少破坏、不留伤痕""建设一处、绿化一处、施工一片、恢复一片",使得"施工不流土、竣工不露土"。

高速公路建设的强劲势头,大力拉动经济快速增长,大力改善对外开放环境,大力优化生产力布局,大力推动城镇化建设,大力促进区域经济协调发展,为江西经济社会又好又快发展提供强有力的交通运输支撑。全省"三纵四横"高速公路主骨架基本建成,承东启西、贯通南北、便捷通达、快速高效的综合交通大格局初步形成,对于极大提升江西的区位优势,极大鼓舞江西干群的进取精神,产生重大和深远的影响。

2. 国省干线路更畅

"十一五"期间,江西国省干线路更加畅通、网络更加密集。以提高等级为着力点,加快中心城市至各县(市)区域干线、各县(市)至高速公路二级以上公路的建设和改造步伐,以每年建设、改造800km国省道的速度建改一级公路1371km,二级公路9287km。建成宜春至安福、高安至胡家坊、九江至瑞昌沿江一级快速通道、余干县城至黄金埠电厂等一批旅游公路、高等级公路,完成105国道九江段二级公路、319国道萍莲段改造等项目。

2009年9月3日,《江西省2020年干线公路网规划》通过省政府审议批准,江西交通人绘就出江西干线公路网"十纵十横"远景,"全省所有县(市、区)经济中心及重点小城镇连接成网,上与高速公路、下与农村公路对接"的完整公路路网系统指日可待。

3. 农村公路建设深得民心

"十一五"时期,全省始终把农村公路建设作为加大"三农"工作力度、改善农村基础设施建设、促进农业经济发展、造福广大农民群众的一项重要举措,坚持政府指导,形成齐抓共管、协力推进新局面;坚持政策创新,探索出"以奖代补""六个一点"等符合新农村建设规律的融资方式,拓展农村公路融资空间;坚持强化和规范行业管理,提升公路质量品质,通过开展"农村公路质量年"等活动,确保建成的公路成为"放心工程",坚持协调发展,推进城乡一体化进程,努力让农民群众享有安全、便捷、经济、优质的出行条件。继2006年江西完成农村公路硬化13405km后,全省每年以硬化农村公路超过1万km的速度发展,到2008年底江西有五个设区市率先实现100%行政村通油(水泥)路。

2010年底,全省农村公路总里程达到12.5万km。全省乡镇通油(水泥)路率为100%,全省19965个行政村100%都通油(水泥)路,3000万农民兄弟告别泥泞,走上幸福路。12.5万km铺下的不仅仅是路,更重要的是连通民心。

2010年底,江西基本建成621座渡改桥,撤销800个渡口,实现改渡建桥项目100%完成的目标。"路通桥通一通百通、心顺气顺一顺百顺",在江西农村,这样的对联随处可见。群众出行便利、安全,农副产品运输更快捷、成本更低。

4."十一五"全省公路基本情况

截至2010年底,全省公路总里程为140596.959km,比上年增加3585.559km(含村道)。

按技术等级分,高速公路里程为3050.601km,占全省公路总里程的2.17%。一般等级公路为98404.014km,占总里程的69.99%;其中:一级路1386.038km,占总里程的0.99%;二级路9339.689km,占总里程的6.64%;三级路6670.37km,占总里程的4.74%;四级路81007.917km,占总里程的57.62%。等外公路里程为39142.344km,占总里程的27.84%。

按行政等级分,国道5740.2km,占总里程的4.08%;省道8393.71km,占总里程的5.97%;县道20554.01km,占总里程的14.62%;乡道29009.818km,占总里程的20.63%;专用道610.849km,占总里程的0.43%;村道76288.373km,占总里程的54.26%。

5."十一五"全省公路运输情况

2006—2010年,是江西道路运输业发展的重要阶段。全省高速公路通车里程突破3000km、86%的县通高速公路,实现出省主通道和省会到各设区市道路全部高速化,为道路运输的发展创造有利条件。高速客运逐步向快速化、舒适化方向协调发展,运输效率和服务质量不断提高,豪华客车的舒适程度与新型列车不相上下,灵活方便快捷的优势充分显现,航空式服务展现在高速客运上,以30min甚至更快的发班频率实现乘客随到随走,满足乘客的各种需求。2010年全省高速公路通车里程突破3000km,全省高等级公路网络日渐完善,高速客运以其"车辆高档次、发车高密度、服务高质量"的优势与高速公路建设齐头并进。高速公路客运线路从2006年的289条增加至2010年的498条,增长72.3%。中高级客车7478辆,占全省总营运客车比重达42%。这一时期,江西道路运输管理部门推出一系列行之有效的措施,提升道路运输的质量和效率,值得一提的是在法制建设方面,《江西省道路运输管理条例》于江西省第十一届人大常委会第二十次会议审议通过并于2011年1月1日起正式实施,这是江西省第一部规范道路运输经营和管理行为的地方性法规,为道路运输管理部门依法行政、科学管理、培育良好的交通运输市场环境和秩序提供重要依据。这一时期,道路货物运输朝着集约化、专业化的方向发展,货运车辆在"质"和"量"上都有明显的提高,货运车辆类型正不断进行结构性调整,向大吨位、重型化方向发展。为适应国家节能减排形势的发展需要,货物运输行业积极探索发展方式转变,出现甩挂运输、现代物流等新兴的货运方式,成为道路货物运输新的增长点。各地积极鼓励货运企业发展,出台优惠政策,促进货物运输向着又好又快方向发展。货运车辆平均吨位逐年提高,运输结构向着大型化、专业化的方向不断优化,特别是多轴重型货车、牵引车、挂车数量的增加,为甩挂运输组织的实施提供必要的设施条件。传统的货运企业正在逐渐向第三方物流企业转型,其中少数已经成为功能完善、服务较好的专业化第三方物流企业,危险货物运输呈现出相对集约化的发展态势。2006—2010年共完成道路货物运输量29.14亿吨、货运周转量5345.57亿吨公里,分别比"十五"时期增长167.83%和544.33%。

五、"十二五"时期公路建设

"十二五"时期,江西省交通运输系统深入贯彻落实党的十八大,十八届三中、四中、五中全会和习近平总书记系列重要讲话精神,坚定不移地履行好内陆通道省份公路网保畅通、保安全、保民生的养护管理职责,努力争取立法支持、政策支持、社会支持,着力完善养护管理工作体制机制,千方百计筹措养护资金、全力推进技术进步,逐级落实责任,积极开展干线公路建设养护管理工作,公路基础设施不断完善,通行能力不断增强,服务水平不断提升,为全省经济社会发展提供强有力的支撑。

1. 高速公路建设突破5000km

2014年,江西省财政首次列支20亿元用于高速公路建设,省级财政支持力度前所未有。2014年底,全省实现县县通高速公路。2015年底,高速公路通车里程突破5000km,打通24条出省通道,全面建成"三纵四横"主骨架高速公路网。"十二五"期间,共建成德昌、永武、隘瑞、上武、昌奉、瑞寻、浮梁至桃墅岭、奉铜、德上、抚吉、吉莲、赣崇、龙杨、九江大桥、井睦、万宜、萍洪、九绕、都九高速公路星子至九江段、寻全、金抚、昌宁、昌栗23条高速公路共计1998km,此外完成昌九高速公路改扩建通远段、昌樟高速公路改扩建2个扩容项目97km,建成里程共计2095km。

"十二五"期间,高速公路路况水平持续保持优良。全省高速公路MQI每年末均达到94以上,PQI均达到93以上,MQI为优等的路段达到95%以上,优良路率达99%。

收费服务水平不断提升,建成高速公路ETC车道543条,实现收费站全覆盖,2014年作为首批加入全国ETC联网的省份顺利入网。推动高速公路入口安装自助发卡机130

余套,提高服务通行效率。通过采取开足车道、增加人手维持秩序、使用便携式收费机等措施,有力地保障重大节假日、恶劣天气、车流高峰等特殊时段收费道口安全畅通。

2. 省市共建国省干线公路

省委、省政府高度重视干线公路建设养护管理工作,在政策、资金、用地等方面给予大力扶持。2011 年,省政府印发《加强"十二五"期间普通国省干线公路建设与养护管理意见》(赣府厅发〔2011〕14 号),明确目标任务、具体措施和职责分工,为做好"十二五"普通国省干线公路建设养护管理工作指明了方向。2013 年,省政府出台《关于进一步推动交通运输事业发展的意见》(赣府发〔2013〕10 号),给予公路建设养护更多政策和资金支持。省政府下发《关于进一步加强"十二五"后两年普通国省干线公路建设与养护管理工作的通知》(赣府厅发〔2014〕136 号),进一步完善省市共建机制,明确地方政府的主体责任,给予普通国省干线公路建设养护更多实质性政策和资金支持。省政府与 11 个设区市政府分别签订普通国省干线公路养护目标责任状,把普通国省干线公路建设养护管理工作纳入各设区市政府目标考核内容。

"十二五"期间,全省争取到交通运输部安排普通国省道建设车购税补助资金 133.5 亿元,燃油税资金 32 亿元。争取到省财政在"十二五"后两年拿出 10 亿元专项资金,用于普通国省干线公路建设养护。省交通运输厅通过银行贷款 50 亿元,采取以奖代补方式,加大普通国省干线公路建设养护的支持力度。同时加强对养护资金使用的监管,开展省级奖补资金专项审计,对于地方结转 1 年以上的项目预拨资金,按规定予以收回。

为降低百姓出行成本,促进物流企业发展,继 2009 年 2 月全省在全国率先全面取消政府还贷二级公路收费,撤销 83 个收费站后,2013 年底全省撤销普通一级公路和经营性二级公路收费站 34 个,全面取消普通公路收费工作,在全国率先构建起高速公路收费、普通公路免费的"两个公路体系",每年减免社会通行费约 8.6 亿元。

普通国省道二级及以上比例由"十一五"末的 75.1% 提高至 83.4%;其中,普通国道二级及以上比例由 94.6% 提高至 97.2%,省道二级以上比例由 67.6% 提高至 78.1%。高速公路密度为每百平方公里 2.7km,是"十一五"时期的 1.5 倍,全国平均水平的 2.3 倍。全省普通国省干线公路优良路率达 85% 以上,路面整体性能 PQI 均达到 85 以上。

3. 启动通 25 户以上自然村水泥路建设

大力实施提质增效工程、通达通畅工程、"平安公路"工程。全省农村公路建设项目全面推行"七公开"制度(建设计划、补助政策、招投标、施工管理、质量监督、资金使用、工程验收公开),主动接受社会监督,把"七公开"写进《江西省通自然村公路管理办法》和《江西省农村公路危桥改造工程建设管理办法》中。出台《关于推进"四好农村路"建设的实施方案》,加快推进全省农村公路建管养运协调可持续发展。完成《江西省县乡道网规划》(2014—2030年),对全省农村公路网进行规划调整,以便更好地与国省道网相衔接。全省县道里程由20604km调增至21932km,新增县道1328km,县道里程占普通公路网比例由13.6%提高至14.5%;乡道里程由29448km调增至42045km,新增乡道12597km,乡道里程占普通公路网比例由19.5%提高至27.8%。

自2013年启动通自然村(25户以上)水泥路建设开始,"十二五"期间,全省完成通自然村(25户以上)水泥路建设约3.5万km,解决农村地区群众出行"最后一公里"难题。完成国有农、林场通水泥(沥青)路建设任务约2800km,实现乡镇级国有农、林场通三级公路,建制村级国有农、林场通四级公路目标。实施客运网络化连通工程约5400km,实现全省乡镇客车通达率100%,行政村客车通达率93.4%的目标。

"十二五"期间,全省新改建农村公路约6万km,完成投资约300亿元;全省县道三级以上公路占50%以上,乡道四级以上公路约占90%;全省乡镇客车通达率达100%,行政村客车通达率达93.4%;截至2015年底,全省农村公路总里程达14万km,全省农村公路网络基本形成,农村公路通达深度、技术等级和安全防护水平不断提高,农村公路服务范围进一步扩大。

4."十二五"全省公路基本情况

截至2015年底,全省公路里程达到156624.767km,其中国道6460.645km,省道9687.391km,县道20606.071km,乡道29480.500km,专用公路704.175km,村道89685.985km;沥青路面13484.935km,水泥路面105521.663km,简易铺装路面4406.833km,未铺装路面33211.338km。

按技术等级分,高速公路里程为5058.337km,占全省公路总里程的3.23%。一级公路里程为1951.657km,占总里程的1.25%。二级公路里程为10148.136km,占总里程的6.48%。三级公路里程为11586.354km,占总里程的7.4%。四级公路里程为101203.995km,占总里程的64.62%。等外公路里程为26676.288km,占总里程的17.03%。

5."十二五"全省公路运输情况

2011—2015年,全省"三纵四横"的高速公路网基本形成,全省高速公路通车里程突破5000km,达到5088km,打通24条出省通道,实现"县县通高速公路"。全省承东启西、贯通南北、便捷通达、快速高效的公路网格局初步形成。这一时期,各种运输方式竞合步伐加快,公路、铁路、民航、水路组成的综合运输体系逐步建立,受铁路运输和客源流向的影响,公路运输客源结构有所变化,道路运输行业的优势逐渐减弱。在道路客运方面的表现更为明显,与高铁、民航同向的长途客运班线,几乎出现全面萎缩的局面。省级运管部门从2014年起不再审批800km以上的长途客运班线,并引导经营者采取股份制改造等形式组建客运线路专营公司,或通过制定线路置换、绿色通道办理等政策,鼓励客运企业之间进行兼并、合并,创新客运企业公司化经营模式。同时,全省各地积极落实上级有关要求,实施凌晨 2~5 时停运,开展接驳运输,同时借助科技信息技术,实现全省一级客运站联网售票,强化对车辆动态监控,确保群众走得好、走得舒服、走得安全。截至 2015 年底,全省共有道路旅客运输经营业户(不含公交和出租汽车)563 户,户均拥有车辆数 29.8 辆,较"十一五"末分别减少 53.5%、增加 104.1%,客运行业集约化发展成效初显。货运行业通过物流服务的经营理念,积极引导货运企业转变发展方式。鼓励和引导货运企业规模化、品牌化、网络化经营,积极培育骨干龙头企业。大力发展甩挂运输、箱式运输、多式联运等运输方式,"十二五"期间全省建设货运枢纽(物流园)4 个,获批国家甩挂运输试点项目 6 个,开通多式联运线路 4 条,道路货物运输行业总体保持稳步发展态势,正逐步向构建高效的道路物流服务体系迈进。

高速公路建设发展促进道路货运行业集约化经营。高速公路作为道路运输基础设施,其发展速度与道路货运行业发展是相辅相成、相互促进的。自全省第一条高速公路——昌九高速公路建成以来,便捷、快速的高速通道改变了全省产业布局和结构,促进了商品的流通,进而促进了道路货运行业的发展。

道路货运行业规模不断扩大。全省高速公路自 1989 年实现零的突破以来,至 2015 年已突破 5000km。在这 25 年的时间里,道路货运行业规模随着高速公路里程的不断增长而不断扩大。截至 2015 年底,全省拥有载货汽车 40.9 万辆,共 336.4 万吨,与 20 世纪 90 年代初相比,载货汽车增加 35 万辆,吨位增加 314 万吨,增幅分别达到 700% 和 1400%。可以认为,道路货运行业规模在高速公路快速发展的年代已经呈几何倍数的增长。

道路货运行业结构不断优化。高速公路的快速发展,为道路货运行业集约化发展提供基础,使得道路货运行业结构不断优化。主要表现为:①道路货运企业数逐年增加,个体经营户逐年减少。其中,拥有 50 辆车辆以上的货运企业数量由 20 世纪 90 年代初的几十户,到 2015 年已发展至 1368 户;道路货物运输经营业户户均车辆数由 90 年代初的 0.7 辆/户,到 2015 年已发展至 2.66 辆/户,市场集中度明显提升。②大型载货汽车比重逐年增加,小型载货汽车比重逐年减少。以 2011—2015 年为例,大型载货汽车比重由 2011 年的 38% 增长至 2015 年的 45%,小型载货汽车比重由 2011 年的 50% 减少至 2015 年的 35%,表明全省货运车辆平均吨位数在逐年增长,大型载货汽车占总载货汽车比重和吨位数比例越来越高。

道路货物运输效率不断提升。从 20 世纪 90 年代至 2010 年,道路货运企业仍是以传统的运输组织方式为主从事道路货运经营活动。随着高速公路通车里程的不断增长,高速公路网趋于完善,为道路货运行业转型升级提供坚实的基础,甩挂运输、集装箱运输、多式联运等先进的运输组织方式在全省正在快速发展。截至2015年底,全省已有江西三志物流有限公司、萍乡达金物流有限公司等6家货运企业获得国家公路甩挂运输试点资质。随着信息技术的不断发展,加上高速公路网的不断完善,道路运输效率正在不断提升。

6. 2016年底全省公路基本情况

截至2016年底,江西省公路总里程达161908.61km,比2015年全省新增公路里程5283.84km,其中,高速公路新增里程835.94km、普通国省道新增里程7462.24km、农村公路减少里程3002.16km。

全省公路按照技术等级分,高速公路5894.28km、一级公路2617.85km、二级公路10643.44km,二级及以上公路占总里程的比例为8.2%;按照行政等级分,国道11827.06km(普通国道7684.10km)、省道12614.91km(普通省道10879.72km)、县道21727.62km、乡道41850.75km、村道73320.88km、专用公路567.39km(高速公路16.13km)。

到2017年1月,全省共有61条、5908km高速公路,其中,省高速集团管理49条、5112km,占全省通车里程的87%;地方及外商投资主体管理12条、796km,占13%(表1-0-1)。省高速集团管理的5112km高速公路分三大部分(其中经营性路2472km、还贷路2640km):①开发公司管理1013km(其中经营性路730km、还贷路283km);②赣粤公司管理799km(其中经营性路795km、还贷路4km);③6个直属中心管理3300km(其中经营性路947km、还贷路2353km),如表1-0-2所示。

表1-0-3为江西省与邻省对接高速公路建议情况。

江西省高速公路管理情况　　　　　　　　　　　　　　　表1-0-1

单位	管辖条数	管辖路段	管理里程(km)	所占比重(%)
省高速集团	49条	福银高速公路昌九段、乐温段、温沙段;沪昆高速公路梨温段、温厚段、昌樟段、胡傅段、昌金段;杭瑞高速公路九景段、景婺黄(常)段;大广高速公路武吉段、泰赣段;厦蓉高速公路瑞赣段、赣州城西段、隘瑞段;济广高速公路景鹰段、鹰瑞段;泉南高速公路石吉段;昌北机场高速公路、樟吉高速公路、泰井高速公路、彭湖高速公路、德昌高速公路、永武高速公路、昌奉高速公路、浮梁至黄山(赣皖界)、奉铜、德上、吉莲、抚吉、赣崇、井睦、宜万、萍洪、九绕、都九高速公路星子至九江段、金抚、昌宁、昌栗、上万、东昌、船广、昌宁高速公路南昌连接线、都九高速公路都昌至星子段、修水至平江、宁定高速公路宁定至安远段、宁定高速公路安远至定南段、宁定高速公路定南联络线、铜万	5112	87
赣州高速公司	5条	赣定、赣州绕城、龙杨、寻全、兴赣	416	7
南昌城投公司	1条	南昌西外环	41	0.7
赣州康大公司	1条	赣大	57	1
诚坤九瑞公司	1条	九瑞	48	0.8
上武管理处	1条	上武	53	0.9

第一章
公路建设及运输发展情况

续上表

单 位	管辖条数	管 辖 路 段	管理里程（km）	所占比重（%）
瑞寻公司	1条	瑞寻	124	2.1
九江大桥公司	1条	九江长江公路大桥	17	0.3
资溪高速公司	1条	资溪花山界至里木	40	0.6
合计	61条		5908	100

江西省高速集团高速公路管理情况　　　　　　　　　　　　　　表1-0-2

项 目	开发公司	赣粤公司	直属中心
经营性路(km)	730	795	947
还贷路(km)	283	4	2353
小计(km)	1013	799	3300
备注	直属中心中，赣州中心管理725km、抚州中心管理810km、宜春中心管理483km、泰和中心管理553km、上高中心管理516km、景镇镇中心管理213km		

江西省与邻省对接高速公路建设情况一览　　　　　　　　　　　表1-0-3

序号	江西省境内路段			邻省境内路段		省份
	名 称	通车时间	省界站	名 称	通车时间	
1	彭湖高速	2010年9月	赣皖界马当	东至至九江	2015年底	安徽（5条）
2	景德镇至鹰潭	2007年11月	赣皖界桃墅	安庆至景德镇	2008年	
3	祁门至浮梁	2012年8月	赣皖界新安	黄山至祁门	2013年	
4	景德镇至婺源	2006年11月	赣皖界塔岭	黄山至塔岭	2008年	
5	祁门至婺源	规划		池州至祁门	"十三五"开工	
6	婺源至白沙关	2006年11月	赣浙界白沙关	杭新景高速	2015年	浙江（2条）
7	梨园至温家圳	2002年12月	赣浙界梨园	杭金衢	2003年	
8	武夷山至上饶	2011年11月	赣闽界武夷山	宁上线武夷山段	2012年	福建（7条）
9	花山界至里木	2017年1月	赣闽省界	光泽至邵武	在建	
10	温家圳至沙塘隘	2004年9月	赣闽界熊村	邵武至三明	2005年	
11	广昌至船顶隘	2017年1月	赣闽界广昌东	建宁至泰宁	2013年底	
12	石城至吉安	2010年9月	赣闽界石城	永安至宁化	2011年	
13	隘岭至瑞金	2011年11月	赣闽界隘岭	龙岩至长汀	2007年	
14	寻乌至全南	2015年1月	赣闽界寻乌	上杭至武平	2015年	
15	瑞金至寻乌	2011年12月	赣粤界南桥南	平远至兴宁	2015年	广东（5条）
16	赣州至定南	2004年1月	赣粤省界	粤赣高速	2005年	
17	龙南里仁至杨村	2012年12月	龙杨(省界)	连平至从化	2015年	
18	南康至大余	2007年12月	梅关	韶赣高速	2010年	
19	宁都至定南	2017年1月	赣粤界东江源	龙川至紫金		

续上表

序号	江西省境内路段			邻省境内路段		省份
	名称	通车时间	省界站	名称	通车时间	
20	赣州至崇义	2012年12月	赣湘界崇义西	汝城至郴州	2012年	湖南 (7条)
21	井冈山至睦村	2013年1月	赣湘界睦村	炎陵至睦村	2012年	
22	吉安至莲花	2012年12月	赣湘界界化垄	界化垄至茶陵	2012年	
23	昌博至金鱼石	2004年9月	赣湘界金鱼石	醴陵至湘潭	2007年	
24	萍乡至洪口界	2014年12月	赣湘界金山	长沙(永安)至浏阳(洪口界)	2013年(湖南未通)	
25	奉新至铜鼓	2012年1月	赣湘界铜鼓西	大围山至浏阳	2012年	
26	修水至赣湘界	2017年1月	赣湘界西尹	益阳至平江	预可阶段	
27	武宁至吉安	2008年1月	赣鄂界上菁	黄石至咸宁	2011年	湖北 (3条)
28	九江至瑞昌	2010年12月	赣鄂省界	杭瑞高速	2011年	
29	九江长江公路大桥	2013年1月	赣鄂省界九江二桥	2013年		

1991—2015年江西省营业性运输车辆发展示意图,如图1-0-1所示。

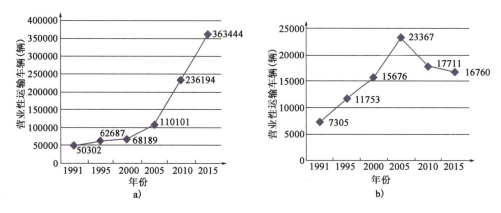

图1-0-1　1991—2015年江西省营业性运输车辆发展示意图

2006—2015年江西省客运班线发展示意图,如图1-0-2所示。

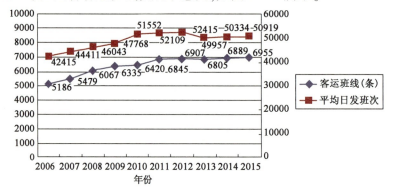

图1-0-2　2006—2015年江西省客运班线发展示意图

2006—2015年江西省高速公路客运发展示意图,如图1-0-3所示。

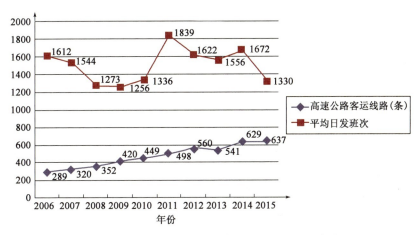

图1-0-3　2006—2015年江西省高速公路客运发展示意图

第二章
高速公路建设发展

江西省高速公路建设从1989年起步,经过28年的建设,高速公路建设取得巨大成绩。截至2016年底,完成投资2100多亿元,建成高速公路61条,打通28条出省通道,通车里程基本达到6000km,实现历史性跨越,居全国第7位。高速公路的发展,大大提高了江西省公路网的整体技术水平,优化了交通运输结构,有力地促进了江西省经济发展和社会进步。

江西省高速公路的布局是根据江西省高速公路网的功能和定位,综合分析未来江西社会经济发展对高速公路运输的需求,广泛借鉴国内外高速公路规划的经验而制订的。江西高速公路网以南昌为中心,连通各市县、全面打通与相邻省份高速主通道,基本实现省内4小时、省际8小时经济圈,县(市)基本半小时进入高速公路网络,实现纵贯南北、承东启西、覆盖全省、通达四邻的高速公路网。

第一节 高速公路线路

2013年,江西省政府批准《江西省高速公路网规划(2013—2030年)》。根据该规划,到2020年,江西省高速公路通车里程将达6543km,形成"四纵六横八射"加17条联络线组成的网络。2015年底,全省共建成高速公路51条(含2个改扩建项目),全省通车里程达5088km,总投资为2200亿元,已经实现县县通高速公路,打通24条出省通道。基本形成"纵贯南北、横跨东西、覆盖全省、连接周边"的高速公路网络。截至2017年1月,经过江西省的国家高速公路有14条:G35济广高速公路、G45大广高速公路、G56杭瑞高速公路、G60沪昆高速公路、G70福银高速公路、G72泉南高速公路、G76厦蓉高速公路、G1514宁上高速公路、G4511龙河高速公路、G6001南昌绕城高速公路、G6011昌韶高速公路、G60N杭长高速公路、G3W德上高速公路、G1517莆炎高速公路,总里程达4142.963km;江西省地方高速公路有18条:S20彭湖高速公路、S22都九高速公路、S29祁浮高速公路、S30永武高速公路、S32修平高速公路、S33上万高速公路、S37九江绕城高速公路、S38昌栗高速公路、S41宁定高速公路、S42东昌高速公路、S46抚吉高速公路、S47昌宁连接线、S49枫生高速公路、S69樟吉高速公路、S80寻全高速公路、S81铜宜高速公路、S86定南联络线、S89 萍洪高速公路,总里程达 1735.190km;连接线有 8 条:ZGA1 福银昌北机场连接线、ZGA2 杭瑞景德镇连接线、ZGA3 杭瑞九江长江大桥连接线、ZGA4 杭瑞九江连接线、ZGA5 泰井井冈山连接线、ZGA6 杭长高速公路南昌东连接线、ZGA7 杭长高速公路南昌西连接线、ZGA8 南昌绕城昌北连接线,总里程达 16.128km。

一、国家高速公路线路

1. G35 济广高速公路江西境内

济广高速公路在江西境内由景鹰、鹰瑞、瑞寻三段高速公路组成。路线全长 635.13km,概算总投资 200 亿元,起点位于景德镇市浮梁县的桃墅店,止于赣州市寻乌县的牛埃石(赣粤界),途经景德镇市浮梁县、上饶市余干县、鹰潭市余江县、抚州市南城县、赣州市宁都县等地区。2005 年 11 月开工建设,2011 年 12 月 28 日建成通车。

2. G45 大广高速公路江西境内

大广高速公路在江西境内由武吉、昌泰(其中 41.271km 为大广高速公路)、泰赣、赣定(其中 97.214km 为大广高速公路)、龙杨五段高速公路组成。路线全长 614.624km,概算总投资 236 亿元,起点位于九江市武宁县五里凸(鄂赣界),止于赣州市龙南县杨村,途经九江市修水县、宜春市上高县、新余市分宜县、吉安市吉安县、赣州市信丰县等地区。2001 年 1 月开工建设,2012 年 12 月 31 日建成通车。

3. G56 杭瑞高速公路江西境内

杭瑞高速公路在江西境内由景婺黄、九景、昌九(其中 22.195km 为杭瑞高速公路)、九瑞四段高速公路组成。路线全长 314.927km,概算总投资 92.43 亿元,起点位于上饶市的婺源县塔岭头,止于九江市界首(赣鄂界),途经上饶市婺源县和鄱阳县、景德镇市昌江区、九江市湖口县和都昌县等地区。1989 年 7 月 28 日开工建设,2010 年 12 月 29 日建成通车。

4. G60 沪昆高速公路江西境内

沪昆高速公路在江西境内由梨温、昌樟(其中 76.744km 为沪昆高速公路)、温厚、昌金四段高速公路组成。路线全长 524.875km,概算总投资 95.13 亿元,起点位于上饶市玉山县梨园,止于萍乡市与湖南醴陵市交界的金鱼石,途经上饶市广丰县、鹰潭市余江县、抚州市东乡县、南昌市进贤县、宜春市樟树市、新余市渝水区、萍乡市湘东区等地区。1995 年 12 月 18 日开工建设,2004 年 9 月 26 日建成通车。

5. G70 福银高速公路江西境内

福银高速公路在江西境内由温沙、乐温、昌九(其中 92.865km 为福银高速公路)三段高速公路和九江二桥组成。路线全长 348.667km,概算总投资 124.42 亿元,起点位于抚州市赣闽交界处的沙塘隘,止于九江市长江北岸,接湖北建设段,途经抚州市南城县、南昌市新建区、九江市星子县等地区。1989年7月28日开工建设,2013年10月28日建成通车。

6. G72 泉南高速公路江西境内

泉南高速公路在江西境内由石吉、吉莲两段高速公路组成。路线全长297.244km,概算总投资153.34亿元,起点位于赣州市石城县东南约10km处的赣闽省界五里亭,止于赣湘交界处的界化垄,途经赣州市宁都县和兴国县、吉安市泰和县和永新县、萍乡市莲花县等地区。2008年9月22日开工建设,2012年12月31日建成通车。

7. G76 厦蓉高速公路江西境内

厦蓉高速公路在江西境内由隘瑞、瑞赣、赣州城西、赣崇四段高速公路组成。路线全长246.284km,概算总投资142.73亿元,起点位于赣州市赣闽两省交界的隘岭,止于赣州市崇义县文英乡,与湖南(郴州市汝城县热水镇)交界处,接厦蓉线湖南汝城至道县段起点,整条线路在赣州地区境内,途经赣州市瑞金市、会昌县、于都县、章贡区、上犹县、崇义县。2003年7月开工建设,2012年12月31日建成通车。

8. G1514 宁上高速公路江西境内

宁上高速公路在江西境内只有上武高速公路一段。路线全长52.966km,概算总投资30.41亿元,起点位于赣闽省界分水关,连接宁德至上饶高速公路福建段终点,整条线路在上饶市境内,途经上饶市经济开发区和铅山县。2009年7月开工建设,2011年11月15日建成通车。

9. G4511 龙河高速公路江西境内

龙河高速公路在江西境内只有赣定高速公路的一部分,是大广高速公路(G45)的联络线之一,是连接赣州市龙南县和河源市的高速公路。路线全长28.858km,起点位于大广高速公路龙南枢纽,止于赣州市定南县老城野猪塘,与广东省的粤赣高速公路相接,整条线路在赣州市境内,途经赣州市龙南县和定南县。2002年8月15日开工建设,2004年7月1日建成通车。

10. G6001 南昌绕城高速公路

南昌绕城高速公路主要以南昌西外环为主,路线全长55.529km(其中,南昌西外环40.458km、生厚段11.925km、温厚段1.243km、乐温段0.863km、机场连接线1.042km;同时,与梨温高速公路共线)。2005年2月开工建设,2007年1月16日建成通车。

11. G6011 昌韶高速公路(联络线)江西境内

昌韶高速公路(联络线)在江西境内由昌宁、兴赣、赣州绕城、康大四段高速公路及宁都西枢纽至兴国枢纽段(与 G72 共线)、南康南枢纽至三益枢纽段(与 G45 共线)组成。路线全长 422.765km,概算总投资 274.62 亿元,起点位于南昌市南昌县冈上镇,止于赣粤交界处的大梅关,途经南昌市南昌县、宜春市丰城市、抚州市乐安县、吉安市永丰县、赣州市宁都县等地区。2005 年 12 月开工建设,2017 年 1 月 4 日建成通车。

12.G1517 莆炎高速公路(联络线)江西境内

莆炎高速公路(联络线)在江西境内由船广、广吉(在建)、泰井、井睦四段高速公路及泰和北互通至泰和枢纽段(与 G72 共线)、泰和枢纽互通至大广高速泰井互通段(与 G45 共线)组成。路线全长 126.176km(未含在建的广吉段),概算总投资 79.51 亿元,起点位于与福建省泰宁至建宁高速公路相连处的赣闽省界(船顶隘),止于井冈山市与湖南省炎陵县赣湘交界处的睦村乡,途经抚州市广昌县、赣州市宁都县、吉安市泰和县等地区。2003 年 10 月开工建设,2017 年 1 月 4 日建成通车。

13.G3W 德上高速公路(并行线)江西境内

德上高速公路(并行线)在江西境内由婺源至景婺常高速公路德兴枢纽互通段(属德婺高速公路部分,25.885km)、德兴枢纽互通至德昌高速公路德兴东枢纽互通段(属德昌高速公路部分,27.3km)、德兴东枢纽互通至沪昆高速公路上饶东枢纽互通段(德兴至上饶高速公路,61.222km)组成。路线全长 114.377km,概算总投资 72.437 亿元,起点位于上饶祁门(祁门至婺源枢纽互通段目前尚未建成),止于上饶东枢纽互通,与沪昆高速公路相连,整条线路在上饶市境内,途经上饶市婺源县、德兴市、玉山县、信州区。2004 年 11 月开工建设,2012 年 12 月 31 日建成通车。

14.G60N 杭长高速公路(并行线)江西境内

杭长高速公路(并行线)在江西境内由德兴白沙关至景婺常高速公路德兴枢纽互通段(属德婺高速公路部分,9.461km)、德兴东枢纽互通至昌东枢纽段(属德昌高速公路部分,179.393km)、昌奉段(36.368km)、奉铜段(133.883km)、南昌南外环段、景婺常高速公路德兴新岗山枢纽互通至昌德高速公路德兴东枢纽互通段、昌东枢纽至塔城互通段、南昌南外环枢纽互通至昌奉高速公路望城互通段、宜丰枢纽至铜鼓枢纽段组成。路线全长 359.693km,概算总投资 178.01 亿元,起点位于上饶市浙赣两省交界处的白沙关,止于排埠镇华联村,顺接湖南省大围山至浏阳高速公路的终点,途经上饶市德兴市、景德镇市乐平市、南昌市新建区、宜春市奉新县和铜鼓县等地区。2004 年 11 月开工建设,2012 年 10 月 28 日建成通车。杭长高速公路还包括乐温高速公路 0.589km。同时,南昌南外环枢纽互通至昌奉高速公路望城互通段、景婺常高速公路德兴新岗山枢纽互通至昌德高速德兴东枢纽互通段与 G3W 共线;昌东枢纽至塔城互通段与 G70 共线;宜丰枢纽至铜鼓枢纽段与 G45 共线,长 21.53km。

二、地方高速公路线路

1. S20 彭泽至湖口高速公路

彭湖高速公路是省境北部与安徽省联络的重要高速公路,处于九江市的湖口县和彭泽县境内,线路起点位于彭泽县马当镇(起点桩号 K12+000),终点与九景高速公路衔接,全长 63.938km,总投资为 20.5 亿元,全线采用双向 4 车道高速公路标准建设,设计速度 80km/h 和 100km/h。2008 年 10 月 18 日开工建设,2010 年 9 月 16 日建成通车。

2. S22 都昌至九江高速公路(星子至九江段)

都昌至九江高速公路(星子至九江段)项目起于九江绕城高速公路华林枢纽互通,途经星子县华林镇、温泉镇、九江县马回岭镇,至马回岭枢纽与昌九高速公路相接,共经过九江市的 2 县 3 个乡镇,全长 16.071km,总投资 12.48 亿元,全线采用双向 4 车道高速公路标准建设,设计速度 100km/h。2013 年 4 月 15 日开工建设,2014 年 12 月 26 日建成通车。

3. S22 都昌至九江高速公路(都昌至星子段)

都九高速公路(都昌至星子段)起于都昌县蔡岭镇,与九景高速公路相接,途经都昌县蔡岭镇、徐埠镇、新妙乡、左里镇、多宝乡,星子县蓼南乡、蓼花镇,终于星子县华林镇虎口冲村,终点在星子县华林枢纽与九绕高速公路和都九高速公路(星子至九江段)相接,路线全长 49.969km,投资概算 42.8 亿元,全线采用双向 4 车道高速公路标准,设计速度 100km/h。2014 年 12 月 26 日开工建设,2017 年 1 月 4 日建成通车。

4. S29 祁门至浮梁高速公路(良禾口至桃墅店段)

祁浮高速公路路线起点位于皖赣两省交界的良禾口,与安徽境内的黄山至祁门高速公路以桥梁相连,经浮梁县西湖乡的潘溪、中亭,终点在浮梁县西湖乡的桃墅店与景鹰高速公路相交,交会处设置枢纽型桃墅店互通,全长 15.655km,项目批复概算 6.32 亿元,竣工预决算 6.04 亿元。全线采用双向 4 车道高速公路标准建设,设计速度 80km/h。2010 年 8 月 9 日开工建设,2012 年 8 月 28 日建成通车。

5. S30 永修至武宁高速公路

永武高速公路路线起于永修县云山经济开发区,经过永修县、武宁县,于武宁县澧溪镇与大广高速公路相连,全线长 104.487km,总投资 41.85 亿元,全线采用双向 4 车道高速公路标准建设,设计速度 80km/h。2009 年 9 月 7 日开工建设,2011 年 9 月 16 日建成通车。

6. S32 修水至平江(赣湘界)高速公路

修平高速公路位于九江市修水县境内,路线起于修水县庙岭乡庙岭村珊塘,于大广高速公路 K2624+069 处设枢纽互通相接,向西经太阳升镇,于杨梅渡村西南侧跨修河,经四都镇、上杭乡,在杭口镇南面中高墩村设修水西互通接 G353,之后路线沿 G353 南面展布,经马坳镇,在渣津镇南面长仑村设置渣津互通接 G353,再先后沿 G353 及 S510 向西穿石坳乡、上衫乡,于大桥镇西南面的山口村北设置大桥互通接 S510,转向西南方向与西尹村石下西侧省界接湖南境内的龙门至平江高速公路,全长 79.676km,总投资 50.8 亿元,全线采用双向 4 车道高速公路标准建设,设计速度 80km/h。2014 年 12 月 26 日开工建设,2017 年 1 月 4 日建成通车。

7. S33 上饶至万年高速公路

上万高速公路南起沪昆高速公路,北接德昌高速公路,途经上饶市的横峰县、弋阳县、万年县和鹰潭市的贵溪市等 4 个县(市)的 8 个乡镇,全长 76.057km,概算投资 49.89 亿元,全线按全封闭、全立交双向 4 车道高速公路标准建设,设计速度 80km/h。2014 年 12 月 26 日开工建设,2017 年 1 月 4 日建成通车。

8. S37 九江绕城高速公路

九江绕城高速公路路线起点位于庐山区新港镇,与杭瑞高速公路九江至景德镇段相接,往西与都昌至九江高速公路相连,全长 46.664km,总投资 31.33 亿元,全线采用双向 4 车道高速公路标准建设,设计速度 100km/h。2012 年 7 月 28 日开工建设,2014 年 12 月 26 日建成通车。

9. S38 南昌至上栗高速公路

昌栗高速公路路线起自新建区望城镇罗家老屋,途经南昌市红谷滩新区、新建区,宜春市高安市、上高县、宜丰县、万载县、袁州区,萍乡市上栗县,终于上栗县金山镇,建设项目全长 223.09km(昌栗管养里程 220.93km),概算金额 114.22 亿元,全线采用双向 4 车道高速公路标准建设,设计速度 100km/h。2013 年 10 月 28 日开工建设,2016 年 1 月 13 日建成通车。

10. S41 宁都至定南高速公路(宁都至安远段)

宁定高速公路(宁都至安远段)是江西省"四纵六横八射"公路网主骨架中重要的南北向高速公路之一,路线起于泉南高速公路宁都南互通处,接南昌至宁都高速公路终点,途经赣州市宁都县、于都县和安远县的 17 个乡镇 72 个行政村,终于寻全高速公路安远服务区处枢纽互通,接宁都至定南(赣粤界)高速公路安远至定南段,路线全长 163.86km,投资概算 109.7745 亿元,全线采用双向 4 车道高速公路标准建设,设计速度 80km/h。2014 年 12 月 26 日开工建设,2017 年 1 月 4 日建成通车。

11. S41 宁都至定南高速公路(安远至定南段)

宁定高速公路(安远至定南段)是江西省"四纵六横八射"公路网主骨架中重要的南

北向高速公路之一,路线起于安远城北工业园东侧,与南昌至安远段(南昌至定南高速公路北段)终点相接,途经安远县欣山镇、新龙乡、凤山乡、镇岗乡、孔田镇及定南县鹅公镇,终于鹅公镇留村附近江西、广东两省交界处,路线全长51.595km,投资总额40.3亿元,全线采用双向4车道高速公路标准建设,设计速度80km/h。2014年12月26日开工建设,2017年1月4日建成通车。

12. S42 东乡至昌傅高速公路

东昌高速公路建设项目是江西省高速公路网最新调整规划的"四纵六横八射"中的一横,路线大致呈东西走向,途经抚州市临川区、东乡县,宜春市丰城市、樟树市,吉安市新干县,共3个设区市、5个县区市、26个乡镇、2个垦殖场,路线全长152.13km,投资概算99.7286亿元,全线按双向4车道高速公路标准建设,设计速度100km/h。2014年12月26日开工建设,2017年1月4日建成通车。

13. S46 抚州至吉安高速公路(抚吉段)

抚吉高速公路路线起于抚州市金巢开发区的崇岗镇,经抚州市临川区、金巢开发区、崇仁县、宜黄县、乐安县,吉安市永丰县、吉水县,终于吉安市市区以北的吉州区,全长179.188km,概算总投资94.55亿元,全线采用双向4车道高速公路标准建设,设计速度100km/h。2011年6月28日开工建设,2012年12月28日建成通车。

14. S46 抚州至吉安高速公路(金抚段)

金抚高速公路是连接济南至广州高速公路与福州至银川国家高速公路的地方加密高速公路,路线东起济南至广州高速公路的金溪县,沿线经过抚州市金溪县、临川区、金巢高新区2区1县,西接抚吉高速公路抚州南枢纽互通,路线全长40.225km,总概算19.93亿元,全线采用双向4车道高速公路标准建设,设计速度100km/h。2013年8月3日开工建设,2015年11月6日建成通车。

15. S46 抚州至吉安高速公路(资溪至金溪段)

资溪至金溪高速公路是抚吉高速公路的其中一段,即资溪花山界至里木高速公路,是江西省高速公路网中的一条地方加密高速。路线起点位于抚州市资溪县赣闽两省交界处,接福建省在建邵武至光泽高速公路,途经鹤城镇、高阜林场、高阜镇、嵩市镇、高田乡,终点位于高田乡翁源村与济广高速公路相接,全长38.578km,总投资27.01亿元,全线按双向4车道高速公路标准建设,设计速度80km/h。2013年10月28日开工建设,2017年1月4日竣工通车。

16. S47 昌宁连接线

昌宁连接线路线起点位于南昌县境内南外环高速公路小蓝工业园,途经富山乡,终于冈上镇荆林村,接南昌至宁都高速公路冈上至宁都段,全长12.229km,总投资14.4127亿元,双向 6 车道高速公路,设计速度 100km/h。2014 年 12 月 26 日开工建设,2017 年 1 月 4 日建成通车。

17. S49 枫生高速公路(昌九段、昌樟段)

枫生高速公路由昌九高速公路和昌樟高速公路两分部组成,其中昌九高速公路部分长 17.24km(K0+000~K17+240),1996 年 1 月建成;昌樟高速公路部分长 14.9km(K17+240~K32+140),1997 年 12 月建成。

18. S69 樟树至吉安高速公路

樟吉高速公路为昌泰高速公路主要部分,路线起于樟树市昌傅镇,途经新余市、峡江县、吉水县、吉安市吉州区、吉安县等 5 个县(区),全长 106.45km(K0+000~K106+450),昌泰高速公路总投资 22.41 亿元,全线按双向 4 车道高速公路标准建设,设计速度 100km/h。2001 年 6 月 28 日开工建设,2003 年 6 月 28 日建成通车。

19. S80 寻乌(赣闽界)至全南高速公路

寻全高速公路路线起点位于福建省古武高速公路(寻乌县罗珊乡贝村草头垄赣闽界),途经寻乌县罗珊乡、澄江镇、水源乡、三标乡,安远县高云山乡、欣山镇(安远县城)、车头镇、新龙乡,信丰县虎山乡、小江镇,西接 G45 大广高速公路赣定段(信丰县小江镇罗吉村的四坑腰仔),沿线共经 3 个县 10 个乡(镇),全长 112.104km,估算总投资 87.13 亿元,全线采用双向 4 车道高速公路标准建设,设计速度 80km/h。2012 年 7 月 28 日开工建设,2015 年 10 月 30 日建成通车。

20. S81 铜宜高速公路(万载至宜春段)

万载至宜春高速公路是江西省地方加密高速公路之一,位于万载县和宜春市境内,路线北起万载县西郊省道 S312 万上(万载至上栗)公路,途经万载县的康乐街办、马步乡、宜春市袁州区的西岭布果园场、柏木乡、三阳镇、袁州区工业园、湖田镇,与沪昆高速公路相接,终于袁州枢纽互通出口收费站,以连接线的方式接于明月山机场路 A 线,全长 36.919km,总投资 20.21 亿元,双向 4 车道高速公路。2012 年 7 月 28 日开工建设,2014 年 12 月 26 日建成通车。

21. S81 铜宜高速公路(铜鼓至万载段)

铜万高速公路路线总体呈南北走向,依次穿越铜鼓县、宜丰县和万载县,起点位于宜春市铜鼓县三都镇小山村,终点位于万载县西北侧南昌至上栗高速公路与宜春至万载高速公路相交的枢纽互通处,全长 68.797km,批复概算总投资 61.258 亿元,铜万高速公路按全封闭、全立交双向 4 车道高速公路标准建设,设计速度 80km/h。2014 年 12 月 26 日开工建设,2017 年 1 月 4 日建成通车。

22. S86 定南联络线

定南联络线起于定南县鹅公镇东陂坑、柱石两村间的宁都至定南(赣粤界)高速公路K200附近,途经定南县鹅公镇、天九镇、沙头(长桥村)国家稀土资源储备区、历市镇,于铜锣圩跨京九铁路,终于老城镇河邦村占屋附近与大广高速公路龙河联络线相接,建设里程38.851km,投资总额26.19亿元,采用双向4车道高速公路标准,设计速度80km/h。2014年12月26日开工,2017年1月4日建成通车。

23. S89 萍乡至洪口界高速公路

萍洪高速公路起点位于萍乡经济开发区叶家坳村与320国道相接,途经萍乡市安源经济技术开发区,上栗县福田镇、长平乡、上栗镇、金山镇,终于赣湘交界金山镇洪口界,与湖南省长沙至浏阳高速公路相接,全长33.796km,双向4车道高速公路,总投资24.82亿元,2006年10月26日正式开工建设,因为资金问题于2007年10月全线停工。2012年11月16日,经中国国际经济贸易仲裁委员会裁决,江西省发改委批准,项目法人变更为省高速集团,2013年4月复工建设,2014年12月26日建成通车。

24. ZGA1 福银昌北机场连接线

位于机场高速公路,长1.638km,双向4车道高速公路,设计速度100km/h。投资1.19亿元。1997年6月开工建设,1998年12月建成通车。

25. ZGA2 杭瑞景德镇连接线

位于九景高速公路,长5.318km,双向4车道高速公路,设计速度100km/h。投资0.94亿元。1997年3月开工建设,2000年11月建成通车。

26. ZGA3 杭瑞九江长江大桥连接线

位于昌九高速公路,长1.945km,双向4车道高速公路,设计速度100km/h,投资0.23亿元。1989年7月开工建设,1996年1月建成通车。

27. ZGA4 杭瑞九江连接线

位于九景高速公路,长0.426km,双向4车道高速公路,设计速度100km/h。1997年3月开工建设,2000年11月建成通车。

28. ZGA5 泰井井冈山连接线

位于泰井高速公路,长1.924km,双向4车道高速公路,设计速度80km/h。2003年10月开工建设,2005年3月建成通车。

29. ZGA6 杭长南昌东连接线

位于德昌高速公路,长1.511km,双向4车道高速公路,设计速度100km/h。2009年7月开工建设,2011年9月建成通车。

30. ZGA7 杭长南昌西连接线

位于昌奉高速公路,长 2.165km,双向 4 车道高速公路,设计速度 100km/h。2009 年 9 月开工建设,2011 年 12 月建成通车。

31. ZGA8 南昌绕城昌北连接线

位于南昌绕城高速公路,长 1.201km,双向 4 车道高速公路,设计速度 100km/h。2005 年 2 月开工建设,2007 年 1 月建成通车。

三、建设中的高速公路线路

1. 南昌南外环高速公路

南昌南外环高速公路起点位于南昌东外环高速公路塔城互通,自东向西,经南昌县塔城乡后,高架桥穿越武阳镇、八一乡(其间设武阳镇互通和八一互通);而后继续高架穿越南莲路;高架桥骑行城南路至迎宾大道(设迎宾互通);继续高架穿越雄溪村至小蓝工业园的富山三路,高架桥骑行富山三路至金沙四路(设金沙互通和小蓝枢纽),而后路线以"桥下桥"形式下穿杭南长高速铁路,向莆铁路和西环铁路至赣江沿江大道(设沿江互通);于西环铁路赣江特大桥上游约 2.8km 处跨越赣江;过赣江后,路线与昌樟高速公路交叉(设昌西南枢纽互通);改移南昌西外环高速公路尾段后,终于南昌西外环高速公路。全长 35.802km,估算投资 71.1 亿元,全线采用双向 6 车道高速公路标准建设,设计速度 100km/h。2014 年 6 月开工建设,2017 年建成通车。

2. 广昌至吉安高速公路

广吉高速公路由广吉主线和吉安连接线两部分组成,路线共长 188.82km,主线路线起于抚州市广昌县 G35 济广高速公路 K1320+000 处白田村附近,与 G1517 船顶隘至广昌高速公路广昌南枢纽互通相接,终于泰和县境内 G72 泉州至南宁国家高速公路 K523+655 处,与石城至吉安高速公路泰和北枢纽互通相接,路线全长 154.976km。吉安连接线起点位于 S46 抚吉高速公路吉水县城南文峰隧道和吉水互通中间的柳背村附近,设吉水枢纽互通与抚吉高速公路连接,终于广吉高速公路青原枢纽,路线全长 33.844km。途经赣州市宁都县,抚州市广昌县,吉安市永丰县、吉水县和泰和县。全线按全封闭、全立交双向 4 车道高速公路标准建设,设计速度 80km/h(广吉主线起点至青原枢纽互通段及吉安支线,约 170km)、100km/h(青原枢纽互通至终点,约 18km),估算总投资约 131.62 亿元(静态投资 124.52 亿元)。2016 年 11 月开工建设,预计 2019 年 4 月建成通车。

3. 铜鼓至万载高速公路宜丰联络线

铜万高速公路(宜丰联络线)是《江西省高速公路网规划(2013—2030 年)》的地方加密高速公路,位于宜春市境内。东连已通车的昌铜高速公路和大广高速公路,西接在建的铜鼓至万载高速公路,起点位于宜春市宜丰县天宝乡彪马岭村,向西经双峰乡、黄岗镇,终点与铜万高速公路在黄岗枢纽互通相接。路线全长24.955km,项目概算投资25.75亿元。全线采用双向4车道高速公路标准建设,设计速度80km/h;路基宽度24.5m,2017年开工建设。

4. 抚州东外环高速

抚州东外环高速公路项目位于抚州市境内,与抚州市西面的福银高速公路一道形成抚州市一条完整的外环高速公路,路线起于抚州市临川区太阳镇季家源附近,与东乡至昌傅高速公路对接,终于嵩湖乡杨家村附近,与金溪至抚州高速公路顺接。项目途经抚州市临川区七里岗乡、湖南乡、嵩湖乡及金溪县浒湾镇2个县(区)4个乡镇,路线全长22.72km,概算投资约18.3637亿元。全线采用双向4车道高速公路标准,设计速度100km/h,路基宽度26m,2016年11月开工建设。

第二节　高速公路桥梁建设

1. 南昌至樟树高速公路药湖特大桥

药湖特大桥位于昌樟高速公路,原桥1995年开工建设,1997年建成通车,桥梁全长9100m,是该项目最长、规模最大的桥梁。上部结构主桥采用30m后张法预应力混凝土T梁(先简支后结构连续)跨越锦江(Ⅵ级航道),引桥采用20m先张法预应力混凝土宽幅空心板(先简支后桥面连续)跨越流湖、药湖低洼涝区。具体分联为109×20m预应力混凝土宽幅空心板+6×30m预应力混凝土T梁+337×20m预应力混凝土宽幅空心板。2013年1月至2014年9月30日,药湖特大桥改扩建,采用与原桥桥长对应的两侧分离新建方案,上构布置右幅桥为:97×20+(3×40)+(40+40+35)+(35+60+35)+(25+30)+6×40+325×20(m),左幅桥为:97×20+(3×40)+(40+40+35)+(35+60+35)+(25+30)+6×40+296×20+3×40+23×20(m),全长9100m,其中主桥采用35m+60m+35m预应力混凝土连续刚构跨越锦江Ⅵ级航道,引桥采20m预应力混凝土分体小箱梁,桥孔原则上与原桥对应。由于该桥较长,为保障安全及紧急救援需要,在新老桥之间设置了3处开口段,采用活动护栏设计,替换中央分隔带形成左右幅连续桥面。

2. 温家圳至厚田高速公路张家铁路跨线桥

张家铁路跨线桥为沪昆高速公路江西温家圳至厚田段的一座主线桥,桩号为K722+699.5。桥梁总长1365m,总宽27.5m,分左右两幅,双向4车道。桥跨布置14×20m(空心板)+(30+55+100+55+30)m(连续箱梁)+14×20m(空心板)+(30+55+100+

55+30)m(连续箱梁)+13×20m(空心板)。横向布置 0.5m(防撞墙)+11.75m(行车道)+0.5m(防撞墙)+2.0m(中央分隔带)+0.5m(防撞墙)+11.75m(行车道)+0.5m(防撞墙)。主桥主墩为钢筋混凝土实体墩,钻孔灌注桩,过渡墩采用钢筋混凝土柱式墩,引桥采用钢筋混凝土柱式墩,桥台采用肋板式桥台,基础采用钻孔灌注桩。桥面铺装:箱梁段采用6cm厚钢筋混凝土+5cm厚中粒式沥青混凝土,空心板段采用8cm厚钢筋混凝土+5cm厚中粒式沥青混凝土。设计荷载:汽车—超20级、挂车—100。1996年12月开工,1998年9月竣工。

3. 温家圳至厚田高速公路新建区赣江大桥(龙王庙大桥)

龙王庙大桥位于沪昆高速公路温家圳到厚田段K734+989桩号处,桥梁总长2077.8m,分左右两幅,桥跨布置(25×20m,连续箱梁)+(18×40m,T梁)+(65m+4×100m+65m,变截面连续箱梁)+(8×40m,T梁)。大桥上部构造为:①主桥为65m+4×100m+65m共350m预应力混凝土刚构—连续组合箱梁,采用分段悬臂浇筑施工;②东预应力混凝土T梁联采用18×40m,西预应力混凝土T梁联采用8×40m,分左右幅,每幅横桥向各6片主梁;③引桥为25×20m钢筋混凝土连续箱梁。下部构造:①主桥主墩采用6φ2.5m实体墩,边墩采用6φ2.0m实体墩,钻孔灌注桩;②预应力混凝土T梁联采用6φ1.4m实体墩,钻孔灌注桩;③引桥采用柱式墩,钻孔灌注桩。桥梁断面布置:①主桥及预应力混凝土T梁联总宽31.0m:1.75m(人行道)+0.5m(防撞墙)+11.75m(行车道)+0.5m(防撞墙)+2.0m(中央分隔带)+0.5m(防撞墙)+11.75m(行车道)+0.5m(防撞墙)+1.75m(人行道);②引桥总宽27.5m:0.5m(防撞墙)+11.75m(行车道)+0.5m(防撞墙)+2.0m(中央分隔带)+0.5m(防撞墙)+11.75m(行车道)+0.5m(防撞墙)。车道数:双向4车道。桥面铺装:6cm厚钢筋混凝土+5cm厚中粒式沥青混凝土。1997年12月开工,1999年1月21日竣工。

4. 九江至景德镇高速公路鄱阳湖大桥

鄱阳湖大桥是九景高速公路(九江至景德镇)上的一座特大斜拉桥,横跨于江西省九江市湖口县的鄱阳湖入长江口的湖面上,南侧是鄱阳湖,北侧是长江,为"江西公路第一桥",全长3799m,桥面宽27.5m。大桥由主桥主孔、主桥副孔、引桥三部分组成。引桥为55孔30m跨径简支T梁,桥面连续,6孔一联,共5联,主孔为(180+318+130)m子母塔双索面斜拉桥。副孔下部结构为钻孔桩基础,盖梁采用整体拆装式托架夹箍法施工。该桥自1988年开始进行可行性研究,于1996年开始进行技术设计和施工图纸设计,1997年11月开工,2000年11月与九景高速公路同时竣工。从此,江西公路最大的天堑鄱阳湖口,横空出世,架起江西省最大跨径的桥梁。大桥勘察和设计涉及的部门和专家之多、协作单位之众,方案研究之慎重,超过江西省2011年前建设的任何一座大桥。鄱阳湖大桥的规模、科技含量、主跨的跨度、勘察设计的难度,至今仍是江西之最。鄱阳湖大桥建设过程中,遇到困难很多,除了无处不在的水底溶洞,还有厚达三四十米的淤泥。同时,桥址处于大湖风口,水急浪高,气候变化无常,一不留神就会将参与建设的大船吹走。桥址南面十几公里处,就是鄱阳湖著名的"百慕大三角区"老爷庙一带,勘探开工前,请来的当地农民工不敢动手。如今在宽阔的湖面上,鄱阳湖大桥像张开无数琴弦的巨大竖琴,吸引着南来北往的游客。一般人们不会想到,以独特不对等形式张开的双索面斜拉桥的优美造型,却是源于极其复杂的地质情况:在岩溶密布的主河槽中,只找到一块20m²、相对完整的理想地基,最后,设计人员创造性地采用了一高一低子母塔斜拉桥方案,那一小块宝贵地形,便成为主塔的桥墩地基。

5. 九江至景德镇高速公路北港湖大桥

北港湖大桥位于江西省九江市湖口县境内,是九景高速公路(九江至景德镇)上的一座特大桥,起止桩号为:K459+010~K460+215。该桥于1997年底开工建设,建成于1999年10月。大桥全长1205m,上部结构为跨径20m预应力混凝土简支空心板梁,每10跨一联,桥面连续,左、右幅桥梁均为双桩基础接双柱式墩,上接盖梁,桩径为1.5m,柱径为1.2m。大桥建设过程中,正值1998年特大洪水期,水位较高,下部结构桩基接桩困难,故设计人员在柱顶以上1~5m进行变更设计,以抬高桩顶高程,便于下部结构的施工,此举确保大桥的及时完工,保障了九景高速公路全线顺利通车。

6. 泰和至井冈山高速公路大塘源铁路跨线桥

大塘源铁路跨线桥位于井冈山市厦坪镇上焦塘村附近。大桥位于低丘沟谷区,跨越丘间沟谷及X861县道及一条乡村公路、衡茶吉铁路1号搅拌站及人工水渠。两侧桥台均位于低丘半坡,两侧山体自然坡度较陡,植被发育,通视条件较差。所跨沟谷宽约100m,近东西走向,沟中部发育一条EW向的河流,宽3~5m,水深0.3m,勘察期间的流量约5L/s。地面高程284.0m左右。全幅共6联,左线(4×40+37)+(37+4×40)+4×40+5×40+5×40+5×40(m),右线(37+4×40)+5×40+4×40+5×40+5×40+5×40(m)。上部构造采用预应力混凝土(后张)T梁,先简支后连续,正交布置,第一联跨越衡茶吉铁路,交角130°,错孔布置。本桥左幅中心桩号K4+012.0、桥长1163m,右幅中心桩号K4+010.5、桥长1166m。桥梁上部5×40m为标准跨径联,每孔5片T梁(单幅),梁高2.4m。主梁间距2.17m,中梁预制宽度1.65m(边梁1.85m),翼板间留有0.47m现浇湿接缝,钢束采用高强低松弛钢绞线。桥面铺装采用:4cm沥青混凝土抗滑表层+黏层+6cm中粒式沥青混凝土+0.6cm沥青单层表处+底涂层+10cm C50混凝土。桥墩采用柱径为1.8m双柱式墩配桩径2.0m钻孔灌注桩、柱径为2.0m双柱式墩配桩径2.2m,0号桥台为桩径1.5m肋板式桥台,29号台为桩径2.0m双柱式台钻孔灌注桩基础。墩台桩基共134

根,单桩长20~48m。2003年10月开工建设,2005年3月竣工。

7. 泰和至赣州高速公路赖坪高架桥

赖坪高架桥是泰赣高速公路(泰和至赣州)上的一座分离式连续T梁高架桥,位于遂川县碧洲镇赖坪村,横跨深沟谷,是泰赣全线重点控制工程之一。下行线桥长1208.8m,上行线桥长848.8m,单幅桥面宽12.5m,上部结构采用40m跨径先简支后续的预应力混凝土T形弯梁桥,下部为双柱式桥墩与桩基肋式桥台,墩台基础为114根,最深孔桩45m,墩柱98根,最高墩柱42m,T梁306片。该桥自2001年11月16日开工建设,2004年1月16日建成通车。

8. 景德镇至鹰潭高速公路信江特大桥

信江特大桥是景鹰高速公路(景德镇至鹰潭)上的一座特大桥,横跨于江西省上饶市余干县的信江江面上,为"景鹰高速第一长桥",全长1385m,桥面宽25.5m。大桥由主桥、副孔、引桥三部分组成,由北到南桥面纵坡分别为1.696%、-2.207%,纵坡交点在主桥中心附近设置一条凸曲线过渡,主孔为(60+2×90+60)m变截面三向预应力连续刚构单箱单室箱梁结构,即中间3个墩与梁体固结,边墩顶设置支座。副孔分北副孔和南副孔,北南副孔分别接主桥的北南边跨。其分别为:10×40m和9×40m,均按两联设置。副孔为预应力混凝土先简支后连续T梁结构。引桥分北引桥和南引桥,北南引桥分别与北南副孔相连接。其分孔均为8×20m,按一联设置。引桥为先简支后连续预应力混凝土小箱梁结构。根据《关于江西景德镇(皖赣界)至鹰潭公路初步设计的批复》(交通部交公路发〔2005〕499号),于2005年开始进行技术设计和施工图纸设计,2005年11月开工,2007年11月与景鹰高速公路同时竣工,应余干县政府的请求,为方便信江两岸人民的出行,特别是洪涝灾害时的抢险自救工作,充分体现"以人为本"的设计理念,桥梁设计时在河堤范围的主桥及部分副孔范围设置了1.75m宽的人行道。

9. 武宁至吉安高速公路潭山大桥

武吉高速公路潭山大桥位于宜丰县潭山镇龙岗村境内,是一座线路为克服高差、跨一较大丘间盆地而建的特大型高架桥,中心里程桩号为:K107+150,桥长1089m,跨径组合为40×27m,桥宽36m,分左右幅双向4车道,基础采用钻孔灌注桩,共计116根。上部结构为预应力混凝土先简支后连续40m T梁。设计速度为100km/h,设计洪水频率为1/300。该桥桥位地貌单元属于山中冲(洪)积盆地中心区,桥位横跨盆地,地势较为平坦,两侧桥台均位于低山丘岗之上,地势较高,地面高程在150~180m,中部位于丘间盆地,主要为水田,地面高差在127~141m,线路在K107+075处呈45°交角跨一乡村公路(砂石路面,路面宽5m);线路在K107+340处跨一小河床,与河床呈70°交角,河面宽20m左右,常年流水,勘察期间水深在0.4~1.0m,但水位随季节变化大,遇强降雨易形成洪水,桥位区有乡村公路通往潭山镇,约5km,交通较为便利。该桥于2006年4月开工建设,2008年8月竣工通车。

10. 石城至吉安高速公路赣江大桥

该桥全长1150m,跨越赣江Ⅲ-3级航道,桥梁上部结构,主桥采用(100+155+100)m变截面单箱单室三向预应力混凝土连续刚构,副孔及引桥分别采用2联10跨40m和2联13跨30m先简支后连续的预应力混凝土T梁,副孔跨径40m,引桥跨径30m。主桥桥面采用6cm厚C40混凝土+三涂防水层+6cm厚中粒式沥青混凝土+4cm厚沥青混凝土抗滑表层,副孔及引桥桥面采用10cm厚C40混凝土+三涂防水层+6cm厚中粒式沥青混凝土+4cm厚沥青混凝土抗滑表层。主桥主墩采用壁厚1.5m的双薄壁墩;承台厚4.5m,单个承台混凝土方量644m³;主桥基础为直径3m的钻孔灌注群桩,桩长32m,最小嵌岩深度7m。副孔及引桥主墩采用柱式墩,直径1.8m和1.6m,基础为直径2m和1.8m的钻孔灌注桩,最大桩长35m。该桥于2006年4月开工建设,2008年8月23日竣工通车。

11. 瑞金至赣州高速公路白鹅贡江特大桥

白鹅贡江特大桥是瑞赣高速公路(瑞金至赣州)上的横跨贡江的第一座特大高架桥,位于会昌县白鹅乡境内,东起水东村,西至白鹅面。桥长1407m,桥面宽25.5m。大桥由主桥、引桥两部分组成,引桥为(18×30+40+40+19×30)m连续简支T梁,主桥为3×70m连续刚构组成,下部结构为双柱式桥墩、钻孔灌注桩、埋置式桥台。该桥于2007年3月16日开工建设,2009年4月28日建成通车。

12. 瑞金至赣州高速公路九岭高架桥

九岭高架桥是瑞赣高速公路(瑞金至赣州)上的一座特大桥,位于会昌县白鹅乡九岭水库。桥梁总长1054m,桥面宽25.5m。大桥由、主桥、引桥两部分组成,跨径布置为(3×30)m+(46+80+80+46)m+3×(4×40)m+(46+80+80+46)m+(3×30)m,主桥采用预应力混凝土连续刚构,引桥采用先简支后连续预应力混凝土组合箱梁,主墩为单柱式箱形截面空心薄壁墩,主墩基础为群桩基础。该桥于2007年3月16日开工建设,2009年4月28日建成通车。

13. 瑞金至赣州高速公路赣县江口贡江特大桥

赣县江口贡江特大桥是瑞赣高速公路(瑞金至赣州)上横跨贡江的第二座特大型高架桥,位于赣县江口镇上坝村附近,桥梁总长1088.12m,桥面宽29m,由主桥、引桥两部分组成,东引桥采用14×40m、西引桥采用8×40m先简支后连续预应力混凝土T梁,主桥采用4×50m先简支后连续预应力混凝土T梁。桥墩采用双柱式墩,基础均采用单排钻孔灌注桩。该桥于2007年3月16日开工建设,2009年4月28日建成通车。

14. 瑞金至赣州高速公路赣县茅店贡江特大桥

赣县茅店贡江特大桥是瑞赣高速公路(瑞金至赣州)上横跨贡江的第三座特大高架桥,位于赣县茅店镇陈屋村附近。桥梁总长1166.96m,桥面宽29m,由主桥、引桥两部分组成。东西引桥桥跨布置分别为$3×(6×30)m+5×30m$和$5×30m$先简支后连续预应力混凝土T梁,主桥桥跨布置为$4×50m$先简支后连续预应力混凝土T梁。桥墩采用双柱式墩,基础均采用单排钻孔灌注桩。该桥于2007年3月16日开工建设,2009年4月28日建成通车。

15. 鹰潭至瑞金高速公路安富高架桥

安富高架桥是鹰瑞高速公路南段(鹰潭至瑞金)上的一座分离式小箱梁特大桥,位于瑞金市谢坊镇安福村东侧,下跨岗间沟谷地和206国道。桥长1478m,单幅桥面宽12.65m,上部结构采用30m跨径的预应力混凝土后张小箱梁,下部为双柱式桥墩与桩基肋式桥台。该桥于2008年6月30日开工建设,2010年9月16日建成通车。

16. 德兴至南昌高速公路万年河特大桥

万年河特大桥跨越万年河,位于万年县与余干县交界处杨家与邱家墩之间,万年河东西岸均为水稻农田区。地势相对较低,地形平坦开阔,在K130+410~K131+020为万年河河床,河床宽610m,通航处水流与路线交角达125°。有草地和鱼塘,外堤顶为水泥路。万年河特大桥全长1109m,中心桩号为K130+406,分4联,左幅采用$4×40m+(4×40+35)m+(4×40+35)m+(35+4×40)m+5×40m+4×40m$,右幅采用$4×40m+(4×40+35)m+(4×40+35)m+5×40m+(4×40+35)m+4×40m$,有17个桥墩坐落在河道内,上部结构采用先简支后连续预应力混凝土T梁,桥墩采用柱式墩,下部结构采用肋板台,墩台采用桩基础。该桥于2009年7月开工建设,2011年9月16日竣工通车。

17. 德兴至南昌高速公路信江特大桥

信江特大桥位于珠湖农场附近,跨越信江,左岸为信瑞联圩,右岸为梓埠圩。信江河特大桥主孔采用$45m+2×70m+45m$连续箱梁,副孔采用$10×40m$先简支后连续预应力混凝土T梁,桥梁全桥总长1139m。下部结构(半幅)11~13号主墩为2.5m薄壁空心墩配3.5m厚承台,灌注桩基础;10号、14号过渡为1.8m厚实体墩,配3.0m厚承台,灌注桩基础。副孔下部构造(半幅)均为单排双柱式墩,灌注桩基础;两端桥台均为肋形桥台,设2.0m厚承台,基础采用钢筋混凝土钻孔灌注桩基础。该桥于2009年7月16日开工建设,2011年9月竣工。

18. 德兴至南昌高速公路瑞洪信江特大桥

瑞洪信江特大桥位于上饶市余干县瑞洪镇河段,河道顺直微弯,其上游约400m为昌万公路的瑞洪大桥,下游约1200m为瑞洪镇,桥址处滩槽总宽度约2000m,其中河槽宽约

600m,河东为瑞洪联圩,河西漫滩一直延伸至南昌市进贤县三里乡进贤县水禽良种繁殖场的后山处。线位与航道线基本正交,测时水面宽达580m,最深处达6.6m。瑞洪信江特大桥跨越信江西大河,全桥总长1663.12m。该桥于2009年7月设计,2011年9月建成通车。桥面宽度26m,设计速度为100km/h。全桥由主桥及引桥组成,由东到西桥面纵坡分别为0.74%、2%、−1.5%;主桥(47+2×80+47)m连续T梁,箱梁采用变截面三向预应力单箱单室连续箱梁结构,引桥为40m预应力混凝土先简支后连续T梁结构,东岸分孔为(5×40)m+4×(4×40)m,西岸分孔为(4×40)m+2×(5×40)m。瑞洪信江特大桥在施工设计桥跨布置时,项目组对《工程河道管理范围内建设项目的批复》进行认真研究,且已调整桥跨位置,桥墩已尽量避免布置在大堤的迎水坡面,设计要求桥墩桩基在枯水季节施工,并对河堤桥墩上游50m和下游100m处的坡面和坡脚采取相应的工程措施,并对桩基施工做防渗透处理,以确保大堤的安全和河岸的稳定。

19. 德兴至南昌高速公路金溪湖特大桥

金溪湖特大桥位于进贤县三里乡金溪湖,是一座跨越进贤县三里乡金溪湖的特大桥,三级通航,到目前为止,为江西省最长高速公路桥梁,全长9178.5m。该桥于2009年7月设计,2011年9月建成通车,桥面总宽度为26m。桥址处于鄱阳湖冲洪积平原单元,地势平坦开阔,地表多为水田、旱地、村舍,地面高程东部为17~25m,西部12m左右。该桥所跨湖面水域宽阔,河床底高程12~14m不等,洪水期水深3~5m不等。枯水期除航道区外,基本无水。设计通航等级Ⅲ-3,通航净空55×10m,2孔通航。通航水位22.80m,通航洪水频率1/20。金溪湖特大桥所跨越的金溪湖为鄱阳湖的支流,鄱阳湖是我国最大的淡水湖泊,位于长江中下游南岸,流域面积为162225km^2,其中156743km^{2}位于江西省境内,占全流域96.6%;其余5482km^{2}分属闽、浙、皖、湘等省,占全流域的3.4%。鄱阳湖纳赣江、抚河、饶河、信江、修水五水系以及博阳河、东河和西河诸河来水,经鄱阳湖调蓄后由湖口汇入长江。鄱阳湖属季节性湖泊,每年4~9月为汛期,10月到第二年3月为枯水期,洪水一般发生在3月下旬至7月上旬,年最大洪水多发生在5~6月,路线水位主要受鄱阳湖水位控制。金溪湖特大桥在余干县瑞洪镇上游3km处跨越金溪湖,在瑞洪镇设有水位观测站,该水位站1957年设站,1997年撤销,有1958—1996年观测资料,在金溪湖特大桥上游15km处设游三阳水文站。金溪湖特大桥桩号范围为K178+020.5~K187+199,桥型布置为61×40m先简支后连续T梁+(45+2×70+45)m变截面连续箱梁+95×40m先简支后连续T梁+90×30m先简支后连续T梁,桥梁全长9178.5m。桥上共设10个变坡点,最大纵坡是以通航孔为中心设人字坡,$i_1=1.373\%$、$i_2=-1.373\%$,其他段为排水需要设置0.3%的上下坡。金溪湖特大桥由于长达9178.5m,工程规模大,特划分为3个标段,即D6、D7、D8标。

20. 德兴至南昌高速公路抚河特大桥

抚河特大桥位于鄱阳湖盆地的河流冲洪积平原,地形平坦开阔,位于弯道下游,河面宽约 300m,西侧有内外两处河堤,内侧河堤为土堤,土堤外宽约 200m 有草地和鱼塘,外堤顶为水泥路,其防洪等级为 20 年一遇。该桥于 2009 年 7 月设计,2011 年 9 月建成通车,桥面总宽度为 26m。抚河特大桥位于泾口乡和塘南乡交界处,东岸属泾口乡,西岸属塘南乡,全长 1194.12m,中心桩号 K192+758,分 6 联,左幅具体布置为 $5\times40m+(4\times40+35)m+2\times5\times40m+(4\times40+35)m+(35+4\times40)m$ 预应力混凝土连续 T 梁,右幅具体布置为 $2\times5\times40m+2\times(4\times40+35)m+(35+4\times40)m+(5\times40)m$ 预应力 T 梁。抚河特大桥设计安全等级为一级,洪水频率为 1/300,通航等级为Ⅳ-1。桥区位于河流相冲洪积平原,地形较为平坦开阔,两岸防洪堤处于稳定状态,区内第四系覆盖层厚度较大,下伏基岩为白垩系上统南雄组泥岩,故桥位区的工程地质条件属复杂型。

21. 武宁至吉安高速公路田蒲大桥

田蒲大桥是武吉高速公路上的一座特大桥梁,它位于修水县何市镇上田蒲村附近,纵跨奉乡水,桥位处低山地形区,地形起伏大,河流两侧高、中间低,呈 V 形河谷,地势陡峭,相对高差约 200m,桥轴线基本与河床平行,重合段达 1.3km,两侧山体植被发育,自然河床宽 40~80m,常年流水,水深 0.6~5.0m,水位受下游红光坝电站排水情况影响。该桥是武吉高速公路全线施工难度最大的瓶颈工程,全长 1409m;桥梁上部均采用 40m 预应力混凝土连续 T 梁,下部结构桥墩采用双柱式,墩柱径为 1.8~2.0m,墩高均大于 20m,最高达 29m。田蒲大桥桥梁大部分处在河道中,此河道流域面积大,由于雨季的影响,洪水会不定期出现,桩基及下部结构施工前期处在重中之重的位置。该桥在建设过程中,试验人员、技术人员通过多次试验和咨询,配制出了和易性良好的 C50 高强度等级混凝土,解决了 40m T 梁简支变连续体系转换的问题,全桥共使用 40m T 梁 492 片,T 梁混凝土两万余立方米。该桥于 2006 年 4 月开工,2008 年 8 月竣工通车。

22. 九江绕城高速公路鞋山湖特大桥

鞋山湖特大桥横跨鄱阳湖湖汊,全长 1208m。上部结构采用 30m 预应力混凝土 T 梁,下部结构采用柱式墩、桩基础(肋台+柱台、桩基础)。全桥共 40 跨,桩基 168 根,承台(系梁)80 个,立柱(肋板)160 个,盖梁(台帽)82 个。鞋山湖特大桥的施工难点主要体现在 3 个方面:一是施工便道填筑、维护困难。原材料运输、混凝土搅拌运输遇到极大的困难,项目部投入巨大的人力物力用来保障便道的畅通。二是该桥位于鄱阳湖湖汊,受鄱阳湖汛期影响严重,施工时间受到限制,必须在鄱阳湖枯水期内完成下部结构及基础的施工,施工任务非常艰巨。项目部不计成本地投入冲击钻、旋挖钻等设备,总计投入冲击钻 34 台,旋挖钻 4 台,采取停人不停机的办法,昼夜施工,抢在涨水之前完成水中下部结构。

高峰期达到一天之内桩基浇筑8根、系梁2个、立柱3根、盖梁1个的施工高潮,并且单日混凝土浇筑量持续走高,连续达到1000m³左右。三是桩基施工地质情况复杂,经常遭遇淤泥层、漂石等,严重影响施工进度及成桩质量,项目部采取有效措施,与设计、监理、业主等相关单位群策群力,共同克服该困难,保证施工进度及质量。该桥于2012年7月开工,2014年12月26日竣工通车。

23. 九江绕城高速公路青山湖特大桥

青山湖特大桥是九江绕城高速公路全线的控制性工程。该桥位于鄱阳湖支流青山湖内,桥长1369m,共34跨35个墩台,其中3~33跨位于青山湖内,桥梁基础为钻孔桩基础,直径分别为1.5m、1.8m和2m。墩台身采用柱式结构,上部结构为33孔40m先简支后连续T梁。设计地质勘探桥位处有大量溶洞,且桥梁桩基为嵌岩桩,施工难度大。该桥于2012年11月正式开工,2014年5月全桥竣工,历时18个月。大桥初期的勘察和设计涉及多家设计与勘探单位协同合作,并且在施工过程中同步进行地质勘探工作。青山湖特大桥建设过程中,遇到的困难很多,除了无处不在的水底溶洞,还有漂石层等。同时,桥址处于鄱阳湖风口,气候变化无常,在桥梁基础和下部结构施工期间正处于鄱阳湖汛期,极大地增加了施工难度。在桥梁基础和下部结构施工期间,各参建单位人员克服种种困难,增加大量机械、设备和材料并投入到施工中,施工操作人员常常处于水中作业,由于湖水长时间对人体的浸泡,许多施工人员的身上都出现了气泡脱皮的情况,但没有一个人叫苦。在各方人员的努力下,该桥于2014年5月按质按量地完成全部施工任务,没有出现任何安全质量事故。

24. 九江绕城高速公路星子秀峰跨线桥

星子秀峰跨线桥是主线为跨丘陵河谷盆地、一条小河流及S212公路(环庐山公路)而设置的一座特大型高架桥梁。桥梁位于星子县秀峰镇,桥梁起点K34+458.4,桥梁终点K35+613.4,全长1155m。桥梁上部结构为预应力混凝土先简支后连续T梁+预应力混凝土现浇箱梁,下部结构为肋板式桥台,柱式桥墩,基础为钻孔灌注桩基础。桥区主要位于丘间河谷盆地,地形总体较为平坦开阔,盆地两侧的丘陵山体自然边坡稳定。桥区地层结构简单,第四系覆盖层厚度变化不大,下伏基岩为板溪混合岩、混合花岗岩,岩体风化强烈,差异性风化明显,部分孔位在钻探深度内未揭露完整基岩。桥区地表水和地下水对混凝土结构具有中、弱腐蚀性。桥区地震基本烈度为Ⅵ度,2005年11月26日瑞昌地震烈度达到了Ⅶ度,桥区工程地质条件总体属于较复杂类型。预应力混凝土先简支后连续的小箱梁双幅每孔由8片小箱梁组成,小箱梁高1.7m,中梁梁顶宽2.4m,边梁梁顶宽2.85m,全桥梁高、梁宽一致,桥梁横向通过梁间横隔梁及翼缘板的湿接缝连接成整体。该桥于2012年7月开工,2014年12月竣工通车。

25.九江长江公路二桥

九江长江公路二桥全长25.193km,由江西、湖北两省共建,其中跨长江大桥和南引道工程由江西省负责建设,路线全长17.004km(K691+844～K708+848)。跨长江大桥为全长8462m、主跨跨径818m的双塔混合梁斜拉桥,跨径居世界同类桥梁第七位。项目按双向6车道高速公路标准建设,设计速度为100km/h,桥梁比例达74.8%,跨越一江(长江)、两湖(赛城湖、七里湖)、三铁路(京九、昌九城际、南浔)、七道路(八里湖大道、环湖西路、长虹西大道、沙阎路、九瑞大道、滨江大道、江北岸105国道)。设主线收费站1个、匝道收费站2个。具有技术含量高、质量标准高、环保要求高、协调难度大的"三高一大"特点。大桥于2009年1月24日开工,2013年10月28日正式建成通车,2017年3月18日竣工验收。工程投资44.78亿元。大桥建成后,对于缓解过江交通压力、完善赣鄂两省高速公路网络、加强长江两岸经济社会联系、推进沿江经济带发展等具有重要意义。该项目接连获得"鲁班奖""詹天佑奖",是江西省交通建设领域标志性工程。

第三节 高速公路隧道建设

1.雁列山一号隧道(北)

位于九景高速公路,中心桩号K465+945,全长739.6m,宽度10.25m,高度5m,东洞口为翼墙式,西洞口为一字墙式,路面为沥青混凝土。照明采用RT3型钠灯。1997年3月开工,1999年2月竣工。

2.雁列山一号隧道(南)

位于九景高速公路,中心桩号K465+945,全长737.6m,宽度10.25m,高度5m,东洞口为翼墙式,西洞口为一字墙式,路面为沥青混凝土。照明采用RT3型钠灯。1997年3月开工,1999年2月竣工。

3.雁列山二号隧道(北)

位于九景高速公路,中心桩号K464+748,全长897m,宽度10.25m,高度5m,东洞口为一字墙式,西洞口为削竹式,路面为沥青混凝土。照明采用高压钠灯。

4.雁列山二号隧道(南)

位于九景高速公路,中心桩号K464+754,全长885m,宽度10.25m,高度5m,东洞口为一字墙式,西洞口为削竹式,路面为沥青混凝土,照明采用无极灯。1997年3月开工,1999年2月竣工。

5. 井冈山特长隧道

位于井泰高速公路,是一座特长公路隧道,隧道地质情况复杂,Ⅳ级及以下围岩比例40%以上;是江西省首座采用斜井(同位双斜井)通风的隧道。主洞左线长度6840.9m(ZK5+1161.1~ZK12+002),右线长度6858.9m(YK5+143.7~YK12+002.6)。井冈山隧道通风斜井是井冈山隧道主体的辅助设施之一,是解决特长隧道通风要求而设置的。该通风斜井洞口位于相对于主线里程桩号ZK7+400左侧约1100m附近,1号斜井长1420.61m,2号斜井长1364.656m。斜井洞口段设置坡度为3%的反向坡度以防止洞外地表水进入斜井,斜井主体最大坡度约9.9%,斜井走向逆地形方向延伸,2号斜井、1号斜井通过联络风道分别在ZK8+342(ZK8+252)、ZK8+312(ZK8+282)与隧道左洞相交。斜井断面采用单心圆割圆断面,1号斜井内轮廓线半径为4.65m,2号斜井内轮廓线半径为3.95m。其中1号斜井为排风洞,净空面积49.5m^2,2号斜井为送风洞,净空面积35.72m^2。斜井通过岔洞分别与隧道的左右线连接以实现分别对左右洞送排风。2003年10月开工,2005年3月竣工通车。

6. 塔岭隧道

位于景婺黄高速公路婺源县境内,由左、右两洞组成,左洞里程桩号K5+336~K7+310,长1974m,右洞里程桩号K5+303~K7+265,长1962m,两洞共长3936m;隧道净宽10.25m,高5m,洞口形式:左洞为端墙式,右洞为翼墙式,衬砌材料为水泥混凝土,路面面层为沥青混合料,由江西省交通设计院设计,中国路桥(集团)总公司施工。2004年11月1日开工建设,2006年底建成通车。

7. 武溪隧道

位于景婺黄高速公路婺源境内,里程桩号K9+055~K9+490,由左、右两洞组成,隧道长435m,净宽10.25m,高5m,翼墙式正交洞口,衬砌材料为水泥混凝土,路面面层为沥青混合料。由江西省交通设计院设计,云南第一公路路梁工程有限公司施工。2004年11月1日开工建设,2006年底建成通车。

8. 蛟岭隧道

位于景婺黄高速公路婺源县境内,由左、右两洞组成,左洞里程桩号K82+420~K83+951.2,洞长1531.2m;右洞里程桩号K82+300~K83+955,洞长1655m,两洞共长3186.2m。隧道净宽10.5m,高5m,洞口形式为翼墙式正交洞口,曲墙式单心圆拱,衬砌材料为水泥混凝土,路面面层为沥青混合料。由江西省交通设计院设计,中铁二十局集团有限公司施工。2004年11月1日开工,2006年底竣工通车。

9. 新建隧道

位于景婺常高速公路德兴市境内,由左、右两洞组成,左洞里程桩号K12+260~K13+

299，长1039m；右洞里程桩号K12+330～K13+268，长938m，两洞共长1977m。隧道净宽10.5m，高5m；洞口形式为翼墙式正交洞口，曲墙式单心圆拱，衬砌材料为水泥混凝土，路面面层为沥青混凝土。由江西省交通设计院设计，中铁十二局集团有限公司施工。2004年11月1日开工，2006年底建成通车。

10. 桃墅岭隧道

位于景鹰高速公路，跨江西、安徽两省地界，左线全长3021m（含安徽省安景高速公路），右线全长3041m（含安徽省安景高速公路），是景鹰高速公路全线最长的一座隧道。其中，桃墅岭隧道景德镇市境内左线长1442m，右线长1383m。隧道出口位于浮梁县西湖乡牛石村，洞口位于丘陵山腰上，地形陡峭，施工条件异常艰苦，是全线重、难点控制工程。

桃墅岭隧道为分离式隧道，隧道按双洞单向交通设计，单洞净宽10.25m，行车道宽为7.5m，基层采用水泥稳定碎石结构，路面采用水泥混凝土结构，并设有人行检修道、排水沟及通风照明等交通设施。2005年11月22日开工，2007年11月竣工通车。

11. 窑坑隧道

位于浮梁县蛟潭镇境内，是景鹰高速公路全线的控制性工程之一，隧道全长2060m，是景鹰高速公路最长的隧道之一。窑坑隧道为分离式隧道，隧道按双洞单向交通设计，单洞净宽10.25m，行车道宽为7.5m，基层采用水泥稳定碎石结构，路面采用水泥混凝土结构，并设有人行检修道、排水沟及通风照明等交通设施。2005年11月开工，2007年11月28日竣工通车。

12. 九岭山隧道

位于武吉高速公路K2688+000处，隧道左洞长5474m，右洞长5441m，是江西省首座设有1000多米长通风斜井的隧道，于2008年1月18日实现贯通。九岭山隧道地处九岭山脉主峰地段，最高海拔1275m，地形起伏不平，山势陡峭险峻，地表水系较发育，水流湍急，地貌单元属于浸、剥蚀型中高山区，交通极为不便。由于围岩破碎、软弱，施工时易坍塌。九岭山隧道施工作业进展一度十分缓慢，而且施工时对人员和设备造成的安全隐患较大。为确保完成总工期任务目标，在建设过程中，加大人员和设备的投入，制订详细的施工计划，决定通过增加斜井和横洞来实现如期通车的目标。之前，江西道路施工采用的大多是沥青热拌技术，现场温度一般在150～180℃，摊铺时会产生一氧化碳、二氧化碳、一氧化硫等有害气体，浓浓的烟雾和刺鼻的气味不仅污染环境，对操作人员的呼吸系统也有一定程度的伤害。而且，要达到180℃的高温，加热时必然要消耗大量的能源，过高的温度也易导致沥青老化，影响路用性能。为促进节能减排，根据当地地质石材特性，在九岭山隧道沥青面层摊铺过程中，技术人员参考国内已经试用温拌沥青混合料技术的路面使用效果，反复评测，同时江西省高等级公路管理局省庄养护站课题研究组承担"温拌沥青技术在江西道路摊铺施工中应用"的课题研究,经过半年多的温拌沥青混合料性能研究及技术攻关,解决了温拌剂的选择和最佳掺配比例等方面的问题,最终将该技术运用到九岭山隧道的施工中,这是江西道路施工中首次成功运用这一技术。

13. 钟公隧道

位于瑞赣高速公路 K354+558 处,地处于江西省赣州市会昌县与于都县交界处,为双洞上、下行分离式特长隧道,隧道左线长 4180m,右线长 4185m,是瑞赣高速公路第一长隧道,被誉为瑞赣高速公路全线的"咽喉要道",2009 年 4 月 28 日建成通车。钟公隧道从九岭水库上游处入口,入口处地貌为丘陵山体,山势较陡,山体自然斜坡为 33°左右,植被发育。在进隧道前,有一溪流从北西向南东蜿蜒流经路线区内,水量较大,水流较急。隧道区山势陡峻,植被发育稀薄,穿过 4 条断层破碎带,围岩破碎,隧道区水文地质条件较差,地下有裂隙水和第四系孔隙水,区域地震基本烈度为Ⅵ度,且存在活动断裂,还具有流沙、涌水、岩爆等现象,总体施工难度大。在施工过程中,隧道初期支护出现变形,采取尽快封闭工作面、加强临时支护的刚度、对开挖段进行预先加固、及时强行支护和排除地表水等措施,保质保量实现如期通车的目标。

14. 老营盘四号隧道

位于石吉高速公路,穿越泰和县老营盘和中龙乡之间的五峰山,山顶有五峰山寺,山顶高程达 816m。进洞口一侧隶属老营盘镇大门前村,距老营盘镇以北 5km;出洞口一侧隶属中龙乡东合村,距中龙乡东南 12km。该隧道为一特长隧道,左线 ZK133+757～ZK138+011,长 4254m,右线 YK133+698～YK137+980,长 4283m。隧道左线小部分位于半径 4000m 的曲线,大部分位于直线段;隧道右线小部分位于半径 4040m 的曲线,大部分位于直线段。隧道内纵坡为双向坡,分别为 +0.8%、-0.725%。洞口形式采用端墙式。设计速度为 80km/h,隧道建筑限界净高 5m,检修道净高 2.5m;隧道单洞净宽 10.25m。CO 浓度正常运营时 250ppm,交通阻塞时 300ppm。路面基本照明亮度 9.0cd/m^2,消防标准 B 类火灾,灭火级别 90B,抗震处理考虑简单设防。隧道采用复合式路面结构:无仰拱路段,4cm 厚 AC-13C 粗型密级配沥青混凝土表面层 +6cm 厚 AC-20C 粗型密级配沥青混凝土中面层 +28cm 厚水泥混凝土面板 +15cm 厚素混凝土基层 +10cm 厚级配碎石整平层;有仰拱路段,4cm 厚 AC-13C 粗型密级配沥青混凝土表面层 +6cm 厚 AC-20C 粗型密级配沥青混凝土中面层 +28cm 厚水泥混凝土面板 +15cm 厚级配碎石整平层。隧道防排水遵循"以防为主,排、堵、截相结合,因地制宜,综合治理"的原则。衬砌排水,在初期支护与防水层之间每间隔 10m 设置一处 ϕ50 透水环向盲管(渗水较大段按每间隔 3～5m 设置一处),再将盲管引入 ϕ110 纵向排水管,然后通过三通横向排水管排至中心排水沟,排进洞外的清水沟;另外污水部分通过路基外侧的路缘边沟排出洞外的污水池内;衬砌防水,在初期支护与二次衬砌之间敷设一层1.2mm厚的EVA防水板和一层土工布,作为第一道防水措施,防水板敷设范围为自拱部至边墙下部引水管,且防水板必须与J100排水托架系统焊接。同时,拱部及边墙二次衬砌采用抗渗等级不低于S8的防水混凝土,作为第二道防水措施。洞顶截水工程采用筑填筑土埂,内侧浆砌片石的形式,截水沟的位置应设在挖方坡顶≥5m以外平缓处。本隧道设置了5处车行横洞,6处人行横洞。车行横洞4m×5m,人行横洞2m×2.5m。明洞衬砌采用C25钢筋混凝土,复合式衬砌初期支护采用C20喷射混凝土。二次衬砌采用C25钢筋混凝土、C25混凝土,洞内沟管采用C25混凝土,仰拱回填采用C15片石混凝土。直径$d \geqslant 12mm$的钢筋及锚杆采用HRB335;钢拱架采用18、14型工字钢;注浆钢管及长管棚采用热轧无缝钢管。在主洞S7衬砌中采用$\phi 25$中空注浆锚杆,其他衬砌采用$\phi 22$砂浆锚杆,超前小导管均采用$\phi 42$热轧无缝钢管。辅助施工措施有:超前长管棚、超前小导管、超前砂浆锚杆等。该隧道由省交通设计院设计,中铁十六局集团第四工程公司施工。2010年9月16日竣工。

15. **梅岭特长隧道**

位于昌铜高速公路K11+896处,左洞隧道全长3430m,右洞隧道全长3415m,起点位于新建县石埠镇岑上山庄西北面,终点位于安义县石鼻镇东庄村北侧,是一座上下行分离的4车道高速公路特长隧道,也是全线地质条件最为复杂、施工难度最大的隧道,为昌奉高速公路主要控制性工程。梅岭隧道施工时划分为两个标段,两个施工单位双向施工。整个隧道地质较为复杂,位于构造剥蚀低山丘陵地形区,洞内主要为板岩、花岗闪长岩及第四系粉质黏土和碎石土,洞口埋深较浅且为裂隙泉水,山间冲沟地带,地势起伏较大,地下水发育,最大埋深达649m。该项目在施工时采取以下措施:①考虑到与周边环境融为一体,采取零开挖进洞,尽量减少人为破坏;②采用动态设计,根据地质超前预报,及时掌握掌子面的情况,修正设计参数,采用新奥法施工,及时封闭成环;③克服隧道纵断面采用人字坡,在施工时存在反坡,临时排水难的困难;④考虑到隧道长,沥青热拌现场温度高,摊铺时会产生一氧化碳、二氧化碳、一氧化硫等有害气体,浓烈的烟雾和刺鼻的气味不仅污染环境,而且对操作人员的呼吸系统也有一定程度伤害。该项目根据当地地质石材特性,采用温拌技术,避免加热时必然要消耗的大量能源,而且过高的温度也易导致沥青老化,从而影响路用性能。建设过程中,全体施工人员以质量服务于安全、进度服务于质量的科学理念,全面实施精细化管理,克服隧道地质复杂多变、安全风险高、施工环境恶劣等不利因素,科学管理,合理安排,精心组织、顽强拼搏,经施工、监理、设计等单位一年零三个月的艰苦努力,2010年12月31日梅岭隧道左线顺利贯通,2011年12月28日梅岭隧道全线贯通。

16. **分水关隧道**

位于上武高速公路铅山县境内,江西境内起讫桩号为:左洞ZK300+000～ZK302+

722.4,全长 2722.4m,右洞 YK300+000~YK302+715,长 2715m,左右洞相距约 38m(平均),南北走向,直线,左右线纵坡为 -1.421%;由于隧道洞口段地质为Ⅴ级围岸,不易成洞,为确保安全,设置了超前管棚,采用端墙式洞门。2009年7月开工,2011年竣工通车。

17. 车盘隧道

位于上武高速公路铅山县境内,江西境内起讫桩号为:左洞 ZK309+360~ZK309~870,长 510m,右洞 YK309+365~YK309+873,长 508m,左右洞相距约 12m(平均);南北走向,左线进口段(武夷山端)位于直线上,出口(上饶段)位于 $R=1523.09m$ 的圆曲线上,左线纵坡 -0.6%、-1.93%,右线为 -0.5%、-1.93%,由于隧道洞口段地质条件差,较长距离为Ⅴ级围岩,不易成洞,为确保安全,设置了超前管棚,采用端墙洞门。2009年7月开工,2011年11月竣工通车。

18. 岑源隧道

位于上武高速公路铅山县武夷山镇港口村,江西境内起讫桩号为:左洞 ZK312+612~ZK313+380,长 768m,右洞 YK312+618~YK313+430,长 812m,左右洞相距约 33m(平均),南北走向,左线进口段(武夷山端)位于 $R=1482.7m$ 的曲线上,出口(上饶段)位于直线上,左右线纵坡为 -0.5%;洞口段地质为Ⅴ级围岩,不易成洞,故设置了超前管棚,采用端墙式洞门。2009年7月开工,2011年11月竣工通车。

19. 紫溪隧道

位于上武高速公路铅山县境内,江西境内起讫桩号为:左洞 ZK317+740~ZK319+415,长 1675m,右洞 YK317+815~YK319+430,长 1615m;南北走向,洞门结构为端墙式洞门。2009年7月开工,2011年11月竣工通车。

20. 鹅湖山隧道

位于上武高速公路铅山县境内,江西境内起讫桩号为:左洞 ZK338+420~ZK339+320,长 900m,右洞 YK338+420~YK339+350,长 930m,左右洞口相距 25m,南北走向,洞门结构为削竹式洞门。2009年7月开工,2011年11月15日竣工通车。

21. 尖岭峰隧道

位于赣崇高速公路 K481+000 处,地处赣州上犹县与崇义县交界处,为双洞上、下行分离式特大隧道,隧道左线全长 4065m、右线全长 4105m,属目前江西省排名第四长的公路特长隧道,也是赣崇高速控制工期的重点工程,于 2012 年 12 月 28 日建成通车。隧道区位于构造剥蚀低山丘陵地形区,进洞口地貌为山间冲沟地带,地势起伏较大,地下水发育,局部有基岩露头,山体间偶见滚石。在施工过程中克服围岩差、裂隙水发育、冲沟多、工期紧等不利因素,针对性地制订切实可行的施工方案。在围岩差、地下水丰富地段,采取短进尺、弱爆破、强支护、早封闭、勤量测的施工原则,确保隧道掘进有序安全进行。该隧道左出口洞掘进到300m后，进入到拱顶埋深最浅处仅3.81m的特浅埋段和水系丰富地段，在建设过程中打破常规，根据卵石覆盖层和山涧溪流制订"拱顶明挖，边墙暗做"的施工方案，仅用15天时间就顺利通过特浅埋段施工，确了保如期通车的目标。

第四节　高速公路服务区建设

全省高速公路服务区共101对，其中省高速集团管辖84对，地方及省投公司和诚坤公司管辖17对。省高速集团所辖服务区由3家单位负责运营管理，分别为江西畅行高速公路服务区开发经营有限公司、江西公路开发总公司所属子公司江西恒辉物业有限责任公司和江西赣粤高速公路股份有限公司直属单位赣粤高速服务区管理中心。

1. 雷公坳服务区

位于昌九高速公路K4+200处，距南昌6km，占地4公顷，主要有商店、餐饮、加油、汽修、停车等服务。1993年2月开工建设，1994年2月竣工，投入建设资金700万元。服务区资产为控股公司，1998—2001年由沿线收费所代管，2002—2008年由省高管局劳动服务公司管理。2010年底服务区主要功能仅为加油。

2. 木家垄服务区

位于昌九高速公路K128+800处，距九江10km，占地5.33公顷，主要有商店、餐饮、加油、汽修、停车等服务。1993年2月开工建设，1994年4月竣工，投入建设资金820万元。服务区资产为控股公司，1998—2001年由沿线收费所代管，2002—2008年由省高管局劳动服务公司管理。2010年底服务区主要功能仅为加油。

3. 樟树服务区

位于昌樟高速公路K94处，占地面积16.98公顷。依据省高管局《关于同意开发建设昌樟高速公路吴城服务区的批复》（赣高路计工字〔2004〕53号），昌樟公司以《关于调整昌樟高速公路吴城服务区用地的请示》（赣昌樟高速工程字〔2005〕13号）申请该服务区占地面积约14.67公顷，规划建筑面积约1.5公顷，绿地面积约8公顷。2005年12月筹备建设，2006年3月正式动工，2007年2月竣工，投入建设资金5600万元。服务区建筑风格以欧式为主体，有加油、餐饮、购物、汽修等经营场所，生活场所有员工之家、宿舍、食堂等。

4. 罗家滩服务区

位于九景高速公路景德镇西出口连接线K2+700处，距九江市10km，占地面积4公顷，2000年5月开工建设，2000年12月竣工，投入建设资金700万元。主要功能有休息、加油、餐饮、车辆修理等。

5. 庐山服务区

位于昌九高速 K667 处,庐山服务区(图2-4-1)由赣粤公司投资建设,占地面积 25.6 公顷,房建总建筑面积 1.37 公顷,停车场及道路面积 9.57 公顷。2008 年 5 月开工建设,2009 年 1 月竣工,投入建设资金 1.4 亿余元。庐山服务区可停小车 200 辆、大车 279 辆,同时可满足 500 人就餐休息。服务区提供餐饮、加油、购物、汽修、停车、住宿、旅游休闲等综合服务,是融合地方文化和景观特色的全国一流水平大型综合服务区,也是展示江西经济改革开放成果的窗口。

图 2-4-1　庐山服务区

6. 庐山西海服务区

位于永武高速 K46+200 处,占地面积 18.5 公顷,总建筑面积 1.1 公顷,绿化面积 4 公顷,停车场面积 5 公顷,设有大小停车泊位 300 余个,现有员工近 100 余人,是江西省唯一一座集休闲、会议、住宿等多功能的现代化低碳环保型服务区(图2-4-2)。2010 年 10 月开工建设,2012 年 1 月竣工,投入建设资金约 1 亿元。主要功能有餐饮、住宿、购物、加油、休闲以及会议接待等。

图 2-4-2　庐山西海服务区

7. 鹰潭服务区

位于沪昆高速公路梨温段 K608+710 处,地处贵溪市境内,邻近国家 AAAAA 级旅游景区龙虎山,2001 年 12 月开工建设,2002 年 11 月竣工,投入建设资金 1172 万元。主要功能有购物、餐饮、加油、汽修、停车、如厕等服务。服务区占地面积 4 公顷,绿化面积 2000m²,建筑总面积 6257m²。区内免费提供 24h 热水、手机充电、地图查询、针线、零钞兑换、应急药品、失物招领、无线 WIFI 上网、ETC 自助充值、POS 机、自带食品加热等多项便民服务。2014 年 7 月 1 日对鹰潭服务区综合楼等经营场所进行改造翻修,10 月 1 日重新开业。

8. 龙虎山服务区

位于沪昆高速公路梨温段 K619 处。服务区地处"眼镜之乡"江西省鹰潭市中童镇,距离世界自然遗产、世界地质公园、国家 AAAAA 级旅游景区龙虎山 30km。2012 年 9 月开工建设,2014 年 7 月竣工,投入建设资金 17000 万元,是梨温线占地面积最大、配套功能设施最全的服务区,占地约 20 公顷,建筑面积约 1.8 万 m²,绿化面积约 3.8 万 m²,停车场面积约 10 万 m²,大小停车位 690 余个,通过剩余车位提示牌可以快速了解剩余车位数。服务区采用当地自来水,有效地缓解服务区水源紧缺问题。服务区建筑采用中式庭院布局的独特风格,注重节能环保、融入道教文化,质朴、健康的设计精髓尽显无遗。

9. 上饶服务区

位于沪昆高速公路梨温段 K545+500,占地面积 4 公顷,地处上饶市铅山县,距离世界自然遗产国家 AAAAA 级旅游景区国家地质公园龟峰风景区 56km,距离三清山风景区 108km。2001 年 12 月开工建设,2002 年 11 月竣工,投入建设资金 1223 万元。主要功能有购物、餐饮、加油、汽修、停车、如厕等服务。2008 年,原"杨梅岭服务区"更名为"上饶服务区",并先后对服务区进行水源、公厕及停车场等基础设施进行改造。2011 年 4 月,采取 BOT 模式引进建设资金 2000 万元在原址对上饶服务区进行新建,新建后的服务区总占地面积 5.3 公顷,绿化面积 3000m²,接待能力得到大幅度提升。

10. 三清山服务区

位于沪昆高速公路梨温段 K487 处,是由浙入赣的首个中心服务区,是江西省东大门的服务窗口,2001 年 12 月开工建设,2002 年 11 月竣工,投入建设资金 7000 万元。2008 年 11 月,投资 7900 万元在原址新扩建服务区,总占地面积为 12.5 公顷,总建筑面积 10330m²,绿化面积 3 万 m²,大幅度提高了服务区接待容量和接待能力;依托三清山旅游资源与三清山风景区管委会联手打造三清山品牌,在服务区设置旅行社高速接待点,让过往游客入住三清山服务区,并培植精品特产超市"江西汇"品牌。

11. 万年北服务区

位于德昌高速公路 K114+850 处,地处上饶市万年县大黄乡,毗邻世界自然遗产、省级风景名胜区神农宫及莲花洞、黄巢山以及赣东北苏维埃政府旧址等自然与人文景点,占地面积4.6公顷,绿化面积32487m^2,2010年7月开工建设,2011年9月16日竣工,投入建设资金3273万元。主要功能有购物、餐饮、加油、汽修、停车、如厕等服务。

12. 宜丰服务区

位于大广高速公路武吉段 K2696+446 处,占地总面积11.47公顷,建筑面积6620m^2,可停小车150辆、大车200辆。2009年10月开工建设,2011年1月6日竣工,投入建设资金6000万元。主要功能有餐饮、购物、加油、汽修、休闲、住宿等,并免费24h供应热水、食品加热、WIFI上网、指路等全方位服务。

13. 万载服务区

位于昌栗高速公路 K156+223 处,占地面积6.53公顷,建筑面积6861m^2,2013年7月开工建设,2015年12月28日竣工,投入建设资金3785万元。主要功能有餐饮、购物、加油、汽修、休闲、住宿等。

14. 上栗东服务区

位于昌栗高速公路 K199+865 处,占地面积6.53公顷,建筑面积7283.4m^2。2013年7月开工建设,2015年12月28日竣工,投入建设资金3625万元。主要功能有餐饮、购物、加油、汽修、休闲、住宿等。

15. 龙南服务区

位于龙杨高速公路 K3160+200 处,龙南服务区(图2-4-3)由赣州市政府的赣州高速公司投资建设,占地12.6公顷,主要功能有商店、餐饮、加油及加气、汽修、停车、住宿等服务。2012年7月开工建设,2014年4月竣工,投入建设资金3258万元。于2016年年底正式投入运营。

图2-4-3 龙南服务区

16. 兴国南服务区

位于兴赣高速公路 K317+000 处,兴国南服务区由赣州市政府的赣州高速公司投资建设,占地 6.5 公顷,规划建筑面积 6024.52m^2;主要功能有商店、餐饮、加油、汽修、停车等服务。于 2015 年 1 月开工建设,2016 年 10 竣工,投入建设资金 8360 万元。

17. 赣县服务区

位于兴赣高速公路 K355+44 处,赣县服务区由赣州市政府的赣州高速公司投资建设,占地 12.7 公顷,规划建筑面积 7522.06m^2;主要功能有商店、餐饮、加油、汽修、停车等服务。于 2015 年 1 月开工建设,2016 年 10 竣工,投入建设资金 6690 万元。

18. 大余服务区

位于康大高速公路中段 K21+500 处,距广东韶关 163km,占地 1.6 公顷,总建设面积 13068m^2,2010 年 7 月开工建设,2010 年 12 月竣工,投入建设资金 600 万元,主要功能有购物、餐饮、加油、汽修、停车等服务。服务区资产为江西省投资集团公司控股,2012 年由南昌富昌石油储运有限公司管理。

19. 定南服务区

位于 G4511 龙河联络线 K27+700km 处,地处南大门的定南县老城镇境内,总占地面积 1.92 公顷,建筑面积 10644m^2,绿化面积 9068m^2,2002 年 8 月开工建设,2004 年 7 月竣工运营,投入建设资金 3789 万元,服务区设有大小停车位以及危险品车辆停车位共计 103 个,主要有便利店、餐饮、加油站、水果屋、饮品店、小吃部等服务设施(图 2-4-4)。2012 年 8 月,赣州高速公路对其进行改造。

图 2-4-4 定南服务区

20. 于都北服务区

位于宁定高速公路(宁都至安远段)K51+244 处,占地面积 6.5 公顷,其中建筑面积 6615.7m^2,绿化面积 34137m^2,2016 年 5 月开工建设,2017 年 1 月竣工,投入建设资金 3004 万元,主要功能有购物、餐饮、加油、汽修、停车、如厕等服务。

全省高速公路服务区情况,详见表2-4-1。

1993—2016年江西省高速公路服务区建设一览　　　表2-4-1

名　称	开工时间	竣工时间	占地面积（公顷）	投资规模（万元）	改造时间	功　能
雷公坳服务区	1993.2	1994.2	4	700		加油
新祺周服务区	1993.3	1994.4	4	700		2008年关闭
共青服务区	1993.3	1994.4	4.67	780		2009年关闭
通远服务区	1993.2	1994.4	2	650		
木家垄服务区	1993.2	1994.4	5.33	820		加油
丰城服务区	1996.12	1998.1	53.33	2700	2003.1	餐饮、住宿、购物、加油、汽修、休闲
南昌南服务区	1997.1	1999.1	1.73	200	2015.4	餐饮、购物、加油、汽修
石钟山服务区	2000.5	2000.12	13.07	800	2010.2	休息、餐饮、加油、汽修
罗家滩服务区	2000.5	2000.12	4	700		
峡江服务区	2002.11	2003.6	13.33	6000	2010.3	接待、餐饮、加油、购物、汽修、停车、旅游休闲
吉安服务区	2002.11	2003.6	25.6	8500	2010.9	餐饮、住宿、购物、加油、汽修
樟树服务区	2005.12	2007.2	16.98	5600		加油、餐饮、购物、汽修
庐山服务区	2008.5	2009.1	25.6	14000		餐饮、加油、购物、汽修、停车、住宿、旅游休闲
鄱阳服务区	2008.5	2009.3	20	8000		
彭泽服务区	2010.3	2010.11	8	3700		餐饮、住宿、购物、加油、汽修、休闲
庐山西海服务区	2010.10	2012.1	12.2	10000		餐饮、住宿、购物、加油、旅游休闲、会议接待
奉新服务区	2010.10	2012.10	10.6	10000		餐饮、住宿、购物、加油、汽修、休闲
铜鼓服务区	2010.10	2012.10	13.33	12000		餐饮、住宿、购物、加油、汽修、休闲
经楼停车区	2014.9	2015.10	2.75	900		停车、休闲
东乡服务区	2001.12	2002.11	4	1223	2010.5	餐饮、购物、住宿、加油、停车、汽修、公厕等
鹰潭服务区	2001.12	2002.11	4	1172		餐饮、购物、住宿、加油、停车、汽修、公厕等
龙虎山服务区	2012.9	2014.7	20	17000		餐饮、购物、住宿、加油、停车、汽修、公厕等
上饶服务区	2001.12	2002.11	5.3	1223	2011.4	餐饮、购物、住宿、加油、停车、汽修、公厕等
三清山服务区	2001.12	2002.11	12.5	7000	2008.11	餐饮、购物、住宿、加油、停车、汽修、公厕等
余江服务区	2006.11	2007.11	8	1223		餐饮、购物、住宿、加油、停车、汽修、公厕等

续上表

名　称	开工时间	竣工时间	占地面积（公顷）	投资规模（万元）	改造时间	功　能
万年西服务区	2006.11	2007.11	8	1368		餐饮、购物、住宿、加油、停车、汽修、公厕等
月亮湖服务区	2006.11	2007.11	12	1250		餐饮、购物、住宿、加油、停车、汽修、公厕等
军山湖服务区	2010.7	2011.9	9.6	4682		餐饮、购物、住宿、加油、停车、汽修、公厕等
万年北服务区	2010.7	2011.9	4.6	3272		餐饮、购物、住宿、加油、停车、汽修、公厕等
德兴服务区	2010.7	2011.9	6.7	3462		餐饮、购物、住宿、加油、停车、汽修、公厕等
景德镇服务区	2004.11	2006.11	9.8			餐饮、购物、加油、汽修、休闲
婺源服务区	2004.11	2006.11	21.07		2011.12 2014.3	餐饮、购物、加油、汽修、休闲
婺源北停车区	2004.11	2006.11	6.8			餐饮、购物、加油、汽修、休闲
德兴东停车区	2004.11	2006.11	4.2			餐饮、购物、加油、汽修、休闲
泉岭服务区	2003.12	2005.11	6.67			餐饮、购物、加油、汽修、休闲
七里岗服务区	2003.12	2005.11	9.13			餐饮、购物、加油、汽修、休闲
临川服务区	2002.6	2004.9	8.27			餐饮、购物、加油、汽修、休闲
黎川服务区	2002.6	2004.9	12.93		2011.12	餐饮、购物、加油、汽修、休闲
崇仁服务区	2011.6	2012.12	6.8			餐饮、购物、加油、汽修、休闲
相山服务区	2011.6	2012.12	6.2			餐饮、购物、加油、汽修、休闲
永丰服务区	2011.6	2012.12	12.07			餐饮、购物、加油、汽修、休闲
金溪服务区	2008.6	2010.9	10.13			餐饮、购物、加油、汽修、休闲
南城服务区	2008.6	2010.9	12.13			餐饮、购物、加油、汽修、休闲
南丰服务区	2008.6	2010.9	7.13			餐饮、购物、加油、汽修、休闲
广昌服务区	2008.6	2010.9	8.27			餐饮、购物、加油、汽修、休闲
宁都东服务区	2008.6	2010.9	7.67			餐饮、购物、加油、汽修、休闲
石城服务区	2008.8	2010.9	9.93			餐饮、购物、加油、汽修、休闲
宁都南服务区	2008.8	2010.9	8.47			餐饮、购物、加油、汽修、休闲
兴国服务区	2008.8	2010.9	11.07			餐饮、购物、加油、汽修、休闲
泰和东服务区	2008.8	2010.9	13.87			餐饮、购物、加油、汽修、休闲

续上表

名　称	开工时间	竣工时间	占地面积（公顷）	投资规模（万元）	改造时间	功　能
泰和服务区	2003.10	2005.3	4.6			餐饮、购物、加油、汽修、休闲
白鹭湖停车区	2003.10	2005.3	0.87			卫生间、休闲
遂川服务区	2001.11	2004.1	4.2			餐饮、购物、加油、汽修、休闲
横市服务区	2001.11	2004.1	3.73		2015.10	餐饮、购物、加油、汽修、休闲
于都服务区	2006.7	2009.6	8.87			餐饮、购物、加油、汽修、休闲
会昌服务区	2006.7	2009.6	12.13			餐饮、购物、加油、汽修、休闲
上犹服务区	2011.10	2013.12	5.67			餐饮、购物、加油、汽修、休闲
崇义服务区	2011.10	2013.12	5			餐饮、购物、加油、汽修、休闲
吉安西服务区	2010.12	2013.12	5			餐饮、购物、加油、汽修、休闲
永新服务区	2010.12	2014.6	8.07			餐饮、购物、加油、汽修、休闲
井冈山服务区	2011.1	2013.10	5.87			餐饮、购物、加油、汽修、休闲
新余服务区	2002.9	2004.9	8.6	3400		餐饮、购物、加油、汽修、休闲
宜春服务区	2002.9	2004.9	4.67		2014.3	餐饮、购物、加油、汽修、休闲、住宿
萍乡服务区	2002.9	2004.9	11.87		2010.12	餐饮、购物、加油、汽修、休闲
修水服务区	2009.10	2011.1	9.27	2000		餐饮、购物、加油、汽修、休闲
何市服务区	2009.10	2011.1	11.47			餐饮、购物、加油、汽修、休闲
宜丰服务区	2009.10	2011.1	11.47	6000		餐饮、购物、加油、汽修、休闲
上高服务区	2009.10	2011.1	9.47			餐饮、购物、加油、汽修、休闲
仙女湖服务区	2009.10	2011.1	11.47			餐饮、购物、加油、汽修、休闲
银湾桥服务区	2009.10	2011.1	11			餐饮、购物、加油、汽修、休闲
丰城东服务区	2013.7	2015.12	7.73			餐饮、购物、加油、汽修、休闲
乐安服务区	2013.7	2015.12	8.4			餐饮、购物、加油、汽修、休闲
永丰南服务区	2013.7	2015.12	8.4			餐饮、购物、加油、汽修、休闲
宁都西服务区	2013.7	2015.12	8.4			餐饮、购物、加油、汽修、休闲
高安东服务区	2013.7	2015.12	6.53	3451		餐饮、购物、加油、汽修、休闲
上高东服务区	2013.7	2015.12	6.53	2836		餐饮、购物、加油、汽修、休闲
上高西服务区	2013.7	2015.12	7.2	5043		餐饮、购物、加油、汽修、休闲
万载服务区	2013.7	2015.12	6.53	3785		餐饮、购物、加油、汽修、休闲
上栗东服务区	2013.7	2015.12	6.53	3625		餐饮、购物、加油、汽修、休闲

续上表

名　称	开工时间	竣工时间	占地面积（公顷）	投资规模（万元）	改造时间	功　能
临川东服务区	2013.7	2015.11	6.54			餐饮、购物、加油、汽修、休闲
上栗服务区	2014.4	2015.11	5.33	2636		餐饮、购物、加油、汽修、休闲
龙南服务区	2012.7	2014.4	12.6	3258		餐饮、购物、加油及加气、汽修、住宿
兴国南服务区	2015.1	2016.10	6.5	8360		餐饮、购物、加油、汽修
赣县服务区	2015.1	2016.10	12.7	6690		餐饮、购物、加油、汽修
大余服务区	2010.7	2010.12	1.6	600		餐饮、购物、加油、汽修
赣州南服务区	2009.1	2011.8	13.3	2422		餐饮、购物、住宿、加油、汽修
南康服务区	2002.8	2004.7	9.99	3598	2012.1	餐饮、购物、加油、汽修
信丰服务区	2002.8	2004.7	6.5	3682	2012.8	餐饮、购物、加油、汽修
定南服务区	2002.8	2004.7	1.92	3789	2012.8	餐饮、购物、加油
铅山服务区	2009.7	2011.11	5.3	1524		商超、餐饮、加油、汽修、停车、如厕
瑞金南服务区		2012.1	10			商超、餐饮、加油、汽修、停车、如厕
会昌南服务区		2012.1	5.8			商超、餐饮、加油、汽修、停车、如厕
寻乌服务区		2012.1	53			商超、餐饮、加油、汽修、停车、如厕
湾里服务区	2005.2	2007.1	9.1	3500		餐饮、超市、加油、汽修、停车、厕所
三清山西服务区	2010.8	2012.12	6.3			餐饮、超市、加油、汽修、停车、厕所
于都北服务区	2016.5	2017.1	6.5	3004		餐饮、超市、加油、汽修、停车、厕所
盘古山服务区	2016.5	2017.1	6.5	3100		餐饮、超市、加油、汽修、停车、厕所
三百山服务区	2016.5	2017.1	6.5	3663		商超、餐饮、加油、汽修、停车、如厕
抚州北服务区	2016.6	2017.1	6.5	3824		商超、餐饮、加油、汽修、停车、如厕
丰城南服务区	2016.6	2017.1	5.8	3959		餐饮、住宿、购物、加油、汽修、休闲
万载北服务区	2016.6	2016.12	6.8	4000		商超、餐饮、加油、汽修、停车、如厕
修水西服务区	2016.6	2016.12	6.5			商超、餐饮、加油、汽修、停车、如厕
涌泉服务区	2012.5	2013.6	5			商超、餐饮、加油、汽修
龟峰服务区	2016.5		6.51			商超、餐饮、加油、汽修、停车、如厕
万年服务区	2016.5		6.53			商超、餐饮、加油、汽修、停车、如厕
寻乌北服务区	2016.11	2017年底	4.7	8135		商超、餐饮、加油、汽修、停车、如厕
安远服务区	2016.11	2017年底	6.7	8703		商超、餐饮、加油、汽修、停车、如厕
大觉山服务区						

第五节　高速公路机电工程建设

高速公路机电系统属于交通工程(安全设施、管理设施和服务设施)中的管理设施,主要包含收费系统、监控系统和通信系统,机电系统的建设随高速公路的建设同步进行,在高速公路通车前完成机电系统的建设并投入使用。江西高速公路机电系统建设从2001年开始起步,各高速公路在建设期采用的技术体系有较大差异,但在运行过程中由于设备老化以及技术更新,各路段进行了不同程度的升级改造,全省高速公路机电系统的体系结构基本实现统一。

(1)管理模式

机电系统的管理基本上采用三级管理模式,即省中心—分中心—所(站),省高速集团已经建成抚州、赣州、宜春、景德镇、泰和、上高6个直属管理中心,以及由赣粤高速公路股份有限公司管辖的昌九、九景、昌樟管理处和江西公路开发公司管辖的梨温、万年、都九管理处等12个分中心。机电系统的养护存在三种模式:自维模式、代维模式和自维与代维结合的模式,主要采用代维模式。

(2)通信系统

高速公路通信系统主要为高速公路语音、数据、视频等业务提供传输通道,一般包括光纤数字传输系统,为高速公路沿线设施之间的话务通信以及监控、收费系统的数据、图像等非话业务提供传输通道,并为全省及省际干线组网提供传输通道。光纤数字传输系统目前普遍采用SDH系统MSTP(多业务传送平台)传输系统和综合业务接入网相结合的方案,主要接口为以太网接口、音频接口和低速数据接口,随着智能交通的发展和高清视频业务以及IP业务需求日益增加,省高速集团在2015年建设了基于IPRAN的综合业务传输网络,满足全集团视频监控、视频会议以及办公的需求;数字程控交换系统,为高速公路沿线管理部门之间提供业务电话、指令电话和传真,同时也可实现高速公路电话专网与电信公网的互联。交换设备一般设在分中心,各收费站、服务区、养护工区等通过综合接入设备与分中心交换机连接;光电缆系统,光缆主要用于通信传输、视频监控传输等,电缆主要用于收费站、服务区语音业务;通信电源系统,一般由交流配电设备、高频开关电源、UPS等设备构成。

(3)监控系统

监控系统主要为高速公路的运行、道路安全等提供监视与控制管理功能,指导车辆通行,确保高速公路的安全运行。其系统构成由监控中心、监控分中心、监控所及外场设备构成。

监控中心及监控分中心设备包括闭路电视监视设备、液晶屏拼接系统、综合控制台、紧急电话隧道广播控制台、计算机系统硬件及软件等。

监控所设备包括闭路电视监视设备、综合控制台、紧急电话隧道广播控制台、计算机系统硬件及软件等。

外场设备,分为主线设备和隧道设备两部分:主线设备包括车辆检测器(分别采用线圈、视频、微波类型检测器)、能见度及路面状态检测器、摄像机、F形可变情报板、门架式情报板;隧道设备包括检测器、遥控摄像机、固定摄像机、小型可变信息板、交通信号灯、车道指示器、横洞指示标志、火灾报警设备、一氧化碳/能见度检测器、风速风向检测器、亮度检测器、本地控制器等。

视频监控在早期均采用模拟摄像机,视频控制采用视频矩阵,视频传输采用视频光端机,视频存储采用硬盘录像机。随着技术的发展,部分路段采用了视频光平台以及编解码的方式进行视频的传输和存储,随着高清摄像机的技术成熟以及成本的下降,当前在新建和改造项目中大量采用高清摄像机,通过IP网络进行视频传输,利用IPSAN进行视频存储,通过视频管理服务器进行视频统一管理,为全省视频联网奠定基础,2015年,集团进行了所辖高速公路的视频联网改造,实现视频监控的统一调度。

(4)收费系统

江西省高速公路收费管理体制采用三级管理模式,即联网收费管理中心—收费分中心—收费所(站)。

收费系统由车道收费控制子系统、计算机子系统、闭路电视监控子系统、内部对讲子系统、紧急报警子系统等构成。

车道收费控制子系统:

入口车道收费控制子系统包括收费员终端、车道控制机、非接触IC卡读写器、雨棚信号灯、自动发卡机、手动栏杆、自动栏杆、通行信号灯、雾灯、车辆检测器、车牌识别仪及必须的附属设备等。

出口车道收费控制子系统包括收费员终端、车道控制机、票据打印机、非接触IC卡读写器、雨棚信号灯、手动栏杆、自动栏杆、通行信号灯、雾灯、费额显示器、车辆检测器、车牌识别仪、计重设备及必需的附属设备等。

ETC车道设备包括车道控制机、收费终端、声光报警器、费额显示器、微波链路、路测读写控制器(RSU)、OBU、自动栏杆机、雨棚信号灯、雾灯、通行信号灯、车道摄像机、视频数据叠加器、光端机等。

自动发卡车道设备包括自动发卡机、车道控制机、车型识别仪、雨棚信号灯、手动栏杆、自动栏杆、通行信号灯、雾灯、车辆检测器、车牌识别仪、车道摄像机,视频数据叠加器等。

计算机子系统:计算机硬件设备包括收费站和收费分中心计算机系统的服务器、工作站、以太网交换机、各类非接触IC卡、非接触式IC卡读写器、激光打印机、DVD刻录机等。

收费系统软件包括操作系统、数据库管理系统、收费应用软件以及完成系统功能的全部应用软件等。

闭路电视监控子系统:包括外场设备、收费监视控制设备和传输设备三部分。

外场设备主要有广场摄像机、车道摄像机、收费亭摄像机、票管室摄像机、视频数据叠加器等。

收费站监视控制存储设备主要包括视音频矩阵、硬盘录像机等。

内部对讲子系统:包括主机和分机,主机设在收费所(站)机房内,分机设在收费亭内,该系统为收费站值班员与收费员提供直接的语音通信。

紧急报警子系统:紧急报警子系统由安装在收费亭内的紧急报警按钮和置于收费站控制室内的紧急报警主机等构成。紧急报警按钮闭合,产生电平报警信号。该信号输入至报警控制主机,报警控制主机控制警铃报警,并且将报警信号同时传至视音频矩阵中,通过视音频矩阵的相关设置产生报警系统与闭路电视监视系统之间的联动。

早期各路段独立收费,存在大量的主线收费站,2004年开始进行联网收费改造,拆除了路段之间的主线收费站,实现了一卡通行全省高速公路;2006年,采用动态计重设备进行了计重收费改造,对货车采用动态称重按重量计费,有效缓解了货车超载问题;2007年,在昌九高速公路首先进行ETC(不停车收费)试点,先期为昌北、机场、邹家河等收费站,2009年,在全省各主要收费站全面实施不停车收费车道;随着人工成本的上升,集团于2009年开始在入口车道逐步推行自动发卡机的使用。

1. 南昌至九江高速公路

昌九高速公路于1993年1月单幅建成通车,1994年1月南端连接线建成通车,1996年1月拓宽及北端连接线建成通车。2001年赣粤公司开始实施昌九高速公路光电缆直埋工程和昌九高速公路机电项目工程,光电缆线路工程于2001年底完成,主要支持通信系统光纤数字传输、紧急电话传输、数据传输、视频传输以及本地电话线路等业务,为后期的机电工程提供传输平台。机电工程于2002年4月完成正式投入使用,昌九高速公路机电3大系统(监控、通信、收费)基本完成,收费方式从人工收费转为半自动收费。

2009年因通信设备业务需要,SDH155/622H(Metro1000)无法提供以太网业务的接入,同时随着高速公路以太网业务的数倍增长,原有传输系统传输带宽也不能满足昌九高速的管理需求。将SDH155/622H(Metro1000)升级为基于SDH的ASON传输设备OSN1500(即2.5G的智能光网)。2010年对昌九路13个所站及分中心的通信传输主设备平台进行了升级改造,升级了STM-4光接口板、4路带交换功能的快速以太网处理板、HONET HAV20A005 ONUF01A&F02A光纤网络单元、48入8出矩阵主机等通信设备。

2011年因设备老化对全线13个所站收费设备工控机、挡车器、岗亭液晶显示器等进行更换。2012年昌九高速公路数据传输业务调整改造,由于业务的发展,需要在13个站点增加视频监控的以太网业务,将已有的视频会议业务和视频监控业务通道合并,一同汇聚到雷公坳中心,根据业务负荷,均匀分布在原来空余的EFS4板的4个端口上。2013—2014年中修计划中对昌九路新增14个ETC车道及设备,2014—2015年4月全部安装到位,为实现全国电子不停车收费联网做了铺垫。

2. 武宁至吉安高速公路

武吉高速公路机电建设工程于2007年10月开工,2007年12月竣工。全线设置监控、通信、收费分中心1处,收费站12座(含11座互通匝道收费站,1座主线收费站)。全线共设置5处监控通信所,用以辅助分中心,负责各自所辖路段的路政、养护、排险救灾等行政日常事务。

监控系统:监控系统在建设中重点放在了长隧道、特大桥、互通路段,道路开通后较长时期主要对交通流与环境状态实施监测,累积交通与环境资料,及时发现偶发性事故,快速排除,减少事故造成的损失;随着交通量的增加,逐渐完善监控设备,增设主线速度控制,加强与收费系统的协调控制,利用收费车道进行出入口交通量的调节,控制交通流。监控设施采用三级管理体制:省监控中心—监控分中心—隧道管理站(监控通信所)。监控分中心负责监控管理本项目全线交通运行情况,并能将监控信息上传至省监控中心。隧道管理站主要侧重于隧道区段的交通监控、日常管理养护,以及抢险救灾等工作,并统一由监控分中心指挥管理。武吉高速公路监控分中心配备计算机网络系统、紧急电话控制设备、闭路电视控制设备、大屏幕投影系统等。隧道管理站子系统主要由计算机系统、闭路电视系统等组成。另外,在变电站设置综合电力监控设备,实现在监控分中心对供电系统进行"遥测""遥信""遥控",保证供电设施的稳定、安全、可靠运行。

通信系统:武吉高速公路通信设施采用"省通信中心—通信分中心—无人通信站"三级管理体制。武吉高速公路采用干线SDH传输系统与综合业务接入网相结合的传输体制构建本路段通信网络,干线传输设备采用622Mb/s SDH传输系统,采用1+1保护方式,配置与昌金、赣粤等相邻路段连接的中继接口,进而实现与省中心联网。

收费系统:武吉高速公路全线设置1处收费分中心,共设12处收费站。收费设施采用省收费中心—收费分中心—收费站三级管理模式。武吉路段设有13个收费站,收费分中心位于上高互通处,负责武吉高速公路各收费站的收费业务。收费系统由供电子系统、车道收费控制子系统、计算机子系统、视频监视子系统、内部对讲子系统、安全报警子系统、收费附属设施等构成。

3. 永修至武宁高速公路

永武高速公路机电建设包括通信系统、收费系统和监控系统三大系统的建设。全线共分3个通信管道标段、1个监控标段、1个收费标段、1个通信标段。永武高速公路机电工程于2009年10月开工建设,2011年9月建成通车,实现了"三个第一":江西省第一条通车之日起,实现机电、房建、土建等同时通车的高速公路;江西省第一条通车之日就实现联网收费的高速公路;江西省第一条仅用2个月时间就完成全线104km机电工程的安装、调试的高速公路。永武高速公路机电建设首次在江西省内高速公路采用道路通阻状况显示诱导屏,并结合门架式信息板完成道路通阻状况的直观显示和道路通阻状况信息的同步提示。首次实现为公众出行服务的互动式智能查询系统功能。首次在监控系统方面进行大胆的探索,在不增加投资的前条下,利用现有的视频车辆检测器及门架式可变信息板,通过监控软件实现了车辆超速预警功能。

监控系统:永武高速公路全线的监控系统工程由北京公科飞达交通工程发展有限公司负责承建。与武吉高速公路合并建设1处监控分中心,即上高监控分中心,设置在大广高速公路上高互通附近,负责管理本项目全线的监控业务。监控外场由视频监控子系统、交通诱导子系统、能见度气象检测子系统、风光互补子系统、光电缆敷设等子系统组成。

通信系统:永武高速公路全线的通信系统工程由四川京川公路工程(集团)有限公司负责承建。全线设1个有人站——上高通信分中心,统一管理本项目的云居山互通、梅棠互通、庐山西海服务区、巾口互通和武宁互通5个无人通信站。

收费系统:永武高速公路全线的收费系统工程由江西方兴科技有限公司承建,负责全线的收费系统工程及收费广场照明系统。采用封闭式收费制式,全线设置1处收费分中心,与武吉高速公路上高收费分中心合建。沿线设置5个匝道收费站:云居山收费站、梅棠收费站、巾口收费站、武宁收费站、武宁西收费站;1处标识站:庐山西海标识站。共计32条车道,其中入口车道10条,出口车道16条,ETC车道6条。

4.鹰潭至瑞金高速公路

鹰瑞高速公路通信系统主要使用华为通信设备,程控交换机设备1套和站点设备4套,用光板传输数据。鹰潭至瑞金南段收费系统采用封闭式收费制式,全线设置4个匝道收费站,即瑞金南收费站、瑞金北收费站、宁都东收费站、石城北收费站,1个隧道站,即瑞金南隧道站。本路段收费方式为半自动人工收费(MTC)与电子收费(ETC)方式相结合的组合式收费方式。在瑞金南收费站、瑞金北收费站、宁都东收费站、石城北收费站各设置1入1出两条ETC收费车道,实现半自动收费与电子收费相结合的组合式收费方式。

隧道监控外场设备及其现场构成,隧道监控外场设备主要有:悬臂式可变信息板、门架式可变信息板、隧道内可变信息板、交通信号灯、彩色摄像机、风速风向仪、光强检测器、车道控制标志、一氧化碳/能见度检测器、本地控制器、火灾检测器、火灾报警按钮、火灾报警控主机、车行横洞标志灯、人行横洞标志灯、疏散标志、隧道诱导灯及相应控制器等。隧道区段(隧道内及隧道口外)的视频图像由通信系统直接传输到隧道管理所。隧道内的部分固定摄像机还作为视频事件检测系统的前端摄像机。隧道区段的设备(除图像、火灾检测器、火灾报警按钮、车行横洞标志、人行横洞标志、疏散标志、紧急停车带标志、诱导灯)就近与本地控制器连接(诱导灯控制器也就近与本地控制器连接)。与本地控制器连接的工业以太网交换机构成光纤自愈环网,再通过与主本地控制器(主本地控制器一般设置在配电房内,如果没有配电房则设置在隧道内)连接的交换机的10/100M口将数据传输到隧道管理所。火灾报警系统是隧道专有系统。要求火灾报警系统采用双波长火灾检测器。火灾检测器、火灾报警按钮直接与火灾报警主机连接,火灾报警主机通过以太网光端机将火灾信号传输给隧道管理所,另外火灾报警主机与主本地控制器连接,作为传输备用通道。车行横洞标志灯、人行横洞标志灯、疏散标志属于常亮设备,无须控制。隧道路段所需的所有光缆,除视频图像、主本地控制器、火灾报警主机到隧道管理所传输光缆由通信系统提供外,其他用于PLC与设备通信或PLC与PLC通信的光缆由监控系统提供。

5. 昌傅至泰和高速公路

昌泰高速公路机电工程于2001年11月25日正式开工,2003年6月28日完工交付使用。2006年7月1日,为进一步完善车辆通行费的计量方式,对通行收费公路的载货类汽车实行动态称量计重收取车辆通行费;2015年5月,针对收费称重系统的弊端,投入资金1102余万元将全线20套称重系统由动态称重改造为静态称重方式。2014年开始采用高速公路机电养护管理进行机电设备养护的统一流程管理,通过合同承包制与高速公路机电养护管理系统的使用,进一步提高了昌樟全线机电设备维护管理的规范性、统一性、同时提高效率,从而保证三大系统设备的正常运行与使用。

收费系统:全线共设有收费所7处。2003年6月28日至2004年6月29日,昌泰高速公路对通行高速公路车辆采取半人工按车型收费;2004年6月30日,江西省高速公路正式实行联网收费,从此全省高速公路收费进入信息化、智能化时代;2009年1月,吉安南、吉安北收费所各增设一入口和一出口电子不停车(ETC)收费系统。2014年12月,根据"十二五"迎国检检查需要,新增南安、峡江、吉水、吉安县、泰和收费站ETC不停车收费系统7套,截至2016年,昌泰高速公路全线收费站实现了ETC不停车收费系统覆盖率100%。

通信系统:通信系统是由光纤数字传输系统与综合业务接入系统、程控数字交换系统、专用通信电源系统、路侧紧急电话系统、移动通信(调度)系统、视频传输设备和室内外光电缆为主要传输介质构成的综合通信系统(ICS),为昌泰高速公路的监控、收费系统数据传输提供视频光端机和视频编解码器设备及相应的传输介质,同时为监控外场设备图像的传送提供传输介质。车道与收费站、收费控制室通信采用程控交换机通信系统进行通信;每个收费站提供一套闭路电视监控系统,与收费分中心的闭路电视监控系统组成一套完整的收费闭路监控系统,对收费作业实时监督管理。2014年为进步一步提高收费工作、监控工作、单位办公路网信息规范化,进行了信息化工程改造,添加了工作组级VPN网关、企业级三层交换机。安装使用信息化办公系统,进一步提高了工作效率。

监控系统:2009年4月,昌泰高速公路实现智能交通工程道路全程监控;2010年昌泰高速公路完成公司机电升级改造项目,监控系统由监控中心子系统,数据采集系统,交通控制子系统、所站闭路电视监控子系统,道路监控子系统、传输子系统(主要由通信系统提供)和供配电防雷子系统以及与此相关的工程构成,主要用于昌泰高速公路范围内的交通流数据信息等主控点视频图像等,经由系统处理或人工决策将控制信息和诱导信息由外场的可变信息板、可变限速标志反馈给驾乘人员,以确保昌泰高速公路的安全畅通。昌泰高速公路外场设备当中共有道路监控摄像机23台,可变情报板8块,可变限速标志4块,多要素气象监测仪2套。

6. 九江至景德镇高速公路

九景高速公路机电工程由广州海特天高信息系统工程有限公司总承包,承担监控、通信、收费3大系统;2001年11月25日开工建设,2002年5月15日正式进入试运行期。九景高速公路收费系统采用封闭式收费制式,即所有车辆通过收费站时入口按车型发放非接触IC卡通行卡、出口按车型和行驶里程进行收费。全线共设有主线收费站2处,匝道收费站7处。采用人工判别车型、人工收费、计算机管理、监测器计数校核、闭路电视辅助监督的半自动收费方式。

7. 泰和至井冈山高速公路

泰井高速公路机电工程包括收费、通信、监控三大系统工程。2003年10月开工建设,2005年3月31日建成通车。2006年7月1日,为进一步完善车辆通行费的计量方式,对通行收费公路的载货类汽车实行动态称量计重收取车辆通行费。2005—2016年泰井高速公路全线收费、监控、通信系统设备的维护管理,由方兴科技、信息分中心、合肥正茂、北京中山、江西众加利合作完成。信息分中心负责对全线所站、中心的监控、通信、供电机电设备的监督与管理。

收费系统:泰井高速公路采用封闭式收费系统,收费方式为"人工判型,人工收费,计算机管理,收费视音频监视,检测器校核"的半自动方式,按照车型和行驶里程收取通行费,通行卡采用非接触IC卡。全线设井冈山机场站、禾市站、碧溪站、拿山站、井冈山站收费站5处,在拿山站设1处监控中心(现已经移至泰和管理中心,即信息分中心)。

监控系统:监控系统含道路监控系统和隧道监控系统。其中道路监控系统有闭路电视子系统、道路交通检测子系统、道路交通诱导子系统、气象检测子系统,隧道监控系统有隧道交通控制子系统、隧道环境检测与通风照明控制子系统、隧道火灾检测与报警子系统。

通信系统：通信系统包含光纤数字传输系统与综合业务接入系统、程控数字交换系统、专用通信电源系统以及室内外光、电缆。在信息分中心设置一套华为公司 iManager T2000 传输网管设备，负责对全线综合业务接入网中的传输设备进行故障、安全、维护、性能等管理。在信息分中心设置一套交换接入网维护网管中心 iManager N2000，负责对所辖路段的接入系统、交换系统以及电源系统进行统一的管理维护。在信息分中心设置一台华为的 C&C08 数字程控交换机，为高速公路提供业务电话、指令电话及传真等业务。通信传输所用的光纤与收费、监控图像传输所用的光纤采用分缆制。全线敷设 2 根 GY-TA 单模光缆，为干线业务与接入网业务以及收费图像敷设一根 28 芯光缆，为监控外场业务敷设一根 10 芯光缆，两根光缆均进站并上通信设备光缆配线架。另外，为监控外场设备数据图像传输和服务区的传输接入提供相应数量的 4 芯光缆。

8. 鹰潭至瑞金高速公路

鹰瑞高速公路机电工程包括收费、通信、监控三大系统工程，于 2010 年 12 月开工建设，2011 年 12 月交工。

收费系统：鹰瑞高速收费系统采用封闭式收费制式，全线设置 1 处收费分中心（南城收费分中心），设置 12 个匝道收费站，即龙虎山收费站、金溪收费站、资溪收费站、南城收费站、南丰收费站、白舍收费站、广昌收费站、赤水收费站、石城北收费站、固村收费站、瑞金北收费站和瑞金南收费站。其中，南城收费站与南城收费分中心合建。金溪收费站、南城收费站、南丰收费站、广昌收费站和瑞金南收费站设有 ETC 出入车道各一个，按照车型和行驶里程收取通行费，并对货车实施出口计重征收通行费。

监控系统：监控系统包括闭路电视监控系统、可变信息标志系统、环境检测系统（气象、能见度检测器）、车辆检测器系统及以上设备的供电等。

通信系统：鹰瑞高速通信系统包括光纤数字传输系统、数字程控交换系统（含指令电话系统）、数据图像传输系统、隧道广播及紧急电话系统、会议电视系统、有线广播系统以及光电缆工程。光纤数字传输系统选用华为 OSN3500、OSN1500 传输设备组建干线传输系统，华为 HONET F02AV 和 OSN3500、OSN 1500 设备组建综合业务接入网系统，选用华为 C&C08 数字程控交换机组建电话交换系统。

9. 南昌至上栗高速公路

昌栗高速公路设匝道收费站 12 处，分别设于各个单喇叭互通立交；设主线收费站 1 处，设于起点南昌九龙湖；设服务区 5 处，分别为高安东服务区、上高东服务区、上高西服务区、万载服务区及上栗东服务区。2015 年 7 月开工，总工期 6 个月；试运行 3 个月，缺陷责任期24个月,保修期60个月。

收费系统:设置南昌九龙湖1处主线收费站、设西山、高安东、高安、高安西、上高东、宜丰南、上高西、万载、万载西、桐木、慈化与上栗东12处匝道收费站。

监控系统:监控系统主要由区域路网监控中心、监控外场设备构成。①区域路网监控中心。监控分中心系统主要由计算机系统、闭路电视系统、大屏幕显示系统、综合控制台、LED室内显示系统及其他配套附属设施构成。②主线监控外场设备。主线外场设备包括:车辆检测器、气象检测器、悬臂式可变信息标志、大型可变信息标志、可变信息屏、外场遥控摄像机、激光夜视遥控摄像机、实时路况提示系统等。

通信系统:通信设施设计采用省通信中心—路段通信中心—沿线通信站三级管理体制。昌栗高速设置1个有人通信站——上高通信中心,18个无人通信站——设于各收费站与服务区。通信系统的主要构成:①光纤数字传输系统;②IP语音交换系统;③视频会议系统;④光、电缆工程;⑤通信附属设施。

第六节 高速公路养护

江西高速公路养护以省高速集团养护管理为主。2010年,全省高速公路里程3051km,其中,国家高速公路2629.577km,列养里程2629.577km。2015年,全省高速公路里程5088km,省高速集团所辖高速公路养护里程达4349km。省高速集团所辖高速公路MQI(公路技术状况指数)优等的路段长期保持在90%以上,PQI(路面使用性能指数)保持优等的路段长期保持在90%以上,优良路率达90%以上,无四五类桥梁、隧道。

1. 养护模式

高速公路养护体制改革是依据高速公路网的专业特性,不违背其本身属性,如公路是高度网络化公共服务类产品,具有网络性、层次性、统一性、均衡性等特点,既有较强的专业性和技术性,也有较强的社会性和服务性等特性。高速公路养护体制综合考虑市场化改革和应急管理两大方面工作,兼顾企业的效益化追求和社会公益性服务两大主要目标,省高速集团养护模式是根据时代发展、养护目标、养护任务、路网扩展的不断变更而逐步发展和变化的,养护管理整体改革的发展方向是向企业化、市场化、专业化和职业化发展,遵循市场经济规律,积极引导养护企业变革,提高生产效率,降低养护成本。改革目标是实现养护管理统一规范,实现养护专业化,养护资源统筹调度。养护模式主要经历以下三个阶段:

——"十五"期间。高速公路养护分为三级养护,省高管局负责计划审批,管理处负责项目具体实施,管理处下设养护站(中心),主要负责划定范围内的大中修和专项工程,管理所负责路面保洁、涵洞清淤及绿化除草工作。该模式主要问题在于管养一体化,职责存在交叉,易发生推托现象,且养护施工单位过多,不易管理。

——"十一五"期间。高速公路养护多种模式并存,省高管局分为三级养护,负责计划审批,管理处负责项目具体实施,管理处下设养护公司负责全路段的大中修和专项、小修工程,子公司下属的管理所负责路面保洁和日常养护管理工作;公路开发总公司分为三级养护,总公司负责计划审批,子公司负责项目具体实施,总公司下设养护公司负责全路段的大中修和专项工程,子公司下属的管理所负责路面保洁、涵洞清淤及绿化除草工作;省公路局所辖高速分为三级养护,负责计划审批,管理处负责项目具体实施,管理处下设养护公司负责全路段的大中修和专项、小修工程、路面保洁和日常养护管理工作。养护模式多种多样,问题仍旧是管养一体化,职责存在交叉,权责不明确。

——"十二五"期间。江西省高速集团成立后,按照"统一领导,分级管理"的原则,对照"省高速集团—区域管理中心—大所制管理所"管理规划,相应建立起"职责明确、权责一致、运转协调"的养护三级管理机构,落实养护管理的四个责任主体。即省高速集团设立养护管理部作为监督管理主体,区域管理中心设立工程养护部作为组织管理主体,大所制管理所设立养护站作为现场管理主体。目前,个别路段按照大所制设置养护站,日常小修保养也走向市场化,为下一步养护模式改革积累一定的实践经验。主要问题:①管理机制不顺。管理模式不一,职责不清晰,缺乏有效的制约机制,部分小单位由集团直接管理,分散了省高速集团精力,也因精力有限,疏于管理;②养护资源分散。2016年,省高速集团从事养护施工及其相关业务单位较多,较为分散,没有规模优势,也没有链条优势,不符合集约化和规模化发展的客观要求,不利于发展;③养护资源利用效率不高。各同业单位自成体系,封闭管理,有各自的人员、设备和场地,人才、资源分散,不能充分利用。配置较完善设备的单位工作量不足时设备闲置浪费,未配置完善设备的单位则无设备可用,不能统一调度,难以实现优势互补、互惠互利;④不利于养护单位和养护人员考核和交流。养护单位、养护人员由各路段管理单位分散管理,不便于制定统一的标准考核,不利于养护人员交流;⑤专业化程度不高。各单位无论是管理部门还是施工单位技术人员都缺乏,专业化程度不高,养护效果和社会形象不佳;⑥创新推广不足。各单位在养护技术的吸收应用和研究上步调不一,且重复投资试验,研究力量分散,技术创新能力不高,发展后劲不足。

2. 养护技术

高速公路养护主要根据高速公路路面行驶质量、病害程度、车流量等条件不同而有所不同,根据不同的养护时期,养护方案与养护技术也有所不同,主要有预防性养护、修补性养护及矫正性养护,高速公路通车运营主要以预防性养护为主,防治结合。

(1)路面类技术

①灌封技术。该技术主要目的是阻止水分通过已存在的裂缝侵入结构内部。适用于原路面基层和横断面良好的情况、建成2~4年柔性基层沥青路面,复合路面(下卧层为水

泥混凝土层)。表面病害可能包括:路面纵向、横向原始裂缝,伴随裂缝处的轻微扩展裂缝和松散。密封剂应能很好地将裂缝封闭,封缝这种养护方法需要高质量的材料和良好的施工工艺,使用的密封剂必须是加热时变软而温度降低时又能变硬的热塑性材料。处理裂缝工作最好在凉爽干燥的气候条件下进行,为达到较好的黏结效果,必须将裂缝清理干净,如使用高压气体喷射设备来清理裂缝内的碎石和粉末等杂物,然后用钢丝刷沿凹槽刷出干净的表面。该技术的使用年限一般为1~2年。

②路面挖补技术。主要是针对坑槽、龟裂等病害,对损坏路面进行局部处理,而非大面积、大范围处理的一种养护方式,一般有热补、冷补两种方式。热补是采用与原路面结构层相同的热沥青混合料进行热补,属于正常的挖补方式,冷补是采用级配相合适的冷补材料进行挖补施工,但是冷补是一种应急施工,在条件合适下,应对该冷补处进行挖除,再用热补修补。

③路面铣刨摊铺。该技术是一种传统的修补方法,即把损坏旧的路面铣刨一层,重新摊铺新路面,主要功能是清除和剥离公路车辙、龟裂及拥包等路面病害,或者为新旧路面的结合良好,其不仅可以用来修补路面面层,而且用来翻修路面结构层,可以彻底消除路面龟裂、网裂、坑槽、沉陷、车辙、脱落和桥头涵顶跳车等多种病害,在路面维修中占有主要地位,是用路面铣刨机铣削损坏的旧铺层,再铺设新面层中最经济的一种现代化养护方法,由于它具有工作效率高、施工工艺简单、铣削深度易于控制、操作方便灵活、机动性能好、铣削的旧料能直接回收利用等特点,因而广泛用于高速公路养护工程中。该技术的使用年限一般为2~3年。

④同步碎石。同步碎石封层是用专用的同步碎石封层机将碎石和黏结剂(热沥青、改性沥青、乳化沥青等)同步撒铺在路面上,通过自然行车或轮胎压路机的碾压形成沥青碎石磨耗层。它主要作为沥青路面表面处理层使用,使沥青路面的使用寿命延长10~15年。该技术具有以下特点:a)良好的防水性;b)良好的附着性和防滑性;c)良好的耐性和耐久性;d)良好的经济性。无论用于道路养护还是作为过渡型路面,同步碎石封层的性价比明显优于其他道路表面处治方法,从而大大降低道路维修养护成本。

⑤雾封层。由于目前高速公路沥青面层存在施工离析或孔隙率过大现象,即工程先期已有的缺陷、隐患问题,有效地预防路(桥)面因此造成渗水现象已变得非常必要,而路面雾封层技术是一种很直接、有效和经济的预防性养护措施。雾封层是在沥青面层上喷洒一层薄薄的、高渗透性改性乳化沥青,形成一层严密的防水层将路面封闭,起到隔水防渗、保护路面使用的功能,最大限度地减少路面的水破坏,加大路面粗细集料间的黏结力,由此延长路面使用寿命,从而节约养护资金。雾封层作为一种沥青路面的预防性养护措施,其经济、迅捷,能有效地防止沥青路面的水破坏,比较适用于高速公路的特殊养护条件和要求。

⑥稀浆封层。稀浆封层技术是将级配良好的集料(优质细集料和矿物填料)和乳化

沥青组成的混合料均匀地洒布在整个路面上。按照矿料级配的不同,稀浆封层可以分为细封层、中封层和粗封层;按照开放交通的快慢,稀浆封层可以分为快开放交通型稀浆封层和慢开放交通型稀浆封层;按照是否掺加聚合物改性剂,稀浆封层可以分为稀浆封层和改性稀浆封层,摊铺厚度一般为 5～10mm。施工前必须进行填缝、唧泥处治、大的坑槽部位的修补等预处理,施工中应注意路表面必须保持干净,石料要求选择有棱角、耐用并且级配良好的石料,并且拌和前必须清洗干净。应避免在炎热的气候条件下施工,根据乳化剂的类型要保持足够的开放交通时间,一般需要将公路封闭几小时。在预防性养护的情况下,使用年限一般为 2～4 年。

⑦微表处。微表处是采用专用摊铺设备将聚合物改性乳化沥青、集料、填料、水和添加剂等按合理配合比拌和成稀浆混合料并迅速摊铺到原路面上,形成一层与原路面结合牢固、具有良好的抗滑耐磨性能、在摊铺后 1～3h 内开放交通的薄层(1mm)结构。目前,微表处罩面技术主要是用于建立和恢复道路表面功能,在高速公路路面养护工程中微表处已经成为防水、抗滑、耐磨、耐久的道路表面功能层。随着该施工工艺的规范化、标准化以及施工质量的提高和综合成本的降低,在高速公路沥青路面的预防性养护上得到广泛推广和应用。

⑧薄层罩面。薄层沥青混凝土面层是指用摊铺机摊铺和用压路机碾压的单层沥青混合料,可以认为薄面层是"薄磨耗层"与"厚表面处治"之间的一种交叉。在我国的养护规范中,薄层罩面适用于路面平整度较差、辙槽深度小于 10mm、路面无结构性破坏,为提高路面表面层服务功能的养护维修措施,也适用于新建公路的磨耗层。薄层罩面用于沥青路面的预防性养护的主要优点是:服务寿命延长,能承受重载交通和高剪应力,表面平整性能好,可被铺成需要的厚度、纵坡度和横坡度,中断交通时间短。

⑨就地热再生。就地热再生是通过现场加热、翻松、混拌、摊铺、碾压等工序,一次性实现旧沥青混凝土路面的就地再生。该技术适用于各种沥青路面的预防性、日常性养护。相对于传统的路面病害处治方式,就地热再生技术极大地提高修补后新旧路面的结合力,提高路面修补质量;简化施工工序;提高路面养护工作效率;实现材料的 100% 利用,节约能源、材料和土地,保护环境,符合国家的可持续发展战略;可对裂缝进行比较好的处理,能有效地缓解或解决裂缝问题。

⑩就地冷再生。就地冷再生技术就是充分利用现有旧铺层材料(面层甚至基层),必要时加入部分新集料,并按比例加入一定量的添加剂(包括水),在自然环境下就地连续地完成材料的铣刨、破碎、拌和、摊铺及压实成型,从而修整出具有所需性能质量的新基层或底基层的作业过程。一般经再生铣刨破碎的旧沥青混凝土路面材料中沥青含量已经不明显,成为含有不同的粒径的集料材料。路用技术指标表现为针入度减少、软化点升高、延度降低,而砂石集料除了由于长期荷载作用变碎、变细之外,没有其他变化。通过掺配

适当的稳定剂,使其成为稳定(碎石)土,作为新的旧路基层或底基层,以达到对旧沥青路面的再生利用。

(2)桥梁主要病害养护技术

①支座更换技术。"桥梁支座计算机 PLC 全监控更换系统"作为顶升作业的主操作平台。该系统是将同步液压顶升系统、计算机 PLC 信号处理、位移监控与桥梁结构分析和施工技术等进行集成,并在集成系统上进行成套技术开发。其核心是在桥梁结构分析与施工技术总结基础上,根据桥梁特性设计计算机 PLC 信号处理与液压系统,输入外部监控设施的位移信号,输出液压系统油量控制信息,利用终端的多组超薄油缸来达到平顺、安全与高效的桥梁顶升的目的,同步顶升精度≤±1mm。顶升液压终端在顶升支点处采用50t自锁式超薄千斤顶,以防止任何形式的系统及管路失压问题。千斤顶安装时应保证千斤顶的轴线垂直,以免因千斤顶安装倾斜,在顶升过程中产生平分力。每跨安设32个顶点,通过系统自带的位移、压力、同步精度等监测子系统对整个操作过程中进行监控。梁体顶起后,将支座取出,将新支座放入,同时在支座下放入平板式压力传感器。梁体称重,确定支座下钢板支垫厚度拆除临时支撑,将千斤顶落下,通过支座下的压力传感器称出各支座所受的压力,并与设计支座承载力进行对比。确定支座实际承载力与设计承载力的压力差后,根据已有的支座压力应变曲线,确定支座下钢板的支垫厚度,保证支座的受力与设计受力差在5%以内。正确更换支座。支座下钢板支垫厚度确定后,启动同步顶升系统,根据现场梁体的设计支座中心线精确确定支座的安放位置,将计算好厚度的钢板垫到支座下后,操纵桥梁顶升设备将梁体高精度同步落位。

②桥梁桩基础加固。主要有3种加固方式:强度加固、刚度加固以及耐久性加固,其中强度加固主要是保证桥梁结构的整体性安全,刚度加固主要是为保证桥梁结构的正常工作,耐久性加固则主要是针对已损失部位进行修复处理,阻止结构病害的进一步发展。一是增补桩基加固法,针对桥梁桩基础的承载力不足的状况,通过扩大墩台的压力分散,在原来的灌注桩周围,补加新的钻孔灌注桩以扩大原来的承台;二是微型加固法,通过一些直径较小的钢管混凝土桩,将原有的桩基础进行加固处理;三是桩身加固法,对混凝土进行补浇,增加桩头的钢筋,通过对桩身补强来增加桩身的强度,使桩身有更好的抗弯能力和抗腐蚀能力;四是扩大基础法,通过扩大基础面积,使得桩基础周围面积扩大后,与桩基形成一个整体,从而增强结构的稳定性。

③桥梁裂缝修补。产生桥梁裂缝的原因既复杂且多,有时候只需一种因素而产生裂缝,有时候却要多种因素的合成来产生裂缝,一般有3种修补方法。一是水泥灌浆,水泥灌浆是指将普通水泥、水泥浆液从用不同方法钻成的孔眼,灌入裂缝中,水泥灌浆的压力和浆体稠度可在施工过程中根据实际的情况进行调整,其施工工艺程序分为裂缝检查、钻孔、清孔、止浆、堵漏步骤。二是化学灌浆,主要是修补0.3mm或者更细小的裂缝,改善灌

浆材料的可灌性能。这种灌浆方法施工机械操作简单,而且修补的效果好,在桥梁裂缝处理中得到广泛的应用。三是其他裂缝修补方法,如在裂缝部位的混凝土表面,采用水泥砂浆、环氧砂浆、水泥浆等材料进行涂抹修补,在经过凿毛处理的裂缝表面喷洒密实且强度高的水泥砂浆保护层,当裂缝是由于超荷载产生的,而且产生时间较长,则可以考虑采用补强法、锚固补强法或预应力法等。

④桥梁监测技术。为确保鄱阳湖大桥的运营安全,2007年,大桥养护公司和南京安正软件公司、长沙理工大学联合研发鄱阳湖大桥原结构在线监测系统,并于2008年正式投入使用,该系统由以下5个子系统组成。①风速风向监测子系统:2个风速风向测点;②主梁应变及温度测量子系统:18个振弦式应变及温度测点;③主梁沉降线形挠度子系统:14个连通管式水准仪挠度测点;④振动监测及在线模态分析子系统:22个振动速度测点,通过积分和微分可以得到振动位移和加速度;⑤索振动及索力测量子系统:10个振动加速度测点,通过积分可以得到振动速度和位移。系统建立后可实时对桥梁的主梁应变、索力值等进行监测。

3. 日常养护

(1)养护制度建设

省高速集团不断补充和修订养护管理办法,使之与新的养护体制和机制更相匹配。2015年,修订《集团高速公路养护管理办法》,制定《日常小修保养、大中修工程管理流程图》(初稿),出台《特殊桥梁管理办法》,与纪检监察部门共同制定并出台《集团养护工程廉政监管规范》等制度,覆盖到养护各类工程管理,涵盖整个流程体系,着重加强桥梁隧道的监管工作、廉政管理工作,整体养护管理制度体系更趋完善。

(2)养护方式

日常养护包括对路基、路面、桥涵、隧道、绿化、交通工程及沿线设施的日常养护,其基本工作内容分日常保养、日常小修及突发事件保畅。通过对高速公路及其沿线设施经常进行维护保养和对其轻微损坏部分进行及时修补,保持高速公路路面干净整洁、路基边坡稳定、桥涵隧道排水系统通畅、交通安全设施完整有效等。针对春季、雨季路面病害、水毁高发的特点,加大巡查密度,加强对桥梁、隧道、涵洞、高边坡等排水系统的疏通,将安全隐患扼杀在萌芽阶段。对已发生水毁路段,立即启动应急处置预案,在最短时间内清理边坡塌方,切实保障高速公路安全畅通。

(3)生态文明

高速公路绿色生态建设是全省"一大四小"工程建设规划的重要组织部分。为切实改善和提升高速公路生态环境,加强水土保持和环境保护,构建江西高速公路生态走廊和景观绿廊,树立良好窗口服务形象,促进沿线区域的经济发展,提升区域交通服务水平,主要改造范围是中央分隔带、填方段及挖方段边坡、隔离栅、互通立交区、隧道口、收费广场周围、服务区周围、管理所周围及沿线所有空地的绿化;绿化改造的内容包括宣传落实绿化政策、规划设计、工程实施、抚育管理、病虫害防治及绿化经验总结等。绿化改造坚持从实际出发,遵循客观规律,坚持以功能和生态效益为主,兼顾经济效益和社会效益,按照"因地制宜、因路制宜、经济适用、功能高效、景观协调、易于管护"密切结合的原则,充分体现安全性、生态性、经济性、文化性、和谐性和整体性,并正确处理成本和效果的关系,在现有绿化状况基础上,对高速公路实施绿化改造工程,最终形成高速公路绿化有序的生态系统,并实现与路侧生态环境和谐统一。根据高速公路发展需要和省政府的有关要求,高速公路绿化分3步走:①满足公路绿化的基本功能,确保公路用地范围不流土、不露土、不影响行车视线;②通过绿化改造工程,使高速公路绿化具有较好的森林相貌,为行车提供较好的视觉效果,进而提高高速公路绿化品位;③通过绿化完善改造工程,使高速公路绿化形成有序的生态系统,并与路侧生态环境相协调。

(4)水毁预防与抢修

雨季来临,为确保高速公路安全畅通,积极部署汛期养护工作,各单位坚持预防为主、科学养护原则,切实做到"四防""三勤""两及时"。①"四防",即防坍塌、防冲刷、防滑坡、防漂浮物。针对高边坡、下边坡及桥梁构造物等有可能出现突发性事故的隐患路段,健全制度,强化安全意识,提前做好防护措施。②"三勤",即勤保养、勤检查、勤巡路。加强养护设备的保养维修,确保状况良好、随时待命。收费所养护室做好道路日常小修保养工作,加大巡查力度,做到勤检查、早安排、快落实,把各种病害处理在萌芽状态。③"两及时",即及时汇报、及时抢修。发生突发性事故时,及时汇报,能及时自行处理的,立即抢修处理,备足备齐养护生产材料及防汛抢险物资,对路面坑槽、翻浆等病害按照养护技术规范从严;从快处理,确保高速公路安全度汛。

4.专项工程

(1)泰赣高速公路路面维修工程

经省交通厅和省高速集团批准,对大广高速公路泰和至赣州段、厦蓉高速公路赣州城西段进行路面维修。该项目分两阶段实施,第一阶段开2010年4月16日开工,第二阶段建设工期为2010年10月26日至2011年4月18日,总投资19728万元。由宜春公路勘察设计院设计,由江西省高等级公路管理局赣州管理处养护中心、江西通威公路建设集团有限公司、深圳盛通远为乳化沥青有限公司负责实施。

(2)昌泰高速公路路面维修工程

经省交通运输厅批准,对昌泰高速公路樟吉段、大广段进行路面维修。该项目分两阶段实施,第一阶段开工日期为2010年4月16日至2011年4月25日,投入资金9768.84万元。项目设计由宜春公路勘察设计院设计,江西省天驰高速科技发展有限公司负责第三方检测,由昌泰公司养护中心、陕西国琳公路养护工程有限公司、深圳盛通远为乳化沥青有限公司负责实施。

（3）昌樟、温厚高速公路路面维修工程

为切实做好昌樟、温厚高速公路养护工作，经省高速集团批准，对沪昆高速公路昌樟段、温厚段，生厚高速公路、枫生高速公路进行路面维修。该项目分两阶段实施，第一阶段开工日期为2010年4月16日至2011年4月28日，投入资金22272万元。项目设计由宜春公路勘察设计院设计，江西省天驰高速科技发展有限公司负责第三方检测，由江西高速公路工程有限公司、江西赣粤高速公路工程有限责任公司、深圳盛通远为乳化沥青有限公司负责实施。

（4）梨温高速公路路面铣刨维修工程

2011年，经公路开发总公司批准，根据梨温高速公路2011年路面检测报告建议养护意见，对约33.31km的路面进行铣刨重铺，该工程预算总费用1988.88万元。由江西省天驰高速科技发展有限公司设计，由江西公路开发总公司养护公司负责实施。

（5）昌樟高速公路路面维修工程

经赣粤公司批准，对昌樟、温厚高速公路路面出现病害路段进行维修处理。该工程总投资1234.95万元，于2012年8月开始，2012年11月结束。由江西省天驰高速科技发展有限公司设计，江西赣粤高速公路有限责任公司负责实施。

（6）昌泰高速公路路面维修工程

经赣粤公司批准，对路面出现病害路段进行维修处理。该工程总投资2960.43万元，于2012年6月开始，2012年10月结束。由江西省天驰高速科技发展有限公司设计，江西赣粤高速公路有限责任公司负责实施。

（7）沪昆高速公路昌金段路面专项维修工程

经省交通运输厅和省高速集团批准，对沪昆高速公路昌金段、大广高速公路武吉南段路面病害、水损较严重路段、桥梁伸缩缝破损等路段进行维修，该项目于2012年7月开工，2013年2月底结束，工程总投资约3095.2万元。由江西省天驰高速科技发展有限公司设计，江西省赣粤高速公路工程有限责任公司、宜春管理中心养护中心负责实施。

（8）泰赣高速公路路面专项工程

经省交通厅和省高速集团批准，对大广高速公路泰赣段约46km路面进行专项养护施工，工程概算总费用2.2亿元。该项目于2013年9月开工，2014年4月底结束。由江西省天驰高速科技发展有限公司设计，江西省赣粤高速公路工程有限责任公司负责实施。

（9）温厚高速公路路面维修工程

经赣粤公司批准，对温厚高速公路路面出现病害路段进行维修处理。该工程总投资1234.91万元，于2013年7月开始，2013年11月结束。由江西省天驰高速科技发展有限公司设计，江西赣粤高速公路有限责任公司负责实施。

(10)梨温高速公路路面铣刨维修工程

2013年,经公路开发总公司批准,根据梨温高速公路2012年路面检测报告建议养护意见,梨温公司对部分路面进行铣刨重铺。该工程分两阶段实施,一阶段开工日期为2013年5月,二阶段开工日期为2013年8月,总投资约3179.1万元。由江西省天驰高速科技发展有限公司设计,由江西公路开发总公司养护公司实施。

(11)沪昆高速公路昌金段路面专项工程

经省交通运输厅和省高速集团批准,对沪昆高速公路昌金段K815+000~K850+097与K875+796~K905+280两个路段共64.581km进行路面中修。该项目于2013年9月开工,2014年5月底结束,工程总投资为1.35亿元。由江西省天驰高速科技发展有限公司设计,江西省赣粤高速公路工程有限责任公司、宜春管理中心养护中心负责实施。

(12)昌九高速公路就地热再生试验段工程

经赣粤公司批准,决定开展"沥青路面就地热再生技术及其评价方法研究"课题,并铺筑就地热再生试验路,该试验段工程于2013年9月10日开工,9月18日完工,总价为188万元,由江西赣粤高速公路工程有限责任公司负责实施。该沥青路面就地热再生试验路位于昌九高速公路K600+000~K603+700段东线(南昌到九江方向)、西线(九江到南昌方向)K598+300~K603+700的行车道上,单车道全长约10km,施工面积约为4万m^2。

(13)景婺黄高速公路养护专项维修工程

经省交通运输厅和省高速集团批准,对景婺黄高速公路路面出现病害路段进行维修处理。该工程总投资247万元,于2013年9月开始,2014年8月结束。由江西省天驰高速科技发展有限公司设计,江西省高速公路投资集团有限公司景德镇管理中心养护应急管理所负责实施。

(14)景婺黄高速公路路面预防性养护维修工程

经省交通运输厅和省高速集团批准,对杭瑞高速公路景婺黄段、德婺高速公路进行路面微表处理。该工程总投资888.72万元,于2015年6月开始,2015年9月结束。由江西省天驰高速科技发展有限公司设计,河南瑞航公路工程有限公司负责实施。

(15)沪昆高速公路昌金段路面专项工程

经省交通运输厅和省高速集团批准,对宜春管理中心所辖沪昆高速公路昌金段K850+097~K875+796与K905+280~K982+875,共103.294km,大广高速公路武吉南段K2779+750~K2875+119,共95.369km,进行路面专项工程改造。工程于2014年5月开工,2014年12月结束,总投资约3.6亿元。由江西省天驰高速科技发展有限公司设计,江西省赣粤高速公路工程有限责任公司、宜春管理中心养护中心负责实施。

(16)泰赣高速公路路面专项工程

经省交通运输厅和省高速集团批准,对大广高速公路泰和至赣州段实施82.923km

的路面专项养护工程处治,工程总投资4.7亿元。工程于2014年4月开工,2014年12月结束,共分3个标段。由江西省天驰高速科技发展有限公司设计,由河北广通路桥集团有限公司、中铁十三局集团第一工程有限公司、江西省高等级公路管理局赣州管理处养护中心负责实施。

(17)大广高速公路武吉北段养护维修工程

经省交通运输厅和省高速集团批准,对武吉北段路面病害进行专项整治。工程总投资2276.67万元,于2014年底完成。由江西省天驰高速科技发展有限公司设计,江西赣粤高速公路工程有限责任公司、江西省嘉禾工程咨询监理有限公司负责监理,上高管理中心养护专项管理部负责管理。

(18)景鹰高速公路路面车辙病害处治工程

2015年,经省高速集团批准,对位于济广高速公路景鹰段的车辙病害采用微表处进行处治,主要包括微表处、辙槽填充、精铣刨沥青、标线恢复等工程内容。该项目于2015年8月开工,总工期50天,总投资2335万元,由江西省天驰高速科技发展有限公司设计,陕西高速机械化工程有限公司负责实施。

(19)瑞赣高速公路养护维修工程

经省交通运输厅和省高速集团批准,对瑞赣高速公路路面出现病害路段进行维修处理。该工程总投资4215.4709万元,于2015年6月开始,2015年8月结束。由江西省天驰高速科技发展有限公司设计,河北路桥集团有限公司、沈阳三鑫集团有限公司负责实施。

(20)景婺黄高速公路路面养护维修工程

经省交通运输厅和省高速集团批准,对杭瑞高速公路景婺黄段、德婺高速公路进行路面维修。该工程总投资1141万元,于2015年7月开工,2015年10月结束。由江西省天驰高速科技发展有限公司设计,河北路桥集团有限公司负责实施。

(21)大广高速公路武吉北段、永武高速路面养护维修工程

经省交通运输厅和省高速集团批准,对武吉北、永武高速公路路面病害进行专项整治。工程总投入3956万元,于2015年完成。由江西省天驰高速科技发展有限公司设计,江西赣粤高速公路工程有限责任公司和天津市公路工程公司负责实施,江西省嘉禾工程咨询监理有限公司负责监理,上高管理中心养护专项管理部负责管理。

(22)泰赣、瑞赣高速公路桥梁涉水桩基维修加固工程

经省高速集团批准,对泰赣和瑞赣部分桥梁涉水桩基进行维修加固,工程总投资415万元,于2014年2月开工,2014年5月结束。由江西省天驰高速科技发展有限公司设计,江西省高等级公路管理局赣州管理处养护中心负责实施。

(23)景婺黄高速公路星江河大桥涉水桩基维修工程

经省交通运输厅和省高速集团批准,对出现病害的桥梁桩基础进行维修加固。该工

程总投资45.6万元,于2014年2月开工,2014年11月结束。由江西省天驰高速科技发展有限公司设计,江西省高速公路投资集团有限公司景德镇管理中心养护应急管理所负责实施。

(24)高速公路隧道安全隐患专项整治工程

经省交通运输厅和省高速集团批准,对隧道土建病害及交通安全设施进行了专项整治,并对大广、沪昆、福银、厦蓉4条高速公路共10座隧道做专项处治,总投资为1500万元,2014年实施完成。设计单位为江西赣路交通设计研究有限公司,施工单位由各路段管理单位自行负责实施。

(25)蛟岭隧道渗水处理维修工程

经省交通运输厅和省高速集团批准,对景婺黄高速公路K319+128蛟岭隧道裂缝和渗水病害进行维修处理。该工程总投资106万元,于2015年8月开工。由江西省天驰高速科技发展有限公司设计,江西嘉特信工程技术有限公司实施。

(26)沪昆高速公路昌金段桥梁涉水桩基维修加固工程

经省交通运输厅和省高速集团批准,对宜春管理中心所辖昌金高速公路茅州袁河大桥和坤田袁河大桥涉水桩基病害进行维修加固。项目总投资为63.18万元,于2015年完成实施。设计单位为江西省天驰高速科技发展有限公司,施工单位为宜春管理中心。

(27)大广高速公路武吉南段桥梁缺陷专项维修工程

经省交通运输厅和省高速集团批准,对宜春管理中心所辖大广高速公路武吉段较严重病害桥梁进行桥梁缺陷专项维修,项目总投资为287万元,于2015年完成实施。设计单位为江西省天驰高速科技发展有限公司,施工单位为江西省嘉特信有限公司。

(28)抗冰救灾保畅抢险工程

2008年1月,江西省遭受严重低温雨雪冰冻天气,持续时间、范围、强度都为历史罕见,灾害给公路通行和春节运输带来严重影响。在省委、省政府的坚强领导下,按照省交通厅统一指挥,紧急动员,迅速部署,采取一切有效措施,全力以赴抗灾保通。按照省政府"九保一平安"的要求,各路段尤其是重点路段、重点桥梁的保障责任分段负责,落实到具体责任单位和责任人,对重点高速公路路段和大桥、陡坡等重点部位,集中专业机械设备,集中破冰除雪物资,集中交通专业队伍,日夜严防死守,确保通行。抗冻保畅期间共投入5000多万元,工业盐3784t,麻袋9.89万条,草袋90.5万条,沙石料6127t,投入机构设备、运输车辆8500多台次,投入养护人员4.8万余人次,清扫人员3.5万余人次,服务保障后勤人员2.8万余人次,免费发放食物饮料等11万余人次。

(29)高速公路交通标志更换工程

根据省交通厅《关于做好江西省高速公路相关标志更换工作的通知》(赣交基建字

〔2008〕29号)和省高管局《转发关于做好江西省高速公路相关标志更换工作的通知》(赣高路养字〔2008〕16号)要求,对全省高速公路交通标志、标牌进行改造。该项目于2008年12月开工,2009年3月完工,总投资8152万元,由江西省交通设计院设计,江西赣粤高速公路工程有限责任公司、江西方兴科技公司等公司负责实施,共新增交通标志6387处,更换交通标志54000多平方米,拆除标志1900处。

(30)高速公路绿化改造工程

经省交通运输厅和省高速集团批准,开展所辖高速公路绿化改造工程,工程总投资为3.1亿元,分三个阶段实施,于2012年全面完工。本项目委托江西省林业科学院承担施工图纸设计,施工由江西久久园林开发有限公司、江西省城市园林建设有限公司、各路段管理单位承担。

(31)梨温高速公路两座桥梁垮塌抢险

2010年6月中旬,全省遭遇范围广、强度大的降雨过程,强降雨继续在江西省维持,局部地区出现特大暴雨。6月17~20日全省北部出现2010年以来最强的暴雨过程,短短4天内全省平均降雨量高达163mm,其中33个县(市、区)降雨量超200mm、15个县(市、区)超300mm,6月21日21时,启动防汛Ⅰ级应急响应,受雨水天气影响,全省各等级公路都受到不同程度的破坏,出现塌方、冲毁路面路基和桥梁等严重水毁现象,其中6月20日G60沪昆高速公路(梨温段)江西省鹰潭至余江路段K625+750、K626+000四处路基相继被淘空塌陷,交通完全中断,中间一段200余米路段成为"孤岛"路,10余辆大货车及高速公路交警、货车驾驶员30余人一度受困其中。通过全力抢险,并在当日12点之前,将滞留在梨温高速公路上的受阻车辆全部分流,受困孤岛的30多名驾乘人员全部安全转移;总共投入抢险经费1930万元,累计投入抢险人员6000余人次,钢材30余吨,水泥280t,沙石2.3万m^3,麻袋40万条,枕木500根,挖掘机出动170台班次,装载机320台班次,自卸汽车920台班次,在2天内实现梨温高速公路恢复通车。

(32)赣浙界梨园收费广场拓宽改造工程

2011年经省高速集团批准,对赣浙界梨园收费站进行拓宽改造。该工程于2011年9月立项,总投资2063万元,于2012年7月完工。该工程由江西省华杰建筑设计有限公司设计,江西科力咨询监理有限公司监理,国诚集团有限公司、江西公路开发总公司养护公司、江西雄宇(集团)有限公司等多家单位实施。该工程建成将原有的24条车道增加至29条车道。

(33)武吉高速公路雨季水毁工程

经省交通运输厅和省高速集团批准,对水毁边坡进行整治处理。工程总投资为206万元。2012年实施完成,由江西赣路交通设计研究有限公司设计,江西省嘉禾工程咨询监理有限公司监理,上高管理中心养护应急管理所负责施工。

(34)泰井高速公路水毁修复工程

经省交通运输厅和省高速集团批准,对泰井高速水毁路段进行修复,该项目总投资为283万元,于2014年完成整治工程。江西省高速集团泰和管理中心为建设单位,由江西省天驰高速科技发展有限公司设计,养护中心组织施工,江西嘉和工程咨询监理有限公司进行监理。

(35)四容四貌整治工程

省高速集团对所辖高速公路的路容路貌、处容处貌、站容站貌、区容区貌进行全面的维修整治,主要包括路面局部维修整治、交通设施整治、房屋设施维修整治、收费广场维修整治、服务区维修整治等工程内容。该项目于2014年11月开工,总工期10个月,总投资4900万元,由江西省天驰高速科技发展有限公司、江西省华杰建筑设计有限公司等单位设计,江西恒泰路桥工程有限公司、各养护维修队、各管理处小修队伍等相关单位负责施工。

(36)沪昆高速昌金段、大广高速武吉南段边坡水毁修复工程

经省交通运输厅和省高速集团批准,对宜春管理中心所辖沪昆高速公路昌金段、大广高速公路武吉南段多处边坡开裂、坍塌、水沟位移等水毁病害进行维修。项目总投资为350万元,于2014年完成实施,由宜春管理中心养护中心负责组织施工,共修复边坡水毁路段53处。

5. 大修工程

(1)昌九高速公路技术改造项目

经省交通厅批复,昌九高速公路开展技术改造项目,2006年度及2007年度的项目改造概算,总投资8.7亿元。2006年6月6日~12月15日实施,2007年9月26日昌九高速公路技改项目任务完成。设计单位为德州市公路勘察设计院、北京天成简约工程设计有限公司,施工单位为江西赣粤高速公路工程有限公司、中交二公局第三工程有限公司等。昌九高速公路全长133.036km,技术改造路段全长114.536km,2004年6月底开工建设,2007年9月30日建成通车。昌北机场互通(K18+500)以南路段不列入此次技术改造范围,项目总投资9.8亿元。赣粤公司在2004年完成柔性基层试验路3.93km,2005年完成就地冷再生试验路2.32km,2006年完成技术改造25.26km,2007年前共完成技术改造31.395km,2007年技术改造75.38km。

(2)九景高速公路技术改造工程

2008年,经江西省交通运输厅批准,对九景高速公路进行10km技术改造试验。在试验基础上,2009年6月,九景技术改造工程正式启动全面技术改造,项目总概算9.98亿元,2009年11月竣工通车。由宜春公路勘察设计院设计,江西赣粤高速公路有限责任公司、江西省交通工程集团公司等负责组织施工。该项目主要工程数量:路面改造约2378000m^2;桥梁加固维修9747m/71座(含主线上跨分离式立交和互通内主线桥);护栏

更换123.27km;交通标线123.27km。路面施工划分为6个合同段,桥涵工程划分为2个合同段,交通工程分为2个、护栏安装工程和2个路面标线工程合同段,高级驻地监理工程师办公室划分为2个合同段。

(3)昌九高速公路南端连接线大修

经江西省交通运输厅批准,赣粤公司对昌北收费站至省庄立交桥段的高速公路进行大修,包括路面摊铺、护栏板和标志标线的更新。南端连接线大修项目西起320国道线(新建县省庄砖瓦厂),终于昌北蛟桥镇,路线主线全长约16.0km,于2009年10月开工,2010年8月完工。项目总投资为8000万元,由单位宜春公路勘察设计院设计,江西赣粤高速公路养护工程有限责任公司、江西嘉特信工程技术有限公司等负责组织施工。

(4)前湖互通立交新建项目

根据省政府办公厅《改造提升南昌主要进出口通道专题协调会议纪要》精神,经省交通厅批复,赣粤公司负责建设前湖互通立交新建项目,项目全长约4.3km,于2009年10月开工,2010年8月完工。总投资为6752.95万元,由江西省交通设计院设计,江西省公路桥梁工程局、江西省金路科技开发有限公司等负责组织施工。

(5)昌泰高速公路技术改造工程

经省交通运输厅批复,同意实施昌傅至泰和高速公路技术改造工程,项目总投资15亿元。2014年9月,5个路面标全面开工,项目由中交路桥技术有限公司和江西省天驰高速科技发展有限公司联合设计,江西省交通工程质量监督站负责质量监督;江西省公路工程检测中心负责第三方检测,江西赣粤高速公路有限责任公司负责组织实施。

(6)梨温高速路面专项工程

经省交通运输厅和省高速集团批准,开展梨温高速路面专项工程项目,该工程总投资11亿元,于2014年10月开工,2015年8月竣工。由江西省天驰高速科技发展有限公司设计,武汉公路桥梁建设集团有限公司、江西省公路工程有限责任公司等负责实施。累计挖除500900m³沥青混凝土路面,铣刨水稳碎石基层248145m³,回补改性沥青混凝土410142m³,回补普通沥青混凝土123427m³,回补ATB基层29496m³,回补水稳碎石213959m²;完成边沟改造35256m,横向钻孔35538m,桥梁护栏改造18106m,路面开口栅改造2976m,中央分隔带混凝土护栏改造9266m,中央分隔带排水改造218377m,更换桥梁伸缩缝2445m。

6. 养护设备

养护设备管理范围涵盖设备的购置、安装调试、使用、维修、改造,直至报废为止的全过程。养护设备强化日常管理,狠查各类安全隐患,建立针对每台设备的信息统计卡,做好设备基本信息、设备保险记录、设备强制维护和维修记录、设备事故损坏和维修记录、技术改造改装记录、设备移动记录等信息,使设备管理做到有章可循,并对各类设备工具配备齐全,状况差的设备及时申请报废,该维修的设备及时进行维修。省高速集团养护设备的来源有3种渠道:①高速公路新建项目配套采购设备,主要是通过新建高速公路项目资金中列支;②省高速集团自行采购设备,根据养护工程需要购买,主要是应急设备、检测设备、施工设备等;③其他单位转移设备,主要是通过接受合并单位的资产、其他单位赠送、其他单位抵押等方式获得。今后养护设备管理发展思路将根据省高速集团养护体制改革的发展方向,对日常巡查、实验检测、应急抢险类养护设备强化配置,对施工类养护设备将进一步压缩和集中管理,整体提升一线管理和应急能力,提升养护设备使用效率,避免设备闲置和浪费。

第七节 高速公路勘测设计

江西的高速公路工程勘察设计,主要由江西省交通设计单位承担。为了加大测设产品的科技含量,提高测设质量,缩短测设周期,全省交通设计单位竭尽全力增加投入,充实技术装备,积极引入"四新"技术和开发软件。1996年,在测量方面,应用全球卫星定位(GPS)技术布测带状四边形连接控制网。在工程地勘方面,采用遥感技术和浅层地震、CT透视等物探方法。在路面设计方面,严格按照规范要求,取沿线不同路面材料进行组成设计取得设计参数,针对性地进行设计,提高设计精度与质量。在计算机应用方面,主要设计单位应用计算机计算率达90%,绘图率达60%;特别是工程地质绘图,甩掉了图板,全部在计算机上制作;概预算编制全部在计算机上完成;三项软件开发科研课题通过验收。在桥梁结构设计方面,引进设计完成预应力混凝土宽幅空心板、斜腿刚构跨线桥及4孔百米跨越连续刚构桥的设计。特别是在湖口大桥设计中,主孔采用188m+318m+130m跨大小塔双索面预应力混凝土斜拉桥,大小塔设计呈花瓶形,大塔墩基为4根ϕ5m变截面桩基,小塔墩基为4根ϕ4m变截面桩基。在南昌市赣江边滩上设计有防洪挡土双功能的新型挡土墙,在隧道设计中采用多项新技术。

省交通设计院十分重视计算机的开发应用,加大投入。1997年计算机绘图率达80%以上,计算率达90%以上,对技术人员电算水平进行考试,初级和中级及格率均达80%以上。是年,引进了6个公路设计软件,管理软件,推广到生产和管理中,都收到了一定效果。该院研究开发的1996年重点科研课题"高等级公路立交CAD系统"密切结合工程实践,经国内知名专家鉴定,得到"整体国内先进,局部国内领先"的评价,在1997年颁布的"江西交通优秀科技成果奖"中获二等奖;"柔性路面结构研究"课题获三等奖,"无台斜腿刚构桥"QC小组获省级优秀质量管理小组称号。2004年,首次组织中层干部、技术骨干以开设讲座等多种形式,推进设计理念的更新,使设计人员不断树立"安全、环保"和"以人为本"的设计新理念。在新的设计理念指导下,设计出一大批精品工程。2004年建成的温家圳至沙塘隘高速公路成为全省高速公路环境景观设计的成功典范,全长177km的公路达到自然景观、再造景观和人文景观的和谐统一。2005年初建成的泰和至井冈山高速公路,设计路线依山随形,自然流畅,设计边坡采用生物防护相结合,最大限度地保护了环境和森林资源,得到广大群众和交通部、省政府、省交通厅领导的赞赏和肯定。景婺黄高速公路是交通部2004年第一批勘察设计典型示范公路,沿线环境优美,地形复杂,设计上从路线方案的选择,技术指标的采用,路基断面的形式,防护排水工程,桥梁、隧道、互通式立交和沿线服务管理设施的设置等方面都体现"以人为本、安全环保"的设计新理念。现代化技术的应用、设计手段的更新,使得设计生产能力得到较大提高。2005年底,全院已拥有集局域网、Internet、Web网站、电子信箱于一体的计算机网络,专业技术人员已全部配置台式计算机和笔记本计算机,勘察设计中使用引进和自编软件60余种200多套,全面实行CAD设计与计算机绘图(100%),并继续向办公自动化、计算及智能化和集成设计方面迈进。勘测设计手段不断改进和创新,2005年采用航测地形图;设计中攻克大跨径斜拉桥,大直径钻孔桩,深水基础,城市宽幅桥梁,大跨径连续刚构,长大隧道设计,小间距和连拱隧道设计,逐孔现浇弯、坡、斜桥梁,山区高墩桥梁,山区高边坡防护,预应力锚索,沙漠路段,填砂路基,路基、路面排水,环保和景观设计等技术,并广泛应用土工构造物和公路新型材料。

1991—2017年,江西省高速公路已经竣工通车的主要项目有:南昌至九江、九江至景德镇、江西玉山(梨园)至萍乡(金鱼石)、赣粤高速公路南昌至定南段、京福高速公路南昌(温家圳)至黎川(沙塘隘)、泰和至井冈山、景德镇至鹰潭、武宁至吉安、鹰潭至瑞金、石城至吉安、彭泽至湖口、赣州绕城等6000多公里高速公路;丰城大桥、吉安大桥、南昌龙王庙大桥、南昌新八一大桥、鄱阳湖大桥、樟树大桥、峡江大桥、新干大桥桃木岭墩高架桥、吉水赣江大桥等大桥;雁列山隧道、杨公山隧道、佛子岭隧道、谷山隧道、金桥隧道、碧溪隧道、珠湖隧道等;南昌长埈、南昌银三角、九江金三角、温家圳墨西陈家、新建厚田、景德镇枢纽、岗上枢纽等互通立交。全省交通设计单位荣获优秀勘察设计奖、科技进步奖、优秀咨询成果奖等多项奖励。

1992年"江西洪门大桥"获交通部优秀设计二等奖;1996年"丰城市赣江大桥工程设计"获国家第七届优秀工程设计铜奖;1999年"南昌至九江高速公路"获国家第八届优秀工程设计银奖;2000年"南昌新八一大桥"获得国家第九届优秀工程设计铜奖,"公路全景三维动画系统"获国家第六届优秀工程设计软件铜奖;2002年"九江至景德镇高速公路"获国家第十届优秀工程设计铜奖;2003年参与编制的《公路工程水文勘测设计规范》获中国公路学会科技进步三等奖;2004年"涵洞、通道设计系统"获国家第八届工程设计优秀软件铜奖,2006年"桃木岭高墩高架桥设计与施工关键技术研究"获省科学技术进步三等奖,2007年"赣粤高速公路昌博至泰和段"获中国公路勘察设计协会优秀设计二等奖;2009年"昌博至金鱼石高速路"获中国公路勘察设计协会优秀勘察二等奖;2011年"跨高速公路分离式立交桥结构形式及其景观效果研究"获省公路学会科技进步三等奖;2012年"瑞金至寻乌高速公路"获中国勘察设计协会优秀设计三等奖;2013年"兴国(宁都)至赣县高速公路兴国之赣县段新建工程可行性研究报告"获江西省优秀工程咨询成果一等奖;2013年"济南至广州高速公路江西鹰潭至瑞金段新建工程"获江西省优秀勘察与岩土工程项目三等奖;2013年"江西景德镇至婺源(塔岭)高速公路"荣获第十一届中国土木工程詹天佑奖;2014年九江长江公路大桥获中国公路勘察设计协会优秀设计一等奖;2017年"九江长江公路大桥"获第十四届中国土木工程詹天佑奖。

一、高速公路勘测设计

1. 国道主干线南昌至樟树段公路新建工程设计

国道主干线南昌至樟树(段)高速公路,是福州至银川和上海至昆明的国家主干线公路,其中起点(省庄)至厚田28km为福州至银川公路的一段,厚田至终点(胡家坊)42.4km为上海至昆明公路中的一段,江西省公路网络规划中的赣粤高速公路共享该段路。该项目的实施,对促进沿线经济发展、加快江西经济建设、改善南昌市的交通网络,都具有重要作用和深远意义。

项目测设简况:省交通设计院于1994年9月完成工程可行性研究后,即开始进行初步设计外业测量,同年11月完成初步设计;1995年3月开始进行施工图外业测量,同年8月完成施工图设计。

技术标准:主线按高速公路平原微丘区标准建设;设计速度:100km/h;设计荷载:汽车—超20级,挂车—120;设计洪水频率:特大桥1/300,大、中、小桥及路基1/100;路基宽度27m;路面宽16.5m(4×3.75m+2×0.75m),中央分隔带宽3m,硬路肩宽6.0m(2×3.0m),土路肩宽1.5m(2×0.75m);路面采用沥青混凝土面层,设计年限15年,设计标准轴载BZZ-100kN;桥面宽度:桥面建筑外侧边缘间与路基同宽。

樟树连接线按二级公路计算行车速度80km/h、路基宽度12m的标准建设。

建设规模:主线全长70.4189km,樟树连接线7.336km,辅道93.389km,被交路局部改线计入主线相应工程项目内。主线路基土方5819.118m^3;石方1997985m^3。主线沥青混凝土路面1436440m^2,水泥混凝土路面77790m^2;沥青混凝土硬路肩267124m^2。全线有桥梁18座。其中,高架桥1座,长9100m(含锦江特大桥);大桥2座,共长378.54m;中桥5座,共长263.04m;小桥10座,共长252.44m。涵洞243道。分离立交桥及通道:上跨主线桥21座,下穿主线桥30座,通道32道,互通立交6处。全线主线占地394.91公顷,拆迁房屋14699.59m^2,拆迁电力及电信线电杆268根。

项目设计特点：①勘测采用先进的光电测距仪按极坐标法实地定中线，地质勘察首次采用先进的遥感技术，为路线的勘察、设计及施工提供准确的定位基准成果。内业设计由计算机完成，计算机的计算率达95%以上，计算机绘图率达90%以上。②高度重视平纵面及其组合设计，路段经透视图检验表明，线形流畅、舒顺，可有效地降低驾驶员疲劳程度，保证行车安全。③为满足省庄互通右幅主线跨越320国道需要，设置了高难度的大跨径斜、弯、坡桥。该桥集斜桥、弯桥、坡桥于一身，设计技术与施工难度很大。④设计了造型优美的2005年之前全省规模之最的全定向式厚田互通立交，大大提高该交通枢纽的疏散通行能力，第一次采用结构新颖的小Y形全定向式互通立交，互通内立体上路线分三层，三座跨线高架桥，其中增设C3线高架桥全长482.92m，开阔了立交范围内视野，增加了立交美感。⑤昌樟公路部分路堑地段的土体遇水软化、剥落，易于整体滑塌，对路基将造成危害。设计时，采取预制块铺设与植草相结合的坡面防护措施，以稳定边坡，且防护方格网造价仅为全面积砌筑防护坡造价的1/6～1/5，不但节约经费，而且使路容美观，给人以强烈的公路视角美感。⑥昌樟高速公路有9104m长的高架桥，为克服长距离高速行驶对驾驶员严重的眩目影响，在省内第一次采用防眩板设施以解决遮光、防眩。⑦为配合高速公路整体效果，与周围环境协调，昌樟公路在刺铁丝网的基础上将路侧填方高度小于3m，挖方高度小于3m的路段内设置浸塑金属网隔离栅，这种形式的隔离栅美观、耐用，增强了材料的防锈性能。

设计概算：概算总投资为15.3623亿元，平均每公里造价为2181.57万元。

项目开工及竣工时间：1995年12月开工建设，1998年12月建成通车，总工期为36个月。

获奖情况：2000年11月，获江西省第九次勘察设计"四优"评选优秀工程设计二等奖。

2. 九江至景德镇高速公路新建工程设计

九江至景德镇高速公路是杭州至瑞丽国家高速公路在江西省境内的路段之一，西起九江市木家垄互通立交东侧匝道终点，东至景德镇市罗家滩，并连接景德镇市瓷都大道，沿线途经庐山区的新港镇、跨越鄱阳湖口之后，经湖口县的三里镇、都昌县的蔡岭镇和中馆镇、鄱阳县的油墩街镇、田畈街镇和金盘岭乡、景德镇市的洪源镇，路线全长133.64km。该项目的实施对加快南昌、九江、景德镇"金三角"地区的经济建设具有十分重要的意义。

项目测设简况：1994年6～8月受省公路局委托，省交通设计院进行初步设计，1995年10月受省交通厅九景办委托院再次进行全线的勘察设计，项目共划分为A、B、C、D、E五个测设段，于1996年2月完成全线初步设计，同年9月交通部批复初步设计。1996年10月开始进行全线的施工图勘察设计，并分别成立总项目组和湖口大桥、雁列山隧道专项项目组，于1997年5月完成施工图设计。

技术标准：设计速度100km/h；路基宽度24.5m，双向4车道；设计荷载：汽车—超20级，挂车—120；设计洪水频率：特大桥1/300，路基及大中小桥涵：1/100。

建设规模：路线全长133.64km；路面为沥青混凝土路面；路基土石方1336万m³，浆砌片石圬工93.55万m³；全线设特大桥2座(含高架桥1座)，总长5005m，大桥14座(含高架桥)，总长2256m，中桥17座，总长911m，小桥11座，总长323m；隧道3处，总长1979m；互通立交8处；分离立交48处；涵洞、通道776处；全线设管理处1处，管理所2处，收费站8处，服务区2处，养护管理中心1处。

项目设计特点：①根据沿线地形、地物和复杂的地质状况，在路线平面设计时进行多方案的比选后确定其路线最佳方案，并首次采用地质选线。②纵断面设计合理，平、纵组合得当，纵断面变坡点与自然地形变化点紧密配合，使之达到填挖平衡、降低工程造价的目的。③全线路基路面排水的设施采用以石砌边沟、土(石)质边沟、浆砌片石排水沟、截水沟和多级力槛(槽)以及水簸箕为一体的路基排水系统，把地面水和积水引离路基外面而排入天然河沟。④路基坡面防护采用铺设草皮护坡、浆砌片石网格种(植)草护坡、浆砌片石拱形护坡、浆砌片石鳞式护坡、满铺式浆砌片石加矮挡土墙护坡等综合型的护坡形式，使之达到美观、自然的环保效果。⑤根据地质CT物探结果，创造性地采用母子塔斜拉桥方案，从而摆脱主塔基础遇有溶洞的可能性，同时根据覆盖层土体软弱和钻机抗扭特点，采用超大直径钻孔灌注桩哑铃形承台。⑥在全省首次采用GPS全球卫星定位系统布设导线，布设控制导线点每3~4km一组，湖口大桥布设单独的控制网，全面提高了导线测量精度。⑦湖口大桥地质钻探采用井中CT物探技术揭示岩体构造裂隙情况获得成功，属国内首次采用，为大桥设计提供可靠的依据。⑧采用支线上跨无台斜腿刚构跨线桥，具有视野开阔、美观、舒适之感。⑨对岩石风化程度较弱，且坡体高度大于20m以上的路段，采用喷锚挂网护坡封面。

设计概算：该项目交通部批复概算总金额30.2亿元，平均每公里造价2260万元。

项目开工及竣工时间：1997年12月22日开工，2000年11月18日竣工，总工期为35个月。

获奖情况：该项目是国家"十优"工程之一，并于2002年分别获国家优秀设计铜质奖和省优秀设计一等奖，同时，湖口大桥、雁列山一、二号隧道获省优秀设计一等奖，全线地质获省优秀勘察一等奖。

3. 国道主干线上海至昆明公路梨园至温家圳段设计

上海至昆明公路是国家规划的"五纵七横"国道主干线之一，是贯穿上海、浙江、江西、湖南、贵州、云南等6个省、直辖市的东西向大通道。梨园至温家圳段高速公路是上瑞国道主干线江西境内的东段，是江西省公路网络主骨架的组成部分。路线东起玉山县梨园，与上瑞线浙江段相连，西至进贤县温家圳与温厚高速公路相接，途经上饶、鹰潭、抚州、南昌4个地级市中的12个市、县,路线全长244.759km。

项目测设简况:省交通设计院1998年开始对梨温线进行预工程可行性研究,1999年1~8月期间进行初步设计,1999年8月至2000年10月期间进行并完成施工图设计。

技术标准:①主线设计速度100km/h。②路基宽26m,双向4车道;桥梁采用分离式断面,一般桥梁建筑外侧总宽度26m(与路基同宽),胡家榨特大桥和清湖大桥增设人行道和非机动车道,建筑外侧总宽度29.5m。③主线路面采用沥青混凝土路面,设计年限15年,设计标准轴载BZZ-100kN。收费站路段和连接线采用水泥混凝土路面。④桥涵设计荷载:汽车—超20级、挂车—120。⑤设计洪水频率特大桥1/300,其他桥梁及路线1/100,通航河流通航洪水频率和净空要求,根据航道等级按标准采用。⑥连接线按一般二级公路路基宽12m(一般县市)和17m(地级市)的标准建设。

建设规模:建设里程244.759km。全线设特大桥、大桥共设17座,分离式立交桥144座,通道434道,互通立交12处。设服务区、养护区、管理所、停车区各4处,收费管理所14处,其中梨园主线收费站为赣浙两省合建的项目,为江西第一大收费站。

项目设计特点:①该项目首次采用航测带状地形图,采用全球卫星定位GPS进行导线控制,在地质勘探中采用了物探,遥感地质等先进的勘察设计手段。②设计中注重平、纵、横的组合设计和与环境相协调,采用三维动画、道路透视图进行检验,使线形流畅、舒顺,与自然景观浑然一体。③针对该项目石方比重较大(占40%),在高速公路填石路基没有明确的施工规范情况下,路基设计中创新采用土石混合料填筑路堤,并组织QC小组攻关提出施工技术要求和工艺,获省优秀QC小组奖;结合工程设计开展"红砂岩在填石路基中的应用"课题研究,组织"红黏土与公路路基工程研究"的科研课题,获得江西省科技进步奖。④采用多种简洁、美观的边坡防护形式,保证了路基边坡的稳定,美化了行车环境。⑤利用粉煤灰作为路面基层材料,降低路面造价,改善了环境;在沥青混凝土中掺入沥青抗剥落剂,有效改善了沥青与酸性石料的黏附性能;在部分路段沥青面层中考虑采用博尼维路用纤维、SMA沥青和改性沥青。⑥高速公路排水系统进行综合设计,做到有水必有沟,有水必有出路,达到排水畅通,确保路基具有足够的强度和稳定性。⑦为提高桥面系的结构刚度、延长使用寿命,在部分路段的桥面铺装层混凝土中掺入了钢纤维材料。为节省工程造价,全线小桥、通道分离立交桥一端设型钢伸缩缝,一端设桥面连续。⑧设计多种结构形式的支线上跨立交桥,消除公路行车的单调感、压抑感,增加高速公路的整体美感。⑨互通立交均采用造型简单、线形流畅、便于管理、造价低的单喇叭形。⑩以人为本,注重人性化设计。路线走向和被交道路的规模、标准、跨越方式、构造物设计、大桥设置人行道等均向沿线地方政府和有关部门征询了意见。

设计概算:项目批准设计概算52.68亿元,平均每公里造价2152万元。工程实际结算费用约为47.6亿元,低于批准概算,是全国已经建成的国道主干线中造价最低的高速公路之一。

项目开工及竣工时间：2000年12月28日开工，2002年12月28日建成通车。

获奖情况：该项目获中国公路勘察设计协会2005年度公路交通优秀设计二等奖，该项目高速公路路线勘察获江西省第十一次"四优"评选优秀工程勘察一等奖。

4.温家圳至沙塘隘段高速公路设计

温家圳至沙塘隘段高速公路是福州至银川国家高速公路在江西境内的一段，路线起于进贤县温家圳墨溪陈家，与沪昆线梨温段高速公路交会，经进贤、临川、南城和黎川四县，终于赣闽两省交界处的沙塘隘，它的建设必将加强江西省与周边省市，尤其是福建、浙江等沿海经济发达地区的沟通和联系，对促进沿线资源的开发和利用，促进江西省经济的发展，起重要推动作用。

项目测设简况：省交通设计院于1999年9月完成该项目预可行性研究报告，1999年10月开始进行工程可行性研究工作，2000年10月完成工程可行性研究报告，2001年2月开始进行初步设计；2001年9月开始进行施工图设计工作，施工图设计工作于2004年6月完成。

技术标准：全线按双向4车道高速公路设计，设计速度：100km/h（80km/h）；路幅宽度：26m（24.5m），采用沥青混凝土路面；设计荷载：汽车—超20级、挂—120。设计洪水频率：特大桥1/300，其余桥涵及路基1/100。

建设规模：路线全长177.364km，平曲线最小半径450m，最大纵坡5.6%。土石方总数量2987万m^3，其中土方1865万m^3，石方1122万m^3。沥青混凝土路面183万m^2，水泥混凝土路面5.6万m^2。全线共设置桥梁149座总长15158m（其中特大桥3704m/5座，大桥4281m/19座，中桥7121.5m/122座，小桥69m/3座），涵洞22806m/563座，通道343道。隧道3座，长980m。互通立交8处，分离式立交79处。全线设服务区、养护中心、停车区各3处。

项目设计特点：①熊村至沙塘隘段在长降坡路段上设置了避险车道、反坡道、路基防撞墙（均为省内首次）等安全设施，体现了以人为本和交通安全的原则。②注重自然环境、打造人文景观、体现地域文化，提出了四化概念（即人文化、美化、亮化、绿化），建设景观高速公路。③在京福高速公路桃木岭高墩高架桥中，采用了省内首创、国内领先的滑动模架及架桥机系统。④桥梁、明盖板涵台背采用"生石灰混合桩"技术进行处理，解决台背填筑施工困难、密实度不够的问题，减少台背沉降，减轻桥头跳车现象。⑤采用"粉喷桩"技术处理软土地基，效果明显，土质改善后满足要求。⑥路基边沟采用浅碟形边沟或盖板暗沟，同时在沟底设计地下盲沟，改善了排水系统。

设计概算：该项目交通部批复概算总金额为47.3347亿元，平均每公里造价2668.7734万元。

项目开工及竣工时间:该项目于 2002 年 6 月 18 日开工建设,2004 年 9 月 26 日建成通车。

获奖情况:京福高速公路"桃木岭高墩高架桥设计与施工关键技术研究"课题于 2005 年 8 月获省科技进步三等奖;福州至银川国家高速公路温家圳至沙塘隘段 2007 年度获省第十二次"四优"评选优秀工程设计一等奖,该项目工程地质勘察 2009 年度获省第十三次"四优"评选优秀工程勘察二等奖,并被国家水利部评为全国水土保持示范工程。

5. 上海至昆明国道主干线江西昌傅至金鱼石段高速公路设计

昌傅至金鱼石段高速公路是上海至昆明国道主干线在江西省境内的西段,其路线总体走向为东西向,与浙赣铁路和 320 国道(宜春至萍乡段)基本平行。项目东起赣粤高速公路昌傅互通,西至萍乡市与湖南醴陵市交界的金鱼石,沿线途经樟树市、新余市、分宜县、袁州区、宜春市、芦溪县、萍乡市和湘东区等市、县(区),全长 167.98km。该项目的建成对加速区域经济整合、加快江西省融入东部、走向西部的步伐将起着"承东启西、沟通南北"的重要作用。

项目测设简况:省交通设计院于 2001 年 8 月对该项目进行初步设计,2002 年 9 月完成施工图设计。

技术标准:主线主要技术标准为:①设计速度 100km/h。②设计荷载为汽车—超 20 级,挂车—120。③路基宽度 26.0m,双向 4 车道。④设计洪水频率为特大桥 1/300,路基及大中、小桥涵 1/100。

连接线主要技术标准为:①设计速度 80km/h。②设计荷载为汽车—20 级,挂车—100。③路基宽度为地市级连接线 17.0m,县级连接线 12.0m。④设计洪水频率为大桥 1/100,路基及中、小桥涵为 1/50。

建设规模:路线全长 167.98km。路面采用沥青混凝土面层。路基土石方 2661.08 万 m^3(含连接线);浆砌及混凝土圬工 118.0 万 m^3;沥青混凝土路面 395 万 m^2(含互通立交),水泥混凝土路面 30 万 m^2;特大桥 3 座(均为高架桥),全长 2224m;大桥 17 座,总长度 4200.54m;中桥 61 座,总长度 3939.25m;小桥 4 座,总长度 83.63m;涵洞 545 道。互通式立交 10 处;分离立交 72 处;通道 317 处。全线均设置防护栏、隔离栅及反光标志和标线。收费站 11 处,其中主线收费站 1 处,管理所 11 处,管理养护中心 1 处,服务区 3 处。

项目设计特点:①路线设计走廊方案选择合理,最大限度地避开了不良地质区域。在勘察设计中采用地质遥感技术和 CT 新技术进行地质勘察,基本摸清岩溶、煤炭采空区、"白泥"膨胀土和高液限等不良地质的分布情况,为地质选线提供基本依据。②路线线形设计人性化,在保护生态环境的前提下,对线形设计效果进行动态检验,平曲线长度占路线全长 82.21%,平纵组合恰当、线形连续、自然、流畅、美观,达到安全、环保、舒适、和谐的目的。③路基边坡坡率设计平缓,且采用生态护坡技术,不仅增加了行车横向空间,扩宽了行车视野,而且使路基防护与周围环境融为一体。④在跨越溶岩发育地区路基中,首次采用连续钢筋混凝土板代替路面下基层传递分布荷载新技术,改变了路基受力状况,保证路基的运营稳定性。⑤采用改性沥青混凝土路面结构,其中:上面层改性的总长度为168km(不含互通立交匝道长度),中面层改性长度为35km。⑥在高墩(墩高50m左右)高架桥中推广采用先简支后连续的连续梁结构,既方便施工、又降低工程造价,同时也降低今后的养护成本。⑦支线上跨桥型美观多样,且与周围地形自然景观一致,给人以美的享受。

设计概算:该项目(含连接线)交通部批复概算总金额为44.03亿元,平均每公里造价2621万元。

项目开工及竣工时间:2002年9月26日开工,2004年9月26日竣工,总工期为24个月。

获奖情况:沪瑞高速公路昌傅至金鱼石段新建工程2007年度获省第十二次"四优"评选优秀工程设计二等奖;2009年12月被中国公路勘察设计协会评为2007—2008年度公路交通优秀勘察二等奖。

6. 泰和至井冈山高速公路新建工程设计

江西省泰和至井冈山高速公路是全国第一条通达国家风景名胜区与革命圣地的旅游高速公路,路线起于昌泰高速公路的南源坳,经泰和县南溪、禾市、桥头、碧溪、井冈山市拿山等乡镇,终于井冈山市厦坪镇,主线全长62.0013km,另外修建厦坪至茨坪长20.628km连接线通往景区。该项目的建设,对进行革命传统教育,促进旅游业和老区经济的发展,满足日益增长的交通量的发展需要,具有十分重要的意义。

项目测设简况:2003年3月省交通设计院开展该项目的勘察设计前期工作,于2003年4月编制完成预工程可行性报告,2003年6月完成初步设计,2003年7月开始施工图外业勘测,2003年12月完成施工图文件编制。

技术标准:主线,设计速度80km/h;双向4车道,路基宽度24.5m;采用沥青混凝土路面,设计年限15年,设计标准轴载BZZ-100kN;桥涵设计荷载,汽车—超20级、挂车—120;设计洪水频率,特大桥1/300,大、中、小桥及路基1/100。

井冈山连接线,设计速度20~40km/h;路基16m;沥青混凝土路面;设计年限12年,标准轴载为BZZ-100kN;桥涵设计荷载,汽车—超20级、挂车—120。

建设规模:主线全长62.0013km,桥梁31座(其中:特大桥4座长2634m,大桥13座长3526m,中桥16座长744.2m、小桥2座57.02m);隧道3座单洞长6544.3m;互通立交5处,分离立交22处,通道104道;共设置涵洞175道,占用土地775.32hm^2,每公里土石方19万m^3。

井冈山连接线全长20.628km,桥梁7座(其中:特大桥2座长1385m;大桥3座长

495.12m；中桥 2 座长 129.04m）；隧道 1 座，单洞长 1280m，分离立交 1 处，通道 4 道，每公里土石方 7.41 万 m^3。

项目设计特点：①路线方案布线时，充分考虑高速公路建设的技术指标与地形条件相互协调，绕避地质条件不良地段。②连接线工程为设计速度 20～40km/h 的旅游公路，但考虑本公路已修建为 16m 宽的 4 车道公路，驾驶员在该公路上的实际行车速度会大大高于设计值，故交通安全设施基本上按高速公路标准设计，加设安全护栏、加密安全标志、挡土墙顶加设混凝土护栏。③对连续大纵坡下坡路段设置紧急避险车道；全线均采用有机玻璃透明隔声墙，增加行车舒适感。④泰井路的边坡防护以稳定边坡为前提，自然协调为基础，地域文化为特色，适地适树为原则，长远效果为目的，以轻型和绿色防护为主，构造物加强防护为辅，做到一坡一景；部分地段还增设观景台。⑤井冈山连接线在地形特别困难地段采用了上下幅分离路基形式，左右幅分离路基形式和桩板式挡土墙，最大限度地保护环境，减少土石方数量。⑥首次在全省采用小间距两座隧道，西峰隧道长 150m，中夹岩厚度 5.4m；石狮隧道长 690m，中夹岩厚度 8.4m。

设计概算：交通部批复概算总金额 257900 万元，主线平均每公里造价 3630.6752 万元，连接线平均每公里造价 1783.9282 万元。

项目开工及竣工时间：2003 年 10 月 23 日正式动工，2005 年元月 22 日试运营，2005 年 3 月 31 日正式通车。

获奖情况：泰和至井冈山高速公路新建工程 2007 年度获省第十二次"四优"评选优秀工程设计二等奖、优秀工程勘察一等奖。

7. 江西省景德镇至婺源（塔岭）高速公路设计

景婺黄高速公路属杭州至瑞丽国家高速公路在江西省境内的一段，该项目的建设对完善国家公路网主骨架，促进东部沿海发达地区与中、西部地区快捷连通，增强东部地区的辐射功能，带动中、西部地区国民经济的快速发展和全面建设小康社会有着重要的意义。

建设项目沿线风景秀美，风光绮丽，旅游资源丰富，以景德镇为核心，在半径 200km 内有庐山、黄山、九华山、武夷山、三清山、龙虎山、鄱阳湖、千岛湖、南昌、景德镇、歙县、衢州等"六山二湖四城"旅游热点和婺源文化与生态旅游区。该项目被交通部列为全国第一批 6 个典型示范工程之一。路线所经区域山陡林密，植被发育，气候温暖湿润，年平均气温 17℃。

项目测设简况：省交通设计院于 2003 年 1 月完成该项目预可行性研究报告；2004 年 3 月完成工程可行性研究报告的编制；2004 年 5 月完成初步设计，2004 年 10 月完成施工图设计。

技术标准：K5+303～K48+800 段，长 43.497km，设计速度 80km/h；K48+800～K51+

800 段,长 3km,设计速度 100km/h;K51+800～K121+186 段,长 69.386km,设计速度 120km/h。汽车荷载等级:公路—Ⅰ级。路基宽度:塔岭至高砂路基宽 24.5m,高砂至鲤鱼州路基宽 28.0m。路面:主线采用沥青混凝土路面,设计年限 15 年,设计标准轴载 BZZ-100kN。设计洪水频率:特大桥 1/300,路基及其他桥涵构造物 1/100。隧道净宽(单洞):基本总宽度 11.0(10.25)m。

建设规模:路线总长度 116.144km(36.497km/79.647km),征用土地 907.33 公顷,路基土石方数量 2119 万 m³;沥青混凝土路面 2642008m²;桥梁 16009m/77 座,其中特大桥 1049m/1 座,大桥 13356m/51 座,中桥 1604m/25 座,隧道 7511m/14 道,互通立交 7 处;涵洞 230 道;分离式立交 36 处,通道 122 道。

项目设计特点:①路线设计要考虑沿线段莘河走向、古村落、晓起景区、江湾景区、汪口景区、鸳鸯湖景区、江湾互通、赣浙皖枢纽互通、九景高速公路、景德镇市城市规划和避开 77 棵古樟树、27 棵红豆杉、2 处珍稀鸟类保护区,多处风景名胜区和古村落。设计难度大。②基横断面形式有整体式、分离式、台阶式、半路半桥台、半路半隧式 5 种。突出"植物+工程"一体化防护设计的模式,采用植生带法、普通液压喷播植被建植法、三维植被网法、土工格室绿化法、客土喷播法及框格锚杆植被法等新的边坡绿化技术。③路线经过风景区 40m 以上高度的桥梁且处在 1000m 以下平曲线上的桥梁等都进行特殊设计,充分考虑景观要求。④洞口开挖采用"削竹式"洞口,保护坡体及植被,开挖后的仰坡尽可能回填好土并恢复植被绿化,充分体现"恢复性设计"、"保护性设计"的原则和理念。如采用端墙式洞口,则采取栽植攀缘植物并点缀自然石块的方式,以弱化建筑的人工痕迹。⑤互通立交以自然式的景观设计形式为主,对互通区内原有植被的保护和利用。突出"人文"主题;既体现自然景观,又反映江西特色、婺源特色。⑥服务区内的建筑物造型充分体现"乡土化"设计的原则,汲取当地"徽派"建筑的风格和要素,创作形式灵活、特点鲜明的建筑。婺源服务区充分体现婺源的茶文化,景德镇服务区体现景德镇的瓷文化。

设计概算:该项目批复概算总金额为 504411 万元,平均每公里造价 4343 万元。

项目开工及竣工时间:2004 年 11 月开工建设,于 2006 年 11 月建成通车。

获奖情况:景婺黄高速公路新建工程获 2009 年度省第十三次"四优"评选优秀工程设计一等奖、优秀工程勘察一等奖;同年,该项目被中国公路勘察设计协会评为新中国成立 60 周年公路交通勘察设计经典工程。2013 年获第十一届中国土木工程詹天佑奖。

8.济南至广州国家高速公路江西景德镇(桃墅店)至鹰潭段新建工程设计

济南至广州高速公路是国家高速公路网规划"7918"规划中的"纵 4 线",景德镇(桃墅店)至鹰潭高速公路(以下简称"景鹰线")是济南至广州国家高速公路网江西境内北段,是江西省规划的"3 纵 4 横"公路主骨架的组成部分,在全省公路网规划中具有十分重要的作用。景鹰线北通安庆至景德镇高速公路,在景德镇与杭州至瑞丽、在鹰潭与上海至昆明国家高速公路相交叉。

该项目起于皖赣省界桃墅岭(以隧道相接),途经景德镇市浮梁县的桃墅店、鄱阳、乐平、万年、余干等县市,在余江县岗上与梨温高速公路相交,终于鹰潭市余江县洪湖镇(东),五湖水库与洪湖水库之间。

项目测设简况:2005年10月31日,交通部对该项目初步设计进行批复。省交通设计院于2005年5月进行该项目施工图设计,2006年1月完成施工图文件编制。

技术标准:该项目按高速公路标准建设:A段及B1、B2标段,设计速度80km/h、路基宽度24.5m;B3、B4、B5标段及C、D段,设计速度100km/h、路基宽度26.0m;路基采用整体式断面,双向4车道。路面为沥青混凝土路面。汽车荷载等级为公路—Ⅰ级,路基及大、中、小桥涵设计洪水频率均为1/100,跨河特大桥为1/300;桥梁宽度采用双幅分离式断面,总宽24.5(26.0)m;隧道采用连拱、小净距和分离式三种形式断面。

建设规模:路线(主线)全长202.633km,占用土地1437.27公顷;路基土石方4302万m^3,特大桥2593m/2座、大桥9274m/31座、中桥2776m/45座、小桥398m/12座、设置分离立交82处,通道358道;共设置涵洞393道。隧道11577m/13座(单洞长),互通立交11处。

项目设计特点:①采用航空现场测量地形图,并运用CAD数模技术进行路线平纵面设计,提高了工作效率。②全线采用绿色防护,更新路基排水防护设计理念。③挖方路段路基排水系统设计首次采用浅碟式明沟+圆管暗沟,改传统的明排水系统为暗排水系统。④路面首次采用ATB30沥青碎石上基层结构,并在全线沥青混凝土上面层采用了改性沥青,部分路段采用了沥青玛蹄脂(SMA),长度400m以上的大桥沥青混凝土铺装层掺入聚丙烯腈纤维或聚酯纤维(按沥青混合料质量的0.3%),以改善沥青混凝土的高温性、水稳性,达到提高沥青混凝土的抗疲劳性、低温抗裂性的目的。⑤桥梁设计首次全面采用《公路钢筋混凝土及预应力混凝土桥涵设计规范》(JTG D62—2004),运用桥梁博士和桥梁通软件配合AutoCAD出图,对支线上跨桥梁采用刚架拱、系杆拱、斜腿刚构及等截面和变截面连续梁等多种结构形式,对分离立交桥的下部构造进行多种形式的设计以增加桥梁景观效果;增加造价相对经济的连续空心板的设计并在大桥中采用;桥面系均采用FTY防水涂层以增强桥面系的耐久性。⑥服务区及停车区的设计采用匝道引入引出方式以确保行车安全,其选址及设计以为驾驶员和乘客提供舒适的服务为前提,充分考虑自然环境条件及设施的使用功能。⑦交通安全设施设计充分体现"以人为本"的设计理念,全线特大桥、大桥及高架桥的外侧护栏均加高至1.1m;对于沿峭壁、河岸及填高大于15m的相对危险路段,路侧采用三波加强型护栏以确保事故车辆不冲出路外;在收费广场及隧道入口处均设置减速路标;全线均设置反光路钮增加夜间行车诱导功能。⑧采用新型土工构造物设置中央分隔带排水和软土地基加固。

设计概算：交通部批复概算768725万元,平均每公里造价3786.14万元。

项目开工及竣工时间：2005年12月开工建设,于2008年1月1日建成通车。

获奖情况：江西景德镇至鹰潭高速公路景德镇枢纽互通立交新建工程获2009年度省第十三次"四优"评选优秀工程设计一等奖;岗上枢纽互通立交获优秀工程设计二等奖;景德镇(桃墅店)至鹰潭段新建工程地质勘察获优秀工程勘察二等奖;景德镇至鹰潭高速公路设计获2012年度省第十四届"四优"评选优秀工程设计一等奖。

9. 大庆至广州国家高速公路江西武宁(鄂赣界)至吉安段新建工程设计

大庆至广州高速公路是国家高速公路规划网中的"纵五线",是纵贯全国东北、华北、华中和华南广大区域的交通运输大动脉。大广线的建设对于完善全国干线公路网布局,促进沿线各省市的国民经济和社会发展起重要作用。

武宁(鄂赣界)至吉安段高速公路,是大广线在江西境内的北段,也是江西省"三纵四横"高速公路主骨架网的"西纵"的一部分。它贯穿赣西北与赣中西部地区,途经武宁县、修水县、铜鼓县、宜丰县、上高县、分宜县、新余市渝水区和仙女湖区、吉安县、安福县、吉安市吉州区十一个县区,路线总长285.809km。该项目的建成,结束了赣西北无高速公路的历史,极大地促进沿线各市县与外界的经济文化交流,推动全面建设小康社会的进程,对实现江西在中部地区崛起产生深远影响。

项目测设简况：省交通设计院于2005年4月开始对该项目进行两阶段勘察设计工作,2005年11月完成初步设计,2006年5月完成施工图设计。

技术标准：双向4车道高速公路,设计速度为100km/h,路基宽度为26m(分离式路基为13m),汽车荷载等级为公路—Ⅰ级,设计洪水频率为特大桥1/300和大、中、小桥及路基1/100;主线路面采用沥青混凝土路面;标准轴载为BZZ-100kN。

建设规模：路线总长285.809km,路线中桥梁31884.82m/116座(其中特大桥2774m/2座,大桥26912.78m/82座,中桥2141.86m/30座,小桥56.08m/2座);涵洞485道;隧道30025.8m/26座(其中特长隧道13654.55m/3座,长隧道7463m/5座,中隧道5824.5m/9座,短隧道3083.75m/9座);全线共设置互通立交桥13处,其中枢纽互通2处;分离立交桥69座,共长7376.38m;通道390道。

项目设计特点：①路线起点的12km路段,山势陡峭,沟谷深切,施工进场难度大,受地形制约,工程艰巨,桥隧比重大,其中省界隧道长6.7km(江西省境内3922m)。②路线在九岭山腹地,与上奉水"并肩"而行,受山形制约和上奉水的反复"干扰",施工场地狭窄,进场十分困难。③郭城特长隧道区域,隧道长4334m,其出口段为深厚的残坡积松散土层,需采取特殊措施,以策安全。④路线跨越九岭山主脉,设九岭山特长隧道,隧道地质为花岗岩、板岩岩性,岩质坚硬,最大埋深达900余米,岩爆和通风问题突出。⑤路线先后穿越断续分布岩溶区、煤田区(含小煤窑)、庙前铁矿区,避开与保护的矛盾突出,增加了设计和施工的难度。⑥因路线沿仙女湖边缘展线,受国家风景名胜区强制性规定约束,加大了设计和施工难度。⑦路线终点接头与赣粤高速公路吉安南互通衔接,该互通既要满足本身功能需要又要与吉安市规划、赣粤高速公路、泉南高速公路的总体要求相统一,设计难度大。

设计概算: 该项目批复概算总金额129.40亿元(其中交通工程8.01亿元),平均每公里造价4527.65万元。项目开工及竣工时间:该项目于2006年5月开工建设,于2008年1月建成通车。

获奖情况: 大庆至广州高速公路江西境内武宁至吉安段九岭山隧道获2011—2012年度国家优质工程银质奖,该项目2015年获中国公路勘察设计协会优秀设计二等奖。

10. 鹰潭至瑞金高速公路工程设计

济南至广州国家高速公路是国家规划的"7918"网中的第四纵,鹰潭至瑞金高速公路为济南至广州国家高速公路在江西境内的中间段,也是江西省规划的"三纵四横"高速公路主骨架中的"第一纵"的组成部分,北、南分别与江西省内的景德镇至鹰潭高速公路、瑞金至寻乌高速公路相接,沿线经鹰潭市龙虎山管理区,抚州市金溪县、资溪县、南城县、南丰县、广昌县,赣州市石城县、宁都县,终于瑞金市以南武阳,与206国道相接(设瑞金南互通)。路线共经过上述三个设区市的10个县市(区),路线总长308.777km。

项目测设简况: 该项目施工图设计由甘肃省交通规划勘察有限责任公司、中国公路工程咨询总公司、江西省公路科研设计院、江西省交通设计院共同完成。其中江西省交通设计院为全线土建总体单位,负责全线测设的统一协调、总体规划、设计文件汇总等。于2008年7月完成施工图设计。

技术标准: 双向4车道高速公路,设计速度100km/h,路基宽度26m(分离式路基13m,与福银高速公路共线段拓宽为33.5m,与厦蓉高速公路共线段拓宽为41.5m),汽车荷载等级为公路—Ⅰ级,设计洪水频率为特大桥1/300和大、中、小桥及路基1/100,主线路面采用沥青混凝土路面,标准轴载为BZZ-100kN。

建设规模: 路线总长308.777km;路基土石方约5946.5万 m^3;沥青混凝土路面686.9万 m^2;桥梁226座,总长37205m;涵洞682道,通道494道;隧道9座,总长6587.5m;互通立交16处,分离式立交72处;隧道管理所3处、服务区5处、停车区6处、养护工区6处、收费站12处、监控中心1处、监控分中心3处。

项目设计特点: ①总体设计坚持"安全、环保、经济、舒适、和谐"的原则,结合该段沿线社会环境和自然环境的具体情况,在实际设计过程中把环保因素放在突出位置加以考虑,将环保理念贯彻于主体工程设计的全过程,力求使该项目建设成为一条"生态路、环保路、景观路"。②路线布设尽量不破坏或少改变原地形、地貌,尽可能与周围环境相协调,最大限度地减少对自然环境的破坏,合理布设构造物,严格控制路基填挖高度,正确处理好公路建设与自然景观、人文景观、占地、拆迁等的关系。③桥梁设计结合地区的自然条件、材料供应和地质情况及施工要求和使用效果等进行综合考虑，做到环境和谐、技术可行、经济合理，并尽量做到标准化、系列化和施工机械化，以提高施工效率保证施工工期。④隧道设计贯彻环保理念，进出洞口尽量做到零开挖，淡化洞口处理，多采用"削竹式"洞门，并做好边仰坡的环保绿化。⑤项目路段内路网密度较大，自北向南，先后与多条已建或拟建公路如福银高速公路、向莆铁路、赣龙铁路、316国道、206国道、泉南高速、厦蓉高速交叉或共线，设计难度大。⑥沿线的南丰县境为蜜橘之都，广昌县、石城县为白莲之乡，瑞金也多产脐橙，在满足国家公路网建设的同时，如何尽可能地减少对当地农业经济作物破坏，也给设计增加了难度。

设计概算：该项目批复概算总金额127.598亿元，平均每公里造价4131.48万元。

项目开工及竣工时间：该项目于2008年6月开工建设，于2010年7月建成通车。

获奖情况：济南至广州高速公路鹰潭至瑞金段工程可行性研究报告获2008年省工程咨询协会优秀工程咨询成果二等奖，该项目初步设计概算获2009年省工程造价优秀成果二等奖。

11. 石城至吉安高速公路工程设计

石城至吉安高速公路是国家规划的"7918"网中的第十五横泉州至南宁国家高速公路（江西境内东段），也是江西省高速公路主骨架网的第三横。路线起于石城县东南约10km处的赣闽省界五里亭，与福建境内永安至宁化段高速公路相接，途经石城、宁都、兴国和泰和县，并在宁都县境内与鹰瑞（济南至广州）高速公路交会，终于泰和县以北约11km处的石头山，与大广（大庆至广州）高速公路交会，并与泉南高速公路吉安至莲花段相连，路线全长190.719km。项目建成后将进一步完善国家及江西省高速公路网，对加强沿海地区与内陆中西部地区的经济联系，改善革命老区落后的交通状况，带动沿线红色旅游资源的开发利用，促进区域经济的快速发展，乃至国家国防建设等都具有十分重要的意义。

项目测设简况：省交通设计院2007年3月完成初步设计，2007年6月至10月进行施工图外业测量，2008年4月完成施工图设计文件的编制工作。

技术标准：全线采用双向4车道高速公路标准建设，根据自然地理状况分三段分别采用100km/h和80km/h两种设计技术标准。①设计速度、路基宽度：K0+000~K46+400段采用100km/h设计速度和26m路基宽；K46+400~K154+400段采用80km/h设计速度和24.5m路基宽；K154+400~K190+020段采用100km/h设计速度和26m路基宽。②路面：采用沥青混凝土路面，其中上、中面层采用改性沥青，长陡坡段上面层采用SMA路面结构，路面设计年限15年，标准轴载BZZ-100kN。③汽车荷载等级：公路—Ⅰ级。④设计洪水频率：特大桥1/300，路基及大、中小桥涵1/100。⑤连接线：均采用二级公路标准,路基宽12m,其中石城、宁都连接线设计速度80km/h,兴国连接线设计速度60km/h。

建设规模:①该项目路线总长190.719km,主线桥梁(含主线上跨分离桥)共131座总长30.395km,隧道总长21.309km,全线桥隧比27.11%。②全线路基土石方数量3332.6万 m^3,其中:土方1530.6万 m^3,石方1802.028万 m^3,平均每公里17.475万 m^3。③全线防护排水圬工数量70.61万 m^3,平均每公里3702m^3。④全线沥青混凝土路面510.108万 m^2(含互通立交)。⑤全线共设置特大桥2182.2m/2座、大桥23883.75m/79座、中桥770.18m/12座、涵洞340道。⑥全线共设置隧道21309m/19座,其中分离式隧道13座、连拱隧道8座,≥3000m特长隧道4268(单洞长4282)米/1座,≥1000m长隧道11889m/7座,≥500m中隧道2723.5m/4座,<500m短隧道2428.5m/9座。⑦全线共设置互通立交10处,其中枢纽互通2处、服务区4处、隧道管理所2处。⑧全线共设置分离式立交3558.52m/44座,其中上跨式分离立交3281.48m/38座,下穿式分离立交277.04m/6座。⑨全线共设置通道181道,平均每公里0.95道。

项目设计特点:①勘测采用先进的光电测距仪按极坐标法实地定中线,地质勘察首次采用先进的遥感技术,为路线的勘察、设计及施工提供了准确的定位基准成果。内业设计由计算机完成,计算机的计算率达95%以上,计算机绘图率达95%以上。②该项目被列为交通部第三批典型示范工程项目,沿线自然风光优美,融客家文化与革命根据地红色文化于一体,设计中自始至终贯彻地形选线、地质选线、环保选线等先进的选线布线设计思想,注意细节设计,着力打造环保、景观路。③沿线地形复杂,桥隧构造物占路线全长的27.1%,尤其是兴国境内路段,桥隧构造物密集,局部路段达70%。④沿线白垩系红砂岩分布较为广泛,受地质的影响,不利于绿化,路基开挖后边坡植被恢复困难,为此,设计中尽量避免红砂岩路段的大填大挖,并积极开展专项课题研究。⑤路线与G206、G319、G105及昌厦公路、省道337等道路相交,设置了高难度的大跨径斜、弯、坡桥,设计技术与施工难度很大。⑥路线于K178+413处与京九铁路相交,采用高速公路主线下穿京九铁路的桥下桥方案。⑦路线与鹰潭至瑞金高速公路相交并设置了宁都枢纽互通立交,其中鹰潭至瑞金高速公路负责建设其互通范围内的主线及相应的加减速车道及加宽段,该项目负责除此之外的全部匝道工程。

设计概算:概算总投资约为101亿元,平均每公里造价为5296万元。

项目开工及竣工时间:该项目于2008年8月开工,2010年8月建成通车,总工期为24个月。

获奖情况:该项目初步设计概算获2009年省工程造价优秀成果二等奖。该项目工程地质勘察获2015年建设工程优秀工程勘察与岩土工程二等奖。

12. 上饶至武夷山高速公路新建工程设计

武夷山(赣闽界)至上饶高速公路是沈阳至海口国家高速公路宁德至上饶联络线在江西境内的一段,宁德至上饶高速公路是沈阳至海口国家高速公路的第四条联络线,由东向西先后连接沈阳至海口、长春至深圳、北京至台北与上海至昆明4条国家高速公路。该项目路线起点位于赣闽省界分水关,连接宁德至上饶高速公路福建段终点,路线终点连接沪昆高速公路,终点位置距离上饶市15km左右,路线全长52.966km。

项目测设简况:该项目设计由江西省交通设计院第四和第五设计所完成。

技术标准:双向4车道高速公路,设计速度(路线起点至石塘互通80km/h,石塘互通至终点100km/h);路基宽度(路线起点至石塘互通24.5m,石塘互通至终点26m);设计荷载等级:公路—Ⅰ级;设计洪水频率,特大桥1/300,其余桥涵及路基1/100;主线采用沥青混凝土路面,设计标准轴载BZZ-100kN。

建设规模:路线总长52.966km,路基土石方11011336m^3,桥梁29座,总长6458.43m;其中大桥12座,长5151.87m;中桥4座,长260.1m;无小桥,主线上跨分离立交12座,长975.46m,主线下穿分离立交1座,长71m;隧道5座,长6576.2m;其中特长隧道1座,江西境内长2718.7m(全长6068.14m),长隧道1座,长1645m,中隧道3座,长2212.5m;互通立交4处,分离立交13处,其中12处主线上跨,1处主线下穿;监控通信分中心1处,收费站4处,服务区、停车区、养护中心各1处。

项目设计特点:①总体设计坚持安全、环保、经济、舒适、和谐的原则。②路线布置尽量不破坏或少改变原地形地貌,尽可能与周围环境协调,最大限度地减少对自然环境的破坏,合理设置构造物。③桥梁设计结合自然条件,地质条件及施工要求和使用效果等进行综合考虑。④隧道设计贯彻环保理念,多采用削竹式洞门,并做好仰坡的环保绿化。

设计概算:该项目批复概算总金额30.406亿元,平均每公里造价5740.66万元。

项目开工及竣工时间:该项目于2009年7月开工,于2011年10月竣工通车。

13. 瑞金至寻乌高速公路新建工程设计

济广国家高速公路江西境内路段全长约630km,该项目是济广高速公路在江西境内的最后一段。瑞金至寻乌段,全长123.956km;路线起于鹰潭至瑞金高速公路终点,途经赣州市的瑞金市、会昌县、寻乌县两县一市,直接沟通广东省的梅州市以及汕头、汕尾两个港口城市。该项目的实施,将与景鹰高速公路一起形成江西东部又一条南北大通道,它对完善全省的高速公路路网布局,充分发挥高速公路网的规模效益将起重要作用。同时,该工程的建设对沟通江西与安徽及其以北省市的联系,连接华北、华东和华南三大经济区必将发挥极其重要的纽带作用。

项目测设简况:2008年4月,省交通设计院设立总项目组,开始该项目的初步设计工作,于2008年12月完成全线初步设计工作,2009年8月完成全线施工图设计工作。项目主体工程施工图设计分为A、B、C三个测设标段,按照法定程序,经过公开招标,确定江西省公路局设计科研院中标A测设段约40km的主体工程设计;江西省交通设计院中标B、C两测设段约84km的主体工程设计、全线沿线设施及交通工程设计,该项目的勘察设计工作由江西省交通设计院主体协调、总体负责。

技术标准:①公路等级,高速公路。②设计速度,100km/h。③设计荷载,公路—Ⅰ级。④路基标准横断面宽度,26.0m。⑤路面,采用沥青混凝土路面,设计使用年限15年,设计标准轴载BZZ-100km。⑥设计洪水频率,特大桥1/300,其余桥涵及路基1/100。

建设规模:路线全长123.956km,大桥12162.5m/50座,隧道4845.6m/5座。

项目设计特点:①该项目虽然属于赣南地形复杂的山岭区,通过设计灵活运用技术标准,布线因地制宜,平面以曲线为主体,线形舒展连续,指标大小均衡,纵坡平坦舒适;桥隧工程量不大,土石方工程量较低。以上指标充分说明瑞寻高速公路设计贯彻交通部设计新理念,做到以人为本,安全第一,线形指标均衡连续,行车安全舒适,减少了工程量,节约了资源,降低了工程造价;使高速公路使与沿线自然和人文环境相协调。②挖方边坡除采用隐蔽式强支护外,坡面全面进行绿化,使公路建成后沿线均为绿色植被坡面,尽量减少水土流失;路堑挖方边坡的坡口和台阶的外轮线修圆,以消除人工痕迹而与自然山体相协调;路堑边坡上尽量少设或不设截水沟;上边坡的急流槽采用暗式排水管;路堑排水边沟全部采用暗管(涵)的市政排水方式,路堑地段两侧全部设置排水盲沟;路面增加了8cm厚沥青碎石柔性基层。③桥梁抗震设计:项目所经区属Ⅶ度地震区,全线的桥梁结构根据新桥规按8度抗震设防,桥梁结构的安全度高于全省以往项目。跨江跨河处桥面排水集中处理,不直接排入河流而排入多功能污水沉淀池进行简单的净化处理,以免污染河水。④隧道排水按清水和污水分开排放,污水排入多功能污水沉淀池进行简单的净化处理;隧道路面全部采用复合路面,表层为两层改性沥青面层。

设计概算:初步设计于2009年9月22日取得交通运输部批复(交公路发〔2009〕515号),核定该项目工程总概算为604862.5613万元。

项目开工及竣工时间:项目于2009年9月27日开工建设,2011年12月28日建成通车。

项目获奖情况:该项目于2012年12月获中国勘察设计协会优秀设计项目三等奖。

14.江西井冈山厦坪至睦村(赣湘界)高速公路设计

江西井冈山厦坪至睦村(赣湘界)高速公路是国家高速公路网G1517莆田至炎陵高速公路在江西境内的最后一段,起于泰井高速公路厦坪枢纽互通,途经厦坪、鹅岭、白石、新城、荷花、葛田、砻市、睦村等11个乡镇(场),终点与湖南炎睦高速公路对接,路线全长43.574km。项目建成后,又增添一条出省大通道,构成赣南苏区、井冈山和湖南炎帝陵、衡山等风景区的旅游快速通道。同时对完善国家交通网络,改善革命老区的交通状况,发展井冈山红色旅游产业,促进区域经济发展具有十分重要的意义。

项目测设简况:该项目于2008年12月由省交通设计院进行工程可行性研究,于2009年4月基本完成工程可行性研究,2010年2月完成工程可行性报告补充资料,2010年11月完成初步设计,2011年8月完成施工图设计。

技术标准:双向4车道高速公路;设计速度80km/h,路基宽度21.5m,设计荷载等级公路—Ⅰ级;设计洪水频率,特大桥1/300,路基及其他桥涵构造物1/100。

建设规模:路线全长43.574km,路基土石方数量1123.6万m^3;沥青混凝土路面76.73万m^2;特大桥梁1166m/1座,大桥5592.5m/22座,中小桥239/3座,涵洞通道103道;特长隧道6850m/1座,互通立交3处;服务区1处,养护工区1处,隧道管理所1处,收费站3处(其中省界主线收费站1处)。

项目设计特点:①因地制宜,使公路与沿线自然环境相协调。结合当地地形及交通量特点,灵活选用路基宽度及平纵指标对沿线村庄或高填深挖段及溶岩发育段合理避让,三处收费大棚和房建工程等外观设计引用庐陵文化元素,融入地域文化;互通整平缺土区就地造塘添景。②沿线的生态植被少破坏多借用。定测阶段对高大树木坐标定位作为控制点尽可能"避",对空间距离紧张的采取特殊的工程措施,通过"挡""护"的方式,顺便将其"引"入公路景观,为我所用,相得益彰。③以人为本,优化设计。舍弃传统的混凝土吸声墙材质的声屏障改为中部为双层夹胶玻璃新型声屏障,降低并削薄高度超过2m的路堑挡土墙,为驾驶者营造轻松不压抑的行驶环境,设计U形钢管代替易坏的PVC管解决百姓长远灌溉接水问题,部分暗沟改明沟降低日后养护清理难度。④注重创新。长达6.85km的井冈山隧道是全省目前最长的公路隧道,通过优化通风方案,改造斜井断面尺寸构造,将双斜井缩至同一位置,节约了用地和工程造价,为全国首座采用同位双斜井设计的隧道。项目拱形护坡采用全新设计的小型标准化预制块,边沟排水沟采用预制块底板加干砌沟身的新做法,实现工程质量零返工。平面高程控制测量精准可靠,技术路线得当,工艺方法巧妙。项目勘测时针对井冈山特长隧道建立了一种既与整条路线坐标系有严密换算关系,又能保证投影长度变形在规定范围的大型构造物独立坐标系统,在道路与隧道衔接处,采用两期平面坐标成果直接进行施工放样,不需换算。⑤在省内首次设计应用了5道大直径钢波纹管涵代替钢筋混凝土拱涵,节省造价的同时加快施工进度,为该院首次编制钢波纹管涵洞通用图积累经验。井冈山隧道的路面采用聚合物改性水泥混凝土路面,实现冷拌、冷铺,更具透水,降噪和彩色景观功效。

设计概算:项目批复概算总金额32.7587亿元,平均每公里造价7517.9万元。

项目开工及竣工时间:项目2011年6月正式动工,2013年10月竣工通车。

获奖情况:2011年12月该项目控制工程井冈山隧道二等平面及高程控制测量项目

获测绘工程二等奖。该项目井冈山特长隧道2015年获中国公路勘察设计优秀设计二等奖。是年，井冈山隧道工程地质勘察获省建设工程优秀工程勘察与岩土工程二等奖。

15. 南昌至宁都高速公路新建工程设计

南昌至宁都高速公路北起沪昆高速公路的冈上镇，南连已经建成通车的泉南高速（石城至吉安段）。路线起点位于南昌县的冈上镇境内，经南昌县、丰城市、乐安县、永丰县，终于宁都县赖村镇境内的泉南高速公路上。它是南昌—宁都—兴国—韶关国家高速公路的一部分，也是江西省又一条南北向交通大通道。该项目的建设是服务国家战略和区域发展战略的需要；是改善沿线地区南北交通运输状况，促进区域社会经济发展、提高城镇化水平的需要；也是开发沿线旅游资源，推动旅游事业发展的需要。该项目建设里程长，建设投资大，建设意义深远。

该项目路线全长247.171km，路线起点位于沪昆高速公路设冈上枢纽互通，跨越赣抚航道、三干渠，向南跨越105国道、浙赣铁路，于地埂村设置丰城东互通，上跨清丰山河、省道丰抚线，于K36+840处跨越京九铁路，于丁坑水库南岸设置丰城服务区，在苦竹坑附近设置丰城南互通连接省道丰乐线，于K49左右跨越洛市运煤专线，设洛市枢纽互通与东昌高速公路十字相交，彭家北侧附近设置铁路互通与省道S222相接，过曲元村后进入乐安县，在龚坊镇社边村附近设置乐安北互通与S215、S222相交，高坑跨越S215，在草大坪（永丰县境内）与抚吉高速公路十字相交（设永丰枢纽互通），在高车东侧设置恩江大桥跨越恩江，于院前东南坡地设万崇互通连接省道S215，环山在胡坊西南侧设置川凤凹长隧道穿越山岭，经陶唐、藤田（设藤田互通、藤田服务区）、石马进入低山区，设石马特长隧道、马头嘴特长隧道、礼坊长隧道，雩山特长隧道穿越雩山山脉进入宁都县小布镇，设小布枢纽互通与广吉高速公路十字相交，白竹背村跨越黄陂河设黄陂河大桥、再跨S319省道设黄陂互通，设黄陂隧道穿山，从老埠水库西侧设高架桥后利用一个隧道穿过桐子面山脉，在青塘镇设宁都西互通连接宁都县城，终点与泉南高速公路宁都南互通相衔接。

项目测设简况：工程于2012年开始进行工程可行性研究工作，由省交通设计研究院有限责任公司、中交公路规划设计院共同承担，2013年6月进行施工图设计，并于2013年10月完成施工图文件编制。

技术标准：采用4车道高速公路技术指标，设计速度为100km/h；路基宽度为26m；汽车荷载等级为公路—Ⅰ级；设计洪水频率，特大桥1/300，大、中、小桥及路基1/100。主线路面采用SMA-13改性沥青混凝土路面。

建设规模：路线全长247.171km，共设特长隧道12780m/3座、长隧道6570m/4座，特大桥3131m/2座、大桥19577m/6座、中桥1271m/19座，分离式立交桥47座、互通立交12处、涵洞通道1296道。

项目设计特点：①SJ1标段起点至丰城市路段处于水网地段，水系发达，软土地基处理路段多。②SJ1标段起点至丰城市路段处于以填方为主,取土场距离遥远,增加了填砂路基设计。③SJ4标段路线区内地质构造发育,经历多次构造运动,局部路线区内的次级断裂构造十分明显,从而使得区内岩体裂隙发育,岩体破碎,完整性较差,建设线路区内滑坡、崩塌、岩溶、采空区、软土等不良地质较发育,区域地质复杂。因此线路选择首要考虑在复杂地质环境下有针对地选线和地质灾害防治与避绕,着重进行地质勘察是前期所有工作的首要任务。④永丰县石马至宁都小布路段为穿越雩山山脉越岭线,区内沟壑深切,岸坡陡峻,地形起伏大,桥梁墩台高、桥隧比高,施工进场困难,峡谷场地狭小工作面不易摆开,隧道进出洞口位置选择困难,是该项目的控制性路段。⑤跨雩山山脉竹高岭隧道全长5380m,是项目的控制性工程,做好隧道通风和施工组织是关键。⑥路线过藤田平地后急剧升至高平台,距长坑隧道进洞口前约10km高差很大,地形变化剧烈,不可避免会出现长大纵坡问题,需采取相应的措施。⑦永丰县及宁都县均属山区县,"七山半水分半田,一分道路和庄园"是其地形真实写照,土地资源极其有限,设计时严格执行国家土地政策,珍惜和合理利用每一分土地,并提出有效的工程措施节约用地。

设计概算:项目批复总概算金额为1732592.43万元,平均每公里造价7009.69万元。

项目开工及竣工时间:该项目于2013年12月正式开工建设,2015年12月建成通车。

16. 南昌至九江高速公路改扩建工程设计

南昌至九江高速公路是福银国家高速公路在江西境内北部的最后路段,也是江西省"四纵六横八射"高速公路主骨架网中的第一射。它连接江西省会城市南昌市和长江沿岸重要城市九江市,是纵贯南北、承东启西的主干通道,也是对接长珠闽、融入全球化的咽喉要道,在国家和江西省高速公路网中具有重要地位。

现有昌九高速公路是江西省第一条高速公路,原设计为双向4车道一级汽车专用公路,设计速度100km/h,路基宽度24.5m(其中德安乌石门、通远铁门坎路段路基宽度为18m),全线里程101.099km。随着社会经济的快速发展,该区域交通流量迅速增长,重大节假日时间段堵车现象时有发生,现有道路服务能力已经远远不能满足时代发展需求,特别是位于庐山脚下的"天门坎"、德安县的"乌石门"路段,存在先天性技术缺陷,20年前的"高富帅",变成现在的"肠梗阻"。面对"十二五"期间江西提出的加快推进"昌九一体化","十三五"期间深入实施"龙头昂起、两翼齐飞、苏区振兴、绿色崛起"区域发展战略,及国务院2016年6月6日批复同意设立中部地区第2个国家级新区——江西赣江新区等战略定位的严峻考验,对其实施全面升级改扩建势在必行。项目起点位于昌北枢纽互通北端K8+054,终点位于七里湖枢纽互通南端K103+602,途经南昌市新建区、九江市永修县、共青城市、德安县、九江县、庐山区。

项目测设简况:该项目由省交通设计研究院有限责任公司于2013年8月展开工程可行性研究,2014年3月至12月进行初步设计,2015年5月至2016年5月完成施工图设计。扣除先行建设的通远试验段,路线全长87.819km。

技术标准:设计速度为100km/h,路基宽度41m,双向8车道;设计荷载等级为公路—Ⅰ级;设计洪水频率,特大桥1/300,路基及其他桥梁构造物1/100;采取"两侧及单侧整体加宽为主+局部分离"方式进行改扩建。

建设规模:全线路基土石方508万m^3,老路挖补74.6万m^2,新建沥青路面274万m^2,改扩建桥梁106座,涵洞352道,新建隧道1座,互通立交移位新建4处、原址重建2处、新增1处,新建服务区1处。

项目设计特点:①征地协调难,主要体现在项目地处昌九工业走廊,项目用地与地方建设用地需求矛盾突出,加之违建抢建、抢栽抢种等现象普遍。②交通组织难,昌九高速公路车流量大,互通进出口分布密集,周边路网复杂,实现"保四通行"难度大。③相比较新建工程,改扩建在设计、施工等方面都提出了全新的要求,加之昌九路原有技术标准低,扩建形式多样且频繁变化,对拼接技术提出极高的要求。④社会关注度高,因为昌九高速公路是江西第一路,也是江西省出省通道扩容升级的首批重点项目,还是实现"昌九一体化"的重要组成部分,所以必定受到社会各界的高度关注。⑤建设起点高,项目提出打造"精品工程"的建设目标,实现全线构件集中预制,探索工业化建设道路,志在引领江西省高速公路建设的新模式。针对昌九高速改扩建项目特点,在设计过程中打破传统束缚,优化勘察手段、创新设计理念、运用关键技术,其中主要的措施有:一是打破传统勘察手段的束缚。在全面掌握老路状况的基础上,在勘察设计阶段,采用了先进的车载激光测量及三维数据采集处理系统,建立现有地表和现有高速公路的数字地面模型,高效精准地反映现有道路的几何特性,经检测误差小于1cm,达到国内先进水平。采用多种检测手段对原路基、路面和桥涵病害、结构强度进行全面的数据采集与分析计算,摸清病害的分布情况及发展规律。通过钻探、物探及地调等多种勘探形式,全面掌握走廊带内的地质分布及不良地质分布情况,为改扩建方案的制订奠定坚实的基础。二是打破传统设计理念的束缚。在项目设计阶段,充分考虑老路利用、节约用地、地方规划以及绕避地质不良路段等因素,高度重视环保与动态跟踪,巧妙地将整体风格与周围自然环境相互交融。同时,统筹考虑规划、建设、养护、运营的全过程,系统解决工程结构的耐久性、抗疲劳性,车辆行驶的安全性,养护维修的可行性,防灾减灾的有效性。合理、灵活把握技术标准,抓住重点,突出功能实效,创造性地组合运用两侧扩宽、单侧扩宽、分离新建等改扩建形式。创造性的设计理念,既能保证改扩建后道路的行驶舒适与安全,又合理控制了工程造价。三是打破传统关键技术的束缚。针对改扩建项目新老路拼接处理难、交通组织难、病害处理难的特点,结合昌九高速公路实际情况,以及先期10km改扩建施工中发现的问题和解决方案的实践经验,设计班底实行逐段攻关,先后攻克施工期四车道保通安全保障、路基大小台阶开挖分析、高液限土处治利用、路基填筑沉降控制、耐久性路面设计、老路路面铣刨再生利用、病害桥涵加固与改造、两侧及单侧整体加宽为主、局部分离等关键性技术,保证昌九高速公路改扩建施工的顺利实施。

设计概算:项目批复概算总金额为65.24亿元。

项目开工及竣工时间:项目于2016年7月正式动工,计划于2019年6月竣工通车。

二、桥梁勘测设计

1. 温厚高速公路龙王庙赣江大桥设计

龙王庙赣江大桥为上海至昆明国家高速公路江西温家圳至厚田段跨越赣江的一座特大型公路桥梁,也是温厚高速公路的控制性工程。

省交通设计院于1995年10至11月完成大桥初步设计,1996年12月完成施工图设计。

地形、地质、水文:大桥桥址位于南昌县岗上乡市汊街下游约3km的赣江河段上,属赣江下游,河道顺直微弯,水深条件良好。两岸为冲积平原地区,地势平坦低洼,西岸为低矮山丘岸线,岩层裸露,东岸为赣东大堤。

设计标准:设计速度为120km/h;设计荷载为汽—超20级,挂车—120;设计洪水频率1/300,通航等级Ⅲ级,要求不少于4个10m×60m的通航孔。

总体布置及方案:大桥全长2077.8m,主孔桥型采用65m+4×100m+65m预应力混凝土连续刚构—连续梁组合结构,副孔为26×40m预应力混凝土T梁,主桥桥面宽31m,引桥桥面宽27.5m,为双向4车道。

上部构造:主孔为两座分离的单箱单室箱梁,采用三向预应力,三个中墩与主梁固接,两个边墩上设支座,根部梁高5.8m,跨中梁高2.6m;副孔为预应力混凝土T梁;引桥为25m×20m普通钢筋混凝土单箱单室连续箱梁。

下部构造:主墩为2块6m×2.5m板式墩,边墩为2块6m×2.0m板式墩,基础采用桩径2.5m的钻孔灌注桩;副孔为2块6m×1.4m板式墩,基础采用桩径1.8m的钻孔灌注桩;引桥为2根桩径1.5m的单柱式墩,基础采用桩径1.8m的钻孔灌注桩;桥台均为肋形埋置式桥台。

设计特点:①大桥主跨桥型为65m+4×100m+65m预应力混凝土连续刚构—连续梁,连续长度530m,单孔跨径100m,为当时全省最大跨径连续刚构。②连续刚构采用单板墩,改变以往采用双板墩的做法,提高防船撞能力。③为使桥型轻巧美观,副孔梁高与主孔边跨梁高保持一致(2.5m),线条过渡自然顺畅。④主梁断面按三向预应力设计,既降低梁高,又提高结构的整体强度和耐久性。⑤副孔主梁预应力筋采用高强度低松弛预应力平行钢丝,节省了工程造价。

设计概算:全桥设计概算为16077.5904万元。

项目开工建设和竣工时间：该项目于1996年12月开工，1999年2月建成通车。

获奖情况：该特大桥设计项目于2000年荣获省优秀设计二等奖。

2. 九江至景德镇高速公路鄱阳湖特大桥设计

鄱阳湖大桥是九江至景德镇高速公路跨越中国第一大淡水湖——鄱阳湖的一座特大型桥梁。鄱阳湖在进入长江时逐渐减窄而收为一段不长的河道，桥位正处于该河道上。桥中心线距长江与鄱阳湖的交汇口约2.5km。由于该桥的地理位置特殊，其地形、地质、气象和水文特点，使大桥的建设规模、主跨跨度、勘察设计的难度均成为江西省之最。

地形、地质、水文及气象：桥址河段每年有春汛和秋汛两个洪水汛期，春汛时，省内五大河流洪水注入湖中，该河段受冲刷；秋汛时，湖水受长江的顶托或倒灌，流速减缓或反向，河段泥沙淤积。主槽常水位水深10～15m，高水位时达23～25m。

桥址地质条件复杂。主要表现在第四系覆盖层厚度大，且覆盖层中夹有大块孤石、角砾石，主河槽中的淤泥和淤泥质土厚达20余米。下伏基岩在东侧为泥盆系砂岩，其他为石炭系、二叠系和奥陶系灰岩。灰岩区域岩溶密布，钻孔见溶率超过60%，最大溶洞高度为27m。由于南北向大断裂带在桥位河段通过，水道中存在多条断裂带，基岩岩体破碎、节理发育。受地形限制，桥址区域风力强度较大，历年最大风速达34m/s。

桥址区域自然条件的复杂性是新中国成立以来多次提议建桥而未能实施的重要原因之一。大桥自1988年开始预可行性研究，前期工作断断续续历时9年，在进行了2个预可行性报告，3个工程可行性报告，2个初步设计之后，于1996年进行技术设计和施工图设计工作。大桥勘察和设计涉及的部门和专家之广、协作单位之众、方案研究之慎重超过了江西省迄今为止建设的任何一座大桥。但江西省交通设计院始终是勘察设计的主体和总体单位，完成了大桥的可行性研究报告、初步设计和技术设计工作。大桥施工图设计由江西省交通设计院与北京建达道桥咨询公司合作完成，该公司与省交通设计院共同承担主跨设计。项目于1997年6月完成施工图的全部设计工作。

设计标准：设计荷载为汽车—超20级，挂车—120，桥面宽为25.1m（斜拉桥部分宽度为27.5m）。

总体布置及方案：大桥全长3799m，桥孔布置自西向东为55×30m（桥面连续的简支T梁）+30×50m（桥面连续的简支T梁）+(65+123+318+130)m（子母塔双索面斜拉桥）。

主孔设计为双塔双索面子母塔斜拉桥，半飘浮体系，两塔在承台以上高度分别为91.9m和115.4m，横向立面均为花瓶形，塔肢均为钢筋混凝土箱形断面，锚索区为设置了环向预应力的箱形断面，并通过多次空间分析和足尺模型试验修正其设计。主梁为适合于前支点挂篮施工的预应力混凝土双肋式梁板截面；东塔拉索16对，西塔拉索22对，梁上基本索距为8m，塔上索距为1.5～2.5m，斜拉索采用直径7mm的高强低松弛平行钢丝索，冷铸镦头锚锚固。

设计特点:①采用 TEM 井中透视物探技术(即地质 CT),在岩溶密布的主河槽中找到了一块相对完整的主塔理想地基,使桥梁外形和跨径得以最终确定。该技术是在全国桥梁工程勘察上首次采用,也为今后在类似地层上的工程建设提供了一种有效的勘探方法。②子母塔斜拉桥布孔方案。根据 CT 物探结果,创造性地采用西高东低的子母塔斜拉桥主孔方案,不但避免了西主塔基础遇有溶洞的风险,亦使东主塔基础完全落在牢靠的砂岩地基上,桥跨既满足通航、泄洪等要求,亦使岩溶密布的河床中桥梁主墩基础施工免除了遇到溶洞的困难。③采用超大直径钻孔灌注桩哑铃形承台。东塔为 4 根 $\phi 4.0 m$ 基桩,西塔为 4 根 $\phi 5.0 m$ 基桩(嵌岩部分采用 $\phi 3.5 m$),西塔的 $\phi 5.0 m$ 基桩为全国最大直径的钻孔桩;两塔桩基与国内惯用的双壁钢围堰内的群桩基础形式相比,结构用材、施工用材、施工难度和造价均大为降低,因基础引起的局部冲刷深度也小得多。④长 636m 的斜拉桥主梁高 2.6m,与 1500m 长的副孔主梁等高,使堤外大桥梁高完全统一、线形流畅、简洁。⑤针对湖口河段风力大的特点,对全桥半数的长拉索设置了新式黏滞式减振器,增强拉索抗振性能,延长拉索使用寿命。⑥专门设计适应该桥辅助墩上的拉、压支座和为保证挂篮通过辅助墩而预埋有内螺纹的套筒。⑦在主梁横梁与顶板相交的承托部位混凝土中掺入长丝钢纤维,从而增强横隔板的抗裂性能,确保梁体质量。⑧副孔 50m 跨径 T 梁,为江西省最大跨径简支 T 梁,桥面连续长 300m,国内并不多见。⑨桥宽 25m 的副孔和引桥下部结构采用全幅双柱双桩的墩身和基础,预应力双挑臂盖梁,节省下部结构的工程数量,且使桩基遇溶洞的概率减少一半,方便施工和节省工期。⑩引桥线形设计成 S 形弯,不但使线路曲线率得到提高,也可获得于桥上行车时欣赏大桥雄姿的景观效果。

设计概算:概算投资为 5.2 亿元。

项目开工建设及竣工时间:施工期为 1997 年 11 月至 2000 年 11 月,于 2000 年 11 月 18 日与九景高速公路一起竣工通车。

获奖情况:九江鄱阳湖湖口大桥于 2002 年获省优秀工程设计一等奖,主桥工程地质勘察获省优秀工程勘察二等奖。

3. 京福高速公路桃木岭高架桥设计

桃木岭高架桥为北京至福州国道主干线(现为福银高速公路)温家圳至沙塘隘(段)高速公路上的一座特大型高架桥,桥位位于省境黎川县熊村镇以南 3km 处,距赣闽两省交界处沙塘隘 4km。桃木岭高架桥是一座设计和施工方法结合得较好的桥梁,与自然环境和谐、协调,具有雄伟的气势,也有优良的质量,为当时华东地区第一高桥。

地形和地质:大桥桥位区处在武夷山西麓重丘区中,山体剥蚀侵蚀严重,地形起伏剧烈,山坡陡峭,发育冲沟洼地,山间沟谷切割很深,最大相对高差 360m,植被发育;桥位区覆盖层自上而下为粉土及风化花岗岩,总厚度达 10~25m,基岩为微~弱风化的花岗岩。

设计标准:大桥采用的主要技术指标为:4 车道高速公路,设计速度 80km/h;设计荷载汽车—超20级,挂车—120;桥梁净宽 $2 \times 10.75m$;地震基本烈度6度(地震动峰值加速度为 $0.05g$)。

总体布置及方案:经过技术、经济、环保等方面综合比选,采用高架桥的形式跨越桃木岭等两个深谷,该桥处在半径 $R = 463m$ 的平曲线上,桥面纵坡 2.5%~5%,桥面超高 6%。桥型采用 $20 \times 40m$ 预应力混凝土连续刚构—连续梁组合结构方案,逐孔现浇施工;桥梁横断面为上、下行分离式。桥长808m。

该桥上部构造采用40m等跨、等截面、直腹板单箱单室断面,梁高2.2m,为双向预应力结构。单幅箱梁顶板宽12m,底板宽6m,箱梁底板水平,顶板按桥面横坡倾斜设置。

箱梁纵、横向预应力钢束均采用高强低松弛钢绞线。钢束在一联内纵向贯通,用连接器接长;所有纵向预应力钢束均为单端张拉,张拉端设置在距墩中心线8m的施工缝处;横向预应力钢束纵桥向间距50cm。

桥梁下部构造分别采用直立式箱形薄壁空心墩(墩高大于50m)及矩形单板墩(墩高小于50m),其中12~16号墩为墩、梁固结,最大墩高达86m。单幅墩身横向宽度6m,所有墩身四角处均用半径为50cm的四分之一圆弧过渡;空心墩墩身内每隔10m设置一道1m厚的横隔板,以增强墩身的整体稳定性;桥墩基础分别采用4根 $\phi2.0m$、4根 $\phi1.8m$ 和4根 $\phi1.5m$ 的双排桩基础;全桥桥墩桩基均为嵌岩桩,嵌入弱风化花岗深度大于2~5m。

设计特点:桃木岭高架桥墩高达86m,远远高于在建的最大桥高,也是江西首次采用移动模架逐孔现浇的连续箱梁桥。主要有以下特点:①上部构造采用标准跨径40m预应力混凝土整体箱梁,移动模架逐孔现浇,施工速度快,能充分适应该路段平、纵、横向设计的要求。②下部构造采用薄壁墩,滑模施工方便、快捷、安全。③箱梁部分采用墩梁固结的连续—刚构体系,行车舒适平顺,能有效地控制单向大纵坡桥梁在长期荷载作用下顺坡爬移。

设计概算:概算投资9833万元。

项目开工建设和竣工时间:2002年10月开工建设,2004年3月竣工。

获奖情况:该项目2005年荣获江西省科技进步三等奖;2007年获省优秀工程设计一等奖。

4. 九江长江公路大桥设计

九江长江公路大桥(又名九江二桥)是福州至银川高速公路上跨越长江的关键工程,也是江西省建设的第一座具有世界领先水平的跨长江高速公路桥梁。

大桥建设条件复杂,项目前期及勘察设计工作由省交通设计研究院有限责任公司与湖北省交通规划设计院联合承担,为联合体主办单位。项目前期工作于2004年开始启动,2009年1月24日,国家发展和改革委员会对该项目可行性研究报告进行批复;2009年8月25日,交通运输部对初步设计进行了批复;2010年江西省交通运输厅对技术设计及施工图设计进行了批复。

设计标准：公路I级，设计速度100km/h、桥面宽度33.5m(斜拉桥部分宽度38.9m)。

总体布置：大桥全长8462m，分为主桥(1405m)、副孔(1300m)、南引桥(3591m)、北引桥(2166m)等四部分。

主桥为六跨(70+75+84+818+233.5+124.5=1405m)不对称双塔双索面混合梁斜拉桥；副孔为2×(7×50)+2×(6×50)=1300m等截面预应力混凝土连续箱梁；南引桥分三段，其中赛湖桥为4m桥台+3×(6×30)+14×(5×30)=2644m预应力混凝土先简支后连续T梁、九瑞大道桥为(32.2+4×27.5)+(4×27.5+24.8)=277m等截面预应力混凝土连续箱梁、城西港区桥为4×30+5×30+2×(4×50)=670m等截面预应力混凝土连续箱梁；北引桥分为三段，其中黄广大堤桥为56+100+56=212m变截面预应力混凝土连续箱梁、分路高架桥为7×30+9×(6×30)=1830m预应力混凝土先简支后连续小箱梁、105跨线桥为3×40预应力混凝土先简支后连续小箱梁+4m桥台=124m。

设计特点：该项目具有技术含量高、质量标准高、环保要求高、协调难度大的"三高一大"的显著特点。项目主要设计特点如下：

①因地制宜确定了非对称混合梁斜拉桥的主桥设计方案。

该桥为国家高速公路网福州至银川高速公路上跨越长江的一座特大桥，桥区位于长江中下游港口城市九江市主城区，连接江西、湖北两省，桥区内水网密布，尤其是九江岸的八里湖、赛城湖水域宽广，赛城湖与长江通过水闸直接连通；长江九江水域内航道十分繁忙；大桥区域内长江深水航道靠近九江岸，为九江城西港区范围，区域内深水码头密布。

设计综合考虑国家路网功能、九江市城市规划、江西湖北两省相关协议、地形、地质、防洪、航道、港口等因素，确定了满足各项要求且有利于九江城西港区发展的位于九江长江公铁两用桥上游10.8km处的桥位方案。

桥位处江面宽2200m，河床不对称，深槽区全部位于九江南岸，通航水域宽约为1100m，根据通航论证批复意见，桥跨应满足"600m主通航孔、200m副通航孔、100m备用小轮通道"的要求。多方案比较，最终选择了六跨(70+75+84+818+233.5+124.5=1405m)不对称单侧混合梁斜拉桥的主桥方案，考虑到桥位处长江航道紧邻南岸，设计将主桥南塔设置于长江南岸大堤平台上。为适应南岸岸上施工的需要及综合节约工程造价、桥梁美观性考虑，主桥南边跨采用混凝土箱梁；为适应通航需要，中跨及北边跨采用钢箱梁。该方案完全避免了大桥建设对于桥位区长江深水港的不利影响。

②实现在长江干堤上建设大型桥梁基础关键技术的突破。

九江二桥九江岸为长江主航道深水区，沿岸九江城西港区范围内码头密布，大桥九江岸(南塔)基础如选择在长江河道内，将对九江港的正常营运造成不利影响，桥塔基础的存在将影响九江港区进出船舶的正常航线，增加船舶与桥塔基础相撞的风险，船舶和桥梁均存在一定的安全隐患。为此，设计考虑在大桥南岸永安堤(长江干堤)上设置桥塔基础,为国内第一座在长江干堤上建设大型基础的桥梁。设计对南塔基础施工进行了堤防边坡稳定分析,提出了有效的大堤防渗、边坡防护、基坑开挖和大堤监测方案,确保南主塔基础施工顺利和永安大堤安全。南主塔上岸避开地质不良区域,保证长江干堤(永安大堤)安全前提下为长江黄金水道提供便捷的通道,保证九江岸深水航道和九江岸深水港区良好通航净空,保证九江港进出船舶的安全,减少船舶与桥梁基础撞击的风险;又使大桥南塔基础施工由深水施工变为岸上施工,降低大桥南塔基础施工的难度。方案符合工程实际,建成后的主桥雄伟壮观,为九江市的一大景观。经施工及运营期间的监测,桥位附近大堤的安全稳定性得到确认。

③超大跨不对称混合梁斜拉桥索塔下塔柱混凝土防裂技术。

长江中下游地区由于地势平坦,桥梁主梁的建筑高度通常是由通航净空高度来决定的,现有航道等级条件桥下通航净空高度是按24m控制,这样就形成了长江中下游地区斜拉桥桥塔的一个共同特点——下塔柱高度普遍较矮,特别是有些桥梁由于航道、航迹线影响,不得不将索塔放在岸坡上,这样下塔柱的高度就更矮了。九江长江公路大桥由于南岸下塔柱高度较小,在外部荷载(降温、混凝土收缩、徐变、横梁预应力荷载等)作用下,下塔柱横向外侧受力处于不利状态,设计中针对南、北塔构造的不同之处进行了分析、研究,采取多种措施对结构受力进行优化。从结构材料、构造设计、施工方案等多方面综合采取措施,解决了下塔柱混凝土的抗裂问题。

④采用世界最宽的整体式混凝土箱梁断面的大跨径混合梁斜拉桥,国内首创采用顶底板带有小次梁的整体式单箱三室混凝土箱梁结构,成功地实现了斜拉桥超宽混凝土箱梁设计和施工关键技术的突破。

目前,国内大跨径混合梁斜拉桥预应力混凝土箱梁较多采用分离式双箱结构,钢箱梁采用整体式断面。虽然分离式双箱混凝土结构施工方便,但其整体性、抗风等受力方面不如整体式结构,且与整体式钢箱梁断面衔接上美观性稍差。该桥作为混合梁斜拉桥,其钢结构主梁采用刚度大、抗风性能好的整体式箱形断面;基于桥梁整体美观等因素的考虑,其混凝土箱梁断面也采用外观一致的超宽整体式箱形断面,混凝土主梁顶板宽度达38.9m,采用顶底板带有小次梁的整体式单箱三室结构,为国内首创。设计根据试验研究,采用加强纵、横隔板侧面受力钢筋和节段间抗剪钢筋配置、调整预应力的张拉时间、改进混凝土配合比和浇筑工艺等综合措施,较好地控制了高强度混凝土宽幅混凝土箱梁常见的施工裂缝,设计和施工工法均处于国际领先水平。

⑤混合梁斜拉桥全断面过渡的钢混结合段技术。

主桥钢混结合段全断面过渡在国内大型斜拉桥没有先例,设计以结构计算和科研试验为先导,综合考虑施工条件,确定结合段位于中跨离南塔32.5m处。结合段设计为部分填充混凝土的后承压板式,结合段钢梁和混凝土梁的可靠连接,结构刚度过渡平稳,有效传递结构内力和变形,并具有良好的抗疲劳性和耐久性。通过试验研究,积累了钢混结合段结构设计、施工控制等实践经验,提出结合段设计理论不断完善的改进意见。

⑥贯彻"全寿命周期"设计理念,设计中充分考虑养护管理的便利性。

该桥在材料选用、结构构造、施工方法、防腐涂装、检修与检测设计等方面,贯彻"全寿命周期"设计理念,全桥设置4台检查车;塔柱内设置电梯、爬梯和检测平台;通航水域内的墩柱均设置了爬梯和检测平台;位于水中的主桥、副孔箱梁内设置贯通的检查人孔。同时设置了技术先进设施完善的大桥健康监测系统,为桥梁的维修检查提供便利条件。该桥设置的检测维护系统设施,达到国际先进水平。

设计概算: 大桥建筑安装工程费为20.2亿元。

项目开工建设及竣工时间: 2009年9月开工建设,2013年10月建成通车。

获奖情况: 九江长江公路大桥获2014年度公路交通优秀设计一等奖。2017年获第十四届中国土木工程詹天佑奖。

5. 鄱阳湖公路二桥设计(都九高速公路)

都九高速公路鄱阳湖特大桥是鄱阳湖上的第二座公路大桥,桥位位于都昌县老爷庙水域、松门山以北约16km处,距离鄱阳湖入江口约50km;东起都昌县多宝乡,在老爷庙水域跨越鄱阳湖,终点位于星子县华林镇。该项目由省交通设计研究院有限责任公司桥隧设计所承担。

地形、地貌: 该桥位区地处鄱阳湖湖内,枯水季节时,滩涂均为松散堆物,无基岩露头,只在桥台与湖岸附近有基岩出露。

桥位区地貌单元单一,为湖泊盆地型地貌,两侧为丘岗砂丘(山)型地貌。枯水期所露滩涂地形平坦,湖泊水域区为宽缓U形地形。湖岸东西桥台区域均为丘岗形地貌、地形较缓,为沉积接处区,丘坡坡角7°~15°不等。

地质: 桥址范围内有湖泊盆地型地貌单元、东西两岸桥台均为丘岗(砂丘)型地貌单元。所处的地层岩性有化学沉积岩等的硅质岩、灰岩、细碎屑沉质岩系中的页岩,红色碎屑沉积岩系组合中的砾岩、砂岩、粉砂岩、粉砂质泥岩;(Q_3^{al})柘矶砂层、(Q_4^{al})的砾岩、砂、粉砂及表层少量的淤泥质土。地质构造主要为单斜构造,新构造运动活动虽不显著但较为明显。总体评价为线路工程地质条件属复杂类型,区域工程地质条件较稳定。

设计标准: ①双向4车道,设计速度为100km/h;②设计荷载,公路—Ⅰ级;③设计洪水频率,1/300;④桥面宽度,双向4车道;主孔为整体断面,两侧各设一条检修通道,并设置风嘴(主塔段不设),主孔无风嘴段宽28.0m,含风嘴段宽32.0m;副孔、引桥的桥面净宽为2×10.9m,全宽24.5m;⑤航道标准,鄱阳湖为Ⅱ-(3)级航道,最高通航水位为20年一遇。根据通航论证报告,大桥采用单孔双向通航;通航孔净宽不小于400m,通航净高10m;⑥地震动峰值加速度,区域地震动峰值加速度为0.05g,区内构造物除鄱阳湖特大桥按Ⅶ级抗震措施设防外,其余桥梁按Ⅵ级抗震措施设防;⑦设计风速,按百年一遇控制设计,桥址处基本设计风速为40m/s;地表类别,A类,推算至主孔主梁处的设计风速为55m/s;⑧船舶撞击力,主孔主塔按船舶吨级DWT5000t考虑,主孔辅助墩按船舶吨级DWT2000t考虑,主副孔过渡墩按船舶吨级DWT1000t考虑。按船速3m/s考虑撞击荷载,其作用位置为最高通航水位以上2m处。

总体布置及方案: 该桥中心桩号为K37+668,主孔中心桩号为K36+638,全桥桥孔布置27联:5×35+5×35+5×35+4×35+5×50+5×50+4×50+(68.6+116.4+420+116.4+68.6)+4×50+4×50+4×50+4×50+4×50+4×50+4×50+4×50+5×50+5×35+5×35+5×35+5×35+4×35+4×35+4×35+4×35+4×35+5×35(m),全长5589.0m。其中第八联为主孔,采用钢—混凝土组合梁双塔五跨空间双索面斜拉桥,桥孔长790m,$L(边)/L(中)=0.440$。副孔采用50m跨后张法先简支后连续T梁;引桥采用35m跨先张法先简支后连续T梁。

设计特点:

①主孔采用双塔双索面钢—混凝土组合梁斜拉桥方案,采用梁、塔分离,并在主塔下横梁上设置支座的半漂浮体系的结构形式。

②主梁采用钢—混凝土组合梁,由钢梁和桥面板组成。钢梁采用分离工字形开口断面,由纵梁、横梁、小纵梁、压重小纵梁组成。主桥的纵梁及其连接板结构钢材采用Q420qD钢,风嘴、横梁、小纵梁、压重小纵梁及其连接板采用Q345qD钢。全桥钢梁共分为73个节段。主梁采用桥面吊机悬臂拼装施工。

③斜拉索采用空间扇形双索面布置形式,全桥共72对144根斜拉索。最长斜拉索长度约223m。斜拉索型号共有11种,最大拉索型号为253ϕ7mm,最小拉索型号为109ϕ7mm。顺桥向梁上基本索距10.8(6.0)m,塔上索距为2.0~4.8m。采用环氧涂层钢丝斜拉索,每根拉索含109~253根钢丝,钢丝标准强度1670MPa,Ⅱ级松弛。斜拉索在主梁上采用锚拉板形式在叠合梁上进行锚固。斜拉索在主塔上采用钢锚梁方式进行锚固。

④主塔采用宝瓶形桥塔,两个桥塔塔高均为137.91m,其中桥面以上桥塔高107.6m,主塔有效高度与主跨跨径之比为0.256。主塔断面采用四个角为圆弧形的矩形断面。每个桥塔设置三根预应力混凝土横梁,均采用箱形截面,顺桥向凹入主塔0.3m,以形成层次感。上、中、下横梁预应力均采用ϕ^s15.2-22高强度低松弛钢绞线;主塔锚固区的环向预应力采用ϕ32mm精轧螺纹钢筋。下横梁处设置主梁竖向支座,阻尼器及抗风支座。

⑤35m跨引桥采用先张法先简支后连续的预应力混凝土连续T梁。本设计采用折线配筋预应力混凝土先张工艺,T梁预制采用270级ϕ^s15.2mm钢绞线作为预应力筋。为减小剪丝后梁端局部应力,设计考虑梁端应力消除措施。考虑到预制工作的便利,设计建议该工程35m跨预应力混凝土T梁按短线法预制,短线法台座的设计建议利用T梁侧模,

为此建议先预制T梁的横隔,再浇筑T梁。弯起器属于施工工艺设施,设计建议采用肋板式弯起器。主梁墩顶现浇段负弯矩区钢束采用 $\phi^s15.2$ 高强度低松弛预应力钢绞线。

⑥主桥墩下部构造:主孔辅助墩采用左右幅分离的箱形空心墩,主副孔过渡墩采用左右幅分离带盖梁的箱形空心墩。单幅墩身顺水流方向长6.5m,垂直水流方向宽4m,四面倒角。空心部分在船撞高程22.62m以下部分填充C40素混凝土,以抵抗船舶撞击力。承台对应主塔承台设置为两级,第一级厚1.0m,顶面尺寸为8.4m(垂直水流向)×10.4m(顺水流向);第二级厚3.0m,顶面高程为8.0m,顶面尺寸为10.4m(垂直水流向)×12.4m(顺水流向)。基础采用 $2\times4\phi2.5m$ 钻孔灌注桩基础。

⑦副孔墩:采用带盖梁的薄壁墩。墩身在8.0m高程以上部分采用顺桥向宽2.2m,横桥向宽6.5m;在8.0m高程以下部分顺桥向加宽为2.8m,横桥向加宽为7.1m;承台为 $8.0m\times7.5m\times3.0m$;基础采用 $2\times4\phi1.8m$ 直径的双排钻孔灌注桩基础。

设计概算:工程投资建安费12.33亿。

项目开工及竣工时间:计划2015年10月开工。

三、典型互通立交勘测设计

1.南昌西外环高速公路昌北枢纽互通

昌北枢纽互通位于南昌市新建县乐化镇,是南昌市西外环高速公路连接昌九高速公路和南昌市东外环高速公路的枢纽互通立交,该互通立交由原昌北机场高速公路乐化互通立交(单喇叭)改造而成。改造后的互通立交形式为半定向枢纽互通立交,名称更改为南昌市昌北枢纽互通,是南昌市西外环高速公路的关键性工程之一。该项目由省交通设计院完成设计。

地形、地质、地貌、水文及气候:互通位于丘间盆地,局部切割到低丘岗地,地形起伏平缓,该区域内的工程地质和水文地质条件简单。路线区属于亚热带季风型气候,温和潮湿,日照充足,四季分明,雨量充沛,年降水量1743.6mm,降水集中在4~7月。年平均气温17.4℃,7月平均气温29.2℃,历史最高气温40.6℃,1月平均气温5.1℃;无霜期长,冰冻期短,无霜期265天。

设计标准:南昌市西外环高速公路与南昌市东外环高速公路设计标准相同,均为路基宽33.5m、设计速度100km/h的双向6车道高速公路;互通匝道设计速度为40~70km/h,4条匝道均为单向双车道,路基宽13m,其中行车道宽7.5m,左侧硬路肩1.0m,右侧硬路肩3.0m,两侧土路肩均为0.75m;桥面建筑外侧边缘与路基同宽;设计汽车荷载:公路—Ⅰ级。

总体布置及方案设计:原昌北机场高速公路乐化互通立交为一单喇叭互通,机场高速公路上跨南九路,并上跨京九铁路。南昌市东外环高速建设时,将九江方向的两个匝道由单向车道改造成双向车道,九江至机场方向的环行匝道改造成单向匝道,上跨原机场互通

A匝道,南九路及京九铁路。南昌市西外环高速公路建设时,将原机场互通A匝道双向双车道改造成单向双车道,将机场至南昌、南昌至机场方向的匝道由单车道改造成双车道。改造后的互通为半定向枢纽互通,并更名为南昌市昌北枢纽互通。改造后共有匝道4条,匝道总长4.17km,匝道最小半径为180m,最大半径为425m。互通匝道均设为单向双车道,路基宽13.0m。路面采用沥青混凝土路面。

该互通立交设有跨线桥3座,第1座为原机场路跨越南九公路跨线桥,设计为4×20m空心板桥;第2座为原机场路跨越京九铁路跨线桥,设计为2×30+45+2×30(m)预应力混凝土连续梁;第3座为D匝道跨越A匝道、南九路、京九铁路跨线桥,设计为5×20+3×21.5+27+19+5×20+19+27+3×21.5+11×20+21.5+25+28+25+21.5(m)钢筋混凝土连续箱梁。

设计特点:互通A匝道与昌九高速公路连接部须加宽昌九高速公路,且该段昌九高速公路与西外环高速公路为重合段,路基宽度采用41m的双向8车道,为维持昌九高速公路的正常交通,施工时先修筑拓宽部分,后对原有昌九高速公路的中央分隔带和原昌九高速公路进行路面改造,保证施工过程中的昌九高速公路的正常营运。

设计概算:昌北枢纽互通一期单喇叭互通概算总造价为3231万元,后期西外环改造的概算总造价为1181万元。

项目开工建设和竣工时间:一期单喇叭互通1998年12月竣工,后期改造2005年2月开工建设,2007年元月建成通车。

2. 京福高速公路温家圳至沙塘隘段墨溪陈家互通立交

墨溪陈家互通立交现为昌东南枢纽互通,是因梨温高速公路与京福高速公路交叉而设置的一座全定向式大型互通立交,坐落在进贤县温家圳墨溪陈家村附近,总占地面积60.2公顷。省交通设计院于2002年9月完成施工图设计。

地形、地质、地貌、水文及气候:互通位于岗间谷盆地与岗阜地接壤带,西北端处于岗阜地,地形起伏平缓,山体浑圆,主要为旱地;东南端处于岗间谷地,地形平坦开阔,主要为水田,发育河沟。根据现场钻探及工程地质调绘,互通范围出露的地层主要有第四系中更新统残坡积的亚黏土、细砂层和白垩系上统南雄组的全风化砂岩、强风化砂岩、弱风化砂岩,未揭露到断层、褶皱等不良地质,互通范围内水文地质条件简单。

设计标准:主线设计速度为100km/h,匝道为40~70km/h。主线路基宽度26m,单向双车道匝道路基宽12m,单向单车道匝道路基宽8.5m。路面都采用沥青混凝土路面。桥梁宽度:桥面建筑外侧边缘与路基同宽。设计荷载:汽车—超20级,挂车—120。

总体布置及方案设计:该互通为全定向式互通,京福高速公路上跨梨温高速公路,根据交通量的预测,将上海至福州、瑞丽至北京两个方向的匝道设计成两个对称的环形匝道。该互通总共分三期修建,第一期工程为梨温高速公路主线,第二期工程为京福高速公路部分主线和 B、C、D2、E、G 匝道,第三期工程为京福主线 K0+000～K1+000 段和 A、D、D1、F、H 匝道。该互通共有匝道 12 条,设计总长 8.31km。匝道最小半径为 100m,最大半径为 950m,最大纵坡 4.0%。互通匝道路基宽:单向双车道 12m,单向单车道 8.5m。路面采用沥青混凝土路面。

该互通立交设有跨线桥 7 座,桥梁总长 555m。京福高速上跨梨温高速公路设计为 $2\times30+45+2\times30(m)$ 预应力混凝土连续梁,跨越 E、F 匝道设计为 $3\times16m$ 预应力混凝土空心板;E 匝道上跨梨温高速设计为 $4\times20m$ 钢筋混凝土连续梁;F 匝道上跨越梨温高速设计为 $4\times20m$ 钢筋混凝土连续箱梁。

设计特点:①该互通设计为全定式互通,交通流顺畅。②匝道设计成对称形式,造型美观。③互通规模大,有气势。④互通内绿化景观进行专项设计,将该互通打造成高速公路上一个靓丽的风景点。

设计概算:该项目设计概算总造价为 10235 万元。

项目开工建设和竣工时间:第二期工程于 2002 年 10 月开工建设,2004 年 9 月建成通车,第三期工程 2003 年 12 月开工建设,2005 年 11 月建成通车。

3. 景鹰高速公路岗上枢纽互通

岗上枢纽互通位于余江县平定乡岗上村,是景鹰高速公路连接梨温高速公路的枢纽互通,岗上枢纽互通是景鹰高速公路关键性工程之一,互通范围路线总长 16.765km,除去梨温高速公路,新建互通立交占用土地 46.34 公顷。省交通设计院于 2005 年 11 月完成施工图设计。

地形、地质、地貌、水文及气候:互通位于岗间谷盆地与岗阜地接壤带,西北端处于岗阜地,地形起伏平缓,山体浑圆,主要为旱地;东南端处于岗间谷地,地形平坦开阔,主要为水田,发育河沟。根据现场钻探及工程地质调绘,互通范围出露的地层主要有第四系中更新统残坡积的亚黏土、细砂层和白垩系上统南雄组的全风化砂岩、强风化砂岩、弱风化砂岩,未揭露到断层、褶皱等不良地质,互通范围内水文地质条件简单。

设计标准:2 条高速公路均为路基宽 26m,设计速度 100km/h 的双向 4 车道高速公路。互通匝道设计速度为 40～70km/h,均为单向双车道,路基宽 12m,其中行车道宽 7.0m,左侧硬路肩 1.0m,右侧硬路肩 2.5m,两侧土路肩均为 0.75m。桥面建筑外侧边缘与路基同宽;设计汽车荷载:公路—Ⅰ级。

总体布置及方案设计:岗上互通对应景鹰高速公路与梨温高速公路交角 97°05′42″。互通的转向交通量以景德镇至上海(双向)最大,为 10500 辆/日;鹰潭至上海其次,为 9760 辆/日,其余转向交通量基本相当。

根据交通预测及两条高速公路的特点,该互通定位为复合式枢纽互通,采用双环半定向方案,按一级互通标准进行布线,互通共分成 4 层。A 匝道为第一层,梨温高速公路为第二层,景鹰高速公路为第三层,C匝道为第四层。

互通立交内景鹰高速公路2.7km,梨温高速公路2.65km,共有匝道8条,总长11.415km,互通内桥梁总长1138.2m/9座(未包括梨温高速公路上的桥梁)其中跨线桥6座,总长1016m。景鹰高速公路上跨梨温高速公路设计为3×20+30+42+30+22(m)预应力混凝土箱梁,C匝道跨越梨温、景鹰设计为7×20+20+21.366+2×23+21.176+2×20+4×20+24+2×20+4×20+24+2×20(m)钢筋混凝土箱梁。匝道最小平曲线半径65m,最大平曲线半径735m,匝道最大纵坡3.321%,主线最大纵坡1.7%。

设计特点:①设计对景鹰主线上跨、下穿梨温高速公路两个方案进行多方面详细研究,由于受交叉处梨温高速公路路面高程、互通内小河流水位的控制,景鹰主线下穿梨温高速公路方案不可行,最终推荐景鹰主线上跨梨温高速公路,互通A匝道下穿梨温高速公路的方案。②为防止大型客货车在匝道行驶缓慢及故障车可能对枢纽互通立交的阻塞,枢纽互通内所有匝道均采用单向双车道,路基宽度12m。③互通小半径的圆曲线内其上部构造分别采用预应力混凝土连续箱梁或普通钢筋混凝土连续箱梁,其余桥梁均采用施工便捷的预应力混凝土空心板结构,设计中对桥梁下部构造进行了优化,力争使桥梁造型能较好融入互通的整体景观中。④互通匝道与梨温高速公路连接部须加宽梨温高速公路,另外由于互通A匝道需下穿梨温高速公路,导致必须挖断该段梨温高速公路路基改建跨线桥,为维持梨温高速公路正常交通,设计中考虑互通施工时先修筑G、H匝道及A、C匝道与梨温高速公路的连接部,在梨温高速公路两侧通过设置部分临时道路连接相应的互通匝道,在跨线桥施工挖断梨温高速公路路基时,组织车辆从临时道路通行,保持梨温高速公路畅通。⑤互通内专门进行了景观绿化设计。

设计概算:该互通立交概算总造价为12696万元。

项目开工及竣工时间:互通于2005年11月开工建设,2007年底建成通车。

4. 九江西枢纽互通立交(福州至银川高速公路)

九江西枢纽互通位于九江市经济技术开发区赛湖村,连接福银高速公路与九江长虹西大道、沙阎公路,主要解决九江城区、城西港区上下福银高速及九江长江公路大桥的问题。该枢纽互通的设置有效促进九江县和九江市的经济发展,拉动县区及当地乡镇经济快速发展,便于江西省现代农业科技园的产品及时出口。该互通立交采用全苜蓿叶形,服务水平为三级,预测2032年上下互通的交通量为19695辆。

设计标准:①公路等级,一般互通式立体交叉(主线为6车道高速公路);②设计速度,主线设计速度100km/h,长虹西大道设计速度50km/h;匝道设计速度40km/h;③路基宽度,主线路基宽度为33.5m,长虹西大道路基宽度为22.5m,单向单车道匝道路基宽度为8.5m,单向双车道匝道路基宽度为10.5m,沙阎路路基宽度为19m;④路面,采用沥青混凝土路面,设计使用年限15年,设计标准轴载BZZ-100kN;⑤汽车荷载等级,公路—Ⅰ

级;⑥设计洪水频率,特大桥 1/300,大、中、小桥及路基 1/100。

总体布置及方案设计:九江西互通为全苜蓿叶形,中心桩号 K15+113。主线桩号范围 K14+400~K15+800,主线全长 1400m,匝道全长 4240m。该项目共设置 9 座分离式立交桥,其中主线上跨桥 1 座,互通匝道桥 8 座。

设计特点:该工程属大型枢纽互通工程,外形美观,气势雄伟,行车顺畅,合理地结合九江地方规划,完善城市路网结构,解决九江城区、城西港区上下福银高速及九江长江公路大桥的问题。

设计概算:该项目工程总概算为 37986.4793 万元。该项目由省交通设计研究院有限责任公司承担设计。

项目开工及竣工时间:九江西枢纽互通于 2009 年 10 月开工建设,2013 年 10 月建成通车。

5. 南外环高速公路迎宾枢纽互通立交

迎宾枢纽互通是南外环高速公路与迎宾大道(G320)城南路交叉而设置的一座变异苜蓿叶与半定向式的三层大型全桥枢纽互通立交。该互通的设置主要为了沟通外环高速公路与迎宾大道(G320)、城南路的快速联系,方便南昌市城南片区及过境车辆便捷进出高速公路,带动城南片区的社会和经济快速发展。该项目设计由省交通设计研究院有限责任公司承担。

地形、地质、地貌、水文及气候:互通所处区域地形较为平坦,互通区内均为旱地,地质条件一般,无不良地质现象,建筑物多。

设计标准:主线设计速度,南外环高速公路 100km/h,迎宾大道 60km/h;匝道设计速度 30~60km/h。主线路基宽度,南外环高速公路 33.5m,迎宾大道 61m(规划双向 6 车道),城南路 40m;单向单车道匝道宽 8.5m,单向双车道匝道宽 10.5m。设计荷载为公路—Ⅰ级,路面均采用沥青混凝土路面。

总体方案布置及方案设计:根据交通量预测、地形地貌及迎宾大道、城南路的特点,采用变异苜蓿叶(蝴蝶形)三层立体互通立交方案。主线长度 1.88km,匝道设计长度共计 7.03km,主线、匝道均采用桥梁布设。

设计特点:①采用变异苜蓿叶(蝴蝶形)与半定向组合式,具有造型紧凑、美观、线形流畅、占地少等优点。②全桥的 3 层枢纽互通立交,多"裤衩"非标桥梁设计。③大箱梁超宽设计。④最大限度地减少拆迁。⑤由于主线骑行城南路,该枢纽互通不同于以往的 4 肢枢纽互通立交,实际上相当于 6 肢,保证了骑行道路与交叉道路的原有通行习惯。⑥为该院摸索城市桥梁、互通设计积累了经验。

设计概算:概算投资为 2.24 亿元。

项目开工时间:2014 年 3 月 26 日开工建设。

四、隧道勘测设计

1. 九景高速公路雁列山隧道

雁列山隧道是九景高速公路中的中长隧道,也是江西省第一座高速公路隧道,该隧道首次在江西省内采用了新奥法原理进行设计及施工。项目由省交通设计院进行设计。

雁列山隧道西接鄱阳湖大桥,东接湖口县三里街文家村。一号隧道左右洞起讫桩号分别为 K19+909~K20+677 和 K19+910~K20+675,二号隧道左右洞起讫桩号分别为 K21+047~K21+938 和 K21+059~K21+978;一、二隧道左右线长度总计分别为 1659m 和 1684m。

地形、地貌、地质:隧道区地形起伏较大,地貌以丘陵为主,山体组合呈雁列状。构造断层较多,节理发育,地下水类型主要为裂隙水,隧道区围岩划分为四类(Ⅰ、Ⅱ、Ⅲ、Ⅳ类)。其中Ⅰ、Ⅱ类为第四系覆盖层,Ⅲ类为志留系分布区,Ⅳ类为整个泥盆系,遇断层、软弱层及破碎岩石,风化岩石其围岩类别相应降一等级。

设计标准:采用新奥法原理进行设计,隧道洞身截面采用单心圆拱式曲墙,圆拱半径为 5.4m,净宽 10.25m,净高 5m。隧道内路面采用水泥混凝土路面,设计速度为 80km/h,两侧养护道下设管线沟及排水沟。

总体布置及方案设计:隧道设计为上,下行分离的两座独立隧道,两隧道轴线间距 40m。洞口接线采用分离式路基,与整体式路基用左右线过渡衔接,路面横坡采用单向坡排水,直线段为 2% 的横坡,超高段为 3% 的横坡。

设计特点:①隧道防排水系统首次在全省采用组合式排水系统,即沿隧道轴线方向每隔 15m 设置 φ50mm 第三代软式透水管和排水板,其底部布设 φ100mm 第三代软式透水管纵向排水,且隧道满铺土工布加橡胶防水板,隧道衬砌防水能力也得到加强,其抗渗强度等级不小于 0.8MPa。②通风照明、防水防火及辅助设施等方面在全省也是第一次按人性化做的设计,保证行车的安全性和舒适度。

设计概算:概算投资为 1664.1 万元。

项目开工建设和竣工时间:1997 年 12 月 22 日正式开工,2000 年 12 月竣工通车。

获奖情况:该项目于 2002 年获江西省第十次勘察设计"四优"优秀设计一等奖。

2. 白沙关至婺源高速公路洪家坞隧道

洪家坞隧道是景婺黄(常)高速公路江西境内白沙关(浙赣界)至婺源段的一座上下行合建的 4 车道复合式中墙双连拱隧道。隧道进口在德兴市新岗山镇齐家村洪家坞自然村以北 500m,出口在婺源县紫阳镇梅林村交坞自然村中。隧道设计总长为 748m(施工图)。该项目由省交通设计院于 2003 年 5 月开始初步设计,2004 年 5 月完成初设。2004

年9月22日交通部对初步设计进行批复,2003年11月开始施工图设计,2004年11完成施工图设计。

地形、地貌、地质:洪家坞隧道整个穿越剥蚀与侵蚀丘陵中,微地貌以山间夹V形谷冲沟为特征(进口处水冲沟深约有7m,出口处水冲沟深约有3m)。隧道设计线至山顶最大高差为154m。山体自然边坡大于60°(进口两侧边坡大于75°)山体陡峭,地形复杂。根据1987年版《公路自然区划标准》,这一地段划分为Ⅳ类—即为武夷山南岭山地过湿区,植被发育。地质条件较复杂,隧道区以松散破碎千枚板岩为主,进口穿越由山洪水冲积而成的松散蠕动的碎石夹淤泥残坡积土的Ⅵ级围岩,且长年有渗水。隧道暗洞进口在穿越水冲沟谷段时,要经过从左偏压再进入右偏压。隧道区断裂构造发育(有两条隐伏断层),且富存构造脉状水。地下水具碳酸弱腐蚀性。

设计标准:设计速度100km/h;隧道宽23.89(2×10.5+2.894)m,净高5m。

总体布置及方案设计:隧道为一座上下行合建的4车道复合式中墙双连拱隧道,隧道长748m;端墙式洞门;隧道内平曲线半径为2340.24m,横坡设有2%的超高,最大纵坡为2.4%隧道。为保护生态环境,保护国家阔叶林示范基地,少占土地,进口加长明洞长度。

设计特点:①地形地貌和地质条件复杂,设计难度大。隧道的进出口,均设在山谷中的山洪水冲沟中,以山洪水冲积而成的松散蠕动的碎石夹淤泥残坡积土,且地下四季有渗水,在雨季泉水、山洪水四涌。隧道窜过两条隐伏断层。进口由左偏压转向右偏压,且存在一定的顺层千枚板岩。出口存在由山洪水冲积而成的松散蠕动碎石夹淤泥残坡积土的Ⅵ级围岩。②对Ⅵ级围岩进行如下特殊设计:衬砌采用荷载结构法进行验算;初期支护加大钢支撑型号规格和加密间距;对不满足设计荷载要求的中隔墙基础进行注浆加固处理;对明洞段的淤泥进行清除和处理,使明洞段的基础有较大的抗冲击力,确保山体高坡稳定。③隧道目前是全省最长(748m)的连拱隧道;也是目前省内首座(在国内也是最早的)设有人行横洞的连拱隧道;并且还设有防火门。④隧道采用路基下中心排水系统排除隧道路面路基以下水,且路面以上的半封闭水(曲墙底以上)与路面以下的不封闭水分两套排水系统排出,确保路面干燥,为全省隧道排水系统设计首次采用。

设计概算:概算总造价为5282.2455万元,每米造价为9.6922万元。

项目开工和竣工时间:2004年12月8日开工建设,2006年底建成通车。

3. 九江至瑞昌高速公路南阳一隧道

南阳一隧道位于江西瑞昌市桂林办事处与南阳乡分界处,东洞口在桂林办事处洪山水库,西洞口位于南阳乡金鸡铺,隧道起讫桩号为:左线K36+010～K38+350,右线K36+020～K38+365,左右线长度分别为2340m和2345m,该隧道属分离式长隧道。省交通设计院于2007年2月完成施工图设计。

地形、地貌、地质:隧道区域为构造剥蚀低山区,山形起伏不大,地表植被发育,主要为松树、灌木和杂草，通视条件差。微地貌有山间溶蚀洼地、冲洪积小盆地、山脊及山间冲沟等，山势走向比较紊乱，沿隧道洞身轴线，区内最高点高程为238.5m，最低高程为80.4m，相对高差158.1m。

隧道沿山谷一侧进入山体，进洞口位于山腰地带，右线靠近山间冲沟，地表径流沿地势由西北向东南流入山间小沟，在进洞口下方有多处泉水出露，常年不止，伴有少量砂粒流出，勘察期间总流量约13.65L/s，最后汇入洞口下方的洪山水库。

隧道洞身穿越三处溶蚀洼地，溶蚀洼地多沿分水岭下侧的山间盆地分布，形状呈不规则状或椭圆形，长轴方向达数十米至一两百米，洼地边缘外侧见岩溶峭壁和石笋分布，高达十多米至数十米。洼地边缘内侧见有多个落水洞，直径1~3m不等，冲沟较发育，地表水主要经落水洞向下渗透。

隧道出洞口位于山坡坡脚，山体自然坡度较缓，左线靠近一大型采石场，地表径流由南向北流入山前小沟，地表水径流量随季节而变化。

设计标准：设计速度100km/h，隧道净空10.75m×5.0m。

总体布置及方案设计：隧道处于两个平曲线中，左线两曲线半径分别为3585.4m和1800m；右线两曲线半径分别为3322.3m和1720m。隧道纵坡为单向坡，左右线的坡率均为-2.25%。隧道最大超高为2%，进、出洞门均为1:1.5削竹式。

设计特点：①以"早进洞、晚出洞"的原则确定洞口位置和洞门形式，洞口段均进行了必要的防护和绿化设计，洞口排水系统结合地形进行优化，确保洞口及洞门的安全稳定。②按新奥法原理进行衬砌设计，充分利用围岩的自稳能力，合理发挥锚杆、初支、二衬的功能。③防排水设计遵循"防、排、堵、截结合，因地制宜，综合治理"的原则，隧道建成后，应达到洞内基本干燥的要求，保证结构和设备的正常使用和行车安全。④南阳一隧道为长隧道（2345m），地质为灰岩，地貌和地质条件复杂，地下水丰富，设计前期对该隧道进行了详细的地质勘察和多方案比较，针对地表漏斗、地下溶洞、地下水、断裂带等情况进行详细的分析比较，提出合理的处理方案。⑤隧道区处于九江—靖安—安福地震活动带上，位于淮阳山字形前弧和北东向构造带复合处附近。据《江西省地震参数区划图》（2003年），该区地震动峰值加速度为0.05g，设计特征周期为0.35s，据记载，历史上曾发生过5级左右的地震，如1911年2月九江发生过5级地震，近年来该地区微震频繁，断块差异活动明显，庐山断块强烈上升，表现出地壳的不稳定性。2005年11月26日上午8时49分九江县至瑞昌市发生里氏5.7级地震，有明显震感，居民房屋损坏较严重。该项目的设计抗震设防标准的地震动峰值加速度为0.05g，设计中对明洞、浅埋段采取了相应的抗震设计。

设计概算：南阳一隧道概算投资为16581万元。

项目开工建设和竣工时间：该项目于2008年7月开工，2010年6月建成通车。

4. 大庆至广州国家高速公路江西龙南至广东连平高速公路九连山隧道

九连山隧道是大广高速公路赣粤交界处一座特长隧道,位于江西省龙南县山下村至广东省连平县乡李屋排村,隧道以省界分为江西段和广东段。于2010年6月完成江西段施工图设计,2012年5月完成广东段施工图设计。

地形、地貌、地质:隧道区域为构造剥蚀中低山区,地形起伏较大,沟谷及山间冲沟发育,地表植被茂盛,主要为松树、灌木和杂草,通视条件差。隧道进口位于山腰的中下部,山体自然坡度较陡,山间小溪位于隧道右侧,流向由南向北,常年不止,流量随季节变化,隧道左右线均穿越多条山沟,隧道入口段主要为松散结构的燕山期花岗岩的全~强风化层,结构面结合程度差,岩体极破碎,自稳性差,两段地形线与硐轴线小角度相交,围岩存在地形和地层偏压,极易滑塌;深埋段洞身进入后侵性花岗岩和砂岩结合区域,在地质活动褶皱作用下,形成揉皱性不整合破碎带,穿越长度达到数百米,与碎裂围岩伴生的水文地质发生巨变,该段落大范围富水,节理裂隙极度发育,地质条件的特殊性在江西省隧道史上实属罕见;隧道出口段围岩为第四系压密的黏性土或碎石土或泥盆上统天子岭组(D_{3t})全强风化钙质粉砂岩及页岩,结构面结合程度差,岩体极破碎,自稳性差。

设计标准:隧道为单洞三车道分离隧道,设计速度100km/h;隧道净空,净宽(单洞)14.5m(=0.75+0.50+3×3.75+1.0+1.0)建筑限界净高5.0m,检修道净高2.5m;洞内一氧化碳允许浓度。正常营运时为250ppm;交通阻塞时为300ppm;洞内烟尘允许浓度,$0.0065m^{-1}$;照明标准,路面基本照明亮度为9.0cd/m²;消防标准,隧道区属B类火灾,灭火级别为90B。

总体布置及方案设计:九连山隧道形式为分离独立式双洞隧道,左幅全长3264m(广东段1555m),右幅全长3273m(广东段1570m),属于公路特长隧道;隧道右线进口圆曲线半径2104.751m,出口圆曲线半径1894.855m,左线进口圆曲线半径1725.988m,圆曲线出口半径1799.862m,设计路面高程左幅进口为403.386m,出口为420.48m;设计路面高程右幅进口为403.386m,出口为420.40m;两省交界处设置凸曲线,最大纵坡1.3%。

设计特点:①根据地形、地质条件,结合排水要求,以"早进洞、晚出洞"的原则来确定洞口位置和洞门形式,洞口均进行了必要的防护和绿化设计,洞口排水系统与公路排水系统接为一体。②洞身衬砌形式:按新奥法原理将设计为复合式支护衬砌结构。根据地质勘察揭示的围岩情况,确定洞身衬砌类型。③防排水:遵循"防、排、堵、截结合,因地制宜,综合治理"的原则,隧道建成后,应达到隧道内基本干燥的要求,以保证结构和设备的正常使用和行车安全。④隧道路面结构:4cm厚细粒式改性沥青混凝土(AC-13粗型密级配)+6cm厚中粒式改性沥青混凝土(AC-20粗型密级配)+26cm厚水泥混凝土。⑤辅助施工设计。进洞超前管棚:用于洞口预加固,设置于两端洞口;超前小导管:用于V级围岩地段FS5a~b型衬砌;超前锚杆:用于洞身Ⅳ类围岩地段FS4a~b型衬砌。

项目概算：设计概算金额3.8亿元。

项目开工及竣工时间：该项目于2010年8月开工,2015年8月竣工通车。

5. 井睦高速公路井冈山隧道

井冈山隧道是国家高速公路网G1517莆田至炎陵高速公路江西厦坪至睦村段新建工程穿越鹅岭山脉的一座上下行分离的4车道特长隧道。隧道全长6850m,截至2013年,为江西省境内最长的公路隧道,也是国内首次采用同位双斜井通风的公路隧道。本项目设计由省交通设计研究院有限责任公司承担。

地形、地貌、地质：隧道区以中低山地貌为主,山势陡峻,植被茂盛、冲沟发育。山体走向相对紊乱,沿隧道轴线,区内的最高点高程为1155m。地下水主要为裂隙水、岩体以炭质板岩和花岗岩为主,围岩划分为四类(Ⅱ、Ⅲ、Ⅳ、Ⅴ级)

技术标准：该隧道按新奥法原理进行洞身衬砌设计。隧道净宽10.25m,隧道净高5.0m,采用三心圆曲墙式衬砌,隧道内路面优化为聚合物路面,设计速度80km/h。

总体布置及方案设计：该隧道为上下分离的两座特长单洞隧道,洞口接线采用分离式路基,向外过渡接整体式路基;洞内纵坡采用人字形,单洞内采用单向横坡,隧道中部采用同一位置设置双斜井通风方案;除斜井段外,共设置9处车行横洞,8处人行横洞、2处机电横洞,进出口外分别设置转向车道。

设计特点：①平面高程控制测量精准可靠,技术路线得当,工艺方法巧妙。井冈山隧道勘测时建立了一种既与整条路线坐标系有严密换算关系,又能保证投影长度变形在规定范围的大型构造物独立坐标系,在道路与隧道衔接处,采用两期平面坐标成果直接进行施工放样,不需换算。②通风斜井设计勇于创新,布局紧凑。根据隧道需风量、紧急救援及地形地质条件等因素,把辅助施工兼运营通风功能的两个1.3km长的斜井合并到同一位置联结隧道中部,地下风机房横置,节约了工程造价和占地征用规模,且方便日后营运维护。该方案属国内设计领先。③衬砌形式灵活多样。按新奥法原理,根据隧道埋深及荷载类型的不同,共设计19种衬砌形式,包括明洞衬砌及复合衬砌。④防排水设计系统完善。设计了衬砌防排水系统、路面基层排水系统、洞外截沟排水系统等。⑤隧道照明设计节能环保,控制智能化。照明采用全LED灯设计,通过智能照明控制系统对外界亮度进行监测,对于监测到的洞外亮度数据自行调节隧道照明灯具亮度,根据车辆的进出自动启停照明灯具。⑥隧道供配电采用高压母线分段环网方式,优先就地取用鹅岭山顶自然蓄水所发电。⑦隧道消防实现无动力取水。在通风斜井口附近设置有压力差的高低位集储水池,再合理利用斜井口与隧道主洞的高差使水进入隧道主洞内的各个消火栓、给水栓用压力差进行隧道消防灭火。⑧路面设计优化为聚合物改性水泥混凝土路面,实现冷拌、冷铺,更具透水,降噪和彩色景观功效。

设计概算：项目概算金额6.7953亿元。

项目开工及竣工时间：项目2011年6月正式动工,2013年10月竣工通车。

获奖情况：在2014年度公路交通优秀设计项目评选中获得二等奖。2011年12月井冈山隧道二等平面及高程控制测量项目被江西省测绘学会及江西省测绘地理信息局评为优秀测绘工程二等奖。

第八节　高速公路建设规划

交通运输是国民经济和社会发展的基础性和先导性产业,是经济社会健康、快速、持续发展的基础保障。高速公路是现代交通的主要运输方式之一,是综合运输体系的重要组成部分。着力构建功能明确、结构合理、布局完善、服务高效的高速公路网络,是实现全省交通运输现代化,支撑和引领经济社会历史性跨越的重要任务。1991—2017年,江西省公路局编制的《1997年干线公路网规划》中提出,优先安排赣粤高速公路,上海至瑞丽及北京至福州两条国道主干线中交通量较大的路段。2004年,江西省交通运输厅规划办公室编制的《江西省2020年干线公路网规划》中提出,高速公路骨架网布局规划方案为"三纵四横"。2005年编制的《江西省2020年高速公路网规划》中提出,全省高速公路网由国家高速公路网江西境内段和地方加密高速公路两部分组成。2013年编制的《江西省高速公路网规划(2013—2030年)》中提出,"4纵6横8射"为主骨架,17条联络线为补充的高速公路网络,总规模为6543km。

一、江西省2020年高速公路网规划

该规划经省人民政府批准,省发展改革委员会以(赣发改交运字〔2006〕1498号)文件印发给各设区市人民政府、省直有关单位。该规划是全省国民经济和社会发展"十一五"规划体系中的重点单项规划之一。2005年,江西省交通运输厅规划办公室完成《江西省2020年高速公路网规划》的编制工作。阶段目标为:到2010年,高速公路通车里程达到3226km,省会南昌至其他10个设区市和84%县(市)接通高速公路,打通15个省际公路通道出口,基本形成全省高速公路主骨架网络。到2020年,高速公路网通车里程达到4650km,相邻城市可以直通高速公路,100%县(市)连通高速公路,打通26个省际高速通道出口,基本形成全省网络状高速公路网络。

(一)布局方案

1.路线方案

全省高速公路网形成由国家高速公路网江西境内段(即"三纵四横"主骨架,五条环线、两条联络线)和地方加密高速两部分组成,总规模约为4650km,其中国家高速公路网

江西省境内里程3286km,地方加密高速公路里程1358km。具体路线是：

(1)三纵

①第一纵为济南至广州线江西省段,全长共约633km。

②第二纵为福州至银川线江西省段,全长共约358km。

③第三纵为大庆至广州线江西省段,全长共约590km。

(2)四横

①第一横为杭州至瑞丽线江西省段,全长共约335km。

②第二横为上海至昆明线江西省段,全长共约523km。

③第三横为泉州至南宁线江西省段,全长共约331km。

④第四横为厦门至成都线江西省段,全长共约244km。

(3)五个环线

①南昌绕城公路,全长195km。

②九江绕城公路,全长35km。

③景德镇绕城公路,全长31km。

④吉安绕城公路,全长66km。

⑤赣州绕城公路,全长47km。

(4)两条联络线

①沈阳至海口高速公路联络线,宁德—上饶,全长54km。

②大庆至广州高速公路联络线,龙南—河源,全长33km。

(5)18条地方加密高速公路

①彭泽(牛矶)—湖口高速公路,全长约70km。

②南昌机场路高速公路,全长约4.3km。

③九江(胡家村)—九江(刘家大屋)高速公路,全长约17km。

④湖北(武穴)—瑞昌(码头)高速公路,全长约15km。

⑤浮梁(良禾口)—浮梁(桃墅店)高速公路,全长约17km。

⑥德兴(白沙关)—婺源高速公路,全长约36km。

⑦都昌(蔡家岭)—九江县(刘家畈)高速公路,全长约61km。

⑧婺源—南昌高速公路,全长约191km。

⑨南昌—铜鼓高速公路,全长约155km。

⑩(洪口界)—萍乡—莲花高速公路,全长约115km。

⑪德兴—上饶高速公路,全长约80km。

⑫樟树(昌傅)—吉安北高速公路,全长约97km。

⑬新建(乐化)—新建(生米)高速公路,全长约38km。

⑭抚州(东馆)—吉安高速公路,全长约165km。

⑮泰和—井冈山高速公路,全长约63km。

⑯井冈山(厦坪)—井冈山(睦村)高速公路,全长约30km。

⑰南康—大余(梅关)高速公路,全长约55km。

⑱寻乌—全南高速公路,全长约150km。

2.建设标准

本规划按4车道高速公路标准建设。在"十二五""十三五"期间交通量特别大的重要通道上、经济发达程度相对较高的重要路段及邻省须同标准对接的路段上,考虑6或8车道高速公路建设标准新建、改扩建。

3.效果评价

到2010年,江西省高速公路里程达到3226km,面积密度为1.93km/100km², 人口密度为0.72km/万人,高速公路占全省公路网里程的4.03%,各地市连通度为1.94,县级连通度为0.67。省会南昌至其他10个设区市和84%县(市)联通高速公路,打通15个省际高速通道出口,基本形成全省高速公路主骨架网络。

到2020年,江西省高速公路里程达到4650km,面积密度为2.79km/100km², 人口密度为0.97km/万人,高速公路占全省公路网里程的4.35%,各地市连通度为2.79,县级连通度为0.97。相邻城市可以直通高速公路,100%县(市)联通高速公路,打通26个省际高速通道出口,基本形成全省网格状高速公路网络。

(二)实施意见

1.实施序列的安排原则

(1)从全省经济社会发展要求出发,包括全省的生产力空间布局、人口及城镇分布、区域间经济技术协作与交流,对高速公路运输的需求程度。

(2)注重并考察附近的与实施项目相平等的其他干线公路的现状交通量,以及项目本身的预测交通量,按路段(路线)交通量大小并综合其他因素考虑排序。

(3)在交通量相接近的多个待建项目中,优先安排国家高速公路网的待建项目。

(4)在与邻省接线的高速公路建设项目中,优先安排于近期与全省打通相接的项目,以发挥最佳投资效果。

(5)优先考虑招商引资项目。

(6)优先考虑全省性的重要旅游路线项目。

(7)适当照顾那些交通基础设施缺口大的地区建设项目,促进全省城乡协调和谐发展。

2.近期安排(2004—2010年)

(1)"十五"开工跨"十一五"建成项目(表2-8-1)

"十五"开工跨"十一五"建成项目　　　　　　　　　　　表2-8-1

序号	项 目 名 称	建设里程(km)	建 设 年 限
1	景德镇—婺源—黄山(常山)	151	2004—2006
2	南昌绕城公路(乐化—生米)	41	2005—2007
3	瑞金(隘岭)—瑞金	31	2005—2007
4	景德镇绕城(湘湖—丽阳)	31	2005—2007
5	景德镇—鹰潭	203	2005—2007
6	武宁—吉安	282	2005—2007
7	南康—大余(梅关)	55	2005—2007
	小计	794	

(2)"十一五"内开工并建成项目(表2-8-2)

"十一五"内开工并建成项目　　　　　　　　　　　表2-8-2

序号	项 目 名 称	建设里程(km)	建 设 年 限
1	上栗(洪口界)—萍乡	30	2006—2008
2	瑞金—赣州	115	2006—2008
3	九江—瑞昌(界首)	49	2006—2008
4	九江长江二桥及连接线	13	2006—2010
5	鹰潭—南丰	135	2007—2009
6	南丰—瑞金	138	2007—2009
7	石城(五里亭)—泰和	197	2008—2010
8	抚州(东馆)—吉安	179	2008—2010
	小计	856	

(3)近期合计

近期建设里程为1650km,总投资约为615.5亿元。

3.远期安排(2010—2020年)

(1)"十一五"开工跨"十二五"建成项目(表2-8-3)

"十一五"开工跨"十二五"建成项目　　　　　　　　　　　表2-8-3

序号	项 目 名 称	建设里程(km)	建 设 年 限
1	吉安—莲花(界化垅)	111	2009—2012
2	瑞金—寻乌(牛埃石)	144	2010—2014
3	赣州—崇义(文英)	87	2010—2013
4	九江绕城公路	35	2010—2013
5	赣州绕城公路	47	2010—2012
6	吉安绕城公路	33	2010—2012
	小计	457	

(2)"十二五"开工并建成项目(表2-8-4)

"十二五"开工并建成项目　　　　　　　　　　　表2-8-4

序号	项目名称	建设里程(km)	建设年限
1	南昌绕城公路(生米—万西村)	36	2011—2012
2	上饶—分水关	54	2013—2015
3	厦坪—睦村	30	2013—2015
4	浮梁(良禾口—桃墅岭)	17	2013—2014
5	婺源(梅林)—南昌	191	2012—2015
6	龙南(里仁)—龙南(中村坳)	51	2011—2015
	小计	379	

(3)"十二五"开工跨"十三五"建成项目(表2-8-5)

"十二五"开工跨"十三五"建成项目　　　　　　　表2-8-5

序号	项目名称	建设里程(km)	建设年限
1	新建(望城)—铜鼓(铁树坳)	155	2015—2018
2	萍乡—莲花(沙市)	85	2015—2018
3	彭泽(牛矶)—湖口	70	2015—2017
	小计	310	

(4)"十三五"开工并建成项目(表2-8-6)

"十三五"开工并建成项目　　　　　　　　　　　表2-8-6

序号	项目名称	建设里程(km)	建设年限
1	德兴—上饶	80	2016—2019
2	湖北(武穴)—瑞昌(码头)	15	2016—2020
3	都昌—九江县(李家畈)	61	2018—2020
4	赣闽边境—全南	150	2016—2020
	小计	306	

(5)远期合计

远期建设里程为1453km,总投资约为552.6亿元。

4.近期、远期建设项目汇总(表2-8-7)

近期、远期建设项目汇总　　　　　　　　　　　表2-8-7

项目分期	建设里程(km)	匡算投资(亿元)
近期项目	1650	615.5
远期项目	1452	552.6
总计	3102	1168.1

国家高速公路网在江西境内段,如表2-8-8所示。

第二章 高速公路建设发展

国家高速路网在江西境内段   表2-8-8

序号	路线名称	主要控制点	备注
1	浮梁(桃墅岭)—寻乌(牛埃石)	浮梁、景德镇、乐平、鄱阳、万年、余干、鹰潭、余江、金溪、资溪、南城、南丰、广昌、石城、瑞金、会昌、寻乌	济南—广州
2	黎川(沙塘隘)—九江长江二桥	九江、德安、永修、新建、南昌、进贤、抚州、南城、黎川	福州—银川
3	武宁(五里凸)—龙南(中村坳)	武宁、修水、铜鼓、宜丰、上高、分宜、新余、安福、吉安、泰和、万安、遂川、赣州、南康、信丰、龙南	济南—广州
4	婺源(塔岭头)—瑞昌(界首)	婺源、景德镇、浮梁、鄱阳、都昌、湖口、九江、瑞昌	杭州—瑞丽
5	玉山(梨园)—萍乡(金鱼石)	玉山、广丰、上饶、铅山、横峰、弋阳、贵溪、鹰潭、余江、东乡、进贤、南昌、新建、丰城、樟树、新余、分宜、宜春、上栗、萍乡	上海—昆明
6	石城县(五里亭)—莲花县(界化垄)	石城、宁都、兴国、泰和、吉安、安福、永新、莲花	泉州—南宁
7	瑞金(隘岭)—崇义(文英)	瑞金、会昌、于都、赣县、赣州、南康、上犹、崇义	厦门—成都
8	铅山(分水关)—上饶(童家)	铅山、上饶	宁德—上饶
9	龙南(里仁)—定南(野猪塘)	龙南、定南	龙南—河源
10	新建(乐化)—进贤(温家圳)	南新、麻丘、幽兰、万西村、塔城、架桥、温家圳、蛟桥、高坊岭、武阳	南昌环线
11	(九江)胡家村—九江(野鸭垄)	鲁板桥、濂溪墓、东城畈、妙智铺(莲花镇)、山河、木梓树、赛阳	九江绕城
12	景德镇(陈家坂)—景德镇(毛家坂村)	湘湖、黄泥头、湖田、历尧	景德镇绕城
13	吉安(兰家)—吉安(罗家)	官田、樟木塘、坑口、郭家、黄珠坑、曲濑、田蓝、肖家坊、青源山、张家	吉安绕城
14	赣州(金鸡镇)—赣县(大坑)	山梓下、上元、龙井圳、湖龙、龙村	赣州绕城

江西地方高速公路加密线方案，如表2-8-9所示。

江西地方高速公路加密线方案   表2-8-9

序号	路线名称	主要控制点	备注
1	彭泽(牛矶)—湖口	彭泽、湖口	省际通道(与安徽对接)
2	南昌机场路	新建(乐化)	
3	九江(胡家村)—九江(刘家大屋)	浔阳区、庐山区、九江县	
4	湖北(武穴)—瑞昌(码头)	瑞昌	省际通道(与湖北对接)
5	浮梁(良禾口)—浮梁(桃墅岭)	浮梁	省际通道(与安徽对接)
6	都昌(蔡家岭)—九江县(刘家畈)	都昌、星子、德安、九江	
7	德兴(白沙关)—婺源	德兴、婺源	省际通道(构成经江西与浙江、湖南对接大通道)
8	婺源—南昌	婺源、万年、余干、南昌	
9	南昌—铜鼓	南昌、新建、奉新、高安、宜丰、铜鼓	
10	上栗(洪口界)—萍乡—莲花	上栗、安源区、莲花	省际通道(与湖南对接)

续上表

序号	路线名称	主要控制点	备注
11	德兴—上饶	德兴、横峰、上饶	
12	新建(乐化)—新建(生米)	新建	
13	樟树(昌傅)—吉安北	樟树、新余、新干、峡江、吉水、吉安	
14	抚州(东馆)—吉安	临川区、宜黄、乐安、永丰、吉水、吉安	
15	泰和—井冈山	泰和、井冈山	
16	井冈山(厦坪)—井冈山(睦村)	井冈山	省际通道(与湖南对接)
17	南康—大余(梅关)	南康、大余	省际通道(与广东对接)
18	寻乌—全南	寻乌、安远、定南、龙南、全南	省际通道(与福建对接)

二、江西省高速公路网规划(2013—2030年)

《江西省高速公路网规划(2013—2030年)》经省人民政府批准,以赣发改交通〔2013〕1076号文件发给各设区市发展改革委、交通运输局。该规划目标:形成经济社会适应,布局合理,功能完善、覆盖广泛、安全可靠的高速公路网络,实现以南昌为中心辐射全省、省际多路连通,相邻地方直接相连,县县全面覆盖。

(一)规划方案

《江西省高速公路网规划(2013—2030年)》由规划路线与规划远期展望线两部分组成。

1. 规划布局方案

规划布局方案:4纵6横8射为主骨架,17条联络线为补充的高速公路网络,总规模约为6543km,其中,4条北南纵线约1593km、6条东西横线约1640km、8条南昌放射线约1873km、17条联络线约1347km;网络共线里程约174km,实际规模约为6279km。高速公路路线具体规划如下。

(1)北南纵线(4条)

一纵:婺源至上饶至铅山高速公路。全长约223km,主要控制点:婺源、德兴、上饶市、上饶县、铅山。

二纵:济南至广州国家高速公路江西段。全长约635km,主要控制点:浮梁、景德镇、乐平、鄱阳、万年、余干、鹰潭、余江、金溪、资溪、南城、南丰、广昌、宁都、石城、瑞金、会昌、寻乌。

三纵:大庆至广州国家高速公路江西段。全长约616km,主要控制点:武宁、修水、铜鼓、宜丰、上高、分宜、新余、安福、吉安、泰和、万安、遂川、赣州、南康、信丰、龙南。

四纵:上栗至莲花高速公路。全长约119km,主要控制点:上栗、萍乡、莲花。

(2)东西横线(6条)

一横:彭泽至瑞昌高速公路。全长约158km,主要控制点:彭泽、湖口、九江市、九江县、瑞昌。

二横:婺源至修水高速公路。全长约483km,主要控制点:婺源、浮梁、景德镇、鄱阳、都昌、德安、永修、武宁、修水。

三横:莆田至炎陵国家高速公路江西段。全长约286km,主要控制点:广昌、宁都、永丰、吉水、吉安市、吉安县、泰和、井冈山。

四横:泉州至南宁国家高速公路江西段。全长约294km,主要控制点:石城、宁都、兴国、泰和、吉安、永新、安福、莲花。

五横:厦门至成都国家高速公路江西段。全长约247km 主要控制点:瑞金、会昌、于都、赣县、赣州、南康、上犹、崇义。

六横:寻乌至龙南高速公路。全长约173km,主要控制点:寻乌、安远、龙南、全南、龙南杨村(赣粤界)。

(3)南昌放射线(8条)

一射:南昌至九江高速公路。全长约110km,主要控制点:南昌、新建、永修、德安、九江。

二射:南昌到德兴高速公路。全长约215km,主要控制点:南昌、余干、万年、乐平、德兴。

三射:南昌至玉山高速公路。全长约245km,主要控制点:南昌、进贤、东乡、余江、鹰潭、贵溪、弋阳、横峰、铅山、上饶、广丰、玉山。

四射:南昌至黎川高速公路。全长约178km,主要控制点:南昌、进贤、抚州、南城、黎川。

五射:南昌至定南高速公路。全长约466km,主要控制点:南昌、丰城、乐安、永丰、宁都、于都、安远、定南。

六射:南昌至萍乡高速公路。全长约244km,主要控制点:南昌、丰城、樟树、新余、分宜、宜春、芦溪、萍乡。

七射:南昌至上栗高速公路。全长约223km,主要控制点:南昌、高安、上高、万载、上栗。

八射:南昌至铜鼓高速公路。全长约193km,主要控制点:南昌、奉新、宜丰、铜鼓。

(4)17条联络线

①浮梁(良禾口)至浮梁(桃墅店)高速公路,全长约16km。

②九江绕城高速公路,全长约47km。

③都昌(蔡岭)至湖口(马影镇)高速公路,全长约30km。

④南昌绕城高速公路,全长约154km。

⑤南昌南外环高速公路,全长约35km。

⑥枫林至生米高速公路,全长约33km。

⑦南昌至宁都高速公路联络线,全长约13km。

⑧上饶至万年高速公路,全长约93km。

⑨铜鼓至宜春高速公路,全长约106km。

⑩南昌至铜鼓高速公路联络线,全长约24km。

⑪樟树至吉安高速公路,全长约106km。

⑫东乡至昌傅高速公路,全长约153km。

⑬资溪至吉安高速公路,全长约258km。

⑭吉安绕城高速公路,全长约38km。

⑮兴国至大余高速公路,全长约181km。

⑯龙河高速公路(大广高速联络线),全长约28km。

⑰宁都至定南高速公路联络线,全长约35km。

2. 规划远期展望线

考虑全省远期经济社会发展需求,增加一条规划远期展望线,合计213km,具体路线为:宜春经井冈山至遂川,全长213km。

(二)规划实施

1. 实施要求

统筹安排,集中力量,加快推进新路建设,既有路线以升级改造为主,着力提升技术等级、服务能力和水平。科学论证、量力而行,有序推进,因地制宜确定建设标准。慎重决策规划远期展望线,原则上到2020年至2030年,视区域经济社会和交通发展需求适时开展建设,灵活掌握建设标准。在满足安全和运输需求的前提下,努力降低公路建设和运营成本。

2. 实施效果

通过本次高速公路网规划,全省与周边六省的省际高速公路通道为29个,其中湖北3个、安徽5个、浙江2个、福建7个、广东5个、湖南7个。具体表现在以下几个方面:

(1)形成了一个"横穿东西、纵贯南北、覆盖全省、连接周边、密度适当、高效便捷"的高速公路网络,为江西交通的运输快速化、行车安全舒适化、管理信息化、环境优美化和实现公路交通现代化奠定坚实基础。

(2)高速公路网将覆盖全省所有的县(市、区),实现全省所有县(市、区)30分钟上高速公路。

（3）高速公路网连接了重要的公路、水路、铁路以及航空枢纽城市,进一步强化了各种运输方式间的紧密合作和有机衔接,促进综合交通运输体系构建和现代物流业发展。

（4）省会南昌与周边省份、省内其他市及各市之间直接以高速公路连通,区域公路网络结构将得到显著改善,对完善国家高速公路网,加快地区经济发展和旅游资源开发,改善交通运输条件及投资环境,促进江西经济快速发展,实现共同富裕等都将具有重要的意义。

（5）实现资源环境协调发展,合理把握建设规模和节奏,有效降低土地占用和环境影响,促进公路建设与资源环境和谐发展。

（三）保障措施

1. 完善投资融资政策

进一步完善国家投资、地方筹资、社会融资相结合的多渠道、多层次、多元化投融资模式。建立省市共建的高速公路建设管理体制,充分发挥省市各级积极性和作用,进一步明确职责,落实各项管理工作。

2. 节约资源和保护环境

集约节约利用土地等资源,降低对环境的影响。尽可能利用既有设施扩能改造,新建的尽可能利用既有交通走廊、多方案比选、合理布线、少占土地、占补平衡;尽可能避免对具有重要生态功能的生态系统的分割,严禁新建公路穿越自然保护区的核心区,减少对生态脆弱区、环境敏感区的影响,加强生态保护,逐步实现从事后治理向事前规划和保护的转变。

3. 科技引领提升服务

科技引领提升服务积极推进高速公路网的信息化,智能化建设,提高与铁路、水运、航空等多种运输方式衔接能力,推进运输方式之间的联程联运,逐步实现交通运输一体化,提高运输服务水平;加大科技投入力度,支持关键技术的研发应用;强化人才队伍建设,加强技能型、管理型人才培养,完善教育培训制度,提高从业人员素质。

4. 促进协调发展

完善高速公路建设、运营、养护、管理机制体制,提高养护质量和运营管理水平,增强高速公路的可持续发展能力。统筹安排高速公路路线位规划、建设规划和前期工作,稳妥有序推进规划实施。研究建立高速规划动态调整机制,根据经济社会发展变化,适时修订和完善规划。

第三章
高速公路建设项目

江西省第一条高速公路——南昌至九江高速公路的建设,1989年7月28日破土动工,1996年1月28日全线建成通车。江西实现高速公路建设零的突破。2003年全省高速公路总里程突破1000km。2004年实现出省主通道和省会至各设区市公路全部高速化。2008年总里程突破2000km。2010年国家高速公路网在江西境内的线路全部开工建设,通车总里程突破3000km,江西一跃成为全国高速公路建设速度最快的省份之一。截至2015年底,高速公路突破5088km,已将南昌核心增长极、九江长江经济带、昌九工业走廊连接在一起,同时也成为鄱阳湖生态经济区与赣南等原中央苏区的重要纽带,打通24个高速公路出省通道,大大拉近江西与长三角、珠三角、海西经济区的距离。本章记叙项目65个,其中"九五"计划时期项目5个,"十五"计划时期10个,"十一"计划时期12个,"十二五"计划时期21个,"十三五"计划时期17个。

第一节 "九五"计划时期建成的项目

一、南昌至九江高速公路

南昌至九江高速公路(以下简称"昌九高速公路")是国家高速江西境内的重要组成部分,建设里程为138.20km(其中包括南昌大桥至320国道连接线4.04km),其中G56杭瑞高速公路昌九段为22.195km,G70福银高速公路昌九段为92.865km,ZGA3杭瑞九江长江大桥连接线为1.945km,路线经过新建县、永修县、共青城、德安县、九江县和九江市庐山区。1989年7月28日开工建设,1996年1月28日竣工通车。昌九高速公路的建成打开了江西的北大门,带动了鄱阳湖滨地区、赣江两岸乃至赣北地区经济的发展,并对开发以庐山为中心的旅游区,尤其是为实现省委、省政府加快建设昌九工业走廊上的昌北、九江、共青、云山、银三角、桑海、金牛8个经济开发区形成百里工业园有重要促进作用。全线通车当年就引进工业项目400多个,建成投产200多个,投资40多亿元,成为全省经济最活跃、发展最快的区域。

第三章
高速公路建设项目

1. 项目概况

昌九高速公路在昌九汽车专用公路基础上扩建、续建而成。昌九汽车专用公路是全省第一条全立交、全封闭汽车专用公路,被誉为"江西第一路"。昌九高速公路分单幅、南端连接线和第二幅拓宽及北端连接线三期建设。在建设中借鉴国际通用的管理模式——菲迪克合同条款,采用国际竞争性招标选择施工、监理队伍。昌九高速公路创造三个第一:江西第一个高速公路新建项目,江西第一个世界银行贷款项目,江西第一个上市融资交通项目。从1989年第一期开建到1996年第三期全面竣工,历时7年。昌九高速公路隶属省高管局管辖,因赣粤高速公路股份有限公司组建及上市需要,1998年3月经省交通厅划归赣粤公司管辖。昌九高速公路是赣粤(江西至广东)高速公路的始端,北接庐山之麓的九江市,南连省会南昌市,路线经过新建区、永修县、共青城、德安县、九江县和九江市庐山区,是国家"五纵七横"国道主干线规划中北京至福州国道主干线(105线)组成部分,永修县艾城至南昌市又是316国道的一部分,该段路线在国家公路网中处于重要位置,是构成全省"天"字形公路主骨架网线路。昌九高速公路向北与隔江相望的湖北武黄高速公路相通,往东与九景高速公路衔接,向南与昌北机场高速公路。南昌东外环、西外环高速公路,昌樟高速公路贯通,是江西打通珠三角出海口和赣粤高速公路主骨架的起点。昌九高速公路工程总投资15.9亿元,路基宽度24.5m,设计速度100km/h,路面采用中粒式沥青混凝土路面,设计桥涵荷载为汽车—超20级、挂车—120,全封闭、全立交,双向4车道。全线有大桥8座,中小桥85座,大型互通立交2处,简易互通立交11处。全线交通管理系统采用现代化最新技术,分为收费、监控、通信及机房、供电、避雷4个分系统。

昌九高速公路于2004年至2007年进行技术改造。技术改造项目南起南昌市蛟桥镇昌北枢纽互通,北至九江长江大桥,技术改造里程114.536km,项目总投资9.86亿元。其中2004年及2005年完成K91+680~K95+600及K47+780~K50+100共6.24km试验路。2006年实施K21+247~K41+867、K95+600~K102+561、K105+680~K111+015共32.916km。2007年实施75.38km,含K18+500~K21+247、K41+867~K47+780、K50+100~K91+680、K102+561~K105+680、K111+015~K133+036。设计速度为100km/h,匝道为40km/h,路基宽度为24.5m整体式断面,具体组成为0.75m(土路肩)+2.95m(硬路肩)+2×3.75m(行车道)+0.5m(路缘带)+1.1m(中央分隔带)+0.5m(路缘带)+2×3.75m(行车道)+2.95m(硬路肩)+0.75m(土路肩),路面横坡为2%的单向坡。路面采用沥青混凝土路面,汽车荷载为公路—Ⅰ级,设计洪水频率为特大桥1/300,其余桥涵及路基1/100。

2012年10月,赣粤公司对昌九高速公路进行改扩建通远试验段,项目起点位于九江县马回岭茶林场,终点位于九瑞枢纽互通南端分汇流点,路线全长10.407km(K674+000~

K684+426），由双向 4 车道扩建为双向 8 车道，采取"左幅分离新建、右幅利用老路改造"方式进行改扩建。设计速度 100km/h，整体路基宽 41m，分离式路基宽有 20.5m 和 13m 两种形式，采用沥青混凝土路面，汽车荷载为公路—I级，设计洪水频率为特大桥 1/300，其余桥涵及路基 1/100。2012 年 10 月开工建设，2015 年 8 月 8 日竣工通车，项目批复概算 7.78 亿元。

2. 参建单位

昌九高速公路新建工程参建单位共 8 家。

项目管理单位：江西省交通厅。

设计单位：交通部第二公路勘察设计院。

施工单位：中冶公司、南斯拉夫英格拉公司南九公路工程指挥部、赣州公路分局、上海铁路局南昌工程总公司、中建五局。

监理单位：江西省交通建设咨询公司、丹麦金硕国际有限公司。

昌九高速公路技术改造工程参建单位共 14 家。

项目管理单位：江西赣粤高速公路股份有限公司技改办。

设计单位：德州市公路勘察设计院。

施工单位：鞍山公路工程有限公司、江西省公路机械工程局、江西赣粤高速公路工程有限公司、中交二公局第三工程有限公司、北京城建道桥有限公司、浙江省交通工程建设集团有限公司、中铁十三局集团第一工程有限公司、江西省嘉特信旧桥加固公司、江西省旧桥加固维修公司。

监理单位：江西交通工程监理公司、江西省嘉和工程咨询监理有限公司、安徽高等级公路工程监理有限公司。

昌九高速公路改扩建通远试验段参建单位共 10 家。

项目管理单位：江西省高速公路投资集团赣粤股份公司南昌至九江高速公路改扩建通远试验段项目办公室。

设计单位：江西省交通设计研究院有限责任公司。

施工单位：江西省宜春公路建设集团有限公司、中交第四公路工程局有限公司、中铁十三局集团第一工程有限公司、湖南金驰园林绿化有限公司、湖北省路路通公路设施工程有限公司、江西方兴科技有限公司、江西锦宇建设集团有限公司。

监理单位：江西省公路工程监理公司。

3. 建设情况

1987 年 7 月 25 日，省计委下发《关于南昌至九江公路改建工程初步设计的批复》（赣计〔1987〕设字 10 号）致省交通厅，同意昌九公路改标准等级略高于二级公路标准，平纵面线形按照一级公路线形标准，最小平曲线半径为 700m，最大纵坡为 4%，路基宽为 12m，其中行车道内9m。桥涵荷载为汽车—超20级、挂车—120,桥面宽为9m。分别在永修县艾城处、德安饲料厂、九江县毛家地设置简易互通式立交。工程设计总概算审定为14859.64万元,平均每公里造价为131.9532万元。1989年7月一期工程动工兴建,为国家第四批利用世界银行贷款的公路项目(南昌市北郊蛟桥镇至九江市十里铺二车道汽车专用公路项目),是全省交通"七五"期间的重点工程。1993年1月建成通车。

1992年6月30日,省计委下发《关于南九公路与南昌大桥连接线初步设计审查的批复》(赣计设字〔1992〕32号)致省交通厅,同意初步设计采用的工程技术标准和连接线的总体布置。工程主线长15.242km,互通立交2座。全线分为5个合同段,其中A、B合同段(南昌大桥至舍里甲桥)为世界银行贷款项目。核定工程总概算为18579.24万元,其中A、B合同段合计为8763.71万元。7月30日,省计委下发《关于南九路与九江长江大桥连接线工程可研报告的批复》(赣计能字〔1992〕97号)致省交通厅,同意建设南九公路与九江长江大桥连接线。路线走向以张家花园为起点,经邹家河、十里铺机场、蔡家湾、肥猪垄、木家垄、张家湾,与九江长江大桥引桥相接。连接线全长为12.343km。其中中小桥6座,长208m;互通立交3处,分离式立交5处。按平丘区一级汽车专用公路标准建设。桥涵荷载:汽车—超20级、挂车—120,被交线保持原标准。工程估算总投资为11944万元。资金来源:①申请交通部车购费补贴;②省交通重点建设基金;③争取利用外资。12月28日,省计委下发《关于南九路与南昌大桥连接线增设互通立交的批复》(赣计能字〔1992〕184号)致省交通厅和南昌市政府,按照既方便昌北开发区建设,又有利于南九汽车专用公路畅通和节省投资的原则,同意在下罗舍里甲桥增设互通立交。在主线K5+860位置,即舍里甲桥附近,利用为森林公园规划道路的分离立交,改设为菱形互通立交;并保留蛟桥互通立交。1992年下半年南九公路二期工程(南端连接线工程),即南昌大桥至蛟桥段的四车道高速公路开工建设,1994年2月建成通车,南九公路更名为昌九高速公路(注:"南九"后改为"昌九",即南昌至九江)。

1993年11月30日,省计委下发《关于南九公路扩建工程初步设计的批复》(赣计设字〔1993〕86号)致省交通厅,同意设计采用沿南九公路建成幅一侧加宽布置,全长106.2km(其中:K30+935.97~K34+911.89路段和共青城互通立交范围即K55+600~K56+400路段的扩建幅路基已完成)。扩建2车道后,全线达到一级汽车专用公路标准。桥涵设计荷载标准同建成幅为汽车—超20级、挂车—120。工程总概算为65000万元。1994年3月,三期工程开工续建,即拓宽蛟桥至九江十里铺段,增建两个车道,同时新建十里铺至九江长江大桥四车道连接线工程。1996年1月,全封闭、全立交、双向4车道的昌九高速公路全面建成通车。

昌九高速公路通车20余年来,日承载车流量不断增大,其中重车比例也在不断增大。高强度、高使用率的超大负荷,使昌九高速公路在效益日益显现的同时,也遭受到不同寻常的损坏。龟裂、沉陷、泛浆、车辙、坑槽等各种路面损坏状况频频显现,原有结构和路面难以满足日益增长的交通需求。省委、省政府果断决策,同意对昌九高速公路进行技术改造。为实施好全省第一项高速公路技改工程,自2003年起,赣粤公司就着手路况调查,制订试验路路面维修方案。2004年完成3.92km柔性基层试验路研究,2005年完成2.32km就地冷再生试验研究。经过近3年的技术摸索和经验总结,结合国内外高速公路大修成功的经验,2006年赣粤公司投资9.86亿元开始对昌九高速公路实施大规模技术改造。8月17日,赣粤公司第三届董事会第十四次会议决议审议通过《关于2006年度技术改造项目的方案》。赣粤公司第三届董事会第十八次会议决议审议通过《关于2007年度技术改造项目的方案》。省交通厅《关于昌九高速公路技术改造项目的批复》(赣交计字〔2007〕156号)同意昌九高速公路2006年度及2007年度的项目改造概算,项目概算总投资为8.94亿元(含智能交通监控系统)。计划资金由赣粤公司自筹解决。昌九高速公路技术改造内容包括:对沿线排水系统进行改造,改善挖方段路基边沟,取消中央分隔带排水沟,并采用新泽西墙对中央分隔带进行改造。将路面双向路拱改造为单向路拱,根据不同路面病害进行路面补强。加固改造主线桥涵,含桥面系的重新铺装、支座更换等。对互通匝道进行改造,调整支线跨主线桥梁高程,改造主线跨支线桥涵。完善安全设备,重新标线。项目主要工程量:路基土石方34万m^3,油面铣刨26万m^3,级配碎石24万m^3,水稳碎石27万m^3,再生沥青混凝土25万m^3,沥青碎石3万m^3,沥青下面层14万m^3,沥青中面层16万m^3,沥青上面层11万m^3。加固、顶升桥梁161座,涵洞通道226座,混凝土护栏86km,波形护栏286km,交通标线102万m^2。昌九技术改造项目在全国率先研发和应用包括沥青冷再生技术在内的一系列新技术、新工艺和新材料,将54万t铣刨废料循环利用,既增强了路面抗病害能力,又降低了工程造价,还保护了环境,节省了土地、矿石等自然资源。2007年9月28日,昌九高速公路技术改造项目全面竣工。通过技术改造,昌九高速公路实现路面宽度全高速公路标准,路面承载能力满足8~10年通行要求,对加快环鄱阳湖经济圈发展有重要的推动作用。

2011年12月31日,省发改委下发《关于南昌至九江高速公路改扩建工程通远试验段项目申请报告的核准批复》(赣发改交通函〔2011〕2536号)。2012年5月11日,召开昌九高速公路改扩建通远试验路征地拆迁动员会。6月28日,召开初步设计评审会。7月17日,省交通运输厅下发《关于南昌至九江高速公路改扩建工程通远试验段初步设计的批复》(赣交规划字〔2012〕127号)。7月28日,召开开工新闻发布会。9月3日,土建工程开标。10月10日,交通组织方案评审。12月28日,浇筑第一根桩基。2013年1月13日,通远二号隧道正式进洞。18日,通远一号隧道正式进洞。4月20日,项目开展规范化施工测试。5月4日,灌造第一批小型构件试验块。6月22日,通远二号隧道左幅贯通。7月28日,通远二号隧道右幅贯通。8月16日,正式启动新老路基拼接强夯补强。10月24日,新建幅首段路床交验。11月4日,新建幅正式摊铺底基层。11月23日,庐山南互通跨线桥第一片梁架设成功。2014年1月19日,程家畈大桥架通。3月28日,省交通运输厅下发《江西省交通运输厅关于对昌九高速公路改扩建通远试验段建设项目施工图设计的批复》(赣交基建字〔2014〕35号)。4月20日,通远一号隧道左幅贯通。5月20日,程家畈大桥建设完成。9月9日,实现第一次交通转换,老路幅改建工作正式启动。9月17日,通远一号隧道右幅贯通。12月12日,实现第二次交通转换。2015年1月16日,"天门坎"18m路基改扩建方案评审会召开。5月19日,庐山南收费站正式启用。8月8日,全线正式通车。

昌九高速公路改扩建工程通远试验段全线主要工程量为:新建大桥788m/1座,互通跨线桥128m/1座;改扩建中小桥66.02m/2座,分离式立交桥82.22m/3座;新建涵洞456.89m/12道,拼接涵洞685.86m/35道,拆除重建涵洞92.6m/3道;新建中隧道710m/1座,短隧道445m/1座;移位改建庐山南互通1座。

征地拆迁情况见表3-1-1、表3-1-2。

征地拆迁情况统计表(新建)　　　　　　　　　　　　　　　　表3-1-1

项目	征地拆迁安置起止时间	征用土地(公顷)	拆迁房屋(m²)	支付补偿费用(元)	备注
全线	1989年7月~1996年1月	268.8269	57386	5000000	

征地拆迁情况统计表(改扩建通远试验段)　　　　　　　　　　表3-1-2

项目	征地拆迁安置起止时间	征用土地(公顷)	拆迁房屋(m²)	支付补偿费用(元)	备注
全线	2012年8月~2013年12月	38.7374	6261.14	46884359	

4.复杂技术工程

程家畈高架桥。昌九高速公路改扩建通远试验段K93+194程家畈高架桥(图3-1-1),桥长为788m,其中30m T梁234片,墩柱75根,桩基83根,底系梁25个,中系梁37个,盖梁(桥台)27个。

实施难点:①便道拉通困难。桥梁跨越为基本农田区,无法采取在红线范围外征用临时用地修建便道的方式。最后,项目在桥梁红线内拉通便道,在地系梁施工期间架设钢便桥通过,对施工组织造成极大影响。②环保要求高。高架桥两侧为居民区,在桩基施工区间,为减少噪声扰民,在夜间10时以后全部停工,大大制约该桥施工工期。另外,所有泥浆均采用外运集中处理,避免对周边河流及农田造成污染。③梁板安装难。该桥处于S形弯道,超高渐变两次,对梁板安装要求高。

图 3-1-1　建成后的程家畈高架桥效果图

建设情况：该桥自 2012 年 10 月初开工以来，克服前期施工征地困难、场地狭窄、大风低温、修建施工便道难、环保要求高等不利因素，从人员、机械、材料、安全等多个方面周密部署，并通过积极推行精细化管理、科学组织施工、优化施工工艺、优化资源配置、加大人力物力投入、加强现场安全质量、文明施工管理等措施，开展"百日大干"劳动竞赛，积极调动员工的工作热情，抢晴天、战雨天，确保桥梁建设顺利完成。2012 年 12 月 28 日完成第一根桩基浇筑。2013 年 5 月 4 日完成第一根墩柱。8 月 29 日，架设第一片梁板。12 月 17 日，下部结构全部完成。2014 年 1 月 19 日，全桥架通。5 月 20 日，桥面系全部完成。9 月 23 日，摊铺沥青路面。

5. 运营管理

昌九高速公路在 1996 年全面建成通车时，设有服务区 5 处（雷公坳服务区、新祺周服务区、共青城服务区、通远服务区、木家垄服务区）。昌九高速公路一期工程建成通车时，设有蛟桥、新祺周、新城（永修）、艾城、田塘（德安）、通远、沙河、邹家河 8 个收费站，1993 年 10 月增设共青收费站。二期工程建成通车后，增加省庄、雷公坳、舍里甲 3 个收费站。三期工程建成后又增加荷花垄、庐岛、泊水湖 3 个收费站。这时昌九高速公路共设有 15 个收费站。2004 年，全省高速公路实行联网收费后，庐岛收费站撤销。2006 年星子互通建成增设星子收费站。2007 年 1 月，南昌西外环高速公路建成通车，4 月，省庄、舍里甲、蛟桥 3 个收费站撤销，雷公坳收费站迁至 K13+900 处，并更名为南昌北站。2012 年，昌九高速改扩建通远试验段通车后，增设庐山南收费站。截至 2015 年底，共有南昌北、昌北机场路等 14 个收费站（表 3-1-3）。

收费站点设置情况表　　　　　　　　　表 3-1-3

站点名称	车道数	收费方式
雷公坳收费站	8	人工半自动收费（MTC）+ 自动收费（ETC）
舍里甲收费站	4	人工半自动收费（MTC）+ 自动收费（ETC）

续上表

站 点 名 称	车道数	收 费 方 式
蛟桥收费站	4	人工半自动收费(MTC)+自动收费(ETC)
新祺周收费站	4	人工半自动收费(MTC)+自动收费(ETC)
新城收费站	4	人工半自动收费(MTC)+自动收费(ETC)
艾城收费站	4	人工半自动收费(MTC)+自动收费(ETC)
田塘收费站	4	人工半自动收费(MTC)+自动收费(ETC)
星子收费站	4	人工半自动收费(MTC)+自动收费(ETC)
通远收费站	4	人工半自动收费(MTC)+自动收费(ETC)
沙河收费站	4	人工半自动收费(MTC)+自动收费(ETC)
邹家河收费站	4	人工半自动收费(MTC)+自动收费(ETC)
荷花垅收费站	6	人工半自动收费(MTC)+自动收费(ETC)
庐岛收费站	6	人工半自动收费(MTC)+自动收费(ETC)
泊水湖收费站	6	人工半自动收费(MTC)+自动收费(ETC)
庐山南收费站	8	人工半自动收费(MTC)+自动收费(ETC)

注:收费方式指人工半自动收费、ETC收费、人工半自动收费+ETC收费。下同。

二、南昌至樟树高速公路

南昌至樟树高速公路(以下简称"昌樟高速公路")是G60上海至昆明国家高速公路江西境内的重要组成部分,与昌九、南昌西外环、温厚、昌泰、昌金5条高速公路相连接,是全省高速公路网的重要组成部分,起着承东启西、沟通南北的作用,在国家高速公路网中编号G60。它是交通部和江西"九五"规划的重点建设项目,它的实施对加快江西经济建设,促进沿线地区经济发展,完善全省交通网具有重要作用和深远意义。

1. 项目概况

昌樟高速公路是由南昌至胡家坊段和胡家坊至樟树昌傅段高速公路组成,建设里程103.55km,其中76.744km(K738+256~K815+000)为G60上海至昆明国家高速,路线起于新建县省庄与昌九高速公路相连处,止于樟树市的昌傅镇。昌樟高速公路分两个阶段建设。第一阶段为南昌至樟树段,主线长70km,樟树连接线7.336km。昌樟段于1995年12月18日动工建设,1997年12月31日建成。第二阶段为胡家坊(樟树)至昌傅段,胡傅段于1998年9月3日动工建设,2001年1月1日建成通车,主线长33km,清萍公路连接线3.5km。昌樟高速公路是全省第一条自行设计、建设、一次性建成的全标准、全封闭、全立交的高速公路,设计速度100km/h,桥涵构造物设计荷载汽车—超20级、挂车—120,路基宽27m,其中,路面宽16.5m,中央分隔带宽3m,硬路肩宽6m,土路肩宽1.5m,路面采用沥青混凝土面层,设计年限15年,全线有特大型高架桥1座、大桥4座、中桥6座、小桥10座,互通式立交6处。其中,药湖高架桥全长9.1km,是1998年国内高速公路上最长的高架桥。昌樟高速公路在设计和施工中，首次采用国际国内新结构、新工艺、新材料、新设备及新开发的产品 30 余种，填补了江西省公路建设的部分空白。昌樟高速公路总投资额为 18.7 亿元，其中南昌至樟树公路批准概算 15.36 亿元，核定竣工决算总额为 13.77 亿元。胡家坊至昌傅公路批准概算 6.71 亿元，核定竣工决算总额为 4.9 亿元。2000 年 4 月，赣粤公司投资 10.47 亿元收购昌樟公司 65% 的股权，投入 4.29 亿元与省交通厅共同投资建设胡家坊至昌傅高速公路。9 月，增加 4770 万元收购控股公司所持昌樟公司 5% 的股权，收购后赣粤公司对昌樟公司的持股比例达到 70%。同时增加 3300 万元用于建设胡家坊至昌傅高速公路，持有昌傅高速公路的股权比例由 65% 增加到 70%。2005 年 4 月收购控股公司所持昌樟公司(含胡傅高速公路)剩余 30% 的股权和相关权益，昌樟公司变更为赣粤公司昌樟高速公路管理处。

随着地区经济的快速发展，昌樟高速公路交通量逐年增长，到 2010 年 4 月，昌樟高速公路断面平均交通量已达 34448 辆/日，最大断面交通量为 40734 辆/日，高峰时段断面交通量为 44807 辆/日，道路服务水平已明显下降。根据交通量预测结果，按照昌樟高速公路现有的双向 4 车道技术标准，2014 年厚田枢纽至樟树枢纽段平均交通量为 41199 辆/日，局部路段服务水平下降为三级，呈现过饱和的局面，其余路段也都进入二级服务水平的上限，难于满足通道交通量迅速增长的需求。为提高昌樟高速公路服务水平，进一步适应和促进社会经济发展，迫切需要对其进行改扩建。改扩建项目起于南昌市新建县生米镇附近的昌西南枢纽互通南端(K15+100)，与南昌西环线高速相接，南下经生米、厚田，设 9.1km 药湖特大桥跨越锦江及流湖、药湖低洼涝区，继续南下经丰城，在梅林及胡家坊两次上跨丰城支线铁路，采用桥梁跨越肖江后，经经楼、临江，终于樟树市昌傅镇樟树枢纽互通赣州端(K101+645.310)，与樟吉高速公路相接，路线全长 86.545km，2012 年 11 月 1 日开工，2015 年 11 月 6 日竣工，批复概算约 61.53 亿元。跨越的主要河流：锦江(Ⅵ级通航)、肖江河(Ⅷ级通航)。交叉的主要公路及铁路：S321、S228、丰城支线铁路。主要控制点：起点昌西南枢纽、厚田、药湖、梅林、胡家坊和终点樟树枢纽。项目全段按平原微丘区标准建设，其中起点至胡家坊互通段(K15+100～K70+360)，设计速度 100km/h；胡家坊互通至昌傅段(K70+360～K101+645.310)，设计速度 120km/h。道路等级为 8 车道高速公路，路基宽度：整体式 42m，各分离式 2×16.75m(2×20.75m)；平曲线极限最小半径为 400m/650m，平曲线一般最小半径为 700m/1000m，不设超高最小半径为 4000m/5500m，停车视距 160m/210m，最大纵坡 4%/3%，最短坡长 250m/300m；一般最小竖曲半径：凸形 10000m/17000m，凹形 4500m/6000m；地震动峰值加速度系数 0.05g，设计洪水频率为特大桥 1/300，其他桥涵和路基 1/100；桥涵设计荷载(新建)公路—Ⅰ级(药湖特大桥 1.3 倍公路—Ⅰ级)。技术指标按交通部颁布的《公路工程技术标准》(JTG B01—2003)执行。

2. 参建单位

昌樟高速公路新建工程参建单位共66家。

项目管理单位：江西省昌樟高速公路指挥部。

设计单位：江西省交通设计院、江西省交通厅昌樟高速公路指挥部。

施工单位：江西省路桥工程局、铁道部十五局、景德镇公路工程有限公司、赣州地区公路工程公司、江西省公路机械工程处、中建五局机械施工公司、武警交通独立支队、上铁南昌工程总公司、中建第五工程局、江西省宜春路桥总公司、武警交通第二总队、铁道部十三局四处、铁道部十二工程局、江西省宜春路桥总公司、国营七二一矿鹰潭建安公司、上铁南昌工程总公司、交通部第二公路工程公司、十七冶路桥公司、江西省公路机械处、南昌市第五建筑工程公司、江西省华兴建筑工程公司、新建县二建公司、江西龙氏建筑公司、南昌市郊区建筑工程公司、丰城市建筑工程公司、江西省航务局港航工程处、南昌市郊区第三建筑工程公司、江西高等级公路实业发展有限公司、江西省机械施工公司、江西农垦建筑企业集团六处、江西省绿化实业有限公司、南昌洪城园艺场、南昌湾里园林果木苗圃等单位、江西省绿地实业公司、南昌市洪洲园林苗木总场、新建县望城双岭绿化总场、锡山市张经交通设备厂、鑫盛护栏有限公司、高新交通设施有限公司、利达公路工程设施公司、西湖交通工程厂、丰城市九九工建卫贸公司、江西八一麻纺厂、江西省公路局交通工程公司、江西省金通科技开发公司、江西储物交通设施厂、江西交通工程开发服务公司、江西交通工程公司。

检测单位：江西省公路桥梁工程局、铁道部十六局、黑龙江省路桥公司、铁十五局一处、山东交通工程公司、交通部第一公路工程公司、铁道部第一工程局、交通部第二工程局、广东省公路工程总公司、江西路桥局萍乡路桥工程处、九江公路工程公司、江西省路桥工程局南昌工程处；监理单位；

江西省交通工程监理公司。

监督单位：江西省交通厅质量监督站。

昌樟高速公路改扩建参建单位共45家。

项目管理单位：江西省交通运输厅南昌至樟树高速公路改扩建项目建设办公室。

勘察设计单位：中交第二公路勘察设计研究院有限公司、中国公路工程咨询集团有限公司、辽宁省交通规划设计院、交通运输部科学研究院。

施工单位：中铁十三局集团有限公司、中铁十三局集团第一工程有限公司、中交第三航务工程局有限公司、北京城建道桥建设集团有限公司、中交二公局第三工程有限公司、中铁二十三局集团第一工程有限公司、江西交建工程集团有限公司、江西赣粤高速公路工程有限责任公司、中交第一公路工程局有限公司、中交路桥建设有限公司、北京城建道桥集团有限公司、湖北省路路通公路设施施工有限公司、湖南省湘筑交通科技有限公司、湖南省永州公路桥梁建设有限公司、福建路桥建设有限公司、广西弘路交通工程有限公司、陕西新鸿业生态景观设计工程有限公司、南昌市红谷滩园林绿化工程有限公司、江西井冈园林实业发展有限公司、浙江红欣园林艺术有限公司、江西久久园林开发有限公司、江西省交通桥梁检测加固有限公司、江西嘉特信工程技术有限公司、北京特希达科技有限公司、江苏泰顾建筑结构工程有限公司、中阳建设集团有限公司、福建三建工程有限公司、湖南省第五工程有限公司、江西力宏钢结构实业有限公司、江西雄宇(集团)有限公司、江西路通科技有限公司、江西方兴科技有限公司。

技术咨询单位：长沙理工大学、江西省天池高速科技发展有限公司/同济大学。

监理单位：江西交通咨询公司、江西省嘉和工程咨询监理有限公司、江西科力咨询监理有限公司、安徽省高等级公路工程监理有限公司、江西省公路工程监理公司、江西中昌工程咨询监理有限公司。

3. 建设情况

昌樟高速公路是经省委、省政府决策立项的重点工程，1993年交通部下发《关于南昌至樟树公路项目建议书的批复》(交计发〔1993〕1334号)，1994年交通部下发《关于南昌至樟树公路可行性研究报告的批复》(交计发〔1994〕1110号)，1995年交通部下发《关于南昌至樟树公路初步设计的批复》(交公路发〔1995〕100号)，先后批准该项目的建议书、工可报告和初步设计。

1995年10月上旬～12月上旬，按照国家和省关于重点基本建设工程招标、投标管理的有关规定和程序，昌樟高速公路施工在社会监督下，进行公开招标、评标、定标工作。12月18日，在项目的路线起点省庄举行隆重的开工典礼仪式，省委、省政府六套班子主要领导亲临现场并为工程奠基，交通厅、指挥部项目管理、设计、施工、监理等各方面代表参加开工典礼。

1996年1月6日，由指挥部支持召开第一次工地例会。在会上指挥部临时党委书记宋军宣布指挥部、项目经理部等机构人员名单，施工单位确立各自的机构设置及人员，批准昌樟高速公路总体施工计划，明确各阶段主要工作目标。2月3日，经多次专家咨询会，指挥部第一次办公会做出对药湖高架桥进行优化设计的重大决定。同月，由交通部规划设计院和省交通设计院共同完成该桥的结构优化。优化后全桥共减少钢绞线5188t、混凝土12299m³、大梁892片、灌注桩888根、墩柱888根，不仅节约了资金，还大大提高该桥的施工进度，为全线按期建成抢到宝贵的时间。4月，省交通厅党组就药湖高架桥施工现场发生严重内涝，影响施工进度等问题，先后召开三次党组扩大会，及时做出加大投入、排除内涝的重大决策，对全线如期通车起决定性的作用。8月，省长助理凌成兴主持召开昌樟高速公路建设第一、二阶段表彰大会，先后有6家施工单位荣获优胜单位和优秀项目经理。10月23～25日，交通部检查组对昌樟高速公路全线质量大检查。在交通部对全国在建高速公路项目进行质量大检查中,昌樟高速公路名列前茅。12月19日,省水保委以赣水保办字〔1996〕019号文,批复昌樟公路水土保持方案,并原则同意水保工程措施。

1997年6月,在原上边坡防护工程设计不到位的情况下,指挥长办公会做出增做护坡、护面墙、挡土墙共计圬工28000m³的决定。12月31日,省委副书记、常务副省长黄智权主持,省委、省政府六套班子主要领导参加通车典礼,昌樟高速公路全线通车。

1998年9月,昌樟高速公路顺利通过交工验收,并评为优良工程。2000年7月8日,省审计厅通对昌樟高速公路竣工决算进行审计。2001年2月15日,省审计厅下达对昌樟高速公路竣工决算审计的《审计意见书》和《审计决定书》调整竣工决算。9月18日,昌樟高速公路项目竣工档案通过省档案局的验收。2002年8月28日,昌樟高速公路竣工环境保护通过国家环境保护总局的验收。

昌樟高速公路药湖大桥日均车流量达到2.2万辆,是全省最繁忙的高速公路大桥。随着营运时间的延长、交通量的增长、超重超载车辆的增加和环境作用,行车不顺、盖梁局部开裂等病害日益显现,药湖大桥无法满足交通需求,存在一定安全隐患。2006年,药湖大桥改造维修工程经上级主管部门批复立项。2007年6月,投资1.4亿元的药湖大桥改造维修工程正式实施。11月,药湖大桥改造维修全面竣工通车。改造后的药湖大桥有效解决外侧掉车、暴雨排水和桥面强度三大问题,以全新的面貌再现"江西第一长桥"雄姿。

南昌至樟树高速公路改扩建项目起点位于西外环昌西南枢纽互通K15+100,终点位于樟树市昌傅镇樟树枢纽互通南端K101+645.310,路线全长86.545km。工程项目主线采取"两侧整体拼接为主+局部分离"的方式进行整体扩建,即药湖特大桥段和肖江大桥路段采用局部分离新建(药湖特大桥段路基宽16.75m,肖江大桥段路基宽20.75m),其余扩建路段为8车道整体式路基宽度42m。项目采用先进的"分幅分区段双向4车道保通总体交通组织方案",基本实现改扩建施工通车两不误、质量工期双确保的目标。同时结合改扩建特点大力推广节能减排新技术,2014年该项目成功获得交通运输部绿色循环低碳公路主题性示范项目。

2009年,启动南昌至樟树高速公路改扩建项目前期研究和论证事宜。

2010年4月26日,江西赣粤高速公路股份有限公司正式委托中交第二公路勘察设计研究院有限公司开展工程可行性研究和比选。11月底,中交第二公路勘察设计研究院有限公司提交项目工可研究报告。12月7日,组织工程可行性研究评审,推荐采用改扩建方案。12月31日,再次组织资深专家对方案进行论证,专家一致推荐采用两侧拓宽的改扩建方案,具有"三节约一提高"四个优势(即节约建设投资、建设用地、房屋拆迁面积,提高通行服务水平)。

2011年1月28日,省发改委上报《关于报送南昌至樟树高速公路改扩建工程项目申请报告的请示》(赣发改交通字〔2011〕228号)。4月11日,省交通运输厅下发《关于成立昌樟高速公路改扩建项目建设办公室的通知》(赣交规划字〔2011〕71号)。8月26日,交通运输部下发《关于南昌至樟树高速公路改扩建工程核准的意见》(交函规划〔2011〕191号),同意实施该项目。

2012年5月28日,召开初步设计审查会议。6月21日,召开交通组织方案审查会议。6月27日,国家发改委下发《国家发展改革委关于江西省南昌至樟树高速公路改扩建工程项目核准的批复》(发改基础〔2012〕1901号),同意实施该项目。7月6日,省交通运输厅上报《关于审批南昌至樟树高速公路改扩建工程初步设计的请示》(赣交规划字〔2012〕122号)。7月30日,土建工程开始招标。8月8日,召开初步设计审查会议(交通运输部参与会议并现场勘察)。8月29日,施工监理开始招标。9月26日,交通运输部下发《交通运输部关于南昌至樟树高速公路改扩建工程初步设计的批复》(交公路发〔2012〕488号)。11月1日,昌樟高速公路改扩建项目建设办公室进驻丰城市尚庄街办。11月8日,召开项目建设第一次生产调度会议。11月15日,项目办揭牌,召开"大干150天动员大会"项目正式开工。12月18日,召开跨线桥拆除及重建方案咨询会议。12月28日,第一根桩基开钻。

2013年1月28日,施工图设计审查会召开。3月18日,药湖特大桥第一片梁预制成功。4月1日,药湖特大桥第一根桩基浇筑成功。5月18日,药湖特大桥第一片梁吊装成功。6月29日,绿色循环低碳公路主题性项目实施方案评审会议召开。7月8日,第一段路基交验成功。8月13日,全省交通重点工程建设领域创新民工工资管理现场推进会议在昌樟改扩建项目召开。8月19日,肖江大桥新建幅架通。9月25日,省交通运输厅下发《江西省交通运输厅关于南昌至樟树高速公路改扩建工程施工图设计的批复》(赣交基建〔2013〕73号)。10月10日,第一段路面底基层开始摊铺。12月8日、10日,药湖特大桥新建左右幅主桥合龙。

2014年4月18日,召开旧跨线桥拆除方案评审会。5月,该项目成功获得交通运输部绿色循环低碳公路主题性示范项目。5月6日、7日,全线20座旧跨线桥封闭交通统一拆除成功,33h内恢复交通。25日,药湖特大桥新建双幅贯通。10月15日,第七届全国公路改扩建技术交流会参观该项目。30日,药湖特大桥新桥建成通车。12月1日,药湖特大桥老桥维修加固方案评审会议召开。

2015年9月21日,生厚段摊铺完成,全线基本贯通。11月6日,省政府召开新闻发布会宣布建成通车。

昌樟高速公路改扩建主要工程量:全线路基土石方630万 m^3;新建特大桥9100m/1座,大桥3268m/17座、中桥2657m/36座、小桥958m/52座;拆除旧上跨桥24座;全线新建和改扩建涵洞通道403道,服务区2个,停车区1个,互通式立体交叉8个;新建丰城站、胡家坊站、经楼站、昌西南监控分中心,改扩建生米站、泉港站、临江站。

征地拆迁情况见表 3-1-4、表 3-1-5。

昌樟高速公路(新建)征地拆迁情况统计　　　　　　　　　　表 3-1-4

项目	征地拆迁安置起止时间	征用土地（公顷）	拆迁房屋（m²）	支付补偿费用（元）	备注
全线	1995年12月~1997年12月	529.03	39138.33	35980663	

昌樟高速公路(改扩建)征地拆迁情况统计表　　　　　　　　　表 3-1-5

项目	征地拆迁安置起止时间	征用土地（公顷）	拆迁房屋（m²）	支付补偿费用（元）	备注
全线	2011年11月~2015年10月	261.776	41308.28	256512571	

4. 运营管理

昌樟高速公路全线设有南昌、省庄、生米、梅林、泉港、胡家坊 6 个收费站。1999 年温厚高速公路开通后,增设厚田收费站。胡傅路建成通车后设临江、昌傅 2 个收费站,昌樟高速公路共设有 9 个收费站。2004 年高速公路联网收费,厚田站、昌傅站撤销。2007 年 1 月南昌西外环高速公路建成通车,4 月,省庄站撤销,南昌站迁至 K12+000 处,并更名为昌西南站。2015 年 11 月,昌樟高速公路改扩建项目全面建成通车。项目对全线原有的昌西南收费站、生米收费站、泉港收费站、临江收费站进行改造;对原有梅林收费站、胡家坊收费站进行移位新建;新增樟树收费站和经楼停车区;对原有的丰城服务区和樟树服务区进行改造施工。全线共设置收费站 7 处(表 3-1-6)、服务区 2 处、停车区 1 处。

昌樟高速公路收费站点设置情况表　　　　　　　　　　　　　表 3-1-6

站点名称	车道数	收费方式
昌西南收费站	15	人工半自动收费(MTC)+自动收费(ETC)
生米收费站	6	人工半自动收费(MTC)+自动收费(ETC)
梅林收费站	10	人工半自动收费(MTC)+自动收费(ETC)
泉港收费站	6	人工半自动收费(MTC)+自动收费(ETC)
胡家坊收费站	11	人工半自动收费(MTC)+自动收费(ETC)
樟树收费站	10	人工半自动收费(MTC)+自动收费(ETC)
临江收费站	6	人工半自动收费(MTC)+自动收费(ETC)

三、福银高速公路昌北机场连接线

昌北机场连接线(以下简称"昌北机场高速公路")是江西省 1997 年新开工的重点建设工程项目,是南昌市当时正在建设的 4D 级大型机场——昌北民用机场的配套工程,在高速公路网中编号为 ZGA1,建设里程为 4.177km,公路起点始于机场航站区大门,往西跨越京九铁路后以机场互通立交与南九高速公路相接(交界处距南昌大桥 22km),是机场出入南昌、九江 2 市的高速通道。昌北机场高速公路的建成,使昌北机场得以充分发挥其最多效益,对加快南昌市乃至整个江西省的经济建设均有十分重要的意义,被称为"省门第一路"。

1. 项目概况

昌北机场高速路线全长9.057km,其中主线长3.400km,位于南昌市新建县乐化镇境内,路线为东西走向,起始于昌北民用机场航站区大门,终点以互通形式和南昌至九江高速公路相连接。1997年6月18日开工建设,1998年12月8日竣工通车,历时18个月,批准概算11993.42万元,资金来源:①由银行贷款;②交通建设基金解决。路基宽度为24.5m,沥青混凝土路面,双向4车道,设计速度100km/h,水泥混凝土路面,双向6车道。机场互通立交A线路基宽度为17.5m,沥青混凝土路面,双向4车道,B线、C线、D线、E线路基宽度为10.5m,单线双车道,沥青混凝土路面。全线互通2处,管理处1处,收费站1处。

2. 参建单位

昌北机场高速公路参建单位共13家。

项目管理单位:江西省交通厅昌樟高速公路建设指挥部。

设计单位:江西省交通设计院。

施工单位:江西省公路机械处、江西省路桥工程局、江西省水电工程局、广东惠州公路建设公司、南昌铁路工程总公司、武警交通独立支队、江西省港航工程处、厦门宏辉实业有限公司、白马山农林实验厂。

监理单位:江西省交通工程监理公司。

3. 建设情况

1996年9月5日,南昌昌北机场建设领导小组第一次会议纪要中,明确提出昌北机场专用公路为昌北机场的配套工程,立项和工可报告均由省交通厅提出,省计委审批,并要求与机场同步建成。24日,省交通厅下发《关于委托你院对昌北机场公路进行工程总承包的通知》(赣交计字〔1996〕97号)致省交通设计院,委托该院"负责该工程建设全过程的总承包,包括勘察设计、设备采购、施工招标、工程承包、项目管理"。11月,省交通设计院开展该项工程的前期工作。

1997年3月24日,省计委下发《关于南昌昌北机场专用公路工程可行性研究报告的批复》(赣计能交字〔1997〕13号)文件,批复该工程的可行性研究报告。4月18日,省政府在乐化镇召开昌北机场路征地拆迁动员动员大会。30日,省交通厅高速公路建设总指挥部下发《关于成立省交通厅昌北机场专用公路项目管理部的通知》(赣交高指字〔1997〕3号)文件,批准成立江西省交通厅昌北机场专用公路项目管理部,正式开展招、投标工作。6月2日,省计委下发《关于南昌昌北机场专用公路初步设计的批复》(赣计设审字〔1997〕13号)文件,批准该工程初步设计,批准概算为11993.42万元。18日,主体工程全线开工。为确保工程顺利实施,根据省交通运输厅《关于委托你院对昌北机场公路进行工程总承包的通知》(赣交字〔1996〕97号)文件精神,7月8日,省交通厅授权委托省昌樟高速公路指挥部与江西省交通设计院签订工程总承包合同,明确实行项目管理总承包责任制,责任合同明确工程工期、造价、质量总承包目标,并对项目管理的职责范围、奖罚条例作要求。8月13日,省计划委员会对省交通厅《关于报送昌北机场专用公路形式报告的请示》(赣交计字〔1997〕82号)批复。省计委对省交通厅开工报告的批复是:"机场专用公路属昌北机场单项配套工程,国家计委已以计投资〔1996〕1683号文批准昌北机场开工建设,故此路视同开工建设。"12月,路基、桥涵等主体工程基本完成。

1998年10月,路面工程、房建工程、交通工程及绿化等附属工程全面完工。机场高速公路全线按6车道全标准高速公路一次性征地拆迁,此次修建4车道全封闭、全立交高速公路,路基宽24.5m,预留2车道暂做绿化处理,公路主线全长4.2km,计算行车速度100km/h,概算总金额11993万元(其中建安工程费9791万元,征地拆迁补偿费443万元),建设工期18个月。根据省政府批示精神,该项目于1997年6月18日正式开工,在此之前,项目招标工作及建设资金均已准备就绪,开工符合《国家计委关于基本建设大中型项目开工条件的规定》。

主要工程量,主线全长4.2km(含机场互通A线),另有机场互通立交匝道1.9km,南九路部分匝道1.4km,乐化立交匝道2.1km。全线路基土石方88万m^3,排水及防护工程1.1万m^3,沥青混凝土路面115300m^2,水泥混凝土路面8900m^2,大桥4座568.8m,中桥3座90m,支线上跨桥2座154m,车行通道3处,人行通道6处,涵洞42道,桥涵混凝土2.1万m^3,使用水泥1.8万t,钢材3400t。3进3出收费站1座,管理所1处(占地30m高,建筑面积2941m^2)。全线征、租用土地和拆迁房屋,均属新建县乐化镇管辖范围,总计征用土地46.67公顷,租用土地17.33公顷,拆迁房屋5600m^2(表3-1-7),拆迁电力线8处共6200m,拆迁光、电缆6处共7800m。

昌北机场高速公路项目,严格按交通部公路工程施工技术规范及监理规范要求进行施工管理,并由省交通工程建设质量监督站负责质量监督。全线主体工程7标段,其中路线6个标段于1997年6月正式开工,路面标于11月正式开工,交通安全设施以及绿化工程的衔接,分别于1997年3月开工。房建工程于1996年11月开工。开工后由于1997年下半年气候受厄尔尼诺现象影响,阴雨天气较多,1998年上半年受洪涝灾害影响,给施工造成很大的困难和不便,但在各级各部门的重视下,在业主、监理、施工单位的共同努力下,如期完成省政府的目标管理任务,实现1998年元月全线路基交工,1998年12月8日建成通车。

昌北机场高速公路征地拆迁情况统计　　　　　表 3-1-7

项目	征地拆迁安置起止时间	征用土地（公顷）	拆迁房屋（m²）	支付补偿费用（元）	备注
全线	1997年6月~1998年10月	46.67	5600	4430000	租用土地17.363公顷

4. 运营管理

1998年5月,赣粤公司直接管辖昌北机场高速公路收费所养护室,为二元制的管理模式。2009年6月,昌九高速公路管理处成立,设立管理处工程技术部,至此,昌北机场高速公路收费所由原来的二元制管理模式变为"赣粤公司工程技术部—子公司(管理处)工程技术部—收费所养护室"三级养护管理模式。全线只设置收费站1处(表3-1-8)。

昌北机场高速公路收费站点设置情况　　　　　表 3-1-8

站点名称	车道数	收费方式
机场收费站	6	人工半自动收费(MTC)+自动收费(ETC)

四、温家圳至厚田高速公路

温家圳至厚田高速公路(以下简称"温厚高速公路")是国家重点建设项目,是交通部"九五"规划的重点项目,是江西第一条全标准高速公路,是G60上海至昆明国家高速公路江西境内的重要组成部分,在国家高速公路网中编号G60。它同时与梨温、南昌东外环、昌樟高速公路相连接,起点位于进贤县温家圳,接国道316线,终点位于昌樟高速公路厚田。温厚高速公路的建成,对沟通我国东南沿海、沿江地区与中西部地区的联系,增进政治、经济、文化的交流,加快江西经济建设具有十分重要意义;对加快江西工农业发展,改善南昌地区交通紧张状况,连通国家主干网络,都有极其重要的意义。

1. 项目概况

温厚高速公路全长35.497km,含温家圳至320国道连接线3.67km。东到温圳接梨温高速公路,西至厚田接昌樟高速公路,设有温圳、黄马、新村、厚田4个进出口。1996年12月28日开工建设,1999年2月8日竣工通车,总投资10.35亿元。温厚高速公路采用平原区高速公路标准规划设计,设计速度120km/h;桥涵设计车辆荷载为汽车—超20级,挂车—120;路基宽度28m,横断面组成为0.75m土路肩+3.5m硬路肩+2×3.75m行车道+0.75m路缘石+3.0m中央分隔带+0.75m路缘石+2×3.75m行车道+3.5m硬路肩+0.75m土路肩,桥涵外缘与路基同宽;路面采用沥青混凝土面层,设计年限15年,标准轴载100kN;设计洪水频率为:特大桥为1/300,大中小桥及涵洞、路基1/100;全线有高架桥3座、特大桥2座、大桥3座、大桥3座、中小桥和分离立交48座,桥长总计7.8km,互通立交3处。1999年12月22日,省交通厅温厚高速公路工程建设指挥部组织并主持项目工程交工验收,温厚高速公路工程项目决算核定总额为8.1亿元,温厚高速公路建成后隶属江西公路开发总公司管辖。2006年6月,赣粤公司实行股权分置改革,温厚高速公路被赣粤公司收购,成建制地划归赣粤公司管辖。

2. **参建单位**

温厚高速公路参建单位共19家。

项目管理单位:省交通厅温厚高速公路工程建设指挥部。

设计单位:江西省交通设计院、江西省交通厅温厚指挥部。

施工单位:江西省路桥工程局景德镇工程处、广东省惠州市公路建设总公司、武警交通第二总队、南昌铁路工程总公司第三工程公司、铁道部第一工程局四处、铁道部第十一工程局第一工程处、江西省路桥工程局宜春工程处、江西省水电工程局、铁道部第十一工程局第三工程处、铁道部第十七工程局第一工程处、交通部第一公路工程总公司、江西省公路桥梁工程局。

检测单位:江西省路桥工程局赣州工程处、广东省惠州市公路建设总公司、交通部第一公路工程总公司。

监理单位:江西省交通工程监理公司。

3. **建设情况**

1995年10月,交通部下发《关于温家圳至厚田公路可行性研究报告的批复》(交计发〔1995〕963号),正式批复工程可行性研究报告。1995年10月18日,省高管局根据初步设计咨询意见正式下达了初步设计委托函。

1996年4月4日,交通部下发《关于温家圳至厚田公路初步设计批复》(交公路发〔1996〕288号),批准温家圳至厚田公路初步设计。12月28日,奠基开工。1997年2月16日,召开第一次工地会议。1999年4月20日,通过江西省交通厅质量监督站检验,该项目评定为优良工程。

第一阶段(1997年2~7月)主要目标:全线路基石方完成25%,涵洞通道完成80%。第二阶段(1997年8月~1998年2月)主要目标:全线路基土石方完成100%,涵洞、通道完成100%,中、小桥完成100%,路面施工队伍进场,建好拌和站并开始备料。第三阶段(1998年3~7月)主要目标:全线路面底基层、基层完成60%。第四阶段(1998年8~12月)主要目标:全线路面第二层沥青面层完成100%,第三层沥青面层在1999年8月底完成。

主要工程实施情况如下。

(1)路基工程。①填方路堤边坡:一般采用1:1.5,当边坡高度大于8m时,8m以上采用边坡1:1.5,以下则采用1:1.75,填方坡脚设宽1.5m护坡道。穿越水塘或水库时,在常水位加 0.5m 安全高度处上部采用 1∶1.5，下部采用 1∶1.75。挖方边坡：根据地质资料及土壤密实程度、边坡高度和施工方法等因素，确定 K6+000～K21+000 路段边坡采用 1∶1，路肩边沟外设置 1.5m 宽碎落台。②路基压实：填方路堤 0～0.8m 内应大于 95%，0.8m 以下应大于 90%，零填及路堑 0～0.3m 内应大于 95%，当压实功能一次性达不到零填及路堑 0～0.3m 内的压实标准时，应先挖松或重新挖松后再分层填压。路基排水：在路基两侧无论是挖方还是填方路段，均设有浆砌边沟（或混凝土预制块边沟），路堑坡口外，一般还设有浆砌截水沟；为确保路基稳定，方便排水，路基、路面排水均做了系统设计。③路基防护：填方路堤一般铺草皮防护，浸水路堤用混凝土预制块铺砌，挖方边坡根据土质及坡度情况，另外采用了满铺混凝土预制块防护、拱形护坡防护及草皮防护等方式。

（2）路面工程。主线、互通立交匝道、连接线路面面层均采用沥青混凝土，收费站处采用水泥混凝土，路面厚度 26cm。主线沥青混凝土面层采用三层沥青，共 15cm，基层采用 37（38）cm 厚水泥稳定砂砾。底基层采用 20cm 厚未筛分碎石。

（3）桥涵工程。①桥梁：全线设高架桥 3 座、特大桥 2 座、大桥 3 座、中桥 10 座、小桥 7 座、互通分离立交桥 32 座，基础根据地质条件采用钻孔桩或刚性扩大基础，下部构造一般采用桩或墩配盖梁，桥台采用重力式桥台或轻型肋式桥台两种，上部构造分别采用预应力连续箱梁、钢筋混凝土现浇箱梁、预应力 T 梁、预应力宽幅空心板、普通钢筋混凝土空心板等，为统一跨径，便于施工，空心板一般采用跨径为 20m、16m、13m、10m 四种。为使桥梁线形美观，上圩至西安桥上部构造均采用普通钢筋混凝土连续板，下部均采用单柱式桥墩、轻型肋式桥台，支座采用板式、橡胶支座或盆式支座，伸缩缝采用 XF-Ⅱ和 TST 弹塑体等多种形式。全线有 2 座特大桥和 1 座高架桥，分别是温家圳大桥（766.8m）、张家跨铁路桥（1365m）和龙王庙赣江大桥（2077.8m），分别跨越府河，京九、浙赣铁路和赣江。3 座大桥是温厚高速公路工期的主要制约因素，全线桥梁长度（6364m）占整个路线长度的 1/6 以上。②涵洞：有钢筋混凝土圆管涵和盖板涵（或盖板通道）两种。圆管涵管径 1.5m、1.0m，盖板涵跨径 1.5～5.0m 不等，洞口一般采用八字式或锥坡。

（4）路线交叉。全线设互通 3 处（温家圳互通、黄马互通和新村互通），除新村互通立交采用水滴双喇叭外，其余均为单喇叭式。分离式立交主要有支线上跨和支线下穿两种，支线上跨一般采用 4 孔普通钢筋混凝土连续板或预应力连续梁；支线下穿一般采用普通钢筋混凝土连续梁或预应力空心板梁。

（5）其他工程。①交通安全设施：防撞栏一般采用镀锌波形护栏，间距 2m 或 4m，大桥、高架桥及互通区采用喷塑彩色波形护栏，全线隔离栅一般采用喷塑隔离栅和刺铁丝隔离栅，根据设计要求在高速公路沿线需设置警示牌的地点设置预告、导向、限速等标志,在路面标画车道分隔线、分合流标线、车距确认线等。②通信管道:全线设置4孔PVC预留管道,路基段用混凝土包封,并设置人孔和手孔,便于穿缆操作。③房建及收费站:全线设温家圳、黄马、新村、厚田管理区,设置黄马养护中心、新村服务区,并设置温家圳、黄马、南昌南、丰厚收费站。④绿化工程:全线对中央分隔带、路基边坡和互通区进行绿化,使高速公路与沿线环境相协调。

征地拆迁情况见表3-1-9。

温厚高速公路征地拆迁情况统计 表3-1-9

项 目	征地拆迁安置起止时间	征用土地（公顷）	拆迁房屋（m²）	支付补偿费用（元）	备注
全线	1997年6月~1998年10月	268.64	16526.62	25667503.53	

4.运营管理

温厚高速全线设置管理区3处(温家圳、黄马、新村、厚田);养护中心1处(黄马养护中心);服务区1处(新村服务区);收费站4处(温家圳、黄马、南昌南、丰厚收费站,见表3-1-10);互通3处(温家圳互通、黄马互通和新村互通)。

温厚高速公路收费站点设置情况 表3-1-10

站点名称	车道数	收费方式
南昌南收费站	9	人工半自动收费(MTC)+自动收费(ETC)
黄马收费站	4	人工半自动收费(MTC)+自动收费(ETC)
温家圳收费站	5	人工半自动收费(MTC)+自动收费(ETC)
丰厚收费站	9	人工半自动收费(MTC)+自动收费(ETC)

五、九江至景德镇高速公路

九江至景德镇公路(以下简称"九景高速公路")是国家和江西省"九五"期间的重点工程,是G56杭州至瑞丽国家高速江西境内的重要组成部分,在国家高速公路网中编号G56。起点位于九江市木家垄,终点位于景德镇市(我国著名瓷都)罗家滩,其西端在九江市往北横跨长江,与黄黄高速公路(湖北黄梅至黄石)相连可通达武汉,与合黄高速公路(合肥至黄梅)对接可达安徽和江苏;往南连接昌九高速公路,在景德镇连接景婺黄高速公路、景鹰高速公路;往东与浙江省的高速公路相通可抵杭州和上海。九景高速公路的建设,对改变全省赣东北地区交通滞后状况,对加快黄山—庐山旅游线路和长江中下游经济带的开发,增进与安徽、湖北、江苏、浙江、上海等毗邻省市的联系,改善沿线投资环境,扩大对外开放开发,促进南昌—九江—景德镇—鄱阳湖经济带乃至全省的经济发展起到十分重要的作用。

1.项目概况

九景高速公路建设里程134.71km,其中128.978km(K357+057~K486+035)为国

家高速公路。路线起于九江市木家垄,途经九江市湖口县,都昌县,上饶市鄱阳县,终点在景德镇市罗家滩。1995年9月,九景高速公路工程项目经国家计委批复后,项目进入亚行贷款程序的实质性阶段。由省交通厅委托省交通设计院承担勘测设计,交通部批准概算28.87亿元。后经报交通部批复原缓建的均桥、中馆、油墩街三处互通立交,与九景高速公路同步建设,调整概算为30.2亿元。在工程项目决算中,核定项目竣工决算总额为23.78亿元。全线设计速度为100km/h,路基宽度为24.5m,双向4车道,全封闭、全立交。路基计价土石方1335.468万 m^3;特大桥2座5004.72延米;大桥14座2256.07延米,中桥17座911.286延米,小桥11座322.59延米;互通立交9座632.71延米,分离立交43座1731.64延米,涵洞574道,通道219道,共26229.87延米;隧道2座总长3771.2m;管理中心1处,下辖服务区2处,养护区2处,桥隧管理所1处,管理所5处,收费站9处。路面面层除隧道路面和收费站路面等处采用水泥混凝土结构外,其余均采用沥青混凝土结构;基层采用水泥稳定碎石结构。九景高速公路建成后归属省高管局管辖,2006年,赣粤公司实行股权分置改革,九景高速公路被赣粤公司收购,成建制地划归赣粤公司管辖。

2. 参建单位

九景高速公路新建工程参建单位共42家。

项目管理单位:江西省交通厅亚行贷款项目九江公路建设办公室。

设计单位:江西省交通设计院、北京交科公路勘察设计院。

施工单位:北京燕通公司、铁十五局一处、黑龙江路桥总公司、铁道部大桥局、交通部第二公路工程局、铁道部隧道工程局、交通部第二航务工程局、中国建筑第五工程局、铁道部第三工程局、新疆昆仑路港工程总公司、广西路桥工程总公司、贵州省公路工程总公司、陕西省路桥工程总公司、浙江省路桥工程处、上海佳艺冷弯型钢厂、江西高新交通设施公司、徐州光环交通设施有限公司、山东富博集团公司、河南现代交通工程有限公司、福州金王金属制品有限公司、四川金珠护栏工程有限公司、江西交通工程开发公司、北京华纬交通工程公司、丰城市建筑公司、南昌县第二建筑公司、南铁总建筑工程公司、江西第一建筑工程公司、南昌市第六建筑工程公司、江西龙式建筑集团公司、江西临川建安总公司、江西航务工程处、江西建筑装饰总公司、景德镇第二建筑公司、江西抚州地区建筑公司、江西临川市建筑公司、广州海特天高信息系统工程公司。

监理单位:哈斯公司(德国)、江西省交通工程监理公司、中国公路工程咨询监理总公司。

技术改造工程参建单位共18家。

项目管理单位:江西赣粤高速公路股份有限公司九景高速公路技术改造项目办公室。

勘察设计单位:德州市公路勘察设计院、宜春公路勘察设计院。

施工单位:江西赣粤高速公路工程有限公司、江西赣粤公司九景高速公路蔡岭养护中心、山东省滨州公路工程总公司、贵州省公路桥梁工程总公司、北京城建道桥建设集团有限公司、江西省交通工程集团公司、中铁十三局集团第一工程有限公司、北京特希达科技有限公司、中交三公局桥梁特种工程有限公司、江西方兴科技有限公司、山西交研科学实验工程有限公司、厦门市科发交通工程有限公司、江西省公路管理局交通工程公司。

监理单位：江西省嘉和工程咨询监理有限公司、江西交通工程监理公司。

3. 建设情况

九景高速公路分两段建设，其中九湖段（九江至湖口）于1994年11月8日奠基，1997年3月1日正式开工，1999年2月竣工通车；湖景段（湖口至景德镇）于1997年11月13日开工建设，2000年11月18日竣工通车。

经历2008年冰雪灾害等几次恶劣天气影响后，九景高速公路路面出现较大面积破坏，龟裂、沉陷、坑槽、翻浆、车辙等各类病害不断，严重影响高速公路的使用性能。2008年，赣粤公司对九景高速公路进行技术改造试验。在试验基础上，2009年6月，九景高速公路技改工程正式启动全面技术改造，项目总概算9.98亿元，决算8.41亿元，11月竣工通车。九景高速公路技改充分总结昌九高速公路技改经验，继续对冷再生沥青混合料的设计方法及应用技术进行进一步研究，在昌九高速公路技术改造工程将厂拌冷再生混合料应用于上基层的基础上，成功实现将厂拌冷再生混合料应用于下面层，取得显著成效。九景高速公路技术改造工程在全省高速公路建设上首次使用纳米喷塑技术，对原有护栏进行回收利用，性能指标优于普通镀锌、喷塑工艺，从根本上消除原有护栏板因锈斑污痕严重影响道路整体美感的弊端，很大程度上节约资金投入，有效提高护栏板的使用性能。

4. 运营管理

九景高速公路主要设置新港、湖口、筠桥、蔡岭、中馆、油墩街、田畈街、罗家滩8个收费站点（表3-1-11），信息中心1处，养护中心1处，桥隧管理所1处。

九景高速公路收费站点设置情况 表3-1-11

站点名称	车道数	收费方式
新港收费站	5	人工半自动收费（MTC）+ 自动收费（ETC）
湖口收费站	9	人工半自动收费（MTC）+ 自动收费（ETC）
筠桥收费站	5	人工半自动收费（MTC）+ 自动收费（ETC）
蔡岭收费站	6	人工半自动收费（MTC）+ 自动收费（ETC）
中馆收费站	5	人工半自动收费（MTC）+ 自动收费（ETC）
油墩街收费站	5	人工半自动收费（MTC）+ 自动收费（ETC）
田畈街收费站	6	人工半自动收费（MTC）+ 自动收费（ETC）
罗家滩收费站	11	人工半自动收费（MTC）+ 自动收费（ETC）

第二节 "十五"计划时期建成的项目

一、胡家坊至昌傅高速公路

胡家坊至昌傅段高速公路（以下简称"胡傅高速公路"）是南昌至樟树高速公路的重要组成部分，是昌樟高速公路向南延伸公路，也是上海至瑞丽国家主干线与江西省赣粤高速公路的共线段。在国家高速公路网中编号为G60。胡傅高速公路的建成，对加快江西经济建设，促进沿线地区经济发展，完善全省交通网具有重要作用和深远意义。

1. 项目概况

胡傅高速公路建设里程33km，清萍公路连接线3.5km，路线起于胡家坊（即昌樟高速公路的终点），经樟树市的经楼镇、刘公庙乡、山前乡，终于樟树市的昌傅镇。1998年9月3日开工建设，2001年1月1日竣工通车，项目批准概算6.71亿元，核定项目竣工决算总额为4.9亿元。全线按4车道、全封闭、全立交高速公路一次性建设完成；设计速度：120km/h；设计荷载：汽车—超20级，挂车—120；设计洪水频率：路基、桥涵均为1/100；路基宽27m，其中：行车道宽(4×3.75m)15m，中央分隔带3.0m，硬路肩(2×3.0m)6.0m，路缘带(2×0.75m)1.5m，两侧土路肩各0.75m，路面坡度为2%，土路肩横坡为4%；路面采用沥青混凝土面层，设计年限15年，设计标准轴载BZZ-100kN；桥梁宽度：桥面建筑外侧边缘与路基同宽。全线设有临江、昌傅、胡家坊管理区，并设临江、昌傅收费站。设置胡家坊、临江和昌傅3处互通立交，分别采用半苜蓿叶形、单喇叭形和半定向形3种形式，支线上跨分离式立交桥则采用斜腿刚构连续梁。

2. 参建单位

胡傅高速公路参建单位共38家。

项目管理单位：江西省交通厅（昌樟指挥部）。

勘察设计单位：江西省交通厅（昌樟指挥部）。

施工单位：核工业华东建设总公司、中国人民武装警察部队交通独立支队、南昌铁路局工程总公司、江西省公路桥梁工程局、江西省路桥工程局景德镇工程处、江西省路桥工程局宜春工程处、江西省水电工程局、江西省高等级公路管理局工程队、江西省路桥工程局赣州工程处、江西省建筑装饰工程总公司、江西锅炉化工石油机械联合有限公司、南昌市赣江园林花木苗场、南昌山湖园林建筑有限公司、南昌市白马山农林实验场、南昌市湾里区园林绿地建设公司、南昌铁路工程总公司第三工程公司、江西省高通公路工程有限公司、南昌市花卉苗木管理处、新建县友林园艺场、南昌兴伟环境绿化开发有限公司、江西省公路管理局交通通信总站、江西省公路机械工程局、江西高新交通设施有限公司、江西省利达公路工程设施有限公司、江西金安交通工程有限公司、南昌日用五金厂、南昌西湖交通建筑装饰工程处、宜春公路分局樟树公路段、南昌运桥工程总公司昌樟高速公路JT4标项目经理部、江西省公路局反光路标厂、江西省金通科技开发公司、江西物储交通设施厂、江西交通工程开发公司、江西省公路管理局交通工程公司。

监理单位:江西省交通工程监理公司。

监督单位:江西省交通厅质量监督站。

3.建设情况

1996年9月10日,交通部下发《关于胡家坊至昌傅公路可行性研究报告的批复》(交计发[1996]781号),同意胡家坊至昌傅高速公路可行性研究报告,樟树(胡家坊)至昌傅公路起于胡家坊,接在建省庄至赣州公路相连,全长33km。同意另建连接线3.5km,连接线采用二级公路平原微丘区标准建设。同意全线在胡家坊、临江设置两处互通式立交,预留昌傅互通式立交位置。核定全线管理、养护及服务房屋建筑面积9800m^2,占地108亩。

1998年4月24日,交通部下发《关于胡家坊至昌傅公路初步设计的批复》(交公路发[1998]241号),同意胡家坊至昌傅高速公路初步设计。7月7日,胡傅高速公路召开征地拆迁动员会。8月10日,土建工程开标会在省交通宾馆举行。9月1日,土建工程中标单位签订合同,7家单位中标。9月3日,在临江互通处举行开工典礼。

1999年2月5日,召开第一阶段总结表彰和第二阶段施工动员大会,省公路桥梁工程局等3家为优胜单位。4月1日,开展质量年宣传活动。4月5日,省重点办批复胡傅高速公路房建工程、绿化工程、交通工程采取邀请招标方式。4月26日,签订工程建设质量责任书。5月5日,在施工工地召开质量工作现场会。6月3日开展优质工程劳动竞赛。7月21日,省交通厅质量年活动小组对胡傅高速公路开展质量年活动进行检查。8月3日,完善设计方案,路基边坡防护工程增加金额595万元。9月8日,财政部对胡傅高速公路国债投资使用情况例行检查。11月5日,召开胡傅第二阶段总结表彰暨第三阶段施工大会,武警独立支队等3家单位为优胜单位。11月25日,通信管道完成招标工作,2家单位中标。

2000年4月28日,召开第三阶段总结表彰暨第四阶段动员大会。赣州公路分局等2家单位为优胜单位。6月2日,房建工程招标工作结束,3家单位中标。7月12日,交通工程招标工作结束,6家施工单位中标。9月28日国家审计署广州特派对胡傅高速公路国债使用情况进行审查。11月3~20日胡傅高速公路绿化工程招标工作结束,6家施工单位中标。12月25日,交工验收会在交通宾馆举行,初验为优良工程。2月31日,交工验收试运营。6月28日,胡傅高速公路举行通车典礼暨表彰先进单位和先进个人。中国人民武装警察部队交通独立支队等10家为先进单位,南昌铁路总公司第三公司等12家为先进集体,优秀项目经理6人,劳动模范20人,先进个人60人。

2001年12月17日～2002年4月,开展公路环境影响调查评价工作。2012年4月15日,国家环保总局组织进行环境影响评估检查。8月27日,环境评价通过国家环保局验收。9月11～25日,高速公路竣工决算通过省审计厅的专项审计。

主要工程实施情况如下。

(1)路基工程。①填方边坡:一般采用1:1.5坡度,当填土高度大于8m时,8m以上的坡度为1:1.5,8m以下采用1:1.75坡度。填方坡脚设1.5m护坡道,高路堤从坡顶垂直向下6～10m,增设1.5m宽的护坡道。②挖方边坡:根据勘探的地质资料和路堑深度,分别采用1:1.75和1:1坡度;深挖地段(大于8m),在高于路基顶面6m外设宽2m挖方平台,挖方路基边沟外侧设1.5m宽碎落台。③路面排水:挖方路段路面上的雨水由路缘带集中通过泄水槽排至坡脚边沟。④路基排水:在挖方路段及填土高度小于0.8m的填方路段均设置底宽0.6m、深0.8m、顶宽1.0m的梯形边沟,路基挖方侧坡上汇水较大时,在坡口5m以外设置截水沟将路基附近积水引离路基外,排入天然河沟及洼地。⑤路基防护:浸水路基边坡采用水泥混凝土预制块护坡,一般土质填方边沟采用铺网格草皮,易于风化碎落的坡面采用浆砌片石护面墙或浆砌片石拱式护坡。

(2)路面工程。主线、互通立交匝道路面均采用沥青混凝土,路面结构为:4cm沥青混凝土抗滑表层+5cm中粒式沥青混凝土中面层+6cm粗粒式沥青混凝土下面层+22cm水泥稳定碎石基层+10～32cm级配碎石或级配砂砾垫层。收费站前后(主线50m、匝道25m)采用水泥混凝土路面。

(3)桥涵工程。全线设大、中、小桥共15座,根据地质条件不同,分别采用钻孔桩刚性扩大基础,下部结构一般采用柱式墩,桥台采用重力式U形台和轻型肋形桥台两种,根据上部构造结构特点和施工条件,分别采用先张法和后张法两种施工工艺。全线设有钢筋混凝土圆管涵、盖板涵和石拱涵三种,圆管涵管径为1.5m和1.0m两种,盖板涵跨径为1.3～4.0m不等,石拱涵跨径为1.5m、3.0m两种。

(4)路线交叉。全线共设置胡家坊、临江和昌傅3处互通立交,分别采用半苜蓿叶形、单喇叭形和半定向形3种形式。支线上跨分离式立交桥则采用斜腿刚构连续梁。

(5)其他工程。①交通安全设施:防撞栏采用镀锌波形护栏,间距2m或4m。全线隔离栅一般采用喷塑隔离栅,填方高度大于6m的路段采用铁丝隔离网,挖方大于8m的地段不设隔离栅。根据设计要求,在特别地段、地点设置了预告、导向、限速等标志,在路面标画了车道分隔线、分岔道提示线、车距确认线等。②通信管道:全线采用预埋硅芯管,土路基及大、中、小桥处采用9孔φ40/33型硅芯管,桥梁处采用型钢托架支承,托架间距1.5m,固定在护栏底座混凝土中,过明涵、明通道及横穿路基时采用钢管,在沿线的进站处、监控处、紧急电话预设处设人孔和手孔,便于穿缆操作。③房建及收费站:全线设临江、昌傅、胡家坊管理区,并设临江、昌傅收费站。

征地拆迁情况见表3-2-1。

胡傅高速公路征地拆迁情况统计　　　　表3-2-1

项目	征地拆迁安置起止时间	征用土地（公顷）	拆迁房屋（m²）	支付补偿费用（元）	备注
全线	1998年9月~2000年12月	246.7	2075.02	17081942	

4. 运营管理

胡傅高速全线共设置收费站2处(临江、昌傅收费站,见表3-2-2),管理区3处(临江、昌傅、胡家坊)。

胡傅高速公路收费站点设置情况　　　　表3-2-2

站点名称	车道数	收费方式
临江收费站	6	人工半自动收费(MTC)+自动收费(ETC)
昌傅收费站	4	人工半自动收费(MTC)+自动收费(ETC)

二、梨园至温家圳高速公路

梨园至温家圳高速公路(以下简称"梨温高速公路")是国家重点规划的"五纵七横"国道主干线之一的上海至瑞丽高速公路在江西境内的东段,在国家高速公路网中编号G60,线路东起玉山县梨园,与浙江省衢州至窑里高速公路相接,西至南昌市进贤县温家圳,与温厚高速公路相连。梨温高速公路是横贯江西的东西向大通道,也是连接上海经济区、江南各省和珠江三角洲以及闽东南地区为主的东南沿海经济区的交通大动脉,是江西省以省会南昌市为中心交通运输网络"十"字形框架和江西省高速公路"天"字形布局中的"一横",它使江西省的高速公路网络东可与上海及同江至三亚国道主干线相连,西可与湖南、贵州、云南相通,南可达福建沿海经济区,地理位置十分重要。梨温高速公路的建成,是当时江西省一次性建设里程最长、投资最大的高速公路,赣浙主线收费站也是当时华东六省一市最大的收费站。梨温高速公路将起着"承东启西、沟通南北"的作用,对于加快国道主干线网络及江西省"天"字形高速公路主骨架建设,充分发挥江西省的区位优势和低成本优势,积极主动接受沿海发达地区的经济辐射,努力使江西成为沿海发达地区的产业梯度转移承接基地、优质农副产品加工供应基地、劳务输出基地和旅游休闲的"后花园",实现江西在中部地区崛起,具有十分重大的意义。

1. 项目概况

梨温高速公路建设里程244.759km,线路起点位于上饶市玉山县梨园,与浙江省衢州至窑里高速公路相接,途经玉山、广丰、信州、上饶、横峰、铅山、弋阳、贵溪、余江、东乡、进贤11个县(市、区),横跨上饶、鹰潭、抚州、南昌4个设区市,终点位于南昌市进贤县温家圳,与温厚高速公路相连。2000年12月28日开工建设,2002年12月28日竣工通车,项目总投资39.28亿元。全线采用全封闭、全立交的双向4车道,设计速度100km/h;路基宽度26m,路面宽23m,采用沥青混凝土路面;路面结构形式为:面层4cm(AK-16)+6cm(AC-20)+6cm(AC-30)、层间黏结油、基层20cm水泥稳定砂砾(5%水泥含量)、底基层20cm水泥稳定砂砾(3.5%水泥含量)、垫层20cm级配碎石;设计桥涵荷载为汽车—超20级、挂车—120。全线有特大桥2座、大桥15座,中小桥91座;涵洞、通道1339道;互通式立交12处,分离式立交143处。全线交通管理系统采用现代化最新技术,分为收费、监控、通信及机房、供电、避雷几个分系统。

2. 参建单位

梨温高速公路参建单位共119家。

项目管理单位:江西省交通厅梨温高速公路建设项目办。

勘察设计单位:江西省交通设计院、交通部第二航务工程勘察设计院、江西省环境保护局、江西省水土保持科学研究所、江西省文物考古研究所、江西地质工程勘察院、江西省林业勘察设计院。

施工单位:山西太行路桥有限公司、上饶路桥工程总公司、路桥集团第一公路工程局、北京市政总公司、中南市政工程建设总公司、中铁十五局集团第五工程处、中铁第五工程局、中铁十二局集团第二工程有限公司、南昌铁路局工程总公司、中铁一局集团有限公司、核工业华南建设工程集团公司、上海市政第二工程有限公司、江西省公路桥梁工程局、萍乡公路桥梁工程公司、南昌公路桥梁工程有限公司、江西省机械施工公司、赣州公路工程公司、江西省第一建筑有限责任公司、新余市四通路桥建设有限责任公司、江西省水电工程局、鹰潭公路工程公司、南昌铁路局工程总公司、中铁第十八工程局第四工程处、胜利石油管理局工程建设三公司、铁道部大桥工程局、山西太原路桥总公司、江西省公路机械工程局、江西省宜春公路工程有限责任公司、江西省航务管理局港航工程处、江西省第二建筑工程公司、南昌市第一建筑工程公司、九江赣北公路工程有限公司、南昌铁路局工程总公司、山东省交通工程总公司、新疆昆仑路港工程公司、武警交通独立支队、南通市路桥工程总公司、路桥集团第一公路工程局、江西省赣州公路工程公司、山东省交通工程总公司、宁波交通工程集团公司、交通部第一公路工程总公司、江西省公路桥梁工程局、鞍山公路总公司、江西省公路局交通工程公司、江西交通工程开发公司、江西省航科交通设施有限公司、江西物储交通设施厂、江西金安交通工程有限公司、江西省金通科技开发公司、江西省高等级公路管理局养护处、江西锦路科技开发有限公司、徐州光环交通设施有限公司、岳阳市公路桥梁基建总公司、江西物储交通设施厂、江西省航科交通设施有限公司、江西高新交通设施有限公司、河北银达交通工业集团有限公司、北京华纬交通工程有限公司、江西高新交通设施有限公司、赣州公路工程公司、常州市华林交通设施有限公司、江西金安交通工程有限公司、江西交通工程开发公司、鹰潭锦路交通设施有限公司、四川高路交通信息工程有限公司、安徽开源建设发展有限公司、南昌新大陆交通护栏公司、江西金通科技开发公司、江苏省句容市交通设施有限公司、江苏国达线路成套有限公司、江西交通工程开发公司、江西金安交通工程有限公司、江苏无锡交通设施总厂、陕西交通工贸公司、江西省公路局交通工程公司、江西省航科交通设施有限公司、南昌市园林规划职工技术协会服务中心、江西如茵草坪工程有限公司、义乌市嘉成园林绿化工程有限公司、江西省洪城园林绿化工程有限公司、上海绿化集团有限公司江西分公司、南昌市园林绿化服务公司、浙江城建园林工程有限公司、南昌市东湖园林绿化服务部、宜春市园林绿化工程有限公司、江西省龙式建筑开发集团公司、江西华鑫交通建设工程集团有限公司、上饶市建筑工程总公司、南昌市第三建筑工程公司、江西省建筑装饰工程总公司、江西省临川市房屋建筑工程公司、江西省第三建筑工程公司、南昌市第九建筑工程公司、中国建筑第八工程局第二建筑公司、江西省鹰潭市建筑工程有限责任公司、中天建设集团有限公司、江西临川建筑安装工程总公司、南昌县建筑工程公司、江西省第一建筑有限责任公司、南昌市第六建筑工程公司、江西省宜春市建筑工程总公司、江西省建工集团公司、江西省第二建筑工程公司、中国核工业第二十五建设公司、江苏省无锡船厂。

监理单位:江西交通工程监理公司、育才—布朗交通咨询监理有限公司、江西交通建设工程监理所、江西省公路工程监理公司、北京路桥通工程监理咨询有限公司。

3.建设情况

1998年4~8月,编制完成《国道主干线上海至瑞丽公路(江西境内)梨园至温家圳段预可行性研究报告》。省计委咨询中心下发〔1998〕049号文,完成项目预评估;2000年9月5日,国家计委下发《印发国家计委关于审批上海至瑞丽国道主干线江西梨园至温家圳公路可行性研究报告的请示的通知》(〔2000〕1365号),批准梨温高速公路建设项目可行性研究报告。10月27日,交通部以交公路发〔2000〕545号文批复公路初步设计。11月16日,召开梨温高速公路建设项目征地拆迁协调工作会议。12月,交通部公路司批准开工建设。15日,招标领导小组依据评标委员会的推荐名单,召开定标会议,确定施工中标单位。24日,在滨江宾馆举行梨温高速公路合同签订仪式,山西太行路桥有限公司等21家施工中标单位和育才—布朗交通咨询监理公司等4家监理中标单位。28日,在鹰潭市余江县平定乡冯万村召开上海至瑞丽国道主干线梨园(玉山)至温家圳(进贤)段高速公路开工典礼。

2001年2月5~8日,项目组织对全线征地拆迁情况、承包人、监理单位履行合同情况进行现场检查。2月27日,第一段路基试验段——土石混填试验段由中铁五局铺筑成功。3月6日,第一段路基试验段——土方试验路段由新疆昆仑路港工程公司铺筑成功。30日,第一片普遍钢筋混凝土空心板梁由核工业华南建设工程集团公司预制成功。4月

6日,首批两根墩柱在中铁五局施工的饶北河大桥3号墩灌注成功。6月30日,第一阶段总结暨第二阶段动员大会在鹰潭召开。同日,梨温高速公路项目工程征用建设用地1492.2公顷,占征地任务的99.4%,拆迁主线地面附着物131680m²,占总量的99.8%,迁移低压电力线路357道,占总量的94.4%,迁移通信线路261道,占总量的97.8%。245km路基清表工程已全部完成,红线内施工便道也已全线修通,完成路基土石方528.79万m³,安装涵洞420道,安装通道157道,完成桩基1394根,扩大基础90个。合同产值总额达到34116万元,占第一阶段目标任务的105.54%,超额完成了第一阶段目标任务。各施工单位在完成上述任务的同时,还抢占一切有利时机和条件,完成部分梁、板的预制和墩、柱、台的浇筑任务,为第二阶段全面展开路基工程的施工打下坚实的基础。8月12日,由中铁十局集团第二工程公司承建的A4-1标段施工点高门大桥首片20m预应力先张法空心板梁架设成功。9月20日,梨温高速公路项目办下发《关于调整工期目标的通知》(赣梨温工字〔2001〕45号),将总工期调整为两年,分4个阶段具体实施。10月18日,全线第一段标准路基路床交工验收在九江赣北公路工程有限公司承建的梨温高速公路B6-3标段的K221+000～K212+000路段正式开始。11月11日,南昌公路桥梁工程有限公司承建的A7-3标K111+800～K112+900路段交工验收。24日,在由省公路桥梁工程局承建的A7-1标胡家榨特大桥工地上,全线第一片长40m的工字梁顺利安装,标志着堪称梨温高速公路"关键工程"全线最长的特大桥——胡家榨特大桥的施工已驶入"快车道"。12月31日,九江赣北公路工程有限公司B6-3标5.9km路基全面交验,成为全线首家完成路基交工验收的单位。

2002年1月5日,界牌特大桥0号块浇筑成功,标志着品牌特大桥全面转入上部结构施工。21日,山东交通建设工程总公司A12标全线首段路面下基层完成试验段摊铺200m,打响路面摊铺第一枪。28日,南铁B6-T标董家分离立交桥主体工程竣工。

2002年3月12日,由中铁五局承建的梨温高速公路A3-3标饶北河大桥建成通车。3月27日,由南昌公路桥梁工程公司承建的梨温高速公路A7-3标最后一段路面垫层胜利铺筑完工,并于4月4日顺利通过交工验收,成为梨温全线首家完成路面垫层施工任务的施工单位。5月9日,界牌特大桥第一孔边跨合龙。27日,梨温高速公路全线关键工程之一的界牌特大桥主桥上半幅顺利合龙。28日,九江赣北梨温B6-3项目部承建的5.925km路基主体工程顺利竣工,这是全线的首段整标路基胜利竣工,也是该项目部在梨温项目建设中创造的第六个"第一"。6月8日,A12标山东交通工程总公司成功摊铺200m沥青混凝土试验段,成为全线首先进行沥青混凝土摊铺的合同段。9日,梨温高速公路控制性关键工程——胡家榨特大桥最后一片梁安装完毕,标志着胡家榨特大桥胜利合龙。15日,咽喉工程界牌特大桥再传捷报,主桥下半幅主跨7号-8号-9号之间的两个合龙段胜利合龙,标志着全长718.14m的界牌特大桥基本贯通。17日,B4-Q标白塔河大桥成功架设完最后一片40m预力混凝土箱梁,至此全线最后一个关键制约点被攻克,标志着梨温高速公路全面进入路面摊铺施工阶段。7月25日,A12标山东交通工程总公司率先完成340m的沥青中面层试验段摊铺任务。9月21日,B11-2标江西路桥完成沥青中面层摊铺任务。26日,A12标率先完成路缘石施工任务。10月3日,B11-1标省公路机械工程局率先完成路面主线摊铺任务。11月5日,B10标部一局成功完成主线沥青混凝土路面摊铺。12月28日,梨温高速公路建成通车。

2003年10月14日,项目通过竣工环境保护验收。2004年8月9日,通过水土保持设施验收。10月8日,项目竣工检查通过验收。

招标工作:该项目划分路基工程16个合同标段,路面工程8个合同段,机电工程3个合同段,通信管道4个合同段,护栏、标志、标线、隔离栅工程16个合同段,绿化工程9个合同段,房建及附属工程22个合同段;工程监理分为9个合同段,其中,公路主体工程监理8个合同段,机电工程监理1个合同段。

(1)施工招标情况:2000年9~12月进行路基、路面工程施工招标;2001年10~12月进行交通工程施工招标,2002年1~4月进行绿化工程施工、机电施工、房建及附属设施施工招标。117家施工企业中标并签署施工合同。

(2)监理招标情况:该项目的监理招标活动也是根据工程进展情况分阶段进行。2000年9~12月进行路基、路面工程施工监理招标,参加资格预审的监理单位共16家;通过资格预审的监理单位14家,其中8家监理单位中标并签署路基、路面施工监理合同。2001年10~12月进行机电工程施工监理招标,参与竞标的监理单位4家,1家机电工程施工监理单位中标并签署机电工程施工监理合同。

征地拆迁情况:该项目全线征用土地1539.6公顷,拆迁各类房屋16.55万m^2(表3-2-3),迁移坟墓6612座、水井412口、围墙5038m、混凝土渡槽150m、砖瓦窑6座、电力杆线419道、通信光电缆293道14.65万m。

梨温高速公路征地拆迁情况统计　　　　表3-2-3

项目	征地拆迁安置起止时间	征用土地（公顷）	拆迁房屋（m^2）	支付补偿费用（元）	备注
全线	2000年12月~2002年12月	1539.6	165500	249730000	

该项目是江西省率先推行项目法人责任制和《工程合同》《廉政合同》"双合同制"的重点工程。由江西公路开发总公司担任项目法人,江西省交通厅梨温高速公路建设项目办建设,江西交通设计院设计。工程批准工期39个月,计划工期36个月。为加快江西的发展,按照省委、省政府提出"争先锋、创一流、力争往前赶,努力实现两年建成通车"的要求,项目由原来的36个月6个阶段,调整为24个月4个阶段。在两年的建设工期内,完成路基土石方3200万m^3、沥青混凝土路面591万m^2;大桥19座、中小桥306座、涵洞、通

道1339道,互通式立交12处、分离式立交143处,预制、安装板梁10797片,浇筑钻孔桩2814根,单项工程优质率达到95%以上。全线设置5个服务区、4个养护工区、14个收费站,其中赣浙主线收费站是华东六省一市最大的收费站。

4. 运营管理

梨温高速全线共设置服务区5处(三清山服务区、上饶服务区、鹰潭服务区、龙虎山服务区、东乡服务区)、收费站14处(表3-2-4)。

梨温高速公路收费站点设置情况　　　表3-2-4

站点名称	车道数	收费方式
赣浙界梨园收费站	18入17出	人工半自动收费(MTC)+自动收费(ETC)
玉山收费站	3入5出	人工半自动收费(MTC)+自动收费(ETC)
广丰收费站	3入3出	人工半自动收费(MTC)+自动收费(ETC)
上饶东收费站	4入6出	人工半自动收费(MTC)+自动收费(ETC)
上饶西收费站	3入5出	人工半自动收费(MTC)+自动收费(ETC)
经开区收费站	6入7出	人工半自动收费(MTC)+自动收费(ETC)
杨梅岭收费站	2入3出	人工半自动收费(MTC)+自动收费(ETC)
弋阳收费站	2入3出	人工半自动收费(MTC)+自动收费(ETC)
贵溪收费站	2入4出	人工半自动收费(MTC)+自动收费(ETC)
鹰东收费站	2入3出	人工半自动收费(MTC)+自动收费(ETC)
鹰西收费站	2入4出	人工半自动收费(MTC)+自动收费(ETC)
余江收费站	2入2出	人工半自动收费(MTC)+自动收费(ETC)
东乡收费站	2入3出	人工半自动收费(MTC)+自动收费(ETC)
进贤收费站	2入2出	人工半自动收费(MTC)+自动收费(ETC)

三、昌傅至赣州高速公路(昌傅至泰和段)

昌傅至赣州高速公路(昌傅至泰和段)简称昌泰高速公路,也称樟(树)吉(安)高速公路,是纵贯全省南北的交通大动脉和全省"两纵四横一斜"交通网络的重要组成部分,是105国道和赣粤高速公路的组成部分,也是G45大广(大庆至广州)国家高速公路江西境内的重要组成部分,在国家高速公路网中编号G45。路线大致沿赣江西岸由北向南逆江而上,地势南高北低,为平原微丘区地形。昌泰高速公路同时与泰赣、武吉、泰井高速公路相连接,是国家"十五"规划和全省交通重点工程。该项目的兴建是加快全省经济发展的基本条件,是全省进一步扩大对内对外开放的必然要求,也是进一步把全省区位优势、低成本优势、资源优势充分发挥出来的战略之举。该项目建成通车,对促进全省逐步成为沿海发达地区的"三个基地,一个后花园",实现江西在中部地区的崛起,具有十分重大的意义。

1. 项目概况

昌泰高速公路建设里程147.73km,其中41.271km(K2875+119~K2916+390)为国家高速公路。路线起于樟树市昌傅镇,途经新余市、峡江县、吉水县、吉安市吉州区、吉安县5个县(区),终点在泰和县马市,与泰赣高速公路相连。2001年6月28日开工建设,2003年6月28日竣工通车(交通部批准建设总工期为4年,计划工期为3年,为响应省委、省政府提出加快交通建设步伐,提前打通省内各大道的要求,建设实际工期为2年)。交通部批准概算为30.09亿元,后经省交通厅批准新增概算0.2亿元,项目竣工决算核定总额为22.41亿元。全线按高速公路双向4车道标准设计,设计速度100km/h,路基宽度26m,路面宽度23m,采用沥青混凝土路面结构。设计年限15年,设计标准轴载BZZ-100kN,桥梁按汽车—超20级、挂车—120的荷载标准进行设计,洪水按特大桥1/300、大中小桥及路基1/100的频率标准进行设计;全线共有特大桥1座、大桥5座、中小桥36座,涵洞、通道853道,互通式立交8处、分离式立交63处。

昌泰高速公路建成后隶属省高管局管辖,2003年8月,赣粤公司与控股公司、江西赣能股份公司共同出资设立昌泰公司,赣粤公司持40%股份。2005年11月收购控股公司所持有昌泰公司36.67%的股份,收购后,赣粤公司持有昌泰公司76.67%的股份。

自2003年昌泰高速公路通车以来,交通量逐年增长,货车比例较高,部分路面结构性和功能性出现一定程度的损坏,尤其是部分路段受到水的影响而产生大面积唧浆、坑槽病害,道路通行能力受到很大的限制。因此,为改善和提升昌泰高速公路路面行驶质量,提高路网通行能力,更好地服务于经济社会发展的需要,昌泰高速公路技术改造工程迫在眉睫。2013年10月,经省交通运输厅批复,同意实施昌傅至泰和高速公路技改工程,项目概算总额15.0333亿元,全部为自筹资金。2014年8月,技改工程施工图设计获得省交通厅批准,同时项目试验段正式开工,9月5个路面标全面开工,项目各参建方全部经公开招标产生。全线铣刨回补沥青混凝土367786.85m^3,水泥混凝土394685.94m^3,边沟改造94840m,中央分隔带改造168543m,全线处理护栏板镀锌7.73km。

2. 参建单位

昌泰高速公路新建工程参建单位共45家。

项目管理单位:江西省交通厅昌傅至赣州高速公路项目建设办公室。

设计单位:江西省交通设计院、北京交科公路勘察设计院。

设计咨询单位:交通部第二公路勘察设计院。

施工单位:江西省新余市兴达公路建设有限公司、江西省公路桥梁工程总公司、江西省交通工程集团公司、江西省吉安路桥工程总公司、湖南环达公路桥梁建设总公司、路桥集团第一公路工程局、路桥集团第二公路工程局第二工程处、中铁十三局一处、云南省第四公路桥梁工程公司、路桥集团第一公路工程局厦门工程处、南昌铁路局工程总公司、中铁五局集团机械化工程有限公司、中铁第二十局第二工程处、路桥集团第二公路工程局、江西有色工程有限公司、萍乡矿业集团建筑安装总公司、江西省第二建筑工程公司、江西省第一建筑有限责任公司、吉安市建筑安装工程总公司、江西省建工集团公司、江西地质工程集团总公司、南昌市第三建筑工程公司、南昌县第五建筑工程公司、徐州飞虹网架（集团）有限公司、江西省第二建筑工程公司、北京华纬交通工程公司、淄博玉泰公路设施有限公司、四川京川公路工程（集团）有限公司、杭州公路交通设施工程有限公司、石家庄通达交通设施有限公司、湖南省长路交通设施有限公司、龙岩市新鑫交通安全设施有限公司、江苏耀金交通设施有限公司、江西省公路管理局交通工程公司、江西方兴科技有限公司、杭州明华澳汉科技有限公司。

监理单位：北京港通路桥工程监理有限责任公司、江西交通工程监理公司、武汉大通公路桥梁工程咨询有限公司、江西省公路工程监理公司、上海同济公路工程咨询公司。

昌泰高速公路技术改造工程参建单位有22家。

项目管理单位：江西赣粤高速公路股份有限公司技改办。

设计单位：中交路桥技术有限公司、江西省天驰高速科技发展有限公司。

质量监督单位：江西省交通工程质量监督站。

第三方检测单位：江西省公路工程检测中心。

施工单位：江西省公路桥梁工程有限公司、江西赣粤高速公路工程有限责任公司、安徽省公路桥梁工程有限公司、东盟营造工程有限公司、河北燕峰路桥建设集团有限公司、吉林省松江路桥建筑有限责任公司、邢台路桥建设总公司、中航路通实业有限公司、厦门华特集团有限公司、中国航空技术广州有限公司、北京中油京成石化有限责任公司、北京城建道桥建设集团有限公司、浙江万咏道路工程材料有限公司、福建省华索沥青工业有限公司、北京盛广拓公路科技有限公司。

监理单位：江西交通咨询公司、江西省嘉和工程咨询监理有限公司。

3.建设情况

2000年4月26日，国家计委下发《印发国家计委关于审批赣粤高速公路江西省昌傅至赣州段项目建议书的通知》（计基础〔2000〕456号），批复项目建议书。12月7日，国家计委下发《印发国家计委关于审批赣粤高速公路江西省昌傅至赣州段工程可行性研究报告的请示的通知》（计基础〔2000〕2269号），批复项目工程可行性报告。7月19日，省交通厅下发《关于明确赣粤高速公路（昌傅至赣州段）高速公路建设项目法人的通知》（赣交计字〔2000〕94号），明确该项目的法人单位为江西省高速公路投资发展（控股）有限公司。省交通厅公设字〔1998〕697号文批准增设吉安北互通立交，批复概算（不含交通工程)1996.9107万元。该项目严格按国家基本建设程序实行管理,项目环保报告、水保方案均获同步批准,并做地质灾害评估和矿产压矿评估。

省交通厅公设字〔1998〕697号文批准增设吉安北互通立交,批复概算(不含交通工程)1996.9107万元。该项目严格按国家基本建设程序实行管理,项目环保报告、水保方案均获同步批准,并做地质灾害评估和矿产压矿评估。

2001年3月8日,交通部下发《关于赣粤高速公路江西省昌傅至赣州段初步设计的批复》(交公路发〔2001〕101号),批复初步设计,批准概算为30.085亿元(含建设期贷款利息),其计划资金来源:①建设银行贷款18.5亿元;②交通部补助7.23亿元;③自筹4.35亿元。3月14日,省重点工程办公室下发《关于对昌傅至赣州高速公路项目工程施工、监理招标方案的批复》(赣重建设〔2001〕14号),批复施工、监理招标方案。3月14日、15日,在《中国交通报》《江西日报》《中国建设报》三家媒体上刊登工程施工、监理招标资格预审通告。省交通厅下发《关于成立江西省交通厅昌傅至赣州高速公路项目建设办公室的通知》(赣交办字〔2001〕8号),至此"江西省交通厅昌傅至赣州高速公路项目建设办公室"正式成立。4月4日,省交通厅《关于昌(傅)赣(州)高速公路昌傅至泰和段施工图设计的批复》(赣交基建字〔2001〕29号),批复施工图设计。4月14日,省交通厅下发《关于赣粤高速公路昌傅至泰和段施工监理招标资格预审和招标文件的批复》(赣交基建字〔2001〕30号),批复施工监理招标资格预审及招标文件。同日,省交通厅下发《关于赣粤高速公路昌傅至泰和段施工招标资格预审和招标文件的批复》(赣交基建字〔2001〕31号),批复施工招标资格预审及招标文件。5月12日,施工监理招标开标会。6月11日,省交通厅批复施工监理评标工作报告。6月12日,省交通厅批复施工监理招标评标工作报告。6月22日,交通部公路司下发《关于对江西省赣粤高速公路昌傅至泰和高速公路开工报告的审核意见》,批复项目开工报告。6月25日,在南昌举行工程施工、监理合同签字仪式。6月28日,在樟树市昌傅镇举行赣粤高速公路昌傅至泰和段开工暨胡家坊至昌傅段竣工典礼。9月25日,省政府在吉安召开掀起昌泰施工高潮动员大会。会议提出:"抢抓春节前,完成五八八,即在2002年2月12日前,力争完成50%的路面备料、80%的土石方、80%的大桥特大桥下部构造,同时,力争完成50%的梁板预制和所有涵洞通道。"截至9月21日,全线共完成土石方436万 m^3,占总量的21.5%;涵洞、通道共开挖基础268道,占总量的31.4%;浇筑基础200道,占总量的23.4%;圆管涵预制3217m,占总量的22%;桥梁灌注桩83根,占总量的5.6%。

2002年8月16日,省政府在赣州市召开昌泰高速公路阶段目标总结暨掀起施工高潮动员大会。10月15日,经省交通厅批准《关于赣粤高速公路昌泰段吉安北互通立交初步设计的批复》(赣交计字〔2002〕152号),批复关于吉安北互通立交的初步设计。

2003年5月20~23日,省交通工程质量监督站会同昌赣项目办建设各方,分别对该项目的路基、桥梁、路面、交通安全设施及房建等附属工程分阶段进行外业检测、内业资料审查以及评定工作,于2003年6月20日编写完成工程质量检验评定。6月23日,经省交通厅组织有关专家验收评比,昌泰高速公路被评为江西省优良工程,单位工程优良率达到96.49%。6月28日上午10时,隆重举行昌泰高速公路通车典礼仪式。

4. 运营管理

昌泰高速公路沿线共设置2处服务区(吉安服务区:桩号K121+481、峡江服务区:桩号K49+100),停车区2处、收费站7处(表3-2-5)。

昌泰高速公路收费站点设置情况　　　　表3-2-5

站点名称	车道数	收费方式
南安收费所	4	人工半自动收费(MTC)+自动收费(ETC)
峡江收费所	6	人工半自动收费(MTC)+自动收费(ETC)
吉水收费站	4	人工半自动收费(MTC)+自动收费(ETC)
吉安北收费所	8	人工半自动收费(MTC)+自动收费(ETC)
吉安南收费所	8	人工半自动收费(MTC)+自动收费(ETC)
吉安县收费站	5	人工半自动收费(MTC)+自动收费(ETC)
泰和收费所	7	人工半自动收费(MTC)+自动收费(ETC)

四、昌傅至赣州高速公路(泰和至赣州段)

昌傅至赣州高速公路(泰和至赣州段)(以下简称"泰赣高速公路")是内蒙古阿荣旗至深圳国家重点公路在江西境内的一段,也是赣粤高速公路的一段,是江西省"两纵三横一斜"公路主骨架的"一纵",也是江西省及华东地区通往广东省及香港、澳门特别行政区的重要通道,在国家高速公路网编号为G45。泰赣高速公路的建成通车,为江西省打开通向沿海发达地区的快速通道,对促进江西与沿海地区的经济联系,使江西早日成为"三个基地、一个后花园",实现江西在中部地区崛起具有重要的意义。

1. 项目概况

泰赣高速公路路线全长127.779km,路线大致沿赣江西岸由北向南逆江而上,地势南高北低,沿线大部分为丘陵区地形,地质较为复杂。路线起点位于昌泰高速公路的终点泰和县马市镇,途经吉安、赣州2个设区市的泰和县、万安县、遂川县、南康市4个县(市),止于南康市龙岭镇,与赣粤高速公路至定南段起点相连。与G105国道公路相交。2001年11月18日开工建设,2004年1月16日竣工通车,项目批准概算36.7609亿元,资金来源:①国家专项基金6.45亿元;②江西省交通建设基金14.541亿元,作为项目的资本金;③国家计委安排江西省利用世界银行贷款1.9亿美元(折合人民币15.77亿元)。项目总投资288059.2880万元。全线采用全封闭、全立交,双向4车道高速公路标准建设,设计速度100km/h,汽车荷载等级为公路—Ⅰ级,路基设计宽度26m,路面面层除收费广场为水泥混凝土结构外,均采用沥青混凝土结构,底基层、基层采用级配碎石和水泥稳定碎石结构。全线共有隧道5座/3850延米,特大桥、大桥(含高架桥)13座/5967延米,中桥28座/1560延米,小桥5座/150延米,互通立交5处,分离立交48座,涵洞、通道547道。

2. 参建单位

泰赣高速公路参建单位共30家。

项目管理单位:江西省交通厅世行贷款泰赣高速公路项目建设办公室。

设计单位:江西省交通设计院、北京交科公路勘察设计院。

施工单位:中铁十九局、中铁三局集团有限公司、中铁第十四工程局第一工程处、中铁第十七工程局、中铁第十八局集团第四工程有限公司、北京鑫路路桥建设有限公司、中国有色金属工业第六冶金建设公司、岳阳市公路桥梁基建总公司、攀枝花公路桥梁工程总公司、南昌宣威涂饰有限公司、北京荣瑞达智能交通技术有限责任公司、南昌县第五建筑工程公司、浙江东阳市第二建筑工程有限公司、江西省建筑安装工程公司、南昌市第五建筑安装工程公司、抚州市临川房屋建筑工程公司、江西省第一房屋建筑公司、南昌市第三建筑工程公司、江西省丰和营造有限公司、徐州飞虹网架(集团)有限公司、成都曙光光纤网络有限责任公司、中铁一局集团电务工程有限公司。

监理单位:江西省交通工程监理公司、中交国际工程咨询公司、安徽省公路工程建设监理有限责任公司、江西交通建设工程监理所、北京中通公路桥梁咨询发展有限公司。

3. 建设情况

1998年6月,由江西省交通厅委托江西省交通设计院编制泰赣高速公路可行性研究报告。交通部第二公路勘察设计院对工程可行性研究报告进行咨询。

2000年,省交通厅下发《关于明确赣粤高速公路(昌傅至赣州段)高速公路建设项目法人的通知》(赣交计字〔2000〕94号),明确该项目的法人单位为江西省高速公路投资发展(控股)有限公司。同年,省交通厅下发《关于设立世行贷款泰和至赣州高速公路项目建设办公室的通知》(赣交办字〔2000〕7号),至此"江西省交通厅世行贷款泰赣高速公路项目建设办公室"正式成立。12月,国家发展计划委员会下发《印发国家计委关于审批赣粤高速公路江西省昌傅至赣州段工程可行性研究报告的请示的通知》(发计基础〔2000〕2269号),批准赣粤高速公路昌傅至赣州段可行性研究报告。

该项目委托江西省交通设计院进行泰赣高速公路两阶段勘察设计,由北京交科公路勘察设计院负责交通工程设计(交通安全设施,机电、房建工程)。在初步设计完成后,项目委托交通部第二公路勘察设计院对赣粤高速公路泰和至赣州段两阶段初步设计进行设计咨询,施工图设计工作全面开展。

2001年，交通部下发交公路发〔2001〕101号文，批复初步设计，批准概算为36.7609亿元。资金来源：国家专项基金6.45亿元；江西省用交通建设基金14.541亿元作为项目的资本金，共计20.991亿元，占总投资的57.1%；国家计委安排江西省利用世界银行贷款1.9亿美元（折合人民币15.77亿元）用于该项目的建设。

2001年3月14日，省重点办批复昌博至赣州高速公路项目工程施工、监理招标方案。赣粤高速公路泰和至赣州段工程项目的招标采购，根据《中华人民共和国招标投标法》、交通部《公路工程施工招标投标管理办法》和世界银行采购指南等有关规定，成立招标工作领导小组、评标委员会、招标工作办公室。招标工作办公室负责具体事务性工作、资格预审、标前会议、发售标书、评审标书等，评标报告报评标工作领导小组审定，经省政府同意后再报交通部审查，报世界银行确认。6月4日，省交通厅批复施工图设计。

2002年2月26日，泰赣高速公路首次工地会议在吉安市召开，要求项目各方必须"履行一个责任、明确两个目标、落实三项准备、抓住四个环节、树立五大形象、采取六项措施"，迅速掀起施工高潮。3月2日，外国监理工程师艾力克·汤姆森动员进场。10月15～19日，丹麦公路代表团参观江西二号公路项目。11月20日，在吉安市召开泰赣段实现第二阶段目标再动员大会。参建各方经过充分酝酿共同签订第二阶段目标责任书。12月10日，杨公山隧道率先双线顺利贯通，比省政府提出的阶段目标提前51天，比合同工期提前108天。16日，佛子岭隧道实现双线顺利贯通，不仅比省政府提出的阶段目标提前45天，比合同工期提前了102天，而且创造江西省公路隧道日均掘进8m的新纪录。2003年4月15日，遂川江特大桥率先实现全幅贯通，比计划工期至少提前6个月。6月26日，省政府在赣州市召开工程建设决战动员大会，确保三大目标年底实现，即年底全面建成泰赣段，基本建成赣定段，全省高速公路建设总里程超过1000km。7月6日，项目办在吉安市召开"实现泰赣高速公路年底通车誓师大会"。9月8～14日，世界银行检查代表团检查江西省二号公路项目，对在建工程的施工质量非常满意。

2004年1月13日，经省交通厅组织有关专家验收评比，泰赣高速公路被评为江西省优良工程。16日，泰赣高速公路建成通车。10月28日，外国监理工程师全部撤场回国。

征地拆迁情况见表3-2-6。

泰赣高速公路征地拆迁情况统计 表3-2-6

项目	征地拆迁安置起止时间	征用土地（公顷）	拆迁房屋（m²）	支付补偿费用（元）	备注
全线	2001年2月～2004年1月	900.54	111818.1	142957116	

4.复杂技术工程

（1）赖坪高架桥。赖坪高架桥是泰赣高速公路（泰和至赣州）上的一座分离式连续T

梁高架桥,自2001年11月16日开工建设,2004年1月16日建成通车,位于遂川县碧洲镇赖坪村,横跨深沟谷,是泰赣全线重点控制工程之一。下行线桥长1208.8m,上行线桥长848.8m,单幅桥面均宽12.5m;上部构造下行线采用21×40m I 梁先简支后连续结构,下行线采用30×40m I 梁先简支后连续结构;下部构造均为双桩墩、桩基础,桥台为肋形台、桩基础。桥面采用4cm厚C40防水混凝土+5cm厚中粒式沥青混凝土+4cm厚沥青混凝土抗滑表层。

由于桥梁大部分处于$R=1100m$的平曲线上,曲线上各跨桥在宽度上均存在弦弧差。为保证桥面在曲面上的宽度,在保证桥梁内侧(平曲线圆心侧)宽度的前提下,上部构造在每处主梁翼缘板现浇段,即桥梁外侧(背离圆心侧)宽度加宽2cm,下部构造将桥墩处侧盖梁的悬臂段加长10cm,桥面总宽度为12.7m,但桥面净宽仍保持12.5m。处于平曲线上的T梁,因各片梁的预应力钢束长度不同,主梁正弯矩预应力钢束采用保持钢绞线的曲线段长度不变,调整中间直线段主梁连续预应力钢束的处理方式,保持钢绞线的整段长度不变,对称地调整锚端位置。

(2)杨公山隧道。杨公山隧道位于遂川县城南17km,北起碧州镇羊牯村,南至巾石乡下湾村,左右洞起讫桩号分别为K2969+980~K2971+533和K2969+980~K2971+535,长度分别为1552.921m和1555m。隧道设计为上、下行分离的两座独立隧道,两座隧道轴线间距为46m。隧道净宽10.25m,净高5.0m,隧道内轮廓为曲墙半圆拱,拱半径5.62m。隧道段平面上处于直线段,洞口接线采用分离式路基,与整体式路基用左右线过渡衔接,隧道段纵坡为2%,隧道内及北洞门外50m范围的中路面采用水泥混凝土路面,并在北洞口设置车辆转向车道,转向车道路面采用沥青路面。该隧道初砌按新奥法原理进行洞身施工,洞身衬砌类型均采用半圆拱形断面形式。由于南洞口段存在较严重的偏压,采用加强初砌方法,初期支护采用钢支撑、锚杆、钢筋网加喷射混凝土,二次衬砌采用钢筋混凝土偏压式支护形式。北洞口地形陡峻,地质条件复杂,为不良地质,剥蚀、侵蚀作用强烈,明洞施工时极易出现小面积的坍塌和滑坡。施工进洞之前,首先必须做好洞顶山坡截水沟,确保洞顶地表水引排出洞顶范围,明洞衬砌完成后及时回填。

5. 运营管理

泰赣高速公路设服务区2处、收费站5处(表3-2-7)。车流量呈逐年递增趋势,断面平均日交通量:2012年自然数9550辆/日,当量数22164辆/日;适应交通量55000辆/日;交通拥挤度39%。2013年自然数12777辆/日,当量数26615辆/日;适应交通量55000辆/日;交通拥挤度45.7%。2014年自然数13198辆/日,当量数27079辆/日;适应交通量55000辆/日;交通拥挤度46.2%。2015年自然数16502辆/日,当量数33114辆/日;适应交通量55000辆/日;交通拥挤度51.5%。

泰赣高速公路收费站点设置情况　　　　　　　　　　　　　　　　表 3-2-7

站点名称	车道数	收 费 方 式
韶口收费站	4	人工半自动收费(MTC)+自动收费(ETC)
万安收费站	4	人工半自动收费(MTC)+自动收费(ETC)
遂川收费站	6	人工半自动收费(MTC)+自动收费(ETC)
汤村收费站	4	人工半自动收费(MTC)+自动收费(ETC)
横市收费站	4	人工半自动收费(MTC)+自动收费(ETC)

五、赣州至定南高速公路

赣州至定南高速公路(以下简称"赣定高速公路")是江西省第一条由地方政府出资建设的高速公路项目,是 G45 大庆至广州高速公路在江西境内的一段,是江西境内赣粤高速公路的重要组成部分,是江西省南向出省的一条快速大通道,在国家高速公路网中编号分为 G45 和 G4511(其中 G45 有 98.546km、G4511 有 28.312km)。赣定高速公路是江西省第一条以地方为业主建设的高速公路,是赣南人民快速奔小康的改革路、致富路、发展路。作为连接长江三角洲和珠江三角洲最便捷的要道,赣定高速公路的建成通车,使赣州的区位优势更加凸现,有力地促进物流产业链和新的经济增长点的加快形成,进而为全省"三个基地、一个后花园"的建设和实现江西在中部率先崛起的目标提供坚实支撑。

1. 项目概况

赣定高速公路建设里程 126.258km,其中 98.546km 为 G45 大广高速公路,28.312km 为 G4511 龙河高速公路。路线起点位于南康市龙岭镇,与赣粤高速公路泰赣段相连,途经南康、信丰、龙南、定南 4 个县(市)19 个乡(镇),止于定南县老城野猪塘,与广东省的粤赣高速公路相接。全线分 3 段实施,赣州南康龙岭至信丰段于 2002 年 2 月 28 日开工建设,信丰至定南段于 2002 年 8 月 15 日开工建设。赣州南康至龙南段 97km 于 2004 年 1 月 16 日建成,龙南里仁至定南野猪塘段 29km 于 2004 年 7 月 1 日建成通车。项目批准概算总投资 419541.72 万元,资金来源:①自筹 12.096 亿元;②工行贷款 29.858 亿元。全线按双向 4 车道高速公路标准建设,全封闭、全立交,主线设计速度 100km/h,路基宽 26m,路面主体结构为沥青混凝土面层;连接线长 16.534km,按二级公路标准建设,路基宽龙南连接线为 24m,其他为 12m;设计荷载为汽车—超 20 级,挂车—120;设计洪水频率:特大桥 1/300,其他 1/100;桥面横坡:2%;地震烈度:基本烈度小于Ⅵ度,不考虑桥涵构造物抗震设计。全线共有特大桥 1 座,高架桥 22 座,大、中桥 23 座,互通立交 7 处,分离立交 45 处,隧道 16 座,涵洞 358 道、通道 150 道。全线设有服务区 3 处,收费站 8 处(赣定高速公路设有南康、龙回、信丰、铁石口、龙南、定南、老城、赣定省界共 8 个收费站)。

2. 参建单位

赣定高速公路参建单位共69家。

项目管理单位：赣州高速公路有限责任公司。

设计单位：江西省交通设计院、中交第二公路勘察设计研究院。

施工单位：南昌铁路局工程总公司、中铁十七局第五工程处、中铁大桥局集团有限公司、中铁四局集团第四工程有限公司、中铁十四局第四工程处、江西省公路桥梁工程局、中铁十三局集团有限公司、中铁二十局第二工程处、中铁十八局集团第五工程有限公司、中铁隧道集团二处有限公司、中铁大桥局集团有限公司、广东省基础工程公司、中铁十四局集团第四工程有限公司、中国第二十二冶金建设公司、中国水利水电第十三工程局、中铁五局集团有限公司、中铁十七局集团有限公司、南昌铁路工程(集团)有限责任公司、中铁十四局集团第三工程有限公司、中铁十八局集团第二工程有限公司、广州市公路工程公司、洛阳路桥建设总公司、哈尔滨华龙交通建设有限公司、南昌铁路工程(集团)有限责任公司、中铁四局集团第四工程有限公司、中铁十六局集团第一工程有限公司、中煤建筑安装工程公司、南昌铁路工程(集团)有限责任公司、山西远方路桥(集团)有限公司、中铁第二十局第二工程处、中铁隧道局一处有限公司、中铁十二局集团有限公司、中铁一局集团第一工程有限公司、沈阳铁路工程建设集团有限公司、中铁十八局集团第四工程有限公司、南昌铁路工程(集团)有限责任公司、中铁十六局集团第三工程有限公司、吉林省交通建设集团有限公司、中铁第二十工程局第一工程处、赣州公路工程公司、沈阳市市政建设工程公司、北京城建道桥工程有限公司、黑龙江北琴海路桥工程集团有限公司、广东省公路工程建设集团有限公司、北京市飞达交通工程公司、亿阳集团有限公司、中国港湾建设(集团)总公司、杭州京安交通工程有限公司、福建省筑路机械厂、湖南湘江潭公路桥梁建设有限责任公司、江西临川建筑安装工程总公司、广东省第五建筑、赣州银盛装饰工程有限公司、赣州三马广告装饰工程有限公司、中国建筑第一工程局第二工程公司、江西省万通园林绿化工程有限责任公司、北京中种草业有限公司、广东金道达高速公路经济开发有限公司。

监理单位：江西交通建设工程监理所、中交国际工程咨询有限公司、上海华申工程建设监理咨询有限公司、天津市国腾公路咨询监理有限公司、安徽省高等级公路工程监理有限公司、北京路桥通工程监理咨询有限公司。

3. 建设情况

赣定高速公路是由赣州市政府出资建设的高速公路项目，赣州市政府专门成立赣州高速公路有限责任公司作为该项目的法人，并委托省交通设计院承担全线的勘察设计任务。

2001年5月12日，国家发展计划委员会下发《印发国家计委关于审批江西省赣州至定南（赣粤界）公路可行性研究报告的请示的通知》（计基础〔2002〕881号），批准该项目可行性研究报告。2003年4月28日，交通部下发《关于江西省赣州至定南段（赣粤界）公路初步设计的批复》（交公路发〔2003〕153号），批准该项目的初步设计。批准概算总投资为419541.72万元，其中第一部分建安工程费为339760.52万元，第二部分设备工具器具购置费为15260.49万元，第三部分其他基本建设费用为48229.96万元，预留费用15312.53万元，文物保护经费96.67万元，工程保险费861.55万元，跨河桥梁通航及永久性桥涵标经费20.00万元；其计划资金来源为：工商银行贷款29.858亿元，自筹12.096亿元。

赣州高速公路有限责任公司严格按招标程序进行公路工程施工监理的招标和施工的招标，经上级交通主管部门批准，施工监理招标采用邀请招标的方式，施工招标采用国内公开招标的方式。结合该工程以地方性为业主、分期实施的特点，全线共分为21个整路基施工合同段（A1～A7、B1～B9、C1～C5）、5个路面施工合同段（PA1、PA2、PB1、PB2、PC）、1个通信管道施工合同段、2个机电工程施工合同段（JD1、JD2）、3个交通安全设施施工合同段（AQ1、AQ2、AQ3）、3个房建施工合同段（FJ1、FJ2、FJ3）、2个房建装饰施工合同段（FJZSA、FJZSB）、1个省界收费棚施工合同段、3个绿化施工合同段（绿化A、绿化B、绿化C标）、5个路基路面监理标（监理1～5标）和1个机电工程监理标。招标分三阶段进行，第一阶段（2001年10～12月）进行A段（南康龙岭至信丰县城）路基、路面工程的招标；第二阶段（2002年4～6月）进行B段（信丰县城至龙南里仁）、C段（龙南里仁至定南老城）路基、路面工程的招标；第三阶段（2002年7月～2004年11月）进行全线机电工程、绿化及房建工程等其他附属工程的招标。

征地拆迁情况见表3-2-8。

赣定高速公路征地拆迁情况统计　　　　　表3-2-8

项目	征地拆迁安置起止时间	征用土地（公顷）	拆迁房屋（m²）	支付补偿费用（元）	备注
全线	2002年4月～2003年12月	1163.1231	198426.74	17770.67	

4. 运营管理

赣定高速公路设有服务区3处（南康服务区、信丰服务区、定南服务区）、收费站8处（表3-2-9）。

赣定高速公路收费站点设置情况　　　　　表3-2-9

站点名称	车道数	收费方式
南康收费站	3入5出	人工半自动收费（MTC）+自动收费（ETC）
龙回收费站	2入2出	人工半自动收费（MTC）+自动收费（ETC）
信丰收费站	2入3出	人工半自动收费（MTC）+自动收费（ETC）
铁石口收费站	2入2出	人工半自动收费（MTC）+自动收费（ETC）

续上表

站点名称	车道数	收费方式
龙南收费站	3入6出	人工半自动收费(MTC)+自动收费(ETC)
定南收费站	3入3出	人工半自动收费(MTC)+自动收费(ETC)
老城收费站	2入2出	人工半自动收费(MTC)+自动收费(ETC)
赣定省界收费站	18入16出	人工半自动收费(MTC)+自动收费(ETC)

六、温家圳至沙塘隘高速公路

温家圳至沙塘隘高速公路(以下简称"温沙高速公路")是G70福银高速公路在江西境内的重要组成部分,是交通部规划的"五纵七横"国道主干线的重要一纵,也是江西省公路网主骨架"一斜两纵三横"的重要组成部分,在国家高速公路网中编号G70。温沙高速公路建成通车,对于江西省加快推进工业化、城市化和农业产业化,加快实施"对接长珠闽、融入全球化"的大开放主战略进程,加快建成"三个基地、一个后花园",对于推进江西抚州融入海峡西岸经济区域发展都具有十分重要的意义。

1.项目概况

温沙高速公路建设里程177.364km(与鹰瑞高速公路共线5.729km,实际管养里程172.195km),其中,172.195km为国家高速公路,路线起点位于南昌市进贤县温家圳墨溪陈家(K346+636),途经南昌市的进贤县和抚州市的临川区、南城县、黎川县4个县(区)内26个乡镇,终于黎川县赣闽两省交界处的沙塘隘,与福建省境内北京至福州高速公路相接。2002年6月18日开工建设,2004年9月26日竣工通车,工程总投资47.33亿元,资金来源:①国家开发银行贷款26亿元;②交通部补助8.95亿元;③自筹12.38亿元。温沙高速公路全线采用全封闭、全立交的双向4车道,设计使用年限15年,设计速度为100km/h(起点K366+700~K525+000)和80km/h(起点K346+636~K366+700)两种;路基宽26m(设计速度100km/h)和24.5m(设计速度80km/h);路面均采用沥青混凝土路面,桥涵荷载标准为汽车—超20级、挂车—120。全线有桥梁149座,总长15158m,其中特大桥5座(云山河特大桥、抚河特大桥、临水河特大桥、盱江特大桥、桃木岭高架桥),大桥14座,中桥82座,小桥33座;涵洞及通道926道,共35479m;隧道2座,总长558m;收费站8处(新建时期收费站6处,2005年2月,临川北站开通;2005年11月,赣闽界熊村站开通);服务区、养护中心各3处;设互通式立交9处。

2.参建单位

温沙高速公路参建单位共88家。
项目管理单位:江西省交通厅温家圳至沙塘隘高速公路项目建设办公室。
设计单位:江西省交通设计院。

施工单位：江西省建工集团公司、江西省赣江公路工程有限公司、江西省公路机械工程局、中铁十九工程局、黑龙江省公路桥梁建设集团有限公司、中铁一局集团有限公司、中港二航务工程局第一工程公司、江西省第二建筑工程公司、江西中煤路桥工程有限公司、江西省吉安路桥工程总公司、江西省上饶京宝路桥工程有限公司、中国建筑第八工程局机械施工公司、福建省闽西交通工程公司、中国建筑第八工程局机械施工公司、福建省闽西交通工程公司、中铁十五局集团第二工程有限公司、中铁十四局集团第四工程有限公司、江西赣北公路工程有限公司、抚州远大路桥工程公司、路桥集团第二公路工程局第一工程处、中国光大国际经济技术合作有限公司、中国建筑第六工程局、中国葛洲坝水得水电工程集团有限公司、鹰潭公路工程有限公司、鹰潭公路工程有限公司京福项目一分部、鹰潭公路工程有限公司京福项目二分部、南昌铁路工程（集团）有限责任公司、江西华鑫交通建设工程集团有限公司、南昌公路桥梁工程有限公司、赣州公路工程有限公司、江西省高管局工程养护处、江西博达路桥有限公司、中铁十四局集团有限公司、中铁隧道集团有限公司、中铁一局集团第二工程有限公司、中铁大桥局集团有限公司、核工业华东建设工程集团公司、中国第十七冶金建设公司、江西省上饶路桥工程总公司、路桥集团第一公路工程局第三工程公司、杭州交通工程集团公司、北京城建道路工程有限公司、赣州公路工程有限公司、山东省公路工程总公司、南昌县第五建筑工程公司、中铁三局集团有限公司、江西省高安市建筑工程公司、江西省上饶市第二建筑有限责任公司、江西省丰城市建筑工程公司、中国南昌对外工程总公司、江西昌厦建设工程集团公司、中国第四冶金建设公司、广东新广国际集团有限公司、南昌市第五建筑安装工程公司、江西省第四建筑工程公司、浙江中富建筑集团股份有限公司、淄博玉泰公路设施有限公司、湖南省长路交通设施建设有限公司、湖南湘潭公路桥梁建设有限责任公司、山西省晋中路桥建设集团有限公司、江西高新交通设施有限公司、四川金城栅栏工程有限公司、江西省公路机械工程局、湖北省路路通公路设施工程有限公司、江西省公路局交通工程公司、杭州公路交通设施工程有限公司、北京汉威达交通运输设备有限公司、北京荣瑞达智能交通技术有限责任公司、四川路桥建设集团交通工程有限公司、杭州公路交通设施工程有限公司、临安市公路建设工程有限公司、福建路桥建设有限公司、江西省赣江交通设施厂、上海奉贤园林绿化工程有限公司、湖州市园林绿化总公司、武汉市园林建筑工程公司、上饶京宝路桥工程有限公司、山东省园林花木工程有限公司、江西滕王阁园林景观工程有限公司、金华市园林绿化有限公司、江西高管实业发展公司、株洲市方圆园林绿化工程有限公司、江西长红园林有限公司。

监理单位：江西交通工程监理公司、江西交通建设工程监理所、江西省公路工程监理公司、湖南省金衢交通咨询监理有限公司、北京路桥通工程监理有限公司。

3. 建设情况

全线共征用土地 383.27 公顷，拆迁房屋 105.25 万 m^2，拆迁电力电信线路 17.39 万 m；全线设置安全、监控、通信、收费、供电照明及服务等配套设施。

4. 复杂技术工程

黎川桃木岭高架桥。黎川桃木岭高架桥堪称江西公路之最。该高架桥位于黎川县熊村镇岭下村，全长 808m、横跨 5 座山头。这里地处武夷山脉，山峰重叠，地形陡峭，高低落差最大达 150m。该桥共有 38 座桥墩，30m 以上高墩多达 22 座，3 号桥墩高 83m，被称为"华东第一高墩"。

5. 运营管理

温沙高速公路设有服务区 3 处（临川服务区、南城服务区、黎川服务区）、收费站 8 处（表3-2-10）。车流量呈逐年递增趋势，2010—2014 年增幅分别为 4.6%、11.6%、13.2%、12.8%。

温沙高速公路收费站点设置情况　　　　　　　表3-2-10

站点名称	车道数	收费方式
罗针收费站	4	人工半自动收费(MTC) + 自动收费(ETC)
临川北收费站	7	人工半自动收费(MTC) + 自动收费(ETC)
临川收费站	9	人工半自动收费(MTC) + 自动收费(ETC)
东馆收费站	4	人工半自动收费(MTC) + 自动收费(ETC)
南城收费站	4	人工半自动收费(MTC) + 自动收费(ETC)
上塘收费站	2	人工半自动收费(MTC) + 自动收费(ETC)
黎川收费站	4	人工半自动收费(MTC) + 自动收费(ETC)
熊村收费站	12	人工半自动收费(MTC) + 自动收费(ETC)

七、昌傅至金鱼石高速公路

昌傅至金鱼石高速公路（以下简称"昌金高速公路"）是 G60 沪昆高速公路在江西境内西段，建设昌傅至金鱼石段高速公路是省委、省政府的重大决策，对于实施中央西部大开发战略和实现省委、省政府提出的江西要在中部地区率先崛起的宏伟目标有着重要的现实意义，是江西省"十五"期间新建 1000km 高速公路的关键项目，起着"承东启西、沟通南北"的重要作用，在国家高速公路网中编号 G60。昌金高速公路的建成，对于进一步优化江西省经济布局，继续推进和完善以南昌为中心，京九铁路和浙赣铁路为主轴的"大十字"生产力的布局，为加快赣西地区工业化、城市化进程，把新余、宜春、萍乡 3 个设区市紧密联系在一起，优势互补，使沿线资源优势得到充分发挥，把赣西建成江西省钢铁生产基地、煤炭生产基地、水泥生产基地和玻璃生产基地，为赣西地区的崛起创造良好的交通条件和外部环境具有重要作用。

1. 项目概况

昌金高速公路建设里程167.875km,路线东起于樟树市昌傅镇,西止于萍乡市与湖南醴陵市交界的金鱼石,途经新余、宜春、萍乡3个设区市的樟树市、渝水区、分宜县、袁州区、芦溪县、安源区、上栗县、湘东区8个县(市、区)和28个乡镇。2002年9月15日开工建设,2004年9月26日竣工通车,项目总投资44亿元,资金来源:①国内银行贷款27亿元;②交通部补助8.47亿元;③自筹资金8.53亿元。昌金高速公路全线采用全封闭、全立交的双向4车道,设计使用年限15年,设计速度100km/h,路基宽26m,桥梁47座,总长8167m,其中,特大桥3座(均为高架桥)、大桥18座、中桥26座;全线设隧道1座总长185m,互通立交10处,分离立交84处,通道280道,匝道收费站10处、主线收费站1处、服务区3处以及设置安全、通信、供电等配套设施。

2. 参建单位

昌金高速公路建设参建单位共45家。

项目管理单位:江西省交通厅昌金高速公路建设项目办公室。

设计单位:江西省交通设计院。

施工单位:江西省中煤路桥工程有限公司、南昌铁路工程集团有限责任公司、中铁十九局集团有限公司、核工业华东建工集团、中铁一局集团第一工程有限公司、江西省交通集团公司、江西省公路桥梁工程局、中国光大国际经济技术合作有限公司、江西省机械工程局、江西省港航工程处、中铁一局集团有限公司、江苏省镇江市路桥工程总公司、中铁十二局集团第二工程有限公司、中铁十一局集团第四工程总公司、无锡路枯工程总公司、南通市路桥工程总公司、湖南省郴州公路桥梁建设有限责任公司、江西省公路桥梁工程局、江西省公路机械工程局、中铁二局股份有限公司、路桥集团第二公路工程局第六工程处、江西省中煤路桥工程有限公司、新建县建筑工程公司、南昌市建工集团、南昌市第二建筑工程公司、广东省第五建筑工程公司、南京中江工程建筑有限公司、昌南建工集团、江西省广丰县建工集团有限公司、江西中南建设工程集团公司、高安市建筑工程公司、江西省第一建筑有限责任公司、江西交建工程集团有限公司、丰城市建筑工程公司、核工业华东建设工程集团公司、江苏盐城大棚交通电力有限公司、江西省机械施工公司、江西省工业设备安装公司。

监理单位:江西交通工程监理公司、江西省公路工程监理公司、江西交通建设工程监理所、北京华宏路桥咨询监理公司、北京路桥通工程监理咨询有限公司。

3. 建设情况

2002年6月,国家发展计划委员会以计基础〔2002〕880号文批准了工程可行性研究报告。2002年7月上旬,交通部组织专家来赣对该项目初步设计文件进行审查后,以交公路发〔2002〕342号文件批准了该项目的初步设计。2002年7月,江西省交通厅组织专家对该项目的施工图设计文件进行审查和批复。江西省交通厅以赣交计字〔2002〕29号文件,明确该项目由江西省公路管理局组建昌金高速公路建设项目办公室并负责组织实施。昌金高速公路工程总投资44.03亿元,计划工期24个月,实际工期24个月。

该项目设计标准及主要技术指标:项目按全封闭、全立交双向4车道高速公路标准设计,设计速度100km/h;设计荷载汽车—超20级,挂车—120;公路路基宽度26m;路面采用沥青混凝土面层,设计年限15年,设计标准轴载BZZ-100kN;设计洪水频率为特大桥1/300,路基及大、中、小桥涵构造物1/100;全线配置完善的通信、监控和收费系统及照明、绿化、房建、安全设施等交通工程和服务设施。

主要工程数量:路基土石方2890万m^3;桥梁58座共长8708m,其中特大桥3座共长2455m、大桥18座共长4078m、中桥26座共长1634m、小桥4座共长112m;互通、分离式立交94处;隧道1座总长185m;涵洞及通道638道;沥青混凝土路面406万m^2;收费站11处;服务区、养护中心各3处。

该项目于2002年9月15日正式开工,2004年9月竣工通车,项目建设单位江西省交通厅昌金高速公路建设项目办公室依据交通部《公路工程竣工验收办法》(交公路发〔1995〕1081号)的有关规定,进行了交工验收工作。2004年8月10日~9月15日,江西省交通工程督导站会同项目建设各方,分别对路基、桥梁、路面、交通安全设施等工程进行了外业检测、内业资料审查以及评定工作,于2004年9月20日编写完成了工程质量检验评定报告。2004年9月22、23日,江西省交通厅昌金高速公路项目办组织并主持了本项目工程交工验收,由省计委、省重点办、省交通厅基建处、计划处、财审处、监察室、省交通工程质量督导站、省交通厅工程定额站和项目建设、设计、监理、接养等单位代表组织交工验收委员会对项目工程质量进行了全面验收。

4. 运营管理

昌金高速公路设服务区3处(新余服务区、宜春服务区、萍乡服务区)、收费站11处(表3-2-11),养护中心1处。

昌金高速公路收费站点设置情况　　　　　　　　表3-2-11

站点名称	车道数	收费方式
黄土岗收费站	4	人工半自动收费(MTC)+自动收费(ETC)
罗坊收费站	4	人工半自动收费(MTC)+自动收费(ETC)
新余收费站	10	人工半自动收费(MTC)+自动收费(ETC)
分宜收费站	4	人工半自动收费(MTC)+自动收费(ETC)
彬江收费站	4	人工半自动收费(MTC)+自动收费(ETC)
宜春收费站	10	人工半自动收费(MTC)+自动收费(ETC)

续上表

站点名称	车道数	收费方式
西村收费站	4	人工半自动收费(MTC)+自动收费(ETC)
芦溪收费站	4	人工半自动收费(MTC)+自动收费(ETC)
萍乡收费站	8	人工半自动收费(MTC)+自动收费(ETC)
湘东收费站	5	人工半自动收费(MTC)+自动收费(ETC)
金鱼石收费站	10	人工半自动收费(MTC)+自动收费(ETC)

八、赣州环城高速公路(城西段)

厦蓉线赣州环城高速公路(城西段)(以下简称"赣州城西高速公路")是国家重点公路 G76 厦门至昆明高速公路在江西省境内的一段,符合江西省"一斜二纵四横"的公路布局,是江西省的主要干线之一,在国家高速公路网中编号为 G76。作为沟通赣粤高速公路与赣州市及其东西部县、区的高速公路,其建设将扩大江西省与广东及港澳地区的经济文化交流,对促进全省(尤其是赣州市)的对外开放和经济发展,具有重大的经济和政治意义。

1. 项目概况

赣州城西高速公路全线里程 11.48km,路线起点位于章贡区蟠龙镇,起点桩号 K2+350,途经赣州市章贡区、南康市两县市共 3 个乡镇,沿线经过谢塘里、麻油山、枫树下、芳园下、塘屋、河山下、新屋孜、寨背、细坑孜、社前、枫树坑、上新塘,在洋山下与赣粤高速公路相交,向前经过长排岭、陈屋、新屋场、茶亭下、燕塘、桂树村、坳上,终于南康市唐江至十八塘的唐隆公路上,终点桩号 K13+830。路线全段位于低丘区,间跨洼地及沟谷盆地,地形起伏较大,地面高程一般在 108~150m 之间,最大相对高差在 30~40m 之间。各低丘岗地一般呈单斜地貌产出,基岩裸露,植被不发育,丘间谷盆地地表一般为水田,局部为旱地,发育有水沟,水塘零星分布。大部分地区为红色含砾砂岩及泥质细砂岩互层,以泥质细砂岩为主,局部地区为泥质粉砂岩,胶结一般,基本呈中厚层状构造,岩体总体较软,局部泥质含量较高,强度离散性较大,属软质岩,抗风化能力差。2003 年 7 月 28 日开工建设,2004 年 5 月 28 日竣工通车,项目概算投资 2.9 亿元。全线按双向 4 车道高速公路标准设计,设计速度 100km/h,路基宽度 26m,路面形式为沥青混凝土路面,设计年限 15 年,设计标准轴载 BZZ-100kN,桥梁设计荷载为汽车—超 20 级、挂车—120。

2. 参建单位

赣州城西高速参建单位共 15 家。

项目管理单位:江西省交通厅厦昆线赣州城西段高速公路项目建设办公室。

设计单位：江西省交通设计院、浙江省交通规划设计研究院。

施工单位：中铁十四局集团第一工程有限公司、岳阳市公路桥梁基建总公司、赣州公路工程公司、南昌宣威涂饰有限公司、中铁二十局集团第二工程有限公司、江西省第一建筑有限责任公司、吉安市建筑安装工程总公司、江西省第四建筑工程公司、徐州飞虹网架（集团）有限公司、江西方兴科技有限公司。

监理单位：江西交通工程监理公司、浙江科力工程监理有限公司。

3. 建设情况

2003年4月15日，省发展计划委员会下发《关于厦昆线赣州城西段可行性研究报告的批复》（赣计基础字〔2003〕343号文），批准厦昆线赣州城西高速公路可行性研究报告。4月，省发改委下发《关于厦昆线赣州城西段可行性研究报告的批复》（赣计基础字〔2003〕343号），批复项目工可报告。6月，省交通厅下发《关于厦昆线赣州城西（高速公路）一阶段施工图设计的批复》（赣交基建字〔2003〕69号）致项目办，批复该项目一阶段施工图设计。7月21日，省交通厅下发《关于成立江西省交通厅厦昆线赣州城西段高速公路项目建设办公室的通知》（赣交计字〔2003〕102号），正式成立江西省交通厅厦昆线赣州城西段高速公路项目建设办公室。9月，省交通厅下发《关于厦昆线赣州城西段高速公路交通机电工程施工图设计及黄金互通施工图设计的批复》（赣交基建字〔2003〕98号）致项目办，批复机电工程和黄金互通施工图设计。12月，省交通厅下发《关于厦昆线赣州城西段高速公路设计概算的批复》（赣交计字〔2003〕205号），批复该项目设计概算291128446元。

2004年9月，省交通厅下发赣交基建字〔2004〕89号文，批复黄金互通立交工程费用22658552元。同年委托江西省交通设计院进行厦昆线赣州城西段高速公路和黄金互通一阶段施工图设计，委托浙江省交通规划设计研究院进行交通工程机电设计。

2005年6月，省交通厅下发赣交计字〔2005〕66号文，批复赣州管理处概算5731844元。

2006年8月，省交通厅下发赣交计字〔2006〕144号文，批复赣州管理处增建综合楼概算1700000元。

赣州城西段高速公路工程项目的招标，根据《中华人民共和国招标投标法》、交通部《公路工程施工招标投标管理办法》等有关规定，结合项目工期特别短的特点，采用国内邀请招标方式。其中土建工程、房建工程、驻地监理采用国内邀请招标方式；根据省交通厅对项目机电、网架工程招标方案等的批复，机电工程施工单位为原昌泰段机电工程承包人，网架工程施工单位为原泰赣段网架工程承包人。

征地拆迁情况见表3-2-12。

赣州城西高速公路征地拆迁情况统计　　　　表3-2-12

项目	征地拆迁安置起止时间	征用土地（公顷）	拆迁房屋（m²）	支付补偿费用（元）	备注
全线	2003年7月~2004年5月	118.02	59187.44	25792434.652	

4. 运营管理

赣州城西高速公路开通运营时设有2个收费站（唐江主线收费站和黄金收费站）。2012年12月28日厦蓉线赣崇高速公路开通后，唐江主线收费站撤销，2012年黄金收费站改名为赣州西收费站（表3-2-13）。车流量呈逐年递增趋势，断面平均日交通量：2012年自然数4645辆/日，当量数7532辆/日；适应交通量55000辆/日；交通拥挤度13.69%。2013年自然数6743辆/日，当量数10019辆/日；适应交通量55000辆/日；交通拥挤度18.22%。2014年自然数7020辆/日，当量数10194辆/日；适应交通量55000辆/日；交通拥挤度18.53%。2015年自然数8964辆/日，当量数12711辆/日；适应交通量55000辆/日；交通拥挤度23.11%。

赣州城西高速公路收费站点设置情况　　　　表3-2-13

站点名称	车道数	收费方式
赣州西收费站	12	人工半自动收费(MTC) + 自动收费(ETC)

九、泰和至井冈山高速公路

泰和至井冈山高速公路（简称"泰井高速公路"）是G1517莆田至炎陵国家高速公路（联络线）江西境内的重要组成部分，也是我国第一条通达国家名胜风景区和革命圣地的高速公路，是江西省第一条红色旅游及绿色生态环保路，线路东接赣粤高速公路，西连革命圣地井冈山，设连接线至茨坪，在江西省高速公路网中编号S50，2015年泰井高速公路编入国家高速公路网中，编号G1517。泰井高速公路的建成通车，从泰和县至井冈山茨坪的行车里程将缩短14km左右，加上其起点与南北向的赣粤高速公路相连，从而使吉安市的井冈山、白鹭洲书院、文天祥纪念馆、青原山、武山石洞、南车水库以及赣州市的通天岩、九江市的庐山等著名风景区更加紧密地联系在一起，形成一条集爱国主义教育、革命传统教育、自然风光、生态旅游、休闲度假、了解宗教文化等多品种、高品位的大旅游于一体的黄金旅游线路，对进一步发展江西的红色旅游、绿色旅游事业，促进吉安市及其吉安县、泰和县、井冈山市等革命老区的经济发展具有十分重要的政治意义和经济意义。

1. 项目概况

泰井高速公路建设里程82.6km（主线长60km，厦坪至井冈山茨坪镇连接线长22.6km），其中，59.078km（K0+922~K60+000）为国家高速公路。路线始于吉安市泰和县南源坳，终于井冈山市茨坪镇，路线途经泰和县、吉安县、井冈山市3个县（市）。2003

年10月22日开工建设,2005年3月31日竣工通车。项目概算总投资25.8亿元,资金来源:①国内银行贷款15亿元;②交通部补助3.07亿元;③自筹7.73亿元。泰井高速公路主线长62km,宽24m,全线按高速公路标准建设,采用全封闭、全立交的双向4车道,设计速度80km/h,采用沥青混凝土路面;连接线长22.6km,宽16m,按准一级公路标准建设,设计速度60km/h,采用沥青混凝土路面。全线共有桥梁42座,其中特大桥1座、大中桥23座,涵洞218道,隧道3座,互通立交5处。

2. 参建单位

泰井高速公路建设的参建单位共44家。

项目管理单位:江西省交通运输厅泰和至井冈山高速公路建设项目办公室。

设计单位:江西省交通设计院有限公司。

施工单位:中铁十九局第三工程有限公司、贵州省公路工程总公司、江西有色工程有限公司、南京市交通工程总公司、青岛路桥建设集团有限公司、中铁十六局集团有限公司、中铁十二局集团第二工程有限公司、中铁十四局一公司、中铁五局集团第三工程有限公司、龙建路桥股份有限公司、福建省第二公路工程公司、南通路桥有限公司、鹰潭公路工程公司、中铁四局集团第五工程有限公司、中铁十二局集团第四工程有限公司、景德镇公路工程有限公司、路桥集团第一公路工程局厦门工程处、南昌公路桥梁工程有限公司、新余市四通路桥建设有限责任公司、河北路桥集团有限公司、鞍山公路工程总公司、河南省大河建筑有限公司、北京城建道桥工程有限公司、江西公路机械工程局、新余市建筑工程总公司、中国南昌对外工程总公司、贵溪市建筑工程总公司、南昌市第九建筑工程公司、江西中煤建设工程有限公司、中国第四冶金建设公司、中铁十三局第一工程公司、江西省机械施工公司、河北银达交通工业集团有限公司、福建路桥建设有限公司、陕西世纪交通工程有限公司、湖南湘潭公路桥梁建设有限公司、江西方兴科技有限公司、北京华纬交通工程公司、杭州萧山金鹰交通设施有限公司、湖南省醴浏铁路交通工程有限公司、北京市高速公路交通工程公司。

监理单位:江西交通工程监理公司。

3. 建设情况

2003年11月2日,在项目办驻地召开泰井高速公路第一阶段施工动员大会。2004年7月6日,泰井第一桥谢家高架桥双幅架通。7月16日,泰井高速公路金硚隧道双线贯通。7月12日,江西第一座小净距隧道双线贯通,该隧道是优化连接线设计、避免大开挖破坏周围自然环境而新增。11月26日,泰井高速公路主线上面层改性沥青摊铺全部完成。12月17日,泰井连接线上面层沥青摊铺完成。

征地拆迁情况见表3-2-14。

泰井高速公路征地拆迁情况统计 表3-2-14

项目	征地拆迁安置起止时间	征用土地（公顷）	拆迁房屋（m²）	支付补偿费用（元）	备注
全线	2003年6月~2003年9月	576.327	60883.88		

4.复杂技术工程

(1)谢家高架桥。该桥位于泰和县境内,全长968m,宽26m,最高墩柱47.6m,是泰井全线桥面最长、墩柱最高的桥梁,被称为"泰井第一桥"。桥梁上部构造采用先简支后连续,40m T梁288片,桥梁地形极其复杂,且横跨319国道与六七河,施工难度特别大,是泰井高速公路关键性控制工程。项目原设计为直线桥,为架设桥的西端,须将一座小山夷为平地,后经项目办、设计单位商议,改为曲线。桥的西端坐落在山谷内,将施工对周边环境造成的破坏降到最低,同时桥形更美观。

(2)石狮隧道。该隧道是江西第一座小净距曲线隧道,位于国家自然保护区和革命圣地井冈山境内,隧道总长1380m,左右线各长690m,平面曲线半径为1500m,左右轴线间距20.47m,两洞中间岩柱净距9.63m。该隧道设计充分借鉴了连拱隧道和分离隧道的成功经验,在通过结构理论计算的基础上,隧道的结构设计、中间岩体加固、施工方法和隧道防排水等关键环节取得突破性进展。根据隧道地质勘探结果分析,针对各种不同的围岩性质,设计中增加多种隧道衬砌断面形式,充分体现隧道设计新奥法和动态设计的理念。

5.运营管理

泰井高速公路设服务区1处、停车区1处、收费站5处(表3-2-15),养护中心1处,互通5处。

泰井高速公路收费站点设置情况 表3-2-15

站点名称	车道数	收费方式
井冈山机场收费站	5	人工半自动收费(MTC)+自动收费(ETC)
禾市收费站	4	人工半自动收费(MTC)+自动收费(ETC)
碧溪收费站	4	人工半自动收费(MTC)+自动收费(ETC)
拿山收费站	5	人工半自动收费(MTC)+自动收费(ETC)
井冈山收费站	8	人工半自动收费(MTC)+自动收费(ETC)

交通量变化情况:2011年,省道网当量交通量55000辆/日,机动车当量交通量1210辆/日,自然交通量1150辆/日,同比增长4.3%;汽车当量交通量1210辆/日,自然交通量为1150辆/日,同比增长4.3%。省道网适应交通量55000辆/日;拥挤度0.022。从交通构成看,省道网小客车占42.3%,大客车占2.1%,小货车占8%,中货车占0.2%,大货车占0.2%,特大货车、集装箱车占0.3%。

2012年,省道网当量交通量55000辆/日(折合成标准小客车),机动车当量交通量2831辆/日,自然交通量1770辆/日,同比增长8.3%;汽车当量交通量2831辆/日,自然交通量1770辆/日,同比增长8.3%。省道网适应交通量55000辆/日;拥挤度0.051。从交通构成看,省道网小客车占66.1%,大客车占8.4%,小货车占5.6%,中货车占1.2%,大货车占0.3%,特大货车、集装箱车占18.1%。

2013年,省道网当量交通量55000辆/日(折合成标准小客车),机动车当量交通量1732辆/日,自然交通量1534辆/日,同比增长5.9%;汽车当量交通量1732辆/日,自然交通量1534辆/日,同比增长5.9%。省道网适应交通量55000辆/日;拥挤度0.031。从交通构成看,省道网小客车占82.5%,大客车占5.7%,小货车占6.9%,中货车占1.6%,大货车占0.3%,特大货车、集装箱车占2.8%。

2014年,省道网当量交通量55000辆/日(折合成标准小客车),机动车当量交通量2251辆/日,自然交通量1646辆/日,同比增长7%;汽车当量交通量2251辆/日,自然交通量1646辆/日,同比增长7%。省道网适应交通量55000辆/日;拥挤度0.041。从交通构成看,省道网小客车占66.1%,大客车占15.5%,小货车占6.8%,中货车占1.7%,大货车占0.7%,特大货车、集装箱车占8.8%。

十、乐化至温家圳高速公路

乐化至温家圳高速公路(以下简称"乐温高速公路")是国家高速公路主干线G70福银高速公路在南昌的东绕城高速公路,是江西省第一条6车道高速公路、第一条大规模填砂筑路的高速公路、第一条绕城高速公路、第一条穿越软基的高速公路、第一条桥梁中分带进行绿化防眩的高速公路,它彻底改写江西没有6车道高速公路、没有环城高速公路的历史,在国家高速公路网中编号G70。乐温高速公路的建设,为促进南昌市的城市发展和基础设施建设,完善南昌的交通建设,加强区域中心城市的辐射作用,特别是改善南昌市东部交通的落后状况起到关键作用。它的建成,可以完全分流九江与赣东、赣东南方向(福建、上海)的来往车辆,缓解南昌市过境车辆的交通压力,并缩短福银高速公路在江西境内的行程18.6km,使国道主干线的运输成本大大降低,对南昌市东郊地区的经济发展有较大促进作用。

1. 项目概况

乐温高速公路建设里程73.082km,其中,67.635km为国家高速公路。路线起点位于新建县乐化镇昌北机场高速公路与昌九高速公路交汇处,途经新建县乐化镇、樵舍镇,南昌县南新乡、蒋巷镇、南昌高新区昌东镇、麻丘镇、南昌县幽兰镇、塔城乡、武阳镇,进贤县架桥镇、泉岭乡和温家圳(即4个县区12个乡镇),终于京福高速公路与沪瑞高速公路的交汇点——墨溪陈家枢纽互通。2003年12月12开工建设,2005年11月16日竣工通车,项目总投资 38.43 亿元。乐温高速公路是江西省第一条全封闭、全立交、双向 6 车道高速公路,设计使用年限 15 年;设计速度 100km/h;路基宽度为33.5m;采用沥青混凝土路面;桥梁与路基同宽,桥梁设计荷载为汽车—超 20 级、挂车—120,设计洪水频率特大桥为 1/300,大、中、小桥、涵洞、路基为 1/100;全线有路基土石方 1477 万 m³;沥青混凝土路面 246.4 万 m²;特大桥 13066m/7 座、大桥 888m/5 座、中桥 1206m/20 座、小桥 51m/3 座、涵洞 11990m/319 道、通道 5441m/134 道、分离立交桥 2373m/47 座、互通立交 9 处、服务区 2 处。全线设置安全、监控、通信、收费及服务配套设施。

2. 参建单位

乐温高速公路参建单位共 65 家。

项目管理单位:江西省交通厅乐温高速公路建设项目办公室。

设计单位:江西省交通设计院。

施工单位:中铁十五局集团第二工程有限公司、路桥集团第二公路工程局、路桥集团第一公路工程局、江苏省交通工程有限公司、江西省交通工程有限公司、黑龙江嘉昌路桥建筑有限责任公司、中铁大桥局集团第五有限责任公司、江西省公路桥梁工程局、中铁十七局集团、路桥集团二公路局三公司、中国建筑第七工程局、中铁十七局集团第一工程有限公司、中铁十三局集团有限公司、湖南省株洲公路桥梁建设有限公司、中铁十一局集团四公司、路桥集团第二公路工程局、江苏省交通工程有限公司、黑龙江嘉昌路桥建筑有限责任公司、江西省交通工程集团有限公司、江西省公路机械工程局、上饶路桥工程总公司、陕西高速交通工贸有限公司、四川西都交通配套设施有限公司、杭州公路交通设施有限公司、北京荣瑞达智能交通技术工程有限公司、临安市公路建设工程有限公司、江西省赣江交通设施厂、宜兴市大卫雕塑中心、武汉市歌特玻璃钢制品有限公司、江苏华夏交通工程集团有限公司、湖南湘潭公路桥梁建设有限责任公司、南铁工程(集团)有限责任公司、江阴市青舜冷弯型钢制造有限公司、江西方兴科技有限公司、佛山萃芳园艺工程有限公司、江西路通科技有限公司、中国第四冶金建设公司、南昌市第六建筑工程公司、新余市建筑工程总公司、核工业华东建设工程集团公司、南昌市第九建筑公司、江西新一建设公司、江西新宇建设工程有限公司、江西省第五建设工程公司、十一治建设有限责任公司、福州建工(集团)总公司、徐州市现代钢结构有限公司、南昌市红谷滩园林绿化工程有限公司、四川省燎原草业科技有限责任公司、赣州园林绿化工程有限公司、佛山萃芳园园艺工程有限公司、江西卓茵园林、景观工程有限公司、南昌铁林绿化有限公司、江西井冈山实业发展有限公司、江西路通科技有限公司、徐州光环交通设施有限公司、宜春恒通路桥建设有限公司。

监理单位:北京华宏路桥咨询监理公司、江西交通工程监理公司、湖北中交公路桥梁咨询有限公司、江西省公路工程监理公司、重庆中宇工程咨询监理公司。

3. 建设情况

乐温高速公路系江西省境内第一条在滨湖水网软土地基上修筑的全封闭、全立交、双向6车道高速公路。路线起于新建县乐化机场互通，途经南新、蒋巷、麻丘、幽兰、塔城、荷垄，终于温家圳墨溪陈家互通。2003年9月27日，交通部下发交规划发〔2003〕409号文《关于国道主干线南昌绕城公路乐化至幽兰段可行性研究报告的批复》；2003年11月11日，交通部下发交规划发〔2003〕478号文《关于国道主干线南昌绕城公路幽兰至温家圳段可行性研究报告的批复》；交通下发部交公路发〔2003〕564号文《关于国道主干线南昌绕城公路乐化至幽兰段初步设计的批复》；交通部下发交公路发〔2004〕22号文《关于国道主干线南昌绕城公路幽兰至温家圳段初步设计的批复》；2004年7月2日，江西省环境保护局下发赣环督函字〔2004〕112号文《关于对国道主干线南昌绕城公路乐化至幽兰段高速公路环境影响报告表审批意见的函》；2004年7月2日，江西省环境保护局下发赣环督函字〔2004〕113号文《关于对国道主干线南昌绕城公路幽兰至温家圳段高速公路环境影响报告表审批意见的函》；2004年4月6日，江西省水利厅下发赣水保字〔2004〕12号文《关于国道主干线南昌绕城公路乐化至幽兰段高速公路新建工程水土保持方案报告书》；2004年4月6日，江西省水利厅下发赣水保字〔2004〕11号文《关于国道主干线南昌绕城公路幽兰至温家圳段高速公路新建工程水土保持方案报告书》。以上文件批准并明确了该项目建设相关事项。

该项目全长71.645km，按全封闭、双向6车道高速公路一次性建设完成。建设标准按交通部批复的初步设计的标准执行。交通部批复的初步设计概算总金额为384270.7351万元，本项目预编竣工决算总金额为337020.1618万元，概算投资结余47250.5733万元，占交通部标准概算总金额的12.3%。交通部批准项目总工期36个月，实际工期为23个月，比交通部批准工期提前13个月完成。

2003年8月18日，江西省交通厅以赣交计字〔2003〕122号文《关于同意成立乐温高速公路建设项目办公室的批复》，批复项目办正式成立并开始负责本项目建设的全过程管理。

2003年9月17日，江西省副省长凌成兴在南昌主持召开了乐化至温家圳高速公路建设征地拆迁动员会议。省政府办公厅、省直有关单位和南昌市政府有关负责同志和新建县、南昌县、进贤县政府，南昌高新开发区管委会，沿线各乡（镇），设计、设计单位的负责人及其他有关人员参加了会议。

2004年2月12日，乐温高速公路首根墩柱在A11标中铁十七局集团一公司承建的滁州抚河大桥14号破土而出。

2004年3月6日，中铁十七局一公司承建的A11标成功浇筑第一根盖梁。

2004年3月8日，中铁十七局集团公司承建的B1标成功预制全线第一片预制梁。

2004年3月18日,中铁十三局一公司承建的A11标滁州抚河特大桥52根水中桩基全部完成,比第一阶段目标提前了42天。

2004年8月18日,赣江西支特大桥17号墩右幅承台围堰封底成功,标志着全线制约性工程赣江西支特大桥的施工进入一个新阶段。

2004年10月18日,中铁十一局公司承建的B3标架桥抚河特大桥右幅提前74天完成半幅通车的二阶段目标任务。

2004年11月18日,由中铁十七局集团一公司承建的滁州抚河特大桥提前60多天实现双幅架通,这是乐温高速公路首座特大桥双幅架通。

2005年11月16日,乐温高速公路通车典礼在南昌昌东站隆重举行,江西省委书记孟建柱出席典礼并下达通车令。

4. 运营管理

乐温高速公路设有服务区2处(七里岗服务区、泉岭服务区)、收费站6处(表3-2-16)。车流量呈逐年递增趋势,2012—2014年增幅分别为16.5%、48%、23%、35.7%。

乐温高速公路收费站点设置情况　　　　表3-2-16

站点名称	车道数	收费方式
南新收费站	4	人工半自动收费(MTC)+自动收费(ETC)
蒋巷收费站	4	人工半自动收费(MTC)+自动收费(ETC)
南昌东收费站	12	人工半自动收费(MTC)+自动收费(ETC)
幽兰收费站	6	人工半自动收费(MTC)+自动收费(ETC)
塔城收费站	6	人工半自动收费(MTC)+自动收费(ETC)
温圳东收费站	4	人工半自动收费(MTC)+自动收费(ETC)

第三节　"十一五"计划时期建成的项目

一、景婺黄(常)高速公路(景德镇至婺源段)

景德镇至婺源(塔岭)高速公路(以下简称"景婺黄高速公路")属杭州至瑞丽国家高速公路在江西境内的一段,在江西高速公路网中称为景婺黄高速公路,在国家高速公路网中编号G56。景婺黄高速公路沿线风景秀美,风光绮丽,旅游资源丰富,以景德镇为中心,在半径200km内有庐山、黄山、九华山、武夷山、三清山、龙虎山、鄱阳湖、千岛湖、南昌、景德镇、歙县、衢州"六山二湖四城"旅游热点和婺源文化与生态旅游区。景婺黄高速公路的建设,对完善赣浙皖高速公路网具有特别重要的意义,改善沪、杭、婺、黄、九旅游大通道的"瓶颈"状况,大大缩短相互间的时空距离,形成赣浙皖沪旅游风光带和旅游经济圈,对进一步开发沿线旅游资源,发展旅游业,从而对促进沿线经济发展具有重要作用。

1. 项目概况

景婺黄高速公路建设里程116.144km,起点位于皖赣两省分界处的塔岭,路线途经上饶市的婺源县和景德镇市的浮梁县、昌江区,止于景德镇市以西鲤鱼洲,与九景高速公路相接。2004年11月1日开工建设,2006年11月19日竣工通车。项目批复概算为50.44亿元,资金来源为:①国内银行贷款;②交通部补助;③自筹。全线采用全封闭、全立交的双向4车道;设计速度K5+303~K38+800段采用80km/h;K38+800~K51+800段采用100km/h,K51+800~K121+186段采用120km/h;路基宽度K5+303~K48+800段为24.5m,K48+800~K51+800段(枢纽互通区内)为分离式路基,单侧宽度为12.25m,K51+800~K121+186段为28.0m。

全线桥隧总长度达27207.88m,占路线总长度的23.42%。路基土石方总数量2603万m^3,其中土方1544万m^3,石方1059万m^3,平均每公里22.41万m^3。桥梁19770.92m/126座,其中特大桥1029m/1座。隧道7538.5m/14座,其中分离式隧道(单洞)8651.2m/6座,连拱隧道3105.5m/11座。互通立交8处,分离式立交30处。涵洞293道,通道106道。沥青混凝土路面1508058m^2。服务区、停车区、养护中心、收费站、观景台共10处。

2. 参建单位

景婺黄高速公路建设的参建单位共44家。

项目管理单位:江西省高速公路投资集团有限责任公司景婺黄(常)高速公路项目办公室。

设计单位:江西省交通设计院、辽宁省交通勘察设计院、北京交科公路勘察设计研究院。

施工单位:中铁十二局三公司、中国路桥(集团)总公司、云南第一公路桥梁工程有限公司、北京城建集团有限责任公司、中国葛洲坝水利水电工程集团有限公司、湖南常德路桥建设有限公司、吉林省中盛路桥工程有限公司、路桥集团第二公路工程局第一工程处、南京市交通工程总公司、湖南省株洲公路桥梁建设有限公司、中南市政工程建设总公司、江西省公路桥梁工程局、湖南省长路交通设施建设有限公司、山西交研科学实验工程有限公司、江西省赣州公路工程公司、福建建工集团总公司、中铁十三局集团第五工程有限公司、中铁十五局集团有限公司、北京鑫实路桥建设有限公司、中铁十三集团有限公司、中国冶金建设集团公司、中铁二十局第四工程有限公司、黑龙江北琴海路桥工程有限公司、中铁十三局集团第三工程有限公司、中铁十四局集团第四工程有限公司、中铁十八局集团有限公司、内蒙古自治区公路工程局、江西省现代路桥工程总公司、北京城建道桥工程有限公司、山东公路工程公司、宁波交通工程建设集团有限公司、无锡市锡广高速公路养护有限公司、北京华纬交通工程公司、甘肃路桥飞宇交通设施有限公司。

检测单位：江西省公路工程检测中心、江西省交通工程质量监督检测中心、江西省交通科研院检测中心。

监理单位：中交国际工程咨询有限公司、江西省公路工程监理公司。

监督单位：江西省交通工程质量监督站。

3. 建设情况

2004年2月20日，国家发改委下发《印发国家发展改革委关于审批江西省景德镇至婺源（塔岭）公路项目建议书的请示的通知》（发改交运〔2004〕293号），鉴于景德镇到婺源（塔岭）公路项目的实施对于完善国家及江西省干线公路网，改善区域交通运输条件，促进沿线地区经济发展等具有重要意义，且项目的国民经济效益较好，建设资金能够落实，建议国务院批准该项目建议书。7月30日，国家发改委下发《印发国家发展改革委关于审批江西省景德镇至婺源（塔岭）公路可行性研究报告的请示的通知》（发改交运〔2004〕1510号），拟建的景德镇至婺源（塔岭）公路是江西省规划建设的高速公路主骨架网的组成部分，项目连接黄山市和景德镇市，沿线具有丰富的自然资源和旅游资源，其中景德镇为我国首批历史文化名城和著名的瓷都，区域内的黄山、三清山、婺源景区风景秀美，发展旅游前景可观，现有公路难以满足地区经济发展和日益增长的交通需求，建设该公路是十分必要的。9月16日，交通运输部下发《关于江西省景德镇至婺源（塔岭）公路初步设计的批复》（交公路发〔2004〕510号），核定建筑安装工程费4035824615元，核定设备及工具、器具购置费101692454元，核定土地、青苗等补偿费和安置补助费156458102元，核定建设单位管理费73821329元，核定研究试验费6037180元，核定勘察设计124125512元（含预工可、环评、水保等费用），核定建设期贷款利息218924670元。10月，省重点办下发《关于景婺黄（常）高速公路建设项目招标方案的批复》（赣重建设〔2004〕35号），同意建设项目招标方案，并严格按照《中华人民共和国招标投标法》《公路工程施工招标投标管理办法》《公路工程施工招标评标委员会评标工作细则》等有关规定，遵循公平、公正、科学、择优的原则，对设计、施工、监理实行国内公开招标。2004年，国土资源部办公厅下发《关于景婺黄（常）高速公路建设用地预审意见的复函》（国土资厅函〔2004〕392号）。

2005年1月4日，国家环保总局下发《关于景德镇至婺源（塔岭）高速公路环境影响报告书审查意见的复函》（环审〔2005〕1号），项目建设必须严格执行环境保护设施与主体工程同时设计、同时施工、同时投入使用的环境保护"三同时"制度,落实各项生态保护和生态恢复措施。工程竣工后,建设单位必须按规定程序申请环保验收,验收合格后,项目方能投入正式使用。1月24日,省交通运输厅下发《关于景德镇至婺源(塔岭)公路施工图设计的批复》(赣交基建字〔2005〕13号),要求项目办同设计单位就交通部"施工图设计专家咨询意见"和"施工图设计审查咨询报告"的具体内容交换意见,使施工图设计更趋合理和完善。

景婺黄高速公路建设具体划分为3个阶段实施。第一阶段从2004年11月至2005年9月底,为路基大会战阶段。虽受长期连绵雨水、作业面狭窄等困扰,但"天不帮人,人努力",经过10个月的奋战,全线的路基土石方、防护排水、桥涵、隧道基本完成,除特大桥和少数大桥外,全线路基宣告贯通。第二阶段是从2005年10月至2006年4月底,是路基施工向路面施工的过渡阶段。项目建设先后克服低温霜降和雨水天气的影响、沥青供应紧张短缺和材料市场诡谲多变等困难,成功实现预定目标,为第三阶段施工打下良好基础。第三阶段从2006年5月至11月,是路基扫尾、路面、房建、机电、绿化、交通工程的交叉大会战和全面清理阶段。同时,在工程变更实施过程中,做到"依据充分、资料齐全、计算准确、程序到位",为明晰工程变更办理流程、规范工程变更管理,加快施工单位工程建设资金周转,有效控制项目投资,确保廉洁目标实现。2005年4月27日,项目制定《工程变更管理细则》,并以赣交景婺黄(常)办发〔2005〕68号文印发给各监理、施工单位,为景婺黄高速公路按时建成通车画上圆满句号。

征用建设用地共计791.4592公顷(表3-3-1)。①征用景德镇市昌江区、浮梁县、婺源县农用地674.8581公顷(其中耕地266.4467公顷);②征用农民集体所有建设用地13.3313公顷、未利用地19.88公顷;③征用国有农用地72.2885公顷(其中耕地0.7186公顷),国有建设用地5.1526公顷、未利用地5.9847公顷。

景婺黄高速公路征地拆迁情况统计　　表3-3-1

项目	征地拆迁安置起止时间	征用土地（公顷）	拆迁房屋（m²）	支付补偿费用（元）	备注
全线	2004年11月~2005年9月	791.4592	—	156458102	

4. 运营管理

景婺黄高速公路沿线设置收费站、养护工区、服务区、停车区等基层业务单元。其中包括收费站7处:省界主线收费站(安徽、江西各建半幅)、江湾收费站、婺源北收费站、赋春收费站、景德镇东收费站、景德镇北收费站、溪头收费站(表3-3-2);养护工区2处:婺源北养护工区(与婺源北收费站合建)、赋春养护工区(与赋春收费站合建);服务区2处:高砂服务区、景德镇服务区;停车区2处:婺源停车区、赋春停车区(与蛟岭隧道管理站合建)。

景婺黄高速公路收费站点设置情况　　　　表3-3-2

站点名称	车道数	收费方式
景德镇北收费站	7	人工半自动收费(MTC) + 自动收费(ETC)
景德镇东收费站(湘湖收费站)	4	人工半自动收费(MTC) + 自动收费(ETC)
赋春收费站	4	人工半自动收费(MTC) + 自动收费(ETC)
婺源北收费站	7	人工半自动收费(MTC) + 自动收费(ETC)
江湾收费站	6	人工半自动收费(MTC) + 自动收费(ETC)
赣皖界塔岭收费站	8	人工半自动收费(MTC) + 自动收费(ETC)
溪头收费站	2	人工半自动收费(MTC)

二、景婺黄(常)高速公路(白沙关至婺源段)

景婺黄(常)高速公路(白沙关至婺源段)在江西高速公路网中称为德婺高速公路(以下简称"德婺高速公路"),是江西省地方高速公路的重要组成部分,在江西高速公路网中编号为S26,2016年国家国路网调整,德婺高速公路部分路段编入G3W德上高速公路,部分路段编入G60N杭长高速公路。德婺高速公路属宁波至樟木国家重点公路在江西境内的一段,路线处于"中国最美的乡村"所在地——婺源县和"亚洲最大铜矿"所在地——德兴市境内。

1. 项目概况

德婺高速公路建设里程35.55km(其中婺源至景婺常高速公路德兴枢纽互通段25.855km为G3W德上高速公路),德兴白沙关至景婺常德兴枢纽互通段9.695km为G60N杭长高速公路。路线起于浙赣两省交界处的白沙关,终于婺源,与景婺黄高速公路相接。2004年11月1日开工建设,2006年11月19日竣工通车,项目批复概算为16.49亿元,设计速度100km/h,路基宽度26.0m,桥梁外侧宽度与路基同宽,路面为沥青混凝土路面,设计标准轴载BZZ-100kN,设计使用年限15年,桥涵设计荷载为公路—Ⅰ级(新旧规范过渡期),设计洪水频率为特大桥1/300,大、中、小桥及路基1/100,地震基本烈度为小于6度,桥涵等构造物进行简易设防,全线设置隔离栅、防撞栏、标志、标线和通信、监控及收费系统,为双向4车道高速公路,全封闭、全立交、设施完善、功能齐全。

2. 参建单位

德婺高速公路参建单位共14家。

项目管理单位:江西省高速公路投资集团有限责任公司景婺黄(常)高速公路项目办公室。

勘察设计单位:江西省交通设计院、辽宁省交通勘测设计院。

施工单位:江西省交通工程集团公司、上海警通路桥建设有限公司、中铁二十局集团有限公司、中铁四局集团第一工程有限公司、中铁五局(集团)有限公司、成都市路桥工程股份有限公司、黑龙江农垦建工路桥有限公司、浙江省交通工程建设集团有限公司、中铁二十三局集团第三工程有限公司、核工业华东建设工程集团公司。

监理单位:厦门路桥咨询监理公司。

3.建设情况

2003年9月,交通部下发《关于白沙关(浙赣界)至婺源项目建议书的批复》(交规划发〔2003〕486号),鉴于白沙关(浙赣界)至婺源项目项目的实施对于完善国家及江西省干线公路网,改善区域交通运输条件,促进沿线地区经济发展等具有重要意义,且项目的国民经济效益较好,建设资金能够落实,建议国务院批准该项目建议书。

2004年9月22日,交通部下发《关于白沙关(浙赣界)至婺源公路初步设计的批复》(交公路〔2004〕540号),核定建筑安装工程费1347038010元,核定设备及工具、器具购置费27228839元,核定土地、青苗等补偿费和安置补助费54301624元。10月,省重点办下发《关于景婺黄(常)高速公路建设项目招标方案的批复》(赣重建设〔2004〕35号),项目建设按照《中华人民共和国招标投标法》及交通部《公路工程施工招标投标管理办法》《公路工程施工招标评标委员会评标工作细则》等有关规定,遵循公平、公正、科学、择优的原则,对设计、施工、监理实行国内公开招标建设项目,经交通部交规划发〔2004〕470号文批准同意建设景婺黄(常)高速公路白沙关(浙赣界)至婺源段。

建设管理措施与效果:项目办以科学发展观为指导,树立节约型、环保型工程建设理念,积极探索典型示范工程建设的有效途径,全面落实"进中求稳、稳中求快、快中求优、优中求美"的实施方针,使项目朝着"建设速度快、工程质量优、外观形象美、安全廉洁好"的方向稳步前进。

项目设计特点和先进性主要体现:①与景婺黄高速公路(全国第一批勘察设计典型示范工程)同属一个业主、同时开工建设,设计标准和理念一致。总体上贯彻"安全、服务社会、尊重地区特性、整体协调、自然"五大原则。充分考虑并尊重地区特性,在公路景观环境设计中,将公路自身的平纵线形、路基宽度、桥隧、路线交叉、沿线设施等与沿途地形、地貌、生态特征以及其他自然和人文景观作为一个有机整体统一考虑,落实"不破坏就是最大的保护"的设计思想,使公路与沿线自然环境相协调,营造出"车在路上走、人在画中游"的优美的公路交通环境。②重视总体设计,制定总体原则。服从江西从中部崛起的大思路,设计中既实现景观,又考虑方便施工,加快进度设计方案。在满足安全原则的情况下,尽可能少地破坏原有地貌,体现自然性原则,恢复原生态。根据不同地区特性,设计方案还保护了当地优美的自然生态环境,并且体现了婺源的徽派建筑艺术、徽商茶文化以及德兴市的铜业工业基地等特色。③尊重地区特性,优选路线方案。在路线设计上,坚持地形选线、地质选线、安全选线、环保选线,灵活运用技术标准、指标,既考虑到克服地形高差,又考虑到德兴市的三清山、婺源县的鸳鸯湖、灵岩洞国家森林公园等已成为江西省乃至全国的重要旅游胜地诸多因素,因此,因地制宜地使用整体式、分离式两种路基横断面形式,同时合理设置构造物进行路桥,路隧、桥隧配合线形。④尊重自然、重视环境景观设计,落实环境保护国策。一是根据沿线地形、地貌、地质、自然环境、城市布局、人文景观等因素,将项目划分为不同景观特点的设计段落,确定不同设计主题和设计内容,构建环保景观设计的"框架",在设计中落实"自然式设计""乡土化设计""保护性设计"及"恢复性设计"等先进的理念。二是重视边坡的设计。首次在江西省设计引入弧线形边坡和弧线形边沟,结合植物防护与周边地势完全融为一体。三是突出"植物＋工程"一体化防护设计模式,宜草则草、宜灌则灌,采用植生带法、液压喷播植被建植法、三维植被网法、土工格室绿化法、客土喷播法及框格锚杆内嵌绿色 BAG 植生袋等多种边坡绿化新技术,使工程隐匿于绿色环境中。四是挖方路段多采用暗排水式水沟,有效减少路侧波形护栏,节省投资,增加行车舒适性。同时,暗沟底的 30cm 厚碎石滤水层内设透水管集水,边沟内侧设碎石层拉通垫层将渗入路基路面的汇水一并排至边沟下集水管,由路面急流槽流出,保持路基路面干燥,增长路面使用寿命。五是隧道洞门设计充分体现"恢复性""保护性"设计原则和理念。多采用削竹式(条件差的地方适当加长明洞做成削竹式的),保护坡体及植被,开挖后的仰坡尽可能回填好并恢复植被绿化。实在没条件、必须设端墙式的洞口,则采用种植攀爬植物点缀自然石块形式弱化人工痕迹。分离隧道进出口较长,其中央绿化带进行特殊的景观设计。六是互通立交景观设计以自然式、乡土化的形式为主,采用乔灌木绿化,并考虑对互通区内原有植物的保护和利用。七是服务区内的建筑物造型充分体现"乡土化"设计原则。汲取当地明清"徽派"建筑白墙、灰瓦,挑檐,砖雕、木雕等风格和要素,创作形式灵活,特点鲜明。

主要工程数量:①主体工程:路基土石方 1842.751 万 m^3,桥梁 6027.47m/37 座,隧道 2311m/3 座,互通立交 3 处,分离式立交 4 处。涵洞 97 道,通道 55 道。沥青混凝土路面 911942m^2。②附属工程:停车区、收费站共 4 处,占地面积 291.4 亩,建筑面积 9087.58m^2,工程费用为 1982.9 万元。交通机电工程共分两个标段,机电一标主要负责实施收费、监控、通信三大系统工程,机电二标主要负责实施隧道照明、通风和消防系统工程。绿化工程下边坡植树 2.18 万棵、植草 13.6 万 m^2;中央分隔带植树 14.9 万棵;上边坡植树 4.68 万棵、植草 66.17 万 m^2。区域绿化:互通植树 19.2 万棵、植草 12.4 万 m^2;收费站植树 6.9 万棵、植草 4.8 万 m^2;停车区植树 2.2 万棵、植草 3.1 万 m^2。

征用建设用地共计 350.992 公顷(表 3-3-3)。①征用德兴市、婺源县农用地 332.8073 公顷(其中耕地 116.2107 公顷);②征用农民集体所有建设用地 5.8433 公顷、未利用地 9.888 公顷;③征用国有农用地 1.6188 公顷,未利用地 0.8346 公顷。

德婺高速公路征地拆迁情况统计　　　　　　　　　　　　　　　表 3-3-3

项目	征地拆迁安置起止时间	征用土地（公顷）	拆迁房屋（m²）	支付补偿费用（元）	备注
全线	—	350.992			

4. 运营管理

德婺高速公路与景婺黄高速公路（景德镇至塔岭段）由江西省高速集团景德镇管理中心统一管养，共设置收费站 4 处[婺源收费站、新岗山收费站、三清山收费站、白沙关收费站（在建），见表 3-3-4]和服务区 1 处（德兴服务区）。

德婺高速公路收费站点设置情况　　　　　　　　　　　　　　　表 3-3-4

站点名称	车道数	收费方式
婺源收费站	7	人工半自动收费(MTC) + 自动收费(ETC)
新岗山收费站	5	人工半自动收费(MTC) + 自动收费(ETC)
三清山收费站	8	人工半自动收费(MTC) + 自动收费(ETC)
白沙关收费站	20	在建

三、南昌市西外环高速公路

国道主干线南昌市西外环高速公路，是江西省第一条由地方政府筹资修建的 6 车道高速公路（部分地段为 8 车道），也是南昌市一次性投资最大的基础设施项目。路线始于昌北机场互通，终点接昌樟高速公路，全长 41km。本项目 2005 年 2 月 18 日开工，全体建设者按照"高标准、高质量、高水平、高效率"地把西外环高速公路建设成为"外观环境最美、内在质量最优、建设速度最快、工程造价最省、安全廉洁最好"的省内一流高速公路的目标和要求，用不到两年的时间，于 2007 年 1 月 16 日实现了全线通车。

西外环高速公路的建成，极大地拓展了南昌市的发展空间，增强了省会城市的集聚与辐射功能，对于促进南昌乃至江西的经济和社会发展，提升江西高速公路水平，树立江西高速公路新形象都具有十分重要的意义。

1. 项目概况

国道主干线南昌市西外环高速公路（乐化至生米）路线起于昌北机场高速公路与昌九高速公路交会处，途经新建县生米镇乌鸡口陈家，与昌樟高速公路 K14 + 200 相接，全长 40.989km，项目概算总投资 15.48 亿元。

本项目路面结构为沥青混凝土，设计速度 100km/h，路基宽度 33.5m(41.0m)。本项目主要工程量为：路基土石方 819 万 m^3；路面面积 $1428754m^2$；大中小桥 53 座，涵洞通道 213 道，互通立交 5 处；沿线设收费站 5 个，管理所、养护工区、服务区各一个。

2. 参建单位

南昌市西外环高速公路参建单位共 37 家。

项目管理单位：南昌市西外环高速公路建设项目办公室。

勘察设计单位：江西省交通设计院、中国公路工程咨询总公司。

施工单位：中铁十四局集团第三工程有限公司、路桥集团第一公路工程厦门工程处、中铁十三局集团有限公司、中铁十六局集团第四工程有限公司、中铁二十局集团第一工程有限公司、中铁十一局集团第四工程有限公司、中南市政建设集团股份有限公司、中铁十七局集团有限公司、鞍山公路工程总公司、江西井冈路桥（集团）有限公司、南通路桥工程有限公司、江西省公路桥梁工程局、江西飞绿园林有限公司、江西滕王阁园林景观工程有限公司、江西群力建设有限公司、厦门鹭路兴绿化工程建设有限公司、陕西高速诚信交通工程有限公司、河北银信交通设施有限公司、石家庄市博大公路工程设施有限公司、江西顺通交通设施工程有限公司、江西方兴科技有限公司、江西锦路科技开发有限公司、江西锦宇建设工程有限公司、江西省第五建筑工程有限公司、江西昌南建设工程集团公司、江西昌厦建设工程集团公司、江西中贤建筑工程有限公司、南昌市第二建筑工程公司、江西省鹰潭市建筑工程有限公司、南昌市第三建筑工程公司、南昌市第五建筑安装工程公司。

监理单位：江西交通工程监理公司、江西省公路工程监理公司、浙江科力工程监理有限公司。

3. 建设情况

2010年2月28日，省发改委下发《关于南昌市绕城高速公路塔城至生米段新建工程项目建议书的批复》（赣发改交通字〔2010〕301号）致市发改委，同意立项建立南昌市绕城高速公路塔城至生米段项目。南外环高速公路采用双向6车道高速公路标准建设：设计速度为100km/h；路基宽度为33.5m，行车道宽2×3×3.75m；汽车荷载等级为公路—Ⅰ级；设计洪水频率，特大桥为1/300，其他桥涵及路基为1/100；其他技术指标采用现行有关标准、规范的规定。分别设置塔城枢纽、武阳、八一、迎宾、金沙、小蓝枢纽、沿江、九龙、昌西南枢纽9处互通式立交。工程设计总概算为710955.10万元，平均每公里造价为19857.97万元。

南昌市西外环高速公路建设项目全线共征用土地402.075公顷，拆迁房屋（主要建筑）约11万m²。全线征地标准为15万元/公顷；拆迁标准：砖瓦结构房屋为160元/m²，砖混结构房屋为320元/m²，框架结构房屋为460元/m²。

4. 复杂技术工程

（1）龙泉大桥（图3-3-1）。该桥为西外环高速公路全线最长大桥（427m），采用14孔先简支后连续预应力混凝土T梁，每跨14片梁，共196片梁、73根桩基、52根墩柱、18个系梁、26个盖梁。

实施难点：水保要求高，为了保护龙泉水库水质，桥面泄水通过汇水管流入纵向排水管排至桥头路基的边沟中,不进入水库中。龙泉大桥下部结构施工时,开挖地质情况多处与设计图中的地质资料不符。本桥工程地质简单,由于为花岗片麻岩,岩性坚硬,特别是靠近方志敏烈士陵园一侧的山岭这种现象更为突出。该桥工期紧,任务重,发现问题,第一时间四方代表现场勘测,召开工地会,确定方案,进行变更,确保了工程质量与施工进度。

图 3-3-1　建成后的龙泉大桥效果

建设情况:该桥自开工以来,克服施工难度大、环保要求高等不利因素,从人员、机械、材料、安全等多个方面周密部署,并通过积极推行精细化管理、科学组织施工、优化施工工艺、优化资源配置、加大人力物力投入、加强现场安全质量、文明施工管理等措施,开展了劳动竞赛,积极调动员工的工作热情,抢晴天、战雨天,确保桥梁建设顺利完成。

(2)第一合同段 K0+007.308～K4+150 段。

实施难点:K0+007.308～K4+150 段为昌九高速公路拓宽利用段,为了保证新老路基搭接填筑质量,避免施工完毕出现较大的后沉降导致新老路基搭接处开裂滑移等质量事故,设计文件要求路基搭接填筑应开挖 2m 宽的搭接台阶并在路床顶面铺设土工格栅予以补强。但是原昌九高速公路路基边坡坡率不规范(大多在 1∶1～1∶0.75 之间),在不中断昌九高速公路行车的情况下,不可能按照设计标准开挖 2m 宽的搭接台阶,同时,原昌九高速公路边坡、坡脚处土层松软,含水率高,且有大量渗水从原路基渗出,加宽部分公路原地面为稻田、沼泽地,土层松软,地下水丰富,工后沉降较大,如不对该路基进行特殊处理将存在严重质量隐患。

建设情况:昌九高速公路拓宽段起点和终点与昌樟高速公路连接段,为了不影响昌九高速公路和昌樟高速公路的正常运营,施工过程中将原设计中老路采用土方填筑变更为采用级配碎石填筑。

5. 运营管理

西外环高速公路建成通车时,设有收费站 5 处(表 3-3-5),服务区 1 处,监控、收费、管理中心各 1 处。其中,南昌北收费站、昌西南收费站已移交赣粤高速公路管理。

南昌西外环高速公路收费站点设置情况　　　　表 3-3-5

站点名称	车道数	收费方式
南昌北收费站	—	人工半自动收费(MTC)+自动收费(ETC)
梅岭收费站	8	人工半自动收费(MTC)+自动收费(ETC)
湾里收费站	8	人工半自动收费(MTC)+自动收费(ETC)
望城收费站	11	人工半自动收费(MTC)+自动收费(ETC)
昌西南收费站	—	人工半自动收费(MTC)+自动收费(ETC)

四、景德镇至鹰潭高速公路

景德镇至鹰潭高速公路(以下简称"景鹰高速公路")是国家高速公路"7918"网规划"纵4线",是 G35 济南至广州国家公路在江西省境内的北段,也是江西省高速公路规划"三纵四横"公路主骨架的重要组成部分,在国家高速公路网中编号为 G35。景鹰高速公路的建成,对于进一步完善国家和江西省高速公路网,推动赣东北特别是滨湖地区经济社会发展,推进全省工业化、城市化、农业产业化进程和发展区域经济,充分利用旅游资源,对于加快实施"对接长珠闽、融入全球化"的战略方针,对于实现全省经济社会在新的起点上更快更好发展,都具有十分重要的意义。

1. 项目概况

景鹰高速公路建设里程 202.633km,路线起点位于景德镇市浮梁县桃墅店,与规划中的安徽省安庆至景德镇公路相连,途经景德镇市、浮梁县、昌江区、乐平市、上饶市、波阳县、万年县、余干县、鹰潭市、余江县 3 个设区市 7 个县(市)区,终点位于鹰潭市余江县洪湖镇。2005 年 11 月 22 日开工建设,2007 年 11 月 28 日竣工通车,项目批准概算总投资 768724.6580 万元,竣工决算总额 619195.2920 万元。全线全封闭双向 4 车道,K0+000~K64+200 段设计速度 80km/h,路基宽 24.5m,K64+200~K202+633 段设计速度 100km/h,路基宽 26.0m。路基采用整体式断面,横断面布置为 0.75m(土路肩)+2.5(3.0)m(硬路肩)+2×3.75m(行车道)+0.5(0.75)m(路缘带)+2.0m(中央分隔带)+0.5(0.75)m(路缘带)+2×3.75m(行车道)+2.5(3.0)m(硬路肩)+0.75m(土路肩);采用沥青混凝土路面;设计使用年限 15 年,设计标准轴载 BZZ-100kN;汽车荷载为公路—Ⅰ级;设计洪水频率为路基及大、中、小桥涵 1/100,跨河特大桥 1/300;桥梁宽度(采用双幅分离式断面)为 0.5m(防撞栏)+10.75(11.50)m(行车道)+0.5m(防撞栏)+1.0m(中央分隔带)+0.5m(防撞栏)+10.75(11.50)m(行车道)+0.5m(防撞栏),总宽 24.5

(26.0)m;隧道采用连拱、小净距和分离式3种形式断面,洞内净宽布置为0.75m(检修道)+0.5m(侧向宽度)+2×3.75m(行车道)+0.75m(侧向宽度)+0.75m(检修道);全线设置安全、监控、通信、收费、供电照明及服务等配套设施。

2. 参建单位

景鹰高速公路参建单位共89家。

项目管理单位:省交通运输厅景鹰高速公路项目建设办公室。

设计单位:江西省交通设计院、中交公路规划设计院。

质量监督、检测单位:江西省交通工程质量监督站。

施工单位:中铁十一局集团第一工程有限公司、核工业华东建设工程集团公司、中铁十三局集团有限公司、中铁十九局集团第二工程有限公司、中铁十六局集团第三工程有限公司、中铁十八局集团第二工程有限公司、中铁十七局集团第五工程有限公司、长沙市公路桥梁建设有限责任公司、中铁十四局集团第四工程有限公司、河北路桥集团有限公司、中铁二十局集团第一工程有限公司、江西赣北公路工程有限公司、洛阳路桥建设集团有限责任公司、山东泰华路桥工程有限公司、江苏省无锡市交通工程有限公司、腾达建设集团股份有限公司、吉林省亨通公路建设集团有限责任公司、哈尔滨公路工程处、中铁七局集团有限公司、合肥市公路桥梁工程有限责任公司、中铁二十三局集团第一工程有限公司、江苏苏辰公路工程有限公司、陕西路桥集团有限公司、中铁五局集团第三工程有限责任公司、江西交建工程集团有限公司、中铁二十四局集团南昌铁路工程有限公司、中国建筑第六工程局、中国人民武装警察部队交通第二总队、山东省公路工程总公司、鞍山公路工程有限公司、山西路桥第一工程有限公司、路桥集团第一公路工程局厦门工程处、鞍山市市政工程有限责任公司、浙江省交通工程建设集团有限公司、中铁十二局集团第一工程有限公司、郑州市公路工程公司、湖南中天建设有限公司、江西新一建筑工程公司、贵溪市建筑工程总公司、中交建设工程公司、江西省余江县第一建筑工程公司、赣州市第三建筑工程公司、吉安县第二建筑工程公司、湖北鄂州鲁班(集团)建筑开发有限责任公司、湖北长青建筑工程有限公司、江西威乐建设集团有限公司、江西昌南建设工程集团有限公司、南昌市房屋建筑综合工程公司、福州建工(集团)总公司、江西省群力钢结构工程有限公司、徐州鑫鹏钢结构有限公司、江西省机械施工公司、赣州博达公路有限公司、湖南天弘交通建设工程有限公司、杭州萧山金鹰交通设施有限公司、四川京川公路工程(集团)有限公司、湖南湘潭公路桥梁建设有限责任公司、江西通威公路建设集团有限公司、武安市交通安全设备有限公司、江西省金路科技开发有限公司、杭州金鑫交通设施有限公司、山东华龙交通设施有限公司、杭州红萌交通设施有限公司、江西井冈路桥(集团)有限公司、江西省中和园艺景观有限公司、江西紫竹园林雕塑工程有限公司、江西省园艺绿化工程有限公司、江西省鸿祥古典园林建筑有限公司、江西景态园林艺术有限公司、江西省紫藤园林绿化有限公司、江西省多维景观园林开发有限公司、杭州萧山机场绿化工程有限公司、江西省古典园林建设工程公司、江西福义实业有限公司、江苏花王园艺有限公司、上海交技发展股份有限公司、亿阳信通股份有限公司、中通建设股份有限公司、江西方兴科技有限公司。

监理单位:江西交通工程监理公司、北京华宏路桥咨询监理公司、湖南省交通建设工程监理有限公司、江西交通建设工程监理所、江西赣建工程建设监理有限公司、北京兴通交通工程监理有限责任公司。

3. 建设情况

2005年3月,国家发改委下发《关于景德镇(桃墅店)至鹰潭高速公路项目建议书的批复》(发改交运〔2005〕331号),同意建设景德镇(桃墅店)至鹰潭公路,同意路线起自桃墅店(皖赣界),接安徽省拟建的安庆至景德镇公路,经景德镇(丽阳)、万年(齐家埠)、余干(黄金埠),终于鹰潭洪湖,接已建成的上海至瑞丽国道主干线梨园至温家圳高速公路和拟建的鹰潭至瑞金公路,全长约202km,全线采用高速公路标准建设。项目估算总投资约69.7亿元(静态投资65.8亿元),其中资本金24.7亿元(约占项目总投资的35.44%),由中央专项基金(车购税)和省筹措资金解决,具体在项目可行性研究报告阶段确定,其余资金申请国家银行贷款解决。5~6月,向国内7家公路勘察甲级设计单位发出投标邀请书,受邀单位参加全线勘察设计4个合同段的投标。经过依法竞标、严格筛选,共选出2家勘察设计单位,分别承担路基路面主体工程和管理、养护、安全设施及管理、养护及服务房屋等附属工程的勘察设计任务,并签署工程勘察设计合同。6月30日,召开景鹰高速公路征地拆迁动员会,现场征拆工作从2005年7月正式开始,涉及景德镇、上饶、鹰潭3个设区市的浮梁、昌江、乐平、鄱阳、万年、余干、余江7个县(市、区),共征用土地2590亩、拆迁房屋11.86万 m^2,动迁500kV、220kV等各类电力线309道及电信、移动、联通、广电、铁路等通信光电缆326道。8月,国家发展改革委员会以《景鹰高速公路工程可行性研究报告》(发改交运〔2005〕1655号),批准立项,确定项目建设规模、技术标准和总投资。交通部以《关于江西省景德镇(皖赣界)至鹰潭公路初步设计的批复》(交公路发〔2005〕499号),批复该项目初步设计,明确项目建设规模与技术标准,同意项目路线、路基路面、桥梁、隧道、互通立交、交通工程及沿线设施设计方案,要求项目总投资应控制在初步设计批复概算范围之内,最终工程造价以竣工决算为准。省交通厅以赣交基建字〔2006〕97号文,批复该项目二阶段施工图设计。9~10月,路基、路面工程施工监理招标。参加资格预审的监理单位共41家,经审查,通过资格预审的监理单位共18家,通过预审的监理单位及监理招标文件报江西省交通重点工程监督小组审查批准后,项目办向其发出投标邀请书,经过依法竞标、严格筛选,选出4家路基、路面施工监理单位,并签署施工监理合同。

9~11月，路基、路面工程施工招标，来自全国各地393家施工企业参加资格预审，由交通部专家库随机抽取的专家为主组成的评审委员会对施工企业资格进行评审，共有279家单位通过资格预审。资格预审结束后，共有266家单位递交施工招标文件，经依法竞标，严格筛选，共选出35家施工企业作为全线27个路基合同段和8个路面合同段的中标单位。

2006年5~6月，房建工程施工监理招标。参与竞标的监理单位共4家，经竞标，选出1家房建工程施工监理单位，并签署施工监理合同。11~12月，机电工程施工监理招标。参与竞标的监理单位共4家，经竞标，选出1家机电工程施工监理单位，并签署施工监理合同。2006年10月~2007年5月，房建及附属设施施工、交通工程施工、绿化工程施工、机电施工招标，前后共历时7个月，形成各类资格预审、招标文件8套。在该项目招标过程中，全国各地参与竞标活动的施工企业达600余家。经过依法竞标、严格筛选，项目办共与78家施工企业签署施工合同。

为加快江西在中部地区崛起的步伐，实现江西省2007年高速公路通车里程突破2000km目标，该项目建设工期定为两年。根据总体施工计划，该项目具体分为4个阶段实施。第一阶段是从2006年1月至6月底，以修通全线主线便道和完成小型构造物的施工为主要目标，为路基施工基础阶段。在该阶段施工中，各施工单位充分发扬大无畏精神，面对复杂的施工条件不等不靠，在短期内完成施工便道的修筑，并全面开展小型构造物的施工，迅速打开施工局面，并在阶段末取得完成小型构造物和路基主线贯通的阶段性成果。第二阶段是从2006年7月至12月底，以完成路基土石方工程、中小桥梁、隧道掘进和路面底基层施工为主要目标，是路基施工高潮和路面施工的起步阶段。在主线施工便道贯通、工作面全面展开后，各路基施工单位纷纷加大人机料投入，加强施工调度与组织，如期完成路基土石方施工任务，为路面施工创造条件，取得路基施工决定性的胜利。同时，路面工程也如期完成底基层的摊铺工作，部分单位还开展水稳基层的铺筑工作。第三阶段是从2007年1月至6月底，以完成在大桥、特大桥、隧道等路基工程项目和房建主体工程为主要目标，是路基攻坚阶段和房建施工高潮阶段。在路基施工中，除乐安河大桥、信江特大桥和省界隧道外，其他路基施工难点均顺利攻克，主体工程已经基本完成；在房建施工中，各房建工程按"4月完成基础、7月完成主体、9月完成装修"即"4、7、9"的进度目标，基本完成主体工程。在路面施工中，施工单位克服低温多雨等不利天气的影响，利用为数不多的晴好天气，安排好工程施工，为后续路面大规模施工扫清障碍。第四阶段是从2007年6月至11月，以全面完成路基、路面、房建、机电、绿化等各项工程为最终目标，是沥青路面摊铺、绿化、机电项目的施工高潮阶段。各路面、绿化、机电施工单位克服交叉作业、工作面不连续的困难，精心安排，合理调度，加强协调，在202km"战线"上掀起了一浪高过一浪的施工高潮，提前完成摊铺施工任务。路基及房建工程继续延续了前几个阶段的良好形势,扫尾工作井然有序。全线各施工项目在2007年11月22日完成工程施工的全部工作并通过交工初验。虽然该项目四个阶段施工任务及施工难度各有不同,但在参建单位的共同努力下,各个阶段的施工任务均无一例外地圆满完成,最终实现全面建成景鹰高速公路的工作目标。

征地拆迁情况见表3-3-6。

景鹰高速公路征地拆迁情况统计　　　　　　　　　　　　　　表3-3-6

项目	征地拆迁安置起止时间	征用土地（公顷）	拆迁房屋（m²）	支付补偿费用（元）	备注
全线	2005年7月~2006年7月	172.66	118600		

4.运营管理

景鹰高速公路全线共有服务区3处(月亮湖服务区、万年服务区、余江服务区);互通11处;收费站9处(表3-3-7)。

景鹰高速公路收费站点设置情况　　　　　　　　　　　　　　表3-3-7

站点名称	车道数	收费方式
桃墅收费站	7出4入	人工半自动收费(MTC)+自动收费(ETC)
经公桥收费站	3出2入	人工半自动收费(MTC)+自动收费(ETC)
三龙收费站	2出2入	人工半自动收费(MTC)+自动收费(ETC)
凰岗收费站	3出2入	人工半自动收费(MTC)+自动收费(ETC)
乐平收费站	4出2入	人工半自动收费(MTC)+自动收费(ETC)
鄱阳收费站	3出2入	人工半自动收费(MTC)+自动收费(ETC)
万年收费站	5出3入	人工半自动收费(MTC)+自动收费(ETC)
黄金埠收费站	3出2入	人工半自动收费(MTC)+自动收费(ETC)
鹰潭南收费站	3出2入	人工半自动收费(MTC)+自动收费(ETC)

五、赣州至大余高速公路(三益至梅关段)

赣州至大余高速公路(三益至梅关段)(以下简称"康大高速公路")是赣州通往韶关的便捷通道,东接国家重点公路大庆至广州高速公路,西连北京至港澳国家高速公路,通过厦门至成都高速公路,与广州国家高速公路相通,是江西省公路发展规划的重要路段,在地方高速公路网中编号为S66,2016年因国家路网调整,康大高速公路编入国家高速公路网,编号为G6011。康大高速公路的建成,连通北京至港澳、大庆至广州、厦门至成都、济南至广州等多条国道主干道和国家重点公路,具有显著的经济效益和社会效益;缓解323国道日益增长的交通压力,对改善粤北至粤南交通拥挤现状起着重要的作用,增强"泛珠三角"经济圈的交通联系,推动"泛珠三角"区域经济一体化进程,加快赣州市经济发展,提高国防交通保障能力,加强与中西部的快捷连通,增强东部地区的辐射功能,带动中西部地区国民经济的快速发展,对改变中西部地区经济落后面貌和全面建设小康社会具有重要的意义。

1. 项目概况

康大高速公路建设里程56.645km(含连接线3条,共约3.91km,匝道约4.042km,主线中含双向3车道约2.305km),路线起点位于南康市三益镇,与大庆至广州高速公路(赣定段)相交,路线途经南康的龙回镇、浮石乡,大余的新城镇、池江镇、青龙镇、黄龙镇、南安镇,止于赣粤两省交界的大余梅关,与韶赣高速公路粤境段以隧道方式相接,打开江西的北大门。2005年11月6日开工建设,2007年12月21日竣工通车。项目总投资19.95亿元,资金来源为:①项目资本金约6.60亿元,占总投资的35.05%,由项目法人自筹解决;②其余12.24亿元建设资金申请国内银行贷款,约占总投资的64.95%。全线按全封闭、全立交双向4车道高速公路标准建设,设计速度为100km/h,主线路基设计宽度26m,路面结构采用沥青混凝土路面,设计荷载为公路—Ⅰ级,设计标准轴载为BZZ-100kN,设计洪水频率:大、中桥为1/100,其他小桥涵和路基为1/50;连接线按二级公路标准建设,设计速度为80km/h,路基宽12m,设计荷载为公路—Ⅰ级,设计洪水频率:大、中桥为1/100,其他小桥涵和路基为1/50。全线有大桥18座,中桥47座、小桥7座,共约8522延米,桥隧比达到18.39%;隧道3648延米(单洞)/2座;分离立交808.08延米/17座;涵洞通道382道;沿线互通4处(三益枢纽互通、新城互通、青龙互通、大余互通);收费站4处;养护中心1处。

2. 参建单位

康大高速公路参建单位共29家。

项目建设单位:赣州康大高速公路有限责任公司。

项目管理单位:中交通力科技集团有限公司。

勘察设计单位:江西省赣南公路勘察设计院。

施工单位:中铁电气化局集团西安铁路工程有限公司、江西省公路机械工程局、中铁二局第五工程有限公司、中铁二十一局集团第三工程有限公司、江西中煤建设工程有限公司、中铁隧道集团有限公司、山东省公路建设(集团)有限公司、江西通威公路建设集团有限公司、南昌市第三建筑工程公司、江西省第二建筑工程公司、江西中恒建设集团有限公司、江苏大千景观工程有限公司、杭州市园林绿化工程有限公司、浙江登峰交通集团萧山久久交通设施有限公司、浙江交通设施有限公司、四川金城栅栏工程有限公司、湖南省长路交通设施建设有限公司、江西省交通工程集团有限公司、陕西高速诚信交通工程有限公司、陕西汉唐计算机有限责任公司、江西方兴科技有限公司、广州海特天高信息系统工程有限公司、江西路通科技有限公司。

监理单位：江西省交通建设监理所、武汉广益工程咨询有限公司、北京兴通交通工程监理有限责任公司。

3．建设情况

2005年2月，委托江西省环境科学研究院承担该项目环境影响评价工作。4月19日，省发改委下发《赣州至大余高速公路（三益至梅关段）工程可行性研究报告》（赣发改交运字〔2005〕310号）。6月9日，省国土资源厅下发文，同意通过康大高速公路用地预审。9月8日，发布主体工程监理招标公告。12日，省发改委下发《赣州至大余高速公路（三益至梅关段）工程初步设计》（赣发改设审〔2005〕1031号）。10月31日，省环境保护局下发文，批复同意该项目建设。11月8日，完成项目主体工程施工招标。12月6日，采用国内公开招标方式完成项目施工和检测监理的招标工作并签订合同协议。

2006年5月31日，省交通厅批准施工图设计。6月底，全面完成软基处理、梁体工程、涵洞及通道。7月底，路基填筑完成100%，桥梁基础工程、梁体架设、墩台工程全面完成。8月20日，桥面铺装及防撞栏基本完成。11月27日，签订路面施工合同协议书。9月底，A1～A5合同段改路路面工程路面底基层、路面基层全部完成，和A6合同段路基土石方工程完成交验工作。10月底，桥面铺装全部完成。11月底，边坡绿化及环境保护工作完成90%。

2007年3月，隧道路面、防护及排水工程、上下边坡绿化工程完成100%。4月底，改路部分及其他工程全部完成。6月11日，机电工程监理分一个合同段后正式签订合同协议书。6月29日，国土资源部下发文，批准用地386.1267公顷。7月15日，基层摊铺全部完成。10月底，油面层摊铺全部完成。12月初，路面标线及其他安全设施全部完成。

2011年2月21日，上报水土保持设施验收报告。4月29日，取得南康市国土资源局土地使用证书。5月16日，取得大余县国土资源局土地使用证书。6月25日，通过省水利厅验收。7月27日，提交环境保护执行报告和验收申请。12月31日，通过省环保厅验收。12月21日，康大高速公路建成通车。

征地拆迁情况见表3-3-8。

康大高速公路征地拆迁情况统计 表3-3-8

项目	征地拆迁安置起止时间	征用土地（公顷）	拆迁房屋（m²）	支付补偿费用（元）	备注
全线	2005年1月～2007年12月	425.537	51410	453086000	

4．运营管理

康大高速公路设有互通4处（三益枢纽互通、新城互通、青龙互通、大余互通）、收费站4处(表3-3-9)、养护中心1处。

康大高速公路收费站点设置情况　　　　　　表3-3-9

站点名称	车道数	收费方式
青龙收费站	2进4出	人工半自动收费(MTC)+自动收费(ETC)
新城收费站	3进3出	人工半自动收费(MTC)+自动收费(ETC)
大余收费站	4进6出	人工半自动收费(MTC)+自动收费(ETC)
赣韶梅关主线收费站	0进11出	人工半自动收费(MTC)+自动收费(ETC)

六、武宁至吉安高速公路

武宁(鄂赣界)至吉安高速公路(以下简称"武吉高速公路")是经国务院批准的"7918"国家高速公路网中的第5条纵线——G45大庆至广州高速公路在江西境内的一段,也是江西省"三纵四横"高速公路主骨架的重要组成部分。武吉高速公路的建成,结束赣西北无高速公路的历史,对于完善国家和省内高速公路网络,加强交通基础设施建设;对于加快实施"对接长珠闽、融入全球化"战略,加快建设"三个基地、一个后花园";对于加快推进农业农村现代化、新型工业化、新型城镇化、经济国际化和市场化,建设创新创业江西、绿色生态江西、和谐平安江西;对于加快旅游资源开发,推进赣西北经济发展,都具有十分重要的意义。

1. 项目概况

武吉高速公路的建设创下江西公路建设史上一个又一个新的纪录,是江西首个推行"代建制"的高速公路建设项目。根据省政府批准,该项目由省交通运输厅委托江西省公路桥梁工程局负责从项目立项开始直至竣工验收的项目建设全过程管理;是江西当时一次性投资额最大的基建项目,项目概算总投资达131.577亿元;是江西一次性开工建设里程最长的高速公路建设项目,路线全长285.809km;是江西高速公路施工难度最大的项目,项目隧比例高达21%,桥隧总长近60km,有60%地处山岭重丘区,有60km地处岩溶发育区;是江西公路隧道群最多最长的公路项目,项目共有隧道24座,单洞总长近60km,其中九岭山隧道为江西最长隧道。

武吉高速公路线路总长285.809km,路线起点位于九江市武宁县赣鄂两省交界处,与拟建的大广高速公路湖北段相接,路线基本为北南走向,途经武宁县、修水县、铜鼓县、宜丰县、上高县、分宜县、新余市渝水区和仙女湖区、吉安县、安福县、吉安市吉州区11个县(市、区),终点位于吉安市吉安县大溪村(赣粤高速公路吉安南互通以南2.0km),与赣粤高速公路相接。2006年4月28日开工建设,2008年8月23日竣工通车,项目概算总投资达131.577亿元。全线按双向4车道高速公路标准设计,设计速度100km/h,路基宽度26m,设计荷载为公路—Ⅰ级;隧道24座、单洞总长59.7km,桥梁222座、桥长29.6km,涵洞及通道1108道；互通立交13处，分离式立交69处，服务区6处。

2.参建单位

武吉高速公路参建单位共197家。

项目管理单位：江西省交通运输厅武宁（鄂赣界）至吉安高速公路项目办公室。

设计单位：江西省交通设计院、湖北省交通规划设计院、中交第一公路勘察设计研究院、北京交科公路勘察设计研究院有限公司、中国公路工程咨询监理总公司。

施工单位：中铁一局集团有限公司、中铁十三集团第五工程有限公司、中铁十一集团第五工程有限公司、南京东部路桥工程总公司、中铁十一集团第一工程有限公司、北京市海龙公路工程有限公司、中交路桥北方工程有限公司、郑州市公路工程公司、路桥二公局第三工程有限公司、中铁十八集团第一工程有限公司、路桥集团第二公路工程局第一工程处、湖南环达公路桥梁建设总公司、路桥集团第一公路工程局厦门工程处、江西中煤建设工程有限公司、中国冶金科工集团公司、中铁十八局集团有限公司、中铁十二局集团第二工程有限公司、中铁十七局集团第一工程有限公司、中铁十二局集团第三工程有限公司、中铁十五局集团第五工程有限公司、江西省路桥工程有限公司、江西省宜春公路桥梁工程有限责任公司、中国路桥集团西安实业发展有限公司、路桥华南工程有限公司、中铁十五局集团第四工程有限公司、中铁十五局集团有限公司、中铁五局（集团）有限公司、山东省路桥集团有限公司、中铁四局集团第四工程有限公司、江西省公路机械工程局、河北路桥集团有限公司、天津路桥建设工程有限公司、湖南军信公路桥梁建设有限公司、秦皇岛路桥建设开发有限公司、中铁电气化局集团西安铁路工程有限公司、黑龙江农垦建工路桥有限公司、广州市公路工程公司、中铁十一局集团第四工程有限公司、抚州远大路桥工程有限公司、新疆兴达公路工程部、核工业华东建设工程集团公司、路桥二公局第六工程有限公司、中铁十四局集团有限公司、路桥集团第一公路工程局第三工程公司、江西通威公路建设集团有限公司、中铁二局第五工程有限公司、道隧集团工程有限公司、中铁十九局集团第三工程有限公司、宁波交通工程建设集团有限公司、中铁三局集团第五工程有限公司、锦州道桥工程有限责任公司、内蒙古联手路桥有限责任公司、中铁二十局集团第二工程有限公司、腾达建设集团股份有限公司、江西省建工集团公司、中国云南路桥建设集团股份有限公司、江西省交通工程集团公司、路桥华祥国际工程有限公司、中铁二局股份有限公司、中铁十六局集团第二工程有限公司、路桥集团三公局工程有限公司、中铁隧道集团三处有限公司、核工业西南建设工程总公司、甘肃省公路工程总公司、辽宁丹东公路工程局、北京路安交通科技发展有限公司、河北银信交通设施有限公司、湖北省路桥集团有限公司、安徽省奇正公路工程有限公司、南京长城交通设施设备厂、长沙市海陆交通安全设施公司、湖南三和通信交通工程有限公司、北京华纬交通工程有限公司、河南瑞航公路养护技术有限公司、北京汉威达交通运输设备有限公司、衢州市公路交通设施有限公司、

第三章
高速公路建设项目

江苏苏源交通设施工程有限公司、宁波力健交通设施工程有限公司、江苏平山交通设施有限公司、湖南天弘交通建设工程有限公司、杭州红萌交通设施有限公司、高密市顺达交通工程有限公司、北京京通安交通设施制作有限公司、周口市公路交通设施有限公司、潍坊恒建交通工程有限公司、河北特利特交通设施有限公司、无锡众合钢结构交通工程有限公司、浙江登峰交通集团萧山久久交通设施有限公司、石家庄市恒通交通设施有限公司、武汉市华光交通工程有限公司、江苏耀鑫交通设施有限公司、厦门市科发交通工程有限公司、南京金长江交通设施有限公司、杭州锦航交通工程建设有限公司、三明市鸿业公路设施有限公司、南京创程工程实业有限公司、龙岩市新鑫公路工程有限公司、江苏泓益交通工程有限公司、广西远长公路桥梁工程有限公司、常州市交通设施有限公司、福建省筑路机械厂、江西仕琪景观工程有限公司、杭州萧山博大园林绿化、江西省丰和园林工程有限公司、江西城市园林设计工程有限公司、赣州园林绿化工程有限公司、厦门市颖艺景观工程有限公司、许昌江北花木有限公司、江西金涛工程有限公司、湖南绿洲园林建设有限公司、绍兴裕众工程有限公司、丹阳市园林工程有限公司、江苏花王园艺有限公司、南昌市金土地园林工程有限公司、海南南疆建筑工程有限公司、湘潭市科华园林亭阁装饰有限公司、江西世纪园林绿化工程有限公司、绍兴华绿园林建设有限公司、江西昌宏园林建设有限公司、南昌市建筑工程集团有限公司、湖南星火园林绿化有限公司、南昌市第二建筑工程公司、龙游县广源园林有限公司、浙江新禾景观工程有限公司、南昌市红谷滩园林绿化工程有限公司、石家庄市辉煌园艺有限公司、江西福义实业有限公司、中交第四公路工程局有限公司、湖南黄花建设集团股份有限公司、中厦建设集团有限公司、安徽三建工程有限公司、新蒲建设集团有限公司、红阳建设集团有限公司、南昌市第三建筑工程公司、福州建工（集团）总公司、福州市第一建筑工程公司、山东广厦建设集团有限公司、武汉一冶建筑安装工程有限责任公司、湖南省第五工程公司、汕头市建安（集团）公司、江苏省第一建筑安装有限公司、江苏聚峰建筑工程有限公司、歌山建设集团有限公司、正太集团有限公司、江西省第一建筑有限责任公司、中国第四冶金建设公司、泉州市丰泽建筑工程有限公司、浙江展诚建设集团、十一冶建设有限责任公司、福建麒麟建设工程有限公司、安徽富煌钢构股份有限公司、江西昌厦建设工程集团公司、南昌铁路建筑工程有限责任公司、徐州鑫鹏钢结构有限公司、江西路通科技有限公司、中铁十三局集团电务工程有限公司、紫光股份有限公司、北京公科飞达交通工程发展有限公司、江苏安防科技有限公司、石家庄泛安科技开发有限公司、广东新粤交通投资有限公司、哈尔滨交研交通工程有限责任公司、广州海特天高信息系统工程有限公司、陕西高速交通工贸有限公司、中铁建电气化局集团第一工程有限公司、山西交研科学实验工程有限公司、江西紫竹园林雕塑工程有限公司、江苏山水园林建设有限公司、江西长红园林有限公司、江西省多维景观园林开发有限公司、江西省华景建设集团有限公司、江西建工第二建筑有限责任公司、江西省丰和营造集团有限公司、南昌市第一建筑工程公司、江苏省第一建筑安装有限公司、厦门优朋科技有限公司。

监理单位：江西交通工程监理公司、中国公路工程咨询总公司、北京华通公路桥梁监理咨询公司、江西省公路工程监理公司、北京兴通交通工程监理有限责任公司、重庆中宇工程咨询监理有限责任公司、广州南华工程管理有限公司、江苏苏洋工程监理有限公司、江西省金洪建设监理公司、湖北时代工程监理有限公司。

3. 建设情况

2004年12月7日，省交通厅下发《关于明确武宁至吉安高速公路建议项目法人的通知》（赣交计字〔2004〕164号），明确武宁至吉安高速公路由江西省公路桥梁工程局代建。

2005年7月25日，国家发改委下发《国家发展改革委关于江西省武宁（赣鄂界）至吉安公路项目建议书的批复》（发改交运〔2005〕1354号），对武吉高速公路作出批复。10月19日，交通部下发《武宁（鄂赣界）至吉安公路可行性研究报告》（交函规划〔2005〕326号），给出审查意见。11月28日，国家环保局下发《关于大庆至广州国家高速公路武宁至吉安段工程环境影响报告书的批复》（环审〔2005〕898号），同意项目建设。12月29日，国土资源部下发《关于武宁（赣鄂界）至吉安高速公路项目建设用地预审意见的复函》（国土预审字〔2005〕497号），同意用地预审。

2006年6月6日，交通部下发《关于武宁（鄂赣界）至吉安公路初步设计的批复》（交公路发〔2006〕261号），确定建设规模、技术标准和总投资。

2007年11月29日，省交通厅下发《关于武宁至吉安高速公路施工图设计的批复》（赣交基建字〔2007〕74号），批准施工图设计。

2015年4月29、30日，省环境保护厅受国家环境保护部委托组织专家，省环保厅，九江与宜春、新余、吉安市环保局，沿线11个县区环保局及武吉公路项目建设、设计、施工、监理、监测、环保评估单位对《大庆至广州高速公路江西武宁至吉安段建设项目环境保护》进行专项验收，提出整改意见。跨河流的桥（袁河、锦江、耶溪河、修河4座大桥）桥面径流、声屏障、取弃土场恢复进行整改落实到位后，2015年9月1日以赣环评函〔2015〕144号文通过竣工环境保护验收。6月2~8日，省交通工程质量监督站对武吉公路项目进行竣工验收，即对路基、桥梁、隧道及附属工程进行质量鉴定，2015年8月16日出具《武吉高速公路项目质量鉴定报告》。9月23日、24日，省交通运输厅组织专家，对武吉高速公路项目进行竣工验收，确定武吉高速公路建设项目为合格工程。

4. 复杂技术工程

（1）田蒲特大桥。该桥位于何市镇上田蒲村附近，纵跨奉乡水，桥位处低山地形区，地形起伏大,河流两侧高、中间低,呈"V"形河谷,地势陡峭,相对高差约200m,桥轴线基本与河床平行,重合段达1.3km,两侧山体植被发育,自然河床宽40～80m,常年流水,水深0.6～5.0m,水位受下游红光坝电站排水影响。

左幅采用35×40m分八联的先简支后连续的预应力混凝土T梁,全桥长1409m。右幅采用33×40m分七联的先简支后连续的预应力混凝土T梁,全桥长1329m。每孔6片T梁(单幅),梁高2.3m,主梁间距2.13m,中梁预制宽度1.64m(边梁1.82m),翼板间留有0.61m现浇湿接缝,每孔设9道横隔板,以加强桥梁的整体性,主梁腹板厚0.2m,马蹄宽度0.52m。桥墩采用双柱式,左幅1号、31～34号墩柱径为1.8m,基础2φ2.0m钻孔灌注桩,2～30号墩柱直径为2.0m,基础2φ2.2m钻孔灌注桩,0号为柱式台,采用2φ1.8m钻孔灌注桩,35号为埋置式肋台,配4φ1.5m钻孔灌注桩基础;右幅1号、31～32号墩柱径为1.8m,基础为2φ2.2m钻孔灌注桩,0号、33号为柱式台,采用2φ1.8m钻孔灌注桩基础。

(2)九岭山隧道。该隧道位于武吉高速公路K000+000处,隧道左洞长5474m,右洞长5441m,被誉为"江西第一长大隧道",也是江西省首个专门打一个长1000多米的斜井通风的隧道,于2008年1月18日实现贯通。

九岭山隧道地处九岭山脉主峰地段,最高海拔1275m,地形起伏不平,山势陡峭险峻,地表水系较发育,水流湍急,地貌单元属于侵、剥蚀型中高山区,交通极为不便。由于围岩破碎、软弱,施工时易坍塌,九岭山隧道施工作业进展一度十分缓慢,而且施工时对人员和设备造成的安全隐患也较大。为确保完成总工期任务目标,在建设过程中,加大人员和设备的投入,制订详细的施工计划,决定通过增加斜井和横洞来实现如期通车的目标。过去,江西道路施工采用的大多是沥青热拌技术,现场温度一般在150～180℃之间,摊铺时会产生一氧化碳、二氧化碳、一氧化硫等有害气体,浓浓的烟雾和刺鼻的气味不仅污染环境,对操作人员的呼吸系统也有一定程度的伤害。而且,要达到180℃的高温,加热时必然要消耗大量的能源,过高的温度也易导致沥青老化,影响路用性能。为促进节能减排,根据当地地质石材特性,在九岭山隧道沥青面层摊铺过程中,技术人员参考国内已经试用温拌沥青混合料技术的路面使用效果,反复评测。同时,江西省高等级公路管理局省庄养路站课题研究组承担"温拌沥青技术在江西道路摊铺施工中应用"的课题研究,经过半年多的温拌沥青混合料性能研究及技术攻关,解决温拌剂的选择和最佳掺配比例等方面的问题,最终将该技术运用到九岭山隧道的施工中,这是江西道路施工中首次成功应用这一技术。

5.运营管理

武吉高速公路有互通立交13处,分离式立交69处,服务区6处,收费站9处(表3-3-10)。

武吉高速公路收费站点设置情况　　　　表 3-3-10

站点名称	车道数	收费方式
上菁收费站	9	人工半自动收费(MTC) + 自动收费(ETC)
澧溪收费站	5	人工半自动收费(MTC) + 自动收费(ETC)
修水收费站	5	人工半自动收费(MTC) + 自动收费(ETC)
何市收费站	2	人工半自动收费(MTC)
带溪收费站	5	人工半自动收费(MTC) + 自动收费(ETC)
天宝收费站	4	人工半自动收费(MTC) + 自动收费(ETC)
宜丰收费站	4	人工半自动收费(MTC) + 自动收费(ETC)
上高收费站	6	人工半自动收费(MTC) + 自动收费(ETC)
洞村收费站	5	人工半自动收费(MTC) + 自动收费(ETC)

七、瑞金至赣州高速公路

瑞金至赣州高速公路(以下简称"瑞赣高速公路")是 G76 厦门至成都国家高速公路江西境内的重要组成部分,是江西省第三个利用世行贷款的高速公路项目,是构建国家高速公路网、打通赣湘中部地区、对接闽南三角、加强与东盟地区经济联系主通道的需要,也是完善江西高速公路网布局、构建江西高速主骨架、充分发挥高速公路规模效益的需要,在国家高速公路网编号 G76。瑞赣高速公路的建成,结束瑞金、会昌、于都、赣县、章贡区没有高速公路的历史,并作为世界银行贷款项目中的典范工程展现国内工程建设水平;大大缩短江西省与福建、广东、湖南等周边省份的距离,对促进赣南老区经济发展,推动江西省实现"对接长珠闽、融入全球化",促进江西在中部地区崛起具有重要意义。

1. 项目概况

瑞赣高速公路建设里程 117.12km,路线起点位于瑞金市云石山乡陂下村,与厦蓉线江西隘岭(闽赣省界)至瑞金段高速公路(于 2011 年 10 月 20 日建成通车)终点相连接,途经瑞金市、会昌县、于都县、赣县、赣州市章贡区、赣州市黄金开发区 6 县(市、区)和 18 乡镇,终点位于赣州市黄金开发区蟠龙镇谢塘村,与厦蓉线赣州城西段高速公路(已建成的高速公路)起点相连接。2007 年 3 月 8 日开工建设,2009 年 4 月 28 日竣工通车,项目总投资 56.17 亿元。全线采用全封闭全立交,双向 4 车道,设计速度 100km/h,汽车荷载等级公路—Ⅰ级,路基设计宽度 26.0m,路面面层除收费广场为水泥混凝土结构外,均采用沥青混凝土结构,底基层、基层采用级配碎石和水泥稳定碎石结构。沿线主要河流水库有九堡河、西江河、贡江、章江、赣江、九岭水库、马齐面水库等。与 G323 国道、赣龙铁路、京九铁路相交。全线设有收费站 7 处(会昌北、禾丰、于都、罗坳、赣县东、赣县北、赣州北);服务区 2 处(会昌服务区、于都服务区);互通 7 个(会昌北互通、禾丰互通、于都互通、罗坳互通、赣县东互通、赣县北互通、赣州北互通)。

2. 参建单位

瑞赣高速公路主要参建单位共54家。

项目管理单位：江西省交通运输厅瑞金至赣州高速公路世行贷款项目建设办公室。

设计单位：江西省交通设计院、北京交科公路勘察设计研究院有限公司。

施工单位：江西省公路桥梁工程局、江西赣北公路工程有限公司、中铁十一局第一工程有限公司、中交二公局第三工程有限公司、中铁隧道集团有限公司、中交第二公路工程局有限公司、江西省交通工程集团公司、中铁十三局集团第一工程公司、江西宜春公路桥梁工程有限责任公司、江西省现代路桥工程总公司、中铁四局集团第五工程有限公司、中铁十四局集团第四工程有限公司、南京交通工程有限公司、中铁十四局集团有限公司、江西通威公路建设集团有限公司、中国建筑工程总公司、江西赣粤高速公路工程有限责任公司、北京城建道桥工程有限公司、江西省公路桥梁工程局、腾达建设集团股份有限公司、湖南汇智园林环境艺术有限公司、南昌兴伟环境绿化开发有限公司、潢川县天域园林工程有限公司、江西紫竹园林雕塑工程有限公司、江西南昌山湖园林建筑有限公司、北京同人园林绿化有限公司、江西福乐园林有限责任公司、南昌名苑城市生态景观工程有限公司、江西方兴科技有限公司、江西路通科技有限公司、江西中联建设集团有限公司、新余市珠珊建筑工程有限责任公司、江西省建筑装饰工程有限公司、江西省丰和营造集团有限公司、中铁二十四局集团南昌建设有限公司、江西临川建筑安装工程总公司、江西省第五建筑工程有限公司、洪宇建设集团公司、淄博玉泰公路设施有限公司、杭州公路交通设施工程有限公司、湖北省路路通公路设施工程有限公司、张家港港丰交通安全设施有限公司、江西省公路管理局交通工程公司。

监理单位：江西交通建设工程监理所、江西高等级公路管理局质量监督站、江西交通工程监理公司、江西省公路工程监理公司、江西省嘉和工程咨询监理有限公司、福建省交通建设工程监理咨询公司、江西省金洪建设监理公司、北京兴通交通工程监理有限责任公司。

3. 建设情况

2005年10月17日，国家发改委下发《国家发展改革委关于江西省瑞金隘岭(闽赣界)至赣州高速公路项目建议书的批复》(发改交运字〔2005〕2019号)，批准项目立项。

2006年2月24日，省水利厅下发《关于〈厦门至成都高速公路瑞金至赣州段水土保持方案报告书〉的批复》(赣水水保字〔2006〕7号)，批准项目水保方案。4月25日，国家发改委下发《国家发展改革委关于江西省瑞金至赣州高速公路可行性研究报告的批复》(发改交运字〔2006〕723号)，批准项目工程可行性报告。7月31日，交通部下发《关于瑞金至赣州高速公路初步设计的批复》(交公路发〔2006〕398号)，批复项目初步设计及概算。

2007年3月27日,省交通厅下发《关于瑞金至赣州高速公路施工图设计的批复》(赣交基建字〔2007〕19号),批复项目施工图。4月初,世界银行代表团索马尼一行对瑞赣高速公路项目环保工作进行现场检查,认为项目在实施环境管理规划方面有一个良好的开端。23日,国家林业局下发《使用林地审核同意书》(林资许准〔2007〕77号),同意项目林地使用。29日,经省政府批准,省重点办在瑞赣项目办会议室主持召开瑞赣高速公路第一阶段施工动员大会,提出把瑞赣项目建设成为世界银行典范工程、省内一流工程和百姓满意工程,并明确"四个基本完成、五个过半"的第一阶段目标任务,即路基土石方、涵洞通道、中小桥梁、大桥特大桥梁下部构造基本完成,隧道开挖衬砌完成过半、大桥特大桥梁板预制安装完成过半、防排水工程完成过半、路面基层底基层备料完成过半、路床交验完成过半,确保半幅贯通。6月3日,项目办召开第一次生产调度会。7月27日,瑞赣高速公路第一片30mT形预制梁浇筑成功。8月2~10日,省交通质监站对瑞赣高速公路质量管理行为、施工工艺、实体工程质量以及专项施工方案、施工安全、环保措施落实等情况进行第一次综合检查。9月23日,中铁十四局四公司瑞赣高速公路AS12标王屋高架桥第一片T梁顺利架设。11月2日,项目办召开第五次生产调度会暨"以实际行动贯彻落实十七大精神,大干100天,全面实现第一阶段目标任务"动员大会。12月9~11日,世界银行官员、项目经理邓菲女士来江西检查世界银行赠款江西三号公路艾滋病预防项目。

2008年1月1日,瑞赣高速公路主线K40+180~K40+480右幅底基层试验路段施工。3月17~21日,世界银行项目经理克里斯·本纳特、移民安置专家刘哲夫、世界银行咨询专家让·马里·布朗和新任项目经理邓斐博士一行对瑞赣高速公路建设情况进行了一次全面检查。6月26日,中铁四局五公司承建的峡山隧道在全线长大隧道中率先贯通。峡山隧道左线长2154m,右线长2188m。9月19日,瑞赣高速公路房建工程第一次工地例会在项目办召开。10月9日,瑞赣高速公路第二阶段施工总结表彰暨第三阶段施工动员会议在赣州召开,标志着瑞赣高速公路进入全面冲刺的第三阶段。11月11日,省交通厅在赣州召开全省交通在建重点建设项目安全生产现场会。11月中旬,瑞赣高速公路被确定为全省唯一一条中央新增投资2亿元的高速公路建设项目。12月15日,瑞赣高速公路控制性工程之一的赣江大桥顺利合龙贯通,比预定计划提前20天,这是瑞赣高速公路建设积极响应国家扩大内需政策的又一个见证。

2009年1月7日,随着AS13标洋塘大桥最后一片T梁的成功铺架,标志着瑞赣高速公路全线所有桥梁已全部贯通。9日,瑞赣高速公路路基工程交工验收预备会在项目办大会议室召开,标志着瑞赣高速公路交工验收工作全面启动。2月6日,国土资源部下发《国土资源部关于瑞金至赣州高速公路工程建设用地的批复》(国土资函〔2009〕217号),

批复项目用地。15日,瑞赣高速公路钟公隧道右幅顺利贯通,标志着瑞赣高速公路全线贯通。20日,在瑞赣高速公路AP1标项目部全体参建员工的共同努力下,AP1标路面主体工程施工在全线率先顺利完工。4月28日,项目办举办通车仪式,宣告瑞赣高速公路正式建成通车。

征地拆迁情况见表3-3-11。

瑞赣高速公路征地拆迁情况统计　　　　　表3-3-11

项目	征地拆迁安置起止时间	征用土地（公顷）	拆迁房屋（m²）	支付补偿费用（元）	备注
全线	2007年9月~2008年2月	867.2547	227454.4	137928199	

4. 复杂工程技术

(1)钟公隧道。钟公隧道位于赣州市会昌县白鹅乡与于都县禾丰镇交界的钟公山处,隧道总长4180m,属公路特长隧道,也是瑞赣高速公路全线最长的隧道,为一双洞上、下分离式,其中左洞起止桩号为K67+605~K71+785,右洞起止桩号为K67+605~K71+790。隧道山顶最高高程为722.561m,左线最大相对高差462.800m,右线最大相对高差470.505m。隧道内K71+248~K71+666段为煤系地层,隧道区存在多个小煤窑采空区,K71+666以后为山涧冲洪积盆地。按单幅计算,隧道明洞95m,Ⅴ级围岩943m,Ⅳ级围岩2653m,Ⅲ级围岩4194m,Ⅱ级围岩480m。洞口主要为Ⅴ级围岩,为减少洞口开挖,最大限度地保护自然环境,进出口洞门均采用削竹式隧道。

隧道从九岭水库上游七工村以西约400m处入口,入口处地貌为丘陵山体,山势较陡,山体自然倾斜坡为33°左右,植被发育。在进隧道前,桩号K67+500处有一溪流从北系向南东蜿蜒流经路线区内,水量较大,水流较急,溪水主要来源于山坡地表水及山涧地下水,溪水流入九岭水库最后汇入贡江。隧道区山势陡峻,植被发育稀薄,自然坡度一般在25°~40°,局部达70°,山体连绵起伏,微地貌发育,主要有山间冲洪积小盆地及山涧冲沟等,山涧冲沟一般常年均有流水,水质清澈,水量较大;隧道山体,大致呈南北走向。隧道洞身范围山涧冲沟发育,有些冲沟发育成水溪,主要为山间洪水和地下水的排泄通道。隧道从禾丰镇石迳村北侧约100m处出口,出口处地貌类型为山前洪积扇形成的岗地,岗地呈长垅状,东西走向,与洞身山体相连,植被不发育,地表为红色的网纹土所覆盖,有大量的石英砂岩孤石出露,孤石大小不一,最大直径4m左右,呈浑圆状。K71+248~K71+666段为煤系地层,隧道区存在多个小煤窑采空区,K71+666以后为山间冲洪积盆地,地表季节性积水,为主要水稻种植区,地势右东向西倾斜。

隧道区内属亚热带湿润季节气候区,具有春早、夏长、秋短、冬暖、四季分明,雨量充沛等特点。多年平均气温在18.90~19.70℃,1月平均气温8.10~8.30℃,7月平均气温

28.70℃,极端最低-6.70℃,极端最高气温39.90℃,年降水量1624mm,无霜期280天。降雨主要集中在春、夏两季。

(2)赣江大桥。赣江大桥位于赣州市章贡区水东镇老三村附近,是瑞赣高速公路主线跨赣江而建的大型桥梁,同时也是千里赣江第一座大桥,全桥工程总造价6500多万元,作为全线的一个控制性工程,由江西通威公路建设集团公司承建。

赣江大桥主桥上部结构采用40m+4×70m+40m变截面连续刚构,引桥上部结构采用6×30m+2×(5×30m)+2×30m先简支后连续T梁桥,全桥共长907m。

赣江大桥的设计荷载为公路—Ⅰ级,设计速度为100km/h,桥面宽度为0.25m(人行道栏杆)+1.5m(人行道)+0.5m(外侧防撞墙)+11.4m(行车道)+0.5m(内侧防撞墙)+0.7m(中央分隔带)+0.5m(内侧防撞墙)+11.4m(行车道)+0.5m(外侧防撞墙)+1.5m(人行道)+0.25m(人行道栏杆)。桥梁全宽29m。桥面铺装为4cm改性沥青抗滑表层+6cm中粒式改性沥青混凝土+0.8cm热改性沥青封层+9cmC40防水混凝土。设计洪水频率为300年一遇。设计水位$H_{0.33\%}$=106.09m(1985年国家高程基准),通航净空为55m×10m。

(3)会昌九岭高架1桥。会昌九岭高架1桥位于江西省会昌县白鹅乡附近,为瑞赣高速公路最高的高架桥,其最高的薄壁墩高约62.6m,全桥工程总造价约为7000万元,由AS4标段中交二公局第三工程有限公司承建。

会昌九岭高架1桥的桩号为K64+441~K65+495,桥梁总长1054m,全桥跨径布置为(3×30m)+(46m+80m+80m+80m+46m)+3×(4×30m)+(46m+80m+80m+80m+46m)+(3×30m),主桥半幅为变截面三向预应力混凝土连续刚构,引桥为先简支后连续T梁。标准桥面宽度为25.5m,中央分隔带在K64+853.736~K65+495范围内线性变宽。东、西主桥为46m+80m+80m+80m+46m预应力混凝土现浇箱梁。主桥箱梁为双幅,分别独立采用挂篮悬臂浇筑法施工,悬臂浇筑梁段最大质量为146.736t,主桥主墩采用矩形空心薄壁墩,钻孔灌注桩基础。

5. 运营管理

瑞赣高速公路设服务区2处(于都服务区、会昌服务区),其中西江服务区更名为会昌服务区;收费站7处(会昌北、禾丰、于都、罗坳、赣县东、赣县北、赣州北,见3-3-12),其中赣县站变更为赣县东站,在罗坳站与赣州北站之间增设赣县北站。车流量呈逐年递增趋势,断面平均日交通量:2012年自然数7796辆/日,当量数16404辆/日;适应交通量55000辆/日;交通拥挤度29.83%。2013年自然数9792辆/日,当量数21268辆/日;适应交通量55000辆/日;交通拥挤度38.67%。2014年自然数9297辆/日,当量数19787辆/日;适应交通量55000辆/日;交通拥挤度35.98%。2015年自然数10312辆/日,当量数20706辆/日;适应交通量55000辆/日;交通拥挤度37.65%。

端赣高速公路收费站点设置情况　　　　表3-3-12

站点名称	车道数	收 费 方 式
会昌北费收站	5	人工半自动收费(MTC)＋自动收费(ETC)
禾丰费收站	5	人工半自动收费(MTC)＋自动收费(ETC)
于都费收站	5	人工半自动收费(MTC)＋自动收费(ETC)
罗坳费收站	5	人工半自动收费(MTC)＋自动收费(ETC)
赣县东费收站	5	人工半自动收费(MTC)＋自动收费(ETC)
赣县北费收站	5	人工半自动收费(MTC)＋自动收费(ETC)
赣州北费收站	8	人工半自动收费(MTC)＋自动收费(ETC)

八、赣州至大余高速公路(茅店至三益段)

赣州至大余高速公路(茅店至三益段)(以下简称"赣州绕城高速公路")是江西省规划5条城市环城高速公路之一,是闽赣粤运输通道的重要路段,在江西省高速公路网中编号为S4503,2016年因国家路网调整,赣州绕城高速编入国家高速公路网,编号G6011。赣州绕城高速公路的建成,是落实赣州市委、市政府"对接长珠闽、建设新赣州"发展战略,把赣州建设成为区域性现代化中心城市的重大举措;是完善城市交通网络,形成立体化大交通格局的重要一环;是拉开城市框架,增强集聚辐射能力的重要途径。对推动"泛珠三角"和"红三角"区域合作,加强中心城区对外辐射能力,改善市区交通环境,实现赣州经济社会又好又快发展,具有非常重要的意义。

1. 项目概况

赣州绕城高速全长52.7km,其中建设里程43.589km,路线起点位于赣县茅店镇燕子岩与G76厦蓉高速公路瑞赣段相接,途经赣县茅店、章贡区沙河、沙石,赣州开发区潭东、黄金街道办事处、潭口,南康区龙岭、东山等镇(街办),在步狗坳设南康互通和G45大广高速公路相交后,共线9km至赣州至大余高速公路(三益至梅关段)。2008年7月1日开工建设,2009年9月16日竣工通车,项目批准概算投资总额215599.11万元,竣工决算金额为191018.24万元。全线主线采用《公路工程技术标准》(JTJ B01—97)标准建设,连接线按二级公路标准建设;设计速度100km/h;路基设计宽度26m,双向4车道,行车道宽4×3.75m,连接线路基宽度12m,行车道宽2×3.75m;采用沥青路面,设计年限15年,设计标准轴载BZZ-100kN;桥梁设计荷载:汽车—超20级,挂车—120;设计洪水频率:特大桥为1/300,其他桥涵和路基为1/100;贡江大桥通航标准为Ⅲ级。全线设置隔离栅、防撞栏、交通标志、标线和通信设施,并设服务区、运营管理中心、监控中心、隧道管理站和互通立交出口处设置匝道收费站,在重点路段设置监控设施。全线设互通立交6处,其中枢纽互通立交2处,分别为赣县东枢纽互通和南康南枢纽互通;进出口互通立交4处,分别为赣州东互通立交(系进出赣州老城区的主要进、出通道,距火车站约3km)、赣州南互通立交

（系进出赣州新城区和高校区的主要进、出通道，距市政中心约7km）、南康东互通立交（系进出南康新规划家具园区的主要进、出通道，距南康市中心约7km），赣县南互通立交（系进出赣县县城的主要进、出通道）。

2. 参建单位

赣州绕城高速公路参建单位共23家。

项目管理单位：赣州赣康高速公路有限责任公司。

勘察设计单位：中交第二公路勘察设计院有限公司。

施工单位：浙江利越路桥建设集团有限公司、中铁十六局集团第三工程有限公司、中交隧道工程局有限公司、东盟营造工程有限公司、宁波交通工程建设集团有限公司、浙江登峰交通集团有限公司、浙江省交通工程建设集团有限公司、海南路桥工程公司、江西通威公路建设集团有限公司、中交集团二公局第六工程有限公司、江西通威公路建设集团有限公司、中国公路工程咨询集团有限公司、马鞍山市奥森园林实业发展有限责任公司、江西省城市园林建设有限公司、广东新广国际集团有限公司、江苏省第一建筑安装有限公司、江西科信实业有限公司、广州海特天高信息系统工程有限公司。

监理单位：赣州诚正公路工程监理有限公司、江西交通建设工程监理所、北京兴通交通工程监理有限责任公司。

3. 建设情况

2007年4月16日，省重点办下发《关于赣州至大余高速公路（茅店至三益段）项目勘察设计邀请招标的批复》（赣重建设〔2007〕18号），经省人民政府批准，考虑赣大高速公路（茅店至三益段）途经山岭重丘区，地形地质条件复杂，工程技术要求高，勘察设计难度大的特点，同意赣州市高速公路公司提出的赣大高速公路（茅店至三益段）项目勘察设计进行邀请招标的意见。4月30日，省发改委下发《关于赣州至大余高速公路（茅店至三益段）工程可行性研究报告的批复》（赣发改交运字〔2007〕362号），同意建设赣州至大余高速公路（茅店至三益段），同意项目建设规模与主要技术标准、工程总投资及资金来源、建设工程及招标方案，原则同意工可报告推荐的起、终点及路线走向方案。8月6日，省交通厅以赣交计字〔2007〕130号文对赣州市政府报送的《关于要求授权赣州赣康高速公路有限责任公司负责赣州至大余高速公路（茅店至三益段）项目建设经营的函》作出回复，同意授权赣州赣康高速公路有限责任公司作为赣州至大余高速公路（茅店至三益段）项目法人，对该项目的前期工作、资金筹措、建设实施、收费还贷等实行全过程负责。9月29日，省发改委下发《关于赣州至大余高速公路（茅店至三益段）工程初步设计的批复》（赣发改交运字〔2007〕1277号），经组织有关部门及专家审查，基本同意赣大高速公路（茅店至三益段）工程建设规模和主要技术标准、路线设计、路基路面设计、桥涵隧道设计、交叉工程及沿线设施、工程概算等方面的初步设计。11月2日,省环保局下发《赣州至大余高速公路(茅店至三益段)环境影响报告书》(赣环督字〔2007〕326号)。11月14日,省重点办下发《关于赣州至大余高速公路(茅店至三益段)和赣江公路大桥项目征地拆迁工作有关事项的批复》(赣重建设〔2007〕1512号)。11月27日,省水利厅下发《关于赣州至大余高速公路(茅店至三益段)水土保持方案报告书的批复》(赣水水保字〔2007〕89号)。

  2008年5月15日,LJ3标下南坑高架桥实现架通,这是继该标段2月22日老侯屋高架桥右幅架通后所取得的又一重大胜利,比业主规定的6月底桥梁实现半幅架通目标提前一个半月时间。6月19日,交通厅下发《关于赣州至大余高速公路(茅店至三益段)施工图设计(主体土建工程)的批复》(赣交基建字〔2008〕34号),根据省发改委下发《关于赣州至大余高速公路(茅店至三益段)工程初步设计的批复》(赣发改设审字〔2007〕1289号)确定建设规模、技术标准,经审查,对该项目施工图设计(主体土建工程)进行批复。8月22日,国土资源部下发《国土资源部关于赣州至大余高速公路(茅店至三益段)建设用地的批复》(国土资函〔2008〕549号),省政府《关于要求批准赣州至大余高速公路(茅店至三益段)工程建设用地的请示》(赣府文〔2008〕12号)经国务院批准,同意并批复赣州至大余高速公路(茅店至三益段)的建设用地。9月10日,LJ8合同段率先完成第一道盖板通道施工,这是继8月18日该标段率先完成第一道圆管涵后所取得的又一重大成果。9月28日,市政府在赣南宾馆会议中心召开赣江公路大桥和赣州环城高速公路工程建设动员大会。10月18日,LJ5合同段率先完成第一片箱梁浇筑,标志着环城高速公路桥体箱梁浇筑工作正式展开。11月20日,省国土资源厅转发《国土资源部关于赣州至大余高速公路(茅店至三益段)建设用地的批复的通知》(赣国土资函〔2008〕224号),同意赣州市章贡区、经济技术开发区、赣县、南康市将农民集体所有农用地334.7943公顷(其中耕地86.4904公顷)转为建设用地并办理征地手续,另征收农民集体所有建设用地10.0814公顷、未利用地1.8216公顷;同意将国有农用地2.8873公顷转为建设用地。

  2009年1月12日,赣州绕城高速公路各项施工图设计全面完成。16日,LJ8合同段在全线率先完成K38+660~K39+720段路基96区交工验收。2月22日,LJ3合同段率先实现桥梁半幅架通。3月27日,石塘大桥率先实现全幅贯通。4月27日,绕城高速公路控制性工程——杨仙岭隧道左线比计划提前两个半月胜利贯通,标志着该工程建设已取得突破性进展。8月1日,杨仙岭隧道如期实现双幅贯通。10月22日,赣州绕城高速公路贡江大桥施工现场,大桥主跨右幅完成最后一片箱梁架设,标志着这一全线控制性工程已成功实现对接合龙。

  2010年1月1日,LJ1标贡江大桥施工现场人声鼎沸,负荷150t的架桥机缓缓地将该大桥最后一片箱梁运至指定位置,标志着绕城高速公路最后一座大桥实现双幅贯通。29日,省交通运输厅以赣交基建字〔2010〕9号文件,对赣州赣康高速公路有限责任公司上报的《关于赣州至大余高速公路（茅店至三益段）建设项目绿化景观施工图设计优化调整方案的请示》（赣康高速司字〔2010〕13号）作出批复。3月31日,随着最后一车混凝土浇筑完毕,绕城高速公路FJ1标管理中心食堂综合楼顺利封顶,标志着FJ1标管理中心房建主体结构已经全部完成,全面进入下一阶段墙体和装饰工程施工。7月22日,省发改委、省交通运输厅以赣发改收费字〔2010〕1147号文批复《关于核定赣州至大余高速公路（茅店至三益段）车辆通行费标准的函》,经过半个月的紧张筹备,赣州绕城高速公路8月9日正式投入试运营。9月16日,在省交通运输厅的统一安排部署下,为庆祝全省高速公路通车里程突破3000km,赣州绕城高速公路收费广场设立分会场举行通车典礼仪式。

征地拆迁情况见表3-3-13。

赣州绕城高速公路征地拆迁情况统计　　　　表3-3-13

项目	征地拆迁安置起止时间	征用土地（公顷）	拆迁房屋（m²）	支付补偿费用（元）	备注
全线	2007年11月~2010年6月	358.33	111007.591	124085113.45	

4.运营管理

赣州绕城高全线共设收费站4处（表3-3-14）、服务区1处、互通立交6处、运营管理中心1处、监控中心1处、隧道管理站1处。

赣州绕城高速公路收费站点设置情况　　　　表3-3-14

站点名称	车道数	收费方式
赣县南收费站	3进3出	人工半自动收费（MTC）+自动收费（ETC）
赣州东收费站	3进5出	人工半自动收费（MTC）+自动收费（ETC）
赣州南收费站	2进4出	人工半自动收费（MTC）+自动收费（ETC）
南康东收费站	2进3出	人工半自动收费（MTC）+自动收费（ETC）

九、九江至瑞昌高速公路

九江至瑞昌高速公路（以下简称"九瑞高速公路"）是G56杭州至瑞丽国家高速公路在江西境内的一段,是江西省"三纵四横"高速公路主骨架网中第一横的一部分,在国家高速公路网编号G56。九瑞高速公路的建成,把我国发达的东部地区、经济蓬勃发展的中部地区以及正在进行大开发的西部地区有机地联系在一起,将缩短东部地区、中南地区和西南地区的时间距离,有效地调整东、中、西部三大区域的网络结构,对国家"西部大开发"战略具有重要的意义。同时,对国家干线网络的有机组成和江西高速公路网的完善,发挥其网络效应也具有十分重要的作用。

第三章 高速公路建设项目

1. 项目概况

九瑞高速公路建设里程48.14km,路线起点位于九江县境内的昌九高速公路沙河互通以南约3.6km的杨家坂,并设置枢纽互通与昌九高速公路连接;路线途经九江市赛阳镇、九江县沙河镇、狮子镇、城门乡、新合镇、涌泉乡、瑞昌市桂林桥办事处、农科所、南阳乡、夏畈镇、黄金乡;终点位于瑞昌市与湖北省省界炉下水库以南,与杭州至瑞丽国家高速公路湖北段连接。2008年7月1日开工建设,2010年12月29日竣工通车,项目概算总投资19.8亿元。全线全封闭、全立交。主线采用的主要技术标准为双向4车道高速公路设计标准,设计速度100km/h,整体式路基断面宽度为26m,分离式路基宽度为13m,设计荷载为公路—Ⅰ级,其余技术指标按《公路工程技术标准》(JTG B01—2003)执行。互通立交连接线采用二级公路标准建设,主线路面采用沥青混凝土路面,标准轴载为BZZ-100kN。九瑞高速公路共有桥梁36座,长4217m,其中大桥12座,长2825m;中桥21座,长1346m;小桥2座,长46m。隧道5座,双幅长度为4070m,其中南阳一隧道全长2345m。

2. 参建单位

九瑞高速公路参建单位共6家。

项目管理单位:诚坤国际(江西)九瑞高速公路发展有限公司。

设计单位:江西省交通设计院。

施工单位:中交第一航务工程局有限公司(施工总承包)。

监理单位:江西交通工程监理公司、江西科力咨询监理有限公司、安徽省高等级公路工程监理有限公司。

3. 建设情况

2006年12月21日,国家发改委下发《国家发改委关于江西省九江至瑞昌(赣鄂界)公路项目核准的批复》(发改交运〔2006〕2889号)。

2007年2月6日,商务部办公厅以《商务部关于同意设立诚坤国际(江西)九瑞高速公路发展有限公司的批复》(商资批〔2007〕225号),同意设立项目业主公司的申请。

2008年2月20日,交通部下发《关于九江至瑞昌公路初步设计的批复》(交公路发〔2008〕73号),同意项目初步设计。3月19日,九瑞高速公路在中国建设招标网发布施工、监理投标邀请单位名单公示。4月23日,对招标评标结果进行公示。5月20日,与施工中标单位(中交第一航务工程局有限公司)签订工程合同协议书。2008年5月,与3个监理单位签订监理合同协议书。7月1日,在九江市召开九瑞高速公路开工新闻发布会。

九瑞高速公路建设工程共分为4个阶段。第一阶段[2008年6月~2008年12月(7个月)]:①路基工程。路基土石方完成85%,路基路床交验20%,垫层10%,防护工程30%,排水工程10%。②路面工程。完成黑白站场地硬化,白站调试完毕,黑站设备进场,底基层备料40%,水稳基层备料30%,沥青基层备料10%,中下面层备料10%,上面层备料5%,底基层施工10%。③大桥、枢纽互通。基础完成90%,墩身完成70%,盖梁台帽完成50%,大梁预制完成30%,安装完成15%。④中小桥、上跨桥。下部完成95%,上部完成60%。⑤涵洞通道完成90%。⑥隧道。南阳一隧道开挖和初次衬砌完成40%,二次衬砌完成10%,其他隧道开挖和初次衬砌完成50%,二次衬砌完成20%。第二阶段[2009年1月~2009年6月(6个月)]:①路基工程。路基土石方完成100%,路基路床交验90%,垫层70%,防护工程80%,排水工程80%。②路面工程。黑站调试完毕,底基层备料80%,水稳基层备料70%,沥青基层备料50%,中下面层备料40%,上面层备料20%,底基层施工60%,水稳基层施工50%,沥青基层完成30%,下面层施工20%,中面层完成10%。③大桥、枢纽互通。基础完成90%,墩身完成70%,盖梁台帽完成50%,大梁预制完成30%,安装完成15%。④中小桥、上跨桥全部完成。⑤涵洞通道全部完成。⑥隧道。南阳一隧道开挖和初次衬砌完成100%,二次衬砌完成60%,其他隧道开挖和初衬完成100%,二次衬砌完成90%,路面完成50%,装饰完成30%。⑦绿化完成50%。⑧房建做准备工作。⑨机电工程。机电工程完成10%,其中管线预埋完成90%。第三阶段[2009年7月~2009年12月(6个月)]:①路基工程。垫层100%,防护工程100%,排水工程100%。②路面工程。底基层、水稳基层、垫层100%,沥青基层备料100%,中下面层备料100%,上面层备料90%,底基层、水稳基层、沥青基层完成100%,下面层完成95%,中面层完成90%,上面层完成80%。③大桥、枢纽互通全部完成。④中小桥、上跨桥全部完成。⑤涵洞通道全部完成。⑥隧道全部完成。⑦绿化完成60%。⑧房建完成90%。⑨机电工程完成50%,其中管道预埋完成100%。⑩交通安全设施完成30%。第四阶段[2010年1月~2010年5月(5个月)]:①路基工程全部完成。②路面工程全部完成。③大桥、枢纽互通全部完成。④中小桥、上跨桥全部完成。⑤涵洞通道全部完成。⑥隧道全部完成。⑦绿化全部完成。⑧房建全部完成。⑨机电工程全部完成。⑩交通安全设施完成100%。

征地拆迁情况见表3-3-15。

九瑞高速公路征地拆迁情况统计 表3-3-15

项目	征地拆迁安置起止时间	征用土地(公顷)	拆迁房屋(m²)	支付补偿费用(元)	备注
全线	2008年1月~2010年12月	318.27	46759	12526.44	

4. 运营管理

九瑞高速公路全线共设匝道收费站3处(狮子收费站、瑞昌收费站、南阳收费站)、主线收费站1处(省界收费站)(表3-3-16),隧道管理所1处,服务区1处(涌泉服务区)。

九端高速公路收费站点设置情况　　　　　表 3-3-16

站点名称	车道数	收费方式
狮子收费站	3 进 4 出	人工半自动收费（MTC）+ 自动收费（ETC）
瑞昌收费站	3 进 4 出	人工半自动收费（MTC）+ 自动收费（ETC）
南阳收费站	2 进 3 出	人工半自动收费（MTC）+ 自动收费（ETC）
省界收费站	12 出	人工半自动收费（MTC）+ 自动收费（ETC）

十、石城至吉安高速公路

石城至吉安高速公路（以下简称"石吉高速公路"）是 G72 泉州至南宁国家高速公路江西境内的重要组成部分，是构建国家高速公路网、打通赣湘中部地区、对接闽南三角、加强与东盟地区经济联系主通道的需要，也是完善江西高速公路网布局、构建江西高速主骨架、充分发挥高速公路规模效益的需要，在国家高速公路网编号 G72。石吉高速公路的建成进一步完善了高速公路网络的功能作用，对于加强沿海地区与中西部地区的经济联系，改善革命老区交通状况，带动沿线红色旅游资源的开发利用，促进区域经济快速发展，乃至对我国国防建设等都具有十分重要的意义；对于江西省实施"对接长珠闽、联结港澳台、融入全球化"的大开放主战略和强化承东启西、连南应北的交通枢纽作用，具有重要意义。

1. 项目概况

石吉高速公路建设里程 190.780km，路线起于石城县东南约 10km 处的赣闽省界五里亭，与福建境内永安至宁化段高速公路相接，途经宁都县、兴国县和泰和县，在宁都县境内与 G35 济广（济南至广州）高速公路交汇，终于泰和县以北约 11km 处的石山乡，与 G45 大广（大庆至广州）高速公路交汇，并与吉安至莲花段（吉莲高速公路）相连。2008 年 8 月 16 日开工建设，2010 年 9 月 16 日竣工通车，总投资 101 亿元。全线采用全封闭全立交，双向 4 车道，设计速度 100（80）km/h，汽车荷载等级公路—Ⅰ级，路基设计宽度 26.0（24.5）m，路面面层除收费广场为水泥混凝土结构外，均采用沥青混凝土结构，底基层、基层采用级配碎石和水泥稳定碎石结构。沿线主要河流水库有石城琴江、宁都梅江、泰和赣江、兴国长冈水库、泰和老营盘水库等。与 206、319、105 国道，337、227 省道及昌厦公路相交。

2. 参建单位

石吉高速公路参建单位共 81 家。

项目管理单位：江西省交通运输厅石城至吉安高速公路项目建设办公室。

设计单位：江西省交通设计院、中交第一公路勘察设计研究院、辽宁省交通勘测设计院、北京交科公路勘察设计研究院。

施工单位：浙江省交通工程建设集团有限公司、路桥集团国际建设股份有限公司、江西有色工程有限公司、中铁五局集团有限公司第一工程有限责任公司、中交隧道工程局有限公司、江西赣粤高速公路工程有限责任公司、江西井冈路桥(集团)有限公司、中铁五局(集团)有限公司、江西省公路桥梁工程局、中铁十六局集团第五工程有限公司、中铁二十三局集团第一工程有限公司、中铁十三局集团有限公司、江西省交通工程集团公司、中铁十三局集团第一工程有限公司、中铁十七局集团有限公司、中铁隧道集团有限公司、福建省闽西交通工程有限公司、中铁四局集团第五工程有限公司、中铁十一局集团第二工程有限公司、中铁五局集团第一工程有限责任公司、中交第二公路工程局有限公司、江西省现代路桥工程总公司、中铁五局集团第三工程有限责任公司、中铁十六局集团第四工程有限公司、中铁十五局集团有限公司、江西交建工程集团有限公司、江西中煤建设工程有限公司、中铁三局集团有限公司、中铁十四局集团第三工程有限公司、江西省公路机械工程局、抚州远大路桥工程有限公司、鞍山公路工程有限公司、北京城建道桥工程有限公司、中国第四冶金建设公司、福建三建工程有限公司、洪宇建设集团有限公司、抚州建设集团有限公司、广东省阳江市建安集团有限公司、南昌对外工程总公司、鑫业集团有限公司、南昌市第一建筑工程公司、江西宏盛建业集团有限公司、中集建设集团有限公司、江西省第一建筑有限责任公司、赣州汇丰建设工程有限公司、中城建第六工程局集团有限公司、江西雄基钢构建材有限公司、湖南省第六工程有限公司、江西方兴科技有限公司、北京公科飞达交通工程发展有限公司、中铁电气化局集团有限公司、北京瑞华赢科技发展有限公司、北京路安交通科技发展有限公司、中铁四局集团电气化工程有限公司、绍兴市第一园林工程有限公司、山东大地园林有限公司、合肥绿叶园林工程有限责任公司、陕西红叶园林绿化设计工程集团有限公司、厦门市北区绿化工程有限公司、上海生态园林工程有限公司、南昌市园林开发公司、天津泰达园林建设有限公司、山西长达交通设施有限公司、杭州华兴交通设施工程有限公司、江苏耀鑫交通设施有限公司、江苏华夏交通工程集团有限公司、湖南环达公路桥梁建设总公司、北京市高速公路交通工程有限公司、中咨华科交通建设技术有限公司、金华市大路交通安全设施有限公司、山东聊城顺达建设有限公司、厦门市科发交通工程有限公司、杭州红萌交通设施有限公司。

监理单位：江西省嘉和公路工程监理咨询有限公司、中国公路工程咨询集团有限公司、江西交通工程监理公司。

3. 建设情况

2007年9月5日，交通部决定开展第三批公路工程勘察设计示范工程活动(交公路发〔2007〕478号文)。江西省仅泉州至南宁高速公路江西境内石城至吉安段列入其中。9月28日，国家环境保护总局下发《关于泉州至南宁国家高速公路江西石城至吉安段环境影响报告书的批复》(环审〔2007〕400号)致省交通厅，同意按照报告书中所列建设项目性质、规模、地点、环境保护措施进行项目建设,并委托省环境保护局负责该项目施工期间环境保护监督检查工作。

2008年2月2日,国家发改委下发《国家发展改革委关于江西省石城(闽赣界)至吉安公路可行性研究报告的批复》(发改交运〔2008〕342号)致省发改委,同意建设石吉高速公路,要求严格执行国家有关招标投标规定,工程勘察、设计、建筑工程、监理、重要材料等全部实行公开招标,项目总投资约93.5亿元。2月21日,经省交通厅批准,成立江西省交通厅石城至吉安高速公路项目建设办公室,负责项目的建设实施。4月9日,省政府在吉安市召开石吉高速公路征地拆迁动员大会,宣布石吉高速公路工程征地拆迁补偿及规费缴交标准,部署石吉项目征地拆迁工作,要求所有工程用地报批手续6月底前完成,确保8月项目全面开工建设。5月8日,在南昌举行石吉项目征地拆迁包干协议签字仪式。8月12日,交通运输部下发《关于石城(闽赣界)至吉安公路初步设计的批复》(交公路发〔2008〕234号),批准概算总金额为100.83亿元,其中银行贷款58亿元,交通运输部专项资金14.64亿元,省自筹28.19亿元。16日,在南昌召开石吉高速公路开工新闻发布会。9月9日,为规范建设管理行为,确保石吉高速公路又好又快地建设,项目办向施工、监理单位印发《石吉项目实行"十公开"打造"阳光工程"实施方案》,将招标投标、征地拆迁、施工管理、设计变更、质量监督、工程竣(交)工验收、资金使用等10大事项,通过会议、媒介等向社会公开,主动接受社会各界监督,这在江西省交通重点工程建设中尚属首次。9月19日,省政府在兴国县召开石吉高速公路第一阶段施工动员大会。9月23日,C1标中铁五局三公司项目部承建的老营盘(三)隧道率先在石吉全线打响进洞施工第一炮。10月11日,在全线开展"大干100天,全面完成小桥涵、通道等构造物,拿下土石方"劳动竞赛活动。10月31日,在召开征地拆迁动员大会后,累计征地1284.802公顷,拆迁建筑物总面积约207206.86m^2,拆迁管线1100多处。12月25日上午,C3标中铁十五局集团项目部承建位于泰和县境内的五峰山3号隧道中导洞率先在全线顺利贯通,中导洞长156m。

2009年1月15日,C7标中铁十四局三公司项目部率先在石吉全线超额完成"大干100天"目标任务,其中,桩基、墩柱分别比目标任务多完成9个和57个百分点。

同日,B13标江西现代路桥项目部成功安装赖屋中桥首片空心板,率先拉开全线桥梁上部构造施工序幕。2月9日,C1标中铁五局三公司项目部承建的老营盘3号隧道率先在全线单幅贯通,左线260m、右线330m。3月14日,国土资源部《国土资源部关于石城(赣闽界)至吉安公路工程建设用地的批复》(国土函〔2009〕394号)致江西省人民政府,经国务院批准,同意建设用地共计1322.703公顷。3月16日,A10标中铁十六局五公司项目部承建的瓦子坑2号分离立交桥,于2月20日率先在全线33座分离立交桥中半幅架通后,又率先在石吉全线双幅架通。3月18日,随着C4标中龙隧道中导洞的贯通,石吉高速公路连拱隧道中导洞全部贯通。4月23日,为进一步强化安全意识,确保各项安全措施有效落实,项目办于4月3日起开展拉网式安全生产大检查,按照"统筹兼顾、突出重点、积极稳妥、分步实施"的原则,先由施工单位自查4天,后由高驻办、管理处复查5天,项目办用9天时间逐标段督查,彻底摸清影响安全生产危险源,迅速消除安全生产隐患,健全重大隐患排查治理监控制度,促使隐患排查治理制度化、规范化、常态化。5月2日,A7标江西井冈路桥项目部承建的白泉排高架桥于4月6日率先半幅架通后又双幅贯通,成为全线最先双幅架通的高架桥。5月6日,A4标中铁五局一公司项目部承建的三仙崟隧道率先在全线双线贯通,左线1760m,右线1740m。6月21日,A7标江西井冈路桥项目部承建的燕子排连拱隧道(中导洞长315m),率先在全线6座连拱隧道中双线贯通。6月27日,C8标江西省公路机械工程局项目部成功交验首段路基580m,拉开全线路基交工序幕。经检测,弯沉值、压实度、高程、路宽等各项技术指标均满足规范要求。7月8日,经过9个多小时的连续奋战,CP2标江西交通工程集团项目部率先在全线成功完成底基层试验路段摊铺,其宽度、厚度、压实度、混合料级配等技术指标均满足规范要求。经RC高驻办现场确认,施工试验路段达到优良,可形成作业指导书在C段推广。7月13日,CP1标赣粤工程公司项目部率先在全线摊铺水泥稳定土基层试验段。7月22日,B12标中交二公局项目部率先在石吉全线提前完成第一阶段目标任务。7月24日,A6标江西赣粤工程公司项目部率先在全线实现路基拉通、桥隧贯通。8月8日,BP1标北京城建道桥有限公司项目部最先在全线完成基层备料和沥青中、下面层备料任务。9月1日,省政府在泰和县召开石吉高速公路第一阶段施工总结表彰暨第二阶段施工动员大会,总结第一阶段工程建设实施情况,表彰第一阶段目标考评优胜单位,提出第二阶段目标任务。11月4日,CP1标江西赣粤工程公司项目部率先在全线展开ATB-25沥青碎石上基层试验路摊铺。11月28日,BP1标北京城建道桥建设集团项目部率先开始AC-25沥青混凝土下面层试验段摊铺,标志着石吉高速公路转入路面施工阶段。同日,A段率先完成梁板预制任务,共预制梁板3650片,占全线总量的33.1%。

2010年1月13日,C3标中铁十五局集团项目部承建的金龙特大桥双幅架通,在全线三大关键控制性工程中率先贯通。4月2日,省政府在宁都县召开石吉高速公路第二阶段施工总结表彰暨第三阶段施工动员大会。4月3日,石吉高速公路最长的五峰山一号隧道双线贯通。该隧道左线长4254m,右线长4283m,为石吉高速公路三大控制性工程之一,是当时江西在建高速公路中最长隧道,仅次于已建成的武吉高速公路九岭山隧道,由C3标中铁十五局集团项目部和C2标中铁十六局四公司项目部共同承建,相向施工。4月13日下午,石吉高速公路地质最复杂的铜锣山2号隧道全线贯通。该隧道系石吉高速公路第三长隧道,由B1标和A10标中铁十六局五公司项目部承建,相向施工。该隧道破碎带特别多,水系丰富,Ⅳ、Ⅴ级围岩占85%以上,在全线19座隧道中地质最复杂。4月28日上午,C7标泰和赣江特大桥主桥双幅贯通,标志着该桥主体工程完工。泰和赣江特大桥是石吉全线的三大控制工程之一,桥长1150m,由中铁十四局集团三公司承建。8月7日SL6标杭州红萌交通设施有限公司项目部率先在全线开展标线试验段施工。经RC高驻办现场检测,试验段施工符合质量规范标准,形成施工作业书,并在C段进行推广。9月16日,石吉高速公路建成通车。

征地拆迁情况见表3-3-17。

石吉高速公路征地拆迁情况统计　　　　　　　　表3-3-17

项目	征地拆迁安置起止时间	征用土地（公顷）	拆迁房屋（m²）	支付补偿费用（元）	备注
全线	2008年9月~2010年9月	1364.867	301929.695	403778820.16	

4. 复杂工程技术

(1) 赣江特大桥。该桥全长1150m,跨越赣江Ⅲ-(3)级航道,桥梁上部结构,主桥采用100m+155m+100m变截面单箱单室三向预应力混凝土连续刚构。副孔及引桥分别采用2联10跨40m和2联13跨30m先简支后连续的预应力混凝土T梁,副孔跨径40m,引桥跨径30m。主桥路面采用6cm厚C40混凝土+三涂防水层+6cm厚中粒式沥青混凝土+4cm厚沥青混凝土抗滑表层,副孔及引桥路面采用10cm厚C40混凝土+三涂防水层+6cm厚中粒式沥青混凝土+4cm厚沥青混凝土抗滑表层。

主桥主墩采用壁厚1.5m的双薄壁墩;承台厚4.5m,单个承台混凝土方量644m³;主桥基础为直径3m的钻孔灌注群桩,桩长32m,最小嵌岩深度7m。副孔及引桥主墩采用柱式墩,直径1.8m和1.6m,基础为直径2m和1.8m的钻孔灌注桩,最大桩长35m。

(2) 老营盘4号隧道。老营盘4号隧道穿越泰和县老营盘和中龙乡之间的五峰山,山顶有一五峰山寺,山顶高程达816m。进洞口一侧隶属老营盘镇大门前村,距老营盘镇以北5km;出洞口一侧隶属中龙乡东合村,距中龙乡东南12km。

该隧道为一特长隧道,左线ZK133+757~ZK138+011,长4254m,右线YK133+698~YK137+980,长4283m。隧道左线小部分位于半径4000m的曲线,大部分位于直线段;隧道右线小部分位于半径4040m的曲线,大部分位于直线段。隧道内纵坡为双向坡,分别为+0.8%、-0.725%。洞口形式采用端墙式。设计速度为80km/h,隧道建筑限界净高5m,检修道净高2.5m,隧道单洞净宽10.25m。CO浓度正常运营时250ppm,交通阻塞时300ppm。路面基本照明亮度9.0cd/m²。消防标准B类火灾,灭火级别90B。抗震处理考虑简单设防。

隧道采用复合式路面结构:无仰拱路段为4cm厚AC-13C粗型密级配沥青混凝土表面层+6cm厚AC-20C粗型密级配沥青混凝土中面层+28cm厚水泥混凝土面板+15cm

厚素混凝土基层+10cm厚级配碎石整平层;有仰拱路段为4cm厚AC-13C粗型密级配沥青混凝土表面层+6cm厚AC-20C粗型密级配沥青混凝土中面层+28cm厚水泥混凝土面板+15cm厚级配碎石整平层。

隧道防排水遵循"以防为主,排、堵、截相结合,因地制宜,综合治理"的原则。衬砌排水,在初期支护与防水层之间每间隔10m设置一处ϕ50mm透水环向盲管(渗水较大段按每间隔3~5m设置一处),再将盲管引入ϕ110mm纵向排水管,然后通过三通横向排水管排至中心排水沟,排进洞外的清水沟,这是排清水;另外,污水部分通过路基外侧的路缘边沟排出洞外的污水池内;衬砌防水,在初期支护与二次支护之间敷设一层1.2mm厚的EVA防水板和一层土工布,作为第一道防水措施,防水板敷设范围为自拱部至边墙下部引水管,且防水板必须与J100排水托架系统焊接。同时,拱部及边墙二次衬砌采用抗渗等级不低于S8的防水混凝土,作为第二道防水措施。洞顶截水工程采用筑填筑土埂、内侧浆砌片石的形式,截水沟的位置应设在挖方坡顶不小于5m以外平缓处。隧道设置5处车行横洞,6处人行横洞。车行横洞4m×5m,人行横洞2m×2.5m。

明洞衬砌采用C25钢筋混凝土,复合式衬砌初期支护采用C20喷射混凝土。二次衬砌采用C25钢筋混凝土、C25混凝土,洞内沟管采用C25混凝土,仰拱回填采用C15片石混凝土。直径≥12mm的钢筋及锚杆采用HRB335;钢拱架采用18、14型工字钢;注浆钢管及长管棚采用热轧无缝钢管。在主洞S7衬砌中采用ϕ25mm中空注浆锚杆,其他衬砌采用ϕ22砂浆锚杆,超前小导管均采用ϕ42mm热轧无缝钢管。

5. 运营管理

石吉高速公路设服务区4处、收费站9处(表3-3-18)。

石吉高速公路收费站点设置情况　　　　表3-3-18

站点名称	车道数	收费方式
泰和北收费站	5	人工半自动收费(MTC)+自动收费(ETC)
泰和东收费站	5	人工半自动收费(MTC)+自动收费(ETC)
兴国收费站	5	人工半自动收费(MTC)+自动收费(ETC)
兴国西收费站	5	人工半自动收费(MTC)+自动收费(ETC)
兴国东收费站	5	人工半自动收费(MTC)+自动收费(ETC)
宁都收费站	8	人工半自动收费(MTC)+自动收费(ETC)
宁都南收费站	5	人工半自动收费(MTC)+自动收费(ETC)
石城收费站	6	人工半自动收费(MTC)+自动收费(ETC)
赣闽界石城收费站	15	人工半自动收费(MTC)+自动收费(ETC)

交通量变化情况:2012年,国高网当量交通量55000辆/日(折合成标准小客车),机动车当量交通量5496辆/日,自然交通量为2151辆/日,同比增长13.9%;汽车当量交通量5496辆/日,自然交通量2151辆/日,同比增长13.9%。国高网适应交通量55000辆/

日;拥挤度0.1,从交通构成看,国高网公路小客车占31.5%,大客车占6.4%,小货车占7.1%,中货车占3.5%,大货车占3.4%,特大货车、集装箱车占47.8%。

2013年,国高网当量交通量55000辆/日(折合成标准小客车),机动车当量交通量5395辆/日,自然交通量2777辆/日,同比增长14.8%;汽车当量交通量5395辆/日,自然交通量2777辆/日,同比增长14.8%。国高网适应交通量55000辆/日,拥挤度0.098。从交通构成看,国高网公路小客车占48.1%,大客车占8.7%,小货车占7.9%,中货车占4.8%,大货车占3.3%,特大货车、集装箱车占26.9%。

2014年,国高网当量交通量55000辆/日(折合成标准小客车),机动车当量交通量7243辆/日,自然交通量3737辆/日,同比增长19.9%;汽车当量交通量7243辆/日,自然交通量3737辆/日,同比增长19.9%。国高网适应交通量55000辆/日,拥挤度0.132。从交通构成看,国高网公路小客车占49.3%,大客车占8.1%,小货车占8%,中货车占4.2%,大货车占3.1%,特大货车、集装箱车占27.1%。

十一、鹰潭至瑞金高速公路

鹰潭至瑞金高速公路(以下简称"鹰瑞高速公路")是国家"7918"路网规划中G35济南至广州高速公路在江西境内的重要组成部分,是江西省高速公路规划"三纵四横"公路主骨架的重要组成部分,在国家高速公路网中编号G35。鹰瑞高速公路建成后,与景鹰高速公路衔接,形成江西省东部又一条纵贯南北的省际快速大通道。

鹰瑞高速公路的建成,对于加快完善江西省高速公路网络,强化江西承东启西、连接南北的交通枢纽作用,促进江西经济又好又快发展具有重要意义;对于江西省大力推进基础设施建设工程,全面实施重大项目带动战略,为当前和长远发展打下扎实基础具有重要意义。鹰瑞高速公路连通鹰潭、抚州、赣州三市以及安徽、江西、广东三省,对于促进沿线各地资源开发利用,推动赣东地区经济发展,增强中东部区域合作与互动,加速"对接长珠闽、联结港澳台、融入全球化"具有十分重要的意义。

1.项目概况

鹰瑞高速公路全长308.541km(与福银高速公路共线9.058km,在原双向4车道的基础上拓宽为双向6车道),路线起于江西鹰潭市余江县的洪湖水库黄柏张家,与正在建设的济南至广州国家高速公路江西景德镇至鹰潭段相接,沿线经过鹰潭市(余江县、龙虎山风景管理区)、抚州市(金溪县、资溪县、南城县、南丰县、广昌县)、赣州市(石城县、宁都县、瑞金市)3个设区市,终于瑞金市的武阳,与206国道相接。2008年6月30日开工建设,2010年9月16日竣工建设。项目概算总投资达127.598亿元,资金来源:①部专项资金17.66亿元;②江西省自筹资金33.9382亿元;③国内银行贷款76亿元。全线双向4车道,设计速度为100km/h;路基宽度26m;路面结构为沥青混凝土;单向行车道宽2×

3.75m,中间带宽3.5m(含中央分隔带宽2.0m和两侧路缘带宽各0.75m),硬路肩宽3.0m(含路缘带宽0.5m),土路肩宽0.75m;设计荷载为公路—Ⅰ级;设计洪水频率,特大桥为1/300,大、中、小桥涵和路基为1/100;全线桥梁226座;涵洞通道1297道;隧道9座;互通立交16处、分离式立交72处、隧道管理所3处、服务区5处、停车区6处、养护工区6处、收费站12处、监控中心1处、监控分中心3处。设置安全、监控、通信、收费、供电照明及服务等设施。

2. 参建单位

鹰瑞高速公路参建单位共142家。

项目管理单位:江西省交通运输厅鹰潭至瑞金项目建设办公室。

设计单位:甘肃省交通规划勘测设计院有限责任公司、中国公路工程咨询集团有限公司、江西省公路科研设计院、机械工业勘测设计研究院、江西省交通设计院、中国公路工程咨询集团有限公司、抚州市建筑勘察设计院、江西省直属机关设计院、新建县城乡规划设计院、江西省现代建筑设计研究院。

施工单位:榆林市天元路业有限公司、武警水电第二总队、陕西路桥集团有限公司、山西路桥第二工程有限公司、杭州市交通工程集团有限公司、中铁十三局集团第三工程有限公司、河南万达路桥集团有限公司、中铁十三局集团有限公司、安徽省交通建设有限责任公司、四川公路桥梁建设集团有限公司、江西交建工程集团有限公司、中交第四航务工程局有限公司、云南第一公路桥梁工程有限公司、上海市第二市政工程有限公司、中交一公局厦门工程有限公司、中交第三公路工程局有限公司、湖北省路桥集团有限公司、青岛公路建设集团有限公司、中铁三局集团第六工程有限公司、中铁四局集团第四工程有限公司、河南路桥建设集团有限公司、中铁十局集团第二工程有限公司、河南省中原路桥建设(集团)有限公司、江西井冈路桥(集团)有限公司、中铁隧道集团有限公司、云南云桥建设股份有限公司、中交第四公路工程局有限公司、路桥集团国际建设股份有限公司、中铁二局股份有限公司、中铁十七局集团有限公司、江西省现代路桥工程总公司、中铁七局集团第三工程有限公司、浙江八咏公路工程有限公司、中交四航局第一工程有限公司、中铁二十局集团第一工程有限公司、上海警通建设(集团)有限公司、中铁一局集团第二工程有限公司、宁夏路桥工程股份有限公司、山东中宏路桥建设有限公司、路港集团有限公司、武汉东交路桥工程有限公司、辽宁交通建设集团有限公司、中铁十四局集团第二工程有限公司、中铁大桥局股份有限公司、中铁三局集团第二工程有限公司、中铁十一局集团第五工程有限公司、鞍山公路工程有限公司、江西省公路桥梁工程局、内蒙古联手路桥有限责任公司、山西路桥建设集团有限公司、江西通威公路建设集团有限公司、山东鲁中公路建设有限公司、许昌广莅公路工程建设有限责任公司、山东省路桥集团有限公司、路桥华南工程有限公司、东盟营造工程有限公司、江西省交通工程集团有限公司、江西省路桥工程有限公司、广州市浅草堂绿化园林有限公司、深圳市铁汉园林绿化有限公司、江西省城市园林建设有限公司、四川省瑞云环境绿化工程有限公司、河南翰墨园林工程有限公司、广州市花木公司、江苏大自然园林绿化有限公司、河南黄河园林绿化工程有限公司、杭州市园林绿化工程有限公司、深圳市北林地景园林工程有限公司、湖州园林绿化有限公司、武汉市花木公司、上海金山园林工程有限公司、江西久久园林开发有限公司、马鞍山市奥森园林实业发展有限责任公司、北京市园林设计工程有限公司、厦门市厦生园林绿化工程有限公司、东莞市岭南园林建设有限公司、中国建筑第五工程局有限公司、福建麒麟建设工程有限公司、中天建设集团有限公司、江西省发达建筑工程有限责任公司、湖南省第一工程公司、江西昌宇建设工程公司、江西省吉安市建筑安装工程总公司、南昌市第一建筑工程公司、江西省新宇建设工程有限责任公司、江西中盛建筑工程有限公司、核工业金华建设工程公司、湖南高岭建设集团股份有限公司、苏州交通工程集团有限公司、江西赣东路桥建设集团有限公司、江西省赣江交通设施厂、安徽虹环交通工程有限责任公司、山西运城路桥有限责任公司、北京华纬交通工程有限公司、江西有色工程有限公司、福建路桥建设有限公司、辽宁省交通设施公司、南昌公路桥梁工程有限公司、江苏中路交通工程有限公司、江西方兴科技有限公司、江西路通科技有限公司、沈阳天久信息技术工程有限公司、亿阳信通股份有限公司、中铁十三局集团电务工程有限公司、北京公科飞达交通工程发展有限公司、江西建工第四建筑有限责任公司、重庆远海建工（集团）有限公司、赣州市赣东建筑工程有限公司、崇仁县智达路桥工程有限公司、抚州市阳光路桥工程有限公司；质监单位：江西省交通工程质量监督站。

监理单位：江西交通工程监理公司、江西交通建设工程监理所、江西省公路工程监理公司、广州诚信公路建设监理咨询有限公司、东北林业大学工程监理部、山东格瑞特监理咨询有限公司、抚州博信公路工程监理有限公司、江西省嘉和工程咨询监理有限公司、江西科力咨询监理有限公司、赣州诚正公路工程监理有限公司、山东恒建工程监理咨询有限公司、厦门中平工程监理咨询有限公司、宁波交通工程咨询监理有限公司、福建路信交通建设监理有限公司、南昌市建筑技术咨询监理有限公司、江西瑞林建设监理有限公司、上海福达工程建设监理咨询有限公司、江西省鸿翔建设监理中心、北京中交路通交通工程咨询有限公司、北京泰克华诚技术信息咨询有限公司。

3. 建设情况

2006年12月21日，国家发改委下发《国家发展改革委关于江西省鹰潭至瑞金公路项目建议书的批复》（发改交运〔2006〕2891号），批复项目建议书。

2007年5～7月，进行工程勘察设计招标工作，在全面调查并报上级部门批准后，共向国内16家公路勘察甲级设计单位发出投标邀请书，受邀单位参加全线勘察设计6个合同段的投标。共选出4家勘察设计单位分别承担路基路面主体工程和管理、养护、安全设施及管理、养护及服务房屋等附属工程的勘察设计任务,并签署工程勘察设计合同。12月29日,国家发改委下发《国家发展改革委关于江西省鹰潭至瑞金公路可行性研究报告的批复》(发改交运〔2007〕3693号),批复项目工程可行性研究报告并批准立项。

2008年2月19日,鹰瑞高速公路建设征地拆迁动员大会在抚州市召开。项目在用地手续报批中,做到早谋划、早安排。3~7月,进行路基、路面工程施工招标,共有209家单位递交投标文件,共选出57家施工企业作为全线48个路基合同段和14个路面合同段的中标单位。6月27日,交通运输部下发《关于鹰潭至瑞金公路初步设计的批复》(交公路发〔2008〕151号),批复项目初步设计。6月30日,江西省人民政府下达开工令。8月11日,鹰瑞项目所有报批资料在国土部政务大厅审查接受通过。全线共完成征用土地2133.45公顷,拆迁房屋面积218501m^2,电力、电信杆线约1300多道,并于2008年9月初基本将建设红线用地交付施工使用。该项目施工共分为3个阶段,2008年9月~2009年2月为第一阶段,共6个月;2009年3月~2009年10月为第二阶段,共8个月;2009年11月~2010年8月为第三阶段,共10个月。10月31日,省交通运输厅下发《关于鹰潭至瑞金高速公路施工图设计的批复》(赣交基建字〔2008〕63号),批复项目二阶段施工图设计。11~12月,期间进行绿化景观工程施工招标,招标实行资格后审,共有104家投标人递交投标文件,最终选定18家施工企业作为全线18个绿化景观工程施工合同段的中标单位。

2009年6~8月,进行房建及附属工程施工招标,共有90家投标人递交投标文件,经依法竞标,严格筛选,最终选定12家施工企业作为全线12个房建及附属工程合同段的中标单位。9~12月,进行机电及交通安全设施工程施工招标,最终选定21家施工企业作为全线6个机电工程施工合同段、15个交通安全设施工程施工合同段的中标单位。

2008年省重点办下发赣重建设〔2008〕6号文,批准监理招标工作依据工程进展情况分2个阶段进行,采用国内公开招标。主体施工监理招标为该项目的路基、路面、桥涵、隧道、防护排水、交通工程、绿化和环境保护工程、收费站、服务区的土建工程等的施工监理服务。分两类18个监理合同段,其中Ⅰ类监理工程师代表处4个合同段,Ⅱ类驻地监理工程师办公室14个合同段。共有53家投标人递交113份投标文件,最终确定18家施工监理单位并签署合同。房建机电监理招标分两类6个合同段,其中房建监理4个合同段,机电监理2个合同段。共有10家投标人递交21份投标文件,最终确定6家房建机电监理单位并签署合同。

地形地貌:①起点至金溪段。地貌单元分区属于华南褶皱系之赣中、南之中,低山与丘陵区之抚州凹陷带,区内以侵蚀剥蚀丘陵为主,丘陵地形多呈馒头状、垄状,植被较发育。区内地层主要以上白垩统和侏罗系火山系为主。②金溪至南城段。广昌至瑞金段:地貌单元属于华南褶皱系之赣中、南之中,低山与丘陵区之武夷隆起区,区内以侵蚀剥蚀丘陵为主。区内地形多呈波状、晕圆状、垄状，相对高差300~500m，区内植被极发育。地层岩性较老，以震旦系地层为主，岩浆岩以加里东期花岗岩为主。③南城至广昌段。地貌单元属于华南褶皱系之赣中、南之中，低山与丘陵区之宁都—南城拗断束断陷分盆地，区内以侵蚀剥蚀丘陵为主，地形多呈馒头状、垄状，植被较发育。区内地层以白垩系最为发育。区内水系较发育，盱江由南至北贯穿其中，发育二级河流阶地。

鹰瑞高速公路项目所经区域地质条件复杂、工程艰巨。项目主要工程数量为：路基土石方约5946.5万m³；沥青混凝土路面686.9万m²；桥梁226座，总长37205m；涵洞通道1297道；隧道6587.5m/9座；互通立交16处、分离式立交72处、隧道管理所3处、服务区5处、停车区6处、养护工区6处、收费站12处、监控中心1处、监控分中心3处。

征地拆迁情况见表3-3-19。

鹰瑞高速公路征地拆迁情况统计 表3-3-19

项目	征地拆迁安置起止时间	征用土地（公顷）	拆迁房屋（m²）	支付补偿费用（元）	备注
全线	2008年2月~2008年9月	2133.41	218501	473449520	

4. 复杂技术工程

（1）老禾高架二桥。该桥总长929.28m，位于宁都县固村镇老禾村附近，桥间地势变化较大，桥区工程地质条件复杂，桥区位于低山区，间夹沟谷洼地，地形起伏大。全桥由主桥、引桥两部分组成，全桥纵断面均处在直坡段内，变坡点K465+040的高程为347.920m，纵坡为2.45%，桥面铺装均采用10cm厚C40混凝土+3涂防水层+6cm厚中粒式沥青混凝土+4cm厚沥青混凝土抗滑表层。主桥为40m+4×70m+40m变截面三向预应力混凝土刚构—连续组合结构，上部结构采用变截面单箱单室箱梁，为三向预应力混凝土连续刚构，箱梁断面采用直腹板断面。主桥箱梁为双幅，分别独立采用挂篮悬臂浇筑法施工，各单"T"箱梁除0号块外分为8对梁段，对称平衡悬臂逐段浇筑施工。主墩采用矩形空心薄壁墩，基础采用钻孔灌注桩。引桥分北引桥和南引桥，南北引桥均为7×40m预应力连续墩梁固结T梁。引桥桥面宽26.0m，半幅每孔采用6片T梁。下部构造为薄壁墩，钻孔灌注桩基础。

（2）瑞金安富高架桥。该桥为跨岗间沟谷地和206国道的一座特大桥，位于瑞金市谢坊镇安福村东侧，桥长1478m，单幅桥面宽12.65m。上部结构采用30m先简支后连续预应力混凝土连续小箱梁，桥跨布置为49×30m，下部构造桥墩墩身均采用双柱墩，全桥墩、台基础均采用钻孔灌注桩基础。由于本桥处于直线、过渡缓和曲线及$R=2150$m的右偏圆曲线上，桥面横坡右幅由-2%，左幅为2%过渡到-2%，且纵坡偏大，各号桥墩均采用墩梁固结。

5. 运营管理

鹰瑞高速公路设有服务区5处(金溪服务区、南城服务区、南丰服务区、广昌服务区、宁都东服务区)、收费站12处(表3-3-20)。车流量呈逐年递增趋势,断面平均日交通量:2012年自然数8015辆/日,当量数18592辆/日,适应交通量55000辆/日,交通拥挤度33.80%;2013年自然数9012辆/日,当量数25152辆/日,适应交通量55000辆/日,交通拥挤度45.73%;2014年自然数10389辆/日,当量数25420辆/日,适应交通量55000辆/日,交通拥挤度46.22%;2015年自然数12029辆/日,当量数28333辆/日,适应交通量55000辆/日,交通拥挤度51.51%。

鹰瑞高速公路收费站点设置情况　　　　表3-3-20

站点名称	车道数	收费方式
龙虎山收费站	5	人工半自动收费(MTC)+自动收费(ETC)
金溪收费站	5	人工半自动收费(MTC)+自动收费(ETC)
资溪收费站	5	人工半自动收费(MTC)+自动收费(ETC)
南城东收费站	5	人工半自动收费(MTC)+自动收费(ETC)
南丰收费站	5	人工半自动收费(MTC)+自动收费(ETC)
白舍收费站	5	人工半自动收费(MTC)+自动收费(ETC)
广昌收费站	5	人工半自动收费(MTC)+自动收费(ETC)
赤水收费站	5	人工半自动收费(MTC)+自动收费(ETC)
石城北收费站	5	人工半自动收费(MTC)+自动收费(ETC)
固村收费站	5	人工半自动收费(MTC)+自动收费(ETC)
瑞金北收费站	5	人工半自动收费(MTC)+自动收费(ETC)
瑞金南收费站	5	人工半自动收费(MTC)+自动收费(ETC)

十二、彭泽至湖口高速公路

彭泽至湖口高速公路(以下简称"彭湖高速公路"),是江西省境北部与安徽省联络的重要高速公路,介于国家高速公路G35济南至广州和G56杭州至瑞丽高速公路之间;是沿长江南岸的公路运输高速通道,系交通运输部《促进中部地区公路水运交通发展规划纲要》规划项目;是全省18条地方加密高速公路之一和江西彭泽核电站配套项目;是省交通运输厅认真落实省委、省政府大开放主战略和"富民兴赣,全民创业"重大部署的重大举措,在江西高速公路网中编号S20。彭湖高速公路建设对落实"中部崛起"战略,促进江西沿江产业带的开发,促进赣皖地区整体开发、开放及彭泽核电站建设,具有十分重要的意义。

1. 项目概况

彭湖高速公路建设里程63.938km,处于九江市的湖口县和彭泽县境内,线路起点位于彭泽县马当镇(起点桩号K12+000),终点与九景高速公路衔接。2008年10月18日开工建设,2010年9月16日竣工通车,项目资金由赣粤公司自筹解决。项目分两期建设,一期工程于2008年10月18日开工建设,2010年9月15日工程竣工,一期工程起点为彭泽县马当镇(起点桩K12+000),途经彭泽县浪溪镇、黄花镇、黄岭乡、太平乡,湖口县大垅乡、张青乡、马影乡,终点与九景高速公路衔接,路线总长53.93km,建设概算总金额166485万元,工程批复用地规模326.9313公顷,实际用地326.73公顷。二期工程于2009年8月8日开工建设,2010年9月15日工程竣工,二期工程路线起点位于彭泽县鹰山尖(皖赣界),终于彭泽县境内浪溪新建四队猫山附近,与一期工程起点相接,路线总长12.012km,初步设计总概算3.85亿元,批复建设用地63.5733公顷,实际用地63.5733公顷。彭湖高速公路设计为双向4车道,沥青混凝土路面,设计速度80km/h(二期工程K1+998~K3+698段设计速度100km/h),主线长度约51.535km,路幅宽度:①主线路基采用整体式断面,24.5m宽(二期工程K1+998~K3+698段路基设计宽度为26m),连接线路基宽12m。②桥梁断面采用左右幅分离式断面,外边缘与路基同宽,桥梁总宽24.5m,桥面净宽2×10.75m。连接线桥梁总宽12m,桥面净宽10.5m。③互通立交匝道路基典型横断面布置:单向单车道为0.75m(土路肩)+1.00m(硬路肩)+3.75m(行车道)+2.5m(硬路肩)+0.75m(土路肩)。全线设置互通立交4处,桥梁3859m/43座,涵洞140道,分离式立交2处,通道、天桥36道。项目占地总面积387.67公顷,其中水田121.33公顷、旱地53公顷、菜地7.4公顷、林地104.4公顷、果园11.53公顷、互通(4处)90公顷。

2.参建单位

彭湖高速公路参建单位共27家。

项目管理单位:江西省高速公路投资集团赣粤高速公路股份有限公司。

设计单位:江西省交通设计院、北京交科公路勘察设计研究院有限公司。

施工单位:江西赣粤高速公路工程有限责任公司、中铁十三局集团有限公司、路桥华南工程有限公司、中铁二十五局集团有限公司、中铁五局集团第一工程有限责任公司、广西壮族自治区公路桥梁工程总公司、北京城建道桥建设集团有限公司、中铁二十三局集团第一工程有限公司、浙江省交通工程建设集团第三交通工程有限公司、鞍山公路工程有限公司、福建三建工程有限公司、中康建设管理股份有限公司、江西省第二建筑工程公司、山东华泰庄园园林有限公司、河南省新金珠园林景观工程有限公司、深圳市华美绿环境建设工程有限公司、上海为林绿化景观有限公司、绍兴市第一园林工程有限公司、江西方兴科技有限公司、江西省公路机械工程局。

质监单位:江西省交通工程质量监督站。

监理单位:江西交通工程监理公司、江西省嘉和工程咨询监理有限公司、江西科力咨询监理公司。

3. 建设情况

2008年6月27日,省环保局下发《关于彭泽至湖口高速公路环境影响报告书的批复》(赣环督字〔2008〕237号),批复彭湖高速公路环境影响报告书。7月1日,省水利厅下发《关于〈彭泽至湖口高速公路水土保持方案报告书〉的批复》(赣水水保字〔2008〕51号),批复彭湖高速公路水土保持方案报告书。7月21日,省发改委下发《关于彭泽至湖口高速公路项目申请报告核准的批复》(赣发改交运字〔2008〕957号),批复彭湖高速公路项目申请报告。9月3日,省交通运输厅下发《关于彭泽至湖口高速公路初步设计的批复》(赣交计字〔2008〕196号),批复彭湖高速公路初步设计及项目概算。

2009年3月31日,省环保厅下发《关于彭泽至湖口高速公路牛矶山(赣皖界)至彭泽段工程环境影响报告书的批复》(赣环督字〔2009〕194号)。4月24日,省发改委下发《关于彭泽至湖口高速公路赣皖界至彭泽段新建工程项目申请报告核准的批复》(赣发改交运字〔2009〕557号)。6月11日,省水利厅下发《关于彭泽至湖口高速公路赣皖界至彭泽段新建工程水土保持方案报告书的批复》(赣水水保字〔2009〕51号)。7月1日,省交通运输厅下发《关于彭泽至湖口高速公路赣皖界至彭泽段初步设计的批复》(赣交计字〔2009〕244号)。

2010年1月7日,省交通运输厅下发《关于彭湖高速公路主体工程施工图设计文件的批复》(赣交基建字〔2010〕3号),批复彭湖高速公路施工图设计。同日,省交通运输厅下发《关于彭湖高速公路赣皖界至彭泽段主体工程施工图设计文件的批复》(赣交基建字〔2010〕4号)。3月18日,国土资源部发下《国土资源部关于彭泽至湖口高速公路赣皖界至彭泽段工程建设用地的批复》(国土资函〔2010〕168号),先后对项目建设作出批复。

彭湖高速公路建设者在时间紧、任务重、压力大的情况下,直面挑战,攻坚克难,超常规运作,超负荷运转,超水平发挥,推出了一系列新理念、新思路、新举措,真正做到了质量与进度并重,民生与环保同行,廉政与安全联网,刷新了一项又一项纪录,创造了一个又一个奇迹。一是在管理理念上突出一个"新"字,以全力打造资源节约、环境友好、自然和谐的赣鄱科技、生态、环保、景观、示范路为总体目标,以"八最"为建设理念,即高质量是最大的效益,保安全是最大的责任,讲适用是最好的决策,求实效是最好的管理,解难题是最好的服务,不破坏是最好的保护,重改进是最好的创新,全寿命是最终的目标。二是在团队建设上突出一个"佳"字,以"只为成功想办法,不为落后找理由,不把困难当借口,不唯条件论成绩"为团队精神,致力打造一支创新型、学习型、服务型、务实型的管理团队。三是在筹资效果上突出一个"好"字,充分利用上市公司直接融资的平台优势,在省内率先实现高速公路项目建设"零贷款",节约资金冗余成本1.2亿元以上。四是在工程质量上突出一个"优"字,坚持全寿命质量理念,坚持时间是质量检验的永恒标准,坚持标准化、规范化、精细化施工,推出四级质保体系、飞行检测机制、首件合格制等新举措,力争消除质量通病,力争缺陷期零修复。五是在施工进度上突出一个"快"字,为策应全省高速公路通车里程突破3000km,确保一二期又好又快同步建成,统筹全局,倒排工期,科学调度,控制节点,靠前指挥,封闭管理,达到了"四最":项目报批时间最短、土地预审时间最短、前期准备时间最短、同期在建项目工期最短。六是在科技含量上突出一个"高"字,以适用为原则,以降本为中心,以质量为目标,以领先为追求,依托项目开展科技攻关,申报工法获取知识产权,总结成果全面推广应用,运用了大量的新技术、新工艺、新材料。

  该项目位于彭泽和湖口境内,连通我国最大的淡水湖鄱阳湖和国家级桃红岭梅花鹿自然保护区,那里栖息着白鹭和梅花鹿,工程建设环保要求特别高。按照"打造鄱阳湖生态经济区科技、生态、环保、景观、示范路"的整体目标和"不破坏是最好的保护"的建设理念,彭湖高速公路从一开工就致力于构建"环境破坏小、耕地保护好、水土保持佳、循环利用好、田园风光美、特色文化浓、景观效果好"的美好蓝图。把所有跟环保有关的工作整合成一个完整的系统工程来操作,在省内率先统筹项目总体景观规划,率先实施环保专业监理,率先进行施工组织设计的审查工作。同时,聘请交通运输部交通科学研究院的专业人员长年驻扎工地,根据工程进展分阶段提出环保工作指导意见书。

  在进行上跨桥施工图设计时,该项目对方案多次优化,13座天桥全部采用轻型结构,取消了中墩,大大减少了对环境的破坏,使它们成为13道美丽的景观。湖口县大垅乡周通湾村是一个有着几百年历史的村庄,按原设计路线,高速公路将把这个村"一分为二",项目办经过仔细勘察和科学论证,决定由路基改桥梁,架桥飞跨周通湾村,桥梁全线增设声屏障。为此,增加成本2000多万元。如今,古村依旧如一,完好如初。为保护白鹭和梅花鹿,彭湖高速公路在规划时就作出在保护区外绕行14km的决定,并经过优化设计,在公路沿线专门为梅花鹿设置了3800多米的绿色环保玻璃钢声屏障。

  彭湖高速公路建设坚持标准化、规范化、精细化施工。为实现缺陷责任期内零修复,确保"三年无小修、七年无中修、十年无大修"的目标,项目办牢固树立全寿命周期理念,增强质量意识,实行全面质量管理,狠抓规范化、精细化施工,确保施工质量。①围绕一条主线。围绕标准化、规范化、精细化施工主线,引入"首件工程合格制",立足于"首件示范,全线推广"的原则,通过召开一系列规范化施工现场观摩会,规范行为和标准并全线推广。先后制定相关作业指导书20余项,编制路面施工技术指南8项,发布一项省级工法——"碎石材料石灰水循环水洗技术";编制2项地方标准——《沥青路面设计技术规范》《沥青路面施工技术规范》;申报2项专利——"循环石灰水清洗面层集料方法""全孔式全流通砖砌路肩墙",总结并推进质量控制新跨越。②完善一套体系。在全省率先引入业主第三方"飞行检验机制"的基础上,建立"横向到边、纵向到底、控制有效"的质保网络,完善四方联动机制,严格事前和过程控制,加强对梁板预制、桥面铺装、桥涵台背回填、路面摊铺、路面材料、边沟及防排水施工等重点工序、重点部位的质量控制和检测,实行动态管理。③把好五个关口。建立专项整治,四方责任制,认真开展五项整治,严把"路基交验关、桥梁支座和伸缩缝关、基层和面层施工关、排水整治关、材料源头关"。

4. 运营管理

彭湖高速公路设置湖口东、彭泽、核电、马当4个收费站点(表3-3-21)和彭泽服务区1处。自开通以来,车流量逐年递增,2010年9~12月为11.3469万辆,2011年为41.1087万辆,2012年为49.7339万辆,2013年为61.4736万辆,2014年为68.9052万辆,2015年为70.2912万辆。目前,彭湖高速公路养护管理由赣粤高速工程公司承担,尚未进行过养护大修工程。

彭湖高速公路收费站点设置情况　　　　表3-3-21

站点名称	车道数	收费方式
湖口东收费站	4	人工半自动收费(MTC)+自动收费(ETC)
彭泽收费站	4	人工半自动收费(MTC)+自动收费(ETC)
核电收费站	4	人工半自动收费(MTC)+自动收费(ETC)
马当收费站	4	人工半自动收费(MTC)+自动收费(ETC)

第四节　"十二五"规划时期建成的项目

一、德兴至南昌高速公路

德兴至南昌高速公路(以下简称"德昌高速公路")是规划的江西省高速公路网的重要组成部分,也是国家高速公路G56杭州至瑞丽和G60上海至昆明高速公路之间的横向加密高速公路,在江西省高速公路网中编号S36,因2016年国家路网规划调整,德昌高速公路部分路段编入G3W德上高速公路,另一部分路段划入G60N杭长高速公路。德昌高速公路的建成,将构建我国中部地区东西走向快速通道,将大大缩短省会南昌与长江三角区域内的杭州(缩短约80km)、上海等地的行车距离,进一步完善赣浙两省干线公路网规划,对缩短两省之间的运营里程,加强赣浙两省之间政治、经济、文化的联系和交流,策应江西省"对接长珠闽,融入全球化"的发展战略。将促进环鄱阳湖经济圈的发展,不仅完善江西省高速公路的"十字"交叉,缓解江西省车辆东西向通道日趋紧张的交通状况,改善江西省东北部地区的交通环境,而且将加快促进环鄱阳湖地区城市的发展和经济增长,增强对全省经济的辐射力和拉动力。将全面促进江西省旅游业的发展,使庐山、黄山、九华山、武夷山、三清山、龙虎山、鄱阳湖、千岛湖、太平湖、南昌、景德镇、歙县、衢州等"六山三湖四城"旅游热点和婺源文化与生态旅游区在半径300km

内形成一条黄金旅游通道。

1. 项目概况

德昌高速公路建设里程204.596km(其中,德兴枢纽互通至德昌高速公路德兴东枢纽互通段27.3km为G3W德上高速公路,德兴东枢纽互通至昌东枢纽段177.296km为G60N杭长高速公路),路线起点位于上饶德兴市北新岗山镇,与景婺常高速公路德兴互通相接,路线往西途经德兴市(大茅山、花桥、界田)、乐平市(众埠、尚濂咀、礼村),在万年县境内跨皖赣铁路及景德镇至鹰潭高速公路,至鄱阳县、余干县,跨信江河进入南昌市进贤县境内,在金溪湖设置特大桥进入南昌县境内,共经过上述3个设区市的8个县(市、区),路线终点位于南昌市高新区麻丘镇的昌东枢纽互通。2009年7月16日开工建设,2011年9月16日竣工通车,项目批复概算98.88亿元,竣工决算90.12亿元。全线采用双向4车道高速公路建设标准;设计速度100km/h;路基宽度26m,行车道宽4×3.75m,整体式断面的横断面布置为路基宽26m:0.75m(土路肩)+3.0m(硬路肩)+2×3.75m(行车道)+0.75m(路缘带)+2.0m(中央分隔带)+0.75m(路缘带)+2×3.75m(行车道)+3.0m(硬路肩)+0.75m(土路肩);分离式断面的横断面布置为路基宽13m:0.75m(土路肩)+1.0m(硬路肩)+2×3.75m(行车道)+3.0m(硬路肩)+0.75m(路缘带);采用沥青混凝土路面,设计使用年限15年,设计标准轴载BZZ-100kN;汽车荷载为公路—Ⅰ级;设计洪水频率:路基及大、中、小桥涵均为1/100,跨河特大桥为1/300;桥梁采用双幅分离式断面,总宽26.0m:0.5m(防撞栏)+11.50m(行车道)+0.5m(防撞栏)+1.0m(中央分隔带)+0.5m(防撞栏)+11.50m(行车道)+0.5m(防撞栏);隧道采用分离式断面,洞内净宽10.75m:1.0m(检修道)+1.0m(侧向宽度)+2×3.75m(行车道)+0.5m(侧向宽度)+0.75m(检修道),洞内净高5.0m。全线设置安全、监控、通信、收费、供电照明及服务等配套设施。全线共有特大桥5座(金溪湖特大桥、抚河特大桥、信江特大桥、瑞洪信江特大桥、万年河特大桥),总长约14019m;大桥49座,共16536m;长隧道(德兴隧道)1座1617.5m;互通11处,其中枢纽互通3处(德兴枢纽互通、万年枢纽互通、南昌东枢纽互通),单喇叭互通8处(铜矿互通、德兴互通、乐平互通、万年互通、珠湖互通、余干互通、进贤军山湖互通、南昌泾口互通),乐平市境内设置U形转弯1处;设服务区3处(德兴服务区、万年服务区、军山湖服务区),设停车区2处(海口停车区、乐平停车区)。

2. 参建单位

德昌高速公路参建单位共72家。

项目管理单位:江西省交通运输厅德昌高速公路项目建设办公室。

勘察设计单位:江西省交通设计院、中国公路工程咨询集团有限公司。

施工单位:中交一局桥隧工程有限公司、中铁三局集团第二工程有限公司、中铁十三局集团第四工程有限公司、云南云桥建设股份有限公司、江西省金路科技开发有限公司、周口市公路交通设施有限公司、中铁五局(集团)有限公司、中铁二十三局集团第一工程有限公司、新疆北新路桥建设股份有限公司、山东中宏路桥建设有限公司、江西通威公路建设集团有限公司、陕西世纪交通工程有限公司、天津第一市政公路工程有限公司、包头市公路工程股份有限公司、中铁二十二局集团第四工程有限公司、张家口路桥建设集团有限公司、江西中煤建设工程有限公司、杭州华兴交通设施工程有限公司、北京颐和安迅交通技术有限公司、岳阳市公路桥梁基建总公司、江西省公路机械工程局、江西交建工程集团有限公司、鞍山市市政工程有限责任公司、龙岩市新鑫公路工程有限公司、中铁二十三局集团有限公司、广西路桥建设有限公司、中交第一航务工程局有限公司、唐山远大实业集团有限公司、路桥集团国际建设股份有限公司、山东省公路建设(集团)有限公司、茂名市公路建设有限公司、长沙市公路桥梁建设有限责任公司、四川武通路桥工程局、中铁二十局集团第一工程有限公司、中铁十五局集团第二工程有限公司、中交路桥北方工程有限公司、安徽虹环交通工程有限责任公司、浙江鼎盛交通建设有限公司、江西赣北公路工程有限公司、中铁七局集团第三工程有限公司、濮阳市通达公路工程有限公司、中铁二十局集团第六工程有限公司、中交第三航务工程局、路桥华东工程有限公司、河北泰兴交通设施有限公司、山东景亮工贸有限公司、路桥华南工程有限公司、中交第四公路工程局有限公司、江西赣粤高速公路工程有限责任公司、中铁十四局集团第四工程有限公司、广州市市政集团有限公司、核工业华东建设工程集团公司、南昌公路桥梁工程有限公司、中铁电气化局集团有限公司、中铁十三局集团电务工程有限公司、江西方兴科技有限公司、北京公科飞达交通工程发展有限公司。

监理单位：江西交通工程监理公司、江西交通建设工程监理所、云南省公路工程监理咨询公司、山东省交通工程监理咨询公司、江西科力咨询监理有限公司、抚州博信公路工程监理有限公司、江西省赣西公路工程监理有限公司、江西省公路工程监理公司、湖南湖大建设监理有限公司、四川公路工程咨询监理公司、江西赣建工程建设监理有限公司、北京兴通交通工程监理有限责任公司。

3. 建设情况

2008年11月，省发改委下发《关于德兴至南昌高速公路立项的批复》（赣发改交运字〔2008〕1733号），批复该项目建议书并批准立项。2009年1～7日，组织设计咨询单位、省内知名专家、项目前期工作人员组成检查组对项目初步设计进行为期7天的路线方案专项检查，并就检查中关注的问题提出相关意见。

2009年3月，省发改委下发《关于德兴至南昌高速公路工程可行性研究报告的批复》（赣发改交运字〔2009〕405号），批复该项目可行性研究报告。4月24日，德昌高速公路初步设计审查专家组在结束对该项目路线走向的考察后,在南昌召开审查会。5月,省发改委下发《关于德兴至南昌高速公路初步设计的批复》(赣发改设审字〔2009〕791号),批复该项目初步设计。5月18日,召开德昌高速公路征地拆迁动员会,现场的征拆工作从2009年3月正式开始,共征用土地1366.53公顷、拆迁房屋90798m^2(表3-4-1),动迁500kV、220kV等各类电力线289道及电信、移动、联通、广电、铁路等通信光电缆382道。7月26日,RA总监办组织召开德兴隧道进洞施工技术讨论会。8月17日,A2合同段龙岗大桥第一根桩基(4号-0)开始灌注,这是A段第一根开始实施钻孔桩灌注施工的桩基。8月22日,A段管理处组织A段各相关单位共100余人在德兴召开德昌高速公路A段"大干100天活动"施工动员大会。8月24~25日,组织召开A、B、C、D段设计交底会议。9月12日,A5合同段德兴隧道左线出口顺利进洞,德兴隧道实现双向安全进洞。9月21日,A5合同段昭林高架桥第一根桩基灌注完成,标志着昭林高架桥下部施工全面展开。9月23日,A1合同段成功浇筑全线首片30m预应力T梁,标志着该合同段梁板预制工作在全线率先进入全面施工阶段。10月,省交通运输厅下发《关于德兴至南昌高速公路施工图设计的批复》(赣交基建字〔2009〕73号),批复该项目施工图设计。10月23日,德兴隧道累计完成开挖及初期支护259.3m,其中左洞掘进127m(A4合同段完成52.5m,A5合同段完成74.5m),右洞掘进132.3m(A4合同段完成48m,A5合同段完成84.3m)。10月25日,德兴枢纽互通工程已完成挖方约40万m^3,占总量的48.2%,填方30万m^3,占总量的62.8%,圆管涵全部完成,盖板涵完成2道,桥梁工程已进行桩基础的施工。12月5日,A段管理处会同RA总监办组织召开A段"大干100天"总结和表彰会。12月9日,A5合同段成功浇筑德兴隧道右线出口首模二次衬砌混凝土,标志着A段控制性工程之一——德兴隧道施工步入下一个进程。同日,A4合同段YK22+512钢筋混凝土双拱涵(2-4×2.5)顺利完工,该双拱涵长128.5m,混凝土实体方量高达8700m^3。

德昌高速公路征地拆迁情况统计　　　　表3-4-1

项目	征地拆迁安置起止时间	征用土地(公顷)	拆迁房屋(m^2)	支付补偿费用(元)	备注
全线	2009年7月~2011年9月	1366.53	90798	553383676	

2010年1月3日,由A4和A5合同段共同施工的德兴隧道累计完成掘进1002m,顺利突破千米大关。6月14日,经过276个日夜的施工,由A5合同段负责施工的德兴隧道左右洞全部顺利完成开挖掘进施工任务。7月19日,A1合同段德兴枢纽互通A匝道桥第二联现浇箱梁混凝土经过将近20小时的连续奋战,已全部浇筑完毕,标志着A匝道桥全长343m现浇箱梁混凝土工程施工进入了最后攻坚阶段。10月11日,省重点办下发《关于德昌高速公路瑞洪互通工程实施方案的批复》(赣重点字〔2010〕72号)。10月19日,省发改委下发《关于同意德昌高速公路预留瑞洪互通工程(代可研)的批复》(赣发改

交通字〔2010〕1896号）。10月28日，省发改委下发《关于德昌高速公路瑞洪互通一阶段施工图设计(代初步设计)的批复》(赣发改设审字〔2010〕1996号)，决定提前实施德昌项目工可中预留的瑞洪互通工程。12月1日，A1合同段新岗山枢纽互通A匝道现浇桥最后一段混凝土的浇筑完成，标志着A段桥梁工程全部顺利架通。12月4日，C7合同段万年河特大桥最后一片40m T梁安全架设成功，标志着万年河特大桥顺利实现全幅贯通，也标志着德昌高速公路第一座特大桥全部贯通。12月4～5日，房建总监办，房建设计单位，A、B段管理处共同对率先完成节点目标的房建FJ1合同段新岗山互通匝道收费站、德兴铜矿互通匝道收费站，以及FJ3合同段德兴互通匝道收费站、乐平南互通匝道收费站实现主体封顶的综合楼、宿舍、食堂、设备房等按程序进行主体验收。

2011年1月1日，全线控制性工程——C8合同段信江特大桥顺利实现全桥合龙，为德昌项目如期建成通车奠定坚实基础。1月18日，AP2合同段沥青混凝土下面层顺利完工。4月2日，D10合同段抚河特大桥左幅最后一片40m T梁顺利安装到位，D段控制性工程之———抚河特大桥全线贯通。4月19日，D3合同段信江特大桥右幅最后一段混凝土浇筑完成，标志着信江特大桥右幅顺利实现合龙。5月14日，JD2合同段开始在A段进行通信工程光缆敷设施工。7月6日，CP2合同段在K153+580～K153+900左幅320m路段进行SMA-13上面层试验段施工。8月15日，CP1合同段完成主线沥青上面层的摊铺，标志着该合同段已全面进入通车前的冲刺阶段。

4. 运营管理

德昌高速公路全线共有服务区3处(军山湖服务区、万年东服务区、德兴服务区)；互通11处，其中枢纽互通3处、单喇叭互通8处；U形转弯1处；收费站9处(表3-4-2)。

德昌高速公路收费站点设置情况　　　表3-4-2

站点名称	车道数	收费方式
德兴南收费站	4出2入	人工半自动收费(MTC)+自动收费(ETC)
乐平南收费站	4出2入	人工半自动收费(MTC)+自动收费(ETC)
德兴铜矿收费站	3出2入	人工半自动收费(MTC)+自动收费(ETC)
万年北收费站	4出2入	人工半自动收费(MTC)+自动收费(ETC)
余干收费站	5出2入	人工半自动收费(MTC)+自动收费(ETC)
珠湖收费站	3出2入	人工半自动收费(MTC)+自动收费(ETC)
泾口收费站	3出2入	人工半自动收费(MTC)+自动收费(ETC)
军山湖收费站	3出2入	人工半自动收费(MTC)+自动收费(ETC)
瑞洪收费站	2出2入	人工半自动收费(MTC)+自动收费(ETC)

二、武夷山至上饶高速公路

G1514 武夷山(闽赣界)至上饶高速公路位于沈阳至海口国家高速公路第四条联络线宁德至上饶联络线江西境内,宁德至上饶高速公路由东向西先后连接沈阳至海口、长春至深圳、北京至台北与上海至昆明4条国家高速公路。在国家高速公路网中,沈阳至海口国家高速公路是一条连接我国沿海所有重要港口、经济联系功能十分突出的沿海高速公路;长春至深圳国家高速公路的北京以南路段,是我国东部地区重要的南北向高速公路通道;北京至台北国家高速公路是一条连接首都北京和福州、台北,沟通我国华北、华中与东南沿海地区的重要高速公路通道;上海至昆明国家高速公路则是一条连接众多城市,增强长江三角洲地区与我国中部和西南地区社会经济联系的重要高速公路通道。因此,宁德至上饶高速公路在国家高速公路网中具有重要的地位与作用,是4条干线在闽浙赣相邻区域间实现贯通的重要纽带,贯穿闽东地区、闽北地区、赣东北地区。该项目的建成,将极大缩短赣东北、皖南等地通往东南沿海的距离,加速区域经济合作、交流。

1. 项目概况

(1)项目概况

2007年6月6日,上饶市政府下发《关于同意组建上饶至武夷山高速公路建设管理处的批复》(饶府字〔2007〕82号)、《关于成立上饶至武夷山高速公路建设指挥部的通知》(饶府办字〔2007〕14号)。

2008年5月29日,工可报告批复:国家发展和改革委员会《关于江西省武夷山(闽赣界)至上饶公路可行性研究报告的批复》(发改基础〔2008〕3630号)。10月29日,环境影响报告书批复:国家环境保护部《关于沈阳至海口国家高速公路宁德至上饶联络线武夷山(赣闽界)至上饶段环境影响报告书的批复》(环审〔2008〕396号)。

2009年1月5日,省政府召开上武高速公路工程建设征地拆迁动员大会。5月31日,水土保持方案报告书批复:江西省水利厅《关于武夷山至上饶高速公路水土保持方案报告书的批复》(赣水保字〔2009〕45号)。6月10日,初步设计批复:交通运输部《关于武夷山(闽赣界)至上饶公路初步设计的批复》(交公路发〔2009〕271号)。7月2日,上饶市委市政府在铅山县鹅湖镇举行上武高速公路开工仪式。7月6日,同意控制工期的单体工程先行用地:国土资源部《关于武夷山(赣闽界)至上饶公路控制工期的单体工程先行用地的复函》(国土资厅函〔2009〕599号)。7月20日,上饶市直机关工委下发《关于成立上饶至武夷山高速公路建设管理处临时党委的批复》(饶直党字〔2009〕30号)。7月24日,上武高速公路建设管理处召开第一次参建单位见面会。8月10日,上饶市检察院与市交通运输局在管理处举行创"工程优质、干部优秀"活动启动仪式。8月15日,上武高速公路建设管理处在上饶县京都国际酒店召开第一次建设会。10月11日,施工图设计批复:江西省交通运输厅《关于上饶至武夷山高速公路施工图设计批复》(赣交基建字〔2009〕74号)。10月26日,使用林地批复:国家林业局《使用林地审核同意书》(林资许准〔2009〕323号)。

2010年3月31日,上饶市政府在市会议中心召开上武高速公路第一阶段施工总结表彰暨第二阶段施工动员大会。7月15日,施工许可证获批:交通运输部交公路施工许可〔2010〕24号。11月30日,上饶市政府在市会议中心召开上武高速公路建设第二阶段施工总结表彰暨第三阶段施工动员大会。

2011年8月30日,路基交工验收。10月27日,路面、交通安全设施及绿化工程交工验收。11月15日,上饶市委、市政府在上武高速公路铅山服务区隆重举行通车仪式。

2012年5月31日,上武高速公路新建工程交工验收。12月31日,上武高速公路与福建宁上高速公路全线贯通。

2014年7月4日,江西省水利厅对上武高速公路新建工程水土保持设施进行了竣工验收。

2015年5月22日,江西省环保厅对上武高速公路新建工程环境保护工程进行竣工验收。11月18日,江西省交通建设工程质量监督局对上武高速公路新建工程项目出具了《工程质量监督报告》和《竣工验收质量鉴定报告》。12月28日,江西省交通运输厅对上武高速公路新建工程项目档案进行了竣工验收。

(2)技术标准

采用双向4车道,设计速度100km/h,路基宽度26.0m。平曲线最小半径采用700m,最大纵坡采用5%。

(3)建设规模

该项目建设里程长52.966km,全线共设置大中小桥梁计6387.43m/29座,隧道计6575m/5座,桥隧占总里程的25%;全线防护排水圬工数量225.88km^3,通道92道,涵洞97道;互通式立交4处,其中含枢纽互通1处;收费站4处,其中1处为省界收费站,服务区1处。

(4)主要控制点

主要控制点有分水关隧道、石塘互通、鹅湖山隧道、鹅湖信江大桥、终点与沪昆高速公路相接的枢纽互通位置等。沿线经过乡镇有铅山县武夷山镇、紫溪乡、石塘镇、稼轩乡、永平镇、鹅湖镇以及上饶经济开发区董团乡,共两个县区七个乡镇,所经区域均隶属于上饶市。

(5)地形地貌

项目属山岭重丘区。

(6)投资规模

项目概算投资30.406亿元,竣工决算投资28.003亿元,平均每公里造价5339万元。

(7)开工及通车、竣工时间

2009年7月2日开工建设,2011年11月15日建成通车。

2. 参建单位

武上高速公路参建单位共37家。

项目管理单位:上饶至武夷山高速公路建设管理处。

勘察设计单位:江西省交通设计院、福建省交通规划设计院。

设计咨询单位:中国公路工程咨询集团有限。

施工单位:道隧集团工程有限公司、江西省公路桥梁工程局、宁波交通工程建设集团有限公司、江西井冈路桥(集团)有限公司、江西中煤建设工程有限公司、山东大地园林有限公司、江苏华夏交通工程集团有限公司、中铁一局五公司、江西省现代路桥工程总公司、河南路桥建设集团有限公司、武汉市园林建筑工程公司、江西宜春恒通路桥建设有限公司、吉林省龙运高速公路养护有限责任公司、陕西金宝迪交通工程建设有限公司、中铁十三局第一工程有限公司、江西省交通工程集团公司、东盟营造工程有限公司、江西际洲建设集团有限公司、江西省现代路桥工程总公司、宜兴市园林绿化工程有限公司、靖江市凯达环保工程有限公司、江西中南建设工程集团有限公司、江西省宏顺建筑工程有限公司、江西中余建设集团有限公司、江西路通科技有限公司、北京公科飞达交通工程发展有限公司、江西方兴科技有限公司。

监理单位:江西交通咨询公司、上饶赣东公路工程咨询中心、江西交通建设工程监理所、江西昌大工程建设监理有限公司、江西省公路工程监理公司、北京兴通交通工程监理有限责任公司。

3. 建设情况

1)项目准备阶段

(1)项目审批

①国家发改委2008年5月29日《关于江西省武夷山(闽赣界)至上饶公路可行性研究报告的批复》(发改基础〔2008〕3630号)。

②交通运输部2009年6月10日《关于武夷山(闽赣界)至上饶公路初步设计的批复》(交公路发〔2009〕271号)。

③江西省交通运输厅2009年10月11日《关于上饶至武夷山高速公路施工图设计的批复》(赣交基建字〔2009〕74号)。

④江西省水利厅2009年5月31日《关于武夷山至上饶高速公路水土保持方案报告书的批复》(赣水保字〔2009〕45号)。

⑤国土资源部办公厅2009年2月6日《关于武夷山(赣闽界)至上饶公路控制工期的

单体工程先行用地的复函》(国土资厅函〔2009〕599号)。

(2)资金筹措

该项目概算总投资30.406亿元,其中国家专项基金3.63亿元,其余为地方自筹资金和利用国内银行贷款解决(表3-4-3)。竣工决算为28.003亿元,投资节约2.18亿元,平均每公里造价5339万元。

G1514武夷山(闽赣界)至上饶高速公路新建工程资金来源情况(单位:元) 表3-4-3

资金来源	2009年	2010年	2011年	2012年	2013年	2014年	2015年	合计
一、基建拨款								
1.中央车购税补助	293000000		70000000					363000000
2.财政配套资金	100000000	85140000	68710000	22620000	4100000	10100000	35000000	325770000
二、基建投资借款								
1.农行	600000000	350000000	590000000	309000000	46000000	-10000000	-35000000	1850000000
2.国投信托有限公司				150000000	-100000	-100000	-100000	149700000
合计	993000000	435140000	728710000	481620000	50000000	0	-100000	2688470000

(3)合同段划分

根据各专业的工程内容划分标段如下。

①土建工程设计1个标段,房建工程设计1个标段。

②施工标段划分:根据工程内容的不同,路面工程分3个标段,路基工程分11个标段,机电工程分4个标段,房建工程分3个标段,绿化工程分3个标段,交通安全设施分5个标段,声障屏为1个标段。

③施工监理标段划分:根据工程内容设1个总监办公室,3个驻地监理标段,1个房建工程监理标段,1个机电工程监理标段。

(4)招投标

按照国家颁布的《中华人民共和国招标投标法》和交通部颁布的《公路工程施工招标投标管理办法》《公路工程施工招标资格预审办法》《公路工程施工招标评标办法》要求,由项目法人单位组织招标工作。

①2009年1~6月组织了本项目路基、路面工程招标工作,通过发布招标公告,对潜在投标人进行资格预审,选择合格的投标人参加投标。本项目路基工程共分为11个合同段,路面工程共分为3个合同段,经招标工作领导小组审定,报省交通重点工程监督小组研究批复同意,最终确定中标单位。

②2009年10月~2010年10月组织了该项目机电、房建、交通安全设施、绿化、声屏障、沥青采购工程招标,通过发布招标公告,对潜在投标人进行资格预审(绿化工程采取资格后审),选择合格的投标人参加投标。本项目机电工程共分为4个合同段,房建工程共分为3个合同段,交通安全设施工程共分为5个合同段,绿化工程共分为3个合同段,

声屏障标 1 个合同段,沥青采购共分为 3 个合同段,经招标工作领导小组审定,报省交通重点工程监督小组研究批准后,最终确定中标单位。

③该项目的施工监理招标共分为 6 个合同段,为两级监理设置,共有 1 个总监办,下设 3 个土建监理驻地办、1 个房建监理驻地办及 1 个机电监理驻地办,监理范围为路基、路面、桥涵、交叉、隧道、环保、防护、绿化、交通安全设施、房建、机电等项目的施工准备阶段、施工阶段、缺陷责任期阶段监理及配合交、竣工验收的有关工作。采用国内竞争性招标方式,公开招标。管理处于 2009 年 5 月~2010 年 10 月组织该项目施工监理招标工作,通过发布招标公告,对潜在投标人进行资格预审,选择合格的投标人参加投标。经招标工作领导小组审定,报省交通重点工程监督小组研究批准后,最终确定中标单位。

(5)征地拆迁

①工作及范围

沿线经过乡镇有铅山县武夷山镇、紫溪乡、石塘镇、稼轩乡、永平镇、鹅湖镇以及上饶经济开发区董团乡,两个县区七个乡镇,所经区域均隶属于上饶市。

②主要内容

a.签订协议,界定征地界限,办理永久性占地报批手续。

b.永久占地界内房屋等各种构造物的搬迁。

c.永久占地内附着物的拆除。

d.各种管线的迁移、改建,既有通信管线的改建、加高、迁移,还有电力线路的改建、加高、迁移。

e.临时及借土占地的征用。

③遵循的政策法规

a.《中华人民共和国土地管理法》。

b.《江西省土地管理条例》。

④主要做法

由于征地拆迁工作是直接影响工程进度的重要因素,为取得沿线干部群众的支持,管理处通过报纸、电视等多种渠道大力宣传本项目的移民安置政策,具体做法如下:

a.建立一套简单有效的群众意见反馈体系,对受影响人群提出的问题限时处理。

b.对沿线水系、道路设计缺陷进行调查,进一步完善。

c.该项目用地涉及上饶市铅山县、上饶县的 7 个乡镇、19 个村和 6 个国有单位,共 25 宗,已全部进行土地登记发证,土地产权明晰,界址清楚,没有争议。用地总面积340.2106公顷,其中农用地 320.878 公顷(耕地 138.2007 公顷,含基本农田 79.85 公顷),建设用地 6.3813 公顷,未利用 12.9513 公顷;按权属和地类分:农民集体所有农用 224.072 公顷(耕地 91.1173 公顷,含基本农田 59.25 公顷),建设用地 4.6733 公顷,未利用 11.9979 公顷,国有农用地 96.806 公顷（耕地 47.0834 公顷，含基本农田 20.6 公顷），建设用地 1.708 公顷，未利用地 0.9534 公顷。

d.拆迁建筑物：砖木结构 12204m²，砖混凝土楼房 19885m²，砖混凝土平房 2488m²，土砖结构 8944m²，猪牛栏、厕所 2639m²，房基 1146m²，棚房 1287m²，砖圈墙 267m，混凝土晒场 6829m²，家用水井 57 口，坟墓 4094 座，家用照明线 127 户，家用电话线 70 户等。

e.拆迁电力线：17707m，线长 55451m，混凝土圆电杆 319 根，变压器 3 台。

f.拆除和搬迁各类厂、库 8 个。

征地拆迁统计见表 3-4-4。

G1514 武夷山（闽赣界）至上饶高速公路新建工程征地拆迁统计　　表 3-4-4

高速公路编码	项目名称	征地拆迁安置起止时间	征用土地（公顷）	拆迁房屋（m²）	拆迁占地费（万元）	备注
G1514	武夷山（闽赣界）至上饶高速公路新建工程	2009 年 5 月～2010 年 5 月	340.212	32089	17210.644	

2）项目实施阶段

（1）实施过程

①全线工程于 2009 年 7 月 2 日开工，2011 年 11 月 15 日建成通车。

②2012 年 5 月 31 日，项目法人交工验收。

③2015 年 11 月，江西省交通建设工程质量监督管理局，根据《公路工程质量鉴定办法》，对项目进行了竣工质量鉴定，评分为 90.4 分，等级为优良。

④2016 年 9 月，省交通运输厅对该项目进行竣工验收。

（2）重大决策

①2009 年 7 月 2 日，江西省委书记宣布上武高速公路开工。

②2011 年 11 月 15 日上午，上武高速公路举行通车典礼。

（3）重大变更

根据《设计变更管理办法》，本项目无重大变更。

（4）各项活动（项目法人或执行机构开展的与质量、进度等有关的活动）

为确保施工进度在全线开展"比安全、比预防措施、比施工便道、比驻地和施工现场卫生、比质量、比生产进度"的"六比"活动。

建设生产要素统计见表 3-4-5。

G1514 武夷山（闽赣界）至上饶高速公路新建工程建设生产要素统计　　表 3-4-5

路线编号	建设时间	钢材（t）	沥青（t）	水泥（t）	砂石料（m³）	机械工（工日）	机械（台班）
G1514	2009 年 7 月～2011 年 11 月	71497	34064	422544	83392	595406	450351

4. 科技创新

该项目创新有1项：将一种新型的沥青改性剂成功地应用到了上武高速公路工程的沥青混凝土路面中，总结出了其技术指标、施工工艺、控制标准。该技术达到了在全国全面推广的水平，获江西公路科技进步三等奖。

5. 运营养护管理

（1）收费设施

该项目共设置收费站4座，其中在赣闽省界设置主线收费站1座，在黄岗山、石塘、铅山南设置匝道收费站3座（表3-4-6）。匝道出入口数量截至2016年4月共计30条，其中ETC车道10条。

G15 赣闽界至上饶段收费设施一览　　　　　表3-4-6

收费站名称	桩号	入口车道数		出口车道数		收费方式
		总车道	ETC车道	总车道	ETC车道	
赣闽省界收费站	K305+925	4	2	7	2	MTC+ETC
黄岗山收费站	K309+193	3	1	3	1	
石塘收费站	K321+923	2	1	2	1	
铅山南收费站	K344+431	4	1	5	1	

（2）监控设施

该项目设置上武高速公路监控中心、铅山南站监控室、石塘站监控室、赣闽省界黄岗山监控室、隧道监控所5个部门（表3-4-7），其中上武高速公路监控中心负责全线区域内监控运营管理工作，铅山南站监控室、石塘站监控室、赣闽省界黄岗山监控室、隧道监控室分别负责各站所、隧道以及道路监控工作。

G15 赣闽界至上饶段监控设施一览　　　　　表3-4-7

序号	监控设施名称	桩号	占地面积	建筑面积
1	上武高速公路监控中心	K344+431	监控中心与铅山南收费站合建	
2	铅山南站监控室	K344+431	监控室与铅山南收费站合建	
3	石塘站监控室	K321+923	监控室与石塘收费站合建	
4	赣闽省界黄岗山监控室	K309+193	监控室与赣闽省界黄岗山收费所合建	
5	隧道监控所	K309+193	监控室与赣闽省界黄岗山收费所合建	

（3）交通流量

宁德至上饶高速公路武夷山（闽赣界）至上饶段自2011年至2015年，交通量从320辆小客车/日，增长至584辆小客车/日，年平均增长率达到17%（表3-4-8、图3-4-1）；从车辆构成上来看，主要以小型客车和小型货车为主，分别占到总量的67%和15%（图3-4-2）；从断面交通流量分析，铅山南至沪昆线互通的交通流量较大，达到1027辆小客车/日，黄岗山至石塘段交通流量较小,为193辆小客车/日。

G15赣闽界至上饶段交通流量发展状况(单位:小客车/日)　　表3-4-8

单　位	2011年	2012年	2013年	2014年	2015年
赣闽界至黄岗山互通		33	600	804	867
黄岗山互通至石塘互通	323	430	168	178	193
石塘互通至铅山南互通	199	230	191	199	249
铅山南互通至沪昆线互通	439	953	652	696	1027
全线平均	320	412	403	469	584

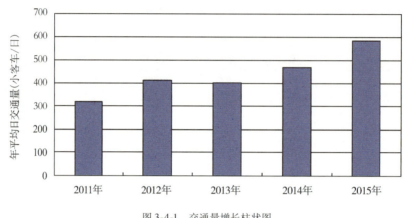

图3-4-1　交通量增长柱状图

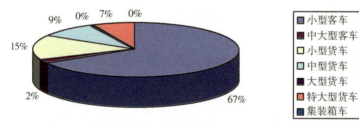

图3-4-2　车型构成比例图

三、永修至武宁高速公路

永修至武宁高速公路(以下简称"永武高速公路")为全国"十二五"首个交通科技示范项目,也是江西第一条被交通运输部列入"科技示范路"的高速公路。该项目东起G70福银高速公路昌九段,西连G45大广高速公路武吉段,全线位于庐山西海风景名胜区北岸,是连通福银高速公路、庐山西海风景区、大广高速公路的一条地方加密高等级公路,在江西高速公路网中编号S30。永武高速公路的建成通车,把福银高速公路和大广高速公路有机地连成一体,充分发挥两条高速公路的带动作用,对加强赣鄂经济联系,开发庐山西海旅游资源,提升庐山西海的知名度,整合大庐山旅游区等具有十分重大的意义。同时,有利于策应鄱阳湖生态经济建设,发展环湖区域旅游产业,完善赣西北地区公路布局,促进赣西北区域经济社会的发展。

1. 项目概况

永武高速公路建设里程 104.487km,线路起点位于永修县军山分场庄上自然村南面山头的福银高速公路,途经永修县燕坊镇、八角岭垦殖场、虬津镇、白槎镇、梅棠镇、三溪桥镇、武宁县官莲乡、巾口乡、宋溪镇、甫田乡,终点位于武宁县澧溪镇,与大广高速公路相接。2009 年 9 月 7 日开工建设,2011 年 9 月 16 日竣工通车,项目预算总投资 41.85 亿元。全线按全封闭、全立交、双向 4 车道高速公路标准新建,路基宽 24.5m;设计速度为 80km/h;汽车荷载为公路—Ⅰ级;路面采用沥青混凝土路面,设计年限 15 年,设计标准轴载 BZZ-100kN;设计洪水频率:桥梁及路基为 1/100;地震动峰值加速度 0.05g。全线共有桥梁 95 座,其中,大桥 14951m/9 座、中桥 570m/9 座、分离立交 3555m/37 座(主线上跨式分离立交 1031m/17 座,互通立交桥 2043m/13 座,主线下穿式分离立交 481m/7 座)、涵洞通道共 480 道;共设置互通立交 8 处(其中枢纽互通 2 处,U 形转弯 1 处);服务区 1 处。

2. 参建单位

永武高速公路参建单位共 66 家。

项目管理单位:江西省交通运输厅永修至武宁高速公路建设项目办公室。

设计单位:江西省交通设计院。

施工单位:江西省公路桥梁工程局、湖北中南路桥有限责任公司、中铁十三局集团有限公司、中交二公局第一工程有限公司、天津第三市政公路工程有限公司、大成工程股份有限公司、中交第二航务工程局有限公司、中铁十四局集团有限公司、浙江登峰交通集团有限公司、山东省公路建设(集团)有限公司、上海警通建设(集团)有限公司、中铁十八局集团第三工程有限公司、中铁七局集团第三工程有限公司、中交一公局第六工程有限公司、中交二航局第二工程有限公司、徐州市公路工程总公司、河北北方公路工程建设集团有限公司、江西省公路机械工程局、江西省建工集团公司、中国云南路建集团股份公司、江西赣粤高速公路工程有限责任公司、武汉华天园林艺术有限公司、佛山市南海区虫雷岗山园林工程有限公司、杭州萧山园林集团有限公司、宁波园冶建设有限公司、宁波市交通园林绿化工程有限公司、深圳市豪科园林有限公司、宁波汇绿园林建设有限公司、惠州市东江园林工程有限公司、佛山市粤山园林绿化有限公司、江西省园艺绿化工程有限公司、武汉市环艺园林绿化有限责任公司、河南鑫怡园林工程有限公司、江苏山水建设集团有限公司、广州市中森园林绿化工程有限公司、青岛绿地生态技术有限公司、江西省四通路桥建设集团有限公司、万载正大公路桥梁工程有限公司、江西方兴科技有限公司、北京公科飞达交通工程发展有限公司、山西省交通信息通信公司、中通建设股份有限公司、石家庄泛安科技开发有限公司、四川京川公路工程(集团)有限公司、江西昌南建设工程集团公司、广东开平建安集团有限公司、浙江正华装饰设计工程有限公司、宇杰建设集团股份有限公司、湖南省岳阳工程公司、南昌市第五建筑安装工程公司、福建麒麟建设工程有限公司、江苏鑫鹏钢结构工程有限公司、武汉市南国绿化工程有限公司、吉林省龙运高速公路养护有限责任公司、江西井冈路桥(集团)有限公司、江西交通工程开发有限公司、江西省赣江交通设施厂、浙江富阳市路翔交通设施有限公司、浙江鹰鹭交通设施有限公司。

监理单位：湖南省交通建设工程监理有限公司、江西省公路工程监理公司、江西省嘉和工程咨询监理有限公司、江西科力咨询监理有限公司、北京兴通交通工程监理有限责任公司。

3. 建设情况

2009年1月20日，省交通运输厅下发《关于明确永修至武宁高速公路项目代建单位的通知》(赣交计字〔2009〕29号)，明确永修至武宁高速公路由江西交通工程咨询监理中心代建。3月3日，省交通运输厅下发《关于成立江西省交通厅永修至武宁高速公路项目建设办公室的通知》(赣交计字〔2009〕63号)，同意成立江西省交通厅永修至武宁高速公路项目建设办公室。3月20日，中共江西省交通厅直属机关委员会下发《关于成立永武高速公路项目办党委的批复》(赣交直机党字〔2009〕13号)，批复同意成立永武高速公路项目办党委。省环保厅下发《关于永修至武宁(庐山西海)旅游高速公路环境影响报告书的批复》(赣环督字〔2009〕149号)，永武高速公路环境影响报告书顺利获省环境保护厅批准通过。3月27日，省国土资源厅下发《关于永修至武宁(庐山西海)旅游高速公路建议项目用地的预审意见》(赣国土资核〔2009〕203号)，项目建设用地通过预审。3月31日，省发改委下发《关于永修至武宁(庐山西海)旅游高速公路工程可行性研究报告的批复》(赣发改交运字〔2009〕442号)，工程可行性研究报告获省发改委审批。4月21日，省发改委在永修召开永修至武宁高速公路初步设计审查会议。4月23日～5月1日，进行土建工程施工、监理招标资格预审评审工作。9月16日，第一根钢管桩插打。11月14日，全线生产的第一片预制T梁在A10合同段红岩潭大桥顺利开盘。

2010年9月，路基交验总里程达到45km，占路基总长度的50.4%。11月7日，P1标ATB-25油面层试验段摊铺顺利完成，开启大面积沥青混合料摊铺的序幕；14日，A8标南山三桥顺利实现全幅贯通，为第一座顺利实现双幅贯通的深水桥。

2011年1月27日，A10标红岩潭深水桥第20跨最后一片梁安放成功，标志着永武高速公路全线路、桥全部贯通。9月16日，永武高速公路建成通车。

全线主要工程量：路基土石方数量1700.62万m^3，其中，土方1042.55m^3，石方658.07万m^3，平均每公里29.91万m^3；防护工程圬土数量11.73万m^3，排水工程圬土22.14万m^3。

4. 复杂技术工程

红岩潭大桥。大桥位于武宁县巾口乡境内,设计长度800m,跨径为20~40m,跨越柘林湖汊。下部结构为桩基础,桩径为2.00m、2.20m、2.50m三种(其中2.50m桩径为左幅加宽段、2.20m桩径为右幅、2.00m桩径为桥台桩),上部构造为20~40m预应力T梁。桥址范围内原为河道,两侧桥台位于岗丘。水面宽度约700m,最大水深约27m,施工期间湖水水位高程在60~62m之间,洪水期水位高程可达64m。区内地层依次为粉质黏土、圆砾土、卵石土、块石、全风化粉砂岩、强风化砾岩、中风化砾岩,桩尖持力层进入中风化砾岩。工程地质勘察时已查明其湖床覆盖层薄,且极不均匀,部分墩位基岩完全裸露。设计的桩径较大,施工机具及配套设施相应也较复杂,这给施工便桥与作业平台的搭设带来较大难度。因水深、桩径大,所用钢护筒必然大且长,其制作、运输和安装有一定的难度。桩位布置为排架桩型,对钢护筒就位精度要求高。其地形东面较为平缓,覆盖层薄,护筒埋深浅;西面较陡,坡度最大处在400~500m之间,部分湖床基岩裸露,护筒下置困难且无覆盖层,施工过程中极易造成护筒底漏浆和串孔。特殊情况下水下对接钢护筒,满足密封和冲击钻孔过程中的抗振动要求,是施工的又一难点。

5. 运营管理

永武高速公路全线共有收费站4处,互通立交8处,服务区1处(表3-4-9)。

永武高速公路收费站点设置情况　　　　　　　　　　表3-4-9

站点名称	车道数	收 费 方 式
云居山收费站	5	人工半自动收费(MTC) + 自动收费(ETC)
梅棠收费站	6	人工半自动收费(MTC) + 自动收费(ETC)
巾口收费站	5	人工半自动收费(MTC) + 自动收费(ETC)
武宁收费站	7	人工半自动收费(MTC) + 自动收费(ETC)

四、九江长江公路大桥

九江长江公路大桥(以下简称"九江二桥")是2004年7月国家发改委规划确定的70座跨长江公路通道之一,是"7918"国家高速公路网规划中G70福州至银川主线的重要组成部分,也是江西省建设的第一座具有世界领先水平的跨长江高速公路桥梁。九江长江公路大桥的竣工通车,进一步完善江西高速公路网络,让南北沟通在九江一桥之外又多一条重要动脉,将大大缓解南北交通瓶颈制约,对加强长江两岸经济社会联系、加快沿江经济带开发建设、打造长江中下游城市群、建设富裕和谐秀美江西等都具有非常重要的意义。同时,也为江西省建设大跨径高速公路桥梁创造一条成功经验之路。在建设过程中严格管理、积极创新,2012年度荣获江西省级建筑业新技术应用示范工程称号,2013年度荣获公路水运建设"平安工程"冠名,2014年度荣获中国公路交通优秀勘察设计一等奖、江西省优质建设工程"杜鹃花"奖、江西省科技进步奖,2015年11月9日获中国建设工程质量最高奖——鲁班奖(国家优质工程奖),实现江西交通建设领域此类奖项的零突破。

1. 项目概况

九江二桥建设里程25.193km,项目起点位于江西省昌九高速公路七里湖路段,终点接湖北省黄小高速公路小池收费站北侧,全线设有七里湖枢纽、九江西互通和湖北境内的分路互通。其中跨江大桥和南岸引道工程由江西投资、建设、运营、管理,里程长17.004km,工程投资44.78亿元(含九江西互通工程),设置七里湖枢纽互通和九江西互通;8.19km的北岸引道工程,由湖北省投资、建设、运营、管理,设置分路互通和小池枢纽互通。2008年9月27日开工建设,2013年10月28日竣工通车。全线采用双向6车道高速公路标准,设计速度为100km/h,路基宽度33.5m,主桥桥面宽38.9m,副孔、引桥桥面宽33.5m,设计荷载采用汽车公路—Ⅰ级,设计洪水频率为1/300(长江大桥)和1/100(路基),通航净空高24m,桥梁结构设计基准期为100年。跨江大桥长8462m,主桥为双塔单侧混合梁斜拉桥,主跨跨径达到818m,列居当时世界斜拉桥第7位(前6位分别为俄罗斯海参崴俄罗斯岛跨海大桥、苏通大桥、香港昂船洲大桥、鄂东大桥、日本多多罗大桥、法国诺曼底大桥),世界不对称混合梁斜拉桥第1位。大桥建设创造"不对称混合梁斜拉桥跨径第一""万里长江临堤基础施工第一""大跨径带肋单箱多室扁平PC箱梁宽度第一""双悬臂拼装长度第一"四个国内之最。

2. 参建单位

九江二桥参建单位共33家。

项目管理单位:江西省交通运输厅福银高速九江长江公路大桥项目建设办公室。

设计单位:江西省交通设计院和湖北省交通规划设计院联合体。

施工单位:中交路桥华南股份有限公司、中铁大桥局股份有限公司、中铁二十三局集团第一工程有限公司、江苏一环集团有限公司、江西方兴科技有限公司、中铁十三局电务工程有限公司、中交第二公路工程局有限公司、中交第二航务工程局有限公司、河南省豫南园林绿化有限责任公司、中铁一局集团桥梁工程有限公司、江西赣粤高速公路工程有限责任公司、天津城建集团有限公司、湖南麟辉建设集团有限公司、中铁二十四局集团南昌公司、江苏中阳建设集团有限公司、泉州市耀华园林工程有限公司、福建绿艺园林景观工程有限公司、中铁山桥集团有限公司、江苏中泰桥梁钢构股份有限公司、上海浦江缆索股份有限公司、江苏中矿大正表面工程技术有限公司、中铁山桥集团有限公司、福建路桥建设有限公司、北京公科飞达交通工程发展有限公司与江苏中压电气工程有限公司联合体、安徽皖通科技股份有限公司与苏州市邓尉工业设备安装有限公司联合体。

监理单位:广东虎门技术咨询有限公司、江西嘉和工程咨询监理有限公司、武汉大通公路桥梁工程咨询监理有限责任公司、江西省公路工程监理公司、江西交通咨询公司。

3. 建设情况

该项目由江西省投资集团公司、江西省交通运输厅及九江市人民政府共建经营,其中省投资集团占股51%,省交通运输厅占股39%,九江市政府占股10%。项目实行项目代建制,由江西省交通运输厅福银高速公路九江长江公路大桥项目建设办公室作为本项目的代建单位,负责该项目的前期报批和建设管理。

2009年1月24日,国家发改委下发《福州至银川高速公路九江长江公路大桥工程可行性研究报告》(发改基础〔2009〕293号),批复项目可行性研究报告。同日,省交通运输厅下发赣交计字〔2009〕38号文,正式成立福银高速公路九江长江公路大桥建设项目办公室(以下简称"九江二桥项目办")。8月26日,国家交通运输部下发《福州至银川高速公路九江长江公路大桥初步设计文件》(交公路发〔2009〕437号),批复九江长江公路大桥初步设计。

2010年7月7日,省交通运输厅下发《关于福银高速公路九江长江公路大桥(江西段)主体工程施工图设计的批复》(赣交基建字〔2010〕59号),批复项目施工图。9月25日,国土资源部下发国土资函〔2010〕796号文,批复工程建设用地。

2009年10月开工建设,九江二桥项目办重视总体计划和阶段计划的制订,将项目工期划分为四个实施阶段(2009年10月~2010年12月为第一阶段,共15个月;2011年1月~2012年3月为第二阶段,共15个月;2012年4月~2013年3月为第三阶段,共12个月;2013年4月~2013年9月为第四阶段,共6个月),并在在过程中强化措施,注重管理。具体做法有:①以标准化理念为先导。项目开工前编制完成"一纲四册",明确项目管理制度,细化工序流程及工作标准,明晰各方权责。开工后,结合工程关键控制要点,进一步制定包括《标准化活动实施方案》《标准化活动实施细则》《项目标准化施工指南》等在内的50余项标准化管理制度或指导性规定,真正做到"实施有规范,制度有落实"。②开创"混凝土外观创优"的先河。为实现混凝土外观"清水出芙蓉,天然去雕饰"的目标,项目办创造性将"清水混凝土"的概念引入桥梁工程,制定《混凝土外观质量创优实施方案》《混凝土外观质量创优方案实施细则》《外露混凝土构件成品保护实施细则》等一系列制度,并专门成立混凝土外观质量评定小组,对混凝土外观质量分级评定,对混凝土外观质量的控制实现无缝隙管理。③将首件工程示范制贯彻始终。严格执行首件工程示范制,全线所有分项工程均经过"首件方案评审—首件工程实施—首件评定验收—工法总结推广"的流程,形成包括桩基、T梁、薄壁墩、钢箱梁、斜拉索等在内的32项施工标准工法,在江西高速公路建设史上率先实现首件工程示范制的系统化、标准化推广。④建立行之有效的考核评价体系。将考核评价作为标准化管理的重要手段,4年来将劳动竞赛和专项评比相结合的考核评价体系贯穿在大桥建设的方方面面,实现"精确计划、精确决策、精确控制、精确考核"。⑤形成统一规范、安全实用的安全防护设施标准。由于跨线施工多,高空涉水多,交叉作业多,安全管理难度大。开工前,业主、监理、施工三方联合编制《施工现场安全可实施性方案》,对全线施工安全防护设施的配置进行统筹规划、量化标准。在施工中,陆续出台主塔施工、挂篮施工、跨道路施工、桥面临边防护等11项安全防护设施的标准、要求,并严格执行安全防护设施未通过验收的不得进行施工。

征地拆迁情况见表3-4-10。

九江二桥征地拆迁情况统计　　　　　　　　　　　　　表3-4-10

项目	征地拆迁安置起止时间	征用土地（公顷）	拆迁房屋（m²）	支付补偿费用（万元）	备注
全线	2009年1月~2013年9月	150.17	37894.19	12632.23	

4. 复杂技术工程

九江二桥跨越"一江（长江）两湖（赛湖、七里湖）三铁（京九、昌九城际、南浔）七道路（八里湖大道、环湖西路、长虹西大道、沙阎路、九瑞大道、滨江西大道、江北岸105国道）",近邻两区（九江城区和庐山风景区）,施工技术复杂,安全风险大,环保要求高。主桥为双塔混合梁斜拉桥,主跨跨径818m,居世界同类桥梁第六位,技术含量高,施工难度大。主桥南塔基础中心线跨九江永安堤外肩仅32m,临堤大型基础施工对大堤的安全性、稳定性威胁很大。主桥北塔基础位于深水区域,常水位深20多米,流速急、流向乱、土层软弱,且局部为岩溶、断裂破碎带等不良地质,地质条件复杂。主桥索塔高达200多米,大风和温差对塔柱混凝土施工影响大。主梁构件数量多、重量大、悬臂长、架设周期长,施工技术要求高,施工控制难度大。

5. 运营管理

九江二桥设收费站3处（九江省界收费站、九江八里湖收费站、九江赛城湖收费站）（表3-4-11）。2014年,车流量日均1.5万辆,日均拆分收取通行费90万元。2015年,因九江一桥加固改造期间实行交通管制,九江二桥交通量有所增加,车流量日均2.1万辆,1~9月日均拆分收取通行费约105万元。

九江二桥收费站点设置情况　　　　　　　　　　　　　表3-4-11

站点名称	车道数	收费方式
九江八里湖收费站	3进5出	人工半自动收费(MTC)+自动收费(ETC)
九江赛城湖收费站	3进3出	人工半自动收费(MTC)+自动收费(ETC)
九江（站）	14进出	人工半自动收费(MTC)+自动收费(ETC)

五、南昌至铜鼓高速公路(南昌至奉新段)

南昌至铜鼓高速公路(以下简称"昌铜高速公路")是中部地区与东部沿海发达地区的快速通道即(杭州)—德兴市—南昌—铜鼓县—浏阳市—长沙—益阳—(重庆)中的一段,西接湖南的浏阳(湘赣界)至花垣(湘渝界)高速公路,东接已建成通车的德兴至南昌高速公路,与德兴至南昌高速公路的组合形成横贯江西的又一条便捷快速通道,在江西高速公路网中编号S40。南昌至铜鼓高速公路分两期建设,第一期为南昌至奉新高速公路,第二期为奉新至铜鼓高速公路。昌铜高速公路(南昌至奉新段)是G60N杭州至长沙国家高速公路(并行线)江西境内的重要组成部分,2015年昌铜高速公路(南昌至奉新段)编入国家高速公路网中,编号G60N。昌铜高速公路(南昌至奉新段)的建成通车缩短沿线地区各县区与南昌市的时空距离,使它们融入南昌市的"半小时经济圈",对于提升省会城市南昌的辐射、带动作用,对于提升梅岭、滕王阁风景名胜区和三爪仑风景名胜区的旅游优势及新建、安义、奉新、靖安4县(区)策应鄱阳湖生态经济区建设的发展优势,从而进一步发挥全省生态优势,加速全省工业化、城市化进程均具有十分重要的意义。

1. 项目概况

昌铜高速公路(南昌至奉新段)建设里程36.35km,起点位于南昌市新建县望城镇青西村,连接生米大桥,与南昌西外环高速公路相交,途经新建县望城镇、石埠乡、安义县石鼻镇、黄洲镇、奉新县干洲镇,终点位于奉新县干洲镇源头村,与干大线(省道S226)相交,连接奉新至铜鼓高速公路。2009年7月16日开工建设,2011年12月28日竣工通车,概算总金额175258.86万元。全线双向4车道,设计速度100km/h,路基宽26m,采用沥青混凝土路面,设计使用年限15年,主线公路汽车荷载为公路—Ⅰ级,连接线公路汽车荷载为公路—Ⅱ级,隧道采用分离式断面形式,单洞净宽10.75m,建筑限界净高≥5.0m。全线设置安全、监控、通信、收费、供电照明及服务等交通工程及沿线设施。

昌铜高速公路(南昌至奉新段)有大桥1535m/5座,中小桥183m/3座,分离立交桥8座,涵洞、通道188道,隧道4618m/2座,挖方348.09万m^3,填方531.57万m^3,防护排水14.68万m^3,互通立交2处。路线区域不良地质及特殊性岩土比较发育,发育红色碎屑岩(泥页岩、泥质粉砂岩、砂岩)、变质岩(千枚岩、板岩、片麻岩、花岗片麻岩及混合岩)、岩浆岩(花岗岩、花岗闪长岩)及第四系松散岩层等,岩性较复杂,沿线地质构造(褶皱和断裂带)较发育,岩体被切割,非常破碎,花岗岩区发育软土不良地质,片麻岩山区存在边坡失稳的隐患。区域地质条件总体属于复杂类型。区内地下水类型有:第四系松散岩类孔隙潜水、红层基岩裂隙空隙水和变质岩、岩浆岩基岩裂隙水,其中基岩裂隙水可进一步分为风化带网状裂隙水和构造裂隙水。

2.参建单位

昌铜高速公路(南昌至奉新段)参建单位共25家。

项目管理单位:江西省高速公路投资集团赣粤高速公路股份有限公司。

设计单位:江西省交通设计院。

质监单位:江西省交通工程质量监督站。

施工单位:中铁二十四局集团有限公司、中铁三局集团第六工程有限公司、中铁十三局集团第一工程有限公司、中铁十四局集团有限公司、江西赣粤高速公路工程有限责任公司、广州市市政集团有限公司、中铁十七局集团第一工程有限公司、江西方兴科技有限公司、中国公路工程咨询集团有限公司、常州市交通设施有限公司、福建省泷澄建设集团有限公司、重庆市黄浦建设集团有限公司、江西中南建设工程集团公司、江西中恒建设集团公司、宁波园冶建设有限公司、宁波海逸园林工程有限公司、南昌山湖园林建筑有限公司、江苏中铁环保装备有限公司。

监理单位:江西交通工程监理公司、江西省嘉和工程咨询监理有限公司、江西省化学工业设计院、重庆中宇工程咨询监理有限责任公司。

3.建设情况

2009年3月17日,省交通运输厅下发《关于成立南昌至奉新高速公路项目建设办公室的通知》(赣交计字〔2009〕58号)至省高等级公路管理局,批准成立南昌至奉新高速公路项目建设办公室。3月20日,中共江西省交通运输厅南昌至奉新高速公路项目建设办公室委员会成立。4月3日,省环保厅下发《关于南昌至奉新高速公路环境影响报告书的批复》(赣环督字〔2009〕203号)致省交通运输厅,同意昌奉高速公路工程建设,全线按全封闭、全互通的双向4车道高速公路标准修建,设计速度100km/h,沥青混凝土路面,要求工程设计、建设和运营过程中必须认真落实《报告书》《评估意见》和各市、县环保部门初审意见提出的各项环保措施和要求,重点做好生态环境保护、噪声、大气、废水、固体废物等污染防治工作,并对环境风险防范、施工期污染物排放执行标准、工程试运营和竣工验收环保验收等方面提出具体要求。5月6日,省发改委下发《关于南昌至奉新高速公路工程可行性研究报告的批复》(赣发改交运字〔2009〕633号)致省交通运输厅,对昌奉高速公路建设规模和主要技术标准进行批复,项目估算总投资176727万元,项目建设资金由省交通运输厅组织的项目法人和沿线五县(区)共同出资。新建县、湾里区、安义县、靖安县、奉新县五县(区)按全线一般路段造价水平承担总投资的15%,即19079万元,其余157648万元由项目法人自筹资金解决。6月25日,省发改委下发《关于南昌至奉新(靖安)高速公路工程初步设计的批复》(赣发改设审字〔2009〕1162号)致省交通运输厅,对建设规模和主要技术标准、路线设计、路基、路面设计、桥梁、隧道设计、互通立交及沿线设施及工程概算进行批复，核定昌奉项目工程总概算为175258.86万元。7月14日，省交通运输厅下《关于昌奉项目办更名的通知》（赣交计字〔2009〕271号）至省等级公路管理局，同意“江西省交通厅南昌至奉新高速公路项目建设办公室”更名为“江西省交通运输厅南昌至铜鼓高速公路项目建设办公室”，负责南昌至奉新、奉新至铜鼓（赣湘界）高速公路项目的建设实施。16日，省政府在南昌召开昌奉等3条高速公路项目开工新闻发布会。8月11日，国土资源部办公厅下发《国土资源部办公厅关于南昌至奉新高速公路控制工期单体工程先行用地的复函》（国土资厅函〔2009〕718号）致省国土资源厅，对昌奉高速控制工期工程先行用地进行批复，同意1处高架桥、1处隧道、1处大桥先行用地25.5914公顷（含耕地6.9173公顷），要求控制工期单体工程在施工前做好被用地单位群众的补偿工作，并抓紧准备昌奉工程正式用地报批。9月16日，全面进入工程实质性施工。10月8日，昌奉A3标举行梅岭隧道进洞仪式，标志着昌奉高速公路控制性工程——梅岭特长隧道正式进入实质性施工阶段。30日，省交通运输厅下发《关于南昌至奉新（靖安）高速公路主体工程施工图设计文件的批复》（赣交基建字〔2009〕77号），批复意见认为，该施工图设计文件编制内容齐全，设计说明基本清楚、图表清晰，布局合理，设计深度基本符合交通运输部部颁编制办法的规定及《公路工程基本建设项目设计文件图表示例》的要求；执行初步设计批复意见，主要技术指标基本能满足现行公路工程技术标准、规范的要求；在建设规模、技术标准、路线走向、主要控制点上掌握适当；对交通运输部《工程建设标准强制性条文》（公路工程部分）整体执行情况良好。设计文件能满足施工需要。12月30日，省水利厅下发《关于南昌至奉新高速公路新建工程水土保持方案报告书的批复》（赣水水保字〔2009〕100号）致省交通运输厅，同意方案提出的水土流失预测内容、方法及水土流失防治目标，水土流失防治责任总面积367.95km^2，水土流失防治措施总体布局、实施进度安排，水土保持监测方案，以及该项目水土保持总投资7178.48亿元。要求认真做好水土保持措施初步设计及施工组织工作，加强临时性防治措施，有效控制施工过程中的水土流失。

2010年3月22日，昌奉高速公路A5标南潦河大桥成功架设第一片T梁，正式拉开昌奉高速公路桥梁上部梁板架设的序幕。5月4日，昌奉高速公路黄家大桥第一片箱梁架设成功。5月6日，召开昌奉高速公路第一阶段总结暨第二阶段动员大会，参建各方紧紧围绕总体目标，克服征地拆迁难、施工环境差、雨水天气多、隧道挖掘难度大、桥涵构造物密集等不利因素，突出抓好“四个”方面的管理，较好实现了第一阶段目标。5月20日，国土资源部下发《国土资源部关于南昌至奉新高速公路工程建设用地的批复》（国土资函〔2010〕348号），同意批准建设用地209.0213公顷作为昌奉工程建设用地，其中，新建县、安义县、奉新县将农民集体所有农用地155.8142公顷转为建设用地并办理征地手续，另征收农民集体所有建设用地11.3905公顷、未利用地21.9151公顷，并且将国有农用地16.1615公顷转为建设用地，同时使用国有建设用地3.5933公顷、未利用地0.1467公顷。

7月10日,昌奉项目打响"决战100天"竞赛活动攻坚战。在全线开展"抢进度、创佳绩,决战100天,全力以赴打好项目建设攻坚战"竞赛活动,掀起比安全、比质量、比进度、创佳绩的施工热潮。8月12日,昌奉高速公路AP2标底基层施工正式开始,标志着昌奉段施工进入一个新的阶段。10月21日,南潦河大桥全线架通。历时153天胜利完成全部228片T梁架设任务。11月20日,昌奉高速公路房建工程全面开工。12月31日,昌奉高速公路主要控制性工程——梅岭特长隧道左线胜利贯通,为昌奉高速公路全线按期完工奠定了坚实的基础。梅岭特长隧道左线全长3430m,右线全长3415m。

2011年6月2日,昌铜高速公路昌奉段第二阶段、奉铜段第一阶段总结表彰暨昌奉段第三阶段、奉铜段第二阶段施工动员大会在铜鼓召开,标志着昌奉高速公路进入全面冲刺阶段,实现昌奉段安义、奉新县境内第二阶段任务基本完成,奉铜段第一阶段"四个基本完成"目标顺利实现。12月8日,省质监站开始对昌奉高速公路进行为期12天的交工验收。12月28日,项目办举行通车仪式,南昌西枢纽互通以西至项目终点,主线长度34.812km正式建成通车。

2012年10月28日,因昌奉高速公路新建县境内征地拆迁及施工难度大,长期受阻工影响,导致外部施工环境恶劣,施工进度受到严重影响等原因,南昌西枢纽互通以东至项目起点,主线长度1.6km与奉铜高速公路同步建成通车。

征地拆迁情况见表3-4-12。

昌铜高速公路征地拆迁情况统计 表3-4-12

项目	征地拆迁安置起止时间	征用土地 (公顷)	拆迁房屋 (m²)	支付补偿费用 (元)	备注
昌奉段	2009年2月~2011年10月	256.67	45952.49	169065253.31	

4.复杂技术工程

梅岭隧道。梅岭隧道位于昌铜高速公路K11+896处,左洞隧道全长3430m,右洞隧道总长3415m,起点位于新建县石埠镇岑上山庄西北面,终点位于安义县石鼻镇东庄村北侧,是一座上下行分离的4车道高速公路特长隧道,也是全线地质条件最为复杂、施工难度最大的隧道,为昌奉高速公路主要控制性工程。

梅岭隧道施工时划分为两个标段,两个施工单位双向施工。整个隧道地质较为复杂,位于构造剥蚀低山丘陵地形区,洞内主要为板岩、花岗闪长岩及第四系粉质黏土和碎石土,洞口埋深较浅且为裂隙泉水,山间冲沟地带,地势起伏较大,地下水发育,最大埋深达649m。在施工时采取以下措施:一是考虑到与周边环境融为一体,采取零开挖进洞,尽量减少人为破坏。二是采用动态设计,根据地质超前预报,及时掌握掌子面的情况,修正设计参数,采用新奥法施工,及时封闭成环。三是克服隧道纵断面采用人字坡,在施工时存在反坡、临时排水难的困难。四是考虑到隧道长,沥青热拌现场温度高,摊铺时会产生一氧化碳、二氧化碳、一氧化硫等有害气体，浓浓的烟雾和刺鼻气味不仅污染环境，对操作人员呼吸系统也有一定程度伤害。根据当地地质石材特性，采用温拌技术，避免加热时消耗大量的能源，过高温度导致沥青老化，从而影响路用性能。

5. 运营管理

昌铜高速公路（南昌至奉新段）全线共有收费站2处（表3-4-13），互通立交2处，服务区1处，隧道2座。

收费站点设置情况表（昌奉高速公路）　　　　　　　　表3-4-13

站 点 名 称	车道数	收 费 方 式
南昌西枢纽主线收费站	5进12出	人工半自动收费
安义收费站	3进4出	人工半自动收费

六、瑞金至寻乌高速公路

1. 项目概况

济南至广州国家高速公路是国家规划的"7918"网中的第四纵，起于山东济南，经山东菏泽、河南商丘，安徽阜阳、六安、安庆，江西景德镇、鹰潭、南城、瑞金，广东河源，终于广东省广州市。济广高速公路江西境内路段全长约630km，本项目是济广高速公路在江西境内的最后一段瑞金至寻乌段，全长123.956km，路线经过赣州的瑞金市、会昌县、寻乌县两县一市，直接沟通广东省的梅州市以及汕头、汕尾两个港口城市。本项目的实施，与鹰瑞高速公路一起形成江西东部又一条南北大通道，它对完善本省的高速公路路网布局，充分发挥高速公路网的规模效益将起重要作用。同时，本工程的建设对沟通江西与广东、江西与安徽及其以北省市的联系，连接我国华北、华东和华南三大经济区必将发挥极其重要的纽带作用。

2. 参建单位

瑞寻高速公路参建单位共70家。

项目管理单位：江西省交通运输厅瑞金至寻乌高速公路项目建设办公室。

勘察设计单位：江西省公路科研设计院、江西省交通设计院。

施工单位：沈阳高等级公路建设总公司、北京城建集团有限责任公司、广西壮族自治区公路桥梁工程总公司、重庆交通建设（集团）有限责任公司、北京城建远东建设投资集团有限公司、安徽省交通建设有限责任公司、安徽省公路桥梁工程公司、中交二公局第一工程有限公司、唐山远大实业集团有限公司、四川公路桥梁建设集团有限公司、安徽开源路桥有限责任公司、中交二公司第四工程有限公司、吉林省建设集团有限公司、中铁十六局集团有限公司、中铁十三局集团第四工程有限公司、中铁十四局集团第三工程有限公司、中交一公局桥隧工程有限公司、河南省中原路桥建设（集团）有限公司、河北路桥集团有限公司、安徽建设有限公司、中国中铁股份有限公司、江西省公路机械工程局、山东沂蒙交通工程有限公司、江西省交通工程集团公司、东盟营造工程有限公司、江西省公路桥梁工程局、北京瑞华赢科技发展有限公司、江西方兴科技有限公司、四川京川公路工程（集团）有限公司、北京公科飞达交通工程发展有限公司、江西路通科技有限公司、潍坊市筑路机械厂、新疆新路交通工程有限责任公司、江苏平山交通设施有限公司、张家港港丰交通安全设施有限公司、陕西世纪交通工程有限公司、江苏园林营造工程有限公司、广东景山园林艺术有限公司、苏州绿世界园林发展有限公司、浙江鸿翔园林绿化工程有限公司、苏州工业园景观绿化工程有限公司、浙江青草地园林市政建设发展有限公司、淮南市绿化园林工程公司、河南城绿园林工程有限公司、广东铭锦园林景观有限公司、上海金山园林工程有限公司、浙江绿洲生态股份有限公司、绍兴市四季青景观建设有限公司、厦门日懋城园林建设有限公司、湖南怡人园林绿化有限公司、福建省永泰建筑工程公司、江苏省聚峰建设集团有限公司、国诚集团有限公司、福建七建集团有限公司、江西雄基钢构建设有限公司、中余建设集团有限公司、江西省国利建设集团有限公司、江西建工机械施工有限责任公司、江西省宏顺建筑工程有限公司。

监理单位：江西省公路工程监理公司、江西科力咨询监理有限公司、抚州博信公路工程监理有限公司、江西交通工程监理公司、中国公路工程咨询集团有限公司、江西嘉和监理有限公司、北京兴通交通工程监理有限公司、江西中昌工程咨询监理有限公司。

3. 建设情况

瑞寻高速公路于2009年12月25日开工建设，2011年12月28日建成通车。

项目工程可行性研究报告于2009年5月26日经国家发改委发改基础〔2009〕1350号文件批准，初步设计于2009年9月21日经交通运输部交公路发〔2009〕515号文件批准。本项目按交通运输部《公路工程技术标准》（JTG B01—2003）高速公路标准建设，设计速度100km/h，汽车荷载等级公路—Ⅰ级，设计洪水频率为特大桥1/300，其余桥涵及路基1/100。地震动峰值加速度0.1g，采用8级抗震设防措施。路基设计宽度26.0m，全封闭全立交，双向4车道。路面面层除收费广场为水泥混凝土结构外，均采用沥青混凝土结构，底基层、基层采用级配碎石和水泥稳定碎石结构。

全线主要工程量有：路基土石方2489.5万 m^3；沥青混凝土路面294.5万 m^2；全线共设大、中桥59座，总长13072.8m，其中大桥50座，总长12399.4m，中桥9座，总长673.4m；隧道5座，单洞总长9731m；互通立交4处；分离立交18处，总长947.72m；防护排水工程47.3万 m^3。沿线设施共设3个服务区、1个养护中心、4个收费站、1个管理中心。

征地拆迁情况见表3-4-14。

瑞寻高速公路征地拆迁情况统计 表3-4-14

项目	征地拆迁安置起止时间	征用土地（公顷）	拆迁房屋（m²）	支付补偿费用（元）	备注
全线	2009年7月~2011年12月	833.3	145000	3.96亿	

4. 运营管理

瑞寻高速公路至2011年12月28日全面建成通车时，设有服务区3处（瑞金服务区、会昌南服务区、寻乌南服务区），全线设有4个匝道收费站和1个主线收费站，分别为会昌、筠门岭、寻乌东、寻乌南收费站和南桥南主线收费站（表3-4-15）。2015年12月31日，随着济广高速公路广东省境内路段的修通，瑞寻高速公路南桥南主线收费站正式启用，彻底结束了瑞寻高速公路"断头路"的历史。

瑞寻高速公路收费站点设置情况 表3-4-15

站点名称	车道数	收费方式
会昌	7	人工半自动收费（MTC）+自动收费（ETC）
筠门岭	5	人工半自动收费（MTC）+自动收费（ETC）
寻乌东	7	人工半自动收费（MTC）+自动收费（ETC）
寻乌南	6	人工半自动收费（MTC）+自动收费（ETC）
南桥南	11	人工半自动收费（MTC）+自动收费（ETC）

七、隘岭至瑞金高速公路

厦门至成都国家高速公路是国家规划的"7918"国家高速公路网的"第十六横"，它东起福建厦门，经江西、湖南、广西、贵州，西至四川成都，全长约2295km；隘岭至瑞金高速公路（以下简称"隘瑞高速公路"）是厦蓉高速公路在江西境内最东端的一段，位于江西省瑞金市，是江西省"三纵四横"高速公路主骨架网中"第四横"的一部分，在国家高速公路网中编号G76。隘瑞高速公路的建成，不仅是江西境内东西向的大通道，也是江西境内厦蓉线、大广线两条高速公路在瑞金的最佳联络通道，具有极佳的高速公路路网优势；沿线穿越革命老区，具有突出的旅游资源优势；大大促进江西省高速公路主骨架的形成，缩短与福建、广东、湖南等周边省份的时间距离，充分发挥高速公路网络效应，对促进全省经济和社会发展具有十分重要的意义。

1. 项目概况

隘瑞高速公路路线全长31.902km，其中29.355km为国家高速公路。路线起点位于赣闽两省交界的隘岭（瑞金市以东24km），在隘岭设分离长隧道与福建段相接，途经东头岭、田坞、四工排、观音前、松山下，在柴山岭附近与济南至广州高速公路鹰潭至瑞金段相交，并约有2.6km共线段，经棋杆、新屋家，终点位于瑞金市云石山乡陂下村，与厦蓉线瑞金至赣州段(瑞赣高速公路)相接。路线所经区域均隶属于瑞金市,共经过瑞金市叶坪乡、日东乡、黄柏乡、沙洲坝镇、云石山乡5个乡镇。2009年10月1日开工建设,2011年10月20日竣工通车,项目概算总投资11.8154亿元。全线按全封闭、全立交、双向4车道高速公路标准新建,起点至主线收费站段4.448km,设计速度80km/h,路基设计宽度24.5m,其余路段设计速度100km/h,路基设计宽度为26m,路面结构为沥青混凝土。全线设置互通立交2处,隧道管理站1处,养护区1处。另建连接线0.917km。

2. 参建单位

隘瑞高速公路参建单位共14家。

项目管理单位:江西省交通运输厅隘岭至瑞金高速公路项目建设办公室。

设计单位:江西省交通设计院。

施工单位:江西省交通工程集团公司、云南云桥建设股份有限公司、中铁十三局集团第一工程公司、江西省城市园林建设有限公司、浙江博大环境建设有限公司、广东中科琪林园林股份有限公司、江西方兴科技有限公司、江苏省江建集团有限公司、沈阳选腾交通设施工程有限公司。

监理单位:江西交通工程监理公司、北京兴通交通工程监理有限责任公司。

3. 建设情况

2005年10月17日,国家发改委下发发改交运〔2005〕2019号文,批复项目建议书。

2006年2月24日,省水利厅下发赣水水保字〔2006〕6号文,批复水土保持方案报告书。3月18日,国家环保总局下发环审〔2006〕128号文,批复环境影响报告书。

2009年5月31日,省交通运输厅下发《关于同意成立隘岭至瑞金高速公路项目建设办公室的通知》(赣交计字〔2009〕195号),正式成立江西省交通运输厅隘岭至瑞金高速公路项目建设办公室。7月22日,江西省交通运输厅隘瑞高速公路项目办在瑞金市象湖镇沙子岗举行挂牌仪式。

2010年1月8日,隘瑞高速公路第一次工地会议召开,标志着隘瑞项目迈出实质性开工的步伐。3月12日,隘瑞高速公路召开第一次生产调度会。4月3日,召开第二次生产调度会。

2011年2月16日,隘岭隧道右洞顺利贯通,接通隘岭隧道福建长汀段。隘岭隧道右洞总长750m,左洞长585m。3月31日,隘岭隧道左洞顺利贯通,标志着隘岭隧道双幅贯通。8月6日、7日,省交通工程质量监督站对隘瑞高速公路瑞金南枢纽至终点段进行交工验收。8月12日,隘瑞高速公路瑞金南枢纽至终点段通车仪式在瑞金西收费站举行。10月19日,隘瑞高速公路项目交工验收会在项目办召开,省交通运输厅、省高速集团、建设单位、设计单位、监理单位、施工单位、接养单位等有关人员参加。10月20日隘瑞高速公路全线贯通,通车仪式在隘瑞高速公路主线收费站举行。

征地拆迁情况见表3-4-16。

隘瑞高速公路征地拆迁情况统计　　　　表3-4-16

项目	征地拆迁安置起止时间	征用土地 （公顷）	拆迁房屋 （m²）	支付补偿费用 （元）	备注
全线	2010年1月~2011年10月	298.26	881001.5	110267741	

4. 运营管理

全线设置互通立交2处、收费站3处（表3-4-17）。车流量呈逐年递增趋势，断面平均日交通量：2012年自然数3473辆/日，当量数6695辆/日，适应交通量55000辆/日，交通拥挤度12.17%；2013年自然数4084辆/日，当量数8386辆/日，适应交通量55000辆/日，交通拥挤度15.25%；2014年自然数4427辆/日，当量数9195辆/日，适应交通量55000辆/日，交通拥挤度16.72%；2015年自然数4774辆/日，当量数8894辆/日，适应交通量55000辆/日，交通拥挤度16.17%。

隘瑞高速公路收费站点设置情况　　　　表3-4-17

站点名称	车道数	收费方式
隘岭省界收费站	16	人工半自动收费（MTC）+自动收费（ETC）
瑞金东收费站	6	人工半自动收费（MTC）+自动收费（ETC）
瑞金西收费站	6	人工半自动收费（MTC）+自动收费（ETC）

八、祁门至浮梁高速公路（良禾口至桃墅店段）

祁门至浮梁高速公路（以下简称"祁浮高速公路"）是完善G56杭瑞高速公路，发展沿线旅游的一条地方加密高速公路，在江西高速公路网中编号S29。为认真贯彻落实和响应党中央、国务院"增强投入，扩大内需"的决策部署，省委、省政府将祁浮高速公路（良禾口至桃墅店段）作为第一批基础设施投资中提前启动的项目，东起赣皖两省交界的良禾口，终于G35景鹰高速公路。祁浮高速公路（良禾口至桃墅店段）的建成，对完善江西"三纵四横"和安徽"四纵八横"高速公路网意义重大；在国家高速公路公路网中，还是G56杭州至瑞丽高速公路在黄山至景德镇间路网的重要补充，具有承东启西、连南接北的功能，并打通赣北地区到长三角的最便捷通道。今后，赣北地区可通过祁浮高速公路经黄山市到达长三角地区，有利于赣北地区加快融入长三角经济圈。同时，它将赣皖两省的旅游景区连成一线，对国家重点规划的上海—杭州—黄山—景德镇—九江黄金旅游线路的开发具有重要作用。

1. 项目概况

祁浮高速公路（良禾口至桃墅店段）建设里程15.655km，路线起点位于皖赣两省交界的良禾口,与安徽境内的黄山至祁门高速公路相连,桩号为K102+978.476,途经浮梁县西湖乡潘溪村、西湖村、中亭村,终点位于浮梁县西湖乡的桃墅店与G45景鹰高速公路相交,终点桩号为K118+633.653。2010年8月9日开工建设,2012年8月28日竣工通车,项目批复概算6.32亿元,竣工预决算6.04亿元。全线采用封闭的4车道高速公路标准,设计速度80km/h,路基宽24.5m,主线路面为沥青混凝土路面,设计年限15年,全线大桥935延米/3座;互通立交2处;分离立交2处。

2. 参建单位

祁浮高速公路(良禾口至桃墅店段)建设参建单位共14家。

项目管理单位:江西省交通运输厅德昌高速公路项目建设办公室。

设计单位:江西省交通设计院。

施工单位:浙江省交通工程建设集团有限公司、中交第三航务工程局有限公司、河北建设集团有限公司、中铁六局(集团)有限公司、江西省丰和营造集团有限公司、杭州萧山金鹰交通设施有限公司、江西南昌山湖园林建筑有限公司、江西方兴科技有限公司。

检测单位:西安公路研究院。

监督单位:江西省交通工程质量监督站。

监理单位:江西交通监理咨询公司、北京兴通交通工程监理有限责任公司。

3. 建设情况

2009年9月,省发改委下发赣发改交运字〔2009〕1773号文,批复项目可行性研究报告,明确建设规模和主要技术标准:路线全长约15.6km,采用全封闭、全立交的双向4车道高速公路标准建设。设计速度80km/h,路基宽24.5m,全线设置西湖、桃墅店两处枢纽互通立交。工程总投资及资金来源:项目估算总投资6.22亿元,其中项目资本金1.555亿元,占总投资的25%,由项目法人单位自筹并争取交通运输部补助解决。建设工期:从开工日起共计24个月。项目法人按《中华人民共和国招标投标法》进行招标。

2010年1月,省发改委下发赣发改设审字〔2010〕133号文,批复项目初步设计。明确路线走向:起点、终点、主要控制点及线路基本合理。路基、路面设置:路基设计宽度为24.5m,其中整体式断面(路基宽24.5m)的横断面布置为0.75m(土路肩)+2.5m(硬路肩)+2×3.75m(行车道)+0.5m(路缘带)+2.0m(中央分隔带)+0.5m(路缘带)+2×3.75m(行车道)+2.50m(硬路肩)+0.75m(土路肩),桥涵与路基同宽。同意项目主要几个桥梁上部按20m小箱梁设计。基本同意设置西湖、桃墅店两处枢纽互通。同意交通工程和沿线设施设置。批复概算63217.42万元。同月,正式开始征地拆迁工作,涉及景德镇市浮梁县西湖乡范围内的5个村,管理处设征地拆迁小组,沿线设区市、县(市、区)、乡(镇)、村设有相应的地方征拆协调机构,共征用土地123.23公顷,拆迁房屋0.9533万m^2

(表3-4-18),动迁10kV、220V、380V等各类电力线14010m及电信、移动、联通、广电、铁路等通信光电缆21880m。3~5月,进行路基、路面工程施工监理招标。监理评标采用合格制,经审查,通过资格预审的监理单位共5家,通过资格预审的监理单位报江西省交通重点工程监督小组审议批准后,招标人向其发出投标邀请书,经过依法竞标、严格评审,确定1家路基、路面施工监理企业为中标单位(1个总监办),并签署施工监理合同。4月,省交通运输厅下发赣交基建字〔2010〕33号文,批复项目施工图设计。3~7月,进行路基、路面工程施工招标,来自全国各地的251家一级或特级施工企业参加资格预审,由省交通运输厅专家库随机抽取专家为主组成的评审委员会对施工企业资格进行评审,共有244家单位通过资格预审。资格预审结束后,共有141家单位递交施工投标文件,经依法竞标,严格评审,确定4家施工企业为全线3个路基合同段和1个路面合同段的中标单位。8月9日,江西省人民政府下达了开工命令。

祁浮高速公路征地拆迁情况统计　　　　　　　　　　　　　　表3-4-18

项目	征地拆迁安置起止时间	征用土地（公顷）	拆迁房屋（m²）	支付补偿费用（元）	备注
全线	2010年1月~2012年8月	123.23	9522	469254842.5	

2010年8月~2011年10月,陆续进行冲击碾压施工、全桥和梁板荷载试验、台背加固施工、声屏障供货及安装等附属工程施工及材料采购工程招标工作。

2011年8月~2012年4月,进行房建及附属设施施工、交通安全设施施工、绿化工程施工、机电施工招标,前后共历时9个月,形成各类资格预审、招标文件8套。2011年10月~2012年4月,进行机电工程施工监理招标。经竞标,选定1家施工监理单位,并签署施工监理合同。

根据总体施工计划,项目具体分为4个阶段实施。第一阶段是从2010年8月至2011年1月底,主要以修通全线主线便道、完成小型构造物,进而完成大部分路基土石方工程为主要目标,为路基和桥梁下部构造施工的关键阶段。各施工单位在极为困难的施工条件下,利用自身在人员、资金和设备等方面的优势,通过精心组织、科学安排,不仅在不到60天内完成贯通全线施工便道的修筑,而且在阶段末取得完成小型构造物和路基主线贯通的阶段性成果。该阶段完成的主要工程量:土石方工程完成85%;涵洞、通道完成95%;防护及排水工程完成26%;桥梁桩基完成95%,下部构造完成45%,梁板预制完成22%,梁板安装完成5%;级配碎石底基层备料完成64%,水稳中、下基层备料完成26%。第二阶段是从2011年2月~2011年7月底,是项目开工后面临的首个雨季。根据气候特点,本阶段以完成桥梁基础及下部构造和路面底基层施工为主要目标,是路基结构物施工高潮和路面施工的起步阶段。在路基主线全面贯通、工作面全面展开后,各路基施工单位纷纷加大人机料投入,加强施工调度与组织,在完成路基剩余土石方施工的同时,较好地完成了桥梁施工任务,为路面施工创造条件。同时,路面工程在备料工作趋于正常的情况下,如期开展底基层、水稳基层的摊铺工作。该阶段完成的主要工程量:土石方工程完成96%,路基交工完成30%;防护及排水工程完成63%;小型构造物及桥梁基础全部完成,桥梁下部构造完成91%;梁板预制完成76%,梁板安装完成58%;级配碎石底基层备料完成100%,水稳中、下基层备料完成94%,油面层备料完成总量的33%;级配碎石底基层铺筑完成总量的9%,水稳中下基层摊铺完成总量的6%。第三阶段是从2011年8月至2012年1月,以完成路基交工、桥梁安装和房建主体工程为目标,同时,全面开展路面除上面层外的施工工作,是路基收尾、路面攻坚和房建施工高潮阶段。在路基施工中,除西湖跨线桥因协调影响外,其他路基施工难点均顺利攻克,主体工程已经基本完成;在房建施工中,房建单位基本完成了主体工程。在路面施工中,施工单位狠抓路面备料、水稳及沥青上基层及沥青碎石基层的摊铺工作,为后续路面中上面层大规模施工扫清了障碍。本阶段完成的主要工程量:路基交工完成99%,防护排水完成95%,上下边坡绿化完成90%,桥梁预制梁完成,安装梁完成97%,路面底基层摊铺完成91%,水稳中、下基层摊铺完成86%,沥青碎石上基层摊铺完成72%,沥青混凝土下面层摊铺完成10%,沥青混凝土中面层摊铺尚未动工,房建工程完成60%,交通安全设施工程、绿化工程也在本阶段陆续开工。第四阶段是从2012年1~8月,以全面完成路基、路面、房建、机电、绿化等各项工程为最终目标,是沥青路面摊铺、绿化、机电项目的施工高潮阶段。各路面、绿化、机电施工单位克服交叉作业、工作面不连续的困难,精心安排,合理调度,加强协调,在15.6km的"战线"上掀起了一浪高过一浪的施工高潮,较好地完成了摊铺施工任务。路基及房建工程继续延续了前几个阶段的良好形势,扫尾工作做得井然有序。全线路基工程在2012年8月初进行了交工验收,路面工程在8月下旬进行了交工验收,房建、绿化及交通安全设施工程均在8月底全面完成施工任务,如期实现了祁浮高速公路的各项工作目标。

4. 运营管理

祁浮高速(良禾口至桃墅店段)全线共有收费站2处(表3-4-19),其中新安省界收费站为代建收费站(安徽境内)。

祁浮高速公路收费站点设置情况　　　　　表3-4-19

站 点 名 称	车道数	收 费 方 式
西湖匝道收费站	2进3出	人工半自动收费(MTC)+自动收费(ETC)
新安省界收费站(代建)	10进10出	人工半自动收费(MTC)+自动收费(ETC)

九、南昌至铜鼓高速公路(奉新至铜鼓段)

南昌至铜鼓高速公路(以下简称"昌铜高速公路")是中部地区与东部沿海发达地区的快速通道即(杭州)—德兴市—南昌—铜鼓县—浏阳市—长沙—益阳—(重庆)中的一

段,西接湖南的浏阳(湘赣界)至花垣(湘渝界)高速公路,东接已建成通车的德兴至南昌高速公路,与德兴至南昌高速公路的组合形成横贯江西的又一条便捷快速通道,在江西高速公路网中编号 S40。南昌至铜鼓高速公路分两期建设,第一期为南昌至奉新高速公路,第二期为奉新至铜鼓高速公路。昌铜高速公路(奉新至铜鼓段)是 G60N 杭州至长沙国家高速公路(并行线)江西境内的重要组成部分,2015 年昌铜高速公路(奉新至铜鼓段)编入国家高速公路网中,编号 G60N。昌铜高速公路(奉新至铜鼓段)建成通车后,长沙至南昌的公路里程可缩短 69km。沿途奉新、靖安、宜丰、铜鼓 4 县(区)近 87 万群众将直接受益,南昌对赣西北地区的辐射带动作用将得到明显加强,将成为连接南昌和奉新、靖安、宜丰、铜鼓的一条经济大动脉。

1. 项目概况

南昌至铜鼓高速公路(奉新至铜鼓段)全长 155.383km,其中,新建里程 132.883km,与 G45 大广高速公路武宁至吉安段共线 21.52km(宜丰枢纽至铜鼓枢纽),路线起点位于奉新县干洲镇源头村附近的 226 省道(干大线)上,顺接南昌至铜鼓高速公路一期工程南昌至奉新段终点,路线共经过 4 县 19 个乡镇,分别为奉新县干洲镇、澡下镇、会埠镇、罗市镇、东风垦殖场、上富镇,靖安县香田乡,宜丰县花桥乡、同安乡、天宝乡,铜鼓县带溪乡、龙门林场、大塅镇、大塅水库管理局、茶山林场、三都镇、义田乡、温泉镇、排埠镇,终于排埠镇华联村和湖南省浏阳市张坊镇双溪村之间的铁树坳附近,顺接湖南省大围山至浏阳高速公路的终点。2010 年 8 月 9 日开工建设,2012 年 10 月 26 日竣工通车,概算总金额 695327.99 万元。全线设计速度 100km/h,主线路基采用整体式断面,宽 26m,双向 4 车道。主线与连接线均采用沥青混凝土路面,设计使用年限 15 年,主线公路汽车荷载为公路—Ⅰ级,连接线公路汽车荷载为公路—Ⅱ级。全线设置安全、监控、通信、收费、供电照明及服务等交通工程及沿线设施。

南昌至铜鼓高速公路(奉新至铜鼓段)有大桥 17701m/65 座,中小桥 1976m/37 座,分离立交 1176m/10 座,涵洞、通道 475 道,隧道 2070m/2 座,挖方 2413.4 万 m^3,填方 2319.6 万 m^3,防护排水 632.4 万 m^3,互通立交 8 处。路线区域内地形总体起伏较大,沿线出露地层较多,地层主要由中元古界、新生界组成,岩浆岩活动频繁,主要为雪峰晚期九岭岩体侵入体,褶皱断裂构造较为发育,断裂构造主要为活动性断裂(F1),地质构造极为发育,部分路段存在花岗岩易崩塌现象及采空区等,路线区根据野外地质调查分析,区内主要不良地质现象有边坡失稳、沼泽相和水塘软土、高液限土、采矿井、矿渣堆、露天采石(矿)场、采空区。区内地下水受地貌、地层岩性与地质构造等条件制约,依其赋存条件和水力特征划分,主要有以下类型:第四系松散岩类孔隙潜水、红层基岩裂隙孔隙水和变质岩、岩浆岩基岩裂隙水,其中基岩裂隙水可进一步分为风化带网状裂隙水和构造裂隙水。

2. 参建单位

昌铜高速公路(奉新至铜鼓段)参建单位共68家。

项目管理单位：江西省高速公路投资集团赣粤高速公路股份有限公司。

设计单位：江西省交通设计院、交通运输部规划研究院、中国公路工程咨询有限公司、江西省公路科研设计院。

施工单位：枣庄市道桥工程有限公司、辽河石油勘探局筑路工程公司、中交二公局第三工程有限公司、中铁四局集团第五工程有限公司、中城建第二工程局集团工程有限公司、中交第二公路工程局有限公司、河南省路桥建设集团有限公司、中铁四局集团第四工程有限公司、葛洲坝集团第五工程有限公司、河北汇通路桥建设有限公司、青岛建工集团有限公司、安徽水利开发股份有限公司、邵阳公路桥梁建设有限责任公司、辽宁省路桥建设有限公司、北京畅路桥建设有限公司、永昌路桥集团有限公司、中国中铁一局集团桥梁工程有限公司、河北路桥集团有限公司、湖北中南路桥有限责任公司、山东黄河工程集团有限公司、核工业华东建设工程集团公司、安徽省路桥工程集团有限责任公司、中铁五局机械化工程有限责任公司、江西方兴科技有限公司、中铁十三局集团电务工程有限公司、江苏三有交通设施有限公司、云南云桥建设股份有限公司、内蒙古通安特交通工程科技有限责任公司、甘肃圆峰交通工程有限公司、嘉兴市通明交通工程有限公司、盐城金阳交通设施有限公司、南京金长江交通设施有限公司、北京瑞华赢科技发展有限公司、江西中盛建筑工程有限公司、贵州建工集团第七建筑工程有限责任公司、抚州玉茗房屋建筑工程有限公司、山东盛宇建设集团有限公司、湖南星大建设集团股份有限公司、国诚集团有限公司、江西建工机械施工有限责任公司、广厦东阳古建园林工程有限公司、苏州园林营造工程有限公司、江苏长宏园林建设有限公司、江苏锦盛园林建设工程有限公司、苏州工业园区景观绿化工程有限公司、武汉华天园林艺术有限公司、江都市园林工程有限公司、上海生态园林工程有限公司、江西绿巨人市政园林有限公司、武汉农尚环境工程有限公司、厦门市雅景致环境艺术工程有限公司、上海明球园林工程有限公司、河南春泉园林绿化工程有限公司、福建绿艺园林景观工程有限公司。

质监单位：江西省交通工程质量监督站。

监理单位：山东交通工程监理咨询公司、江西交通工程监理公司、江西省嘉和工程咨询监理有限公司、安徽省高等级公路工程监理有限公司、江西公路工程监理公司、惠州市工程建设监理有限公司、江西省化学工业设计院、吉林省公路工程监理有限责任公司。

3. 建设情况

2009年3月17日，省交通运输厅下发《关于成立南昌至奉新高速公路项目建设办公室的通知》(赣交计字〔2009〕58号)至省高等级公路管理局，批准成立南昌至奉新高速公路项目建设办公室。7月14日,省交通运输厅下发《关于昌奉项目办更名的通知》(赣交计字〔2009〕271号)至省等级公路管理局,同意"江西省交通厅南昌至奉新高速公路项目建设办公室"更名为"江西省交通运输厅南昌至铜鼓高速公路项目建设办公室",负责南昌至奉新、奉新至铜鼓(赣湘界)高速公路项目的建设实施。9月23日,更名为江西省交通运输厅南昌至铜鼓高速公路项目建设办公室委员会。11月13日,省环保厅下发《关于奉新至铜鼓高速公路环境影响报告书的批复》(赣环督字〔2009〕467号)致省交通运输厅,同意奉铜项目按报告书提供的建设性质、线路路径、规模和污染防治对策及措施建设。重点做好生态环境保护、环境噪声污染防治、水污染防治、大气污染防治、固体废物污染防治、环境风险防范等工作,并对施工期污染物排放执行标准、项目运行和竣工验收环保方面作了要求。奉铜高速建设里程131.28km,按双向4车道高速公路标准建设,采用整体式路基,路基宽26m,全封闭、全立交,设计速度为80km/h。12月3日,省发改委下发《关于奉新至铜鼓高速公路可行性研究报告的批复》(赣发交改运字〔2009〕2167号)致省交通运输厅,批复奉铜高速项目线路走向、建设规模、主要建设内容、主要技术标准等,同意评估报告推荐的南北走向方案,全线采用双向4车道高速公路标准建设,设计速度100km/h,路基宽26m,连接线采用二级公路标准建设,项目估算总投资69.31亿元(含昌奉项目奉新靖安互通投资)。其中,项目资本金24.2585亿元,占总投资的35%,由项目法人自筹解决,其余45.0514亿元资金由国内商业银行贷款解决,建设工期自开工之日计算36个月。

  2010年1月8日,省发改委下发《关于奉新至铜鼓高速公路初步设计的批复》(赣发改设审字〔2010〕24号)致省交通运输厅,对奉铜高速建设规模、主要技术标准、路线设计、路基、路面设计、桥梁、隧道设计、互通立交及沿线设施和工程概算进行批复,同意主线采用双向4车道高速公路标准建设,设计速度为100km/h,路基宽26m,互通连接线采用二级公路标准建设。路线起点、终点、主要控制点及路线走向基本合理。核定奉铜项目工程总概算为695327.99万元。3月22日,省水利厅下发《关于奉新至铜鼓(赣湘界)高速公路新建工程水土保持方案报告书的批复》(赣水水保字〔2010〕21号)致省交通运输厅,同意水土流失预测内容、方法、防治目标、防治措施总体布局、实施进度安排及水土保持监测方案。同意水土流失防治责任范围总面积1420.43km^2,奉铜项目水土保持工程总投资53814.80万元。8月5日,国土资源部办公厅下发《国土资源部办公厅关于奉新至铜鼓高速公路控制工期单体工程先行用地的复函》(国土资厅函〔2010〕807号),同意先行用地14.4212公顷(含耕地5.1057公顷),其中9座大桥工程8.8745公顷、2处隧道工程3.1147公顷、2座高架桥用地2.432公顷,要求控制工期的单体工程施工用地前,依法及时足额兑现先行用地所涉及被用地单位群众的补偿,妥善做好群众工作,按照《中华人民共和国土地管理法》的有关规定,抓紧准备该工程正式用地报批。8月9日,奉新至铜鼓、赣州至崇义、上饶至德兴、浮梁至黄山（赣皖界）高速公路项目开工，吉安至莲花高速公路项目奠基新闻发布会在南昌举行。9月2日，省交通运输厅在宜丰县召开奉铜高速公路第一阶段施工动员大会，部署奉铜高速公路第一阶段施工任务。10月19日，奉铜高速公路第一根墩柱在B12标浇筑成功。11月7日，奉铜高速公路第一片梁板在B15标梁场预制成功。11月19日，召开奉铜高速公路建设"大干100天"竞赛活动动员大会。

2011年1月2日，奉铜高速公路干大路分离立交第一片大梁吊装成功。3月28日，奉铜高速公路项目B12标象湾里高架桥全桥T梁全部完成安装，标志着奉铜高速公路首座大桥双幅架通。5月3日，省交通运输厅下发《关于奉新至铜鼓（赣湘界）高速公路主体工程施工图设计的批复》（赣交基建字〔2011〕35号），对奉铜高速公路建设规模、主要技术标准、路线、路基、路面及防护、排水、桥梁和隧道、互通立交、预算进行了批复。奉铜高速公路全长154.418km，其中与武吉高速公路共线20.535km，实际建设里程133.883km。全线设置互通立交8处（其中枢纽互通2处），匝道收费站8处，主线收费站1处，服务处2处，养护工区2处。路线总体走向、起终点及主要控制点符合初步设计批复要求。批复核定奉铜项目主体工程预算为596957.281万元。8月10日，国土资源部下发《国土资源部关于奉新至铜鼓高速公路工程建设用地的批复》（国土资函〔2010〕525号），同意奉新县、宜丰县、铜鼓县、靖安县征收农民集体农用地781.0082公顷（其中耕地251.851公顷）、建设用地36.1755公顷、未利用地24.7481公顷；同时使用国有农用地32.8381公顷（其中耕地16.3432公顷）、建设用地0.7179公顷、未利用地1.1922公顷，见表3-4-20。由江西省人民政府按照有关规定，提供批准建设用地876.68公顷作为奉铜高速公路工程建设用地。8月31日，省国土资源厅下发《转发国土资源部关于奉新至铜鼓高速公路工程建设用地批复的通知》（赣国土资函〔2011〕341号），明确了奉新、宜丰、铜鼓、靖安四县批准用地情况，奉新县308.1333公顷、宜丰县165.9133公顷、铜鼓县388.9067公顷、靖安县13.7267公顷。

昌铜高速公路（奉铜段）征地拆迁情况统计 表3-4-20

项目	征地拆迁安置起止时间	征用土地（公顷）	拆迁房屋（m²）	支付补偿费用（元）	备注
奉铜段	2010年1月~2010年12月	886.38	151274.28	469254842.5	

2012年3月22日，昌铜高速公路召开奉铜高速公路第二阶段施工总结表彰暨第三阶段施工动员会议。8月29日，BP1标率先完成路面摊铺。9月11日，省质监站开始对奉铜高速公路进行为期10天的交工验收。10月24日，项目办在奉新驻地召开"奉铜高速公路项目交工验收会"，标志着奉铜高速公路已具备通车条件。10月28日，江西奉新至铜鼓高速公路通车仪式在铜鼓县隆重举行，标志着奉铜高速公路正式建成通车。昌奉高速公路新建县内征地拆迁及施工难度大，长期受阻工影响，导致外部施工环境恶劣，施

工进度受到严重影响,南昌西枢纽互通以东至昌奉高速公路起点,主线长度1.6km与奉铜高速公路同步建成通车。

4.运营管理

昌铜高速公路(奉新至铜鼓段)全线共有收费站8处(表3-4-21),互通立交8处,服务区1处,隧道2座。

昌铜高速公路(奉铜段)收费站点设置情况　　　　　　　表3-4-21

站点名称	车道数	收费方式
奉新收费站	4进5出	人工半自动收费
靖安收费站	3进4出	人工半自动收费
会埠收费站	2进3出	人工半自动收费
上富收费站	2进3出	人工半自动收费
花桥收费站	2进3出	人工半自动收费
天柱峰收费站	2进3出	人工半自动收费
铜鼓收费站	3进4出	人工半自动收费
赣湘界排埠收费站	15出	人工半自动收费

十、吉安至莲花高速公路

吉安至莲花高速公路(以下简称"吉莲高速公路")是G72泉州至南宁国家高速公路江西境内的重要组成部分,是国家"7918"高速公路网中的第十五横,也是江西省高速公路主骨架网的第三横,在国家高速公路网中编号G72。吉莲高速公路的建成极大地改善了赣中、本省革命老区吉安县、永新县、莲花县的公路交通状况,对改善沿线地区投资环境,完善江西省高速公路网布局,充分发挥高速公路网的规模效益,加强赣湘两省间的政治、经济、文化联系和交流,促进区域经济的共同发展,都有着十分重要的意义。

1.项目概况

吉莲高速公路建设里程106.464km,路线起于吉安市泰和县石头山,与泉州至南宁国家高速公路石城至吉安段(江西境内东段)相接,与G45大庆至广州高速公路交汇,途经吉安市的泰和县、吉安县、永新县、萍乡市莲花县,终于赣湘交界处的界化垄,与湖南省垄茶高速公路相连。2011年1月9日开工建设,92km主线于2012年12月28日竣工通车,永莲隧道以西于2015年1月15日竣工通车,概算总投资52.51亿元,其中,银行贷款44.69亿元,交通运输部专项资金7.81亿元。主线按高速公路标准设计,双向4车道,全封闭全立交,设计速度为100km/h,路基宽度为26m,路面采用沥青混凝土路面,设计荷载为公路—Ⅰ级,连接线采用二级公路标准设计,设计速度为80km/h,路基宽度为12m。

2.参建单位

吉莲高速公路参建单位共48家。

项目管理单位:江西省交通运输厅吉安至莲花项目建设办公室。

设计单位:江西省交通设计院。

施工单位:北京市海龙公路工程公司、中铁一局集团第二工程有限公司、中交二公局第一工程有限公司、中铁十三局集团有限公司、中铁二十四局集团、中铁二十三局集团有限公司、中铁十六局集团有限公司、中交第三公路工程局有限公司、中国水电建设集团路桥工程有限公司、中铁十三局集团第三工程有限公司、江西省现代路桥工程总公司、江西省公路机械工程局、抚顺公路建设集团有限公司、江苏恒基路桥有限公司、中交第二公路工程局有限公司、浙江登峰交通集团有限公司、张家口路桥建设集团有限公司、河南山水园林绿化工程有限公司、广州春涛园林建筑有限公司、贵州绿地园林建设实业有限公司、淮南市园林绿化工程公司、广东中科琪林园林股份有限公司、湖北竞成生态园林工程有限公司、浙江跃龙园林建设有限公司、无锡南长园林绿化工程有限公司、广东四季景山园林建设有限公司、宁波市花园园林建设有限公司、南京中天园林建设有限责任公司、深圳市豪科园林有限公司、江西立成景观建设有限公司、南昌市世纪园林实业有限公司、江西荣翔建设有限公司、江西省发达建筑集团有限公司、江西中贤建筑集团、南昌市第二建筑工程公司、福建三建工程有限公司、江西南昌建设工程集团公司、江西中盛建筑工程有限公司、南昌市第三建筑工程公司、中阳建设集团有限公司、江西建工机械施工有限责任公司、河源市道路桥梁开发有限公司。

监理单位:江西省公路工程监理公司、江西省交通工程咨询公司、江西省交通建设监理所、江西省嘉禾工程咨询监理有限公司。

3. 建设情况

2008年6月20日,省国土资源厅下发《关于〈泉州至南宁高速公路(江西境内)吉安至莲花段建设用地压覆矿产资源评估报告〉评审备案证明》(国土资函〔2011〕79号)。

2010年1月11日,省文化厅向省交通设计院下发《关于泉州至南宁高速公路吉安至莲花段工程线路方案文物资源评估结果的复函》(赣文函字〔2010〕3号),确定该项目工可路线方案位于文物保护单位的保护范围和建设控制地带之外,基本不会对文物的安全构成威胁。29日,省交通运输厅在南昌召开吉安至莲花高速公路两阶段初步设计预审会。7月30日,国家发改委下发《国家发展改革委关于江西省吉安至莲花(赣湘界)公路可行性研究报告的批复》(发改基础〔2010〕1691号)批复江西省吉安至莲花(赣湘界)公路可行性研究报告。8月9日,省政府在南昌召开赣州至崇义、奉新至铜鼓、上饶至德兴、浮梁至黄山(赣皖界)高速公路项目开工、吉安至莲花高速公路项目奠基新闻发布会。11日,发布泉州至南宁高速公路江西境内吉安至莲花(赣湘界)段高速公路项目勘察设计招标公告。25日、26日,省水土保持学会主持召开《泉州至南宁国家高速公路吉安至莲花段水土保持方案报告书(送审稿)评审会》。10月25日,省水利厅下发《关于泉州至南宁国家高速公路江西吉安至莲花段(赣湘界)新建工程水土保持方案报告书的批复》(赣水水保字〔2010〕69号)。11月2日,交通运输部下发《关于吉安至莲花(赣湘界)公路初步设计的批复》(交公路发〔2010〕623号),项目初步设计总概算核定为5250948084元(含建设期贷款利息294672084元)。

2011年1月10日,在莲花县举行项目建设参建各方见面会,强调吉莲项目已被省交通运输厅确定为示范项目,按照高起点、高标准建设,把吉莲高速公路建成标准化管理示范工程。4月11日,召开吉莲项目管理标准化推进会。21日,在吉安市召开吉莲高速公路第一阶段施工动员大会。6月29日~7月4日,由省交通工程质量监督站副站长带领检查组一行,对吉莲项目进行首次综合大检查。检查组充分肯定吉莲项目开工以来工程建设与标准化管理取得的成绩。11月20日,控制性工程之———A3标敖城禾水河大桥水中墩全部封顶。

2012年4月25日,省政府在吉安市召开吉莲、抚吉、井睦高速公路第一阶段施工总结表彰暨第二阶段施工动员大会。10月12日,针对钟家山隧道进口左洞、右洞突水突泥灾害频发,项目办邀请交通运输部公路科学研究院副总工王华牢、同济大学刘学增教授、山东大学李树枕教授、中铁十五局集团副总工甄宝山对钟家山隧道进行查勘,现场召开专家咨询会。10月19日,应省交通运输厅邀请,中国工程院院士王梦恕亲临钟家山隧道施工现场指导,并出席隧道施工技术方案专家咨询会。王梦恕院士提出4点要求:①严格纪律、严格工艺、严格管理,确保制订方案落到实处;②按照"管超前、严注浆、短开挖、强支护、快封闭、勤量测"18字方针施工作业;③牢固树立释能降压、初期支护承担主要荷载、时空效应等新理念,稳步推进施工;④加强隧道周边围岩注浆加固、初期支护尽早成环、监控量测、主动排水等。10月25日,根据省交通工程质量监督站"适时分阶段组织路基、路面、交通安全设施、绿化、房建、交通机电工程等施工合同段的交工质量检测工作"意见,从10月17日起,经过9天的辛勤工作,吉莲高速公路顺利完成路基合同段交工验收工作。

征地拆迁情况见表3-4-22。

吉莲高速公路征地拆迁情况统计 表3-4-22

项目	征地拆迁安置起止时间	征用土地（公顷）	拆迁房屋（m²）	支付补偿费用（元）	备注
全线	2009年8月~2011年10月	700.956	29888.78	422060795	

4.复杂技术工程

(1)重点桥梁。A3标敖城禾水河大桥全长423m(ZK33+247.5~ZK+670.5;YK33+246.2~YK+669.2),主跨结构组合长度为40m+57m+100m+57m+4×40m,悬臂浇筑主跨长100m,边跨57m,引桥为40m T梁桥面连续。河水深10m以内,主墩2号、3号基础各有4根φ2.8m的水中桩,桩长32m;水中承台为11.8m×11.8m×4.2m(水中混凝土);主墩墩身高度为50.64~53.34m;墩体截面为3.6m×6.5m的长方形薄壁空心墩,箱梁为悬臂挂篮浇筑,除边跨14号、15号块段外,应对称浇筑的有1~13号块段(含合龙13号块段,不含0号块)。A5标上鹿禾水大桥全长503m(K42+600.5~K43+103.5),桥跨组合4×40m+57m+100m+57m+3×40m,主墩5号、6号基础各有4根φ2.8m的水中桩。该桥为水中桩施工,水深13m以内,除墩身高度小于敖城禾水河外,其余基本相同并多出两跨引桥。A3、A5标两座大跨径悬浇桥施工难度大:①水中作业,需搭栈桥和水中作业平台,准备时间长,水中桩及承台施工难度大;②墩身高度为50.64~53.34m,且为钢筋混凝土薄壁结构,工艺复杂,翻模或滑模施工段节高度受限,不安全因素多;③悬浇箱室施工难度大,质量要求高,各段块施工的工序时间受混凝土龄期制约,箱体采用高强度等级混凝土挂篮施工,不安全(易倾覆等)的因素增多,实现工期难度大。

(2)路线穿越溶洞区、地质复杂。B5标隧道和全线大部分桥梁桩基都经过比较发育的岩溶区。其中A2、A3、A7、B1、B2、B4、B6共7个标段多数桥梁基础涉及溶洞桩基400多根,造成施工进展缓慢,部分桩基反复出现塌孔、漏浆,部分桩基采用钢护筒全程跟进。

(3)B5标钟家山隧道穿越地质断裂地带。全长2515m(YK90+335~K92+850,ZK90+345~K92+860)。施工难点:①隧道出口需要架设过河栈桥才能修便道至洞口,准备期较长;②隧道长达2515m,道路运输、供电、供水较为困难,工期难度大;③地质水文条件差,整个隧道极为破碎的V级围岩和很碎的Ⅳ围岩长度达全长的2/5,而较好的Ⅲ级围岩只占全长的1/5,其余岩类多为砂岩和灰岩,灰岩体中岩溶十分发育,多有溶洞,且全洞穿越4个断层,涌水量大,其中F2断裂带易出现突水突泥等地质灾害,这些因素对隧道质量、安全和工期都会产生不可预见的影响。

5.运营管理

吉莲高速公路设服务区2处、收费站6处(表3-4-23)。

吉莲高速公路收费站点设置情况 表3-4-23

站点名称	车道数	收费方式
永阳收费站	8	人工半自动收费(MTC)+自动收费(ETC)
敖城收费站	7	人工半自动收费(MTC)+自动收费(ETC)
永新收费站	8	人工半自动收费(MTC)+自动收费(ETC)
永新收费西	7	人工半自动收费(MTC)+自动收费(ETC)
莲花收费站	5	人工半自动收费(MTC)+自动收费(ETC)
赣湘界界化垄收费站	12	人工半自动收费(MTC)+自动收费(ETC)

十一、德兴至上饶高速公路

德兴至上饶(三清山)高速公路(以下简称"德上高速公路")是《江西省2020年高速公路网规划》的重要组成部分,也是德兴至南昌高速公路和上海至昆明高速公路之间的竖向地方加密高速公路,在江西地方高速公路网中编号S19。2016年因国家路网调整,德上高速公路编入国家高速网,编号G3W。该高速公路北起德兴市,穿越怀玉山,经过国家级风景名胜区三清山,终于上饶市信州区沙溪镇,不仅是完善江西省高速公路规划网的需要,同时也是构建我国中部地区南北走向快速通道的需要。它的建设,对构筑国家高速公路网和江西公路网,缩短赣东北、湖北、皖南等地通往东南沿海的距离,特别对改善上饶市路网结构具有重要意义;是推动"鄱阳湖生态经济区"建设的需要,是建设"三个基地,一个后花园",推进闽、赣、皖经济合作的需要,对盘活沿线地方经济建设具有重要意义;是构筑旅游快速交通网,推动江西省旅游业发展,充分发挥闽、浙、赣、皖旅游规模效益的需要。它与沈阳至海口国家高速公路宁德至上饶联络线武夷山(赣闽界)至上饶高速公路组合成纵贯上饶市的一条快速通道,有效地缩短赣东北通往东南沿海地区的时空距离。建成后对江西省高速公路规划网"对接长珠闽、融入全球化"发展战略有着重要作用,对进一步加强沪、浙、赣、皖的经济联系,带动三清山周边旅游资源的开发利用,促进区域经济的快速发展具有举足轻重的作用。

1. 项目概况

德上高速公路建设里程为61.222km,路线起点位于德兴市,途经德兴市龙头山乡、玉山县怀玉乡、樟村镇、临湖镇、必姆镇、下塘乡,终于上饶市信州区沙溪镇白石地村东南侧。2010年8月9日开工建设,2012年12月28日竣工通车。德上高速公路全线采用高速公路标准建设,双向4车道,全封闭,全立交,概算总投资47.917亿元,其中项目资本金16.917亿元,银行贷款31亿元,建设总工期24个月,设计速度80km/h,整体式路基宽度为21.5m,分离式路基宽度为11.25m,采用沥青混凝土路面,设计荷载为公路—I级,设计洪水频率为路基、中大桥、涵洞1/100,特大桥1/300,地震基本烈度为Ⅵ度,按Ⅵ度设防。全线共有桥梁81座(含主线上跨分离立交),其中特大桥2座、大桥43座、中桥11座;涵洞通道142道;隧道9座,其中特长隧1座、长隧道2座、中隧道2座、短隧道4座;互通立交10处,服务区1处。

2. 参建单位

德上高速公路参建单位共44家。

项目管理单位:江西省高速公路投资集团有限责任公司德兴至上饶高速公路项目建设办公室。

设计单位:江西省交通设计院、中国公路工程咨询集团有限公司。

施工单位:北京城建道桥建设集团有限公司、中铁五局集团第四工程有限责任公司、安通建设有限公司、中铁四局集团第五工程有限公司、江西井冈路桥(集团)有限公司、中铁二十三局集团第一工程有限公司、安徽省路桥工程集团有限责任公司、中铁四局集团有限公司、江西赣粤高速公路工程有限责任公司、中铁四局集团第四工程有限公司、路桥集团国际建设股份有限公司、中铁十四局集团第四工程有限公司、中铁九局集团有限公司、中铁三局集团有限公司、江西省现代路桥工程总公司、江西省交通工程集团公司、安徽省公路桥梁工程公司、深圳市银广夏建筑工程有限公司、湖南中格建设集团有限公司、南昌市第五建筑安装工程公司、江西建工第一建筑有限责任公司、北京深华科交通工程有限公司、潍坊宝利交通设施工程有限公司、重庆金路交通工程有限责任公司、四川京川公路工程(集团)有限公司、北京公科飞达交通工程发展有限公司、江西方兴科技有限公司、江西省百川科技有限责任公司、无锡市德林环保工程有限公司、广东长灏园林市政工程有限公司、河南省天域园林工程有限公司、陕西三木生态园林有限公司、广东如春园林工程有限公司、广东中恒市政工程有限公司、南昌市红谷滩园林绿化工程有限公司、深圳市华美绿环境建设工程有限公司、福建艺景园林工程有限公司。

检测单位:江西省天驰高速科技发展有限公司。

监督单位:江西省交通运输厅质量监督站。

监理单位:江西交通工程监理公司、江西省嘉和工程咨询监理有限公司。

3.建设情况

2009年9月30日,省环保厅批复《关于德兴至上饶高速公路环境影响报告书的批复》(赣环督字〔2009〕400号),批复该项目环境影响报告。12月21日,省发改委下发《关于德兴至上饶高速公路工可性研究报告的批复》(赣发改运字〔2009〕2281号),批复该项目工可报告。

2010年2月25日,江西省高速公路投资集团有限责任公司与上饶市交通事业发展中心签署江西省高速公路投资集团有限责任公司德上高速公路有限责任公司合作协议书,明确江西省德兴至上饶高速公路建设有限公司为项目法人。4月30日,省水利厅批复《关于德兴至上饶高速公路新建工程水土保持方案报告书的批复》(赣水水保字〔2010〕29号),同意工程水土保持方案,要求按照批复的方案落实资金,认真做好水土保持措施的初步设计和施工组织设计。5月18日,省发改委《关于德兴至上饶(三清山)高速公路工程初步设计的批复》(改设审字〔2010〕739号),同意工程初步设计。8月18日,省发改委《关于德兴至上饶(三清山)高速公路工程技术设计的批复》(改设审字〔2010〕1477号),同意项目技术设计。8月5日,国土资源部下发《关于德兴至上饶高速公路控制工期单体工程先行用地的复函》(国土资函〔2010〕806号),同意该项目先行用地。12月7日,国家林业局以林资许准〔2010〕395号《使用林地审核同意书》核准同意该项目林业用地。

第三章
高速公路建设项目

2011年2月10日,省交通运输厅下发《关于德兴至上饶(三清山)高速公路主体工程施工图设计的批复》(赣交基建字〔2011〕15号),同意该项目施工图设计。8月10日,国土资源部正式批准《国土资源部关于德兴至上饶高速公路工程建设用地的批复》(国土资函〔2011〕527号),批复该项目工程建设用地的批复。

德兴至上饶(三清山)高速公路建设中坚持施工组织管理创新,确保项目工期目标,在工期紧、任务重的情况下,建立一支靠前指挥、管理高效、决策果断、协调得力的项目管理团队,施工中科学调度、统筹谋划、合理安排,确保按期实现两年建成通车的目标。同时,严格履行合同,科学安排施工,针对施工难度大、桥隧比高的特点,从制度建设、合同管理、工作程序、保障投入寻求对策,采取措施。在参建单位进场时,结合项目实际对监理、施工单位的人员、试验仪器、机械设备进行动态跟踪,确保参建单位按合同承诺保障投入,满足施工需要。在工程管理上,根据各阶段目标任务,对路基施工单位提出"优先半幅贯通"的施工要求。在时间上和空间上做到连续作业、合理交叉,体现项目管理高层决策的前瞻性、针对性、科学性和时效性。对于关键性工程、滞后性工程、季节性工程和辅助性工程,采取统一调度、强行约束、指令分割、增大投入等措施,促使其加快进度,确保工程建设连续不断,紧张有序稳步推进。

项目建设招标情况。①设计单位招标情况:工程勘察设计由甲级设计单位江西交通设计院与中国公路工程咨询集团有限公司承担。②施工单位招标情况:经省重点办批准,路基工程、路面工程、交通工程、绿化工程、机电工程、房建及附属工程等施工招标均采用国内竞争性招标方式,通过发布招标公告,对潜在投标人进行资格预审,选择合格的投标人参加投标。2010年5～6月,组织路基、路面工程施工招标工作,路基工程共分为15个合同段,路面工程共分为2个合同段。2011年1月,组织绿化工程招标工作,工程共分为5个合同段。8～10月,组织房建及附属工程招标工作,工程共分为4个合同段。2012年1～3月,组织交通工程招标工作,工程共分为3个合同段。4月,组织机电工程招标工作,工程共分为3个合同段。10～11月,组织景观绿化工程招标工作,工程共分为3个合同段。同时,组织声屏障工程招标工作,工程共分为1个合同段。③监理单位招标情况:2010年5～6月,组织监理招标工作,施工监理招标共分为2个合同段,监理范围为与之相应监理段路基、路面、桥涵、交叉、隧道、环保、防护、绿化、安全设施、机电、房建及附属的施工准备阶段、施工阶段、缺陷责任期阶段监理及配合交、竣工验收的有关工作。

全线征用土地380.52公顷,其中耕地90.31公顷、园地2.20公顷、林地223.07公顷、其他农用地14.78公顷、建设用地36.28公顷、未利用地13.87公顷,拆迁房屋300栋62384.67m^2(表3-4-24),迁移坟墓3237座,迁改通信杆线110道(其中包干协议104道,进场后因设计变更等原因新增6道)、电力杆线111道(其中包干协议105道,进场后因设计变更等原因新增6道)。

德上高速公路征地拆迁情况统计 表3-4-24

项目	征地拆迁安置起止时间	征用土地（公顷）	拆迁房屋（m²）	支付补偿费用（元）	备注
一期	2010年6月~2011年8月	380.52	62384.67	135198382	不含规费及杆线迁改费

4. 复杂技术工程

蟠龙高架桥(图3-4-3)。该桥起自陇首1隧道出口,终于陇首2隧道进口,地势险要,施工难度大,蟠龙高架桥的顺利贯通与否,是能否按期完成施工任务的关键。由于地形复杂、气象变化,其施工过程的管理方法、控制措施、安全保障成为主要问题。蟠龙高架桥上部采用40m预应力混凝土先简支后连续T梁,与路线交角90°。左幅1桥共20跨三联,全桥长809m。左幅2桥共12跨二联,全桥长489m。右幅桥共33跨五联,全桥长1329m。桥位起终点均为隧道,桥梁范围内地形高差大,山体自然坡度在45°以上,桥平面部分位于半径600m曲线上,左右线分离。下部构造工程数量为:6m×2m钢筋混凝土薄壁实心墩33个,6m×3m钢筋混凝土薄壁空心墩9个,6m×3.5m钢筋混凝土薄壁空心墩14个,总计长2101m;最高墩在右幅4号墩,墩高74.7m。桥墩采用C40混凝土,混凝土数量:2.23万m³,钢筋:Ⅱ级钢筋4644t,D6钢筋网片159t。

图3-4-3 蟠龙高架桥施工现场

5. 运营管理

德兴至上饶(三清山)高速公路由江西省高速集团景德镇管理中心统一管养,共设置大茅山收费站、三清山西收费站、玉山西收费站(表3-4-25)和1个三清山西服务区。

德上高速公路收费站点设置情况　　　　　　表 3-4-25

站点名称	车道数	收费方式
大茅山收费站	7	人工半自动收费(MTC) + 自动收费(ETC)
三清山西收费站	8	人工半自动收费(MTC) + 自动收费(ETC)
玉山西收费站	7	人工半自动收费(MTC) + 自动收费(ETC)

十二、赣州至崇义高速公路

赣州至崇义(赣湘界)高速公路(以下简称"赣崇高速公路")是 G76 厦门至成都国家高速公路江西境内的重要组成部分,是江西省"三纵四横"公路主骨架网中第四横的一部分,在国家高速公路网中编号 G76。赣崇高速公路的建成,对我国"西部大开发"战略的实施,对全国和江西高速公路网的形成,对拉动沿线区域经济的快速发展,促进沿线旅游资源的开发利用,推进东中西部三大区域一体化进程将起到极其重要的作用。

1. 项目概况

赣崇高速公路的建设里程 88.129km,路线起点位于赣州市南康唐江镇,接厦蓉线赣州城西高速公路终点,途经上犹、崇义,终于崇义县文英乡,与湖南(郴州市汝城县热水镇)交界处,接厦蓉线湖南汝城至道县段起点,路线所经区域均隶属于赣州市(起终桩号 K446+450~K457+000)。2010 年 8 月 9 日开工建设,2012 年 12 月 28 日竣工通车,项目概算总造价 68.95 亿元,平均每公里造价 7823 万元。全线采用全封闭全立交,双向 4 车道,路面面层除收费广场为水泥混凝土结构外,均采用沥青混凝土结构,底基层、基层采用级配碎石和水泥稳定碎石结构。设计速度 100km/h(起点至上犹东互通 K461+510)、80km/h(上犹东互通至终点),路基宽度 26m(起点至上犹东互通 K461+510 为 15.060km)、24.5m(上犹东互通至终点为 73.07km)。全线桥隧比 39%,崇义县境内部分路段桥隧比接近 80%,是江西省高速公路建设史上单公里投资最大、桥隧比最大的项目。桥梁共 21.4km/69 座,其中大桥(含高架桥)19474m;隧道 13km/12 座,其中特长隧道 4085m/1 座,长隧道 5404m/3 座;互通立交 6 处,服务区 2 处,省界收费站 1 处,匝道收费站 6 处。沿线地形起伏大,地质条件复杂,与道路水系干扰大,6 次跨上犹江、20 次跨崇义河、19 次跨赣丰路、6 次改赣丰路。

2. 参建单位

赣崇高速公路参建单位共 53 家。

项目管理单位:江西省公路管理局。

设计单位:江西省公路科研设计院、江西省交通设计院。

施工单位:江西赣粤高速公路工程有限责任公司、江西省公路桥梁工程局、路桥集团国际建设股份有限公司、江西赣北公路工程有限公司、中交一公局桥隧工程有限公司、中铁十八局集团第三工程有限公司、中铁十四局集团有限公司、中铁十七局集团第四工程有限公司、中交一公局第五工程有限公司、江西省公路机械工程局、中铁十六局集团第二工程有限公司、安徽省公路桥梁工程公司、中铁十三局集团第五工程有限公司、中交路桥北方工程有限公司、北京市海龙公路工程公司、中铁十七局集团第一工程有限公司、中铁五局集团第三工程有限责任公司、上海建设机场道路工程有限公司、江西省交通工程集团公司、苏州苏农园艺景观有限公司、广东美庭园林工程有限公司、惠州市新世纪园林绿化工程有限公司、江西省城市园林建设有限公司、合肥绿叶园林工程有限责任公司、江西赣东园林发展有限公司、海南建筑园林工程公司、湖南省绿林市政景观工程有限公司、江苏锡洲园林建设有限公司、河南春泉园林绿化工程有限公司、江苏星美环境艺术工程有限公司、河南省豫南园林绿化有限责任公司、浙江博大环境建设有限公司、福建亨立建设集团有限公司、海力建设集团有限公司、福建七建集团有限公司、江西省宏顺建筑工程有限公司、江西中联建设集团有限公司、江西省安装工程有限公司、江西省广丰县龙马钢结构有限责任公司、广州海特天高信息系统工程有限公司、江西方兴科技有限公司、江西路通科技有限公司、北京公科飞达交通工程发展有限公司、山东泰华路桥工程有限公司。

监理单位：赣州诚正公路工程监理有限公司、江西省公路工程监理公司、江西交通咨询公司、江西省嘉和工程咨询监理有限公司、江西交通建设工程监理所、湖南湖大建设监理有限公司。

3. 建设情况

2009年3月12日，正式向国家发改委报送赣崇高速公路工程可行性研究报告。4月12日，国家发改委组织专家到赣州对项目工可进行现场评审。5月6日，环境评估预审会在北京召开。7月29日，赣崇高速公路项目管理委员会成立，负责项目建设和运营期间的决策、协调和监督工作。9月18日，国家环境保护局下发《关于厦门至成都高速公路江西赣州至崇义（赣湘界）段环境影响报告书的批复》（环审〔2009〕429号），批复项目环境影响报告书。19日，国土资源部下发《关于厦门至成都高速公路江西赣州至崇义（赣湘界）段项目建设用地预审意见的复函》（国土资预审字〔2009〕362号），批复项目用地预可。11月25日，省交通运输厅批准"江西省交通运输厅赣州至崇义高速公路项目建设办公室"成立。

2010年7月7日，国家发改委正式发文《国家发展改革委关于江西省赣州至崇义（赣湘界）公路可行性研究报告的批复》（发改基础〔2010〕1611号），批准赣崇高速公路项目实施。8月4日，交通运输部下发《关于赣州至崇义（赣湘界）公路初步设计的批复》（交公路发〔2010〕525号），对项目初步设计进行批复。8月21日，赣崇高速公路勘察设计招标开标会在江西省南昌公共资源交易中心召开。12月20日，赣崇项目办召开第一次生产调度暨"创先争优""大干四十天"施工动员大会。

2011年1月1日上午11时18分,尖峰岭隧道左洞出口进入洞内施工阶段。1月1日,第一段路基试验路完成施工。1月9日,第一根桩基完成灌注。2月22日上午,项目办召开A8合同段特殊结构桥梁专家技术咨询会。3月3日,第一根墩柱完成浇筑。15日,第一座盖板涵完成浇筑。3月17日,尖峰岭隧道出口左洞第一模二次衬砌顺利浇筑。3月31日,第一片盖梁完成浇筑。4月11日,第一个薄壁墩完成浇筑。5月25日,第一个标准化梁场完成建设。6月23日下午,尖峰岭隧道进行隧道塌方安全演练。9月28日,第一段路基完成交工验收。10月10日上午10时许,茶滩隧道实现单幅贯通,这是全线500m以上中长隧道第一个实现贯通的隧道。

2012年5月5日,茶滩高架三桥成为赣崇项目全线第一个中跨合龙的刚构桥梁。7月7日,房建第一栋大楼主体成功封顶。26日,尖峰岭隧道左幅贯通。2012年10月3日,第一段路面上面层完成施工。2012年10月15日,尖峰岭隧道全幅贯通。12月31日,赣崇高速公路全线正式通车。

征地拆迁情况见表3-4-26。

赣崇高速公路征地拆迁情况统计　　　　　　　　　表3-4-26

项目	征地拆迁安置起止时间	征用土地（公顷）	拆迁房屋（m²）	支付补偿费用（元）	备注
全线	2010年12月~2012年12月	599.07	14.09	7614.62	征地数据来自环保验收报告

4. 运营管理

赣崇高速公路全线设有服务区2处,省界收费站1处、匝道收费站6处(表3-4-27),互通立交6处。车流量呈逐年递增趋势,断面平均日交通量:2014年自然数2799辆/日,当量数3464辆/日,适应交通量55000辆/日,交通拥挤度6.30%;2015年自然数3446辆/日,当量数4158辆/日,适应交通量55000辆/日,交通拥挤度7.56%。

赣崇高速公路收费站点设置情况　　　　　　　　　表3-4-27

站点名称	车道数	收费方式
唐江收费站	7	人工半自动收费(MTC)+自动收费(ETC)
上犹东收费站	7	人工半自动收费(MTC)+自动收费(ETC)
上犹西收费站	7	人工半自动收费(MTC)+自动收费(ETC)
崇义收费站	7	人工半自动收费(MTC)+自动收费(ETC)
关田收费站	5	人工半自动收费(MTC)+自动收费(ETC)
文英收费站	6	人工半自动收费(MTC)+自动收费(ETC)
赣湘界收费站	14	人工半自动收费(MTC)+自动收费(ETC)

十三、龙南至杨村高速公路

龙南里仁至杨村(赣粤界)高速公路(以下简称"龙杨高速公路")是G45大庆至广州

国家高速公路在江西境内的重要组成部分，是国家高速公路规划的"7918"网中的"纵5线"，也是江西三纵四横主骨架的第三纵，在国家高速公路网中编号G45。龙杨高速公路北接建成的赣州至龙南段和龙南至河源联络线，南接广东省拟建的连平（赣粤界）至从化段，是江西第一条山区6车道高速公路，成为赣南老区通往广州周边地区最便捷的快速通道之一。它的建成对大庆至广州高速公路的全线贯通，促进江西省高速公路网络的形成，缩短江西至广州的时间距离，完善区域路网布局、提升路网服务水平具有重要意义。

1. 项目概况

龙杨高速公路建设里程60.834km，路线起于龙南县里仁枢纽互通，终于赣粤两省交界的九连山，路线总体呈北南走向，基本在桃江东侧布线，经过赣州市龙南县的里仁镇、龙南镇、黄沙管委会、东江乡、渡江镇、程龙镇、夹湖乡、杨村镇及全南县的金龙镇共2县9个乡镇（管委会）。2010年8月30日开工建设，2012年12月28日竣工通车。项目概算投资总额39.779亿元，资金来源：①中央专项基金（车购税）4.93亿元；②企业自筹资金8.28亿元，共计13.21亿元作为项目资本金，约占总投资的33.2%；③其余26.6亿元由国内银行贷款。全线采用双向6车道高速公路标准建设，设计速度100km/h，整体式路基宽33.5m，分离式路基宽16.75m。其他技术指标按原交通部颁发的《公路工程技术标准》（JTG B01—2003）有关规定执行。全线设有服务区1处、互通立交3处（龙南南、全南和杨村）、枢纽互通1处（龙南北），设置配套的交通安全设施和通信、监控、收费等机电工程。

2. 参建单位

龙杨高速公路参建单位共37家。

项目管理单位：赣州高速公路有限责任公司大广高速龙南里仁至杨村段建设项目办公室。

设计单位：江西省赣南公路勘察设计院、江西省交通设计院、中交第二公路勘察设计研究院有限公司。

施工单位：中铁十三局集团第四工程有限公司、陕西路桥集团有限公司、中国葛洲坝集团股份有限公司、江西省宜春公路桥梁工程有限责任公司、北京城建道桥建设集团有限公司、安徽省公路桥梁工程公司、沈阳高等级建设总公司、中铁十六局集团第三工程有限公司、安徽开源路桥有限责任公司、中铁十六局集团第五工程有限公司、核工业西北工程建设总公司、中铁十四局集团有限公司、浙江登峰交通集团有限公司、中铁十三局集团第一工程有限公司、中铁十三局集团第四工程有限公司、江西久久园林开发有限公司、江西丰和园林建设有限公司、厦门市北区绿化工程有限公司、东莞市锦新市政园林有限公司、宁波市鄞州园林市政建设有限公司、江西南昌山湖园林建设有限公司、福建省永泰建筑工程公司、江西建工第四建筑有限责任公司、南昌市第三建设工程有限责任公司、南京金长江交通设施有限公司、厦门市科发交通工程有限公司、赣州博达公路有限公司、山西四和交通工程有限责任公司、亿阳信通股份有限公司。

监理单位：江西省公路工程监理公司、江西交通工程监理公司、武汉大通公路桥梁工程咨询监理有限责任公司、北京路桥通国际工程咨询有限公司。

3. 建设情况

2008年3月28日,江西省政府下发《关于同意赣州市为大庆至广州国家高速公路龙南里仁至中村坳段建设主体的批复》(赣府字〔2008〕26号)。11月4日,受省发改委的委托,江西省评估中心组织专家组在赣江宾馆主持召开《大庆至广州国家高速公路江西境内龙南里仁至杨村(赣粤界)段工程可行性研究报告》预评估会。

2009年2月4~7日,受国家发改委委托,博拓投资有限公司组织专家组,分别在江西省南昌市、赣州市主持召开《大庆至广州国家高速公路江西境内龙南里仁至杨村(赣粤界)段工程可行性研究报告》现场调研会。2月17~19日,受交通运输部委托,交通运输部综合规划司与部规划研究院组织人员对拟建的龙杨高速公路项目进行现场调研。7月6日,国土资源部下发《关于大广高速公路江西龙南里仁至杨村(赣粤界)段建设用地预审意见的复函》(国土预审字〔2009〕279号),出具项目用地预审意见,核定用地总规模为535公顷,其中农用地432.76公顷(耕地182.9公顷、基本农田133.25公顷)。8月31日,国家环保部下发《关于大庆至广州国家高速公路江西龙南里仁至杨村(赣粤界)段环境影响报告书的批复》(环审〔2009〕395号),批复龙杨高速公路环境影响报告书。12月7日,国家发改委下发《国家发展改革委关于江西省龙南里仁至杨村(赣粤界)公路可行性研究报告的批复》(发改基础〔2009〕3044号),对项目工程可行性研究进行批复。

2010年1月26日、28日,在全南县、龙南县先后召开龙杨高速公路建设征地拆迁动员大会。5月10日,交通运输部下发《关于龙南里仁至杨村(赣粤界)公路初步设计的批复》(交公路发〔2010〕228号),批复龙杨高速公路(赣粤界)工程初步设计,核定项目总概算为39.8亿元(含建设期银行贷款利息),项目总工期3年。7月22日,完成项目主体工程施工及施工监理招标,并于8月20日与各中标人签订合同协议。8月5日,国土资源部办公厅下发《国土资源部办公厅关于大广高速公路龙南里仁至杨村(赣粤界)段公路控制工期单体工程先行用地的复函》(国土资厅函〔2010〕805号),批复龙杨高速公路控制工期单体工程先行用地。8月9日,中铁十三局集团在K1+400处举行开工仪式,标志龙杨高速公路正式进入实施阶段。11月26日,龙杨高速公路建设第一阶段施工动员大会在龙南县迎宾楼召开。

2011年1月12日,龙杨高速公路建设项目绿化景观工程施工图设计审查会在南昌顺利召开。2月11日,省交通运输厅下发《关于龙南里仁至杨村(赣粤界)高速公路主体工程施工图设计的批复》(赣交基建字〔2011〕16号),批复项目主体工程施工图设计。4月,国土资源部下发《关于大广高速龙南里仁至杨村(赣粤界)段工程建设用地批复的通知》(国土资函〔2011〕203号),批复工程建设用地。4月1日,交通运输部下发《大广高速公路龙南里仁至杨村段(赣粤界)项目施工许可申请书》(交公路发〔2011〕10号),批准施工许可,项目正式开工建设。8月22日,项目办召开"奋战40天,迅速掀起大干快上施工高潮"劳动竞赛动员大会。30日,龙杨高速公路项目房建工程施工图方案设计评审会在南昌召开。9月5日,龙杨高速公路B3标举行首座隧道单幅贯通仪式,庆祝首座隧道(象形2号隧道)贯通。8日,B1标高陂1号桥首片梁板安装工作顺利完成。11日,B3标第1片T梁成功架设。同日,B4标大坪大桥右幅最后一片30m T梁准确就位,标志着B4标大坪大桥右幅顺利贯通。

2012年1月2日,A4标程龙桃江二桥第一片箱梁架设成功;2~3日,项目部组织对各施工单位"决战三个月,全面完成2011年度任务"劳动竞赛活动开展情况进行检查考评;1月31日,龙杨段项目春节后复工动员大会在项目办四楼会议室召开。2月14日,B1标江口大桥首片30m T梁安全平稳完成安装;14~22日,龙杨项目办组织约见A1、A4、B1、B2、B7标法人代表;20日,B4标园潭电站1号大桥最后一片T梁预制全部完成;22~24日,项目办组织各高驻办、第三方检测单位和隧道监控量测单位开展路基单位隧道支护参数、桥涵台背回填、防护排水工程施工质量专项检查;28日,B5标所有桥梁架设顺利完成。4月6日,B6标全部箱梁预制完成;22日,A3标所有梁板安装任务全面完成;23日,B5标全部桥梁工程施工完成。5月3日,项目在B1标江口大桥召开桥面铺装精细化施工现场观摩会;16日,A1标里仁互通区关键性控制工程赣定主线桥左半幅现浇箱梁主体工程顺利完成。6月5日,B5标顺利完成太平桥隧道右洞的全部施工任务;18日,A1标赣定主线桥左幅提前12天顺利改道通车;19日,B1标12座桥梁共计998片梁板全部架设完毕,圆满实现6月底之前合同段路基桥梁全幅贯通的阶段节点目标。P3标在7月3日、15日、18日分别完成底基层、中下基层试验段的铺筑。7月8日,P2标开始ATB上基层试验路段施工;10日,B1标顺利实现全线贯通,主体工程基本结束;7月13日,龙杨高速公路项目全线梁板预制顺利完成;14日,A3标桥梁工程全部完成。8月13日,A4标主线桥梁全幅通车;19~21日,B3标顺利完成全部路基交验工程;28日,B5标太平桥隧道左洞顺利贯通,标志着B5标879m双线隧道安全顺利贯通,率先贯通全部隧道;29日,B4标完成最后一段路基交验,合同段主体工程施工全面完成。9月29日,A1标赣定主线桥提前开放交通。10月20日,B5标太平桥隧道左洞施工任务全部完成。11月17日,项目组织召开全线桥梁伸缩缝施工专题会议。12月18日,龙杨段项目召开交工验收大会,评定该工程项目质量合格,具备通车条件;12月25日,省发改委、省交通运输厅、省财政厅核定批准龙南里仁至杨村(赣粤界)段车辆通行费标准;12月31日,龙杨高速公路正式建成通车,并举行通车典礼。全省高速公路通车里程突破4000km,达到4260km,位居全国第八位。

全线主要工程量:路基土石方1372.5万 m^3,排水、防护工程20.2万 m^3;大中桥10180m/54座,涵洞通道238道;隧道(双洞长)2905m/4座。

征地拆迁情况见表3-4-28。

龙杨高速公路征地拆迁情况统计 表3-4-28

项目	征地拆迁安置起止时间	征用土地（公顷）	拆迁房屋（m^2）	支付补偿费用（元）	备注
全线	2010年3月~2011年12月	520.64	47096.35	243505500	

4. 运营管理

龙杨高速公路全线共设匝道收费站4处、省界收费站1处(表3-4-29),服务区1对,养护工区1处。项目建成后相关监控、收费、通信、电话、办公自动化、视频会议等业务数据接入赣州高速和畅运营管理公司信息监控中心。

龙杨高速公路收费站点设置情况 表3-4-29

站点名称	车道数	收费方式
龙南北收费站	3进5出	人工半自动收费(MTC)+自动收费(ETC)
龙南南收费站	3进5出	人工半自动收费(MTC)+自动收费(ETC)
全南收费站	3进5出	人工半自动收费(MTC)+自动收费(ETC)
杨村收费站	3进5出	人工半自动收费(MTC)+自动收费(ETC)
赣粤界九连山收费站	16出	人工半自动收费(MTC)+自动收费(ETC)

十四、井冈山厦坪至睦村高速公路

井冈山厦坪至睦村高速公路(以下简称"井睦高速公路")是G1517莆田至炎陵国家高速公路(联络线)江西境内的重要组成部分,与泰和至井冈山高速公路(泰井高速公路)和湖南在建的炎陵至睦村高速公路共同组成江西中部地区向西通往湖南炎帝陵、衡山等风景区的快速通道。井睦高速公路在江西省高速公路网中编号S50,2015年井睦高速公路编入国家高速公路网中,编号G1517。井睦高速公路的建成,构成井冈山、湖南炎帝陵、衡山等风景区旅游快速通道。同时,对策应鄱阳湖生态经济建设,改善革命老区的交通状况,发展井冈山红色旅游产业,完善赣西地区交通布局,促进赣西区域经济的发展,都具有十分重要的意义。

1. 项目概况

井睦高速公路建设里程43.574km,路线起点位于井冈山市厦坪镇菖蒲村附近(泰井高速公路K60+300处),接已建成的泰和至井冈山高速公路,终点为井冈山市与湖南省炎陵县赣湘两省交界处的睦村乡,与湖南省在建的炎陵至睦村高速公路相接,沿线途经井冈山市厦坪镇、鹅岭乡、白石镇、山田、葛田乡、砻市、睦村乡等9个乡镇(场)26个行政村,是江西至湖南的6条高速公路出省通道之一。2011年1月21日开工建设,2013年10月28日竣工通车,项目概算总投资32.76亿元,主线采用主要技术标准为:双向4车道高速公路,设计速度80km/h,路基宽度21.5m(分离式路基11.25m),汽车荷载等级为公路—I级,主线路面采用沥青混凝土路面。

2. 参建单位

井睦高速公路参建单位共19家。

项目管理单位:江西省高速公路集团有限公司井冈山厦坪至睦村高速公路项目建设办公室。

勘察设计单位:江西省交通设计院。

施工单位:江西省交通工程集团公司、江西省公路机械工程局、江西赣粤高速公路工程有限责任公司、江西省公路桥梁工程局、广西华南建设集团有限公司、江西中贤建筑集团有限公司、北京房修一建筑工程有限公司、江西第一建筑有限责任公司、湖南省第六工程有限公司、江西省园艺城乡建设集团有限公司、陕西红叶园林绿化设计工程集团有限公司、辽宁金洋科技发展集团有限公司、广州海特天高信息系统工程有限公司、江西方兴科技有限公司、中通建设股份有限公司。

检测单位:江西省天驰高速科技发展有限公司。

监理单位:江西交通工程监理公司。

3. 建设情况

2010年9月8日,省发改委下发《关于江西井冈山厦坪至睦村(赣湘界)高速公路工程可行性研究报告的批复》(赣发改交通字〔2010〕1634号)致省交通运输厅,同意工程可行性研究报告。12月21日,项目进行特长隧道井冈山隧道安全风险专家评估;30日,省发改委下发《关于江西井冈山厦坪至睦村(赣湘界)高速公路工程初步设计的批复》(赣发改设审字〔2010〕2452号),同意工程初步设计,概算总金额为32.76亿元,建设投资的40%由江西省高速公路投资集团有限责任公司投资自筹解决,其余60%申请国内银行贷款解决。项目前期先后完成用地预审《关于井冈山厦坪至睦村(赣湘界)高速公路建设项目用地的预审意见》(赣国土资核〔2010〕910号),文物资源评估《关于井冈山厦坪至睦村(赣湘界)高速公路工可路线方案文物资源评估结果的复函》(赣文函字〔2010〕60号),压覆矿产资源评估《关于"井冈山厦坪至睦村(赣湘界)高速公路新建工程建设用地压覆矿产资源评估报告"评审备案证明》(赣国土资压储备字〔2010〕57号),环境影响报告书《关于井冈山厦坪至睦村（赣湘界）高速公路环境影响报告书的批复》（赣环评字〔2010〕484号），地震安全性评估《关于井冈山至睦村高速公路石湾里高架桥、白石特大桥、鹅岭隧道地震安全性评价报告的批复》（赣震发防〔2010〕43号）。

2011年，获得水土保持报告《关于井冈山厦坪至睦村（赣湘界）高速公路新建工程水土保持方案报告书的批复》（赣水水保字〔2011〕9号），防洪评价《关于井冈山厦坪至睦村高速公路涉河项目的批复》（吉水利建管字〔2010〕358号），林业《使用林地审核同意书》（林资许准〔2011〕269号），建设用地《转发国土资源部关于井冈山厦坪至睦村（赣湘界）高速公路工程建设用地批复的通知》（赣国土资函〔2012〕10号），跨衡茶吉铁路《关于井冈山厦坪至睦村高速公路桥梁上跨铁路的复函》（南铁师函〔2011〕413号）等批复。1月21日，在井冈山市召开井冈山厦坪至睦村（井睦）高速公路项目建设动员大会。4月29日，在井冈山市召开井睦高速公路井冈山特长隧道专家论证会，邀请8名国内知名隧道专家，从安全、环保、进度、费用等方面对井冈山隧道设计方案进行论证。6月10日，在南昌召开施工图设计审查会，邀请路线、桥梁、隧道、地质、概预算等方面专家组成专家组，对设计单位提交的施工图设计文件进行技术性审查。6月15日，随着阵阵礼炮声和机械轰鸣声，井冈山隧道左洞出口端进洞仪式正式开始，拉开井冈山隧道大干序幕。10月19日，组织召开井睦高速公路与衡茶吉铁路交叉施工图设计审查会，南昌铁路局、衡茶吉铁路各参建方，项目办主要负责人，设计及施工等各方代表参加，对交叉设计方案进行审查。11月30日，第一片预制T梁在三分部李亚高架桥架设成功，拉开井睦项目桥梁上部结构施工的序幕，预示着桥梁施工进入新阶段。

2012年2月13日，井冈山特长隧道出口左洞掘进率先突破1000m大关，达1004.5m，为全线隧道挖掘施工做出良好表率。3月9日，在南昌组织召开"井睦项目重大科技项目科研大纲"评审会。3月20日，视频监控预警系统在历经数月试运行后，正式上线投入使用。4月15日，井睦项目三分部李亚高架桥最后一片T梁准确无误地架设在9号桥台上，标志着井睦高速公路全线第一座大桥顺利实现全幅贯通。5月29日，厦坪枢纽互通Z匝道跨线桥全部顺利浇筑完工。6月20日，井睦项目开展井冈山隧道坍塌应急救援演练。省厅基建处、安监处、质监站领导和井睦、吉莲、抚吉高速公路，石虎塘航电枢纽工程项目部等负责人及安全生产管理人员观摩整个演练过程，井冈山市公安局、安监局、人民医院等单位参与应急救援活动。7月1日，在井睦项目办召开高速公路代建与监理合并管理模式科研项目大纲评审会。7月4日，首段路基成功交工验收。7月6日，房建、收费棚、通信管道工程采用新的评标办法，既能发挥投标人的综合实力和报价水平，又能保证充分竞争和随机性，有效地预防投标人围标串标，体现招投标公平竞争。7月10日，部分开始路面底基层试验段铺筑，标志着井睦高速公路路面施工作业正式展开。7月19日，全长6850m的井冈山特长隧道左洞掘进突破50%，达3425m。7月28日，部分路面下基层试验段率先在全线正式开工。8月19日,随着邓亚里分离立交桥最后一片梁板的浇筑成功,标志着井睦三分部在全线率先完成梁板预制工作。梁板预制工作的全面完成,为如期通车奠定了坚实基础。8月22日,井睦三分部顺利完成最后1900m成型路基,成为全线第一个完成路基交验的施工单位。8月30日,控制性工程之一——白石铁路跨线桥实现全幅贯通。9月20日,井冈山特长隧道出口左洞二衬施工突破2000m大关,为"攻坚三个月,全面完成二阶段目标任务"奠定良好基础。10月26日,设计施工总承包经理一分部大塘源特大桥最后一片梁平稳精准地降落在指定位置,标志着井睦项目全部桥梁施工实现全幅架通,顺利实现预期目标。

2013年1月16日,井睦高速公路井冈山隧道出口左洞至斜井段主洞顺利实现贯通。这条"呼吸道"的打通,标志着该隧道施工取得重大阶段性胜利。3月18日,全长6850m的井冈山隧道左洞顺利贯通,这是继今年1月18日斜井与左洞出口贯通后,隧道施工的又一重大突破。4月21日,FJ3标率先完成井睦高速公路房建第一个主体全部封顶,标志着主体之外的所有工序作业全面展开,拉开房建装修施工的序幕。6月1日,全长6850m的井冈山特长隧道实现双幅贯通,标志着最后一个控制性工程掘进任务全部完成。9月26日,井睦项目沥青混凝土路面施工全部完成。9月27日,井睦项目新型聚合物改性混凝土路面正式开始施工。10月1日,井睦高速公路地标性雕塑——"江西高速公路"完成安装。10月28日,正式通车。

井睦高速公路在建设过程中,处处融入低碳环保理念,在收费站所、服务区也融入低碳环保理念,江西省首次在收费站所采用无动力污水处理技术,不仅净化效果好,而且成本低,维护管理简单;服务区首次采用微动力污水处理技术;中央分隔带首次采用整体钢梁活动护栏等。

招标情况:2010年10~12月,组织工程初步勘察设计招标,设1个合同段;2011年1~3月,组织施工设计总承包招标工作,设1个合同段;2012年1月~6月,组织房建及附属工程招标工作,共分为5个合同段;5~6月,组织机电工程招标工作,共分4个合同段;10~11月,组织绿化工程招标工作,共分2个合同段。另外,还进行沥青、房建配电柜发电机等招标,累计完成招标18个批次,共招标22个合同段,累计中标金额25.8亿元(含沥青材料采购1.22亿元)。所完成招标项目均严格按照相关程序,对招标方案、资格预审文件、招标文件、招标结果等进行审批或报备,真正做到"程序合法、手续齐全、操作公正、评审公平、结果公开"。

征地拆迁情况:2011年3月12日正式开始征拆工作(表3-4-30)。共计征用土地309.69公顷,其中耕地108公顷。共拆迁房屋41489.65m²,其中砖混凝土结构房13952.69m²、砖木结构房18097.13m²、土木结构房8297.99m²、其他简易构造物1141.84m²。拆迁电力线路26700m、电信线路6340m、光缆线路40760m。做好征地拆迁工作,重点把好"四道关":①把好丈量评估关。统一标准,对征迁房屋、林地等实行"阳光评估",接受群众监督。②把好政策解读关。统一意见,对协议签订过程中征迁户提出的问题,按省政府政策要求进行解答。③把好工作实施关。统一原则,坚持标准不改变,严守政策不放松。④把好公开公示关。县、乡、村三级将省政府的征拆文件复印张贴到每个村小组,每户村民征地面积多少、补偿多少、补偿标准等,全部予以公示,群众清楚明白,积极配合。

井睦高速公路征地拆迁情况统计 表3-4-30

项目	征地拆迁安置起止时间	征用土地（公顷）	拆迁房屋（m²）	支付补偿费用（元）	备注
全线	2011年3月~2011年12月	309.69	41489.65	109038129	

4. 复杂技术工程

(1)大塘源铁路跨线桥。大塘源铁路跨线桥位于井冈山市厦坪镇上焦塘村附近。大桥位于低丘沟谷区,横跨越丘间沟谷、X861县道、衡茶吉铁路1号搅拌站及人工水渠。两侧桥台均位于低丘半坡,两侧山体自然坡度较陡,植被发育,通视条件较差。所跨沟谷宽约100m,近东西走向,沟中部发育一条东西向的河流,宽3~5m,水深0.3m,勘察期间的流量约5L/s。地面高程284.0m左右。

全幅共6联,左线(4×40m+37m)+(37m+4×40m)+4×40m+5×40m+5×40m+5×40m,右线(37m+4×40m)+5×40m+4×40m+5×40m+5×40m+5×40m。上部构造采用预应力混凝土(后张)T梁,先简支后连续,正交布置,第一联跨越衡茶吉铁路,交角130°,错孔布置。本桥左幅中心桩号K4+012.0、桥长1163m,右幅中心桩号K4+010.5、桥长1166m。

桥梁上部5×40m为标准跨径联,每孔5片T梁(单幅),梁高2.4m。主梁间距2.17m,中梁预制宽度1.65m(边梁1.85m),翼板间留有0.47m现浇湿接缝,钢束采用高强度低松弛钢绞线。

桥面铺装:4cm沥青混凝土抗滑表层+黏层+6cm中粒式沥青混凝土+0.6cm沥青单层表处+底涂层+10cmC50混凝土。

桥墩采用柱径为1.8m双柱式墩配桩径2.0m钻孔灌注桩、柱径2.0m双柱式墩配桩径2.2m钻孔灌注桩,0号桥台为桩径1.5m肋板式桥台,29号桥台为桩径2.0m双柱式台钻孔灌注桩基础。墩台桩基共134根,单桩长度20~48m。

(2)井冈山特长隧道。井冈山特长隧道是当时江西省最长公路隧道,隧道地质情况复杂,Ⅳ级及Ⅳ级以下围岩比例40%以上;是江西省首座采用斜井(同位双斜井)通风的隧道。主洞左线长度6840.9m(ZK5+1161.1~ZK12+002),右线长度6858.9m(YK5+143.7~YK12+002.6)。

井冈山隧道通风斜井是井冈山隧道主体的辅助设施之一,是为解决特长隧道通风要求而设置的。该通风斜井洞口位于相对于主线里程桩号 ZK7+400 左侧约 1100m 附近,1号斜井长 1420.61m,2 号斜井长 1364.656m。斜井洞口段设置坡度为 3% 的反向坡度,以防止洞外地表水进入斜井,斜井主体最大坡度约 9.9%,斜井走向逆地形方向延伸,2 号斜井、1 号斜井通过联络风道分别在 ZK8+342(ZK8+252)、ZK8+312(ZK8+282) 与隧道左洞相交。

斜井断面采用单心圆割圆断面,1 号斜井内轮廓线半径为 4.65m,2 号斜井内轮廓线半径为 3.95m。其中 1 号斜井为排风洞,净空面积 49.5m^2,2 号斜井为送风洞,净空面积 35.72m^2。斜井通过叉洞分别与隧道的左右洞连接,以实现分别对左右洞送排风。

5. 运营管理

井睦高速公路设服务区 1 处、收费站 3 处(表3-4-31)。

井睦高速公路收费站点设置情况　　　　　表3-4-31

站点名称	车道数	收费方式
鹅岭收费站	7	人工半自动收费(MTC)+自动收费(ETC)
龙市收费站	8	人工半自动收费(MTC)+自动收费(ETC)
赣湘界睦村收费站	12	人工半自动收费(MTC)+自动收费(ETC)

交通量变化情况:2014 年,省道网当量交通量 55000 辆/日(折合成标准小客车),机动车当量交通量 2251 辆/日,自然交通量 1646 辆/日,同比增长 7%;汽车当量交通量 2251 辆/日,自然交通量 1646 辆/日,同比增长 7%。省道网适应交通量 55000 辆/日,拥挤度 0.041。从交通构成看,省道网小客车占 66.1%,大客车占 15.5%,小货车占 6.8%,中货车占 1.7%,大货车占 0.7%,特大货车、集装箱车占 8.8%。

十五、抚州至吉安高速公路

抚州至吉安高速公路(以下简称"抚吉高速公路")是江西省地方加密高速公路之一,它横穿江西省腹部地区,东连 G70 福州至银川国家高速公路,西接江西省主要纵向大通道 S69 樟吉高速公路和 G45 大广高速公路,是江西省高速公路的重要组成部分,在江西省高速公路网中编号 S46。该项目对完善江西省高速公路网、促进高速公路网络效益发挥具有非常重要的作用;对改善区域交通条件,加强区域间互动合作,促进沿线地区资源开发、经济社会协调发展,加强江西省与福建省的联络等方面具有十分重要的意义。

1. 项目概况

抚吉高速公路建设里程 179.188km,东连福银高速公路,途经抚州市金巢经济开发区、临川区、崇仁县、宜黄县、乐安县、吉安市永丰县、吉水县、吉州区 2 市 8 县(区),西接江西省主要纵向大通道樟吉高速公路和大广高速公路。2011年6月28日开工建设,2012年12月28日竣工通车,项目总投资94.550912亿元,资金来源:①资本金22.96亿元,占总投资的25%,由项目建设单位自筹解决;②其余68.89亿元申请国内银行贷款,平均每公里造价5276.6319万元。全线双向4车道;设计速度100km/h;路基宽26m;设计年限15年;采用沥青混凝土路面;设计荷载为公路—Ⅰ级;设计洪水频率:特大桥为1/300,大、中、小桥涵和路基为1/100;全线共有桥梁23955m/123座;隧道3071.5m/5座;互通立交11处;涵洞通道32860m/796道;服务区3处、匝道收费站及管理所9处、监控中心1处、养护工区2处等。设置安全、监控、通信、收费、供电照明及服务等设施。

2. 参建单位

抚吉高速公路参建单位共77家。

项目管理单位:江西省高速公路投资集团有限责任公司抚州至吉安高速公路项目建设办公室。

设计单位:江西省交通设计院。

施工单位:中铁十三局集团第三工程有限公司、中铁十二局集团第三工程有限公司、北京市公路桥梁建设集团有限公司、南昌公路桥梁工程有限公司、中铁一局集团有限公司、中铁十七局集团第四工程有限公司、中铁十四局集团第四工程有限公司、江西省现代路桥工程总公司、华通路桥集团有限公司、中国建筑第五工程局有限公司、江西际洲建设工程集团有限公司、中铁十七局集团第二工程有限公司、中铁四局集团有限公司、中铁七局集团郑州工程有限公司、中铁五局集团第二工程有限责任公司、中铁五局(集团)有限公司、中铁四局集团第五工程有限公司、中铁十五局集团有限公司、四川公路桥梁建设集团有限公司、江西通威公路建设集团有限公司、北京城建集团有限责任公司、山东鑫泰公路工程有限公司、安徽省公路桥梁工程公司、江西省建工集团公司、河南省绿土达园艺有限公司、河南省豫南园林绿化有限责任公司、陕西唐荣园林建设集团有限公司、河南千禾环境产业发展有限公司、浙江绿洲生态股份有限公司、河南圣锦园林工程有限公司、河南省新金珠园林景观工程有限公司、河南金卉园林绿化工程有限公司、焦作市晓尚园林有限公司、福建江海苑园林工程有限公司、北京公科飞达交通工程发展有限公司、江西方兴科技有限公司、四川京川公路工程(集团)有限公司、江西路通科技有限公司、湖南星大建设集团股份有限公司、江西省建设工程有限公司、中康建设管理股份有限公司、国诚集团有限公司、江西省宏顺建筑工程有限公司、南昌市第一建筑工程公司、江西省朝晖城市建设工程有限公司、南昌对外工程总公司、中城建第六工程局集团有限公司、江西中贤建筑集团有限公司、江西建工第一建筑有限责任公司、江西省赣江交通设施厂、江苏华夏交通工程集团有限公司、江西赣东路桥建设集团有限公司、北京颐和安迅交通技术有限公司、张家港港丰交通安全设施有限公司、江西省公路管理局交通工程公司、江西顺通交通设施工程有限公司、江西交通工程开发有限公司、福建路桥建设有限公司、江苏耀鑫交通设施有限公司、江西省高速公路物资有限公司、中海沥青(泰州)有限责任公司、路翔股份有限公司、厦门新立基有限公司、浙江宝盈物资集团股份有限公司、北京城建道桥建设集团有限公司、江西赣粤高速公路工程有限责任公司。

监理单位:江西交通咨询公司、江西省嘉和工程咨询监理有限公司、江西交通建设工程监理所、上饶赣东公路工程咨询中心、抚州博信公路工程监理有限公司、江西省赣西公路工程监理有限公司、赣州诚正公路工程监理有限公司、江西科力咨询监理有限公司、江西省公路工程监理公司。

3. 建设情况

抚吉高速公路全线主要工程数量:①路基土石方:2971万m^3,平均每公里土石方16.6万m^3;②路面:全线沥青混凝土面层1291万m^2;③桥涵构造物:全线共有桥梁23955m/123座,其中,特大桥4465m/3座、大桥11114m/42座、中小桥3413m/55座、分离立交381m/4座、匝道桥923m/11座、主线上跨170m/2座、支线上跨436m/4座、上跨立交157m/2座,涵洞通道共32860m/796道;④互通立交:全线共设置互通立交11处,其中枢纽互通2处;⑤隧道:全线共有隧道3071.5m/5座,其中,长隧道1036.5m/1座,中隧道1352.5m/2座,短隧道682.5m/2座;⑥沿线管理及服务设施:全线共设服务区3处(其中中心服务区1处)、匝道收费站及管理所9处、监控管理分中心1处、养护工区2处;⑦征地拆迁:项目总用地约1312.47公顷,拆迁房屋约55590m^2(拆迁户194户),拆迁电力、电信线路约3.44万m。

征地拆迁情况见表3-4-32。

抚吉高速公路征地拆迁情况统计　　　表3-4-32

项目	征地拆迁安置起止时间	征用土地（公顷）	拆迁房屋（m^2）	支付补偿费用（元）	备注
全线	—	1312.47	55590	604742647	

4. 复杂技术工程

抚吉高速公路全线有5座隧道、54座大桥,其中3座特大桥中还有1座长2019m的吉水赣江特大桥;建设期内,雨季长达半年,有效工期短;部分路段穿越崇山峻岭,桥隧相连,地质复杂;途经2市8县(区),线长点多面广,协调难度大。

(1)相山隧道。该隧道是A5标段重点控制工程之一,隧道为上下行小净距分离隧道,长度为745m,设计为分离式隧道,其中右线进口暗洞里程为K55+720,地处大山洪沟及两处小山沟淤积而成,由于淤泥层地下水位很高,透水极为严重,围岩全部为稳定性极差的全风化花岗岩(呈砂石状),地质条件差,施工难度大,多次请隧道专家亲临指导,在施工中将"以规范施工促工程进度,以工程进度体现规范施工"标准化施工理念贯穿始终,合理组织、科学谋划、高效配置人员、机械、材料等资源,坚决打赢这场隧道攻坚战。

(2)A3合同段许坊高架桥6号墩左幅盖梁。该盖梁施工属高空作业,施工工艺要求非常高,在AR2驻地办督促和严格要求下,A3合同段在施工前按标准化、规范化施工要求制订详细的施工方案,做好安全技术交底工作,根据施工方案要求对施工现场进行了一一落实,驻地办监理人员从钢筋制作、安装初期就进行了认真的检查,模板安装跟踪监督,避免返工处理事件的发生,保证盖梁施工的顺利进行。

(3)吉水赣江特大桥。该大桥是抚吉高速公路全线最长的桥梁,横跨105国道与赣江,投资达2.2亿元。由于时间紧,任务重,地质结构复杂,进场之初用电不足,加上赣江水位变化无常,多次发生洪灾,严重影响和制约工程建设。抚吉建设者坚定信心,自我加压,奋力赶超。承建单位中铁十五局集团弘扬铁军精神,迎难而上,积极应对重重考验。强化施工组织和安全管理,充分利用不利天气,开展多点开花式夜间施工,形成有效的流水作业面;优化施工方案,改变传统的筑堤施工方式,采取搭建钢栈桥的方式施工,为此增加投资800多万元。钢栈桥先后4次被洪水冲毁。中铁十五局集团调用冲锋舟和船,组织抗洪抢险队,及时转移钢材,搬迁施工机械机具。为了把耽误的工期抢回来,一方面加大设备投入,做到一个承台一个套箱;另一方面优化工序管理,使工序之间实现零距离衔接。项目办还专门成立赣江特大桥监理组,与施工单位紧密合作,齐心协力抓进度,保质量,保安全,提供全方位、全天候服务。

5. 运营管理

抚吉高速公路设有服务区3处(崇仁服务区、相山服务区、永丰服务区),收费站9处(表3-4-33)。

抚吉高速公路收费站点设置情况　　　　表3-4-33

站点名称	车道数	收费方式
临川南收费站	8	人工半自动收费(MTC)+自动收费(ETC)
崇仁收费站	8	人工半自动收费(MTC)+自动收费(ETC)
宜黄收费站	8	人工半自动收费(MTC)+自动收费(ETC)
相山收费站	7	人工半自动收费(MTC)+自动收费(ETC)
乐安收费站	8	人工半自动收费(MTC)+自动收费(ETC)
流坑收费站	7	人工半自动收费(MTC)+自动收费(ETC)
永丰收费站	8	人工半自动收费(MTC)+自动收费(ETC)
乌江收费站	7	人工半自动收费(MTC)+自动收费(ETC)
吉水南收费站	8	人工半自动收费(MTC)+自动收费(ETC)

十六、万载至宜春高速公路

万载至宜春高速公路(以下简称"万宜高速公路")是江西省地方加密高速公路之一,

位于江西省万载县和宜春市境内,在江西省高速公路网中编号S81。万宜高速的建成,对完善江西省公路网总体规划、延伸干线高速公路网络功能、促进江西省西部区域经济发展具有极其重要的意义。该项目使万载县、宜春市袁州区和明月山风景名胜区与外界快捷地联系在一起,对促进赣西绿色旅游业、红色景点、矿产资源开发,促进与周边省市的文化、旅游、经济交流发挥极其重要的纽带作用。它的建成将结束万载县境内无高速公路的历史,使江西省县县通高速公路的梦想终于在万载县境内画上一个圆满的句号,赣鄱大地翻开县县通高速公路的历史新篇章。

1. 项目概况

万宜高速公路建设里程36.918km。路线北起万载县西郊省道S312万上(万载至上栗)公路,途经万载县的康乐街办、马步乡、宜春市袁州区的西岭布果园场、柏木乡、三阳镇、袁州区工业园、湖田镇,与沪昆高速公路相接,终于袁州枢纽互通出口收费站,以连接线的方式接于明月山机场路A线。2012年7月28日开工建设,2014年12月26日竣工通车,概算总投资20.21亿元。全线按双向4车道高速公路标准建设,设计速度80km/h,整体式路基宽21.5m,分离式半幅路基宽11.25m,路面采用沥青混凝土路面,设计荷载采用公路—I级,设计洪水频率:特大桥为1/300,其余桥涵及路基为1/100。全线共设大、中桥17座,总长4348.2m,其中大桥12座,总长4023.2m,中桥5座,总长325m;隧道2座,单洞总长5212m,桥隧比24.3%;枢纽互通立交1处;单喇叭互通2处。

2. 参建单位

万宜高速公路参建单位共21家。

项目管理单位:江西省高速公路投资集团有限责任公司万载至宜春高速公路建设项目办公室。

设计单位:江西省公路科研设计院。

施工单位:中铁十五局集团有限公司、中交路桥建设有限公司、江西省公路机械工程局、中铁十三局集团有限公司、中铁五局集团一公司、浙江省交通工程建设集团有限公司、南昌长征花卉园艺工程有限公司、江西省青苹园林艺术有限公司、江阴市青舜冷弯型钢制造有限公司、沈阳三鑫集团有限公司、江西吉泰建筑工程有限公司、中康建设管理股份有限公司、深圳市银广厦建筑工程有限公司、江西远通建筑工程有限公司、吉安市建业工程有限公司、山西四和交通工程有限责任公司、广东飞达交通工程有限公司。

监理单位:江西交通咨询公司。

3. 建设情况

2012年4月6日,省发改委下发《关于下达2012年第一批重点建设项目名单的通知》(赣发改重点〔2012〕536号),批复万宜高速公路项目建设立项。5月8日,省发改委下发《关于万载至宜春高速公路可行性研究报告的批复》(赣发改交通字〔2012〕729号),同意工程可行性研究报告。7月26日,省发改委下发《关于万载至宜春高速公路工程初步设计的批复》(赣发改设审字〔2012〕1538号),同意项目初步设计。7月28日,万宜、九绕、寻全等5条高速公路开工新闻发布会在南昌举行。省长鹿心社出席并下达开工令,打响万宜高速公路建设的"发令枪"。

在省交通运输厅的重视和指导下,万宜高速项目率先成为全省交通系统电子化招投标试点推行单位。在招标过程中,从招标项目备案、招投标文件审查上传下载、投标保证金缴退,到开标、评标、定标等招投标活动全流程均实现了电子化,使招投标活动更具规范性、公正性、便捷性、严密性,大大减少了招投标过程中的人为因素,提升了招投标工作质量。项目所共完成招标7个批次,共招标19个合同段,累计中标金额16.68亿元。所有招标项目均严格按照相关程序,对招标方案、资格预审文件、招标文件、招标结果进行审批或报备,真正做到"程序合法、手续齐全、操作公正、评审公平、结果公开"。

自征地拆迁动员以来,项目迅速行动,严格按照规定程序,贯彻执行征拆工作的有关法律法规,积极与沿线市、县、乡镇征拆协调部门沟通,争取他们的支持和理解,确保工作进度。万宜高速公路建设项目共计征用土地243公顷,共拆迁各类房屋61182.2m^2,拆迁电力杆线108道、通信杆线68道、光缆175根,见表3-4-34。

万宜高速公路征地拆迁情况统计 表3-4-34

项目	征地拆迁安置起止时间	征用土地(公顷)	拆迁房屋(m^2)	支付补偿费用(元)	备注
全线	2012年5月~2014年12月	243	61182.2	121957344.24	

项目开工后,施工质量是工程建设的根本所在,项目办在推进工程进度的同时,坚持把质量控制作为核心,打出标准化和精细化管理的"组合拳"。工程施工中也有难点问题,项目办重点围绕A2标隧道涌水、A3标路基地下溶洞、沿线膨胀土边坡塌方等难点工程进行重点监控,全面翔实核查现场情况,认真分析原因,多次诚邀土木、地质、水利专家召开论证会"问症把脉"、分类破解,有针对性地制订专项改良措施,因地制宜制订对策,提出有效的处理方法,以确保这些可能影响全局的难点工程能正常实施。

2013年6月27日,省交通运输厅下发《江西省交通运输厅关于万载至宜春高速公路主体工程施工图设计的批复》(赣交基建字〔2013〕39号),同意项目设计。8月20日,A1标严岭一号隧道左洞如期顺利贯通;28日,A1标首段路基工程顺利通过交工验收,拉开了万宜高速公路路基工程交工验收的序幕;29日,A5标所有桥梁实现半幅架通,在预定时间内交出了满意答卷;同日,AP1标顺利完成首段路面基层试验段的铺筑,标志着万宜高速公路进入了路面工程实质性施工阶段。

另外,项目还根据工程进展情况采取灵活的激励机制,适时进行专项劳动竞赛活动,通过开展"大干三个月""雨季劳动竞赛""百日会战""八项全面完成劳动竞赛""第三阶段劳动竞赛"等活动,奖优罚劣,以调动各施工单位的积极性和责任感,在全线形成赶进度保质量、争先创优的良好氛围。

为确保万宜高速公路建设顺利推进,根据项目的实际情况,整个项目划分为3个阶段实施。第一阶段为2012年11月1日~2013年8月31日,共10个月。第一阶段是项目的开局,是项目建设能否按期完成的关键和基础,基本完成土石方工程、中小桥工程、涵洞通道工程。第二阶段为2013年9月1日~2014年3月31日,共7个月,全面完成大桥、隧道、路面底基层、基层。第三阶段为2014年4月1日~2014年12月30日,共9个月,是项目的收尾阶段,全面完成各项施工作业。

4. 运营管理

万宜高速公路设有收费站3处(万载南、宜春北、袁州收费站)(表3-4-35)、养护中心兼应急监控中心1处,隧道2座,桥隧比24.3%;枢纽互通立交1处;单喇叭互通2处。万宜高速车流量与日俱增,从2014年12月起至2016年2月,三个收费站出入口交通量过境车辆达894345辆。

万宜高速公路收费站点设置情况　　　　表3-4-35

站点名称	车道数	收费方式
万载南收费站	3进4出	人工半自动收费(MTC)+自动收费(ETC)
宜春北收费站	3进4出	人工半自动收费(MTC)+自动收费(ETC)
袁州收费站	4进6出	人工半自动收费(MTC)+自动收费(ETC)

十七、萍乡至洪口界高速公路

萍乡至洪口界高速公路(以下简称"萍洪高速公路")位于江西省萍乡市境内,为上栗至莲花高速公路的一段,是江西通往湖南的又一出省通道,是国家主干线抗瑞高速公路、沪昆高速公路与湖南境内京港澳高速公路、平汝高速公路重要联络线。路线总体上为南北走向,在江西省高速公路网中编号S89。萍洪高速公路的建设,对于加强赣西地区与华东、华中及长江三角洲地区的联系,加强萍乡与湖南长株潭地区的联系,促进萍乡市乃至赣西地区社会经济的发展,对于充分发挥交通重点项目建设对全省经济增长和社会发展的动力和引擎作用,为建设富裕和谐秀美江西打下坚实基础具有重大意义:一是对萍乡市推进城市转型建设、实现赶超跨越提供完善的交通条件具有重要意义,将进一步完善萍乡市、上栗县的综合运输通道,进一步促进赣西市县产业互动,对加快赣西地区工业化、城镇化进程具有重要意义。二是对进一步完善赣西地区路网布局、提升路网运营效率具有重要意义。萍洪高速公路与昌金高速公路和昌栗高速公路一起组成赣西地区高速公路网，在萍乡交汇组成了"大十字"主干线，形成贯通全市、通达四邻、两纵两横的高等级公路网。将进一步拉大萍乡城市发展框架，进一步发挥萍乡市连接南昌与长沙、株洲等周边城市的纽带作用。三是对进一步加快地方旅游产业发展起到推动作用。

1. 项目概况

萍洪高速公路建设里程33.796km。路线起点位于萍乡市国家经济开发区叶家坳村，与320国道相接，途经萍乡市安源经济技术开发区，上栗县福田镇、长平乡、上栗镇、金山镇，终于赣湘交界金山镇洪口界，与湖南省长沙至浏阳高速公路相接。萍洪高速公路为江西省第一个复工项目，原项目法人为香港大益公司，采用BOT模式建设，曾于2006年10月26日正式开工建设，因为资金问题于2007年10月全线停工。2012年11月16日，经中国国际经济贸易仲裁委员会裁决，江西省发改委批准，项目法人变更为省高速集团。2012年12月14日，省厅成立萍洪高速公路建设项目办公室，接手萍洪高速公路建设工作。2013年4月，项目复工建设正式开始，2014年12月26日竣工通车，复工后项目概算从16.05亿元调整为24.82亿元。全线按全封闭、全立交双向4车道高速公路标准建设，路基宽26m，采用沥青混凝土路面，设计速度100km/h，汽车荷载等级为公路—Ⅰ级；设计洪水频率：桥涵和路基1/100。全线路基土石方976万m^3，大桥2001m/6座、中桥1529m/29座，隧道3847m/4座，桥隧比22%；枢纽互通1处、单喇叭互通立交3处；主线收费站2处，互通收费站3处，服务区1对，房屋建筑面积19000m^2。

2. 参建单位

萍洪高速公路参建单位共32家。

项目管理单位：省交通运输厅萍洪高速公路建设项目办公室。

设计单位：江西省交通设计院、江苏省交通科学研究院、广东省机电建筑设计研究院。

质监单位：江西省交通工程质量监督站。

施工单位：中交第一公路工程局有限公司、江西省交通工程集团公司、江西一洲市政园林建设有限公司、信阳市新凯瑞园林工程有限公司、江西滕王阁环境建设集团有限公司、江西省园艺城乡建设集团有限公司、江西枫叶园林规划工程有限公司、江西省赣南景泰园林工程有限公司、江西省第九建筑工程有限公司、江西华川建设有限公司、河南省第一建筑工程集团有限责任公司、湖南麟辉建设集团有限公司、徐州鹏程钢结构工程有限公司、衡水路航交通防护工程有限公司、大成工程建设有限公司、武安市路达交通设施有限公司、江苏国强镀锌实业有限公司、云南康迪科技有限公司、浙江浙大中控信息技术有限公司、科润智能科技股份有限公司、江西省高速公路物资有限公司、中国航空技术广州有限公司、瑞金市昌兴沥青制品有限公司。

检测单位：江西交通工程监理公司、江西省赣建工程建设监理有限公司。

监理单位：江西省交通工程质量检测中心、江西省天驰高速科技发展有限公司。

3. 建设情况

萍乡至洪口界高速公路原为江西省政府第一批交通基础设施重点招商项目，也是江西省第一条采用BOT模式建设的高速公路项目，项目经省发改委下发《关于核准江西省萍乡至洪口界公路萍乡（青山）至妙岭段项目申请报告的批复》（赣发改外资字〔2005〕1400）和《关于核准江西省萍乡至洪口界公路妙岭至洪口界段项目申请报告的批复》（赣发改外资字〔2006〕225号），经省发改委下发《关于江西省萍乡至洪口界公路妙岭至洪口界段初步设计的批复（赣发改设审字〔2006〕456）和《关于江西省萍乡至洪口界公路萍乡（青山）至妙岭段初步设计的批复》（赣发改设审字〔2006〕457号），完成初步设计批准。

2006年10月26日，该项目于正式开工建设，原项目法人为大益萍洪高速公路发展（江西）有限公司，因资金链等缘故于2007年10月全线停工。

2012年11月16日，经中国国际经济贸易仲裁委员会裁决，省发改委下发《江西省发展改革委关于批复萍乡至洪口界高速公路变更项目法人的函》（赣发改交通字〔2012〕2653号），同意批准，项目法人变更为江西省高速公路投资集团有限责任公司。12月14日，萍乡至洪口界高速公路建设项目办公室成立，着手萍洪高速公路修复工程和未完工程招标工作，拉开复工建设的序幕。

2013年1月25日，经省发改委下发《江西省发展改革委关于批复萍乡至洪口界高速公路复工技术设计及调整概算的函》（赣发改设审字〔2013〕148号），将原概算总投资16.05亿元调整为24.82亿元。其中原项目法人大益萍洪高速公路发展（江西）有限公司已完工程造价29239.88万元，修复工程造价12801.81万元，未建工程造价206231.74万元。4月，项目复工建设正式开始。9月19日，全线开始路基交验工作。长平隧道左洞顺利贯通，洪口界隧道中导洞顺利贯通。根据项目2014年年底建成通车的总体部署要求，结合该项目的特点和气候特征，项目办制订"三个阶段施工计划"，即2013年5～12月底为第一阶段，以路基土石方、小桥涵、特大桥和大中桥下部构造施工为主；2014年1～7月底为第二阶段，全线贯通，形成垫层通车并铺筑基层，同时完成大部分绿化、小部分房建工程；2014年8～12月底为第三阶段，全面完成项目建设任务。

2014年1月1日，全线首段路面基层开始试验摊铺。8日，全线首座隧道——长平隧道双线贯通。12月24日，项目建设顺利通过交工验收，项目主线建成通车。

2015年2月9日，萍洪高速公路通往长沙、浏阳方向的出省通道打通，全线建成通车。

征地拆迁情况见表3-4-36。

萍洪高速公路征地拆迁情况统计　　　表3-4-36

项目	征地拆迁安置起止时间	征用土地（公顷）	拆迁房屋（m²）	支付补偿费用（元）	备注
全线	2006年5月~2013年12月	268	52212	88000000	

4. 运营管理

萍洪高速公路共设置枢纽互通1处（与沪昆高速公路昌金段相接），匝道互通3处（含规划建设的福田互通），主线收费站2处，匝道收费站3处（含福田互通），见表3-4-37。

萍洪高速公路收费站点设置情况　　　表3-4-37

站点名称	车道数	收费方式
萍乡北收费站	2进2出	人工半自动收费（MTC）+自动收费（ETC）
长平互通收费站	2进2出	人工半自动收费（MTC）+自动收费（ETC）
上栗互通收费站	2进3出	人工半自动收费（MTC）+自动收费（ETC）
省界金山收费站	0进14出	人工半自动收费（MTC）+自动收费（ETC）

十八、九江绕城高速公路

九江绕城高速公路（以下简称"九绕高速公路"）是江西高速公路规划的五条"环线"的其中一环，也是国家高速公路杭州至瑞丽和福州至银川高速公路之间的地方加密高速公路，在江西省地方高速网中编号S37。九绕高速公路不仅是赣北地区高速公路网的重要组成部分，也是江西环鄱阳湖生态经济区重点交通建设项目，与都昌至九江高速公路一起成为优化赣北地区高速公路网九江节点的支撑项目，形成南昌、宜春等鄱阳湖西岸地区经星子方向对接沿长江通道的又一快速通道，更是提升环鄱阳湖地区经济发展环境的重大基础设施，对于近远期优化杭州至瑞丽高速公路运营线路、改善九江市城市交通组织状况、推动九江市旅游资源开发和城市品牌建设、促进沿线社会经济发展和产业布局调整、形成江西环鄱阳湖地区协调可持续发展局面均具有重要作用。

1. 项目概况

九江绕城高速公路建设里程46.664km，路线起点位于庐山区新港镇，终于星子县华林镇，北连杭瑞高速公路九江至景德镇段（九景高速公路），南接都昌至九江高速公路（都九高速公路）。2012年7月28日开工建设，2014年12月26日竣工通车，项目投资概算31.33亿元，资金来源：65%银行贷款，35%自有资金。自有资金主要来源：①通行服务费盈余；②回购式融资租赁；③短期流动资金贷款。全线按高速公路双向4车道标准设计，设计速度100km/h，路基宽度采用24.5m宽设计，其主要控制点为鞍山湖特大桥、庐山青山湖特大桥、星子秀峰S212跨线桥。

2. 参建单位

九绕高速公路参建单位共26家。

项目管理单位:江西省高速公路投资集团有限责任公司九江绕城高速公路建设项目办公室。

勘察设计单位:江西省交通设计院。

设计咨询单位:湖南省交通规划勘察设计院。

专项试验检测单位:湖南省交通规划勘察设计院、安徽省交通规划设计研究院有限公司。

施工单位:江西省公路机械工程局、浙江省交通工程建设集团有限公司、中交二公局第三工程有限公司、中铁四局集团第四工程有限公司、中铁五局(集团)有限公司、江西省交通工程集团公司、中交一公局桥隧工程有限公司、中铁十四局集团第四工程有限公司、江西赣粤高速公路工程有限责任公司、中铁十三局集团有限公司、江西省朝晖城市建设工程有限公司、万宝建工集团有限公司、河南省中原花卉绿化工程有限公司、浙江昆仑园林工程有限公司、云南云桥建设股份有限公司、河北路友交通设施安装工程有限公司、哈尔滨交研交通工程有限责任公司;改性沥青加工单位:厦门新立基股份有限公司、江西恒泰美仑道路沥青有限公司、江西省高速公路物资有限公司、江西省赣粤高速公路工程有限公司。

监理单位:赣州诚正公路工程监理有限公司、江西交通咨询公司。

3. 建设情况

2012年7月10日,省发改委下发《关于九江绕城高速公路工程可行性研究报告的批复》(赣发改交通〔2012〕1421号),批准项目建设。7月2日,省国土资源厅下发《关于九江绕城高速公路项目的用地预审意见》(赣国土资核〔2012〕918号),批准项目建设用地。13日,项目办发布主体工程施工监理和施工招标资格预审公告,并开始出售资格预审文件,标志九江绕城高速公路项目招投标工作正式启动。25日,省发改委下发《都昌至九江高速公路星子至九江段新建工程初步设计的函》(赣发改设审〔2012〕1557号)。8月1日,九江绕城高速公路项目征地拆迁动员大会在九江召开,动员沿线各级党委政府迅速行动抓好绕城高速征地拆迁工作的部署。15日,项目办开展随机摸号活动,对已通过资格预审的投标人进行项目土建、路面工程施工招标标段随机摸号,发售招标文件,开展工程施工招标。九江市委、市政府对九江绕城高速公路建设高度重视。26日,九江市政府副市长陈和民利用周末休息时间到九江绕城高速公路现场办公,实地察看九江绕城高速公路线路走向,深入庐山区新港镇、威家镇、姑塘镇了解项目土地征用和房屋征收进展情况,协调解决九江绕城高速公路征地拆迁工作遇到的耕地占补平衡问题,亲切慰问九江绕城高速项目办征地拆迁工作人员。10月8日,九江绕城高速公路项目征地拆迁调度会在庐山区项目办驻地召开。各施工标段放弃"双节"休假,迅速组织人员、机械设备进场。各路人马夜以继日,加班加点,掀起线路勘测复核、放样定桩、清表、开钻和修筑施工便道热潮。项目办克服时间紧、任务重、压力大等诸多不利因素,各项工作扎实推进,征地拆迁工作取得阶段性成果,基本实现签订征用地合同、房屋拆迁、坟地迁移"双过半"的好成绩,为施工单位顺利进场开工扫清障碍。11月27日,随着A2标鞋山湖湖区施工便道的打通,全线46.82km主线施工便道全线贯通。进入九绕主线施工的大型工程车辆及施工设备、材料、物资等可畅通无阻,顺利抵达各施工作业面,为实现各阶段施工目标奠定坚实的基础。

2013年1月29日,项目办成立由项目办、总监办和顶点公司的人员组成的工程量清单核查小组,于2月3日理顺九绕高速公路计量支付程序,查找施工图纸存在问题,准确、高效地完成清单核查。10月29日,九绕高速公路房建及附属工程施工招标工作正式启动。11月26~30日,项目办在江西省南昌公共资源交易中心组织开展房建及附属工程施工招标的开标和评标工作。

2014年11月底,九绕和都九高速公路(星子至九江段)路基、路面、交通、房建工程基本完成。绿化工程完成占总量的97.4%,机电工程进展顺利,各类收费、监控设备正在安装调试。12月5日,在九江绕城、都九高速公路(星子至九江段)建设项目即将建成通车之际,省交通运输厅党委书记、厅长朱希,副厅长王昭春,察看正在施工收尾阶段的九江绕城和都九高速公路(星子至九江段)全线。12月23日,项目办召开九江绕城、都昌至九江(星子至九江段)高速公路交工验收会。26日,全体参建者迎来两个项目建设通车激动人心的时刻,两条平坦、舒适、绿美的生态高速公路交付给接养单位。

该项目共设姑塘收费站及星子北收费站2个出口通道,姑塘收费站出口连接212省道,距旅游区庐山北门仅3km。星子北收费站出口连接212省道,距旅游区白鹿洞书院仅2.6km。

征地拆迁情况见表3-4-38。

九绕高速公路征地拆迁情况统计 表3-4-38

项目	征地拆迁安置起止时间	征用土地（公顷）	拆迁房屋（m^2）	支付补偿费用（元）	备注
全线	2012年8月~2013年12月	298.6727	128824.16	139090397.74	

4. 复杂工程技术

(1)鞋山湖特大桥。K3+480鞋山湖特大桥横跨鄱阳湖湖汊,全长1208m。上部结构采用30m预应力混凝土T梁,下部结构采用柱式墩、桩基础(肋台+柱台、桩基础)。全桥共40跨,桩基168根,承台(系梁)80个,立柱(肋板)160个,盖梁(台帽)82个。

鞋山湖特大桥的施工难点主要体现在三个方面：①施工便道填筑、维护困难。原材料运输、混凝土搅拌运输遇到极大的困难，项目部投入巨大人力物力用来保障便道畅通。②该桥位于鄱阳湖汊，受鄱阳湖汛期影响严重，施工时间受到限制，必须在鄱阳湖枯水期内完成下部结构及基础的施工，施工任务非常艰巨。不计成本投入冲击钻、旋挖钻等设备，总计投入冲击钻34台，旋挖钻4台，采取停人不停机的办法，昼夜施工，抢在涨水之前完成水中下构。高峰期达到一天之内桩基浇筑8根、系梁2个、立柱3根、盖梁1个的施工高潮，并且单日混凝土浇筑量持续走高，连续达到1000m^3左右。③桩基施工地质情况复杂，经常遭遇淤泥层、漂石等，严重影响施工进度及成桩质量，采取有效措施，与设计、监理、业主等相关单位群策群力，共同克服困难，保证施工进度及质量。

(2) 青山湖特大桥。青山湖特大桥是九江绕城高速公路全线的控制性工程，该桥位于鄱阳湖支流青山湖内，桥长1369m，共34跨35个墩台，其中3~33跨位于青山湖湖内，桥梁基础为钻孔桩基础，直径分别为1.5m、1.8m和2m。墩台身采用柱式结构，上部构造为33孔40m先简支后连续T梁结构。设计地质勘探桥位处有大量溶洞，且桥梁桩基为嵌岩桩，施工难度大。

青山湖特大桥建设过程中，遇到的困难的很多，除无处不在的水底溶洞外，还有漂石层等。同时，桥址处于鄱阳湖风口，气候变化无常，在桥梁基础和下部构造施工期间正处于鄱阳湖汛期，极大地增加了施工难度。在桥梁基础和下部构造施工期间，各参建单位人员克服种种困难，增加大量机械、设备和材料投入到施工中，施工操作人员常常处于水中作业，由于长时间湖水对身体的浸泡，许多施工人员身体都出现了起泡脱皮的情况，但没有任何一人叫苦。在各方人员的努力下，该桥于2014年5月按质按量地完成全部的施工任务，没有出现一起安全质量事故。

(3) 星子秀峰S212跨线桥。星子秀峰S212跨线桥是主线为跨丘陵河谷盆地、一条小河流及S212公路(环庐山公路)而设置的一座特大型高架桥梁。桥梁位于星子县秀峰镇，桥梁起点K34+458.4，桥梁终点K35+613.4，全长1155m。桥梁上部结构为预应力混凝土先简支后连续T梁+预应力混凝土现浇箱梁，下部结构为肋板式桥台，柱式桥墩，基础为钻孔灌注桩基础。

桥区主要位于丘间河谷盆地，地形总体较为平坦开阔，盆地两侧的丘陵山体自然边坡稳定。桥区地层结构简单，第四系覆盖层厚度变化不大，下伏基岩为板溪混合岩、混合花岗岩，岩体风化强烈，差异性风化明显，部分孔位在钻探深度内未揭露完整基岩。桥区地表水和地下水对混凝土结构具有中、弱腐蚀性。桥区地震基本烈度为Ⅵ度，2005年11月26日瑞昌地震烈度达到Ⅶ度，桥区工程地质条件总体属于较复杂类型。

预应力混凝土先简支后连续的小箱梁双幅每孔由8片小箱梁组成，小箱梁高1.7m，中梁梁顶宽2.4m，边梁梁顶宽2.85m，全桥梁高、梁宽一致，桥梁横向通过梁间横隔梁及翼缘板的湿接缝连接成整体。

5.运营管理

九江绕城高速公路全线共有收费站 2 处(表 3-4-39),大桥 3 座。

九绕高速公路收费站点设置情况　　　　　　表 3-4-39

站点名称	车道数	收费方式
姑塘收费站	3 进 5 出	人工半自动收费(MTC)+自动收费(ETC)
星子北收费站	3 进 5 出	人工半自动收费(MTC)+自动收费(ETC)

十九、寻乌(赣闽界)至全南高速公路

寻乌(赣闽界)至全南高速公路(以下简称"寻全高速公路")是 2020 年高速公路网规划中 18 条地方加密高速公路中的第 18 条,也是江西省连接周边省份、加强对外联系,对接长珠闽、融入全球化的跨省高效公路运输大通道的咽喉要道,在路网中具有十分显要的地位。在江西省地方高速公路网中编号 S80。寻全高速公路(寻乌至信丰段)东接福建省在建的古武高速公路,西接 G45 大广高速公路赣定段,是赣南南部东西向主要出省通道之一,它的建成对完善赣闽两省区域干线公路网,提高地区综合运输效益,改善通行条件,加强中部地区与海西经济区的联系有着重要意义;对增强国防交通战略保障,加快山区经济发展,开发旅游资源具有重要意义;对加快赣南振兴、推动赣南建成区域交通枢纽具有重要意义。

1.项目概况

寻全高速公路建设里程 112.104km(其中安远至全南段 53.804km,寻乌至安远段 58.3km),路线起点位于福建省古武高速公路(寻乌县罗珊乡贝村草头垄赣闽界),途经寻乌县罗珊乡、澄江镇、水源乡、三标乡,安远县高云山乡、欣山镇(安远县城)、车头镇、新龙乡,信丰县虎山乡、小江镇,西接 G45 大广高速公路赣定段(信丰县小江镇罗吉村的四坑腰仔),沿线共经 3 个县 10 个乡(镇),如图 3-4-21 所示。安远至全南段于 2012 年 7 月 28 日开工建设,2014 年 12 月 26 日竣工通车;寻乌至安远段于 2012 年 7 月 28 日开工建设,2015 年 10 月 30 日竣工通车,项目估算总投资 87.13 亿元(其中安远至全南段投资 39.68 亿元,寻乌至安远段投资 47.45 亿元),资金来源:①项目资本金约 21.78 亿元,约占总投资的 25%,由项目建设单位自筹解决;②其余 65.35 亿元建设资金申请国内银行贷款。全线均按双向 4 车道的高速公路标准设计,设计速度 80km/h,路基(整体式)宽 21.5m,(分离式)宽 10.75m;路面采用沥青混凝土路面,标准轴载 BZZ-100kN;设计荷载等级为公路—Ⅰ级;设计洪水频率为特大桥 1/300,路基及大、中小桥涵 1/100;连接线均采用二级公路标准,10m 宽路基。全线共有 97 座桥梁,其中主线上跨桥 80 座,最大高墩

桥为桂云山高架桥,桥底净高达 73.5m;隧道 20 座,共 32594m;互通立交 3 处;服务区 2 处。

2. 参建单位

寻全高速参建单位共 43 家。

项目管理单位:江西寻全高速公路有限责任公司。

勘察设计单位:中国公路工程咨询集团有限公司、江西省交通设计院、江西省赣南公路勘察设计院、中交第二公路勘察设计研究院有限公司。

施工单位:江西赣粤高速公路工程有限责任公司、江西省公路桥梁工程局、江西交建工程集团有限公司、中铁二十一局集团有限公司、中交二公局第一工程有限公司、浙江正方交通建设有限公司、江西赣东路桥建设集团有限公司、江西交通工程集团有限公司、中铁二十局集团第六工程有限公司、江西际洲建设工程集团有限公司、河北广通路桥工程有限公司、中铁七局集团第三工程有限公司、中铁隧道集团二处有限公司、中铁十七局集团第二工程有限公司、中交一公局第六工程有限公司、江西有色建设集团有限公司、中铁十二局集团有限公司、杭州市交通工程集团有限公司、中铁隧道集团三处有限公司、江西绿巨人市政园林有限公司、厦门市雅景致环境艺术工程有限公司、江西滕王阁环境建设集团有限公司、漯河绿地(集团)发展有限公司、江西省城市园林建设有限公司、陕西世纪交通工程有限公司、江西省公路机械工程局、陕西汉唐计算机有限责任公司、兰州朗青交通科技有限公司、航达建设集团有限公司、湖南星大建设集团有限公司。

监理单位:宁波交通工程咨询监理有限公司、抚州博信公路工程监理有限公司、江西交通咨询公司、湖南省交通建设工程监理有限公司、湖北利民建设工程咨询有限公司、赣州诚正公路工程监理有限公司、江西通慧科技发展有限公司、江西省赣州昌顺工程建设监理有限公司。

3. 建设情况

2011 年 11 月 14 日,省发改委下发《关于寻乌(赣闽界)至全南高速公路寻乌至信丰段初步设计的批复》(赣发改设审字〔2011〕2531 号),同意寻乌(赣闽界)至全南高速公路寻乌至信丰段初步设计。6 月 9 日,省发改委下发《寻乌(赣闽界)至全南高速公路寻乌至信丰段可行性研究报告》(赣发改交通〔2011〕1108 号),路线全长约 110km,全线采用双向 4 车道高速公路标准建设,设计速度 80km/h,路基宽度 24.5m,汽车荷载等级采用公路—Ⅰ级,其他技术指标符合《公路工程技术标准》(JTG B01—2003)规定,项目估算总投资约为 90.5 亿元。资金来源为:资本金 22.62 亿元,占总投资的 25%,由项目建设单位自筹解决;其余 67.88 亿元建设资金申请国内银行贷款。9 月 19 日,完成勘察设计与地勘监理招标,并于 9 月 26 日与各中标人签订合同协议。

2012年7月23日,完成项目施工及施工监理的招标,并于8月17日与各中标人签订合同协议。10月,进入实质性施工,项目分3个阶段实施。2012年10月~2013年7月为第一阶段,共9个月;2013年7月~2014年4月为第二阶段,共9个月;2014年4月~2015年10月为第三阶段。

第一阶段2012年10月18日~2013年7月17日(共9个月)是项目的开局,是建设项目能否按期完成的基础和关键,主要任务是"三个基本完成,三个进度过半"。三个基本完成:路基土石方工程基本完成,中桥、涵洞通道基本完成,桥梁基础基本完成。三个进度过半:桥梁下部构造进度过半、隧道掘进进度过半、底基层备料进度过半。目标投资37.71亿元,实际完成投资32.82亿元,剩余4.89亿元投资未完成。

第二阶段2013年7月18日~2014年4月17日(共9个月)。工程进度为"一个全面完成、三个基本完成、五个全面铺开"。一个全面完成:路基工程全面完成。三个基本完成:隧道工程基本完成、路面基层基本完成、桥梁工程基本完成。五个全面铺开:路面沥青面层、绿化、房建、机电、交安工程全面铺开。工程进度目标:①路基工程:路床交验100%,防护及排水工程完成100%。②桥梁工程:一般大中桥梁下部构造完成100%,梁板预制完成90%,梁板安装完成80%,现浇梁完成100%,桥面铺装完成65%,防撞墙完成75%;高墩桥梁下部构造完成100%,梁板预制完成85%,梁板安装完成75%,桥面铺装完成60%,防撞墙完成65%。③隧道工程:特长隧道开挖及初支完成85%,二衬完成75%,隧道路面及附属工程完成65%;中、长隧道、连拱隧道开挖及初支完成100%,二衬完成100%,隧道路面及附属工程完成85%;短隧道完成100%。④路面工程:中下面层备料完成70%,上面层备料完成30%,机制砂备料完成70%,底基层铺筑完成80%,中下基层铺筑完成75%。⑤绿化工程:边坡绿化工程完成80%。⑥房建工程:主体工程完成45%。⑦机电工程:完成15%。⑧交通安全设施工程:完成15%。第二阶段完成项目投资32.97亿,占总投资的38%。

第三阶段2014年4月18日~2015年10月31日,是项目建设收尾阶段,各项目标任务全面完成。主要工程项目完成的时间点:①桥梁工程:完成100%;②隧道工程:完成100%;③路面工程:沥青混凝土上面层2015年7月中旬铺筑完成;④房建工程:2015年8月18日全部完成并交验;⑤交通安全设施工程(含通信管道):2015年7月中旬全面完成;⑥机电工程:2015年8月中旬全面完成并交工验收,2015年8月30日底前完成机电、通信、收费系统的联合试运;⑦互通、隧道广场绿化工程:2015年9月20日全部完成;⑧中央分隔带绿化工程:2015年10月20日全部完成。

2013年1月1日,完成寻全高速公路建设项目绿化、交安、机电等附属工程资格预审工作并结束结果公示。2月20日,C5标仙水塘隧道中导洞贯通。4月8日,在A2标召开现场观摩会,主要观摩高墩桥及涵洞施工情况。6月16日,B6标桂云山(一)隧道双洞贯通；18日，A1标珊贝一号隧道右幅贯通；24日，A2标珊贝三号隧道左幅贯通。7月13日，A2标珊贝三号隧道双洞贯通；30日，C2标磨形1号高架桥全幅贯通。8月4日，廖屋高架桥全幅贯通；16日，邱屋围高架桥左幅单幅贯通；22日，B4标佛地隧道右幅贯通；23日，A1标珊贝二号隧道右幅贯通；同日，完成绿化项目招标，并于9月15日与各中标人签订合同协议；27日，A2标华齐二桥全幅贯通。9月17日，C3标松虎坑3号隧道率先贯通；18日，B4标三排大桥左幅贯通。9月19日，小江互通主线桥全幅贯通；22日，省交通运输厅下发《江西省交通运输厅关于寻全高速公路主体工程施工图设计的批复》（赣交基建字〔2012〕84号），同意寻乌（赣闽界）至全南高速公路寻乌至信丰段施工许可申请书。27日，C5标仙水塘隧道左洞贯通；28日，A1标珊贝二号隧道双洞贯通。10月3日，A2标华齐一桥全幅贯通；4日，C3标松虎坑2号隧道单幅和许屋高架桥左幅贯通；5日，B5标十竹山高架桥全幅贯通；7日，小江互通连接线桥全幅贯通；14日，黄基山高架桥全幅贯通；16日，桂云山（二）隧道双洞和C3标在全线第一个标段单幅贯通；17日，A1标珊贝一号隧道双洞贯通；18日，B4标佛地隧道双洞贯通；20日，B4标古田隧道左幅和三排大桥全幅贯通；23日C3标松虎坑1号隧道双洞贯通；25日，B7标安信隧道左线贯通；28日，C4标96区路床交验首次交验；31日，A2标泊竹二桥全幅贯通。11月5日，B4标古田高架桥左幅贯通；10日，A6标东江源（一）隧道左幅贯通；14日，B4标安远跨线桥左幅贯通；20日，LM3标底基层摊铺试验段。同日，B4标安远跨线桥全幅贯通；22日，B4标古田隧道双洞贯通；27日C4标段坳背分离立交全幅架通；30日，B4标古田高架桥全幅贯通。12月11日，B1标圩岗大桥左幅贯通；16日，A6标东江源（二）隧道左幅贯通；20日，B2标高云山（二）隧道左幅贯通；25日，A6标东江源（三）隧道右幅完成。同日，B2标高云山（三）隧道左幅贯通；27日，LM2标下基层试验段开始摊铺；28日，A6标东江源一桥右幅贯通。

2014年4月21日，完成机电监理施工招标，并于5月19日与各中标人签订合同。同日，完成机电施工招标，并于6月11日与各中标人签订合同。5月4日，C5标实现单幅贯通。6月24日，完成交安项目和房建项目招标，并于7月17日与各中标人签订合同。12月26日，B段通车。

寻全高速公路（寻乌至信丰段）所经地形主要为山岭重丘区，地形地质复杂，桥梁隧道多，桥隧比达35.08%，是江西省高速公路中桥隧比较大的项目，同时也是施工难度、施工组织较大的项目。主要特点包括：①协调难度大。该项目在任务重、时间紧的情况下，全线1处与铁路交叉，2处横跨高速公路，有的桥梁跨越省道或地方道路。施工方案、交通安全维护方案报铁路、公路主管部门审核，并按主管部门意见施工。②高墩桥梁多。全线共设桥梁97座，总长度达24820m，其中40m以上高墩桥梁25座，墩高大于70m的桥梁有2座，分别是桂云山高架桥最大墩高75.5m，珊贝2号大桥墩高73.8m，技术难度大，科技含量高，施工工艺要求高。③隧道多且复杂。全线共设隧道20座，总长16283.7m，其中高云山一号隧道左线长达3382.67m,右线长达3342m,地质条件差,围岩复杂、断层破碎带、软弱地带较多,裂隙水较丰富,岩性多样,岩相变化大,其中Ⅳ级、Ⅴ级围岩占比较大,施工条件非常困难,尤其是全线控制性工程——高云山一号隧道总长3362.3m。④高填深挖及陡坡路段多。全线高填方路基127处,深挖方路基130处,最大深挖大于40m,最大填挖大于60m,陡坡路基59处;高填深挖及陡坡路段路基填筑质量的稳定和工后沉降是个难题。⑤水保环保要求高。项目区域果业发达,取(弃)土场选址困难。其征果园224.06公顷,占总征迁面积的32%;本项目路线紧临东江源头和国家级风景名胜三百山,施工难度大,对水保、环保要求高。

2015年10月31日,A段通车。

征地拆迁情况见表3-4-40。

寻全高速公路征地拆迁情况统计　　表3-4-40

项目	征地拆迁安置起止时间	征用土地（公顷）	拆迁房屋（m²）	支付补偿费用（亿元）	备注
全线	2012年3月~2015年10	762.668	30627.205	2.34	

4. 运营管理

寻全高速公路全线共有收费站5处(表3-4-41),服务区2处,隧道20座。

寻全高速公路收费站点设置情况　　表3-4-41

站 点 名 称	车道数	收 费 方 式
寻乌赣闽界收费站	6进10出	人工半自动收费(MTC)+自动收费(ETC)
寻乌北收费站	3进3出	人工半自动收费(MTC)+自动收费(ETC)
安远收费站	3进5出	人工半自动收费(MTC)+自动收费(ETC)
虎山收费站	3进4出	人工半自动收费(MTC)+自动收费(ETC)
小江收费站	3进4出	人工半自动收费(MTC)+自动收费(ETC)

二十、都昌至九江高速公路(星子至九江段)

都昌至九江高速公路(以下简称"都九高速公路")分为两期建设,一期为星子至九江段,二期为都昌至星子段。路线东起杭瑞高速公路九江至景德镇段(都昌县蔡岭镇境内),西接福银高速公路南昌至九江段(九江县马回岭乡境内),在江西省地方高速公路网中编号S22。都九高速公路的建成将进一步完善环鄱阳湖高速公路网,对促进九江市,特别是对星子县的经济持续快速发展,推动鄱阳湖生态经济区建设具有重要意义。

1. 项目概况

都九高速公路(星子至九江段)建设里程16.071km,路线起于九江绕城高速公路华林枢纽互通,途经星子县华林镇、温泉镇、九江县马回岭镇,至马回岭枢纽与昌九高速公路相接,共经过九江市的2县3个乡镇。2013年4月15日开工建设,2014年12月26日竣工通车,项目总投资12.48亿元,资金来源:①65%银团贷款;②35%自筹。自筹资金主要来源于通行服务费盈余、回购式融资租赁、短期流动资金贷款等。都九高速公路(星子至九江段)设计速度为100km/h,路基宽度为26m,按双向4车道标准设计,主要控制点为星子县温泉隧道,全线共设温泉收费站和马回岭收费站2个出口通道。其中,温泉收费站出口连接105国道,距旅游区东林大佛仅1km,马回岭收费站出口连接212省道。全线涵洞通道共85道;互通共2处,分别为马回岭互通和温泉互通。隧道1座(温泉隧道),温泉隧道起讫桩号为:左线 K53+650~K55+370,长1720m;右线 K53+660~K55+370,长1710m,为上下分离式隧道。

2. 参建单位

都九高速公路(星子至九江段)参建单位共15家。

项目管理单位:都九高速公路项目办公室。

勘察设计咨询单位:江西省交通设计院、四川省交通运输厅公路规划勘察设计研究院。

施工单位:广东省长大公路工程有限公司、江西赣粤高速公路工程有限责任公司、中交第二航务工程局有限公司、鞍山公路工程有限公司、江西中工建设工程有限公司、方圆建设集团有限公司、赣州诚正公路工程监理有限公司、江西交通咨询公司、江苏兴路交通工程有限公司、广州航天海特系统工程有限公司。

专项试验检测单位:江西省公路工程检测中心。

监理单位:江西交通建设工程监理所。

3. 建设情况

2012年12月28日,省发改委下发《江西省发展改革委关于批复都昌至九江高速公路星子至九江段新建工程可行性研究报告的函》(赣发改交通〔2012〕2921号),批准项目建设;10月10日,省国土资源厅下发《关于都昌至九江高速公路星子至九江段新建工程的用地预审意见》(赣国土资核〔2012〕1399号),批准建设用地。

2013年1月8日,资格预审招标工作开始,在规定时间内共向4家单位发售4份施工监理资格预审文件;向75家单位发售126份土建工程施工资格预审文件。10日,都九高速公路(星子至九江段)顺利完成土地征用133.5公顷,房屋拆迁9933m^2,迁移坟墓2118穴,电力杆线99根,实现都九与昌九高速公路的安全交叉施工作业,高效征拆协调工作为项目建设顺利实施和高效推进争取时间、创造条件。26日,都九高速公路(星子至九江段)施工监理、土建工程施工资格预审通过单位正式在各大网站公示,接受社会各界监督。2月20日,省发改委下发《关于都昌至九江高速公路星子至九江段新建工程初步设计的函》(赣发改设审〔2013〕292号),文中主要对建设规模和主要技术标准进行要求,且分别对路线设计、路基,路面设计、桥涵、隧道设计以及工程概算进行明确。核定该工程概算为124755.74万元。23日,都九高速公路项目(星子至九江段)路基标段随机模号及土建工程、监理招标文件发售工作在南昌市公共资源交易中心进行。该项目土建施工Ⅱ类(路基)标段摸号抽签及施工、监理标段招标文件发售工作严格按照《中华人民共和国招标投标法》和省重点办批复的《都九项目星子至九江段土建工程施工及施工监理招标方案》所规定的方式、程序实施,招标全过程由各级纪检监察人员现场监督、公证人员现场确认招标各环节结果,确保该项目招标工作程序合法、操作透明、机会公平、结果公正,确保整个招标过程在阳光下"透明"运作。当日,30家Ⅱ类标段(路基施工)投标人进行现场随机模号,确认各自所投标段,并认购招标文件;15家路面、4家监理投标单位认购招标文件。3月22~24日,都昌至九江高速公路(星子至九江段)项目施工监理及土建工程施工招标工作顺利完成。4月15日~10月30日(6个半月),完成路基土石方工程,桥梁桩基、承台、桩系梁工程和涵洞通道工程,开始梁板预制、隧道掘进和路面材料的备料工作。土石方工程完成90%;路基交验完成30%;涵洞、通道完成100%;防护及排水工程完成10%;所有桥梁桩基、承台、桩系梁完成100%;桥梁下部构造完成35%,梁板预制完成20%,梁板安装完成10%,现浇完成10%;隧道掘进完成35%,二次衬砌完成10%;完成白站场站建设,黑站场地平整及硬化;级配碎石底基层备料完成30%,水稳中、下基层备料完成15%,沥青碎石上基层备料完成5%;级配碎石底基层摊铺完成5%。5月10日,都昌至九江高速公路建设项目办对都九高速公路星子至九江段各路基施工、监理单位进行第一次从业单位合同履约检查。

  2013年11月1日~2014年4月30日(6个月),完成路基交验,桥梁下部构造、梁板预制和桥梁现浇工程,隧道掘进工程,基本完成预制梁安装,实现单幅贯通;基本完成隧道二次衬砌工程;基本完成级配碎石底基层摊铺,启动沥青混凝土中(下)面层摊铺。路基交验完成100%;防护及排水工程完成50%;除通书院大桥(桥长728m,288片30mT梁)和昌九上跨现浇桥外,其他桥梁下部构造完成100%,梁板预制完成100%,梁板安装完成85%,现浇完成100%,1月主线桥梁实现单幅贯通。通书院大桥和昌九上跨现浇桥下部构造完成90%,梁板预制完成80%,梁板安装完成65%,现浇完成70%,4月实现单幅贯通;隧道掘进完成100%,二次衬砌完成70%,隧道路面及附属工程完成40%;完成黑站建设,级配碎石底基层备料完成100%,水稳中、下基层备料完成70%,沥青碎石上基层备料完成50%,沥青混凝土中(下)面层备料完成30%,沥青混凝土上面层备料完成5%;级配碎石底基层摊铺完成80%,水稳中、下基层摊铺完成50%,沥青碎石上基层摊铺完成30%,沥青混凝土中(下)面层完成5%。2013年年底都九高速公路(星子至九江段)完成投资3.5亿元,项目建设实施过程中,始终瞄准与九绕高速公路"同步筹备、同步施工、同步建成"

的建设目标,优化资源配置,科学统筹调度,通过创新创优抓管理,克服四大压力,即克服征拆协调压力、工期进度压力、质量管控压力和资金保障压力。

2014年5月1日~10月30日(6个月),全面完成路基、桥梁、隧道及防护排水工程;全面完成路面材料备料、基本完成沥青混凝土中(下)面层摊铺,沥青混凝土上面层摊铺过半;全面启动房建、绿化、交通安全设施工程。防护及排水工程完成100%;桥梁工程完成100%;隧道工程完成100%;水稳中、下基层备料完成100%,沥青碎石上基层及沥青混凝土中(下)面层备料完成100%;沥青混凝土上面层备料完成100%;级配碎石底基层摊铺完成100%,水稳中、下基层完成100%,沥青碎石上基层完成100%,沥青混凝土中(下)面层完成80%,沥青混凝土上面层完成50%;路面附属工程完成100%;房建基础和主体工程完成100%,外墙粉刷和装修完成100%,室内粉刷和装修完成50%,水电完成30%;主线绿化工程完成100%;交通安全设施工程声屏障完成100%,护栏立柱、标志基础完成100%,护栏安装完成30%,标志安装完成50%。11月1日~12月31日(2个月),全面完成沥青混凝土路面摊铺,完成房建、交通安全设施、机电工程,并完善其他项目存在的缺陷及未完工程。路面沥青混凝土摊铺完成100%;房建工程完成100%;场站绿化工程完成100%;交通安全设施工程完成100%;机电工程完成100%;完善缺陷及未完工程,完成道路清理及施工单位退场工作。11月底,九绕和都九高速公路(星子至九江段)路基、路面、交通安全设施、房建工程基本完成。绿化工程完成总量的97.4%,机电工程进展顺利,各类收费、监控设备正在安装调试。12月23日,九绕都九(一期)项目顺利通过厅质监站交工验收。

征地拆迁情况见表3-4-42。

都九高速公路征地拆迁情况统计　　　　　　表3-4-42

项目	征地拆迁安置起止时间	征用土地(公顷)	拆迁房屋(m²)	支付补偿费用(元)	备注
全线	2013年1月~2013年4月	133.5	8679	38252650	

4.复杂工程技术

都九高速公路(星子至九江段)温泉隧道。温泉隧道起讫桩号为:左线K53+650~K55+370,长1720m;右线K53+660~K55+370,长1710m,为上下分离式隧道。隧道区处于构造剥蚀低山丘陵区,山体连绵起伏,山体植被发育,高岭密布,地形起伏大。隧道区进出口均有山涧发育冲沟,围岩主要为片岩、板岩结构,节理发育,为隧道走向顺层节理,普遍硬度较高,饱水抗压试验显示强度达60~96MPa。与此同时,局部围岩破碎、软弱,施工时易坍塌,施工进展一度极其缓慢,给施工带来极大不利。为确保完成总工期任务目标,同时控制好隧道超欠挖,改善洞内施工环境,在建设过程中,加大技术力量投入,现场经验结合超前探测手段及时掌控围岩变化情况。针对不同围岩爆破专门成立特殊围岩结构隧道爆破施工工艺研究的课题小组,经现场踏勘并融合以往施工经验对爆破参数进行重新设计,并通过现场试验进行考究,根据实际爆破效果及时给予调整。经为期半年的研究、实践,攻克具岩质硬、节理发育、受力不均等特点的围岩爆破超欠挖难控制等难题。

5. 运营管理

都九高速公路(星子至九江段)全线共有收费站2处(表3-4-43),隧道1座。

都九高速公路收费站点设置情况　　　表3-4-43

站点名称	车道数	收费方式
温泉收费站	3进5出	人工半自动收费(MTC)+自动收费(ETC)
马回岭收费站	3进5出	人工半自动收费(MTC)+自动收费(ETC)

二十一、金溪至抚州高速公路

金溪至抚州高速公路(以下简称"金抚高速公路")属江西省规划建设的地方加密高速公路,在江西省高速公路网中编号S46。该项目贯通花山界至里木、抚州至吉安、井冈山至睦村高速公路,成为江西省高速公路网东西向的又一条干线大通道。同时,金抚高速公路与南北向的济南至广州(G35)、福州至银川(G70)、大庆至广州(G45)、上海至昆明(G60)4条国家高速公路连通。因此,金抚高速公路建成通车后将进一步完善江西省高速公路网并能更大限度地发挥国家高速公路网对地方的辐射作用,有力促进昌抚一体化、赣东赣西两翼齐飞区域发展战略的实施。该项目的建成,有利于海峡西岸经济区的建设和闽赣湘三省的经济联络;有利于改善赣东地区的交通运输状况和投资环境,促进该地区的资源开发和经济发展,对江西在中部地区的崛起将起到极其重要的作用;同时结合抚吉高速公路和济广高速公路形成江西省西南部与东北部间的一条快速通道,有利于缩短湖南、广东方向途经江西往浙江、上海方向车流的里程,缓解昌樟高速公路的交通压力。

1. 项目概况

金抚高速公路建设里程40.225km,路线东起济南至广州高速公路的金溪县,沿线经过抚州市金溪县、临川区、金巢高新区两区一县,西接抚吉高速公路抚州南枢纽互通。2013年8月3日开工建设,2015年11月6日竣工通车,项目投资概算19.93亿元,其中,银行贷款13.52亿元,自筹资金6.41亿元。金抚高速公路全线按全封闭、全立交双向4车道高速公路标准建设,路基宽度26m,采用沥青混凝土路面;设计速度100km/h;汽车荷载等级为公路—Ⅰ级;设计洪水频率:特大桥为1/300,桥涵和路基为1/100;设计标准轴载:BZZ-100kN;沿线设置安全、监控、通信、收费、供电照明及服务等交通工程及沿线设施。

2. 参建单位

金抚高速公路参建单位共20家。

项目管理单位:江西省高速公路投资集团有限责任公司金溪至抚州高速公路建设项目办公室。

设计单位:中国公路工程咨询集团有限公司。

施工单位:四川公路桥梁建设集团有限公司、江西省公路桥梁工程局、中交第二航务工程局有限公司、中铁航空港集团第一工程有限公司、山东省公路建设(集团)有限公司、北京城建道桥建设集团有限公司、河南国基建设集团有限公司、江西省龙马建设工程有限公司、江西远通建筑工程有限公司、黑龙江应用电子有限责任公司、江西天一景观设计开发有限公司、太原市锐光交通安全设施有限公司、内蒙古通安特交通工程科技有限责任公司。

监督单位:江西省交通工程质量监督站。

监理单位:抚州博信公路工程监理有限公司、江西省嘉和工程咨询监理有限公司、江西省公路工程监理公司。

3. 建设情况

金抚高速公路是江西省策应中央支持和推动福建省加快建设海峡西岸经济区及的重大举措,是加强赣湘、赣闽交通和经济联系、发展江西省区域经济、促进江西东部地区经济腾飞和加快沿线地区经济发展的需要,2012年9月,金抚项目办成立。2012年10月,江西省发展和改革委员会批复项目可行性研究报告,2012年10月江西省环境保护厅批复项目环评报告,2012年12月江西省发展和改革委员会批复初步设计。

2013年4月,项目土建、交安、房建等招标工作完成。2015年8月,机电招标完成,至此所有招标工作结束。2012年10月26日,省政府召开本项目征地拆迁动员大会,在完成设计红线图后开始深入工地一线,开展施工红线的放样和征拆工作,跨向莆铁路桥征拆工作首先启动,然后逐步开展,至2014年6月全部结束。

金抚高速公路建设总体思路是"以规范施工促工程总体进展、以工程进度体现规范施工""向设备要生产力、向科技要质量"。项目建设共分3个阶段:第一阶段(2013年7月1日~2013年12月31日)。共完成路基土石方工程100%、每个路基标段上路床交验完成不少于60%,完成服务区、站所场地并交验;涵洞、通道完成100%;防护及排水工程完成50%;中小桥(含支线上跨)桩基完成100%、下部构造完成80%、预制安装完成70%、桥面铺装完成50%(保证半幅通车);大桥桩基完成100%、下部构造完成50%、梁板预制完成50%、梁板安装完成30%;完成隔离栅基础混凝土浇筑及立柱安装100%;路面标段黑白站备料场地硬化完成,白站设备安装并调试完毕;路面底基层备料完成60%,基层备料完成30%。第二阶段(2014年1月1日~2014年8月31日)。2014年4月底,完成路基土石方工程交验、防护及排水工程完成100%。中小桥完成100%、大桥下部构造完成100%,梁板安装完成50%并完成桥面铺装,保证半幅通车。6月,梁板预制完成100%、下边坡绿化工程完成100%;7月,黑站设备安装并调试完毕;8月,路基标段完成所有工程；路面备料：基层、底基层完成100%，下面层完成50%、上面层完成20%；底基层及水稳基层摊铺完成100%、中央分隔带及暗边沟所有工程完成100%。第三阶段(2014年9月1日~2015年9月30日)。2014年12月底，路面备料全部结束，并完成下面层摊铺100%；2015年7月底，完成所有油面摊铺。全线共完成路基土石方437万 m³；沥青混凝土面层107万 m²；互通式立体交叉4处；桥梁5410m/30座，其中，大桥3273m/8座、分离立交739m/5座、匝道桥480m/5座，抚河大桥为金抚项目控制性工程。同时，在每阶段组织展若干次专项活动，把目标任务分解量化到专项活动，通过专项活动目标任务促阶段目标任务的完成，以阶段目标任务保项目整体目标任务完成。

自项目建设以来，组织开展"决战两个月、打响第一枪""攻坚克难八十天、快乐回家过春节""雨季施工巧安排、桥梁半幅变通途""争分夺秒五个月、优质高效交答卷目标任务""有条不紊铺路面、建好金抚把家还"五次专项活动，并对每一次专项活动，都做到精心谋划，精心组织，精心施工，明确任务，明确节点，明确标准，严格考核，严格奖惩，严格兑现。有效地调动参建人员的积极性、创造性和主动性，攻难关，破难题，步步为营，稳扎稳打，全线施工始终在规范化轨道上正常运行，各项工程进展良好。同时，项目建设采用各种形式的"套餐"宣贯，把标准化建设、规范化施工以及平安工地创建的各项标准规范和规定要求融入、落实到工程建设的全过程。"套餐"的形式灵活多样、注重实效，如会议+讲座、会议+培训、会议+观摩、检查+观摩。观摩又分正面观摩和反面观摩，主讲既可以是项目办领导、项目经理，也可能是一般管理人员、一线技术人员，使得人人既可以是老师、也可能是学生，既有动力、又有压力，形成良性互动、互补，较好地达到了宣贯、培训、交流的目的。项目办已分别组织举办各方面的讲座、观摩、培训"套餐"20多次，互相交流，取长补短，精细化管理水平全面提高。在此基础上，采取有力措施把标准化、规范化落实到施工环节：①在全线路基施工中推广采用方格布土法，确保路基填筑质量；②在全线结构物施工中推广采用台背同步填筑法，有效减少建成通车后出现台背跳车现象；③在全线的路基施工单位采用混凝土集中拌和及预制梁胎架法，并引进预应力智能张拉与自动喷淋养生等多项新工艺，保证桥梁梁板预制质量；④在全线的路面单位推广路面无污染施工，保证路面沥青结构层摊铺环境的干净整洁；⑤在全线开展路面交通安全维护观摩会，确保主线交通安全设置规范化，使得金抚高速公路建设标准化施工得到进一步的提高。

征地拆迁情况见表3-4-44。

金抚高速公路征地拆迁情况统计　　表3-4-44

项目	征地拆迁安置起止时间	征用土地（公顷）	拆迁房屋（m²）	支付补偿费用（元）	备注
全线	2013年1月~2014年6月	267.724	7500	129688500	

4.运营管理

金抚高速公路全线设置金溪西和抚州南收费站,采用封闭式收费制式,纳入江西省高速公路联网收费体系。采用半自动与电子自动收费相结合的组合式收费方式,通行券采用非接触IC卡或双片式车载单元;在出口车道采用客车按车型分类收费,货车采用计重收费方式。金溪西和抚州南收费站设置3入4出7条土建收费车道,按3入4出车道配置机电设备,其中1入1出为ETC收费车道,如表3-4-45所示。

金抚高速公路收费站点设置情况　　　　　表3-4-45

站点名称	车道数	收费方式
金溪西收费站	7	人工半自动收费(MTC)+自动收费(ETC)
抚州南收费站	7	人工半自动收费(MTC)+自动收费(ETC)

全线设服务区1处(临川东服务区),位于金抚高速公路主线K23+000处,距抚州市12km,地处抚河边,环境优美。服务区占地6.533公顷,总建筑面积6513.05m^2。

第五节 "十三五"规划时期建成的项目

一、南昌至宁都高速公路(冈上至宁都段)

南昌至宁都(冈上至宁都段)高速公路(以下简称"昌宁高速公路")为南昌至韶关国家高速公路(联络线)的重要组成部分,是江西"四纵六横八射线"高速公路网主骨架的重要路段,在国家高速公路网中编号G6011。昌宁高速公路为交通运输部第四批部级"平安工地"创建示范工程,是全省交通"十二五"期间的重点工程,建成通车后,自南往北贯穿江西中心地带,连通江西境内的沪昆线、抚吉线和泉南线三条东西向高速公路,能够很好地协调国家战略和区域战略发展布局,完成省委、省政府"龙头昂起、两翼齐飞、苏区振兴、绿色崛起"发展战略布局,促进江西省经济社会发展和国土均衡开发。

1.项目概况

昌宁高速公路建设里程248.601km,路线起点位于南昌市南昌县冈上镇,途经宜春市丰城市、抚州市乐安县、吉安市永丰县、赣州市宁都县等5个市5个县(市)26个乡镇,终点位于宁都县赖村镇,与泉南高速公路石吉段相接。2013年10月28日开工建设,2016年1月13日竣工通车,项目概算总投资173.93亿元,路基宽度26m,设计速度100km/h,路面为中料式沥青混凝土,设计桥涵荷载为公路—Ⅰ级,全封闭、全立交的双向4车道。全线共有特大桥2座,总长3131m,大、中、小桥178座,总长28996m;隧道9座,总

21155m,其中特长隧道3座,总长约12808m(其中最长的峁山隧道为5100m),长隧道5座,总长约8236m;互通立交12处,服务区4处。全线交通管理系统采用现代化技术,分为收费、监控、通信及机房、供电、避雷5个分系统。

2.参建单位

昌宁高速公路建设采取代建制,业主单位为江西省高速公路投资集团有限责任公司,代建单位为江西交通咨询公司。全线工程建设参建单位共86家。

项目管理单位:江西省高速公路投资集团有限责任公司南昌至宁都高速公路建设项目办公室。

质监单位:江西省交通建设工程质量监督局。

勘察设计单位:江西省交通设计研究院有限责任公司、中国公路工程咨询集团有限公司、中交公路规划设计院有限公司、江西省直属机关建筑设计院、中铁第四勘察设计院集团有限公司。

设计咨询单位:中交第一公路勘察设计研究院有限公司。

施工单位:江西宜春公路建设集团、江西省公路桥梁工程局、中铁十三局集团有限公司、中国路桥集团西安实业发展有限公司、中铁十四局集团有限公司、中铁大桥局股份有限公司、中铁航空港集团第一工程有限公司、成都华川公路建设集团有限公司、云南云桥建设股份有限公司、江西赣东路桥建设集团有限公司、浙江鼎盛交通建设有限公司、中铁十五局集团第四工程有限公司、江西通威建公路设集团有限公司、核工业华南建设工程集团公司、中铁十三局集团第三工程有限公司、广东冠粤路桥有限公司、中铁十五局集团第五工程有限公司、中铁十二局集团第三工程有限公司、江西省宜春公路建设集团公司、中铁四局第五有限公司、浙江省交通工程建设集团有限公司、安徽省公路桥梁工程有限公司、中交第一公路工程局有限公司、中铁五局(集团)有限公司、中国铁建十六局第三工程有限公司、江西通威公路建设集团有限公司、中铁五局集团第一工程有限责任公司、中交路桥建设有限公司、中铁十五局集团第一工程有限公司、科达集团股份有限公司、中交一公局海威工程建设有限公司、中交二公局六公司、核工业长沙中南建设工程集团公司、江西省公路机械工程局、江西井冈路桥(集团)有限公司、中交路桥华南工程有限公司、中铁十三局集团第一工程有限公司、江西省四通路桥建设集团有限公司、江西省交通工程集团公司、江西世登建设工程有限公司、江西省宏顺建筑工程有限公司、江西建工第三建筑有限责任公司、鲲鹏建设集团有限公司、萍乡市建筑工程公司、江西晶太水利电力建设有限公司、中康建设管理股份有限公司、江西省群力建设有限公司、江西中林建设集团有限公司、江西省福潞祥建筑集团有限公司、江西省高速公路物资有限公司、瑞金市昌兴实业发展有限公司、江西路通科技有限公司、江西方兴科技有限公司、青岛中建交通建设股份有限公司、大成工程建设有限公司、兰州金路交通设施有限责任公司、山东鲁中公路建设有限公司、江西山湖园林建设集团有限公司、福建腾晖环境建设集团有限公司、江西昌宏园林建设有限公司、南京中天园林建设有限责任公司、江西景态园林艺术有限公司、云南省交通科学研究所、四川京川公路工程（集团）有限公司、北京诚达交通科技有限公司。

监理单位：江西省嘉和工程咨询监理有限公司、九江市赣北公路监理咨询有限公司、江西科力咨询监理有限公司、上饶赣东公路工程咨询中心、北京中交公路桥梁工程监理有限公司、江西交通建设工程监理所、江西省公路工程监理公司、武汉大通公路桥梁工程监理咨询有限责任公司、中国公路工程咨询集团有限公司、赣州诚正公路工程监理有限公司、江西中昌工程咨询监理有限公司、江西通慧科技发展有限公司、北京兴通工程咨询有限公司。

3. 建设情况

2013年5月24日，省发改委下发《江西省发展改革委关于批复南昌至宁都高速公路冈上至宁都段新建工程可行性研究报告的函》致省交通运输厅，同意昌宁高速公路建设标准为双向4车道高速公路，路基宽度26m，桥涵荷载为公路—Ⅰ级。6月28日，省发改委下发《江西省发展改革委关于批复南昌至宁都高速公路冈上至宁都段新建工程初步设计的函》致省交通运输厅，同意初步设计采用的工程技术标准和连接线总体布置。工程主线长248.44km，分别在冈上、广福、丰城、洛市、铁路、乐安北、抚吉、万崇、陶唐、黄陂、青塘、宁都设12处互通立交，隧道9座，主线收费站及收费广场1处，互通匝道式收费9处，监控中心2处，服务区4处，停车区3处，路政、交警用房各3处，隧道应急救援中心1处，另建连接线约32km。全线分为40个合同段，核定工程总概算为1732592.43万元。资金来源：①集团自筹；②银团贷款；③交通运输部补贴。8月16日，省政府召开南昌至宁都、南昌至上栗高速公路建设项目征地和房屋征收动员会，项目征地拆迁工作正式启动。9月13日，省发改委下发《江西省发展改革委关于南昌至宁都高速公路冈上至宁都段新建工程技术设计及概算审核意见的函》致省交通运输厅，基本同意项目选线、路基、路面、桥涵、隧道、交叉工程及沿线设施等技术设计方案，原则同意工程总概算为1739305.88万元。10月28日，省政府在南昌召开新闻发布会，南昌至宁都、南昌至上栗、资溪花山界（赣闽界）至里木高速公路项目开工。11月8日，项目办正式进驻现场，项目全面动工。11月26日，项目办召开第一次建设促进会，确立项目建设理念、思路和工期计划。项目建设共分为三个阶段实施：第一阶段为2013年12月至2014年10月，为开局打基础阶段；第二阶段为2014年11月至2015年6月，为攻坚克难阶段；第三阶段为2015年7月至2015年年底，为全面冲刺阶段。12月16日，C7标石马隧道顺利进洞施工，标志着昌宁高速公路全线3个特长隧道施工全部顺利进洞，为项目建设开了一个好头。

2014年6月10日，昌宁项目隧道掘进顺利突破10000m，标志着该项目重难点控制性工程取得阶段性重大突破。7月28日，省委副书记、省长鹿心社深入昌宁项目施工现场，视察工程建设情况，并要求昌宁高速公路项目建设要抓住当前施工黄金期有利时机，在确保施工安全和工程质量的基础上,精心组织,科学施工,加快进度,努力打造精品工程、安全工程、廉洁工程,确保工程早建成、人民群众早受益。12月16日,项目办为进一步激励项目参建各方的工作主动性和积极性,尽早实现桥梁半幅架通和路床全部交验,给后续正常开展路面施工提供相应条件,确保项目总工期目标的顺利实现,启动"攻坚战"活动。

2015年4月15日,石马隧道顺利贯通,这是全线贯通的第一个特长隧道,也是近两年来江西贯通的首个特长隧道工程。7月21日,项目办组织召开路面工程施工"大干一百天"活动动员大会,就全面冲刺工作进行细致部署。7月27日,昌宁项目控制性工程、全线第二长隧道——双溪岭隧道顺利贯通。9月11日,昌宁项目重点控制性工程——零山隧道顺利贯通,标志昌宁项目主线便道全部拉通,为年底全面建成通车奠定坚实基础。昌宁项目建设严格按照"严谨、精品、优美、平安"的建管思路,充分发扬"善谋实干、敢打敢拼"的奋战精神,努力克服困难,抢抓有利时机,合理安排施工。经过全线参建单位和参建人员的共同努力和顽强拼搏,工程建设不断取得突破性进展,保证关键工序不停不慢、工程质量始终受控和安全生产态势平稳。

征地拆迁情况见表3-5-1。

昌宁高速公路征地拆迁情况统计 表3-5-1

项目	征地拆迁安置起止时间	征用土地（公顷）	拆迁房屋（m²）	支付补偿费用（元）	备注
全线	2013年9月~2015年6月	1708.92	158020.18	691592262	

4. 运营管理

南昌至宁都高速公路(冈上至宁都段)全线共有互通立交12处,隧道9座,主线收费站及收费广场1处,互通匝道式收费9处(表3-5-2),监控中心2处,服务区4处[丰城南服务区、乐安服务区、藤田(永丰南)服务区、青塘(宁都西)服务区],停车区3处,隧道应急救援中心1处。

昌宁高速公路收费站点设置情况 表3-5-2

站点名称	车道数	收费方式
广福收费站	8	人工半自动收费(MTC) + 自动收费(ETC) + 自动发卡
丰城东收费站	8	人工半自动收费(MTC) + 自动收费(ETC) + 自动发卡
洛市收费站	7	人工半自动收费(MTC) + 自动收费(ETC) + 自动发卡
铁路收费站	7	人工半自动收费(MTC) + 自动收费(ETC) + 自动发卡
乐安北收费站	8	人工半自动收费(MTC) + 自动收费(ETC) + 自动发卡
万崇收费站	7	人工半自动收费(MTC) + 自动收费(ETC) + 自动发卡
永丰南收费站	7	人工半自动收费(MTC) + 自动收费(ETC) + 自动发卡
黄陂收费站	7	人工半自动收费(MTC) + 自动收费(ETC) + 自动发卡
宁都西收费站	8	人工半自动收费(MTC) + 自动收费(ETC) + 自动发卡

二、南昌至上栗高速公路

南昌至上栗高速公路(以下简称"昌栗高速公路")是江西鄱阳湖生态经济区与长株潭城市群之间的又一快捷通道,也是连接江西、湖南两省省会城市的最快捷通道,是沟通南昌、宜春、萍乡的一条横向地方加密线,在江西省地方高速公路网中编号S38。昌栗高速公路的建成通车让上栗县实现东与鄱阳湖生态经济区相融,北通过萍洪高速公路与长株潭城市群相连,与省会南昌的里程由300km缩短为220km,标志着上栗县东西向以沪昆高速公路、昌栗高速公路,南北向以萍洪高速公路和G319国道为主框架的井字形公路网全面形成。

1. 项目概况

昌栗高速公路建设里程223.09km,路线起于南昌市新建县罗家老屋(南昌西外环高速公路枢纽互通),终于上栗县金山镇(萍洪高速公路枢纽互通)。途经南昌市的红谷滩新区、新建县,宜春市高安市、上高县、宜丰县、万载县、袁州区及萍乡市上栗县,共3个地级市8个县(市、区)。2013年10月28日开工建设,2016年1月13日竣工通车,概算投资总额为114.22亿元。全线按高速公路双向4车道标准设计,设计速度100km/h,路基宽度26.0m,行车道宽度4×3.75m,硬路肩宽度3.0m,汽车荷载等级为公路—Ⅰ级,地震动峰值加速度系数<0.05g,特大桥设计洪水频率为1/300,桥涵、路基设计洪水频率为1/100,路面形式为沥青混凝土路面(图3-5-1)。

图3-5-1 南昌至上栗高速公路

2. 参建单位

昌栗高速公路参建单位共74家。

项目管理单位:江西省高速公路投资集团有限责任公司南昌至上栗高速公路建设项目办公室。

设计单位：江西省交通设计研究院有限责任公司、江西省公路科研设计院与中交第一公路勘察设计研究院有限公司联合体、杭州中瀚建筑设计有限公司。

施工单位：中铁五局集团第二工程有限责任公司、湖南路桥建设集团公司、中交路桥建设有限公司、中铁一局集团第四工程有限公司、江西省交通工程集团公司、江西省公路桥梁工程局、江西省路桥工程集团有限公司、中铁五局集团机械化工程有限责任公司、中铁十七局集团有限公司、中铁十七局集团第二工程有限公司、安徽省公路桥梁工程有限公司、中铁六局集团有限公司、云南阳光道桥股份有限公司、中铁十七局集团第一工程有限公司、中交路桥华东工程有限公司、江西赣粤高速公路工程有限责任公司、中铁十六局集团第一工程有限公司、中铁十四局集团第四工程有限公司、中铁四局集团第五工程有限公司、杭州市交通工程集团有限公司、中铁二十三局集团第一工程有限公司、中交二公局第六工程有限公司、新疆北新路桥集团股份有限公司、中交第一航务工程局有限公司、中铁十五局集团第七工程有限公司、中铁十七局集团第三工程有限公司、九江市广安建设工程公司、江西省城建建设集团有限公司、江西元康实业有限公司、江西泰枫建设工程有限公司、福建亨立建设集团有限公司、江西省朝晖城市建设工程有限公司、江西鑫豪建设工程有限公司、万宝建工集团有限公司、江西中耀建设有限公司、江西省弘毅建设集团有限公司、江西南工建设工程有限公司、江西恒伟建设工程有限公司、中贤建设集团有限公司、吉安市第四建筑工程有限公司、抚州市环宇市政建设有限公司、江西方兴科技有限公司、河南新星园林绿化工程有限责任公司、河南宏阳园林绿化工程有限公司、江苏富邦园林建设有限公司、河南六星园林工程有限公司、绿建景观设计工程有限公司、河南世新园林景观工程有限公司、潢川大地园林绿化工程有限公司、河南省迎宾园林绿化工程有限公司、郑州市大道公路工程有限公司、淄博顺达交通设施工程有限公司、江苏兴路交通工程有限公司、滕州市金恒大交通设施有限责任公司、邯郸市金明交通器材有限公司、江西省赣江交通设施厂、武安市恒德交通安全设施有限公司、河北恒通交通安全设施有限公司、太原市锐光交通安全设施有限公司、陕西世纪交通工程股份有限公司、成都双羽实业股份有限公司。

监督单位：江西省交通工程质量监督站。

第三方检测单位：江西省天驰高速科技有限公司。

监理单位：赣州诚正公路工程监理有限公司、北京中鑫伟业公路工程监理有限公司、安徽省高等级公路工程监理有限公司、江西省嘉和工程咨询监理有限公司、江西交通建设工程监理所、江西省公路工程监理公司、江西省赣西公路工程监理有限公司。

3. 建设情况

昌栗高速公路项目全线地貌类型有平原、低丘、山地，总体地形起伏大，其中南昌境内以平原、岗地连片为主，高程50~100m，以剥蚀低丘高岗地貌为特征，地形起伏不大；宜春境内则由赣抚平原过渡至山地，地势至东南向西北抬升，主要山脉是境西北的九岭山，构成侵蚀、剥蚀地貌特征,高程由不足 50m 上升至 1000m 以上,相对高差局部大于 100m。一般侵蚀冲沟宽窄深浅不一,长度相差也悬殊,发育方向规律性受水系的控制。岗体基岩露头较差,人工种植松树林和茶树为主的植被发育,地面高程在 60~120m 之间,相对高差一般在 30m 左右,山体自然坡度 15°~25°,局部达 35°,山体浑圆,多呈馒头状、垄岗状。岗丘间发育谷洼地、谷盘地,地表一般人工改造为水稻田。萍乡市境内地形地貌以低缓的丘陵为主。

经省重点办批准,路基工程、路面工程、交通工程、绿化工程、机电工程、房建及附属工程等施工招标均采用国内竞争性招标方式。2013 年 9~10 月,组织路基工程施工招标工作,路基工程共分为 26 个合同段。9~11 月,组织监理招标工作,共分为 7 个合同段,监理范围为与之相应监理段路基、路面、桥涵、交叉、隧道、环保、防护、绿化、交通安全设施的施工准备阶段、施工阶段、缺陷责任期阶段监理及配合交、竣工验收的有关工作。2014 年 4~5 月,组织路面总承包施工招标,路面工程共分为 1 个合同段。6~7 月,组织房建工程勘察设计联合招标工作,共分为 1 个合同段。11~12 月,组织房建工程施工监理招标工作,共分为 3 个合同段。2015 年 2~3 月,组织景观绿化设计招标工作,共分为 1 个合同段;同时,组织房建及附属工程招标工作,共分为 15 个合同段。5~6 月,组织机电工程招标工作,共分为 1 个合同段。7~8 月,组织交通工程招标工作,共分为 4 个合同段;组织景观绿化工程招标工作,共分为 8 个合同段;组织声屏障工程招标工作,共分为 7 个合同段。

2013 年 2 月 27 日,新建工程项目建议书获省发改委批复(赣发改交通〔2013〕325 号)。4 月 16 日,省高速集团下发《江西省高速集团关于同意成立省高速集团南昌至上栗高速公路建设项目办公室的通知》(赣项管字〔2013〕72 号),组建江西高速公路投资集团有限公司南昌至上栗高速公路建设项目办公室;6 月 21 日,省水保厅下发《江西省水利厅关于〈南昌至上栗高速公路工程水土保持报告书〉审批意见的函》(赣水水保字〔2013〕102 号),批复项目环境保持方案。6 月 24 日,省环保厅下发《江西省环境保护厅关于南昌至上栗高速公路新建工程环境影响报告书的批复》(赣环评字〔2013〕140 号),批复项目环境保持方案。6 月 25 日,省发改委下发《江西省发改委关于批复南昌至上栗高速公路新建工程可行性研究报告的函》(赣发改交通〔2013〕68 号),批复项目工可报告。6 月 28 日,省发改委下发《江西省发改委关于批复南昌至上栗高速公路新建工程初步设计的函》(赣发改设审〔2013〕82 号),批复项目初步设计。同月,江西省国土资源厅下发《江西省国土资源厅关于南昌至上栗高速公路项目的用地预审意见》(赣国土资核〔2013〕775 号),批复项目先行用地。江西省住房和城乡建设厅下发《关于南昌至上栗高速公路规划选址意见的函》(赣建规〔2013〕20 号),批复项目规划选址。7 月,国家林业局下发《使用林地审核同意书》(林资许准〔2013〕236 号),核准同意项目林业用地。8 月,省发改委下发《江西省发改委关于批复南昌至上栗高速公路新建工程技术设计及概算审核意见的函》(赣发改办设审〔2013〕111号),批复项目技术设计。8月28日,启动红线放样及红线沟开挖工作。10月,江西省国土资源厅下发《江西省国土资源厅转发国土资源部关于南昌至上栗高速公路工程建设用地的批复》(赣国土资函〔2013〕485号),批复项目建设用地。10月27日,路基工程施工招标工作顺利完成。11月11日,昌栗项目办上高县驻地揭牌入驻。11月20日,项目办召开参建单位第一次见面会。11月22日,A3标完成高安东互通A匝道桥4a-0桩灌注,成为全线首根灌注的钻孔桩基。

2014年4月9日,组织召开4月份生产调度会。5月18日召开"大干100天"劳动竞赛动员大会,"大干100天"劳动竞赛活动自5月21日正式开始。8月31日,A2标完成全线首段路基K14+100~K15+170交验。10月16日,路面一分部完成全线首段路面底基层K15+560~K16+040试验段摊铺。10月23日,组织开展第一阶段暨"大干100天"劳动竞赛考核评比。11月11日,组织召开第一阶段总结表彰暨第二阶段施工动员大会。12月21日,C8标完成全线最长高架桥——江头高架桥左幅梁板架设。

2015年4月30日,组织召开5月份施工生产调度会。5月24日,路面一分部完成全线首段路面ATB上基层K33+150~K33+450试验段摊铺。8月6日,项目办组织开展项目第二阶段劳动竞赛考核评比。8月21日,路面二分部完成全线首段路面下面层K66+880~K67+280试验段摊铺。9月26日,路面一分部完成全线首段路面上面层K4+500~K5+200试验段摊铺。11月2日,路面一分部首个完成主线上面层摊铺。

征地拆迁情况见表3-5-3。

昌栗高速公路征地拆迁情况统计 表3-5-3

项目	征地拆迁安置起止时间	征用土地（公顷）	拆迁房屋（m²）	支付补偿费用（元）	备注
全线	2013年10月~2015年8月	1495.0907	304402.56	1362688505	

4. 复杂技术工程

江头高架桥中心桩号K187+547,是昌栗高速公路为减少路基高填方,并跨越乡村、河流及地方公路的一座大型桥梁,为18×40m多孔连续梁桥,全长729m,桥面净宽2×11.65m,为昌栗高速公路全线最长桥。最高墩高42m,为全线最高墩。大桥桥型布置采用5×40+5×40+4×40+4×40(m)先简支后连续预应力混凝土T梁,正交布置。桥墩采用薄壁墩接承台。桥墩采用翻模施工工艺,盖梁采用整体拼装式托架钢棒法施工。该桥大部分位于水田及居民区,社会环境复杂,局部贴近花炮厂,安全隐患大,地下溶洞密布,见洞率高达85%,部分桩基上部流砂层下部溶洞,极易塌孔,地质状况极其复杂,施工难度大,社会环境复杂、干扰多。

江头高架桥在建设过程中,遇到的困难很多,桥址地质状况极其复杂,流沙、斜岩、夹层、溶洞、暗河等比比皆是,全桥共有128根桩基,以$\phi1.8m$桩径为主,各种地质状况导致桩基施工难度大,尤其桩基溶洞多,有的溶洞桩基多次塌孔,施工进展缓慢,平均每根桩基施工周期高达20天,其中有部分桩基施工工期长达3个月。为了加快施工进度,特别聘请专家进行现场指导并确定处理方案,先后采取了回填片石黏土、全钢护筒跟进、深水爆破、加重锤头、浇筑钻机枕梁、混凝土护壁等措施。共投入用钢护筒850t,片石及黏土5000m^3,枕梁护壁混凝土3000m^3,最终桩基全部顺利完成,并取得较好的成绩,桩基合格率100%,其中Ⅰ类桩达到90%。

5. 运营管理

昌栗高速公路全线共有服务区5处,包括高安服务区、上高东服务区、上高西服务区、万载服务区、上栗东服务区,收费站12处。如表3-5-4所示。

昌栗高速公路收费站点设置情况 表3-5-4

站点名称	车道数	收费方式
九龙湖收费站	6入10出(入口预留1条,出口2条预留)	人工半自动收费(MTC)+自动收费(ETC)
西山收费站	3入5出(含出口预留1条)	人工半自动收费(MTC)+自动收费(ETC)
高安东收费站	3入6出(含出口预留1条)	人工半自动收费(MTC)+自动收费(ETC)
高安收费站	4入7出(出、入口预留各1条)	人工半自动收费(MTC)+自动收费(ETC)
高安西收费站	3入5出(含出口预留1条)	人工半自动收费(MTC)+自动收费(ETC)
上高东收费站	3入5出(含出口预留1条)	人工半自动收费(MTC)+自动收费(ETC)
宜丰南收费站	3入5出(含出口预留1条)	人工半自动收费(MTC)+自动收费(ETC)
上高西收费站	3入4出	人工半自动收费(MTC)+自动收费(ETC)
万载东收费站	3入6出(含出口预留1条)	人工半自动收费(MTC)+自动收费(ETC)
万载西收费站	3入4出	人工半自动收费(MTC)+自动收费(ETC)
慈化收费站	3入4出	人工半自动收费(MTC)+自动收费(ETC)
上栗东收费站	3入6出(含出口预留1条)	人工半自动收费(MTC)+自动收费(ETC)

三、南昌至宁都高速公路(南昌连接线)

南昌至宁都高速公路南昌连接线(以下简称"昌宁高速公路南昌连接线")是昌宁高速公路、沪昆高速公路、南外环高速公路之间的一条重要联络线,项目建成后,将使南昌市南面3条高速公路形成一个整体,是南昌市主要的出城道路,更有利于"南昌1小时经济圈"的形成,对打造南昌成为"核心增长极"具有十分重要的意义。

1. 项目概况

昌宁高速公路南昌连接线建设里程12.229km,路线起点位于南昌县境内南外环高速公路小蓝工业园,经富山乡,终于冈上镇荆林村,接南昌至宁都高速公路冈上至宁都段。2015年1月开工建设,2017年1月4日竣工通车,概算总投资14.4127亿元,资金来源:①省高速集团自筹50444.45万元;②银团贷款93682.55万元。采用双向6车道高速公路标准建设,路基宽度33.5m;设计速度100km/h;汽车荷载为公路—Ⅰ级;沥青混凝土路面,设计年限15年、设计标准轴载BZZ-100kN;设计洪水频率:特大桥1/300,其余桥涵及路基1/100;地震动峰值加速度≤0.05g;连接线:三级公路标准,路基宽8.5m,设计速度40km/h。全线有特大桥1座,总长1748m,大、中、小桥22座,总长2693m;涵洞通道143道;互通式立交2处,收费管理所2处。

2. 参建单位

昌宁高速公路南昌连接线项目建设采取代建制,业主单位为江西省高速公路投资集团有限责任公司,代建单位为江西交通咨询公司。全线工程建设参建单位共7家。

项目管理单位:江西省高速公路投资集团有限责任公司南昌至宁都高速公路建设项目办公室。

设计单位:江西省交通设计研究院有限责任公司、江西省交通设计院。

设计咨询单位:中交第一公路勘察设计研究院有限公司。

施工单位:贵州省公路工程集团有限公司、中交一公局第三工程有限公司。

监理单位:江西省公路工程监理公司。

3. 建设情况

2013年12月5日,省发改委下发《江西省发展改革委关于批复南昌至宁都高速公路南昌连接线项目建议书的函》(赣发改交通字〔2013〕903号)致省交通运输厅。12月31日,省文物局下发《关于南昌至宁都高速公路南昌连接线工程可研阶段文物评估结果的通知》(赣文保〔2013〕129号)。

2014年1月21日,省国土资源厅下发《关于〈南昌至宁都高速公路南昌连接线建设用地压覆矿产资源评估报告〉评审备案证明》(赣国土资压储备字〔2014〕4号)。3月21日,省水利厅下发《江西省水利厅关于〈南昌至宁都高速公路南昌连接线水土保持方案报告书〉审批意见的函》(赣水水保字〔2014〕23号)。8月19日,南昌市环保局下发《关于江西省高速公路投资集团有限责任公司南昌至宁都高速公路南昌连接线环境影响报告书的批复》(洪环审批〔2014〕186号)。8月20日,省国土资源厅下发《江西省国土资源厅关于南昌至宁都高速公路南昌连接线建设项目的用地预审意见》(赣国土资核〔2014〕635号)。8月23日,省发改委下发《江西省发展改革委关于批复南昌至宁都高速公路南昌连接线新建工程可行性研究报告的函》(赣发改交通〔2014〕875号)致省交通运输厅。8月27日,省政府办公厅下发《江西省人民政府办公厅印发南昌至宁都高速公路南昌连接线等五条高速公路建设项目征地和房屋征收补偿及规费缴交标准的通知》(赣府厅函〔2014〕46号)。9月3日,省高速集团下发《江西省高速集团关于明确昌宁高速公路南昌连接线建设单位的通知》(赣高速项管字〔2014〕261号)。9月30日,省发改委下发《江西省发展改革委关于批复南昌至宁都高速公路南昌连接线新建工程初步设计的函》(赣发改设审〔2014〕1055号）。11月18日，省住建厅下发《关于南昌至宁都高速公路南昌连接线工程规划选址意见的函》（赣建复〔2014〕11号）。

2015年1月，进场施工以来，昌宁高速公路南昌连接线项目建设严格按照"严谨、精品、优美、平安"的建管思路，充分发扬"善谋实干、敢打敢拼"的奋战精神，努力克服困难，抢抓有利时机，合理安排施工。经过全线参建单位和参建人员的共同努力和顽强拼搏，工程建设不断取得突破性进展，保证关键工序不停不慢、工程质量始终受控和安全生产态势平稳。3月18日，桩基首件工程顺利施工，标志着南昌连接线项目拉开了桥梁基础施工序幕。4月5日，国土资源部下发《国土资源部关于南昌至宁都高速公路南昌连接线工程建设用地的批复》（国土资函〔2015〕184号）。10日，省交通运输厅下发《江西省交通运输厅关于昌宁高速公路南昌连接线新建工程施工图设计的批复》（赣交建管字〔2015〕27号）。21日，为深入推动管理标准化活动开展，印发《昌宁高速公路建设管理标准化活动实施方案》。26日，为进一步深化"平安工地"活动，进一步强化公路水运工程安全管理，规范从业行为，落实安全责任，深入推进"平安工地"建设，建立行业安全监管长效机制，有效预防生产安全事故发生，不断提高行业安全管理水平和应急保障能力，进一步促进交通建设领域安全生产形势的持续稳定，印发《江西省公路水运工程"平安工地"考核评价工作实施细则》。28日，省国土资源厅下发《江西省国土资源厅转发国土资源部关于南昌至宁都高速公路南昌连接线工程建设用地批复的通知》（赣国土资函〔2015〕219号）。6月5日，省交通运输厅下发《施工许可》。10月30日~11月30日，省交通运输厅重点工程建设项目巡察组进驻昌宁高速公路项目，召开昌宁项目巡察工作动员会，并开展对昌宁高速公路的巡察工作。

2016年1月4日，项目办在全线组织开展混凝土结构物外观质量创优活动，对项目混凝土结构物的外观质量实施全过程、全方位的标准化管理。下旬，南昌县政府召集南昌城市建设投资发展有限公司、南昌南外环项目办、昌宁项目办等各方，就小蓝互通枢纽征迁问题进行协调。3月，为进一步加快施工进度，项目办组织开展"劳动竞赛"活动。5月，房建工程开始施工。9月，景观绿化、机电工程、交安工程等开始施工。2016年12月下旬进行交工验收检测并召开交工验收大会。

2017年1月4日，项目主线基本建成通车。

征地拆迁情况见表3-5-5。

昌宁高速南昌连接线征地拆迁情况统计　　　　　　表3-5-5

项目	征地拆迁安置起止时间	征用土地（公顷）	拆迁房屋（m²）	支付补偿费用（元）	备注
全线	2014年12月~2016年6月	111.69	81959	224000000	

4. 复杂技术工程

富山高架桥。该桥位于丰城市境内，全长1748m，是昌宁高速公路南昌连接线项目最长的桥梁工程。桥梁设计单位为江西省交通设计研究院有限责任公司,施工单位贵州省公路工程集团有限公司N1标项目经理部、中交一公局第三工程有限公司N2标项目经理部,监理单位为江西省公路工程监理公司NJ1驻地办。

富山高架桥采用双向6车道标准新建,设计宽度33.5m,荷载为公路—Ⅰ级。不设计通航。桥型布置为58×30m预应力混凝土连续箱梁,中心桩号为K3+685。下部构造为双柱式墩配钻孔灌注桩基础,桥台采用3片肋台配钻孔灌注桩基础。全桥共有桩基252根,系梁承台99个,墩柱228个,盖梁台帽118个,30m箱梁580片。

5. 运营管理

昌宁高速公路南昌连接线设置南昌南主线收费站、冈上互通A匝道收费站2处收费站。如表3-5-6所示。

昌宁高速公路南昌连接线收费站点设置情况　　表3-5-6

站 点 名 称	车道数	收 费 方 式
南昌南主线收费站	2	人工半自动收费(MTC)+自动收费(ETC)
冈上互通A匝道收费站	8	人工半自动收费(MTC)+自动收费(ETC)

四、修水至平江高速公路

修水至平江(赣湘界)高速公路(以下简称"修平高速公路")是《江西省高速公路网规划(2013—2030年)》"四纵六横八射"公路网主骨架第"二横"中婺源至修水高速公路的西段,是江西省地方加密高速公路,路网编号S32,位于九江市修水县境内,东接G45大广高速公路武宁至吉安段,西与湖南省规划的龙门(湘赣界)至平江(伍市)高速公路对接,是连接鄱阳湖生态经济区与长株潭城市群的赣湘省际快速运输通道。建设修平高速公路对完善全省高速公路网、提升路网运行效率,适应区域交通量和通道交通量迅速增长,促进沿线区域经济社会发展具有十分重要的作用;对加强鄱阳湖生态经济区与长株潭城市群联系、促进沿线综合资源开发、加快城市化、工业化进程具有重要意义。

1. 项目概况

修平高速公路位于修水县境内,地形总体上呈东、西两头低,中间高的特点,由三都内陆断陷盆地过渡到剥蚀低丘高岗,最终再过渡到渣津—龙门内陆断陷盆地地貌。依据路线走廊带内地形、地貌特征,路线走廊主要有4种地貌单元:冲洪积河谷地貌单元,砂页岩类风化、剥蚀低丘高岗地貌单元,红层碎屑岩类剥蚀高岗地貌单元,石灰岩区溶蚀、剥蚀盆地地貌单元。

修平高速公路建设里程79.676km(短链23.964m),路线起于修水县庙岭乡庙岭村珊塘,于大广高速公路K2624+069处枢纽互通相接,向西经太阳升镇,于杨梅渡村西南侧跨修河,经四都镇、上杭乡,在杭口镇南面中高墩村设修水西互通接G353,之后路线沿 G353 南面展布,经马坳镇,在渣津镇南面长仑村设置渣津互通接 G353,再先后沿 G353 及 S510 向西穿石坳乡、上衫乡,于大桥镇西南面的山口村北设置大桥互通接 S510,转向西南方向与西尹村石下西侧省界接湖南境内的龙门至平江高速公路。2014年12月26日开工建设,2017年1月4日竣工通车,项目投资概算50.8亿元,全线采用全封闭、全立交的双向4车道,设计速度80km/h,整体式路基宽度24.5m,其中:单向行车道宽 $2\times3.75m$,中间带宽度3m(含中央分隔带宽2.0m和两侧路缘带宽各0.5m),硬路肩宽2.5m(含右侧路缘带宽0.5m),土路肩宽0.75m;沥青混凝土路面设计采用标准轴载100kN,按照双圆垂直均布荷载作用下的多层弹性连续体系理论,采用设计弯沉值为路面整体刚度的设计指标;水泥混凝土路面设计采用标准轴载 BZZ-100kN,按特重交通等级计算确定混凝土面板厚度,以龄期28d弯拉强度为混凝土设计强度标准。沥青混凝土路面设计使用年限15年,水泥混凝土路面设计使用年限30年;桥涵设计荷载:公路—Ⅰ级(支线桥涵为公路—Ⅱ级,人群荷载 $3.0kN/m^2$);设计洪水频率为特大桥1/300,其余桥涵及路基1/100;桥梁断面采用分离式断面形式,桥梁宽度与路基同宽;地震动峰值加速度为 $0.05g$。修平高速公路全线设置庙岭、杭口、渣津、大桥、赣湘省界5处收费站,设修水西服务区1处。

2.参建单位

修平高速公路参建单位共17家。

项目管理单位:江西省高速公路投资集团有限责任公司修水至平江高速公路建设项目办公室。

勘察设计单位:江西省交通设计研究院有限责任公司。

设计咨询单位:中国公路工程咨询集团有限公司。

施工单位:中铁一局集团桥梁工程有限公司、江西赣粤高速公路工程有限责任公司、江西赣北公路工程有限公司、江西省公路桥梁工程有限公司、江西省路桥工程集团有限公司、江西省宜春公路建设集团有限公司、江西景泰路桥工程有限公司、广州市公路工程公司、河北广通路桥集团有限公司、湖南省湘筑工程有限公司、江苏恒基路桥有限公司、山西运城路桥有限责任公司。

监理单位:江西交通咨询公司、江西省嘉和工程咨询监理有限公司。

3.建设情况

2014年1月3日,新建工程项目建议书获省发改委批复(赣发改交通〔2014〕7号)。7月8日,省水保厅下发《江西省水利厅关于〈修水至平江(赣湘界)高速公路工程水土保持报告书〉审批意见的函》(赣水水保字〔2014〕54号),批复项目环境保持方案。7月21日,省环保厅下发《江西省环境保护厅关于修水至平江(赣湘界)高速公路新建工程环境影响报告书的批复》（赣环评字〔2014〕152号），批复项目环境保持方案。8月20日，省国土资源厅下发《江西省国土资源厅关于修水至平江（赣湘界）高速公路项目的用地预审意见》（赣国土资核〔2014〕636号），批复项目先行用地。8月23日，省发改委下发《江西省发改委关于批复修水至平江（赣湘界）高速公路新建工程可行性研究报告的函》（赣发改交通〔2014〕876号），批复项目工可报告。9月3日，省高速集团下发《江西省高速集团关于同意成立省高速集团修水至平江高速公路建设项目办公室的通知》（赣项管字〔2014〕258号），组建江西高速公路投资集团有限公司修水至平江高速公路建设项目办公室。10月，启动红线放样及红线沟开挖工作。10月12日，省发改委下发《江西省发改委关于批复修水至平江（赣湘界）高速公路新建工程初步设计的函》（赣发改设审〔2014〕1107号），批复项目初步设计。11月12日，省住房和城乡建设厅下发《关于修水至平江（赣湘界）高速公路新建工程规划选址意见的函》（赣建复〔2014〕10号），批复项目规划选址。12月，路基工程施工招标工作顺利完成。12月15日，国家林业局下发《使用林地审核同意书》（林资许准〔2014〕474号），核准同意项目林业用地。

2015年1月25日，修平项目办修水县驻地揭牌入驻。3月，项目办召开第一次工地会议。5月23日，省国土资源厅下发《江西省国土资源厅转发国土资源部关于修水至平江（赣湘界）高速公路工程建设用地的批复》（赣国土资函〔2015〕306号），批复项目建设用地。11月，组织召开第一阶段总结表彰暨第二阶段施工动员大会。

2016年3月18日，组织召开"攻坚克难，大干60天"全面实现第二阶段目标动员会。8月9日，组织召开第二阶段总结表彰暨第三阶段施工动员大会。10月25日，修平高速公路完成路基交工验收。12月27日组织召开交工验收会。2017年1月4日竣工通车。

修平高速公路建设过程中，将施工分成三个阶段：第一阶段为2015年10月31日前，路基标基本完成土石方及桥梁下部作业，路面标完成场站建设，底基层、基层备料有序进行；第二阶段为2016年5月31日前，路基标工程全部完成，路面标完成底基层、基层，面层施工有序进行；第三阶段为2016年11月30日前，完成所有工程。

征地拆迁情况见表3-5-7。

修平高速公跪征地拆迁情况统计 表3-5-7

项目	征地拆迁安置起止时间	征用土地（公顷）	拆迁房屋（m²）	支付补偿费用（元）	备注
一期	2014年9月~2014年12月	529.57	36681.8	222557242.7	

4.运营管理

修水至平江（赣湘界）高速公路共设修水北、修水西、渣津、大桥、赣湘界西尹5个收费站，修水西服务区1处。如表3-5-8所示。

收费站点设置情况表　　　　表 3-5-8

站点名称	车道数	收费方式
修水北收费站	3 进 4 出	人工半自动收费（MTC）+ 自动收费（ETC）
修水西收费站	3 进 5 出	人工半自动收费（MTC）+ 自动收费（ETC）
渣津收费站	3 进 6 出	人工半自动收费（MTC）+ 自动收费（ETC）
大桥收费站	3 进 4 出	人工半自动收费（MTC）+ 自动收费（ETC）
赣湘界西尹收费站	0 进 12 出	人工半自动收费（MTC）+ 自动收费（ETC）

五、东乡至昌傅高速公路

东乡至昌傅高速公路（以下简称"东昌高速公路"）是新修编的《江西省 2020 年高速公路网调整规划》中增设的一条地方加密高速公路，也是江西省又一条东西向交通大通道，在江西高速公路网中编号 S42。东昌高速公路既在路网中由东向西连接沪昆线、福银线、昌宁线、樟吉线高速公路及 320、316、105 国道，又起到沪昆高速公路区域并行线功能，同时还便捷串联起东乡、抚州、丰城、樟树、新干等城市，路网和通道功能十分明显，未来将成为江西省连接周边省份、加强对外联系的高效公路。同时，东昌高速公路的建设是服务国家战略和区域战略发展的需要，也是改善沿线地区东西交通运输状况，促进区域社会经济发展、提高城镇化水平的需要，更是开发沿线旅游资源，推动旅游事业发展的需要。

1. 项目概况

东昌高速公路建设里程 152.13km，路线大致呈东西走向，途经抚州市临川区、东乡县、宜春市丰城市、樟树市、吉安市新干县 3 个设区市 5 个县区市 26 个乡镇 2 个垦殖场。路线起点位于东乡县茶林镇境内的 G60 沪昆高速公路东乡枢纽互通以西约 1.6km 处，途中依次与福银、昌宁等高速公路相交，并与沪昆高速铁路、向莆、京九、丰洛煤运专线、沪昆（浙赣）及昌吉赣（规划）等铁路交叉，终于沪昆高速公路与樟吉高速公路交汇处的樟树枢纽互通。2014 年 12 月 26 日开工建设，2017 年 1 月 4 日竣工通车，投资总额约 99.7286 亿元，平均每公里造价 6553.61 万元，建设资金来源：①资本金 35%，349050 万元；②银行贷款 65%，648236 万元。东昌高速公路全线采用全封闭、全立交双向 4 车道高速公路标准建设，设计速度 100km/h；主线路基宽 26m，分离式路基宽 13m；路面采用沥青混凝土路面；设计荷载为公路—Ⅰ级；设计洪水频率：特大桥为 1/300，其他桥涵和路基为 1/100。全线共设东乡西、抚州北（罗湖）、杜市、桥东、丽村、樟树东、新干北、昌傅 8 处互通收费站和东乡、抚州北、丰城南、樟树 4 处枢纽互通。

2. 参建单位

东昌高速公路参建单位共 33 家。

项目管理单位:江西省高速公路投资集团有限责任公司东乡至昌傅高速公路建设项目办公室。

设计单位:中交公路规划设计院有限公司、中铁第四勘察设计院集团有限公司、江西省公路科研设计院(中交第一公路勘察设计研究院有限公司)、江西省交通设计研究院有限责任公司。

施工单位:中铁三局集团有限公司、杭州市交通工程集团有限公司、浙江省大成建设集团有限公司、中铁二十四局集团南昌铁路工程有限公司、中铁十四局集团有限公司、中铁四局集团有限公司、中铁十六局集团第一工程有限公司、云南阳光道桥股份有限公司、安徽省交通建设有限责任公司、中铁十五局集团第二工程有限公司、中铁十七局集团第二工程有限公司、江西交建工程集团有限公司、北京鑫实路桥建设有限公司、中铁二十三局集团有限公司、鹰潭公路工程公司、中铁十五局集团有限公司、中交一公局厦门工程有限公司、江西省现代路桥工程总公司、吉林省建设集团有限公司、中铁十七局集团第三工程有限公司、江西赣粤高速公路工程有限责任公司。

监理单位:江西交通咨询公司、抚州博信公路工程监理有限公司、安徽省高等级公路工程监理有限公司、江西科力咨询监理有限公司、江西交通建设工程监理所、江西省天驰高速科技发展有限公司。

3. 建设情况

2014年1月3日,省发改委下发《江西省发展改革委关于批复东乡至昌傅高速公路新建工程项目建议书的函》(赣发改交通〔2014〕5号)致交通运输厅,同意建设东乡至昌傅高速公路新建工程,并列入《江西省2020年高速公路网规划(修编)》。8月23日,省发改委下发《江西省发展改革委关于批复东乡至昌傅高速公路新建工程可行性研究报告的函》(赣发改交通的〔2014〕874号)致交通运输厅,同意建设东乡至昌傅高速公路新建工程,项目建设单位为江西省高速公路投资集团公司,项目路线起于沪昆高速公路东乡县境内现有的东乡互通,终于昌吉高速公路与沪昆高速公路交叉的樟树枢纽互通,设定项目建设规模、主要技术标准、估算总投资及资金来源、建设工期等。9月23日,省高速集团下发《江西省高速集团关于成立东乡至昌傅高速公路建设项目办公室的通知》,成立项目建设办公室。11月11日,省发改委下发《江西省发展改革委关于批复东乡至昌傅高速公路新建工程初步设计的函》(赣发改设审〔2014〕1194号)致交通运输厅,就东乡至昌傅高速公路新建项目建设规模和主要技术标准、路线设计、路基和路面设计、桥涵设计、互通立交及沿线设施、工程概算进行批复。

2015年1月1日,总监办签发全线全面正式开工签发令;1月12日,东昌项目办正式揭牌入驻丰城驻地,其中A段现场管理处设在抚州市抚北镇;2月26日,东昌项目办召开2015年第一次生产调度会;3月3日,东昌高速公路建设项目首件工程第一根桩基在位于新干县大洋洲镇境内的C6合同段赣江特大桥开钻;3月20日,东昌项目召开第一次工地会议,标志着东昌项目已基本具备开工条件,东昌项目全面实质性施工的大幕已正式拉开;4月19日,东昌项目第一次现场观摩会——施工标准化现场观摩会在C6标召开;5月1日,东昌项目办启动"大干九十天、抢抓构造物"劳动竞赛专项活动,迅速掀起"加快工程进度,提升东昌高速整体施工形象"的竞赛热潮,为全线土方施工营造有利条件;8月25日,B2标端溪大桥第一片梁成功架设,由此拉开了东昌项目梁板架设的序幕;11月3日,东昌高速公路项目召开"开展百日会战夺取阶段目标"劳动竞赛动员暨第八次生产调度会,为全力冲刺第一阶段建设目标鼓足了干劲。

2016年2月15日,东昌项目办召开第一阶段总结表彰暨第二阶段施工动员大会,总结东昌高速公路建设项目第一阶段工程建设成果,部署第二阶段建设任务。3月30日,阁山特大桥左幅实现半幅贯通,这也是东昌高速公路第一座实现半幅贯通的特大桥。4月26日,房建工程施工图设计获省厅批复(赣交建管字〔2016〕32号)。6月16日,机电工程施工图设计获省厅批复(赣交建管字〔2016〕64号)。8月2日,项目办召开第二阶段总结表彰暨第三阶段施工动员大会。9月21日,赣江特大桥180m悬浇主跨顺利合龙,标志江西省境内桥梁连续刚构单跨长度的"第一跨"施工迎来了关键胜利,也为整个项目如期建成通车提供有力支撑。10月6日,召开第十三次生产调度会,启动"决战60天,誓夺总目标"劳动竞赛,向通车目标发起总攻。10日,召开路基交工准备工作会,标志着东昌项目路基已具备交验条件。12月3日,召开路面、交安交工验收布置会,标志着项目路面、交安工程已具备交工验收条件。2017年1月4日,东昌高速公路通车。

全线主要工程数量包括:路基土石方2438.33万m^3;防护排水50.47万m^3;路面2462.156万m^2;桥梁250座(含分离立交桥、天桥),总长约28124.98m,其中特大桥4座,全长6140.5m;大桥36座,全长11070.4m;中、小桥161座,全长7664.08m;分离立交桥49座,全长3376m;涵洞通道570道;枢纽互通4处,互通立交9处,服务区2处,连接线8处全长8.551km。

征地拆迁情况见表3-5-9。

东昌高速公路征地拆迁情况统计　　　表3-5-9

项目	征地拆迁安置起止时间	征用土地（公顷）	拆迁房屋（m^2）	支付补偿费用（元）	备注
全线	2015年1月~2016年7月	970.09	79401.9	481020757.75	尚未完成

4.复杂技术工程

赣江特大桥。该大桥位于新干县大洋洲境内,跨越G105国道和赣江及两侧大堤,起讫桩号为K136+828.1~K138+984.1,全长2156m。该桥水中桩基及大跨径悬浇梁跨越赣江航道施工技术要求高,安全环保责任重大,为全线控制性工程及重难点工程。

桥位为河流冲洪积平原地貌类型为主,地形起伏不大;区域内覆盖层厚度较大,下伏基岩为下第三系粉砂质泥岩、粉砂岩及含砾泥质粉砂岩,岩石普遍较软,且胶结差,工程地质较为复杂。桥位所跨域内水系发育,水资源丰富,水量受季节影响,春夏两季流量大,秋冬季节明显减小,强降雨可导致地表水暴涨暴落。

全桥由主桥、临时通航孔、跨堤孔及引桥4部分组成,桥位处赣江河床宽约1000m。其中主桥为(105+180+105)m悬浇预应力混凝土连续刚构;临时通航孔为(43+75+75+43)m悬浇预应力混凝土连续刚构;跨堤孔为(43+75+43)m悬浇预应力混凝土连续箱梁;引桥为4×40m(桥宽26m)、4×40m+4×40m(桥宽29.5m)、3×40m(桥宽29.5m)、3×40m(桥宽29.5m)+4×40m+4×40m+4×40m+4×40m(桥宽26m)预应力混凝土先简支后连续T梁,共436片。本桥基础为钻孔灌注桩,共有桩基268根,有1.6m、2m、2.2m、2.5m共4种形式,其中144根位于水中,搭设钢栈桥及施工作业平台,钢栈桥横跨赣江两岸。桥台采用肋式台,桥墩采用柱式墩112个,薄壁墩34个,其中最高墩24.473m。

5. 运营管理

东昌高速公路全线共设东乡西、罗湖、杜市、桥东、丽村、樟树东、新干北、双金8处互通收费站(表3-5-10),抚州东、丰城南两个服务区。

收费站点设置情况表 表3-5-10

站点名称	车道数	收 费 方 式
东乡西收费站	7	人工半自动收费(MTC)+自动收费(ETC)
罗湖收费站	7	人工半自动收费(MTC)+自动收费(ETC)
杜市收费站	7	人工半自动收费(MTC)+自动收费(ETC)
桥东收费站	8	人工半自动收费(MTC)+自动收费(ETC)
丽村收费站	7	人工半自动收费(MTC)+自动收费(ETC)
樟树东收费站	8	人工半自动收费(MTC)+自动收费(ETC)
兴赣北收费站	7	人工半自动收费(MTC)+自动收费(ETC)
双金收费站	7	人工半自动收费(MTC)+自动收费(ETC)

六、宁都至定南高速公路(宁都至安远段)

宁都至定南(宁都至安远段)高速公路是江西省"四纵、六横、八射"公路网主骨架中重要的南北向高速公路之一,在江西省高速公路网中编号S41。该高速公路将连通江西境内的3条(泉南高速公路、厦蓉高速公路和寻全高速公路)东西向高速公路,路网和通道功能十分明显,有利于将南昌英雄城、赣南革命老区、原中央苏区,连成一条"革命老区红色旅游线",形成以自然景观、人文景观、客家文化和革命老区为一体的旅游胜地。

1. 项目概况

宁都至定南(宁都至安远段)高速公路建设里程163.86km,路线起于泉南高速公路宁都南互通处,接南昌至宁都高速公路终点,途经赣州市宁都县、于都县和安远县的17个乡镇72个行政村,终于寻全高速公路安远服务区处枢纽互通,接宁都至定南(赣粤界)高速公路安远至定南段。2014年12月26日开工建设,2017年1月4日竣工通车,投资概算109.77亿元,建设资金来源:①省高速集团自筹35%;②国内银行贷款65%。宁都至定南(宁都至安远段)高速公路全线桥隧比约15.5%,共设7个互通、3个枢纽互通和2个服务区,采用双向4车道高速公路标准建设,路基宽24.5m,设计速度80km/h。全线主要工程量:路基土石方4114.5万m^3,其中挖方3896.1万m^3,借方218.4万m^3;涵洞通道34183m/696座;桥梁24150m/122座,其中,特大桥1013m/1座,大桥17165m/64座,中小桥5972m/57座;桩基3809根,梁板6345片;隧道4789.5m/2座,其中,晓龙山隧道2221m,禾丰隧道2568.5m。全线主要控制点:A4标车溪梅江特大桥,长度为1028m;A5标梓山贡江大桥,跨越赣龙铁路;晓龙山隧道,长度2221m;禾丰隧道,长度2569m;A1标赖村枢纽互通,跨泉南高速公路并与在建的昌宁高速公路连接;A8标禾丰枢纽互通跨厦蓉高速公路;A14标安远枢纽互通跨寻全高速公路。

2. 参建单位

宁都至定南(宁都至安远段)高速公路参建单位共22家。

项目管理单位:江西交通咨询公司。

勘察设计单位:中交公路规划设计院有限公司、中国公路工程咨询集团有限公司、江西省交通设计研究院有限责任公司。

施工单位:中铁十五局集团第五工程有限公司、江西省公路桥梁工程有限公司、中铁十九局集团第三工程有限公司、宁夏路桥工程股份有限公司、中铁二十四局集团南昌工程铁路有限公司、中铁建大桥工程局集团第三工程有限公司、中交一公局第六工程有限公司、江西省交通工程集团公司、中交一公局桥隧工程有限公司、贵州路桥集团有限公司、中铁十二局集团有限公司、浙江省大成建设集团有限公司、山东鲁中公路建设有限公司、中交路桥华南工程有限公司、中铁十五局集团有限公司、南京交通工程有限公司、江西赣东路桥建设集团有限公司、天津第二市政公路工程有限公司。

3. 建设情况

2014年10月30日,省发展改革委下发《江西省发展改革委关于批复宁都至定南(赣粤界)高速公路可行性研究报告的函》(赣发改交通〔2014〕1087号),同意工程可行性研究报告。11月10日,省发展改革委下发《江西省发展改革委关于批复宁都至定南(赣粤界)高速公路初步设计的函》(赣发改设审〔2014〕1181号),批复项目初步设计。12月25日,完成主体工程公示,2014年12月26日和2015年1月5~7日,完成跨铁路工程及其他工程合同谈判,并完成试验检测、电力杆线迁移、环保监测、水保监测、房建施工图设计+监理一体化等招标。

2015年4月8日,省交通运输厅下发《关于同意高速公路建设管理体制改革试点总体实施方案的批复》(赣交建管字〔2015〕44号),以该项目为依托,开展"代建+监理一体化模式"改革试点、"机电工程设计、施工、维护总承包"改革试点及"房建工程施工图设计+施工监理一体化模式"改革试点工作。该项目招标由作为发包人宁安项目办和作为招标人省高速集团招标采购中心共同配合完成。3月1日,禾丰隧道右洞出口正式进洞施工,迈开隧道施工关键一步。5月4日,省交通运输厅下发《关于宁都至定南(赣粤界)高速公路宁都至安远段项目施工图设计的批复》(赣交建管字〔2015〕34号),批复项目施工图设计。5月7日,省发展改革委下发《关于高速公路建设管理体制改革试点方案的复函》(赣发改重点〔2015〕444号)。8月18日,A14标互通区安远枢纽跨线桥全幅贯通,开始桥面附属工程的攻坚战,打开桥梁施工新篇章。10月22日,A5标承建的梓山贡江大桥上跨赣龙铁路既有线封锁施工架梁任务顺利完成,宣告这一重点控制性工程得到圆满解决。

2016年1月17日,宁安高速公路控制性工程之一——晓龙山隧道在保证质量、安全的前提下胜利实现双幅贯通。4月10日,禾丰隧道右洞成功打通,使宁安高速公路全线隧道均实现双幅贯通,为2016年实现如期竣工通车奠定了重要基础。5月28日上午,随着梅江特大桥右幅34-2这片T梁平稳放下,A4标车溪梅江特大桥实现双幅贯通。7月8日,随着晓龙山隧道及禾丰隧道的二次衬砌、洞门装饰等工程的完工,标志着隧道工程全部顺利完成。12月26日,项目办组织召开交工验收大会。

2017年1月4日,全线竣工通车。

宁都至定南(宁都至安远段)高速公路项目地形地质复杂,环保要求高,高填深挖多,施工难度大。主线跨越赣龙铁路及其复线,多次上跨高速公路、国(省)道、县道,工程施工及安全维护压力大。沿线河流、湖泊、水库密布,矿产丰富,地形地貌多样,地质条件复杂,施工难度大,环保水保压力大。同时,项目涉及宁都、于都、安远3个县17个乡镇,全线共需征地1073.07公顷,房屋拆迁215799m²,坟墓迁移8320穴,杆线迁移827道。为做到和谐征拆,严格按照规定程序,精心组织、以人为本、兑现政策,认真贯彻执行征拆工作有关法律法规,积极与沿线各市、县、乡镇征拆协调部门沟通,争取支持和理解,既保证征拆工作进度,又切实维护当地群众利益,确保良好施工环境。

征地拆迁情况见表3-5-11。

宁都至定南(宁都至安远段)高速公路征地拆迁情况统计　　　　表3-5-11

项目	征地拆迁安置起止时间	征用土地(公顷)	拆迁房屋(m²)	支付补偿费用(元)	备注
一期	2015年1月~2015年9月	1073.07	209325	597327538.53	

4. 复杂技术工程

(1)晓龙山隧道。晓龙山隧道是宁安高速公路的主要控制性工程,左线长2192m,右线长2250m。采用上下行分离独立双洞，双向4车道，削竹式洞门形式。隧道单洞净宽10.25m，净高5m。由于晓龙山隧道岩土工程的复杂性和特殊性，建设者先后克服交通不便、村民协调困难、材料供应紧张等各种不利因素，积极创造条件加快施工进度，多次组织研讨，优化施工方案，严把施工过程安全质量关。在隧道施工过程中根据洞内外地质情况，按新奥法原理进行洞身结构设计，即以系统锚杆、喷混凝土、钢筋网、钢架组成初期支护与二次模筑混凝土相结合的复合型衬砌方式，采用风管式通风。隧道洞口周边采取大小门禁管理模式，不仅洞口设有电子化门禁系统，且隧道500m范围内用钢筋网、龙门架进行围挡封闭式管理，场内进行栽花种草，使施工区域保持清洁美观，确保隧道施工的顺利进行。2016年1月17日，晓龙山隧道在保证质量、安全的前提下胜利实现双幅贯通。

技术特征：该隧道围岩级别为Ⅴ～Ⅲ级，隧道施工区为低山丘陵地貌，地形起伏大，沟壑较发育，地层岩性主要有泥盆系三门滩组砂岩、泥盆系中棚组砂岩和震旦系下统下坊组砂岩，岩体较破碎、节理裂隙发育，施工要求高，并且前期便道施工难度大，因此工期特别紧张，为宁安高速公路重点控制性工程之一。

(2) 禾丰隧道。禾丰隧道位于赣州市于都县禾丰镇境内，禾丰隧道场址区属低山丘陵地貌，地形起伏大，是全线重点控制工程之一。面对错综复杂的地质环境，隧道建设者积极组织精兵强将和精良设备投入施工。在施工中，建设者积极克服洞内裂隙水、塌陷等地质困难，制订了专项施工方案，攻克了一道道技术难关和诸多不利因素，为安全、优质、高效进行隧道施工提供有力保障。2016年4月10日，禾丰隧道右洞成功打通，使宁安高速公路全线隧道均实现双幅贯通。

技术特征：禾丰隧道为一座上下分离式隧道，左洞长2572.66m，右洞长2565m，地形起伏较大，自然山坡坡度为25°～30°，自然斜度较大，围岩主要为强风化砂岩，岩土结构松散，围岩级别为Ⅴ级，洞身最高点海拔600m，沟壑较发育，宽度较小，切割较深长呈V形，是一座施工难度较大、安全系数较低的隧道。

(3) 车溪梅江特大桥。车溪梅江特大桥全长1028m，位于车溪乡桃坑村与岭背布坑村交界处，依次上跨县道X442、仙下河入河口和梅江，上部结构采用装配式预应力混凝土30mT梁，先简支后连续结构。右幅考虑行人过江，设置1.5m人行道，右幅桥全宽13.9m，布置6片梁。桥墩采用柱式墩、桩基础，最大墩高约15m，桥墩直径为1.4m和1.6m两种。

该桥桥梁桩基处于沟谷地带，汛期洪水具有暴涨暴落的特点，墩柱高，T梁难以架设，施工技术难度大。同时，材料进场难，X442县道有几座危桥，材料只能通过纵向便道进入工地，施工难度极大。为满足施工需要，A4标进场之初就全力搭建钢便桥，以推进施工进度。该便桥位于车溪梅江特大桥右幅，全长共计247m，于2015年4月12日贯通，为后续的施工创造良好条件。

车溪梅江特大桥施工中坚持高标准、严要求，采取见缝插针式施工方法，狠抓施工衔接,既抓紧桩基施工、墩柱浇筑,又积极推进标准化梁场建设,抓紧梁板预制,形成流水作业,从而确保了该桥的顺利施工。2016年5月28日上午,车溪梅江特大桥实现双幅贯通。

5. 运营管理

宁都至定南(宁都至安远段)高速公路共设宁都南、银坑、仙下、于都东、靖石、龙布、版石7个收费站(表3-5-12),服务区2处(于都北服务区、盘古山服务区),并在于都东设置一个养护中心。

收费站点设置情况表　　　　　　　　　　　　　　表3-5-12

站点名称	车道数	收费方式
宁都南收费站	3进5出	人工半自动收费(MTC)+自动收费(ETC)
银坑收费站	3进4出	人工半自动收费(MTC)+自动收费(ETC)
仙下收费站	3进5出	人工半自动收费(MTC)+自动收费(ETC)
于都东收费站	3进5出	人工半自动收费(MTC)+自动收费(ETC)
靖石收费站	3进4出	人工半自动收费(MTC)+自动收费(ETC)
龙布收费站	3进4出	人工半自动收费(MTC)+自动收费(ETC)
版石收费站	3进4出	人工半自动收费(MTC)+自动收费(ETC)

七、宁都至定南高速公路(安远至定南段)

宁都至定南(安远至定南段)高速公路是江西省"四纵六横八射线"公路网主骨架的"第四射"南昌至定南高速公路的南段,是江西省地方加密高速公路,在江西省地方高速公路网中编号S41。宁都至定南(安远至定南)高速公路建成后,将有利于缓解大广和济广高速公路南北向交通压力,新增南昌对粤出海快速通道。同时,由于该线路在安远与江西境内东西向高速公路寻全高速公路连通,形成区域高速公路交通网,对于改善沿线安远县和定南县的交通环境,促进赣南苏区振兴具有重要作用。

1. 项目概况

宁都至定南(安远至定南段)高速公路建设里程51.595km,路线起于安远城北工业园东侧,与南昌至安远段(南昌至定南高速公路北段)终点相接,经安远县欣山镇、新龙乡、凤山乡、镇岗乡、孔田镇及定南县鹅公镇,终于鹅公镇留村附近江西与广东两省交界处。2014年12月26日开工建设,2017年1月4日竣工通车,施工总工期24个月,项目投资总额40.3亿元。全线采用双向4车道高速公路标准,路基宽度为24.5m,分离式路基宽度为11.25m,设计速度100km/h,行车道宽2×2×3.75m;汽车荷载等级为公路—Ⅰ级;设计洪水频率为特大桥1/300,其他桥涵及路基1/100;其他技术指标采用现行有关标准、规范的规定。全线共设桥梁32座(含主线上跨分离立交),总长8077.3m,其中,大桥20座,中小桥2座,互通立交3座(249m),主线上跨分离立交7座(766m),平均每公里桥梁长度达155.5m;涵洞通道225道,平均每公里4.9道;隧道2座,总长3214m(长隧道1

座,短隧道 1 座);桥隧比达到 21.7%。机电管理系统采用现代化技术,分为监控、收费、通信、供配电和隧道机电 5 个系统。

2. 参建单位

宁都至定南(安远至定南)高速公路参建单位共 38 家。

项目管理单位:江西省高速公路投资集团有限责任公司宁都至定南(安远至定南)高速公路建设项目办公室。

设计单位:江西省交通设计研究院有限责任公司、中交公路规划设计院有限公司、江西省直属机关建筑设计院。

质监单位:江西省交通工程质量监督局。

第三方检测及技术咨询单位:江西省天驰高速科技发展有限公司。

施工单位:甘肃路桥建设集团有限公司、中交一公局桥隧工程有限公司、中交路桥建设有限公司、中铁二十三局集团第一工程有限公司、中铁七局集团郑州工程有限公司、江西通威公路建设集团有限公司、江西省交通工程集团公司、江西际洲建设工程集团有限公司、中铁十七局集团第二工程有限公司、江苏恒基路桥有限公司、江西才文电力有限公司、四川广安智丰建设工程有限公司、江西省水土保持科学研究院、江西省金路科技开发有限公司、北京中路汇技术咨询有限公司、营口永特石化有限公司、湖南路安达沥青技术有限公司、江西省第六建筑工程有限公司、江西铜安工程集团有限公司、永瑞建设集团有限公司、江西中南建设工程集团有限公司、新余市渝北建筑工程有限公司、江西方兴科技有限公司、江苏国强镀锌实业有限公司、内蒙古通安特交通工程科技有限责任公司、湖北楚通公路工程有限公司、福建大地市政园林工程有限公司、鄢陵新绿州园林绿化工程有限公司。

监理单位:中交第二公路勘察设计研究院有限公司、江西省嘉和工程咨询监理有限公司、北京兴通工程咨询有限公司、赣州龙源工程建设监理有限公司。

3. 建设情况

2014 年 1 月 6 日,省发改委下发《江西省发展改革委关于批复宁都至定南(赣粤界)高速公路安远至定南段新建工程项目建议书的函》(赣发改交通〔2014〕34 号)致交通运输厅,同意建设宁都至定南(赣粤界)高速公路安远至定南段项目工程。5 月 27 日,省文化厅下发《关于宁都至定南(赣粤界)高速公路安远至定南段新建工程工可阶段文物资源评估结果的复函》(赣文函字〔2014〕63 号)致省高速集团,出具用地范围内(含用地范围外两侧 2km 范围内)文物资源评估意见。7 月 8 日,省水利厅下发《江西省水利厅关于宁都至定南(赣粤界)高速公路安远至定南段新建工程等 4 个水土保持方案报告书审批意见的函》(赣水保字〔2014〕54 号)致省高速集团,同意按审批方案组织实施。7 月 21 日,省环保厅下发《关于宁都至定南(赣粤界)高速公路安远至定南段工程环境影响报告书的批复》(赣环评字〔2014〕154号)致省高速集团,同意按工程环境影响报告书组织实施。9月3日,省高速集团下发《江西省高速集团关于成立安远至定南高速公路建设项目办公室的通知》(赣高速项管字〔2014〕262号),安定项目办正式成立。10月30日,省发改委下发《江西省发展改革委关于批复宁都至定南(赣粤界)高速公路可行性研究报告的函》(赣发改交通〔2014〕1087号)致省交通运输厅,同意工程可行性研究报告。11月10日,省发改委下发《江西省发展改革委关于批复宁都至定南(赣粤界)高速公路初步设计的函》(赣发改设审〔2014〕1181号)致省交通厅,批复项目初步设计,审批同意项目建设投资概算40.3亿元,平均每公里造价7756万元。11月18~20日,组织安定高速公路及定南联络线定测外业验收工作。11月29日,启动红线放样,及红线沟开挖工作。12月23日,路基路面工程施工招标工作顺利完成。

2015年1月9日,安定项目办定南驻地揭牌入驻。1月18日,项目办召开参建单位第一次见面会。2月15日,总监办签发开工令,全线路基单位全面正式开工。7月9日,完成水岭岗一桥左幅1-3号的架设,成为全线首片架设梁。7月20日,全线组织"大于100天"劳动竞赛活动,对于推进项目进度取得重大效果,第一阶段目标得以顺利实现。8月22日,B5标老城枢纽互通导改通道建设完工并顺利通车,为老城枢纽互通施工的全面展开提供条件。12月,启动"奋战二个月,实现半幅通"劳动竞赛活动,对路基和路面单位都提出详细的施工节点目标,确保春节前全线桥梁半幅通车。

2016年5月9日,全线最长隧道双幅顺利贯通。5月17日,机电设计、施工、维护总承包单位正式进场,拉开了打造智慧高速公路的序幕。7月14日,全线交通安全设施工程、绿化工程及护栏材料供应单位正式进场。12月27日,组织召开交工验收大会,标志着安定项目全面具备通车条件。

2017年1月4日,根据省委省政府的安排,宁都至定南(安远至定南段)高速公路正式竣工通车。

征地拆迁情况统计见表3-5-13。

宁都至定南(安远至定南)高速公路征地拆迁情况统计 表3-5-13

项目	征地拆迁安置起止时间	征用土地 (公顷)	拆迁房屋 (m²)	支付补偿费用 (元)	备注
全线	2014年12月~2015年5月	400.46	41707	16987万元	

4.复杂技术工程

(1)九龙隧道。九龙隧道属双洞分离式长隧道,单洞总长5533m,为全线最长隧道,是全线控制性工程之一。采用双向开挖,台阶式掘进的方式组织施工。

技术特征:隧道内断层带岩体破碎,成洞性差,施工时容易引起掉块,甚至是洞壁岩体发生剥离等现象。同时该破碎带处于地下水富集地带,施工时易发生涌水现象。

(2)天龙仙高架桥。天龙仙高架桥全长569m,上部结构采用(13×40m)预应力混凝土(后张)先简支后连续T梁,下部结构桥台采用盖梁接扩大基础,1、2、4、11、12、13号桥墩采用实体墩,其余桥墩采用空心墩,桥墩采用桩基础,最高桥墩72.4m为全线最高墩,采用液压滑模施工。

5. 运营管理

宁都至定南(安远至定南)高速公路共设安远南、三百山、主线省界共3个收费站(表3-5-14),服务区1处(三百山服务区),并在安远南互通设置养护工区。

宁都至定南(安远至定南)高速公路收费站点设置情况　　　　表3-5-14

站点名称	车道数	收费方式
安远南收费站	3进5出	人工半自动收费(MTC)+自动收费(ETC)
三百山收费站	3进5出	人工半自动收费(MTC)+自动收费(ETC)
主线省界收费站	12个出口	人工半自动收费(MTC)+自动收费(ETC)

八、宁都至定南高速公路(定南联络线)

宁都至定南(定南联络线)高速公路(以下简称"定南联络线")是江西省"四纵六横八射线"公路网主骨架的"第四射"南昌至定南高速公路的一部分,为连接大广高速公路龙河联络线和安远至定南高速公路的地方加密高速公路,在省内高速公路网编号S86。定南联络线的建成,将进一步增强赣南地区路网和通道功能,对于拉动赣南经济发展,促进苏区经济振兴具有重要意义。

1. 项目概况

定南联络线建设里程38.851km,路线起于定南县鹅公镇东陂坑、柱石两村间的宁都至定南(赣粤界)高速公路K200附近,经定南县鹅公镇、天九镇、沙头(长桥村)国家稀土资源储备区、历市镇、于铜锣坵跨京九铁路,终于老城镇河邦村占屋附近与大广高速公路龙河联络线相接。2014年12月26日开工建设,2017年1月4日竣工通车,施工总工期24个月,投资总额26.2亿元,资金主要来源:①省高速集团自筹;②银行贷款。定南联络线采用双向4车道高速公路标准,路基宽21.5m,分离式路基宽9.75m,设计速度100km/h,共设桥梁34座(含主线上跨桥、互通立交、分离立交、天桥),总长6647m,桥隧比达到17.4%;涵洞通道96道。

2. 参建单位

定南联络线工程参建单位共28家。

项目管理单位:江西省高速公路投资集团有限责任公司宁都至定南(安远至定南)高速公路建设项目办公室。

设计单位:江西省赣南公路勘察设计院、江西省直属机关建筑设计院。

质监单位:江西省交通工程质量监督局。

第三方检测及技术咨询单位:江西省天驰高速科技发展有限公司。

施工单位:云南阳光道桥股份有限公司、江西赣粤高速公路工程有限责任公司、北京鑫畅路桥建设有限公司、江西省路桥工程集团有限公司、中国铁建大桥工程局集团有限公司、沈阳市政集团有限公司、江西才文电力有限公司、四川广安智丰建设工程有限公司、江西省水土保持科学研究院、江西省金路科技开发有限公司、北京中路汇技术咨询有限公司、中交公路规划设计院有限公司、厦门新立基股份有限公司、江西省宏发路桥建筑工程有限公司、玉茗建设集团有限责任公司、江西方兴科技有限公司、江苏国强镀锌实业有限公司、大成工程建设有限公司、河南众森园林工程有限公司。

监理单位:中交第二公路勘察设计研究院有限公司、赣州诚正公路工程监理有限公司、北京兴通工程咨询有限公司、赣州龙源工程建设监理有限公司。

3. 建设情况

2014年2月8日,省发展改革委下发《江西省发展改革委关于批复宁都至定南(赣粤界)高速公路定南联络线项目建议书的函》(赣发改交通〔2014〕48号)致省交通运输厅,同意建设宁都至定南(赣粤界)高速公路定南联络线项目。5月27日,省文化厅下发《关于宁都至定南(赣粤界)高速公路定南联络线新建工程工可阶段文物资源评估结果的复函》(赣文函字〔2014〕64号)致省高速集团,出具用地范围内(含用地范围外两侧2km范围内)文物资源评估意见。7月8日,省水利厅下发《江西省水利厅关于宁都至定南(赣粤界)高速公路安远至定南段新建工程等4个水土保持方案报告书审批意见的函》(赣水水保字〔2014〕54号)致省高速集团,同意按审批方案组织实施。7月21日,省环保厅下发《关于宁都至定南(赣粤界)高速公路定南联络线工程环境影响报告书的批复》(赣环评字〔2014〕153号)致省高速集团,同意按工程环境影响报告书组织实施。9月3日,省高速集团下发《江西省高速集团关于成立安远至定南高速公路建设项目办公室的通知》(赣高速项管字〔2014〕262号),安定项目办正式成立。10月30日,省发改委下发《江西省发展改革委关于批复宁都至定南(赣粤界)高速公路可行性研究报告的函》(赣发改交通〔2014〕1087号)致省交通运输厅,同意工程可行性研究报告。11月10日,省发改委下发《江西省发展改革委关于批复宁部至定南(赣粤界)高速公路初步设计的函》(赣发改设审〔2014〕1181号)致省交通厅,批复项目初步设计,审批同意项目建设投资概算26.2亿元,平均每公里造价6856.8万元。11月18~20日,组织安定高速公路及定南联络线定测外业验收工作。11月29日,启动红线放样,及红线沟开挖工作。12月23日,路基路面工程施工招标工作顺利完成。

2015年1月9日,安定项目办定南驻地揭牌入驻。1月18日,项目办召开参建单位第一次见面会。7月9日,完成水岭岗一桥左幅1-3号的架设,成为全线首片架设梁。7月20日,全线组织"大干100天"劳动竞赛活动,对于推进项目进度取得重大效果,第一阶段目标得以顺利实现。8月22日,B5标老城枢纽互通导改通道建设完工并顺利通车,为老城枢纽互通施工的全面展开提供条件。

2016年3月30日,全线最后一处35kV涉铁高压线路迁改完毕。5月17日,机电设计、施工、维护总承包单位正式进场,拉开打造智慧高速公路的序幕。7月14日,全线交通安全设施工程、绿化工程及护栏材料供应单位正式进场。12月27日,组织召开交工验收大会,标志着定南联络线项目全面具备通车条件。

2017年1月4日,根据省委省政府的安排,定南联络线项目正式通车。

征地拆迁情况见表3-5-15。

定南联络线征地拆迁情况统计　　表3-5-15

项目	征地拆迁安置起止时间	征用土地（公顷）	拆迁房屋（m²）	支付补偿费用（元）	备注
全线	2014年12月~2016年12月	250.53	18928	8062万元	

4. 复杂技术工程

东江大桥桩号为K11+385,交角105°,桥长249m。该桥为跨越东江而设,东江是珠江的四大水系之一,在江西省寻乌、安远、定南三县的流域面积高达3524km²,是珠江三角洲和香港地区主要饮用水水源地。保护好东江源区域生态环境,关系到香港和珠江三角洲工农业生产用水和居民饮用水安全,关系到香港的长期稳定与繁荣,关系到珠江三角洲的可持续发展,意义非同寻常。

东江大桥上部构造采用6×40m预应力混凝土(后张)T梁,先简支后连续结构,全桥共分1联,桥长249m,下部构造1号、5号桥墩采用双柱墩,其余桥墩采用实体矩形墩,钻孔灌注桩基础;0号桥台采用座板式桥台,6号桥台采用肋板式桥台,钻孔灌注桩基础。2号、3号桥墩位于东江水中,桩基础为定南联络线项目全线仅有水下钻孔灌注桩,因东江源流域水源保护严格要求,水下钻孔灌注桩环保难度较大,2号、3号墩基础采用钢板桩围堰施工,该桥于2016年12月完工。如图3-5-2所示。

5. 运营管理

定南联络线共设有鹅公和定南东共2个收费站,如表3-5-16所示。

定南联络线收费站点设置情况　　表3-5-16

站点名称	车道数	收费方式
鹅公收费站	3进4出	人工半自动收费(MTC)+自动收费(ETC)
定南东收费站	3进4出	人工半自动收费(MTC)+自动收费(ETC)

图 3-5-2　东江大桥现场施工图

九、铜鼓至万载高速公路

铜鼓至万载高速公路(以下简称"铜万高速公路")北连南昌至铜鼓高速公路、中连南昌至上栗高速公路、南连南昌至萍乡高速公路(上海至昆明国家高速公路一段),并通过铜鼓至万载高速公路宜丰联络线与大庆至广州国家高速公路相连,在江西省高速公路网中编号 S81。铜万高速公路的建设,可增强江西西北部各横线之间的相互联系和应急保障能力,分担沪昆高速公路和杭长高速公路共线段持续增长的交通压力,路网功能十分明显,在江西省及国家公路网中具有十分重要的地位和作用。铜万高速公路是完善高速公路网的需要,是促进区域经济、社会发展的需要,是区域道路交通量增长的需要。

1. 项目概况

铜万高速公路建设里程 68.797km,路线总体呈南北走向,依次穿越铜鼓县、宜丰县和万载县,起点位于宜春市铜鼓县三都镇小山村,终点位于万载县西北侧南昌至上栗高速公路与宜春至万载高速公路相交的枢纽互通处。2014 年 12 月 26 日开工建设,2017 年 1 月 4 日竣工通车,批复概算总投资 61.258 亿元。铜万高速公路按全封闭、全立交双向 4 车道高速公路标准建设,设计速度为 80km/h;路基宽度 24.5m;路面采用沥青混凝土路面。全线路基土石方共 3433.5456 万 m^3。全线设桥梁 69 座,总长 19442m(其中特大桥 1 座、长 1508m,大桥 55 座、总长 16846m,中桥 13 座、总长 1088m);涵洞通道 325 道(其中,圆管涵 158 道,盖板涵、通道 161 道,拱涵 6 道);隧道 3 座,总长 2349m(其中长隧道 1557m/1 座,短隧道 792m/2 座);互通立交 7 处(其中枢纽互通 2 处),匝道收费站 5 处、服务区 1 处、养护工区 1 处、路政中队 2 处、交警中队 1 处;另建铜鼓东、黄岗、芳溪、罗城、三兴等互通连接线,总长约 7.975km,匝道合计总长度 19188m。

2. 参建单位

铜万高速公路参建单位共 20 家。

项目管理单位:江西省高速公路投资集团有限责任公司铜鼓至万载高速公路建设项

目办公室。

设计单位：江西省交通设计研究院有限责任公司、江西省公路科研设计院。

施工单位：中铁四局集团有限公司、中铁建大桥工程局集团第一工程有限公司、江西省交通工程集团公司、中铁二十四局集团有限公司、中铁二十三局集团第一工程有限公司、中交一公局桥隧工程有限公司、云南阳光道桥股份有限公司、杭州市交通工程集团有限公司、中铁二十一局集团有限公司、岳阳市公路桥梁基建总公司、江西赣粤高速公路工程有限责任公司、宁夏路桥工程股份有限公司、江西省现代路桥工程总公司、浙江省交通工程建设集团有限公司。

监理单位：江西省赣西公路工程监理有限公司、江西省公路工程监理公司、江西省嘉和工程咨询监理有限公司。

3. 建设情况

铜万高速公路项目呈南北走向，地势总体为北低南高。项目位于宜春市铜鼓县、宜丰县、万载县境内，地貌类型为低山丘陵，由于受构造长期剥蚀切割作用，地形起伏较大，冲沟宽窄深浅不一，长度相差也悬殊，局部沟谷狭窄，山势陡峻，以构造侵蚀地貌为特征，沟谷发育方向规律性受地质构造控制。最高处位于两县分界处的九岭山山脉的金钩岭附近，最低处位于万载县马步乡联合村附近的路线终点处。由于路线多沿沟谷布设，路线走廊带高程1200m左右至200m。

2014年2月12日，省发改委批复铜万项目建议书。8月4日，省水利厅下发《铜鼓至万载高速公路工程水土保持方案报告书》（赣水水保字〔2014〕60号），同意项目水土保持方案。8月19日，省环保厅批复同意铜万项目环境影响报告书（赣环评字〔2014〕168号）。8月28日，省政府在南昌召开船顶隘（赣闽界）至广昌等6条高速公路建设项目征地和房屋征收动员会暨6000km项目用地报批工作推进会。9月3日，省高速集团批复成立"江西省高速公路投资集团有限责任公司铜鼓至万载高速公路建设项目办公室"（赣高速项管字〔2014〕265号）。10月23日，省国土资源厅出具铜鼓至万载高速公路项目用地预审意见。11月6日，省发改委组织相关专家进行工可批复。11月11日，省发改委组织相关专家进行初步设计审查。11月18日，项目办开始工程限价编制工作。11月25日，项目通过有关媒体发布铜鼓至万载高速公路新建工程土建主体路基施工招标公告，正式启动铜鼓至万载高速公路新建工程项目的招标工作。12月17日，项目在万载县召开宜春市铜鼓至万载高速公路征地拆迁协调领导小组会议。12月23日，项目在南昌组织主体工程（路基）施工招标评标工作。12月26日，省政府在南昌召开全省实现县县通高速公路暨东乡至昌傅等13个交通重点工程建设项目开工新闻发布会。12月28日，铜万高速公路建设项目工程监理招标在江西省南昌公共资源交易中心开标。12月31日，国家林业局出具《使用林地审核同意书》。

2015年1月11日,铜万项目办万载县罗城镇驻地入驻。1月28日,项目办召开参建单位第一次见面会。2月12~13日,项目办对各参建单位举行第一次履约检查。4月13日,项目组织召开"管理标准化实施及桥涵专项建设活动"工作会议,正式启动"大干100天,全面完成涵洞、通道及中小桥下部构造、大桥桩基施工专项活动"。4月17日,全线第一根墩柱在A4标官山大桥浇筑完成。5月7日,全线第一片箱梁在B7标浇筑完成。6月1日,省国土资源厅转发《国土资源部关于铜万项目工程建设用地批复》的通知。7月7日,全线第一道中导洞在B2标彭家隧道贯通。8月3日,B3标狮子垴一号隧道中导洞贯通,同时也标志着铜万高速公路所有中导洞全面贯通。30日,铜万高速公路首座桥梁B4标潘家坊分离式大桥实现全幅架通。11月17日,铜万项目第一条隧道,即B2标彭家隧道左洞贯通。11月27日,铜万项目在A2标庵坪里中桥现场召开桥梁防撞墙及桥面铺装标准化施工观摩会。12月31日,铜万高速公路第一条隧道——B2标彭家隧道右洞胜利贯通。

2016年1月14日,铜万项目办在B5标罗城河大桥施工现场召开桥面系施工安全标准化观摩会。1月19日,铜万项目办召开第一阶段施工总结表彰暨第二阶段施工动员大会,总结第一阶段项目建设各项工作,分析、研究存在的问题,部署第二阶段施工生产任务。2月25~26日,铜万高速公路项目道路石油沥青改性加工工作在江西省南昌公共交易资源中心进行开标。3月20日,铜鼓至万载高速公路建设项目最后一片20m箱梁浇筑完成,标志着该项目5672片梁板预制工作顺利收官。24日,由中交一公局桥隧公司承建的B3标狮子垴二号隧道左洞顺利完成进、出口贯通爆破,标志着铜万高速公路的全线重点控制性工程——狮子垴二号隧道实现双洞顺利贯通。27日,随着最后一片40m的T梁架设完成,铜万高速公路全线桥梁半幅实现架通。29日,铜万高速公路K34+730~K35+520段路基顺利交验,B3标于全线范围率先完成管段内所有路基交验工作。5月10日,铜万项目办在B7标召开桥台锥坡现场观摩会。6月23日,路面及附属工程施工现场观摩会在P1标主线K14+500举行。7月12日,首段AC-20沥青下面层试验段在P1标顺利完成,此次下面层试验段,桩号为K11+200~K11+900左幅,长700m;7月26日,沥青路面施工安全标准化观摩会在P3标召开;7月30日,项目办召开第二阶段施工总结表彰暨第三阶段施工动员大会,总结第二阶段项目建设各项工作,分析、研究存在的问题,部署第三阶段施工生产任务。8月17日,省政府召开五大交通重点工程(含宜丰联络线)推进动员会。10月4日,P1标率先完成铜万主线上面层沥青路面的摊铺工作;15日,随着P2标沥青上面层铺筑结束,路面工程摊铺施工全面完成。12月18日,铜万高速公路机电工程监控、通信、收费三大系统及隧道机电设备完装完成,各子系统均调试完毕;12月26日,铜万项目办组织召开铜万高速公路交工验收会。

铜万高速公路分为三个阶段:第一阶段为2015年1月1日~12月31日,共12个月;第二阶段为2016年1月1日~6月30日,共6个月;第三阶段为2016年7月1日~12月

31日,共6个月;项目建设总工期为24个月。第一阶段是建设项目能否按期完成的基础和关键,项目建设以开展"大干100天,全面完成涵洞、通道及中小桥下部构造、大桥桩基施工专项活动"及"六个全面完成,六个争创第一"活动为契机,全力推进桥涵及路基工程进展。第二阶段以开展路床交验和路面基层施工专项活动为主题,进一步加快路床交验,全力推进路面基层施工。

征地拆迁情况见表3-5-17。

铜万高速公路征地拆迁情况统计　　　　　　　　　　　　　表3-5-17

项目	征地拆迁安置起止时间	征用土地（公顷）	拆迁房屋（m²）	支付补偿费用（元）	备注
全线	2014年12月~2015年9月	479.867	130707	28863.95	

4. 运营管理

铜鼓至万载高速公路全线共设匝道收费站5处(表3-5-18),养护工区1处,服务区1对。项目建成后相关监控、收费通信、电话、办公自动化、视频会议等业务数据需接入宜春管理中心和江西省高速公路投资集团信息中心。

收费站点设置情况表　　　　　　　　　　　　　表3-5-18

站点名称	车道数	收费方式
铜鼓东收费站	3进4出	人工半自动收费(MTC)+自动收费(ETC)
黄岗东收费站	3进4出	人工半自动收费(MTC)+自动收费(ETC)
芳溪收费站	3进4出	人工半自动收费(MTC)+自动收费(ETC)
罗城收费站	3进4出	人工半自动收费(MTC)+自动收费(ETC)
三兴收费站	3进4出	人工半自动收费(MTC)+自动收费(ETC)

十、船顶隘(赣闽界)至广昌高速公路

船顶隘(赣闽界)至广昌高速公路(以下简称"船广高速公路")是《国家公路网规划(2013—2030年)》规划的沈阳至海口国家高速公路联络线——G1517莆田至炎陵高速公路江西境内的一段,在国家高速公路网中编号G1517。线路起点与福建省泰宁至建宁高速公路相连处的赣闽省界(船顶隘),终于广昌县盱江镇白田村道土坪G35济广国家高速公路鹰潭至瑞金段K381+825处,并与待建的广昌至吉安高速公路相接。船广高速公路的建设,对于完善赣闽两省高速公路网,加强江西东部与沿海地区的交通联系,充分发挥福建沿海港口功能,对接海峡西岸经济区建设,促进区域经济发展均具有重要意义。

1. 项目概况

船广高速公路建设里程21.6km,全线均处于广昌县境内,途经尖峰乡、长桥乡、盱江镇3个乡镇。2014年12月26日开工建设,2017年1月4日竣工通车,概算投资21.89亿元,资金来源:自筹和国内银行贷款。全线按高速公路双向4车道标准设计,设计速度80km/h,

路基宽度24.5m,采用沥青混凝土路面,汽车荷载等级为公路—I级;设计洪水频率为桥涵和路基1/100;线路主要控制点及构造物有:船顶隘隧道、合港高架桥、尖峰隧道、御泉高架桥、格边高架桥、长桥互通、长桥隧道、文会隧道、饶家段高架桥、广昌枢纽互通10处。

2. 参建单位

船广高速公路参建单位共9家。

项目管理单位:江西省高速公路投资集团有限责任公司船顶隘(赣闽界)至广昌高速公路项目办公室。

设计单位:江西省交通设计研究院有限责任公司。

施工单位:中铁十八局集团第三工程有限公司、江西有色建设集团有限公司、中交第三公路工程局有限公司、江西省交通工程集团公司、辽宁省路桥建设集团有限公司、中铁十五局集团第一工程有限公司。

监理单位:江西交通咨询公司。

3. 建设情况

2010年9月1日,省发改委员下发《关于船顶隘(赣闽界)至广昌高速公路新建工程可行性研究报告的批复》(赣发改交通〔2010〕1597号),同意工程可行性研究报告。5月21日,省国土资源厅下发《关于船顶隘(赣闽界)至广昌高速公路建设项目用地预审意见》(赣国土资核〔2010〕750号),批复项目用地。7月14日,省环保厅下发《关于船顶隘(赣闽界)至广昌高速公路环境音响报告书的批复》(赣环评字〔2010〕388号),批复项目环境保持方案。12月31日,省水保厅下发《关于船顶隘(赣闽界)至广昌高速公路新建工程水土保持方案报告书的批复》(赣水水保字〔2010〕103号),批复项目环境保持方案。2013年11月26日,省发改委下发《关于船顶隘(赣闽界)至广昌高速公路新建工程初步设计的批复》(赣发改设审〔2013〕846号),同意项目初步设计。

2014年2月12日,省高速集团下发《江西省高速集团关于变更船顶隘至广昌高速公路项目建设管理单位的通知》(赣项管字〔2014〕47号),并组建江西省高速公路投资集团有限公司船顶隘至广昌高速公路建设项目建设办公室。7月2日,完成项目施工监理的招标工作,并于9月6日签订合同协议。7月3日,完成项目主体工程施工招标,并于9月25日与各中标人签订合同协议。10月27日,船广高速公路A3标涵洞(通道)首件工程率先开工。12月8日,国土资源部下发《国土资源部关于船顶隘(赣闽界)至广昌高速公路工程建设用地的批复》(国土资函〔2014〕632号),批复项目建设用地。

2015年1月2日,全线第一个桥梁承台在A5标浇筑;2月10日,全线第一片梁板在A2标梁场预制;3月10日,全线第一模衬砌混凝土在A1标船顶隘隧道顺利浇筑完成,标志着项目桥隧构造物全面展开;4月9日,项目办、RA总监办对船广高速公路AP1标进行了第一次履约检查,路面单位正式进驻船广高速公路。6月23日,船广高速公路开展"奋力大干90天、全面展示新形象"劳动竞赛活动,并顺利完成,在进度及质量控制方面更进一步。10月22日,船广高速公路A4标文会隧道双洞顺利贯通,成为船广高速公路首个双洞贯通的长隧道。

2016年1月1日,饶家段特大桥全幅贯通;4日,广昌枢纽互通跨济广高速公路段顺利完成,控制性工程逐一得到完成。3月3日,项目办召开"决战四阶段"劳动竞赛活动动员会,为有效推路面和房建施工两条主线奠定基础。5月16日,与福建相接的A1标船顶隘特长隧道顺利贯通。6月30日,广昌枢纽主线桥左幅第一联浇筑完成,标志着船广高速公路广昌枢纽现浇箱梁全部完成。9月27日,船广高速公路主线收费大棚最后一块屋面板浇筑完成,标志着船广高速公路房建工程19栋主体建筑全部封顶。10月22日,主线沥青路面全部摊铺完成。11月12日,船广项目全部沥青路面摊铺完成;12月15日,JD标全面完成机电工程合同任务,船广高速公路项目提前具备通车条件。

2017年1月4日,船广项目顺利建成通车。

征地拆迁情况见表3-5-19。

船广高速公路征地拆迁情况统计　　　　　表3-5-19

项目	征地拆迁安置起止时间	征用土地（公顷）	拆迁房屋（m^2）	支付补偿费用（元）	备注
全线	2014年8月~2015年12月	155.5933	9005.1	56471815	

4. 复杂技术工程

(1) 船顶隘隧道。属上下行4车道分离式特长隧道,全长共4155m,为江西与福建两省交界隧道。该隧道在江西地段的起讫桩号为:左洞ZK0+000~ZK1+992,长1992m,右洞YK0+000~YK1+982,长1982m。采用与福建对打、单向台阶式掘进的方式组织施工。技术特征:隧道内断裂构造发育,存在发育性断层,岩体破碎,施工时容易引起掉块,洞壁岩体发生剥离、坍塌等现象;同时该破碎带处于地下水富集地带,具有承压性,施工时易发生涌水现象。

(2) 饶家段特大桥。桥址位于广昌县境内,是一座分离式的特大桥。桥区跨山体、冲沟,地形总体起伏较大;地层结构较复杂,岩性较复杂,层厚较薄且不均,地表水对混凝土结构及钢筋具有微腐蚀性。其中左幅桥梁中心桩号为ZK18+000,桥长1009m,最大桥高49.5m;右幅桥梁中心桩号YK18+034.5,桥长929m,最大桥高47.5m。技术特征:本桥平曲线有缓和曲线、圆曲线、直线,桥面横坡有超高,纵断面纵坡位于$R=40000m$的竖曲线上。上部结构左幅采用25×40m先简支后连续的预应力混凝土T梁,共6联,右幅采用23×40m先简支后连续的预应力混凝土T梁,共5联。下部构造左幅采用两根$\phi2.0m$的桩基接台帽,右幅0号桥台采用肋板采用4根$\phi1.6m$的桩基,23号台采用两根$\phi2.0m$的桩基接台帽,所有桥墩采用实体式薄壁墩。

(3)广昌枢纽互通。在K20+831.14处与济广高速公路鹰瑞段K381+085十字交叉相交,为苜蓿叶+半定向互通。共设互通跨线桥3座,匝道桥1座,分别为主线跨线桥(531m)、D匝道跨线桥(411.4m)、G匝道跨线桥(294m)、C匝道桥(283m)。各桥梁桥址处于丘陵盆地地貌,地势起伏较大,其中主线桥地面高差相差25m,工程地质较复杂,地表被改造成农田,岩性变化很大,存在泥质粉砂岩、砾岩、变余砂岩、花岗岩等多种岩性。技术特征:原路基需要加宽,需分台阶开挖填筑,易产生路基不均匀沉降;有较多原构造物需要接长,其中八字墙的开挖和台背回填施工困难,会影响原结构物安全。各桥梁上部构造均为预应力混凝土结构连续箱梁和普通钢筋连续箱梁,其中主线桥桥面采用变宽模式,下部构造为柱式墩。由于施工期不能封闭交通,施工方案需高速公路管理单位、路政和交警报批,交通流量大,需增设较多临时交通工程设施和安全保护措施,施工期内交通安全维护难度大。

5. 运营管理

船顶隘(赣闽界)至广昌高速公路共设赣闽界广昌东主线站、长桥2个收费站,如表3-5-20所示。

收费站点设置情况表　　　　　　　　　　　　　　　　表3-5-20

站点名称	车道数	收费方式
赣闽界广昌东收费站	7进12出	人工半自动收费(MTC)+自动收费(ETC)
长桥收费站	3进4出	人工半自动收费(MTC)+自动收费(ETC)

十一、都昌至九江高速公路(都昌至星子段)

都昌至九江高速公路(以下简称"都九高速公路")分为两期建设,一期为星子至九江段,二期为都昌至星子段。路线东起杭瑞高速公路九江至景德镇段(都昌县蔡岭镇境内),西接福银高速公路南昌至九江段(九江县马回岭乡境内),在江西省地方高速公路网中编号S22。都九高速公路的建成,将进一步完善环鄱阳湖高速公路网,对促进九江市,特别是对星子县的经济持续快速发展,推动鄱阳湖生态经济区建设具有重要意义。

1. 项目概况

都九高速公路(都昌至星子段)建设里程49.969km,位于江西省九江市都昌县和星子县境内,起点位于都昌县蔡岭镇附近,与既有的九江至景德镇高速公路(九景高速公路桩号K56+159)相接,经都昌县蔡岭镇、徐埠镇、新妙乡、左里镇、多宝乡,星子县蓼南乡、蓼花镇,终于星子县华林镇虎口冲村,与都昌至九江高速公路星子至九江段起点(都九高速公路桩号K51+194)设置的华林枢纽互通相接。2015年1月1日开工建设,2017年1月4日竣工通车,项目总投资概算为44.56亿元,资金来源包括项目业主自筹和国内银行贷款。全线采用全封闭、全立交双向4车道高速公路标准建设,设计速度为100km/h;路基宽度为24.5m;沥青混凝土路面;汽车荷载等级为公路—Ⅰ级;设计洪水频率:特大桥为

1/300，其他桥涵及路基为1/100；全线有服务区1处、收费站3处；沿线设置机电及交安工程等设施。全线特大桥1座，为鄱阳湖二桥，全长5589m；全线涵洞盖板、匝道、倒虹吸及圆管涵412道；互通3个，分别为庐山市互通、都昌东互通和都昌西互通；枢纽1个，为都昌枢纽。

2. 参建单位

都九高速公路（都昌至星子段）采用自管模式，没有监理单位，参建单位共12家。

项目管理单位：都九高速公路项目办公室。

设计单位：江西省交通设计院。

施工单位：中铁十九局集团、中铁十四局集团第三工程有限公司、湖南湘潭公路桥梁建设有限责任公司、中国路桥集团西安实业发展有限公司、北京城建道桥建设集团有限公司、福建路桥建设有限公司、中交一公局厦门工程有限公司、江西中煤建设集团有限公司、中交路桥华南工程有限公司、四川公路桥梁建设集团有限公司。

3. 建设情况

2014年7月16日，省发改委下发《江西省发展改革委关于批复都昌至九江高速公路都昌至星子段新建工程可行性研究报告的函》（赣发改交通〔2014〕717号），同意批准建设。8月27日，省发改委下发《关于都昌至九江高速公路都昌至星子段新建工程初步设计的函》（赣发改设审〔2014〕899号），主要对建设规模和主要技术标准进行了要求，且分别对路线设计、路基、路面设计、桥涵、隧道设计以及工程概算进行了明确，核定本工程总概算为445590.52万元。12月11日，完成项目主体工程施工招标，并于2015年1月10日与各中标人签订合同协议；项目业主为江西公路开发总公司，投资100%。

2015年1月，路基路面工程共5个路基标、2个鄱阳湖特大桥标段和3个路面标，路基路面标段开工建设。10月，鄱阳湖特大桥标段开工建设，其中鄱阳湖特大桥全长5589m，主桥为(68.6+116.4+420+116.4+68.6)m的双塔五跨空间双索面组合梁斜拉桥，为该项目控制性工程。7月28日，省国土资源厅下发《转发国土资源部关于都昌至九江高速公路都昌至星子段工程建设用地批复的通知》（赣国土资函〔2015〕325号），批准建设用地。截至2015年12月11日，已完成产值19.81亿元，其中路基土石方累计完成984万m^3，占总量的74%；涵洞通道已基本完成；桥梁桩基已全部完成；墩台身累计完成818个，占总量的94%；盖梁台帽累计完成384个，占总量的87%；预制梁累计完成1398片，占总量的78.7%；安装梁累计完成758片，占总量的42.7%；路基交验累计完成900m，占总量的2.5%；路面级配碎石底基层备料累计完成24万m^3，占总量的70.4%；水稳基层备料累计完成24.3万m^3，占总量的52.7%；沥青碎石上基层备料累计完成11320m^3，占总量的10%。项目办通过主动排忧、加强协调、跟踪服务，有力排除项目拆迁面积大、征地协调难的障碍。全线共征用土地373.41公顷;拆迁建筑物共19637.8m²(表3-5-21);拆迁电力通信杆线86590m,通信光缆73020m,全线征地拆迁工程费共计19437.12万元。项目主线内障碍物全部清除,征迁协调工作实现依法依规、和谐有序。为路基土石方、桥梁施工创造先决条件。高效的征拆协调工作为项目的顺利实施和高效推进争取时间、创造条件。按照省厅要求,都九项目除鄱阳湖特大桥外,其他路段2016年底要建成通车,项目办以此为目标,组织各参建单位加大投入、科学调度,争分夺秒抢好控制性工程施工。实现一阶段末期通涵构造物及桥梁桩基基本完成,二阶段末期桥梁下部构造基本结束,预制梁生产及架梁施工较为正常,除路基土石方受天气影响外,整个项目工程进展顺利。鄱阳湖特大桥工程于2015年10月1日开工建设。

都九高速公路征地拆迁情况统计 表3-5-21

项目	征地拆迁安置起止时间	征用土地(公顷)	拆迁房屋(m²)	支付补偿费用(元)	备注
全线	2014年11月~2015年6月	373.41	19637.8	19437.12	

根据2016年底通车要求,都昌至九江高速公路(都昌至星子段)项目除鄱阳湖二桥标段外,其他标段工程量已全部完成,具备通车的条件,通车里程为44.38km。截至2016年12月31日,都昌至九江高速公路(都昌至星子段)项目工程进展情况如下:除鄱阳湖二桥标段,工程投资完成100%;鄱阳湖二桥工程投资完成50.4%。10月份路床交验完成100%,12月10日上面层(含连接线)完成100%,12月14日房建、交安工程完成100%,11月30日主线及互通绿化完成100%,12月15日机电工程、站区绿化完成100%,44.38km通车路段在2016年12月18日前已具备通车运营条件。

鄱阳湖二桥工程进展:鄱阳湖二桥主墩承台、塔座全部完成;索塔两个共66节,累计完成9节,占总量的13.6%,桥面板累计完成22块,占总量的2.5%;桩基累计完成715根,占总量的96.1%;墩桩累计完成269个,占总量的76.0%;盖梁台帽累计完成120个,占总量的52.2%;35m先张法预制T梁累计完成510片,占总量的79.7%;安装梁累计完成485片,占总量的75.8%;50m后张法T梁预制已开始启动。

4.复杂技术工程

鄱阳湖特大桥。桥位位于都昌县老爷庙水域、松门山以北约16km处,距离鄱阳湖入江口约50km,桥位处以北约44km建有铜九铁路桥、以北48km处建有九景高速公路鄱阳湖大桥。鄱阳湖特大桥中心桩号为K37+668,主桥中心桩号为K36+638,全长5589m,全桥桥跨布置为19×35m+14×50m+(68.6+116.4+420+116.4+68.6)m+37×50m+45×35m。主桥采用双塔五跨空间双索面组合梁斜拉桥方案,副孔采用50m跨的先简支后连续后张法预应力混凝土T梁,引桥采用35m跨的先简支后连续先张法预应力混凝土T梁。主塔采用宝瓶形桥塔,塔高137.91m。桥面标准宽度24.5m,主桥设置拉索及检修道全宽28m。

鄱阳湖二桥具有以下特点:一是特殊的地理环境。地处内陆"百慕大"之称的老爷庙水域,水文及地质情况极为复杂,一年就有163个大风日,每3天就会发生一次8级狂风。二是水域通航船舶流量大。流域为赣江至长江的黄金水道,过往船只多,水上施工交通安全隐患大。三是设计上的创新。特大桥引桥使用折线配筋预应力混凝土35m先张法T梁,属国内首创。

5. 运营管理

都九高速公路(都昌至星子段)全线共有服务区1处(鄱阳湖服务区),收费站3处(都昌东收费站、都昌西收费站、庐山市收费站),如表3-5-22所示。

都九高速公路收费站点设置情况　　　　　表3-5-22

站点名称	车道数	收费方式
都昌东收费站	3进5出	人工半自动收费(MTC)+自动收费(ETC)
都昌西收费站	3进5出	人工半自动收费(MTC)+自动收费(ETC)
庐山市收费站	3进5出	人工半自动收费(MTC)+自动收费(ETC)

十二、上饶至万年高速公路

上饶至万年高速公路(以下简称"上万高速公路")是《江西省高速公路网规划(2013—2030年)》"四纵六横八射"公路网主骨架重要组成部分,属江西省地方加密高速公路,在地方高速公路网中编号S33,是连接环鄱阳湖经济圈的快速通道,对完善区域路网布局、提升路网服务水平具有重要意义。

1. 项目概况

上万高速公路建设里程76.057km,南起沪昆高速公路,北接德昌高速公路,途经上饶市的横峰县、弋阳县、万年县和鹰潭市的贵溪市等4个县(市)的8个乡镇,2014年12月26日开工建设,2017年1月4日竣工通车,全线按全封闭、全立交双向4车道高速公路标准建设,设计速度为80km/h,主线路基设计宽度24.5m,路面结构采用沥青混凝土路面,设计荷载为公路—Ⅰ级。设计洪水频率:特大桥为1/300,其他桥涵和路基为1/100。估算总投资49.89亿元,资金来源:①项目资本金约17.46亿元,占总投资的35%,由项目建设单位自筹解决;②申请国内银行贷款32.43亿元。上万高速公路共有桥梁62座(含分离立交),总长9139m,其中,大桥17座,总长4271m;中桥13座,总长878m。主线上跨分离立交21座,总长2988m;支线上跨分离式立交11座,总长1002m。全线设置涵洞通道394道;隧道4座,共4669m(长隧道3座,共4359m,短隧道1座,长310m);全线桥隧比达到15.25%。在建设过程中,全线划分6个路基标、2个路面标。建设工期24个月,分成3个阶段:第一阶段为2015年1月~8月31日,第二阶段为2015年9月1日~2016年4月

30日,第三阶段为2016年5月1日~12月31日。

2.参建单位

上万高速公路参建单位共14家。

项目管理单位：江西省高速公路投资集团有限责任公司上饶至万年高速公路建设项目办公室。

设计单位：江西省交通设计研究院有限责任公司、江西省直属机关建筑设计院。

施工单位：中铁四局集团有限公司、中铁十七局集团有限公司、中铁十六局集团第三工程有限公司、江西赣粤高速公路工程有限责任公司、中铁十七局集团第五工程有限公司、中铁二十二局集团有限公司、江西中煤建设集团有限公司、大庆油田路桥工程有限责任公司。

监理单位：江西省赣西公路工程监理有限公司、江西交通咨询公司、江西省天驰高速科技发展有限公司。

3.建设情况

2014年8月23日,省发改委下发《上饶至万年高速公路新建工程可行性研究报告》(赣发改交通〔2014〕872号),同意工程可行性研究报告。10月9日,省发改委下发《江西省发展改革委关于批复上饶至万年高速公路新建工程初步设计的函》(赣发改设审〔2014〕1065号),批复上万高速公路新建工程初步设计。12月26日,完成项目主体工程施工招标,并在2015年2月12日与各中标人签订合同协议。

2015年2月12日,完成第一根桩基浇筑。25日,完成项目施工及检测监理的招标工作,并在3月2日与各中标人签订合同协议。4月8号,三县岭1号隧道右洞出口正式进洞,成为全线第一个进洞施工的隧道项目。4月15日,省交通运输厅批复《上饶至万年高速公路项目施工许可申请书》。5月26日,省交通运输厅下发《关于同意高速公路建设管理体制改革试点总体实施方案的批复》(赣交建管字〔2015〕44号),以上万项目为依托,开展"改进传统监理模式"改革试点工作。通过重新进行监理定位,理清监理职责;改革组织机构(设置施工监理和检测监理),优化工作程序,明确工作范围,简化工程用表,修订施工监理规范,改革工程质量评定体系等方面开展试点工作,并在过程中及后期检验试点效果,最后进行修正、完善,形成试点成果。7月23日,完成李官高架桥左幅12-3号30m的T梁架设,成为全线首片架设梁。2015年12月1日~2016年2月4日,全线开展"决战60天,开创新局面"劳动竞赛活动,对推进项目进度取得重大效果,路基土石方基本完成;桥梁工程下部构造和预制梁进度明显改善,已基本实现主线桥梁半幅架通;隧道工程掘进已完成95.3%,全线4座隧道已实现单幅贯通。

2016年2月19日起,全线开展"大干七十天,献礼五一节"劳动竞赛活动,再掀工程施工新高潮,进一步促动项目建设质量、安全、进度比学赶超,确保2016年上万项目全面完成通车目标。8月1日,项目办开展"大干三十天,彻底扭转落后局面"活动,目标为路基路面附属工程全面完成、路基单位全面扫尾完工、路面施工全面进入摊铺高潮阶段,以继续加快上万项目施工总体进度,消除短板,为优质高效的进行油面摊铺奠定基础。9月1日,项目办开展"决战七十天,全面完成路面摊铺"活动,目标为路面摊铺全面完成、附属工程全面完成、做好交工验收准备。各路面施工单位加大投入,抢抓有限晴天,确保两台沥青拌和楼、两个沥青摊铺作业点的流水运转,路面摊铺线路按照项目办统一安排部署实施,集中力量做好摊铺前的施工准备,确保油面无污染化施工得到全面贯彻落实。10月11日,项目办开展"大干六十天,完成房建主体工程"活动,目标为全面完成房建工程主体。为打响房建主体工程攻坚战,保证主体框架、屋面、砖墙、围墙、道路基层、水塔和收费大棚等分部工程全面完工。11月10日,项目办开展"决战五十天,确保房建工程全面完工"活动,目标为满足上万高速公路收费及服务区使用要求,保证房屋建筑室内外装饰工程、水电工程、场地市政工程、设备安装工程、收费大棚等分部工程全面完工,确保上万项目全面建成通车目标顺利完成。

项目办将建设工期24个月共分成3个阶段,第一阶段为2015年1月~8月底,第二阶段为2016年9月1日~2017年4月底,第三阶段为2017年5月1日~12月。同时,为高效完成任务目标,项目办在2015年年底将阶段目标分解为若干专项活动,提出"以专项活动目标促阶段任务目标,以阶段任务目标保项目整体目标",有效地促进项目建设。

该项目线路虽然不长,但施工难度大。主要原因有:①协调难度大。全线5处与铁路交叉,有的桥梁跨越省道、地方道路、铁路、军用光缆时,都必须与相关主管单位或部门进行协调、报批,并严格按照主管单位或部门意见进行施工。②隧道施工难度大。全线共设有隧道4座共长9337m(单洞),隧道地质情况复杂,断层破碎带、软弱地带较多,裂隙水较丰富,岩性多样,岩相变化大,其中Ⅳ级、Ⅴ级围岩占比达75.5%。③高液限土多。该项目近30km范围的路段为高液限土,遇水后急剧膨胀,失水后严重干缩,直接用于路基填筑会留下质量隐患,若弃之不用,全部换填,还需征地堆放、征地取土,不利于环保与经济发展。④红砂岩路段多。红砂岩的施工难度不亚于高液限土。在建设过程中,途经横峰县、弋阳县路段,红砂岩数量较大,开挖较难,而且该路段处于平原微丘,取土较困难。

征地拆迁情况见表3-5-23。

上万高速公路征地拆迁情况统计　　　　表3-5-23

项目	征地拆迁安置起止时间	征用土地 (公顷)	拆迁房屋 (m²)	支付补偿费用 (元)	备注
全线	2015年4月~2016年12月	475.0057	35050.3	344904500	

4. 运营管理

上饶至万年高速公路全线共设匝道收费站 4 处（表 3-5-24），养护工区 1 处，服务区 2 对。项目建成后相关监控、收费通信、电话、办公自动化、视频会议等业务数据接入万年管理中心和江西省高速公路投资集团信息中心。

上万高速公路收费站点设置情况　　　　表 3-5-24

站 点 名 称	车 道 数	收 费 方 式
横峰收费站	3 进 5 出	人工半自动收费（MTC）+ 自动收费（ETC）
弋阳东收费站	3 进 5 出	人工半自动收费（MTC）+ 自动收费（ETC）
白田收费站	3 进 4 出	人工半自动收费（MTC）+ 自动收费（ETC）
万年收费站	3 进 5 出	人工半自动收费（MTC）+ 自动收费（ETC）

十三、广昌至吉安高速公路

1. 项目简介

广昌至吉安高速公路（以下简称"广吉高速公路"）是交通运输部《国家公路网规划（2013—2030 年）》规划的沈海高速公路第七条联络线即福建莆田至湖南炎陵（G1517）中的一段，也是《江西省高速公路网规划（2013—2030 年）》规划的"四纵、六横、八射、十七联络线"中第三横的一段，建设里程为 189.276km，由广吉主线和吉安支线组成。

广吉主线始于广昌南枢纽，与船顶隘（赣闽界）至广昌高速公路对接，自东往西途经抚州市广昌县，赣州市宁都县，吉安市永丰县、吉水县、青原区、泰和县，终于泰和北枢纽，与泉州至南宁高速公路石城至吉安段对接，长 156.085km；吉安支线始于吉水枢纽，与抚州至吉安高速公路对接，自北往南途经吉安市吉水县、青原区，终于广吉主线青原枢纽，长 33.191km。

建设广吉高速公路，是加强福建、江西、湖南三省经济往来，建设运输大通道的重要之举，是更好落实国家支持原中央苏区振兴发展政策的交通保障；对完善国家和江西高速公路网、改善沿线城镇出行交通条件、满足高速交通需求，对实现促进中部地区崛起协调发展战略，带动和提升周边地区及中部地区经济发展水平，提高城镇化发展战略具有十分重要的意义。

广吉高速公路建设项目是江西省"十三五"开局之年开工建设的最长高速公路。全线按全封闭、全立交、双向 4 车道高速公路标准建设，其中，广吉主线青原枢纽以东和吉安支线共 170km 路段，设计速度为 80km/h，路基宽度为 24.5m；广吉主线青原枢纽以西约 19km 路段，设计速度为 100km/h，路基宽度为 26m。

广吉高速公路建设项目全线采用沥青混凝土路面，设计荷载是公路—Ⅰ级；设计洪水频率是:特大桥为1/300,大、中、小桥及路基为1/100;设宁都北、青原、吉水和泰和北4个枢纽互通,小港、头陂、东山坝、小布、上固、三坊、水南、新圩、万合、吉安东、将军山共11处服务互通,广昌南、永丰南、泰和北3个服务区和黄陂停车区,管理分中心1处,收费站11处,养护工区1处。

2. 参建单位

广吉高速公路建设项目(主体工程)共有参建单位31家,其中,项目管理单位1家、勘察设计单位3家、设计监理单位1家、施工单位20家、施工监理单位5家、第三方检测单位1家。

项目管理单位:江西省高速公路投资集团有限责任公司广昌至吉安高速公路建设项目办公室。

勘察设计单位:北京交科公路勘察设计研究院有限公司、中交第一公路勘察设计研究院有限公司、江西省交通设计研究院有限责任公司。

设计监理单位:中交第二公路勘察设计研究院有限公司。

施工单位:中铁二十一局集团第三工程有限公司、核工业长沙中南建设工程集团公司、青岛公路建设集团有限公司、中交一公局厦门工程有限公司、中铁二十三局集团第一工程有限公司、中交路桥建设有限公司、中铁十六局集团有限公司、湖南路桥建设集团有限责任公司、中铁十四局集团有限公司、大成工程建设集团有限公司、吉林省长城路桥建工有限责任公司、中交第四公路工程局有限公司、中交二公局第六工程有限公司、山东科达基建有限公司、中铁建大桥工程局集团第一工程有限公司、江西省宜春公路建设集团有限公司、中国铁建大桥工程局集团有限公司、中国路桥集团西安实业发展有限公司、成都市路桥工程股份有限公司、中铁十局集团第二工程有限公司。

第三方检测单位:江西省天驰高速科技发展有限公司。

施工监理单位(总监办):江西省公路工程监理公司、江西交通建设工程监理所、江西省嘉和工程咨询监理有限公司、江西科力咨询监理公司、江西交通咨询公司。

3. 建设情况

2014年8月18日,水利部下发《关于沈海高速莆田至炎陵联络线广昌至吉安段新建工程水土保持方案的批复》(水保函〔2014〕282号)至江西省高速公路投资集团有限责任公司,基本同意该水土保持方案,要求按照《开发建设项目水土保持设施验收管理办法》的规定,在项目竣工通车前通过水利部组织的水土保持设施验收。

2014年12月4日,国家环境保护部下发《关于沈海高速莆田至炎陵联络线广昌至吉安段新建工程环境影响报告书的批复》(环审〔2014〕321号)至江西省交通运输厅,明确广昌至吉安段新建工程项目位于江西省抚州市、赣州市和吉安市境内,包括主线和吉安支线工程,确定项目符合《国家公路网规划(2013—2030年)》和江西省高速公路网规划,原则同意环境影响报告书中所列建设项目的性质、规模、地点和拟采取的环境保护措施。

2015年12月28日,国家发展和改革委员会下发《国家发展改革委关于江西省广昌至吉安公路可行性研究报告的批复》(发改基础〔2015〕3114号)至江西省发展和改革委员会,同意建设江西省广昌至吉安公路,全长约156km,采用双向4车道高速公路标准建设;另建设吉安支线,全长约34km,采用双向4车道高速公路标准建设。项目建设管理法人为江西省高速公路投资集团有限责任公司。

2016年7月2日,交通运输部下发《交通运输部关于江西省广昌至吉安公路初步设计的批复》(交公路函〔2016〕397号)至江西省交通运输厅,同意建设广昌至吉安高速公路,全长154.976km。另建设吉安支线,长约33.844km。初步设计概算总金额核定为126.24亿元。

2016年9月9日,江西省交通运输厅下发《关于广昌至吉安高速公路项目主体土建工程施工图设计文件的批复》(赣交建管字〔2016〕92号)至省高速集团,同意广吉项目主体土建工程施工图设计。

2016年9月18日,江西省重点项目建设推进领导小组办公室下发《关于广昌至吉安高速公路项目主体工程施工招标方案的复函》(赣重点函字〔2016〕22号)至省交通运输厅,原则同意广吉高速公路项目主体工程施工招标方案。与此同时,广吉项目建设资金已经落实。

2016年12月30日,国家林业局下发《使用林地审核同意书》(林资许准〔2016〕531号)至江西省高速公路投资集团有限责任公司,同意江西省广昌至吉安公路工程项目使用864.9102公顷,其中,使用广昌县集体林地113.506公顷;使用宁都县国有林地4.6905公顷、集体林地232.6259公顷;使用永丰县国有林地3.6242公顷、集体林地181.4975公顷;使用吉水县国有林地7.0771公顷、集体林地110.7327公顷;使用泰和县国有林地16.966公顷、集体林地32.7944公顷;使用吉安市青原区集体林地161.3959公顷。请按有关规定办理建设用地审批手续。委托国家林业局驻福州森林资源监督专员办事处负责项目使用林地的监督检查工作。

2017年4月22日,国土资源部下发《关于广昌至吉安高速公路工程建设用地的批复》(国土资函〔2017〕203号)至江西省人民政府,同意广昌县、宁都县、吉安市青原区、永丰县、吉水县、泰和县将农民集体所有农用地1158.9347公顷(其中耕地310.0426公顷)转为建设用地并办理征地手续,另征收农民集体所有建设用地12.9146公顷、未利用地31.3828公顷;同意将国有农用地19.6428公顷(其中耕地2.0676公顷)转为建设用地,同时使用国有未利用地7.7254公顷。以上共计批准建设用地1230.6003公顷,由当地人民政府按照有关规定提供,作为广昌至吉安高速公路工程建设用地。其中服务设施用 26.1332 公顷范围内的经营性用地以有偿方式供地,其余建设用地以划拨方式供地。

征地拆迁情况见表 3-5-25。

广吉高速公路建设项目征地拆迁情况统计表　　　表 3-5-25

项目	征地拆迁安置起止时间	征用土地（公顷）	拆迁房屋（m²）	支付补偿费用（元）	备注
全线	2016 年 8 月 ~ 2017 年 3 月	1222.939	48457	398661733	

4. 主要工程量

广吉高速公路建设项目主要工程量有:路基土石方 3982 万 m³;桥梁 164 座,桩基 5923 根,梁板 10474 片,桥梁总长 35052m(含特大桥 1 座,长 1075m),桥梁比为 18.7%;互通立交 15 座(含枢纽互通 4 座),涵洞通道 687 道。

5. 复杂技术工程

(1)泰和北赣江特大桥。泰和北赣江特大桥(图 3-5-3)东起泰和县万合镇南垄村,西至泰和垦殖场铜锣背,全长 1075m(K144+645.5 ~ K145+720.5),设主桥和东、西引桥。主桥采用(63+110+110+63)m 变截面预应力混凝土连续箱梁,引桥采用 40m 的 T 梁,主墩采用实体墩,桥台采用肋板台,基础采用钻孔灌注桩。全桥共有钻孔桩 128 根,承台、系梁 50 个,墩台、柱式墩 68 个,薄壁墩 10 个,盖梁 36 个,预应力混凝土连续箱梁 4 孔,T 梁 216 片。

图 3-5-3　泰和北赣江特大桥设计效果图

实施难点:泰和北赣江特大桥工程包括水中桩、陆上桩、承台、墩身、悬浇梁、现浇段、桥面系等,分项工程多,工序较复杂;现浇段施工主要采用比较轻便的三角挂篮对称施工,而挂篮结构形式须通过设计及验算确定,并引进监控单位对结构内力和变形进行全程监控,以确保成桥后的线形符合设计要求、结构恒载力状态接近设计期望值。

（2）八级边坡防护工程。广吉高速公路项目位于山岭重丘区,全线深挖路段较多,6级以上边坡多达数十个,最高边坡为8级。

实施难点:广吉高速公路基本处于江南过湿区,春夏两季雨水充沛,暴雨、雷雨天气较多,极易造成地质灾害,严重威胁边坡稳定。

广吉项目办在边坡施工前按照边坡要求及取样标本,做好抗拔力试验以及安全风险评估。施工过程中本着"开挖一级,防护一级,逐级开挖,逐级防护"原则,随时进行地质核查,随时进行施工监测,防止滑坡、坍塌现象发生,并按照"一坡一图"原则,及时进行边坡生态绿化防护。

（3）高填路基工程。广吉高速公路项目高填路段较多,根据设计图纸统计,全线共有211处高填路基。

实施难点:高填路基下方大多设置了构造物,据调查,共有101处,其中,圆管涵23道,盖板涵43道,箱涵35道。有这些构造物的路段,路基无法进行冲击碾压和落锤强夯施工。

十四、铜鼓至万载高速公路（宜丰联络线）（未开工）

铜鼓至万载高速公路（宜丰联络线）（以下简称"宜丰联络线"）是《江西省高速公路网规划（2013—2030年）》的地方加密高速公路,位于宜春市境内。东连已通车的昌铜高速公路和大广高速公路,西接在建的铜鼓至万载高速公路,是完善江西省西北地区高速公路路网结构、改善区域交通条件、促进沿线经济社会发展的需要。

1. 项目概况

宜丰联络线建设里程24.955km,起点位于宜春市宜丰县天宝乡彪马岭村,向西经双峰乡、黄岗镇,终点与铜万高速公路在黄岗枢纽互通相接。项目概算投资25.75亿元。全线采用双向4车道的高速公路标准,设计速度为80km/h;路基宽度24.5m;路面结构为沥青混凝土路面;汽车荷载为公路—Ⅰ级;设计洪水频率特大桥为1/300,其他桥涵和路基均为1/100;沿线设置安全、监控、通信、收费、供电照明等服务等交通工程及沿线设施。

2. 建设情况

2014年2月21日,省发改委批复宜丰联络线项目建议书。7月31日,省水利厅批复同意《铜鼓至万载高速公路宜丰联络线工程水土保持方案报告书》（赣水水保字〔2014〕61号）。8月19日,省环保厅批复同意《铜万项目环境影响报告书》（赣环评字〔2014〕169号,含宜丰联络线）。10月23日,省国土资源厅出具铜鼓至万载高速公路项目用地预审意见。

2016年5月31至6月1日,铜鼓至万载高速公路宜丰联络线施工图勘察设计优化重新招标工作在江西省南昌公共交易资源中心进行。8月17日,省政府召开五大交通重点工程(含宜丰联络线)推进动员会。12月22日,省发改委在宜丰县主持召开《铜鼓至万载高速公路宜丰联络线设计变更》审查会。2017年1月5~6日,铜鼓至万载高速公路项目宜丰联络线施工监理招标工作在江西省南昌公共交易资源中心进行。

十五、南昌南外环高速公路

南昌市外环高速公路是《江西省2020年高速公路网规划》中5条"环线"之一,也是江西省重要的地方加密高速公路。本项目是南昌市外环高速公路中的最后一段,它将与南昌市东、西外环高速公路衔接,从而形成完整的南昌市外环高速公路。本项目的实施,对于增强南昌市的辐射带动作用,进而促进全省经济发展有着十分重要的意义。

除高速公路外,项目所在区域内有莲塔公路、南莲路、迎宾大道、金沙大道、金沙一路、富山三路、金沙二路、金沙三路、金沙四路等,随着经济的发展,这些道路交通量不断增长,拥挤度不断增大,交通事故频繁,道路服务水平逐年下降。因此,本项目的兴建对于改善南昌市南部地区的交通基础设施条件,促进南昌地区的开发建设也有着十分积极的作用。

1. 项目概况

南昌市绕城高速公路南外环(塔城至生米段)起自南昌东外环高速公路塔城互通,自东向西,在莲塔线南侧200~500m范围内展线,经南昌县塔城乡后,高架桥越武阳镇、八一乡(其间设武阳互通和八一互通);之后继续高架穿越南莲路;高架骑行城南路至迎宾大道(设迎宾互通);继续高架穿越雄溪村至小蓝工业园的富山三路,高架桥骑行富山三路至金沙四路(其间设金沙互通和小蓝枢纽),之后路线以"桥下桥"形式下穿杭南长高速铁路、向莆铁路和西环铁路至赣江沿江大道(设沿江互通);于西环铁路赣江特大桥上游约2.8km处跨越赣江;过赣江后,路线与昌樟高速公路交叉(设昌西南枢纽互通);改移南昌西外环高速公路尾段后,终于南昌西外环高速公路。路线全长35.802km。

估算投资约71.1亿元,全线共设置互通立交9座(含塔城互通),特大桥2座,大桥4座,中桥3座,其中莲塘高架桥长15.359km。拟建项目采用高速公路标准建设,设计速度100km/h,采用双向6车道,路面宽为33.5m,沥青混凝土路面结构。

2. 参建单位

南外环高速公路新建工程参建单位共8家。

项目管理单位:南昌城市建设投资发展有限公司南昌市绕城高速公路南外环建设项目

办公室。

设计单位:江西省交通设计研究院有限责任公司。

施工单位:中国铁建大桥工程局集团有限公司、中国建筑股份有限公司、上海城建市政工程(集团)有限公司、江西路通科技有限公司。

监理单位:江西中昌工程咨询监理有限公司、厦门港湾咨询监理有限公司、江西省公路工程监理公司、江西通慧科技股份有限公司。

3. 建设情况

2010年2月28日,省发改委下发《关于南昌市绕城高速公路塔城至生米段新建工程项目建议书的批复》(赣发改交通字〔2010〕301号)致市发改委,同意立项建立南昌市绕城高速公路塔城至生米段项目。南外环高速公路采用双向6车道高速公路标准建设:设计速度为100km/h;路基宽度为33.5m,行车道宽2×3×3.75m;汽车荷载等级:公路—Ⅰ级;设计洪水频率:特大桥为1/300,其他桥涵及路基为1/100;其他技术指标采用现行有关标准、规范的规定。分别设置塔城枢纽、武阳、八一、迎宾、金沙、小蓝枢纽、沿江、九龙、昌西南枢纽9处互通式立交。工程设计总概算为710955.10万元,平均每公里造价为19857.97万元。

征地拆迁情况见表3-5-26。

南昌南外环高速公路征地拆迁情况统计表(新建)　　表3-5-26

项目	征地拆迁安置起止时间	征用土地 (公顷)	拆迁房屋 (m²)	支付补偿费用 (元)	备注
全线	2014年6月至今	4019	202600	900000000	

4. 复杂技术工程

(1)富山赣江特大桥。桥长3470m,其中桩基458根,承台144个,墩柱、台身222根,盖梁、台帽80个,预制梁468片,现浇梁3336m。

实施难点:①河床地质复杂。赣江东岸为冲积平原,地形平坦开阔,交通便利,西岸为剥蚀岗阜地,地形起伏平缓,山体自然边坡稳定。赣江河床中的中风化岩层夹有呈层状分布的破碎软夹层,对桥基稳定不利,加大施工难度,且桥区表面水为无腐蚀,地下水位弱腐蚀,桥梁基础混凝土需采用一级防护措施。②防洪压力大。赣江地下水位受季节性影响高程起伏较大,部分施工点场地被淹,使丰水期施工难度加大,对施工安全也造成一定影响,需在枯水期加快施工进度,减少对工期的影响。③施工征迁困难。赣江特大桥处江心洲、东岸煤场等地,征迁进度缓慢,对施工造成一定影响。

建设情况:该桥开工至2015年底,已完成桩基458根,承台135个,墩柱、台身188根,盖梁、台帽71个,预制梁125片,现浇梁170m。赣江特大桥2015年3月29日完成第一根桩基浇筑,4月28日完成第一根墩柱,11月23日架设首片箱梁,12月8日完成桩基施工,12月20日进行第一个挂篮试拼。建设期间,对赣江特大桥的施工做了详细的规划,以促进特大桥的"安全、文明、高质量"的施工,合理安排施工保证进度,同时设置了专门的安全管理、质量管理及现场施工管理小组,配备了人员,严格把控工程施工质量,确保工程安全顺利地进行。

(2)莲塘南环高架桥。南外环高速公路莲塘南环高架桥,桥长16892m,其中桩基3348根,承台1128个,墩柱、台身1606根,盖梁、台帽458个,预制梁2230片,现浇梁12847m。

实施难点:①用地征迁困难。受跨抚河桥主线桩基水底沉船、沿线村民阻工等影响,项目征迁进度缓慢,对施工进度造成极大影响。②环保要求高。高架桥附件多为房屋、农田、鱼塘等,施工期间夜间减少噪声、泥浆外运,避免对周边环境的污染。

建设情况:该桥是江西目前最大的高架桥,开工至2015年底,已完成桩基2011根,承台536个,墩柱、台身796根,盖梁、台帽207个,预制梁1034片,现浇梁886m。莲塘南环高架桥于2014年5月21日完成第一根桩基浇筑,2015年6月28日完成第一根墩柱,7月24日第一片梁现浇箱梁。为确保施工的顺利进行,参建单位不断加强人员技术、安全、质量培训,完善专项施工方案,对作业班组进行系统的作业技术交底和安全技术交底;同时加强现场施工过程控制,认真落实施工方案,严格按照架梁操作规程操作,确保箱梁落位无偏差;科学统筹配置机械设备,不断优化箱梁安装的主要施工方法与技术控制。

5. 运营管理

南外环高速公路拟建成通车时,设有服务区1处(赣江服务区),收费站1处(九龙湖收费站),如表3-5-27所示。

南昌南外环高速公路收费站点设置情况　　　表3-5-27

站点名称	车道数	收费方式
九龙湖收费站	16	人工半自动收费(MTC)+自动收费(ETC)

十六、兴国至赣县高速公路

兴国至赣县高速公路(以下简称"兴赣高速公路")是G72泉南高速公路江西石吉段与G76厦蓉高速公路江西瑞赣段的纵向联络线,在国家高速公路网中编号G6011。兴赣高速公路的建成,对加快江西省旅游事业发展、充分开发利用自然资源,促进地区旅游经济的发展,缓解江西省南北向通道的交通压力及完善江西省高速公路网的建设均具有十分重要的意义。

1. 项目概况

兴赣高速公路建设里程71.995km,北接泉南高速公路石吉段兴国境内的兴国互通K107+580处以枢纽互通形式相接,南接赣州绕城高速公路相交于厦蓉高速公路瑞赣段赣县境内K120+286处的赣县东枢纽互通,途经兴国县和赣县2个县12个乡(镇)。2014年12月26日开工建设,2017年1月4日竣工通车,项目概算总投资约60.7496亿元,平均每公里造价约8438万元,资金来源:①项目资本金约15.20亿元,约占总投资的25%,由项目建设单位自筹解决;②其余45.58亿元建设资金申请国内银行贷款。全线按全封闭双向4车道高速公路标准设计,设计速度120km/h,路基宽度28m,路面结构采用沥青混凝土路面,设计荷载为公路—Ⅰ级;设计洪水频率:特大桥为1/300,其他桥涵和路基为1/100;兴赣高速公路有大桥49座,总长15174m;中桥2座,总长184m;分离立交10座,总长545.1m;支线上跨分离、人行天桥共3座,总长252m;互通枢纽12座,总长857.14m;全线设置涵洞通道318道;隧道1座,长533m;服务区2处。

2. 参建单位

兴赣高速公路参建单位共22家。

项目管理单位:赣州高速公路有限责任公司。

设计单位:江西省交通设计研究院有限责任公司、中国公路工程咨询集团有限公司。

施工单位:江西井冈路桥集团有限公司、中交第四公路工程局有限公司、安徽省交通建设有限责任公司、中铁隧道集团三处有限公司、安徽省巢湖市路桥工程有限公司、山西运城路桥有限责任公司、核工业华南建设工程集团公司、中交路桥北方工程有限公司、江西省公路桥梁工程有限公司、中铁三局集团有限公司、中铁十六局集团第三工程有限公司、中铁十七局集团有限公司、中铁五局集团第一工程有限责任公司、中铁二十四局集团南昌铁路工程有限公司、江西有色建设集团有限公司、天津路桥建设工程有限公司、江西赣东路桥建设集团有限公司。

监理单位:江西省公路工程监理公司、宁波交通工程咨询监理有限公司。

3. 建设情况

2012年6月26日,赣州高速公路有限责任公司下发《关于成立兴国至赣县高速公路项目办公室的通知》(赣州高速司字〔2012〕135号),至此"兴国(宁都)至赣县高速公路兴国至赣县高速公路建设项目办公室"正式成立。9月26日,省发改委下发《关于兴国(宁都)至赣县高速公路项目建议书的批复》(赣发改交通字〔2012〕2088号),批复项目建议书。10月25日,省发改委下发《关于兴国(宁都)至赣县高速公路兴国至赣县段工程可行性研究报告的批复》(赣发改交通〔2012〕2330号),批复工程可行性研究报告,同时明确该项目的法人单位为赣州高速公路有限责任公司。该项目严格按国家基本建设程序实行管理,项目环保报告、水保方案均获同步批准,并作地质灾害评估和矿产压矿评估。

2013年2月6日,《兴国(宁都)至赣县高速公路兴国至赣县段施工监理招标资格预审和招标文件》经省交通运输厅备案。22日,省重点办下发《关于对兴国(宁都)至赣县高速公路兴国至赣县段主体工程施工及监理招标方案的批复》(赣重点字[2013]13号)批复施工、监理招标方案。3月11日,省发改委下发《关于兴国(宁都)至赣县高速公路兴国至赣县段工程初步设计的批复》(赣发改项审[2013]405号),批复工程初步设计,批准概算为60.75亿元(含建设期贷款利息),其计划资金来源:①国开行贷款45亿元;②交通运输部补助10.23亿元;③自筹5.52亿元。5月17日,在中国采购与招标网、江西省招标投标网、江西省交通运输厅高速公路建设项目"十二"公开专栏、江西交通信息网、江西省公共资源交易网、赣州市公共资源交易网共六家媒体上公布工程施工、监理招标资格预审通告。

2014年8月20日,施工监理招标开标会。9月10日,省交通厅下发《江西省交通运输厅关于兴国(宁都)至赣县高速公路兴国至赣县段施工图设计的批复》(赣交基建字[2014]87号),批复施工图设计。9月16日,完成项目主体工程施工和项目施工监理招标,并于9月30日与各中标人签订合同协议。12月31日,省交通运输厅下发《兴国至赣县高速公路项目施工许可申请书》,批复项目正式开工建设。

兴赣高速公路建设工期24个月,分成3个阶段。

第一阶段目标(2014年11月16日~2015年10月31日)。①路基工程:路基土石方完成2030m³,占目标任务83%;防护工程完成68022.6m³,占目标任务36.9%;排水工程完成41077m,占目标任务15.1%。②涵洞工程:涵洞通道完成287道,占目标任务90%。③桥梁工程:桥梁桩基完成1977根,占目标任务90%;墩柱、台身完成1329个,占目标任务78.8%;盖梁、台帽完成702个,占目标任务71.1%;梁板预制完成3305片,占目标任务63%;梁板安装2524片,占目标任务51.2%。④隧道工程:隧道完成掘进及初支533m,占目标任务100%;完成二次衬砌495m,占目标任务92.9%;防排水完成338,占目标任务63.3%。⑤路面工程:路面底基层备料完成32.4万m³,占目标任务72%,水稳中、下基层备料完成45.42万m³,占目标任务47.1%;沥青上基层备料完成3.05万m³,占目标任务15.2%,中面层备料完成2.02万m³,占目标任务14.3%。

第二阶段目标(2015年10月1日~2016年5月31日)。①路基工程:累计完成合同总量的88%;其中,挖方完成2214.24万m³,占总量的91%,填方完成1964.78万m³,占总量的88%;路基交验仅完成9.3km;防护工程完成133418.9m³,占总量的75%;排水工程完成146013.2m,占总量的53%。②桥梁工程:一般桥梁:完成桩基总量的99%;墩柱、台身完成总量的97%;盖梁、台帽完成总量的95%;预制梁板完成总量的92%;梁板架设完成总量的90%。特殊桥梁(2座跨铁路桥梁及互通区域桥梁):完成桩基总量的76%;薄壁墩完成总量的100%;墩柱、台身完成总量的52%;盖梁、台帽完成总量的63%;预制梁板完成总量的66%;梁板架设完成总量的46%。③路面工程:累计完成合同总量的22%。其中:底基层备料完成91%;水稳中、下基层备料完成66%;沥青上基层备料完成67%;中面层完成备料完成59%;上面层备料完成11%;底基层摊铺完成3%;水稳下基层摊铺完成3%。

第三阶段目标(2016年6月1日~2016年12月18日)。该阶段是项目的收尾阶段,各项目标任务全面完成。各主要工程项目完成的时间节点如下:

①桥梁工程:2016年7月15日前完成跨铁路及地形复杂处桥梁。②路面工程:2016年10月15日前完成上面层铺筑。③房建工程:2016年9月底前全面完成房建装饰装修工程。④绿化工程:2016年9月底前全面完成绿化工程。⑤交通安全设施工程:2016年10月底前全面完成交通安全设施。⑥机电工程:2016年11月底前完成监控、通信、收费系统的联合试运。⑦环保工程:基本完善,接水接路工程基本完成,复垦基本完成。⑧通车试运营:2016年12月15日前完成扫尾清场工作,进入通车试运营。

征地拆迁情况见表3-5-28。

兴赣高速公路征地拆迁情况统计 表3-5-28

项目	征地拆迁安置起止时间	征用土地（公顷）	拆迁房屋（m²）	支付补偿费用（元）	备注
全线	2013年2月~2015年12月	647.58	90255.3	306431618.2	

4.复杂技术工程

吉埠跨昌吉赣客专跨线桥。吉埠跨昌吉赣客专跨线桥位于吉埠镇樟溪村附近,是为跨越规划的昌吉赣客专正线而设置的一座大桥。桥区为低丘夹山间盆地地貌,地形起伏较大,桥区地面高程范围为112.80~161.40m之间。该桥位于整体式路基段,但由于线位与规划的昌吉赣客专正线斜交太小(仅19°),为尽量减小主桥跨径,采用错幅布置。左幅中心桩号为K58+920,桥跨布置为[40+(70+120+70)+2×40]m,桥梁全长389m;右幅中心桩号为K58+921,桥跨布置为[(70+120+70)+3×40]m,桥梁全长389.58m。按照铁路部门的要求,桥梁外侧设置检修道和双防撞墙,故该桥全宽31m,两幅间为1.2m中央分隔带。吉埠跨昌吉赣客专跨线桥主桥为(70+120+70)m连续刚构。左幅主桥2号、3号墩为主墩,1号、4号墩为边墩。右幅主桥1号、2号墩为主墩,0号、3号墩为边墩。连续刚构设计为变截面三向预应力混凝土单箱单室直腹板预应力混凝土箱梁,箱梁0号段与主墩顶固结成整体,在梁端各设2个活动支座支撑在边墩上。单幅箱梁共设2个T构,每个 T 构设 1 个主墩 0 号段,其两侧各对称布置 14 个悬浇段。

连续刚构箱梁顶板宽 14.9m,底宽 7.5m,翼缘板悬臂长 3.7m,悬臂端部厚 20cm,悬臂根部厚 70cm。支点处梁高 7.0m,为跨径的 1/17.14,跨中梁高 3.2m,为跨径的 1/37.5。梁高从跨中至主墩中心 1.0m 处由 3.2m 按二次抛物线($y = 3.2 + 3.8 \times x^2/562$)变化至 7.0m,顶板厚 30cm;底板厚度从跨中至 0 号块中心 1m 处由 70cm 按二次抛物线($h = 0.292 + 0.308 \times x^2/562$)变化至 28cm;腹板厚 0 号~6 号块为 80cm,7 号块以后为 60cm,在 7 号块范围内由 80cm 按直线变化 60cm,为改善箱梁根部截面受力,在 0 号块两端附近截面底板局部加厚至 140cm;箱梁顶板横坡与桥面横坡一致,箱底水平,边墩顶设置 1.96m 宽横隔梁,中墩墩顶对应薄壁墩身设置双 1.3m 宽的横梁。主墩 0 号段梁高 700cm,梁底宽 750cm,沿桥向长 1200cm;悬浇段截面形式同 0 号段,节段长度为 6×350cm + 8×400cm;边跨直线段总长 896cm,底板设一个直径 80cm 的人孔;合龙段长度均为 200cm,中跨合龙段设 100cm 厚的横隔板。为减少箱梁内外温差,通气孔设于箱梁底板处,单幅每个节段相接处设 2 个直径 8cm 的通风孔。箱梁在两边跨梁端部设检修孔,在每个 T 悬臂根部附近边墩一侧设检修孔。箱梁外翼缘下缘应注意距翼边缘 10cm 处设直径 3cm 半圆形滴水槽。箱梁采用三向预应力体系。纵横向预应力筋采用高强度低松弛 7 丝捻制的预应力钢绞线。竖向预应力筋采用 JL25 高强精轧螺纹钢筋。

5. 运营管理

兴赣高速公路全线共设 4 个收费站(表 3-5-29),1 个监控通信分中心,1 个养护应急综合基地,2 个服务区。

兴赣高速公路收费站点设置情况　　　　表 3-5-29

站点名称	车道数	收费方式
兴国收费站	3 入 5 出	人工半自动收费(MTC) + 自动收费(ETC)
兴国南收费站	3 入 4 出	人工半自动收费(MTC) + 自动收费(ETC)
南塘收费站	3 入 3 出	人工半自动收费(MTC) + 自动收费(ETC)
江口收费站	3 入 3 出	人工半自动收费(MTC) + 自动收费(ETC)

十七、资溪花山界至里木高速公路

1. 项目概况

资溪花山界(赣闽界)至里木高速公路(简称"资溪高速公路")是江西省高速公路网中的一条地方加密高速公路,在江西省高速公路网中编号 S46。全线位于江西省抚州市资溪县境内,起于资溪县鹤城镇花山界与福建光泽县吉城镇铁关村的交界处,接福建省在建邵武至光泽高速公路,途经高阜镇、嵩市镇、高田乡,终于高田乡翁源村与济广高速公路相接。该项目与金溪至抚州、抚州至吉安两条地方加密高速公路共同组成一条贯穿江西中部东西向直通海峡西岸经济区的干线通道,连接江西境内的济广、福银、大广"三纵"国家高速公路。

该项目路线全长38.578km,总投资27.01亿元。全线按双向4车道高速公路标准建设,设计速度80km/h。主要工程量情况:路基土石方1224万m^3,沥青混凝土路面84.8万m^2,防护排水工程18.09万m^3;全线共设大、中桥13座(其中大桥12座,中桥1座),总长3119.2m,隧道5座,双洞总长3843m;互通立交3处,分离立交2处。该项目已于2014年1月1日开工,2017年1月4日建成通车。主要技术指标见表3-5-30。

资溪高速公路主要技术指标 表3-5-30

序号	技术指标名称		单位	指标值	采用值	备注
1	公路等级		—	高速公路		
2	设计速度		km/h	80	80	
3	车道数		条	4	4	
4	平曲线最小半径		m	400	700	
5	不设超高的平曲线最小半径		m	2500	2500	
6	缓和曲线最小长度		m	70	150	
7	相邻同向平曲线间最小直线长度		m	480	486.67	
8	相邻反向平曲线间最小直线长度		m	160	174.22	
9	平曲线占路线总长		%	—	71.15	
10	停车视距		m	110	110	
11	最大纵坡		%	5	4.5	
12	最小坡长		m	200	481.38	
13	竖曲线一般最小半径	凸形	m	4500	7000	
14		凹形	m	3000	6500	
15	竖曲线最小长度		m	170	197.4	
16	设计洪水频率	特大桥	—	1/300	—	
17		其他		1/100	—	
18	路基宽度		m	24.5	24.5	
19	地震动峰值加速度		<0.05g	—	—	

该项目由江西省投资集团公司和资溪县人民政府共同投资建设、经营,经江西省人民政府批准,于2010年组建成立江西投资集团资溪高速公路投资开发有限公司(项目公

司),注册资本5亿元,其中江西省投资集团公司控股子公司——江西省江投路桥投资有限公司持股60%,资溪县人民政府的投融资平台——资溪县投资发展有限责任公司持股40%。

2. 建设情况

2010年9月11日,江西省投资集团公司控股子公司——江西省江投路桥投资有限公司与资溪县人民政府签订投资协议书,共同投资建设资溪花山界(赣闽界)至里木高速公路项目。

2010年11月16日,江西省江投路桥投资有限公司与资溪县人民政府、资溪县投资发展有限责任公司签订合作协议书,共同组建江西投资集团资溪高速公路投资开发有限公司,其中,江西省江投路桥投资有限公司持有60%的股份,资溪县投资发展有限责任公司持有40%的股份。

2010年11月26日,江西投资集团资溪高速公路投资开发有限公司正式在资溪县注册成立,注册资本5亿元,公司的经营范围为:高速公路项目投资建设、经营管理及公路维护;高速公路沿线广告媒体的经营管理;服务区经营;建筑机械设备及配件批发、零售;旅游项目开发;房地产开发与经营管理;交通物流;园林绿化等。

2011年,资溪高速公路项目被列入江西省重点工程。

2011年1月31日,江西省人民政府下发《关于同意资溪至邵武高速公路资溪段项目法人变更的批复》(赣府字〔2011〕15号),批准资溪高速公路的法人"抚州市资光高速公路有限责任公司"变更为"江西投资集团资溪高速公路投资开发有限公司"。

2011年9月28日,江西省发改委下发《关于资溪花山界(赣闽界)至里木高速公路项目申请报告的批复》(赣发改交通字〔2011〕2167号),批复同意资溪高速公路项目工可。

2012年4月1日,江西省江投路桥投资有限公司与资溪县人民政府签订《投资补充协议》,就江西投资集团资溪高速公路投资开发有限公司的项目建设和未来房地产开发战略作进一步安排。2012年6月28日,《国务院关于支持赣南等原中央苏区振兴发展的若干意见》(国发〔2012〕21号)出台,资溪高速公路被列入中央苏区交通基础设施建设重点扶持项目。

2012年10月26日,江西省人民政府在南昌召开兴国至赣县、金溪至抚州、资溪花山界(赣闽界)至里木高速公路建设项目征地和房屋征收动员会。

2012年12月19日,江西省发改委下发《关于批复资溪花山界(赣闽界)至里木高速公路初步设计的函》(赣发改设审字〔2012〕2764号),核定工程总概算为270096.69万元。

2013年3月22日,抚州市人民政府在金溪县召开资溪花山界(赣闽界)至里木、金溪至抚州高速公路项目征地和房屋征收动员会。

2013年5月6日,资溪县人民政府召开资溪花山界(赣闽界)至里木高速公路征地和房屋征收动员会。

2013年8月1日,江西投资集团资溪高速公路公司与资溪县人民政府签订《资溪花山界(赣闽界)至里木高速公路建设项目征地和房屋征收包干协议》,标志着本项目征地和房屋征收工作全面展开。

2013年10月28日,江西省人民政府在南昌召开福银高速公路九江长江二桥、井冈山厦坪至睦村高速公路、赣江石虎塘航电枢纽项目建成运行,南昌至宁都、南昌至上栗、资溪花山界(赣闽界)至里木高速公路项目开工新闻发布会,标志资溪高速公路项目正式全面开工。

2013年11月18日,江西省交通运输厅下发《关于资溪花山界(赣闽界)至里木高速公路主体工程施工图设计的批复》(赣交基建字〔2013〕88号)。

2013年11月中旬,资溪花山界(赣闽界)至里木高速公路各监理、施工单位进场,标志资溪高速公路项目进入全面实施阶段。

同时,在集团公司领导亲自协调和指导下,项目得到江西省委、省政府的大力支持,该项目公司紧抓项目被列入《国务院关于支持赣南等原中央苏区振兴发展的若干意见》的机遇,借助省发改委、交通运输厅的支持和帮助,积极争取国家资金补助,有效地筹集项目资本金,降低项目建设成本,最大化地实现股东价值。

由于资溪高速公路地处武夷山脉地区,地形复杂、高填深挖路段较多,加之受长期的阴雨天气等因素影响,项目工程进度缓慢。为全力抢抓进度,项目公司努力克服人员短缺、雨水较多等客观不利因素,充分调动工作的积极性和主观能动性,科学调度和推进项目工程施工。截至2016年6月,项目自开始建设以来累计完成投资22.4123亿元,占投资总额27.01亿元的83%。主要工程量完成情况如下。

(1)路基工程:路基土石方已全部完成;排水工程累计完成100211m,占总量的100%;防护工程累计完成123246m^3,占总量的99%。

(2)桥涵工程:桥梁上、下部构造及通道、涵洞工程全部完成;桥面铺装累计完成104458m^2,占总量的96%;防撞墙累计完成17508m,占总量的92%。

(3)隧道工程:隧道初支全部完成;二衬累计完成7642m,占总量的99%。

(4)路面工程:底基层累计完成662585m^2(单幅47km),占总量的71%;下基层累计完成534460m^2(单幅44km),占总量的72%;中基层累计完成525040m^2(单幅43km),占总量的66%;上基层累计完成93310m^2(单幅9km),占总量的13%。

(5)绿化工程:上边坡绿化累计完成438054m^2,占总量的79%;下边坡绿化累计完成292000m^2,占总量的43%;沉淀池累计完成13个,占总量的82%;路侧绿化累计完成33526m^2,占总量的17%。

(6)房建工程:累计完成4854万元,占总量的68%。

(7)机电工程:累计完成243万元,占总量的4%。

3. 参建单位

资溪花山界(赣闽界)至里木高速公路参建单位共26家。

项目管理单位:江西投资集团资溪高速公路投资开发有限公司。

勘察设计单位:中交第一公路勘察设计研究院有限公司、福建省交通规划设计院、湖北中江建筑设计院有限公司、上海市园林工程有限公司、江西省交通设计研究院有限责任公司。

施工单位:中交第二公路工程局有限公司、四川公路桥梁建设集团有限公司、江西枫叶园林规划工程有限公司、江苏森洋环境建设集团有限公司、江西福乐园林有限责任公司、湖南省联名园林工程有限公司、江西中金建设集团有限公司、江西中工建设工程有限公司、江铃汽车集团江西工程建设有限公司、紫光捷通科技股份有限公司、北京公科飞达交通工程发展有限公司、华睿交通科技有限公司、湖南海鸿交通工程有限公司、湖北楚通公路工程有限公司、湖南省永州公路桥梁建设有限公司、河北龙威交通工程有限公司、湖南省湘筑交通科技有限公司。

监理单位:武汉大通公路桥梁工程咨询监理有限责任公司、广东翔飞公路工程监理有限公司、赣州诚正公路工程监理有限公司。

4. 征地拆迁

为全面解决项目征地和房屋征收工作难题,及时排除工程施工障碍,项目公司积极加强与当地政府、部队、沿线各乡、镇(场)及村民的联系和沟通,对全线进行多次阻工纠纷及隐患排查梳理,及时召开集中协调调度,派员逐项下乡沟通协调,落实责任、明确期限,基本解决全线征地和房屋征收、军用光缆、电力杆线迁改等重大难题,涉及群众利益的各项矛盾纠纷得到妥善解决,为施工单位顺利施工扫除障碍。

目前,项目征地和房屋征收工作已全部完成,累计完成征收土地302.86公顷、房屋8318m²,红线内项目用地已全部交付施工单位使用,军用光缆迁改已全部完成。如表3-5-31。

资溪高速公路征地拆迁情况统计　　　　表3-5-31

项目	征地拆迁安置起止时间	征用土地（公顷）	拆迁房屋（m²）	支付补偿费用（元）	备注
全线	2013年5月6日~2016年5月	302.86	8318	141440000	

5. 复杂技术工程

(1)岭头上大桥。资溪高速公路K17+418岭头上大桥位于分离式路基,右线桥长

667.8m,左线桥长607.4m;其中30箱梁168片,桩基110根,下部结构柱式墩、矩形墩,桥台采用柱式台、肋式台,基础均为钻孔灌注桩,最大墩高49m。

实施难点:①全桥施工便道拉通困难。桥址地貌为山间河谷洼地,两侧为山体斜坡,河谷狭长分布,岗地坡面陡峭,地型上呈"U"形,河流两岸斜坡植被发育,主要以毛竹、杉树为主,地表水为河沟水。最后项目在桥梁红线内开挖陡坡山体拉通施工便道。②矩形墩高较高,为施工安全带来安全隐患,项目施工时所有矩形采用人字形爬梯保证作业人员上下作业时的安全。③环保要求高,桥梁处为居民区,在桩基施工区间,为减少噪声扰民,钻机在夜间8点以后全部停工,制约了该桥施工工期。另外,所有泥浆均采用外运集中处理,避免对河流造成污染。

建设情况:该桥自2014年3月开工以来,克服前期施工征地困难、场地狭窄、修建施工便道难、环保要求高等不利因素,从工、料、机及安全等多个方面周密部署,并通过积极推行精细化管理,科学组织施工,优化施工工艺,优化资源配置,加大工、料、机的投入、加强现场安全质量、文明施工管理等措施,开展"大干100天"活动,积极调动员工的工作热情,抢晴天、战雨天,确保桥梁建设顺利完成。

(2)甘家源隧道。资溪高速公路Z3K18+480~Z3K19+757甘家源隧道左线长1277m,K18+495~K19+760甘家源隧道右线长1265m,为长隧道,也是资溪高速公路最长隧道,最大埋深168m;进出口均采用端墙式洞门。

实施难点:①洞口浅埋偏压段,隧道主要围岩为花岗片麻岩,承载力较差。为保证隧道施工安全,洞口浅埋段施工时在套拱、长管棚、洞顶注浆加固等铺筑措施加固地层稳定后才进行洞内V级围岩的开挖、初期支护的施工。②水保要求高,出口下游均为当地老百姓耕田,为防止洞口、洞内污水直接排放到农田内,在进洞前就做好洞门及洞口的仰坡、边坡的防护工程和洞顶排水工程,洞内排水经处理后达标排放,确保不污染当地农田。③隧道施工便道较窄,前期隧道施工设备、材料均难以拉进洞口处,为了克服施工便道困难,征用当地老百姓的机耕道并进行扩宽和混凝土硬化,以保证隧道施工材料方便运入。

建设情况:该隧道自2014年4月开工以来,克服前期施工便道难、洞口浅埋偏压、水保要求高、隧道安全要求高等不利因素,从特殊路段施工、排水、通风、应急预案措施、水土保持措施、环境保护措施等方面提前考虑;通过隧道施工科学安排、精心管理、严格按照隧道新奥法的施工工序,对隧道施工人员及各级作业人员的质量及安全的技术交底和岗前业务培训,加强现场隧道施工安全质量及隧道安全布距的管理等一系列措施,确保隧道安全建设完成。

资溪高速公路项目于2016年下半年全面完成项目工程建设,并进入收费运营管理。

6. 运营管理

资溪高速公路设有主线、资溪、法水温泉3个收费站(表3-5-32),服务区1处。

资溪高速公路收费站点设置情况　　表3-5-32

站点名称	车道数	收费方式
主线收费站	18	人工半自动收费(MTC)+自动收费(ETC)
资溪收费站	10	人工半自动收费(MTC)+自动收费(ETC)
法水温泉收费站	7	人工半自动收费(MTC)+自动收费(ETC)

第四章
高速公路建设管理

党的十一届三中全会以来,江西交通系统坚持邓小平"一手抓建设,一手抓法治"的思想和中共中央提出的"依法治国方略",认真贯彻《全面推进依法行政实施纲要》。交通法治建设有了长足发展。交通立法由起步到成熟、由滞后到基本覆盖全行业,已形成一定规模交通行业法律体系。执法监督机构、配套法律法规制度不断完善。门类齐全、具有较高素质的交通行政执法队伍基本形成。交通法制建设在依法行政、建设法治交通的道路上迈出新的步伐,取得新的成果。

1991年以来,在省人大、省政府立法机关的帮助下,审议通过多部地方交通法规和地方交通规章。例如《江西省高速公路管理条例》《江西省公路规费征收管理条例》《江西省公路路政管理办法》《江西省公路养路费征收管理办法》等。全省已基本形成公路水路交通法规体系框架。与此同时,省交通厅及其直属管理部门还制定了一系列规定。

高速公路管理具有内容复杂、专业性强的特点,着力加强高速公路方面的法律法规建设。在遵循和充分运用现有法律法规和政策的基础上,积极制定和修订相关法律和法规,将高速公路管理纳入科学化、法制化轨道。从法律层面上明确规定高速公路管理的主体、职责权限、管理内容等保障管理主体法律地位的权利,实现高速公路管理的法制化和规范化。

高速公路建设管理全面展示高速公路在发展理念、管理制度及建设机制等方面的特色和亮点。在建设理念方面,体现"六个坚持、六个树立"的勘察设计新理念,"发展理念人本化、项目管理专业化、工程施工标准化、管理手段信息化、日常管理精细化"的现代工程管理"五化"要求,注重"安全、环保、耐久、经济"等工程内在品质,以及建设"百年大桥""放心工程"等目标要求。在管理制度方面,借助世行贷款项目管理特点和江西自身的实践探索,形成公路建设的招标投标、项目法人、工程监理、合同管理四项制度,先后在勘察设计、项目管理、市场监管、质量监督、建设模式等方面制定出台一系列规章制度和规范性文件,基本构成种类齐全、管理高效、监督有力的工程建设管理制度体系。积极探索多种投资、多渠道筹资的发展之路,逐步形成"国家投资、地方筹资、社会融资、利用外资"投融资体制。在建设机制上充分发挥政府管理与市场配置资源的作用,推进BOT、BT设计施工总承包、代建制等多种建设模式的实践。进一步了解高速公路建设中所涉及的国家法律法规、政策法令、地方法规以及部门规章制度等,熟悉高速公路建设管理的要领,驾轻就熟地应用相关法律法规对高速公路实施依法管理、科学管理和有效管理。

第一节 法律法规、部门规章制度

近年来,公路建设行业相关的法律法规、部门规章制度见表4-1-1。

法律法规、部门规章制度一览表 表4-1-1

序号	性质	颁发机关	日期	发文文号	文件名称
1	法律法规	全国人大常务委员会	2004-8-28	主席令第19号	中华人民共和国公路法
2		全国人大常务委员会	2011-4-22	主席令第64号	中华人民共和国建筑法
3		全国人大常务委员会	1999-8-28	主席令第21号	中华人民共和国招标投标法
4		全国人大常务委员会	2004-8-28	主席令第28号	中华人民共和国土地管理法
5		全国人大常务委员会	2014-4-24	主席令第9号	中华人民共和国环境保护法
6		全国人大常务委员会	2002-10-28	主席令第77号	中华人民共和国环境影响评价法
7		全国人大常务委员会	2010-12-25	主席令第39号	中华人民共和国水土保持法
8		全国人大常务委员会	2014-8-31	主席令第13号	中华人民共和国安全生产法
9		全国人大常务委员会	2008-10-28	主席令第8号	中华人民共和国消防法
10		全国人大常务委员会	1996-3-17	主席令第63号	中华人民共和国行政处罚法
11		全国人大常务委员会	2003-8-27	主席令第7号	中华人民共和国行政许可法
12		全国人大常务委员会	1999-3-15	主席令第15号	中华人民共和国合同法
13		全国人大常务委员会	2013-12-28	主席令第8号	中华人民共和国公司法
14		全国人大常务委员会	2002-6-29	主席令第68号	中华人民共和国政府采购法
15		全国人大常务委员会	2013-6-29	主席令第4号	中华人民共和国特种设备安全法
16		全国人大常务委员会	2006-4-26	主席令第466号	民用爆炸物品安全管理条例
17		国务院	2011-2-16	国务院令第593号	公路安全保护条例
18		国务院	2012-11-30	国务院令第613号	招标投标法实施条例
19		国务院	2004-9-13	国务院令第417号	收费公路管理条例
20		国务院	2000-1-30	国务院令第279号	建设工程质量管理条例
21		国务院	2000-9-25	国务院令第293号	建设工程勘察设计管理条例
22		国务院	2003-11-24	国务院令第393号	建设工程安全生产管理条例
23		国务院	2011-1-8	国务院令第588号	中华人民共和国土地管理法实施条例
24		国务院	2011-1-8	国务院令第120号	中华人民共和国水土保持法实施条例
25		国务院	1998-11-29	国务院令第253号	建设项目环境保护管理条例
26		国务院	2001-11-15	国务院令第323号	地震安全性评价管理条例
27		国务院	2013-7-18	国务院令第638号	生产安全事故报告和调查处理条例
28		国务院	2004-1-13	国务院令第397号	安全生产许可证条例
29		国务院	2008-7-21	国务院令第527号	对外承包工程管理条例

第四章
高速公路建设管理

续上表

序号	性质	颁发机关	日期	发文文号	文件名称
30	法律法规	江西省人大常务委员会	2015-9-24	2015年9月24日江西省第十二届人民代表大会常务委员会第二十次会议通过	江西省公路条例
31		江西省人大常务委员会	1998-10-23	2008年9月27日江西省第十一届人民代表大会常务委员会第五次会议通过	江西省高速公路管理条例
32	市场管理规章制度	交通运输部	2015年修订	交通部令2004年第14号	公路建设市场管理办法
33		交通部	2006-12-5	交公路发〔2006〕683号	关于印发建立公路建设市场信用体系的指导意见的通知
34		住房和城乡建设部	2015-1-22	住房和城乡建设部令2015年第22号	建筑业企业资质管理规定
35		交通部	2002-11-25	交公路发〔2002〕544号	关于对参与公路工程投标和施工的公路施工企业资质要求的通知
36		建设部	2007-6-26	建设部令2007年第160号	建设工程勘察设计资质管理规定
37		交通运输部	2014-4-4	交通运输部令2014年第7号	公路水运工程监理企业资质管理规定
38		交通部	2004-11-20	交质监发〔2004〕639号	公路水运工程监理企业资质管理规定实施意见
39		交通部	2005-10-19	交通部令2005年第12号	公路水运工程试验检测管理办法
40		交通部	2001-9-30	交公路发〔2001〕583号	公路建设项目法人资格标准(试行)
41		交通部	2004-3-19	交质监发〔2004〕125号	公路水运工程监理工程师执业资格考试管理暂行办法
42		人事部、建设部	2002-12-5	人事部、建设部人发〔2002〕1111号	建造师执业资格制度暂行规定
43		交通运输部	2008-8-20	交通部、发改委、财政部令2008年第11号	收费公路权益转让办法
44		交通运输部	2012-12-25	交质监发〔2012〕774号	公路水运工程监理信用评价办法
45		交通运输部	2009-6-25	交质监发〔2009〕318号	公路水运工程试验检测信用评价办法
46		交通运输部	2011-10-10	交质监发〔2011〕572号	公路水运工程监理工程师登记管理办法

续上表

序号	性质	颁发机关	日期	发文文号	文件名称
47	招投标管理规章制度	国务院	2004-7-12	国务院国办发〔2004〕56号	关于进一步规范招投标活动的若干意见
48		国家多部门联合	2013-3-11	国家发展计划委员会令2013第23号	关于废止和修改部分招投标规章和规范性文件的决定
49		国家发展计划委员会	2000-5-1	国家发展计划委员会令2000年第3号	工程建设项目招标范围和规模标准规定
50		国家发展计划委员会	2000-7-1	国发发展计划委员会令2000年第4号	招标公告发布暂行办法
51		国家发展计划委员会等联合发文	2013年修订	国家发展计划委员会等七部委令2001年第12号	评标委员会和评标方法暂行规定
52		国务院	2000-5-3	国务院国办发〔2000〕34号	关于国务院有关部门实施招标投标活动行政监督的职责分工的意见
53		国家发展改革委员会联合有关部门	2013年修订	国家发展改革委员会等七部委2004年第11号令	工程建设项目招标投标活动投诉处理办法
54		国家发展改革委员会联合有关部门	2008-6-18	发改法规〔2008〕1531号	招标投标违法行为记录公告暂行办法
55		交通运输部	2011-6-11	交公路发〔2011〕797号	公路建设项目评标专家库管理办法
56		国家发展计划委员会	2013年修订	国家发展计划委员会令2003年第29号	评标专家和评标专家库管理暂行办法
57		国家发展改革委会同有关部门	2013年修订	国家发展改革委员会等七部委30号令	工程建设项目施工招标投标办法
58		交通部	2003-3-11	交公路发〔2003〕70号	公路工程施工招标评标委员会评标工作细则
59		国家发展改革委会同有关部门	2013年修订	国家发展改革委员会等九部委56号令	《标准施工招标资格预审文件》和《标准施工招标文件》暂行规定
60		国家发展改革委会同有关部门	2013年修订	国家发展改革委员会等七部委27号令	工程建设项目货物招标投标办法
61		国家发展改革委会同有关部门	2013-2-4	国家发展改革委员会等八部委20号令	电子招标投标办法

续上表

序号	性质	颁发机关	日期	发文文号	文件名称
62	招投标管理规章制度	交通运输部	2015-12-8	交通运输部令2015年第24号	公路工程建设项目招标投标管理办法
63		交通部	2015年修订	交通部令2007年第8号	经营性公路建设项目投资人招标投标管理规定
64		交通部	2006-8-1	交通部令2006年第6号	公路建设监督管理办法
65		交通部	2005-6-14	交通部交公路发〔2005〕258号	关于实施公路建设项目施工许可工作的通知
66		交通运输部	2010-4-28	交通部交公路发〔2010〕215号	关于严格执行标准进一步加强高速公路建设项目管理工作
67		交通部	2005-6-14	交通部交公路发〔2007〕565号	关于进一步加强公路工程施工许可管理工作的通知
68		交通部	2004-10-1	交通部交公路发〔2004〕507号	公路建设项目工程决算编制办法
69		国家档案局	1992-5-6	国家档案局国档发〔1992〕8号	建设项目(工程)档案验收办法
70	项目建设管理规章制度	交通部、国家档案局	2005-9-19	交办发〔2005〕431号	交通档案管理办法
71		交通部	2004-10-1	交通部令2004年第3号	公路工程竣(交)工验收办法
72		交通运输部	2010-5-1	交公路发〔2010〕65号	公路工程竣(交)工验收办法实施细则
73		水利部	2005年修改	水利部第16号令	开发建设项目水土保持设施验收管理办法
74		国家环境保护局	2010年修改	国家环境保护总局第13号	建设项目竣工环境保护验收管理办法
75		交通运输部	2011-11-28	交规划发〔2011〕695号	交通运输部关于印发《公路建设项目后评价工作管理办法》和《公路建设项目后评价报告编制办法》的通知
76		交通部	2007-10-29	交通部公告2007年第33号	关于公布《公路工程基本建设项目概算预算编制办法》(JTG B06—2007)及《公路工程概算定额》(JTG/T B06-01—2007)、《公路工程预算定额》(JTG/T B06-02—2007)、《公路工程机械台班费用定额》(JTG/T B06-03—2007)的公告

续上表

序号	性质	颁发机关	日期	发文文号	文件名称
77	项目建设管理规章制度	交通部	2000年	交财发〔2000〕195号	交通基本建设资金监督管理办法
78		财政部	2002年	财建发〔2002〕394号	基本建设财务管理规定
79		交通部	2002年	交审计发〔2002〕64号	交通建设项目审计实施办法
80		交通运输部	2015-5-7	交通运输部令2015年第3号	公路建设项目代建管理办法
81		交通运输部	2015-6-26	交通运输部令2015年第10号	公路工程设计施工总承包管理办法
82		交通运输部	2015-6-24	交通运输部令2015年第12号	关于修改《交通建设项目委托审计管理办法》的决定
83		交通部	2000-8-28	交公路发〔1999〕90号	公路工程质量管理办法
84		交通运输部	2008-10-1	交公路发〔2008〕116号	关于严格落实公路工程质量责任制的若干意见
85		交通运输部	2008-4-28	交质监发〔2008〕52号	公路水运工程质量安全督查办法
86		交通运输部	2014-11-18	交安监发〔2014〕233号	交通运输部关于加强公路水运工程质量和安全管理工作的若干意见
87		交通运输部	2013-9-16	交质监发〔2014〕549号	关于进一步加强隧道工程质量和安全监管工作的若干意见
88		交通部	2007-3-1	交通部令2007年第1令	公路水运工程安全生产监督管理办法
89		交通运输部	2011-5-5	交质监发〔2011〕217号	关于开展公路桥梁和隧道工程施工安全风险评估试行工作的通知
90		交通运输部	2012-12-2	交质监发〔2012〕577号	公路水运工程生产安全重大事故隐患挂牌督办制度(暂行)
91		交通运输部	2012-12-5	交质监发〔2012〕679号	交通运输部关于开展公路水运工程"平安工地"考核评价工作的通知
92		交通运输部	2013-9-16	交质监发〔2013〕549号	关于进一步加强隧道工程质量和安全监管工作的若干意见

续上表

序号	性质	颁发机关	日期	发文文号	文件名称
93	项目质量安全管理规章制度	交通运输部	2014-10-20	交安委办函〔2014〕94号	交通运输部安委办关于加强在建公路工程项目施工驻地和设施安全管理工作的通知
94		交通运输部	2014-12-30	交安监发〔2014〕266号	交通运输部关于发布高速公路路堑高边坡工程施工安全风险评估指南(试行)的通知
95		交通运输部	2014-9-12	交办安监〔2014〕193号	交通运输部办公厅关于深入开展公路桥梁和隧道工程施工安全专项整治工作的通知
96		交通运输部	2014-12-24	交办安监〔2014〕603号	交通运输部办公厅关于印发《交通运输行业建设工程生产安全事故统计报表制度》等3个制度的通知

第二节 项目管理制度

根据20多年高速公路建设实践经验,江西省高速公路投资集团有限责任公司对各个项目的管理进行了总结归纳,并且下发各单位执行,取得了明显效果。项目管理制度主要包括14项,具体如下:

(1)江西省高速公路投资集团有限责任公司公路项目建设管理办法;

(2)江西省高速公路投资集团有限责任公司工程招标管理办法;

(3)江西省高速公路投资集团有限责任公司高速公路项目勘察设计管理办法;

(4)江西省高速公路建设项目管理目标风险金实施办法;

(5)江西省高速公路投资集团有限责任公司高速公路工程设计变更管理办法;

(6)江西省高速公路投资集团有限责任公司建设项目竣工决算报告编制办法;

(7)江西省高速公路投资集团有限责任公司项目前期工作管理办法;

(8)江西省高速公路投资集团有限责任公司高速公路工程一般设计变更管理办法;

(9)江西省高速公路投资集团有限责任公司公路项目实施阶段;

(10)江西省高速公路投资集团有限责任公司高速公路建设标准化管理考评实施办法;

(11)江西省高速公路投资集团有限责任公司加强专项工程建设管理若干意见;

(12)江西省高速公路投资集团有限责任公司进一步加强高速公路项目建设管理若干规定;

(13)江西省高速公路投资集团有限责任公司科技项目管理实施细则;

(14)江西省高速公路投资集团有限责任公司通信管道及光缆建设管理办法。

还有行政管理制度,包括项目工作人员行为规范管理、工作纪律管理、考勤请假管理、生活后勤管理、奖惩制度等。技术交底制度、材料、机械设备、器材物资管理规定。项目管理办关于加强职工思想政治工作的规定,加强党对项目建设的领导措施,加强项目廉政建设、防止产生各种腐败现象的办法,以及搞好宣传报道、工作简报等有关工作等。现将江西省高速公路投资集团公司项目建设管理办法等8个管理办法摘要如下。

(一)江西省高速公路投资集团有限责任公司公路项目建设管理办法

为加强江西省高速公路投资集团有限责任公司(以下简称"集团")公路项目建设管理,规范项目建设行为,提高项目建设水平,根据国家、江西省有关法律法规和省交通运输厅的规定,特制定本办法。本办法所称的公路项目建设是指新建、改(扩)建及大修公路项目的前期、建设实施、竣(交)工验收等项目建设全过程。集团对高速公路项目建设实行统一建设、统一管理,深化项目建设管理体制改革,整合建设资源,推行专业化管理。

公路项目建设应严格执行项目法人制、招标投标制、工程监理制、合同管理制和工程质量责任制。公路项目建设必须贯彻执行国家有关方针政策,树立"以人为本、生态环保、全寿命周期"的建设理念,坚持改革创新,积极采用现代管理方法,实现"平安优美、创新高效、依法廉洁、绿色和谐"的建设目标。

1. 管理机构与职责

集团设立专门机构负责项目前工作的组织推进和报批、项目招标采购、工程款集中支付等工作。直接组建或授权有关单位组建高速公路建设项目办公室(以下简称"项目办")作为项目建设管理法人,负责项目建设实施期、缺陷责任期等建设管理,维护项目投资法人的各项权益,承担建设管理法人相应的法律责任。项目办应当按照集团项目建设管理机构部门设置及人员配备管理的规定,按精干高效、科学设岗的原则,设置内设部门、配置管理与技术人员。

集团的主要职责:贯彻执行国家、交通运输部、省人民政府和省交通运输厅关于公路建设的政策和法律、法规、规章、强制性技术标准;负责公路建设项目投资方向策划;组织编制项目建议书或工程预可行性研究报告、工程可行性研究报告;负责项目建设资金的筹措、拨付和监管;确定项目建设管理目标,进行项目建设全过程的监管,协调项目建设中的重大问题等。

项目办的主要职责:组织勘察设计单位开展项目的勘察设计工作,并负责勘察设计文件的预审和报批;负责项目的招标采购工作,通过招投标择优选择勘察、设计、监理、施工单位,以及重要设备、材料的供应商;负责征地拆迁和协调工作,与各地方政府签订征地拆迁包干协议等;按照基本建设程序和项目管理权限向交通主管部门办理质量监督和施工许可等行政许可、审批、审查和备案事项;编制施工总体进度计划、投资计划和年度目标计划,并报批或备案;按照确定的项目建设管理目标和批准的项目设计文件组织建设,对工程质量、安全、进度、投资、环保等进行全面管理,实现项目建设目标;负责缺陷责任期管理,编制工程决算、竣工决算报告,做好档案、水保、环保等专项验收,配合项目审计工作等。

2. 项目前期管理

项目前期主要是指项目初步设计文件批复前的阶段,项目前期工作由集团统筹安排相关单位负责具体运作。项目前期工作应根据省交通运输厅下达的前期工作计划,按照早开工原则,全面加快各项目的可行性研究报告和初步设计等前期工作,在严格执行基本建设程序的基础上,合理安排、科学调度,确保各项前期工作按计划完成。项目初步设计由集团预审、省交通运输厅初审后上报交通运输部或省发改委审查批复,施工图设计由集团初审后报省交通运输厅审查批复。工程可行性研究应树立节约资源的理念,以满足功能为前提、以确保安全为宗旨,节约土地占用,按地形地质选线、安全环保选线的要求,合理确定路线方案和工程建设规模、技术标准,做到标准合理、经济适用、安全环保。工程勘察设计应严格执行集团项目勘察设计管理的规定,实行勘察设计监理制、外业验收制和质量保证金制度,推行标准化设计和限额设计、落实安全风险评估工作、完善勘察设计奖惩机制,提高勘察设计文件的质量。

3. 项目建设实施管理

项目建设实施期主要是指项目初步设计文件批复后至项目交工验收前的阶段,项目建设实施由项目办负责。项目办应建立健全项目管理制度,构筑完善工程建设管理体系,全面负责工程质量、安全、进度、投资、环保和廉政建设等管理。

4. 项目资金管理

集团负责统一融资,集团内融资主体统一筹划,利用多种融资渠道筹集项目建设资金。项目建设资金由集团集中管控,集团对各项目办实行资金归集,各项目办协助做好对项目参建单位的资金归集。项目办不得挤占、截留和挪用建设资金。集团对项目建设实行统一财务管理,集团直接投资项目由集团财务结算中心负责项目建设资金归集和支付,财务结算中心根据项目办审定的资金支付报告及时办理款项支付。项目办应严格执行国家的财务会计制度和集团的财务管理规定,建立资金管理制度和会计核算制度。根据集团投资计划管理和全面预算管理的相关规定,做好建设资金的使用计划和全面预算管理工作,保证建设资金的安全合理使用,接受集团统一的资金监管,严控资金流向,提高资金效率。

5. 竣(交)工验收管理

项目竣(交)工验收期主要是指项目交工验收后的阶段,竣(交)工验收阶段由项目办负责。项目交工验收由项目办组织,未进行交工验收或交工验收不合格的,不得试营运。项目通过交工验收后即移交接养单位管养,进入工程缺陷责任期。管养单位承担对交工后项目的照管和日常养护责任。项目的竣工档案、水保、环保等专项验收由项目办负责,报请主管部门组织进行。工程缺陷责任期一般为2年,保修期一般为5年。工程决算和竣工决算由项目办负责,并按有关规定进行竣工决算审计。

6. 监督与奖罚

集团负责对项目的执行情况进行监督检查和考核,根据项目建设情况进行综合督查和专项督查。每年将定期或不定期组织综合督查,并根据公路项目建设进展和存在的问题组织专项督查,确保项目建设过程处于受控状态。集团根据权属单位经营业绩考核的规定对各项目办进行考评。考评依据经审批的年度项目建设计划的目标,按照定量和定性相结合的原则,以年度考评为主,实行日常考评与年终考评相结合、考评结果与绩效薪酬、奖惩任免相挂钩的考评制度。委托代建的项目按代建协议执行,委托代建协议未包括的内容参照本办法执行;委托代建的项目在项目竣工验收后,根据公路项目建设管理目标完成情况,按合同约定进行奖励或处罚,奖励资金从项目结余资金中开支。

(二)江西省高速公路投资集团有限责任公司工程招标管理办法

为加强江西省高速公路投资集团有限责任公司(以下简称"集团")招标管理,落实高速公路的统一招投标工作,维护集团利益和招标投标当事人合法权益。集团投资的高速公路工程以及与其建设有关的货物、服务达到招标规模标准的招标活动均适用本办法。招标管理是指按照管理权限依法对招标方案、资格预审文件、招标文件、评审(标)结果进行审查批准(备案),对招标过程进行规范、监督,对招标工作质量进行检查、考核等管理工作。对达到国家规定招标规模的项目划分为Ⅰ、Ⅱ两类。省交通运输厅对Ⅰ类项目招标实行审批(备案)管理,高速集团对Ⅱ类项目招标实行审批(备案)管理。招标活动必须依法进行,遵循公开、公平、公正和诚实信用的原则,应当使用国务院发展改革部门会同有关行政监督部门制定的标准文本、国务院交通运输主管部门制定的行业标准文本以及省交通主管部门制定的江西省公路行业标准文本,并遵守其使用说明及注释的有关规定。

1. 管理机构与职责

集团成立集团招标采购工作领导小组,负责招标采购工作的监督和管理;集团成立招标采购中心,负责集团统一招标采购的事务性工作,协助实施统一招标工作;集团直接组建或授权相关单位组建的高速公路建设项目办公室成立其招标领导组织机构,负责权限范围内招标管理工作,履行项目建设管理法人职责。集团纪检监察室及相应派驻纪检监察部门、相关业务部门按照管理权限依法对招标活动实施监督,查处招标活动中的违规或违法违纪行为。

主要工作职责:按照《中华人民共和国招标投标法》等法律法规以及省厅、集团有关规定,规范地开展工程招标采购工作,维护集团的合法性整体利益;协助制定江西省公路工程施工电子招标标准文件,参与指导研发和完善交通平台;负责规范和统一集团高速公路招标方案、资格预审文件和招标文件格式,制定统一的专用合同条款和技术规范;负责归口与交易中心进行业务联络沟通;做好各项目工程招标、评标等资料的归档及移交。

2. 招标管理

招标应当按照项目审批(或核准)部门确定的招标范围、招标方式、招标组织形式开展。公开招标项目的招标公告必须在规定的媒体发布,并应同时在集团招标采购中心网站发布。达到国家规定招标规模的项目,采用非公开招标方式的,必须经集团招标领导小组研究同意后报有权部门批准。拟招标的项目需同时具备条件后才能进入招标程序。

3. 开标、评标和中标

开标应当在招标文件确定的提交投标文件截止时间的同一时间公开进行;开标地点应当为招标文件中预先确定的地点。递交投标文件数量少于3个的,不得开标。投标人对开标有异议的,应当在开标现场提出,招标人应当当场作出答复,并制作记录。投标文件采用双信封形式密封的,开标分两次公开进行。第一次对商务文件和技术文件进行开标,报价文件不予拆封,由纪检监督人员妥善保存。第二次开标首先宣布通过商务文件和技术文件评审的投标人名单,再拆封报价文件,宣读投标报价。评标由招标人依法组建的评标委员会负责。评委会专家按照行业主管部门的规定进行抽取。原则上,要求省内专家当天抽取,当天到位;外省专家应在抽取72小时内到位。中标候选人的经营、财务状况发生较大变化或者存在违法行为,项目办认为可能影响其履约能力的,或者由于招标人提供给评标委员会的评标信息有误或者由于评标委员会的原因导致评标结果出现重大偏差的,应当在发出中标通知书前由原评标委员会按照招标文件规定的标准和方法审查确认。

4. 工作考核

集团负责对招标项目的工作情况进行监督检查和考核,每年将定期或不定期组织综合督查,确保项目招标工作依法、公平、公开、公正开展。招标工作应纳入项目效考核体系进行考核,按省厅有关文件规定及集团《权属单位经营业绩考核办法》对项目办和招标中心实施考核。以年度考评为主,实行日常考评与年终考评相结合、考评结果与绩效薪酬相挂钩的考评制度。

5. 投诉与处理

投标人或者其他利害关系人认为招标投标活动不符合法律、行政法规规定的,可以自知道或者应当知道之日起10日内向集团或省交通运输主管部门投诉。投诉人的投诉应符合《工程建设项目招标投标活动投诉处理办法》的规定,并需提交投诉书。相关部门应当自收到投诉之日起3个工作日内决定是否受理投诉,并自受理投诉之日起30个工作日内作出书面处理决定;需要检验、检测、鉴定、专家评审的,所需时间不计算在内。

6. 纪律

负责组织和参与招标工作的有关人员,应严格执行招投标、政府采购方面的法律法规和相关管理规定,切实遵守以下工作纪律:保守工作秘密,不准向他人泄露招标项目的内部预算、设有并要求保密的标底、获取招标文件的潜在投标人情况、项目评标专家成员名单、投标文件的评审和比较、中标候选人的推荐、考察情况以及其他与招标项目有关的保密事项和资料。严格执行廉政制度,廉洁自律,自觉接受监督,不准接受投标人、中介人、与招标结果有关的其他利害关系人的吃请或收受贿赂及获取其他不正当利益。如实记录相关信息,不准伪造、涂改、隐匿或者销毁与招投标活动相关的文件、记录、报告、投诉处理决定及其他有关资料。招标工作中有违反有关规定,以及泄露秘密、徇私舞弊的,视情节轻重给予当事人批评教育或追究党纪政纪责任,涉嫌犯罪的,移交司法机关处理。

(三)江西省高速公路投资集团有限责任公司高速公路项目勘察设计管理办法

凡江西省高速公路投资集团有限责任公司投资或控股的新建、改扩建高速公路项目勘察设计活动,均适用本办法。高速公路项目勘察设计必须与江西省高速公路发展目标相适应,做到经济效益、社会效益和环境资源效益相统一,高度重视资源节约和投资控制,重视环境保护和水土保持。勘察设计文件必须满足项目批准文件、工程建设强制性标准以及国家或行业规定的工程勘察设计深度要求。省高速集团对所投资高速公路项目勘察设计实施统一监督管理。

1. 勘察设计

高速公路项目勘察设计全过程包括初步设计、技术设计(如有)、施工图设计的各个阶段以及项目实施期间的后续服务阶段。勘察设计单位须按照合同文件要求做好各阶段勘察设计工作,及时提交质量、深度满足要求的各阶段勘察设计成果,接受勘察设计监理单位的全过程监督、审核、验收。勘察设计工作一般按地质初勘、初步设计外业(初测)、初步设计内业(初设)、地质详勘、施工图设计外业(定测)、施工图设计内业(施设)的程序依次展开。勘察设计单位的初步设计阶段初步勘察和施工图设计阶段详细勘察完成并经内部验收合格、报经监理单位初步验收通过后,向建设单位申请外业验收。

2. 勘察设计合同管理

工程建设项目的主要勘察设计业务必须由中标的勘察设计单位完成。如中标勘察设计单位拟将部分勘察设计业务分包给其他具有相应资质条件的勘察设计单位,应事先在投标文件中列明分包内容,且分包项目须满足招标文件要求,勘察设计单位应对其分包的勘察设计业务承担连带责任。持有工程勘察设计资质证书的单位不得以任何形式与无证单位和个人联合承包工程勘察设计业务。勘察设计期间,勘察设计单位及监理单位须在南昌市或项目所在地设立常驻机构,配备资质、数量符合合同要求的常驻设计(监理)人员、办公生活设施及交通车辆等服务设施。

3. 勘察设计质量管理

一个高速公路项目勘察设计如由两个及以上勘察设计单位共同承接的,应在合同文件中明确其中一方为总体设计单位。总体设计单位负责本项目勘察设计各单位的协调、总体设计工作计划的制定、项目设计技术标准和设计风格的统一、设计界面划分等,全面审查设计文件的完整性、统一性、协调性,承担整个项目各阶段勘察设计文件、资料的汇总、整理,并负责提交桥梁、隧道、路基、路面、排水等通用性图纸的设计。各勘察设计单位应注重贯彻资源节约理念,更加合理地利用土地、节约造价,在勘察设计过程中认真执行《江西省高速公路勘察设计指南》《江西省高速公路建设节约用地设计指导意见》《关于进一步加强我省高速公路工程造价管理的若干意见》,注重多方案的比选,选择最优设计方案。

4. 勘察设计后续服务

勘察设计单位应做好施工招标的配合工作,根据建设单位的要求,及时提交符合要求的施工招标图纸和工程量清单(承担机电工程设计的单位还需提供技术规范),编制施工招标控制限价;项目开工后,配合建设单位做好工程量清单核查工作。项目实质性开工前,按照勘察设计合同约定和项目建设需要,由勘察设计监理单位组织各勘察设计单位做好设计成果的技术交底工作,向施工、监理单位说明设计意图,提出建设、监理和施工注意事项,解答项目参建各方对设计图纸提出的疑问。

5. 罚则

勘察设计单位将承揽的工程转包或违反规定分包的,按《建设工程勘察设计管理条例》相关规定进行处罚,情节严重的,同时建议上级交通主管部门进行信用处罚。因勘察设计深度不足造成重大工程返工、发生较大及以上工程设计变更或工程延误工期的,除扣减相应工程的勘察设计费用外,并按每发生一次处以1万~20万元的罚金;造成重大工程质量事故的,除扣减相应工程的勘察设计费用外,并视情况处以本勘察设计合同总价的1%~5%的罚金;情节严重的,同时建议上级交通主管部门进行信用处罚。

(四)高速公路建设项目管理目标风险金实施办法

1. 风险金的适用范围

高速公路项目主体工程和房建、机电、绿化、交安等附属工程的施工及监理标段可设立风险金,其他工程和参建单位原则上不设。

2. 风险金的构成

承包人的风险金总额按本标段投标控制价中"工程量清单第 200~700 章合计金额(不计暂列金额)"的 1.5% 设立。其中:1.0% 由发包人承担,以总额在工程量清单 100 章计列;0.5% 由承包人承担并在签订合同协议前以现金形式提交。监理人的风险金总额按本标段投标控制价中"施工阶段监理服务费与缺陷责任期阶段监理服务费之和"的 5% 设立。其中:3% 由发包人承担,以总额在监理服务费中计列;2% 由监理人承担并在签订合同协议前以现金形式提交。

3. 风险金的使用

风险金的考评和兑现由各高速公路建设项目办公室负责。在施工和缺陷责任期,针对参建单位的质量、安全、进度、廉政等管理目标完成情况进行考评,根据考评结果兑现承包人及监理人的风险金。

4. 考评的组织及程序

项目办应在该类工程开工后 2 个月内制定风险金考评实施细则报集团核备。项目办应成立考评机构,具体负责对参建单位的考评工作。项目办应于阶段考评结束后 15 日内形成阶段考评工作报告报集团备案。考评报告主要内容应包括:工程进展概述、项目办考评结果、各参建单位得分排序及风险金兑现情况、存在的问题及原因分析、整改措施及下一阶段工作计划等。

5. 风险金的分配

阶段目标风险金:占风险金总额的 50%。主要根据承包人完成经批准的阶段进度目标及质量、安全、廉政等情况进行兑现。当期未兑现部分,60% 风险金可顺延至下一阶段(顺延风险金不得再次顺延);剩下 40% 风险金和不再次顺延风险金由承包人提交部分列入缺陷责任期目标风险金。专项目标风险金:占风险金总额的 40%。主要根据承包人完成项目办制定的关键工程进度、质量、安全及标准化施工等专项活动目标情况兑现。当期未兑现部分中,承包人提交的部分列入缺陷责任期目标风险金。缺陷责任期目标风险金:占风险金总额的 10%。主要根据承包人在缺陷责任期间的工作完成情况兑现。

在当期考评期内,存在以下情况之一的,承包人的当期阶段目标风险金为零,且不得顺延:发生较大及以上安全生产责任事故的;发生重大质量事故的;项目经理部领导成员在竣工验收前被纪检监察部门或司法机关认定有涉及本项目严重廉政问题的。

6. 风险金的分配

阶段目标风险金:占风险金总额的 40%,主要根据所监理的施工标段阶段目标、专项工程目标完成情况进行兑现。当期未兑现部分,60% 风险金可顺延至下一阶段(顺延风险金不得再次顺延);剩下40%风险金和不再次顺延风险金由监理人提交部分列入缺陷责任期目标风险金。工作质量目标风险金:占风险金总额的40%,根据监理人员、设备等履约情况及本职工作完成情况进行兑现。未兑现部分中,监理人提交的部分列入缺陷责任期目标风险金。缺陷责任期目标风险金:占风险金总额的20%,主要根据监理人在缺陷责任期间的工作完成情况进行兑现。

(五)江西省高速公路投资集团有限责任公司高速公路工程设计变更管理办法

根据交通运输部《公路工程设计变更管理办法》(交通部2005年第5号令)、江西省交通运输厅《江西省公路工程设计变更管理办法》和省高速集团《公路项目建设管理办法(试行)》等相关规定,结合省高速集团的高速公路建设实际情况,制定本办法。凡省高速集团或其下属法人单位投资或控股的新建、改扩建高速公路项目工程设计变更,均适用本办法。设计变更,是指自高速公路工程开工之日起至通过竣工验收正式交付使用之日止,对已批准的施工图设计文件所进行的修改、完善等活动。项目出资人(指省高速集团或下属法人单位)履行项目建设监管职责,建设单位(指项目办等现场管理机构)具体履行项目建设现场管理职责。建设单位作为项目建设管理的责任主体,应严格执行设计变更管理制度,坚持"先批准、后变更"的原则,杜绝指令变更、串通变更和虚假变更,自觉规范设计变更行为,严格设计变更过程控制,强化建设管理程序。

建设单位应严格设计变更中的设计、监理、施工和管理"四方"职责,突出项目建设单位的责任主体作用,严禁肢解变更、人为变更和虚假变更。

1.变更的分类和管理权限

设计变更应严格执行变更程序管理,一般实行事前变更立项审批和变更工程实施后的变更费用审批,变更立项未经审批的设计变更不得实施,变更费用未经审批的不得进入决算。

根据交通运输部和江西省公路工程设计变更管理办法规定,变更分为:重大设计变更、较大设计变更及一般设计变更。为便于管理,本办法将一般设计变更细分为A、B、C三类。

变更管理权限及流程。较大及以上设计变更实行审批制。变更立项执行《公路工程设计变更管理办法》《江西省公路工程设计变更管理办法》的规定,相关变更文件经上级主管部门审批后,其变更费用由建设单位审查、项目出资人审核后报省高速集团审批。A类变更实行核备制。变更立项和变更费用由建设单位审查后报项目出资人审批,审批结果报省高速集团备案。B类变更实行核备制。C类变更实行告知制。

设计变更立项审批需提交以下材料:设计变更立项审批表。会议纪要。变更工程估价清单(或预算)。工程量说明(含有关图纸)。对设计变更立项的调查核实情况,设计变更的合理性说明,与原设计在技术、经济及施工可行性方面的论证比较资料。其他相关材料。

审批单位应在自受理变更立项之日起5个工作日内,书面通知是否同意设计变更。

设计变更费用审批需提交以下材料及其PDF格式文件一套:设计变更费用审批表。变更工程量清单。工地会议纪要(含工程量核查)。工程量来源计算、对比、说明等。审批单位应在自受理之日起21个工作日内完成审批。需要专家评审或造价管理机构审查的,所需时间不计算在上述期限内。

2. 变更程序

勘察设计、施工及监理等单位可向项目建设单位提出设计变更的建议。设计变更的建议必须以书面形式提出,并说明变更理由。项目建设单位也可直接提出设计变更的建议。项目建设单位对设计变更的建议及理由应当进行审查核实,并组织勘察设计、施工、监理等单位及有关专家对设计变更建议进行经济、技术论证,决定是否同意或上报变更立项。设计变更的勘察设计一般因由原勘察设计人承担。经征求原勘察设计人同意后,项目建设单位也可委托其他有相应资质的设计人承担。勘察设计人应当及时完成设计变更的勘测设计,形成设计变更图纸或资料,并对设计变更文件承担相应责任。

3. 罚则

对由于勘察、设计、施工、监理、咨询和建设管理、项目出资人等单位的过失引起公路工程设计变更并造成损失的,有关单位和人员应当承担相应的责任;构成犯罪的,依法追究刑事责任。对在变更审批或抽查过程中发现虚报变更工程量的,由建设单位责成监理人从承包人应得工程款中扣回虚报工程量的金额,并对承包人处以虚报工程量等额的罚金。对在变更审批或抽查过程中发现设计图纸工程量计算错误的,由建设单位责成监理人从承包人应得工程款中扣回虚报工程量的金额,并对承包人处以虚报工程量金额50%的罚金。同时对设计人处以每个变更5000~50000元的罚金。

4. 附则

项目出资人、建设单位可根据本办法制定相应的设计变更管理实施细则,并报省高速集团备案。工程招标限价实行核备制。建设单位自行编制或委托造价咨询单位编制完成的招标限价,报项目出资人核备,项目出资人将核备结果报省高速集团备案。索赔费用审批程序参照本办法执行。

(六)江西省高速公路投资集团有限责任公司建设项目竣工决算报告编制办法

根据国家有关法律法规、《交通基本建设项目竣工决算报告编制办法》以及《公路建设项目工程决算编制办法》,结合集团的实际情况,制定本办法。本办法所指的建设项目是指除新建、改扩建重点建设工程以外的建设项目。新建、改扩建重点建设工程项目的竣工决算报告编制严格按照《交通基本建设项目竣工决算报告编制办法》以及《公路建设项目工程决算编制办法》的规定办理。编制时务必做到工程竣工决算报告数据与财务账面数据相一致。项目最终财务决算与经批复的竣工决算报告不一致的,需编制《工程概(预)算、批复的竣工决算和财务最终决算对照表》,相应地调整《基本建设项目交付使用资产总表及明细表》,为后续的公路资产管理打下坚实的基础。

1. 竣工决算报告

竣工决算报告是考核建设项目投资效益、反映建设成果的文件,是确定交付使用财产价值、办理交付使用手续的依据。建设单位要有专人负责有关资料的收集、整理、分析、保管工作。项目完建后,要组织工程技术、财务、物资、统计等有关人员共同编制项目竣工决算报告。设计、施工、监理等单位应积极配合建设单位做好竣工决算报告的编制工作。建设项目竣工后,应按照国家有关规定及本办法编制竣工决算报告。没有编制竣工决算报告的项目不得进行竣工验收。

2. 奖惩办法

对编报竣工决算报告工作认真负责,上报及时的,集团可以给予表彰。对不按本办法编制和报送竣工决算报告的,可以通报批评。情节严重的,可按有关规定对单位负责人及直接责任人给予行政处分和行政处罚。该项目对应的业务管理部门及内部审计部门对建设单位执行本办法的情况进行评价,评价结果计入对该建设单位年度考核结果。

(七)江西省高速公路投资集团有限责任公司项目前期工作管理办法

省高速集团投资或管理的项目前期工作依照本办法执行。本办法所称项目是指高速公路的新建、改(扩)建以及大修等项目。项目前期指项目初步设计批复前的阶段,包括预可行性研究、工程可行性研究、初步设计三个阶段的工作以及建设资金筹措、建设管理机构组建等项目实施前各项准备工作。

1. 职责分工

省高速集团投资或管理的项目由项目管理公司负责建设管理。所有项目前期工作由省高速集团负责统筹安排,项目管理公司负责具体运作。

省高速集团的主要职责:根据全省交通发展规划,负责高速公路建设项目投资方向的策划。编制项目前期工作计划,报省交通运输厅批准后组织开展项目前期工作。负责项目建议书、工程可行性研究报告、初步设计等所有项目前期工作文件的审查与报批工作。负责项目前期重大事项的决策。负责对项目路线方案、建设标准、重大技术方案、项目投资进行重点跟踪,并提出意见。负责与上级主管单位、审批部门的沟通与协调。在项目工可报告批复后，负责组建项目建设管理机构。

项目管理公司的主要职责：根据省高速集团下达的项目前期工作计划，组织咨询单位开展预可行性研究、工程可行性研究工作。开展项目立项和建设所需的用地报批、环境评价、林业可行性研究、防洪评价、水土保持、地震安全、文物保护、通航论证、压覆矿床、地质灾害等专项评估工作。组织勘察设计单位开展项目的勘察设计工作。具体负责跟进项目建议书、工程可行性研究报告、各专项评估报告、勘察设计文件的报批工作。具体负责对各前期工作承担单位的合同管理，加强前期工作质量、进度、费用的监督管理。

2. 一般规定

项目预可行性研究和可行性研究报告必须通过竞争性方式选择具有相应资质的工程咨询单位编制完成；项目工程勘察设计必须通过招标方式选择具有相应资质的勘察设计单位编制完成。项目管理公司应当加强项目前期合同管理工作，及时签订工作合同，明确工作内容、深度、完成时间、双方责任以及有关问题，做好合同履约考核工作。

3. 前期工作程序

进行前期工作的项目必须符合全省交通建设发展规划。根据投资主体的不同，项目前期工作分别按照审批制和核准制进行管理。含政府投资的建设项目，实行审批制管理；不含政府投资的企业投资项目，按核准制进行管理。项目前期工作原则上按照预可行性研究、工程可行性研究、初步设计的一般程序进行。审批制项目，前期工作承担单位在预可行性研究的基础上编制项目建议书；根据批复的项目建议书进行工程可行性研究并编制工程可行性研究报告；根据批复的工程可行性研究报告进行初步设计。核准制项目，前期工作承担单位根据预可行性研究的评审意见进行工程可行性研究；在工程可行性研究的基础上编制项目申请报告；根据批复的项目申请报告进行初步设计。预可行性研究报告和工程可行性报告应当按照交通部《公路建设项目可行性研究报告编制办法》编制，并符合国家规定的质量和深度要求。

初步设计按照交通部《公路工程基本建设项目设计文件编制办法》编制。初步设计文件要求内容齐全，质量与深度满足国家有关标准、规范要求。

工程勘察设计应按有关规定实行地质勘察监理制度、外业验收制度、设计审查（咨询）制度和质量保证金制度，提高勘察设计文件的质量。

建设项目由两个或两个以上单位设计时，应指定其中一个单位负责总体设计。总体设计单位负责协调设计原则、总体设计方案、统一技术标准、编写总说明书和汇编概算等。

国家审批的项目，项目建议书和工程可行性研究报告经省投资主管部门、省交通运输厅联合组织省内预审后，由省投资主管部门上报国家投资主管部门；初步设计文件经省交通运输厅组织省内预审后，由省交通运输厅上报国家交通主管部门。省内审批的项目，项目建议书和工程可行性研究报告由省投资主管部门组织审查批复,省交通运输厅办理行业审查意见;初步设计文件由省投资主管部门组织审查批复。

(八)江西省高速公路投资集团有限责任公司高速公路工程一般设计变更管理办法

根据交通运输部《公路工程设计变更管理办法》、省交通运输厅《高速公路工程设计变更管理办法》和省高速集团《公路项目建设管理办法(试行)》等相关规定,结合高速公路建设实际情况,制定本办法。所称设计变更,是指自高速公路工程初步设计批准之日起至通过竣工验收正式交付使用之日止,对已批准的初步设计文件、技术设计文件或施工图设计文件所进行的修改、完善等活动。省高速集团投资或省交通运输厅委托管理的新建、改(扩)建高速公路项目,重大、较大设计变更由省高速集团审查后按照省交通运输厅《高速公路工程设计变更管理办法》规定程序和要求报批,一般设计变更管理,按照本办法执行。

1. 一般设计变更的分类

本办法将一般设计变更进一步划分为A类设计变更和B类设计变更。A类设计变更由项目管理公司或项目办审核后报省高速集团审批;B类设计变更由项目建设单位审批,并报省高速集团备案。

2. 设计变更程序

勘察设计、施工及监理等单位向项目建设单位提出设计变更的建议。设计变更的建议必须以书面形式提出,并说明变更理由。项目建设单位也可直接提出设计变更的建议。

对A类设计变更建议,项目建设单位经审查论证确认并经班子集体讨论通过后报省高速集团,并提交有关材料。对B类设计变更建议,经项目建设单位审查论证并经班子集体研究,决定是否同意设计变更或开展设计变更下一步勘察设计工作。

设计变更文件一般由原设计单位编制完成。经征求原设计单位意见后,项目建设单位也可委托其他有相应资质的设计单位完成。设计变更勘测设计单位应当及时完成勘测设计,形成设计变更图纸或资料,并对出具的设计变更图纸或资料负责。

省高速集团自受理申请之日起14个工作日内完成设计变更文件的审批。需要专家评审的,所需时间不计算在上述期限内。省高速集团审查设计变更文件时,工程费用按《公路工程基本建设项目概算预算编制办法》《江西省公路工程概算预算补充规定》、项目合同文件等有关规定核定。

3. 设计变更的管理及监督

项目建设单位应当建立设计变更管理台账,定期对设计变更情况进行汇总,并应每2个月将汇总情况报省高速集团备案。因变更引起的工程费用调整超过下述幅度时,项目建设单位在当次报送备案材料时应详细说明原因。省高速集团对 B 类设计变更实行监督管理,并根据设计变更管理台账,按一定比例进行抽查。任何单位和个人不得肢解设计变更规避审批,不得违反规定擅自变更。一旦发现有上述违规现象,审批单位将不认可此变更的费用调整。

第三节 财 务 管 理

江西交通公路管理部门围绕交通公路建设和管理中心工作,强化财务管理,落实各项目标任务,创新筹资融资机制,规范资产管理,推进财务工作信息化建设。

(1)2007 年,省高投集团认真执行行政事业单位性收费及预算外资金管理规定,对事业性收费项目进行了全面清理。及时下发《转发交通部关于进一步规范收费公路管理工作的通知》,严格按文件规定实施收费项目管理。参与收缴公路立项审批,从严控制收费站点的增设。同时积极落实国家及相关部门减负政策,做好减轻企业、农民负担工作。为提供鲜活农产品运输便利,简化手续。会同有关部门陆续下发《关于取消鲜活农产品流通"绿色通道通行证"的通知》和《关于经检验检疫部门封铅箱体的鲜活农产品运输车辆通行收费公路免检并享受绿色通道政策优惠的通知》,取消省内鲜活农产品运输车辆须持"绿色通道通行证"享受优惠的做法,规定凡运输鲜活农产品符合规定均可享受优惠政策待遇,从而简化手续,为鲜活农产品运输提供了便利。2007 年度,通过落实绿色通道等优惠政策方式减轻社会负担 8.5 亿余元。根据交通部文件要求,布置和开展对全省 2006 年度和 2007 年度部安排投资的重要公路建设项目和农村公路建设项目的专项检查工作。对列入此次检查范围的 7 个重点公路建设项目形成自查报告上报交通部财务司。进一步健全内部监督控制,完善预算管理体制。严格执行部门预算,编制时强调部门预算的刚性原则,规范下属各预算单位预算编制及对其用款严把审核关。做到对没有预算的项目不予列支,不符合支出条件的支出项目即时要求预算单位改正。既确保基本建设支出、归还银行贷款资金到位,又合理减少融资成本。在编制 2008 年部门预算之前,将收费还贷高速公路管理单位征管经费核定方法由原采取人均定额与下达年度征收计划,实行超收分成相结合的管理制度,改为人均定额经费与定额奖励。取消超收分成,专项经费专项核定的管理。新的经费核定办法更有利于规范预算管理与财务管理,也更符合收费还贷高速公路收费工作的实际情况。

(2)2010 年,按照交通运输部等五部委开展收费公路专项清理工作的要求,对全省收费公路统计人员进行数据统计填报培训,组织开展调查摸底工作。9 月底,全省收费公路专项清理已完成了调查摸底,并按时准确上报中央部委、向社会公开有关信息。在完成调查摸底基础上,进行自查自纠。纠正两个高速公路经营权转让违规延长收费年限和督查整改少数管理混乱收费公路项目。2011年度,全省高速公路车辆通行费收入86.4亿元,同比增长10.2%。

继续开展"小金库"治理工作。根据中央和省治理"小金库"工作领导小组的要求,组织开展"小金库"治理全面复查工作。通过加强组织领导、制订实施方案、广泛宣传动员和狠抓落实,"小金库"治理取得实效。配合做好厅属企业改制工作及绩效考核工作。根据《江西省交通运输厅厅属企业负责人经营业绩考核办法(试行)》《年度经营业绩考核计分细则》,配合完成对省高投集团2010年度绩效考核团务考核指标评分工作。强化会计基础工作,防范资金风险。一是组织开展资金安全检查。根据省纪委等5部门的要求,为严格资金管理,防范资金风险,全面开展资金安全专项检查,各单位从确保资金安全的9个方面39项内容,逐条对照,逐环节检查,并及时上报检查结果和财务人员信息。在各单位自查的基础上,并派出督察组开展重点检查。二是深化国库集中支付制度改革,规范银行账户管理。

(3)2012年,省高投集团加强投融资平台建设,充分发挥企业融资优势筹集交通建设资金。厅进一步盘活厅属存量资产,对该集团进行大规模的资产注入,将其打造成一个资产超过千亿的集融资、投资、资产管理和资本运营为一体、兼具"造血"功能完善的平台。2012年,集团全年融资超300亿元。积极争取交通运输部和地方财政支持。通过各种渠道积极向交通运输部、财政部等中央部委反映江西省交通运输行业有关情况和问题,争取部委政策和资金支持,全年共落实中央补助资金57.22亿元。全省高速公路管理部门也积极争取地方财政配套,促使各级地方政府对高速公路的更多投入。

加强风险防范。全省交通建设性负债按照"谁举债,谁偿还"的原则,确定偿债责任单位,全面负责交通政府性债务的收支计划管理、项目资金管理、使用管理、偿还和风险管理、预警和监督管理工作。

加强预算管理。提高预算编制的规范性,改变资金拨付方式,提高预算资金使用安全性和效益。开展预算执行、专项资金使用的专项检查。扎实推进部门预算信息公开。项目办银行账户清理工作。

加强国有资产管理。实施成品油价格和税费改革、普通公路取消收费后,原稽征部门存量资产使用状态发生了很大变化。通过统一管理统一报送,实施报财政审批的方式加强资产管理,确保国有资产处于正常监管和有效利用。规范国有资产对外出租、出借行为、开展了厅属各行政事业单位国有资产管理专项调查,全面摸清厅直各行政事业单位利用固定资产出租、出借情况和资产管理情况。

(4)2013年,省高投集团从制度建设入手,修订完善《督查督办制度》等,编印出台《集团管理制度汇编》,进一步规范了流程、严格了管理。从信息化建设入手,制定了集团信息化建设总体规划和工可,启动了信息化基础平台建设,完成了 OA 系统、视频会议系统一期工程,为提升全集团信息化网络管理效率打下了初步基础。从厉行节约入手,严格执行"三公经费"有关规定,会议、公务接待、办公支出、公车使用等费用大幅降低,减少经费支出 2000 多万元。加强风险防控,合理控制债务规模。一是严格监管厅本级债务,实行动态防范债务风险,继续保持从无逾期和违约的优良信誉。厅对本级债务进行集中管理,所有债务实行统贷统还、预算控制,同时实行严格的合同管理,按合同约定的提款和使用条件进行提取使用,严格按合同约定及时偿付债务本息。二是为维护交通行业贷款信誉,避免出现债务违约,自 2012 年起,厅对地方迎国检专项贷款启动担保机制,在各设区市政府不能按期偿还贷款时由厅予以垫付。截至 2013 年 4 月,厅累计垫付 38850 万元。为切实解决问题,不留隐患,省厅提出《化解地市迎国检专项贷款风险方案》,报经省政府同意后于 2013 年 10 月实施,彻底化解该专项风险,避免可能由地方违约引发的全行业信贷危机。加强资产管理,实现资产管理和预算管理的有效结合。进一步完善行政事业单位国有资产信息填报汇总工作,预算编制中,及时报送资产信息,并录入省财政厅国有资产管理系统,将资产的配置、处置和预算编制的费用核定紧密联系在一起,合理安排资产购置、处置、修缮等支出。实现国有资产有偿使用收入的规范管理,厅直各单位国有资产有偿使用收入,严格执行"收支两条线"和预算管理。严格按照权限审核、审批国有资产处置事项。固定资产单位价值 10 万元以上的设备处置,一律报省财政厅批复。资产处置采用价值评估、公开拍卖、有偿转让形式,着力提高资产管理水平和使用效益。

(5)2014 年,省高投集团创新项目管理,提升监管水平。首先,项目建设实现"五个统一",即统一项目前期,成立了项目前期办,加快推进项目前期工作;统一招标投标,成立了招标采购中心,编制出台《江西省公路施工电子化招标标准文件》,在全国率先开展高速公路全过程电子化招标,顺利完成上饶至万年等 10 个新开工项目主体工程招标;统一财务管理,成立了财务结算中心,归集下属、成员单位等账户近百个,初步建立了以集团为中心的三大资金池加强对各单位、各项目办的资金监管;统一纪检监察,实施了对项目建设过程的纪检监察工作统一管理;统一工程技术管理,拟定项目管理规章制度和管理大纲,搭建计量网络平台,推进项目建设技术规范标准化。其次,项目监管不断深化,出台《项目建设管理机构部门设置及人员配备管理办法》,进一步规范设置、精简机构;在全国率先全面推行勘察设计监理制,落实外业验收制,从严把控设计环节;修订完善设计变更管理办法,委托专业公司统一对工程变更进行审查咨询,进一步严格工程变更审查、审批。

加强四项管理:①内部改革成效显著。启动了项目建设管理模式改革,按照交通运输部公路建设管理体制改革试点的要求,启动高速公路建设管理模式改革,采用自管、"代建+监理一体化"、改进传统监理等五种模式,分别在都九高速公路都昌至星子段、宁定高速公路宁都至安远段、上饶至万年等项目试行,得到交通运输部的高度评价。深化了薪酬制度改革，针对各路段单位薪酬体系不统一等问题，通过对收费类人员薪酬进行调研摸底、听取专家意见等方式，制订薪酬制度改革方案，为后续推行实施打下了基础。②基础管理成效显著。加强制度建设，根据企业发展实际和工作需要，相继修订、出台《自行实施养护工程管理办法》等18项制度，进一步规范流程、严格了管理。强化财务风险防控，规范预算审批流程，拟定《集团经济责任审计规定》，试行以提高经营效率和效果为目标、内控流程为主线、关键控制活动为重点的审计方式，加强了专项工程的成本管控。推进信息化建设，建立集团统一的信息化标准体系，完成云计算平台建设，新建财务、资产、人力资源、养护管理系统并上线试运行，建成项目管理系统并投入使用，完成信息化应用系统初步设计和基础网络改造工程施工图设计，推动OA办公系统升级。

（6）2016年，省高投集团抓好财务管理，积极筹建财务公司，通过财务结算中心归集成电路5家成员单位141个银行账户资金；出台全面预算管理制度，实现了资金预算的全流程信息化。抓好了内部审计工作，完善内审部门组织架构，制定了内部审计、领导人员经济责任审计等制度，对33位离任领导人员经济责任、5家所属单位财务收支情况、37个建设项目决算实施了审计，核减投资1.38亿元，对项目办、所属单位发放薪酬补贴等进行了专项审计。抓好了人力资源管理，试行工资总额包干并取得成功经验，对收费路段、子公司和项目办进行分类考核，科学量化指标，拉开分值级差；核定全部经营性子公司的机构编制，规范路段信息分中心机构设置，深入推进大所制改革，对所站机构进行调整合并、核定编制；开展内训师选拔和微课程竞赛，宜春中心、泰和中心等建立了职工培训学校，各单位累计组织业务培训8900余人次。抓好了固定资产管理，明确了各级责权与操作规程，完成了对各单位和项目办的固定资产清查盘点。

第四节 投融资管理

截至2016年底，江西省收费公路累计建设投资总额为2053.5亿元。其中，政府还贷公路906.3亿元，经营性公路1147.2亿元，分别占累计建设投资总额的44.1%和55.9%。高速公路2012.0亿元，独立桥梁41.5亿元，分别占全省收费公路累计投资总额的98.0%和2.0%。

在全省收费公路累计建设投资总额中，累计建设资本金投入829.3亿元，债务性资金投入1224.2亿元，分别占全省收费公路累计建设投资总额的40.4%和59.6%。其中，政府还贷高速公路的资本金投入为307.7亿元，债务性资金投资为598.6亿元，分别占政府还贷公路累计建设投资总额的34.0%和66.0%；经营性高速公路的资本金投入为521.6亿元，债务性资金投入为625.6亿元，分别占经营性公路和累计建设投资总额的45.5%

和54.5%。

在累计债务性资金投入中,银行贷款1093.8亿元,其他债务资金投入130.4亿元,分别占累计债务性资金投入的89.4%和10.6%。其中,政府还贷公路银行贷款540.2亿元,其他债务资金投入58.4亿元,分别占政府还贷公路累计债务性资金投入的90.2%和9.8%;经营性公路银行贷款553.5亿元,其他债务资金投入72.1亿元,分别占经营性公路累计债务性资金投入的88.5%和11.5%。

截至2016年底,全省收费公路债务余额为1080.5亿元。其中,政府还贷公路527.5亿元,经营性公路553.0亿元,分别占全省收费公路债务余额的48.8%和51.2%。高速公路1051.7亿元,独立桥梁隧道28.8亿元,分别占年末债务余额的97.3%和2.7%(债务余额不含资本金)。

(1)2007年,省高速公路管理部门进一步拓宽筹资渠道,为交通基本建设提供资金保障。全年以贯彻落实国办发〔2006〕103号文件为契机,认真抓紧公路交通规费征收,规范规费征收中的年度(或半年度)包缴优惠办法。制止和纠正了个别地区规费征缴的违规行为。全年公路交通规费征收呈良好态势。年度交通规费征收83.4亿元,其中厅管规费资金收入为43.79亿元,同比增长20.72%。省交通厅积极落实交通部拨款和银行贷款资金,2007年交通部重点项目拨款36.25亿元,到位率100%;全年省交通厅新增贷款76亿元,按期归还到期本息28.9亿元。省交通厅全年通过金融市场直接融资20.5亿元,其中控股公司发行企业债券15亿元、发行信托产品5.5亿元,利率较同期银行下降18%。为解决建设资金缺口的矛盾,落实项目建设资金,通过"以存盘现,以小盘大,以优盘劣"的方式,置换梨温高速公路资本金5亿元,收回控股公司存量资产变现款5亿元,共计为交通建设补充注入资金10亿元。基本保障了全年公路建设、养护资金、贷款还本付息及事业经费需求。

(2)2011年,省高投集团应对融资压力,采取积极灵活的融资策略,多方筹措资金,增强资金保障。长期以来,交通建设任务繁重和资金供给不足的矛盾一直十分突出,各级交通部门融资压力日益增大。2011年度坚持安排好中央转移支付资金使用的同时,努力争取部里的资金和银行信贷资金支持,对外拓宽融资渠道,增加资金总量,优化融资结构,控制债务风险。2011年以来,由于政府融资平台清理、国家宏观调控银行规模紧缩、利率不断上调,对交通部门形成了持续加剧的资金压力。为确保交通建设资金需求,财务部门积极与省银监会及各家银行省行及总行沟通,继续争取银行贷款的支持,1~10月,厅已累计筹措建设资金244亿元(含省高投集团),其中:中央补助的车购税资金到位96亿元,银行贷款新增148亿元。积极将有关情况向省领导汇报,建议省政府出台扶持交通建设的相关政策,争取省财政厅一次性安排5亿元专项资金用于偿还厅2011年到期的部分流动资金贷款,并在以后年度预算中逐年加大对厅偿债资金的补助,逐渐实现公路建设这项公益性的基础设施建设由政府公共财政资金供给的回归。成立融资工作协调小组,负责对省高投集团重大融资工作进行指导、协调和必要的统筹,2011年厅监管融资平台公司积极拓宽各种融资渠道,不断创新债务融资方式。省高投集团通过信托贷款、委贷等方式筹措资金超过资金总额的三分之一;10月,成功发行10亿元非公开定向债务融资工具,成为江西省首家采用非公开定向债务融资工具的企业;成功发行2011年二期短期融资券19亿元;集团企业债、定向工具(私募债)及集团本部短期融资券和央企直投等融资工作有序开展,筹措资金超过120亿元。

2011年,受宏观经济政策调控影响,国内许多基础设施项目因资金短缺被迫停工,省高速集团不等不靠、主动作为,通过各种方式筹集资金197亿元,保障了资金需求、保障了项目建设,集团成为国内融资渠道最多、融资成本最低的公路企业。一是四面出击寻资金。突破省域限制,直接对接京沪等地金融机构总部,成功开辟了新的资金来源,省外资金占全年融资总额的70%。二是多措并举拓渠道。积极推进项目贷款,全面完成德昌、昌铜、吉莲等项目的银团贷款;突破银行贷款形式,实现"四大创新":作为国内首批地方企业发行了非公开定向债务融资工具10亿元,成功完成国内最大单笔无抵押信托融资50亿元,成为内地首家利用国际物流贷款的高速公路企业,成为省内首家获得总行理财池信托贷款的企业。三是千方百计降成本。坚持贷款基准利率,成功注册省内规模最大的短期融资券40亿元,节约了大量财务费用;与昆仑信托开展融资合作,成为年内信托利率最低企业之一;集团和赣粤高速获得AAA企业主体信用评级,填补了省内空白。

(3)2012年,省高投集团面对资金需求大、融资难度大的形势,集团深挖收费潜力,勇闯资本市场,创造年度筹资总额近400亿元的崭新纪录。

收费总额突破80亿元。严格落实收费公路专项清理、绿通车辆免费和重大节假日小型客车免费等政策,坚持"应收不漏、应免不收",在全年减免通行费9.96亿元的情况下,收费额再创新高,达到83.2亿元,同比增长6.44%。一是堵漏保收。加大打击逃费力度,开展冲岗逃费专项整治、绿通车辆大排查、收费联合稽查等活动,有效打击违法违规行为,维护收费秩序。全年共查处逃费车辆2.64万起,追缴通行费626万元。二是营销增收。大力推行收费营销策略,通过完善标志标牌、主动走访客货运企业、利用媒体发布信息等措施,广泛宣传路网优势,引导车辆通行,营销策略初见成效,通行费增长明显。

融资总额突破300亿元。在国家宏观经济政策收紧、各地银行信贷规模紧缩的大环境下,集团开拓思路、主动作为,全年累计融资304亿元,融资总量、创新融资规模均居全省第一,保障了项目建设资金需求。一是夯实融资基础,完成了省属14条收费还贷高速公路的资产移交,依靠财务结算中心归集整合资金,维持AAA信用等级,为扩大融资规模、降低融资成本打下了坚实基础。二是拓宽融资来源。积极推行"北上广战略"和"总部战备",直接对接北京、上海、广东等金融发达地区,直接对接30余家知名金融机构总部,成功引进中石油、平安银行、新加坡星展银行等战略合作伙伴,省外资金占全年融资总额50%以上。三是创新融资方式,通过银行贷款、国际物流贷款筹资126亿元,通过发行定向工具、委托债权投资计划、企业债券、短期融资券等方式创新融资178亿元,创新融资品种居同行业前列,融资成本为同行业最低。

附属产业产值突破16亿元。积极拓展经营领域、涉足多个行业,实现了附属产业多元化发展,恒泰花苑项目主体结构全面完成,两海项目主体工程基本完成,铜鼓和奉新项目主体工程完成80%。设立了景泰旅行社,铜鼓温泉度假酒店项目有序推进,西海景泰酒店顺利开业。在完成广告公司股权改造的基础上,推进省属高速公路广告资源整合,实现了统一经营管理。

(4) 2013年,省高投集团筹资工作有新突破。一是大力推进融资创新。克服金融市场罕见的钱荒,以及流动性紧张导致的巨大融资压力,创新思路、主动作为,全年融资总额同比增长14%,其中省外融资占总额70%,综合融资成本低于周边省份同行业企业,没有与省内企业抢夺金融资源。一方面,开拓了间接融资空间,继续加强与新加坡银行、平安银行、厦门国际银行等省外金融机构的战略合作,省外间接融资同比增长13%;另一方面,扩大了直接融资规模,深入推进"北上广战略"和"总部战略",借助AAA信用优势,通过发行超短期融资券、定向工具、信托融资等方式,实现直接融资占融资总额的47%,发行中共十八届三中全会以来首单金融创新产品——地方企业超短期融资券,并创造了国内首单半年期基础利率贷款、省内唯一"险资入赣"和省内最长期限中期票据等多项纪录。二是着力抓好堵漏增收。平稳推进收费标准调整,强化"绿通"查验,大力开展冲岗逃费整治、专项稽查等专项活动,在14个重点收费站试点安装防冲岗逃逸器,堵漏增收成效显著,全年共查处偷逃费车辆2.3万辆次,追缴通行费1000多万元。2013年,在上缴财政统筹20亿元,执行重大节假日小客车免费通行和"绿色通道"政策免收11亿元通行费的情况下,收费总额达93亿元,同比增长12.24%。

积极争取政策和资金保障。为加大全省交通运输事业资金保障、破解发展难题,积极促成政府相关支持政策的出台。2013年3月19日,省政府出台《关于进一步加快交通运输事业发展的意见》,进一步增强全省交通运输事业发展的政策和资金保障。

稳步推进交通融资平台建设,增强平台融资功能。为进一步盘活厅属存量资产,充分发挥厅属省高投集团的投融资平台作用,2013年厅继续通过资产注入、财政补贴、政府投入授权管理等方式,加强对该集团的支持。省高投集团2013年度在继上年融资突破300亿元的基础上继续开拓创新,完成融资352.04亿元,较2012年同期增长14%,其中,省内融资108.48亿元,省外融资243.56亿元。融资构成方面,信贷间接融资185.54亿元,直接融资165.5亿元。直接融资比例达47%。

(5) 2014年,省高投集团融资总额突破400亿元。面对省内信贷规模小、融资空间基本用尽的巨大压力,在争取中央车购税补助10亿元、省财政专项补助20亿元的基础上,大力推进"营销式融资",扩大省外引资和直接融资规模,融资总额首次突破400亿元,确保了建设资金顺利到位。一是直接融资规模持续扩大。借助AAA信用评级优势,继续扩大在资本市场的直接融资规模,全年累计发行193亿元债务融资工具,超过全省一半,年节约融资成本超过2亿元。二是间接融资总额平稳增长。深化银企合作,确保集团传统信贷融资优势,完成昌宁、昌栗项目166亿元全省规模最大的银团贷款组建工作;与新加坡星展银行、华夏银行达成战略合作意向,引进天津渤海银行、南京银行,进一步拓宽融资渠道。三是融资创新突显亮点。利用"债贷联动机构""发行激励条款"等方式,成功发行50亿元短期融资券,成为全国唯一发行利率低于4%的企业;通过"险资投债"方式获得国寿、泰康等北京保险机构超过25亿元险资,成为省内唯一一家完成"险资入赣"的企业。

(6)2015年,省高投集团提升融资能力,融资达到1860亿元。发挥AAA信用评级优势融资609亿元,同比增长49%,其中发行29支债券实现直接融资338亿元,通过银行信贷、组建银团等实现间接融资271亿元;争取到5亿元财政补贴,推动财务公司组建,融资能力持续提升。一是直接融资规模持续扩大。通过短期融资券、中期票据等方式直接融资762亿元,约占全省债券融资工具发行量的一半,创造了发债成本多次低于同期央企利率、国内年度发行债券数量最多等纪录。二是间接融资总额持续增长。加强与境内外各金融机构的合作,通过银团贷款、信托等方式间接融资1100亿元,省外资金年均占比50%以上,创造了国内首单外资银团尘路贷款、首单LPR贷款等纪录。三是融资品牌效应持续提升。实施"营销式融资"战略、"北上广"战略、"总部"战略,主动对接各金融机构和金融圈,获取更多资源;参与全国财会标准与制度的制订,开展公路"营改增"课题研究,得到监管部门的充分认可。

收费突破100亿元。一是加大打逃力度。推广使用辐射成像"绿通"查验设备、电子监察等手段,组建路段收费稽查大队,开展"百日打逃"、收费联合稽查等活动。二是丰富营销举措。通过完善路线引导标志牌、走访客货运企业等措施吸引车流,利用主流媒体及微信、微博,广泛宣传路网优势,引导车辆通行。其中2015年收费总额突破100亿元,达到103.7亿元,同比增长6%。

(7)2016年,省高投集团资产规模达2633亿元,增长11%,净资产1089亿元,增长17%;管辖里程由4404km增加到5114km,增长16%;全年实现营收161亿元、利润18亿元,其中通行费收入达113亿元,增长9%,附属产业产值达48亿元;完成项目投资308亿元,融资规模超过590亿元。高速公路建设累计拉动社会总产值约920亿元,直接创造税收约40亿元,提供就业岗位约55万人次,使用省产钢材、水泥分别约54万t、470万t,为推动全省经济社会发展、服务百姓出行发挥了重要的支撑保障作用。

毛伟明常务副省长对集团融资工作给予肯定和鼓励。9月26日,省委常委、常务副省长毛伟明对江西交通运输信息专报刊登的《省高投集团成功发行私募公司债30亿元》作出批示,对省高投集团融资工作给予了充分肯定和鼓励。毛伟明在批示中指出,多渠道筹措资金,打破瓶颈制约,对交通基础设施建设来讲至关重要,省高投集团创新融资方法,降低财务成本,实现新的突破,值得肯定。省高投集团作为全省最早尝试债券融资的企业,创造了国内首批发行短期融资券、发行国内最低利率债券、首家发行地方企业超短期融资券等多项全国第一的纪录。截至目前,集团发行各类债券85支,占全省企业债券发行总量的30%以上。

3月2日,全国知名券商支持省高投集团债发行启动会在南昌召开。启动会上,在江西省南昌市赣江公证处的全程监督下,本次省高投集团债申报环节的牵头主承销商确定为华融证券。根据发行计划,公司债全套申报材料将于3月13日提交上交所审核,力争3月31日完成封卷工作。此次省高投集团发行的100亿元公司债在江西以及全国公路行业创下了历史新高。

3月9日,省高投集团在国家开发银行的支持下,在DFI统一注册机制下实现了集团10亿元超短期融资券国内首发,期限180天,发行利率2.55%,为同期市场最低,将可节约利息40%以上。这是省高投集团成为全国DFI统一注册首批试点企业以来发行的首单超短期融资券。

全国DFI统一注册首批试点企业共七家,省高投集团是唯一的地方企业。成为全国DFI统一注册首批试点企业后,可以充分享受发行融资债券和票据的便利性与灵活性,可以根据市场变化灵活发行不同债券、票据,有效降低企业融资成本。

9月13日,省高投集团在北京举办2016年投资者交流会,华融证券副总经理万春兰致辞。建设银行、中信建投、工商银行等国内主要资管投资者,工银瑞信、华夏基金、易方达基金等知名基金投资者,人寿资产、泰康资管等重要保险机构投资者,大公国际、联合资信和中诚信国内三大评级机构的相关人员共计100余人参加了会议。

会上,投资者就江西省高速公路规划和政府支持、集团财务、收费业务等方面积极提问,集团相关负责同志对投资者的提问进行了翔实问答。对于投资者关心的国内外汇率、利率、价格波动背景下中国经济走向和国内基础设施未来发展趋势,华融证券首席经济学家伍戈结合高速公路行业情况,做了题为"经济弱企稳找寻新动能"的现场演讲,加深了投资者对江西高速公路的理解。这是集团首次面向交易所市场投资者开展交流活动。通过积极的互动,促进了交易所市场投资者对江西高速的认可,为集团未来融资奠定了更坚实的基础。

9月26日,江西省高投集团在上海证券交易所成功发行私募公司债30亿元,期限3+3共计6年,票面利率3.45%,发行利率创同期限非金融企业私募债近5年新低。此次发行实现了集团在证监会、发改委、交易商协会三个监管部门债券发行的全覆盖。

此次省高投集团公司债发行主要有六大亮点:一是获批规模100亿元,首次发行30亿元,创全省及全国高速公路行业之最;二是审批时间短,从提交所有申报材料到接到封卷仅用9个自然日完成;三是创新承销商公正遴选机制,公开向全部符合条件的38家证券公司发出邀请,采取"自愿报名"和"抽签"的形式并在公证处的监督下确定牵头主承销商;四是创新发行期限结构,首次采用3+3的期限结构,即共计6年(错开还债高峰期),在第三年末给予发行人上调票面利率选择权及投资者回售选择权;五是创新发行方式,采用20亿元+10亿元的超额配售条款,即在基础发行规模20亿元的基础上,根据网下申购情况,赋予不超过10亿元的超额配售选择权;六是创新承销方式,在13家承销商的支持下引入竞争性销售方式,推动市场化利率形成。

10月9日,中国农业银行行长赵欢、中国农业银行江西省分行行长温学宇、副行长胡继华等来到省交通运输厅进行融资洽谈。赵欢表示将进一步发挥金融机构的支撑服务作用,深化金融合作,充分利用债券投资、产业基金、一带一路、扶贫贷款等政策大力支持江西交通运输建设。

11月24日上午,中国银行江西省分行党委书记、行长张东向一行到省高投集团就融资合作开展调研洽谈。会上,双方就国家未来金融货币政策进行了研讨,并对现有合作情况及未来合作方向展开了深入交流。双方一致认为在基础信贷服务的基础上,应进一步加强集团"走出去"战略的金融综合服务等对公业务及易汇通等个人业务的深度合作。

第五节 企 业 管 理

江西省高速公路投资集团有限责任公司(简称"省高投集团"或"集团")是经省政府批准、在省高等级公路管理局基础上,整合省交通运输厅所属原三家高速公路管理单位组建成立的国有独资有限责任公司,于2009年11月28日挂牌成立,2010年1月1日开始运作。目前,集团是一个管理5000多公里高速公路、2000多亿资产的大企业,是一个拥有650多个所属单位、16800多名员工的大公司,是一个集高速公路投融资、建设、经营、管理于一体的大集团。集团的主要特点和成就可以概括为"江西'航母'、江西速度、江西形象"。

省高投集团下属6个管理中心:赣州、抚州、宜春、黎川、景德镇和上高管理中心;5个全资公司:江西公路开发总公司、江西交通咨询公司、江西畅行开发公司、江西高速资产经营公司、江西天驰科技公司;3个控股公司:江西赣粤高速公路公司、江西高速传媒公司、江西省赣崇高速公路公司;9个参股公司:井冈山景泰酒店公司、江西嘉和监理公司、江西赣粤高速公路工程公司、江西省寻全高速公路公司、江西省瑞寻公司、江西九江长江公路桥公司、江西昌铜高速公路公司、国盛证券公司、江西大厦公司。

目前,全省高速公路通车里程5908km,其中省高投集团经营管理49条5112km,占全省通车里程的87%。集团注册资本95.05亿,资产总额2633亿元,资产规模位居全省第一,资产负债1544亿元,净资产1089亿元,资产负债率为59%,净资产在国内同行中位居第一;旗下直接10个全资及控股子公司(其中1个上市公司)、6个直属路段管理中心、11个参股子公司,共有658个所属单位、16800多名员工;经营业务除高速公路投资、建设、经营、管理外,还涉足工程施工、监理咨询、金融投资、物资仓储等领域。

江西高速公路起步于20世纪80年代末,1993年,全省第一条高速公路昌九高速公路建成通车。从零到1000km用了15年,从1000km到2000km用了4年,从2000km到5000km用了7年。20多年来,全省共投入2100多亿元,建成61条5000多公里高速公路,创造了令人瞩目的"江西速度"。截至目前,全省高速公路通车里程达5908km,名列全国第7位,打通了28个出省大通道,是全国继河南、辽宁后第三个实现全省县县通高速的省份,"纵贯南北、横跨东西、覆盖全省、连接周边"的高速公路网基本形成。集团投资建设的景婺黄(常)高速公路荣获了工程建设领域最高奖项"詹天佑奖";九江长江公路二桥列居世界斜拉桥第7位并获得"中国建设工程鲁班奖"(国家优质工程);吉莲高速公路永莲隧道科技项目获得国家科技进步二等奖;永武高速公路被评为交通运输部绿色安全交通示范工程。

道路养护领域,在上一届的全国干线公路养护管理大检查中,创造了高速公路排名全国第六的好成绩,全省高速公路MQI(公路技术状况指数)保持优等的路段达到了95%,PQI(路面使用性能指数)保持优等的路段达到了95%,优良路率达99.95%。收费运营领域,涌现了熊文清班组、鹰西女子站、龚全珍班组等一批窗口品牌,秦和中心"微笑映山红"获得全国交通运输行业十大"文化品牌",梨温公司"巾帼鹰西"等获得全国交通行业文明示范窗口。服务区领域,打造了庐山、西海、三清山等一批全国标杆服务区,集团共有5对服务区被评为"全国百佳示范服务区",18对服务区被评为"全国优秀服务区",40对服务区被评为"全国达标服务区",达标率100%。筹资融资领域,集团成立以来,借助AAA信用评级优势,共筹措资金2000多亿元,创造了国内首批发行短期融资券、发行国内首单超短融地方企业等九项国内资本市场第一,并与国内50余家金融机构达成战略合作,获得金融机构授信两千亿级,成为江西银行第一大股东并获得千亿资产并表资格,在此基础上正组建全国排名第五的财务公司。行业文明领域,集团先后被评为全国交通运输文化建设示范单位、江西省文明单位、省直(属)定点扶贫先进单位,并被授予全国五一劳动奖状、江西省五一劳动奖状,集团职工敖志凡荣获第四届全国道德模范提名奖、"感动全国交通年度人物",集团各单位累计荣获省部级以上荣誉600余项。高速公路成了展现江西面貌的重要窗口,成了展示江西形象的靓丽风景。

(1)2011年,省交通运输厅制定了《江西省高速公路行政许可和路产路赔案件执法文书范本》。省高投集团结合实际,制定出台了《重大政务事项统筹协调管理办法》《公路项目实施阶段建设管理绩效考评办法》《服务区管理办法》《安全生产监督管理职责暂行规定》等制度。

(2)2012年,省交通运输厅制定《江西省高速公路非公路标志设置管理办法》。省高投集团制定《企业文化建设实施纲要》,深入推进文化建设和宣贯活动,集团被评为全省企业文化建设示范单位。

(3)2013年,省高投集团修订补充《高速公路养护管理办法》《特殊桥梁管理办法》等制度,完善并推广标准化养护形象体系,深化养护管理综合平台建设。同时从制度建设入手,修订完善《督查督办制度》等,编印出台《集团管理制度汇编》进一步规范了工作流程,严格了管理。

(4)2014年,省高投集团创新工程项目管理,提升监管水平。项目建设实现"五个统一",即:统一项目前期管理,成立了项目前期工作办公室;统一招标投标,配合省交通运输厅编制出台《江西省公路施工电子化招标标准文件》在全国率先开展高速公路全过程电子化招标;统一财务管理,成立财务结算中心,初步建立以集团为中心的三大资金池;成立统一的纪检监察,实施对项目建设全过程纪检监察工作统一管理;统一工程技术管理,推进项目建设技术规范标准化。项目监管不断深化,出台《项目建设管理机构部门设置及人员配置管理办法》;在全国率先全面推行勘察设计监理化,落实外业验收制,从严把控设计环节;修订完善设计变更办法,委托专业公司统一对工程变更设计进行审查咨询,进一步严格工程变更审查和审批。集团内部改革成效显著,启动了项目建设模式改革,采用自管、"代建+监理一体化"、改进传统监理等5种模式,分别在都九高速公路都昌至星子段等项目试行,得到交通运输部的高度评价。深化薪酬制度改革,制定薪酬制度改革方案,为后续推行实施打下基础。基础管理成效显著,加强制度建设,根据企业发展实际和工作需要,相继修订、出台《自行实施养护工程管理办法》等18项制度。进一步规范流程严格管理。强化财务风险防控,制定《集团经济责任审计规定》。推进信息化建设,建立集团统一的信息化标准体系,完成云计算平台建设,新建财务、资产、人力资源、养护管理系统并上线试运行,建立项目管理系统并投入使用,完成信息化应用系统初步设计和基础网络改造工程施工图设计,推动OA办公系统升级。科技创新成效显著。组建省公路机电工程技术研究中心,并列入省级工程技术研究中心组建计划,养护技术研究中心获省科技厅评估优秀奖;昌樟高速公路扩建项目创建交通运输部"绿色循环低碳"示范工程,集成应用27项节能减排新材料、新技术、新工艺;永武高速公路绿色安全交通示范工程顺利通过交通运输部验收;吉莲高速公路水莲隧道为依托工程的科技项目——"隧道与地下工程重大突涌灾害治理关键技术及工程应用"获国家科技进步二等奖。

（5）2015年，集团持续推进建设提速、管理提效、服务提质、产业提档，开创了事业发展的新局面。2015年，集团承担在建、拟建项目17个1600km。通过强化调度、全力攻坚，完成投资413亿元，同比增长91%，顺利建成南昌至宁都、南昌至上栗、金溪至抚州、昌樟高速公路改扩建、昌九高速公路改扩建通远试验段5个项目，参股的寻全高速公路寻乌至安远段项目如期建成；修水至平江等10个续建项目圆满实现年度目标，累计完成总投资的54%；昌九高速公路改扩建项目审批手续全部完成，征迁、招标等工作顺利启动，广昌至吉安项目工可报告得到国家发改委批复。①创新项目管理手段。推行建设统一化，实行项目前期、招投标、财务管理、纪检监察、工程技术管理"五个统一"，确保项目前期快速推进。通过强化管理、狠抓质量，打造了一批精品工程，景婺黄（常）项目荣获"詹天佑奖"，九江长江二桥项目荣获"中国建设工程鲁班奖"，吉莲高速公路永莲隧道科技项目获得国家科技进步二等奖。②推行建管体制改革。一是积极推行"建管养"一体的业主模式。为分解项目建设压力，由开发公司、赣粤公司和六个路段单位承担建设任务，组建11个项目办，做到"谁建设、谁管养"，避免了建管分离的弊端。二是积极试点建管模式改革。井睦项目在国内首次成功采用监管一体化和设计施工总承包模式。随着交通运输部深化公路建管体制改革试点工作的启动，集团在都九高速都昌至星子段、上饶至万年、宁都至安远等项目中，全国率先试点自管、改进传统监理、"代建+监理一体化"三种建管模式和机电工程设计施工维护总承包、房建工程设计监理一体化两种承发包模式。三是积极推动投资建设体制改革。2015年促成省政府出台《全省公路建设发展和"十三五"规划工作专题会议纪要》，就"深化高速公路建设体制改革"作了明确。③提升融资能力。发挥AAA信用评级优势融资609亿元，同比增长49%，其中发行29支债券实现直接融资338亿元，通过银行信贷、组建银团等实现间接融资271亿元；争取到5亿元财政补贴，推动财务公司组建，融资能力持续提升。通过短期融资券、中期票据等方式直接融资762亿元，约占全省债券融资工具发行量的一半，创造了发债成本多次低于同期央企利率、国内年度发行债券数量最多等纪录。加强与境内外各金融机构的合作，通过银团贷款、信托等方式间接融资1100亿元，省外资金年均占比50%以上，创造了国内首单外资银团尘路贷款、首单LPR贷款等纪录。实施"营销式融资"战略、"北上广"战略、"总部"战略，主动对接各金融机构和金融圈，获取更多资源；主动对接各金融机构和金融圈，获取更多资源；参与全国财会标准与制度的制订，开展公路"营改增"课题研究，得到监管部门的充分认可。④加大打逃力度。推广使用辐射成像"绿通"查验设备、电子监察等手段，组建路段收费稽查大队，开展"百日打逃"、收费联合稽查等活动。⑤通过完善路线引导标志牌、走访客货运企业等措施吸引车流，利用主流媒体及微信、微博，广泛宣传路网优势，引导车辆通行。

2015年收费总额突破100亿元，达到103.7亿元，同比增长6%。着力提升"两个效益"。①精细管理提效益。加强规章制度建设,完善法人治理结构,建立现代企业管控体系,出台100多项制度,实现了以制度管人管事管权。深化路段薪酬改革,确定"基本薪酬+绩效薪酬+津补贴"的薪酬体系,解决各路段单位"同工不同酬"的问题,建立薪酬增长的良好机制。强化内控审计工作,设立内控审计部,加强财务例行审计、领导干部经济责任审计,通过公开招标引入社会审计机构进行项目决算审计。②多元经营增效益。拓展产业发展空间。出资3000万元投资江西联合股权交易中心,并列成为第一大股东;投资40.79亿元完成江西银行的增资扩股,成为第一大股东,实现并表后可增加资产2000亿元、营业收入近60亿元、利润10亿元;推进加油站招商工作,与中石化签订合资合作协议和120亿元融资协议,启动油品公司组建工作,对提升集团营收和利润意义重大。增强子公司经营能力。成立资产经营公司,试点光伏项目实现并网发电,注册成立高速天然气公司,广告业务累计实现营业收入1.9亿元、净利润6016万元;赣粤工程公司完成资产划转,实现产值67.7亿元;高速物资公司销售中转沥青97万t,完成产值28亿元;天驰公司立足试验检测市场,完成产值1.8亿元;嘉和公司拓展监理、咨询业务,完成产值2亿元。

切实抓好安全生产,投入3.64亿元整治桥隧安全隐患,投入3500万元改造限速标志牌,重点做好重大节假日、重要时段的安全工作,突出抓好建设、养护、收费等重点领域的安全监管,特别是昌樟高速公路改扩建项目在全国首创"边通行、边施工"先例,圆满实现"保安全、保畅通"。

切实抓好综治工作,强化内部防控体系建设,扎实开展矛盾纠纷排查调处,关注员工利益诉求,及时化解各类矛盾隐患;创新农民工工资管理模式,实现在建项目农民工工资"零拖欠、零上访",得到中央综治办的充分肯定。

切实抓好应急管理,健全应急预案体系,建成12个应急储备基地、12支应急队伍,储备62种应急物资、850台(套)应急设备,确保道路安全畅通。

赣粤高速公路4项管理创新成果被评为第十六届江西省企业管理现代化创新成果。2015年6月26日,2015年全省企业管理创新大会在南昌召开,会议以"经济新常态下的企业管理变革"为主题,围绕全面深化改革形势下企业改革、发展的机遇和挑战进行了深入探讨和交流,发布173项"江西省第十六届企业管理现代化创新成果"。赣粤高速公路共有4项管理创新成果被评为第十六届江西省企业管理现代化创新成果,并荣获组织奖。昌樟管理处围绕"交通建设项目业主主导的民工工资管理"课题在会上作典型经验介绍。

(6)2016年,省高投集团全体员工和衷共济、攻坚克难,圆满完成各项目标任务,实现了"十三五"良好开局。全省高速公路基本建成6000km。2016年,集团承担了14个高速公路项目,总投资745亿元,总里程1047km,其中10个项目同期开工、同批建成,项目数量、投资规模和通车里程在江西高速公路建设史上前所未有。顺利建成东乡至昌傅、上饶至万年、修水至平江、铜鼓至万载、船顶隘至广昌、宁定高速公路宁都至安远段、安远至定南段、定南联络线、都九高速公路都昌至星子段(不含鄱阳湖二桥)、昌宁高速公路南昌连接线等10个项目共710km,打通28个出省通道,全省高速公路通车里程达到5908km,基本形成"四纵六横八射十七联"高速公路网。

修订设计变更管理办法,加强对项目造价及变更管理审查,核减3.62亿元。实行集中统一招标,完成了78个项目、213个合同段、总价155亿元的招标任务,中标价低于上限控制价8亿元,未发生一起有效投诉,实现了房建、机电等5大施工内容电子化招标的全覆盖,被交通运输部列为全国公路建设市场电子招投标试点省份。创新项目施工工艺,昌九高速公路改扩建项目推进桥涵工业化建造,打造20公顷的大型预制场,实现了梁板、小型构件等集中生产,促进生产方式由"作坊式"向"工厂化"转变,管理手段由"人工式"向"智能化"突破;东昌项目赣江特大桥主跨采用180m悬浇预应力混凝土连续刚构,创目前同类桥梁单跨长度的"江西第一";铜万、宁安等项目首次采用桥梁防撞墙复合钢模及整体拆装技术,安定项目在省内首次引入暗边沟施工滑模等工艺。九江长江公路大桥荣获土木工程领域最高奖项"詹天佑奖",昌樟高速公路改扩建项目被交通运输部评为"绿色公路示范项目"。

在宁安、上万等4个项目开展"代建+监理一体化"、改进传统监理等5种建管模式改革试点工作,项目参建各方职责更清晰、机构更精简,4个项目管理水平处于同期项目中上游,其中宁安、都九项目整合项目办和监理重叠职能,合并为一个管理机构,每个项目管理总人数减少40%,建设管理费节约30%。改革试点工作走在全国前列,得到了交通运输部领导的充分肯定,交通运输部公路局在江西省主持召开座谈会,对改革试点工作进行推广,福建、浙江等省份的20多个兄弟单位先后到江西调研学习。

养护管理国检排名全国第六、融资规模达到590亿元、收费总额超过110亿元。2016年6月,交通运输部公布"十二五"全国干线公路养护管理检查结果,江西高速公路取得了全国第六的好成绩。2016年,集团主动作为、积极争取,获得国开行专项建设基金55.16亿元、财政补助9亿元、车购税16.65亿元,继续创新融资工具,拓展融资渠道,引入昆仑银行、汇丰银行等省外境外资金,全年融资591亿元。其中,筹组广吉、东昌等银团贷款151.5亿元,发行中期票据、定向工具等债券融资236亿元,实现了集团在证监会、发改委和交易商协会三个主管部门债券发行的全覆盖,创造了国内注册最大单笔永续债券、国内地方企业首批注册DFI和公司债发行利率近5年新低等多项纪录。

在重大节假日小型客车减免6.88亿元、上缴财政统筹约23亿元的基础上,全年通行费收入达113亿元。①抓好了堵漏增收,搭建了由7省高速公路运营单位、60多个省界收费站组成的跨省绿通查验信息数据共享平台,推广梨温公司首创的绿通车验货信息代码识别技术,对疑似假绿通车进行分类标记,建立了逃费车灰名单数据库,发挥收费稽查队伍作用,打击宜春、新余等区域的团伙逃费行为,实现精准打逃,全年共查处逃费车

10300辆,追缴通行费608万元。②抓好了营销创收,开展"沿着江西高速去旅游"活动,征集自驾游线路80余条,发布10条春节游线路,与100多家景区、酒店合作,争取了食宿、门票等优惠。③抓好了服务促收,完成了幽兰、白沙关等收费站改扩建,启用复式和便携式收费,增设便民服务设施,做好了G20峰会、重大节假日等时期的通行服务保畅;开展收费服务技能暨收费窗口展示、用户满意收费窗口评选活动,推出了节假日"旅游导航""便民出行"等服务。在"第三届最美中国路姐"评选中,宜春中心尹西云、梨温公司冯艳获得"最美中国路姐"称号,泰和中心井冈山"映山红"收费站、昌樟管理处铜鼓所"红豆杉"班组获得"最美中国路姐团队"称号。

拓展产业空间,与中石化合资组建了高速石化公司,建成22座服务区电动汽车快充站,资产公司成立高速电建新能源公司,在84个所站(养护中心)、48对服务区启动分布式光伏项目一期建设,并网容量达12.7MW,成为国内首个在高速公路全面铺开的分布式光伏项目;赣粤公司投资入股恒邦保险,并列第一大股东;九龙湖地产项目主体工程全面开工,各地块主楼平均达到8层以上。推进了服务区经营管理,完成横市服务区改造,实施了鄱阳、吉安等19对服务区防雷系统、视频监控的改造维修,对遂川、新余等服务区污水处理设施进行改造;探索"服务区+"新型业态,推动江西旅游综合信息、本土特色商品进服务区工作,引进清真拉面、"梁义隆"茶点等特色品牌,推进了"驿购"便利店经营、"驿家人"品牌落地。服务区全年实现营收3亿元。

完善子公司经营业绩考核办法,更加注重利润目标、经济增加值、收益上缴等指标,各子公司经营业绩稳步提升。其中,开发公司积极推进项目建设,抓好收费主业,实现营收约25.7亿元;赣粤公司唱响"满意赣粤"品牌,优化产业经营结构,超额完成年度经营目标;交通咨询公司抓好宁安等代建项目,承接工程咨询、交安施工及高速公路改扩建监理等业务,实现营收1亿元;畅行公司加强服务区经营管理,实现营收1.5亿元;资产公司在完成广告整治的同时,布局能源产业,实现营收2600万元;赣粤工程公司抓好工程施工及800多公里高速公路养护业务,实现营收14.7亿元;天驰公司推进股份制改造前期工作,做好高速公路检测和设计咨询,实现营收4735万元;物资公司深耕沥青钢材统购及销售业务,实现营收14.9亿元;嘉和公司大力开展监理、咨询、桥梁加固施工等业务,实现营收6700万元。

开展"春运"安全综治、重点项目安全生产等8次专项检查,发现安全隐患440处,整治到位389处。吸取"11·24"丰城发电厂重大安全事故教训,全面开展建设运营领域安全隐患排查。开展"平安高速"建设,对部分路段的视频监控、养护巡查监控设备等进行了完善。在"两会"等重点时段,落实安全生产零报告制,取消车流高峰时段的养护大中修施工,稳固了安全局面。及时启动防汛应急响应工作机制,全年共投入人工12000余人次、工业盐916t、机械设备1246台班,有效应对各种恶劣天气,成功打赢"6·19"九景高速公路 K436 路段抗洪抢险保通战役,高效处置温沙高速公路金牛峰大桥锥坡滑坡和石吉高速公路 K451 路基沉陷水毁灾情,保障了道路安全畅通。

以"两学一做"学习教育为契机,通过建立 185 个学习微信群、举办专题辅导讲座等方式,开展专题学习讨论 1335 余次,组织廉政党课学习 908 次,增强了员工廉洁意识。深入开展违规发放薪酬专项整治、领导干部"违插"问题专项治理等,共排查 100 万元以上工程项目 278 个、30 万元以上物资或服务采购项目 1214 项。开展落实中央八项规定监督检查 133 次、公务接待专项检查 87 次、"三重一大"执行情况监督检查 87 次。坚持"制度＋科技"防腐理念,搭建了廉政网络监督平台,重点加强对建设、养护、绿通查验等领域的风险防控和廉政监督,巩固了廉洁从业的良好态势。

大力开展文明创建活动,集团及所属 29 个单位被评为第十四届省级文明单位,梨温公司鹰潭西站被评为全国工人先锋号,全集团共获得省部级以上荣誉 94 项。广泛开展青年交友联谊会、"悦读高速"、辩论赛等活动,积极参与各类竞技性体育赛事,在全省组织的网球、乒乓球等赛事中屡获佳绩。率先在基层单位开展"互联网＋企务公开民主管理"试点工作,设立"12351 职工服务邮箱",及时处理涉及员工利益的问题。实施了昌金、鹰瑞北路段所站平改坡工程,继续做好员工大病救助基金管理,为 65 名员工补助费用 74 万元,通过工作对调、就近安置等措施,调配异地员工 520 人。

第六节　建设质量监督管理

江西省交通建设工程质量监督管理局(原江西省交通工程质量监督站)受省交通运输厅委托,实施对高速公路建设项目的质量安全监督。自 1993 年成立以来,为适应交通基础设施建设规模持续增长形势,抓住交通跨越式发展重大战略机遇,以提高监督效能为目标,从监督规范化入手,强化制度体系建设,加强日常监督检查,加快转变监督方式,推行现代工程管理,推进质监行业管理,提高队伍建设水平,切实履行监督职责,为实现交通科学发展进位赶超提供了质量保障。

1. 推进制度体系建设

监督管理方面,制定印发了《江西省交通基本建设工程质量监督管理办法》《江西省公路水运工程质量监督实施细则》等 20 项质量安全监管方面的规范性文件。内部管理方面,制定了《江西省交通工程质量监督站质量安全监督标准化管理规范》《公路水运工程质量安全监督文书格式》《项目监督档案管理办法》等 10 余项质量安全监督工作制度,使监督工作每一环节都实现了有章可循、有据可依。建立并运行了高速公路建设"十二公开"专网,实行质量监督、安全生产监督公开,施工、监理、试验检测信用评价公开,奖惩结果公开,举报受理调查公开,政务公开。2012年,配合省交通运输厅启动《江西省交通建设工程质量与安全生产监督管理条例》立法工作,2017年3月21日,该条例经省第十二届人大会常务委员会第三十二次会议审议并全票通过,自2017年7月1日起施行。经过反复试行实践、不断修订完善,一个衔接配套、门类齐全、公开透明、操作性强的质量安全监督工作制度体系基本形成,监督工作走上了规范化、程序化、标准化的轨道。

2. 推进信用体系建设

按照交通运输部、省部署,加强对施工、监理、试验检测单位及人员的信用体系建设。2009年,代省厅制定《江西省公路水运建设市场从业单位信用管理暂行办法》和《江西省交通建设市场从业单位信用等级评定细则(施工)》及《江西省公路水运工程监理信用评价实施细则》,自当年起,全面客观地对竣工项目各参建单位工作进行综合评价,积极探索诚信体系建设与奖惩挂钩的有效机制。2014年,该局配合省厅制定出台《江西省公路施工企业信用评价实施细则(试行)》,进一步完善了"江西省交通建设市场信用信息管理系统",将信用评价工作由主体工程拓展至绿化、机电等附属工程,由高速公路项目拓展至国省道普通公路建设,严格控制AA级企业数量,并加大信息采集力度,开设从业企业纪检监督账号,将信用评价结果与招投标挂钩,奖优惩劣。2014—2015年施工信用评价结果显示,AA级企业数量明显减少,信用评价结果实现了正态分布,累计采集不良行为信息约1200条,共19家有不良从业行为的企业信用等级定为D级,信用评价的公正客观和科学性有效提高。2015年8月,交通运输部公路建设市场督查组对江西省公路建设管理工作予以充分肯定,评定江西省得分为91.5分。

3. 加快转变监督方式

一是转变监督理念。经过多年来的积极实践和探索,最终形式了"三个转变""五个及时"的监督工作理念。"三个转变",即:从以往直接督查施工行为向重点督查项目业主管理行为转变,从以往"保姆"式全线拉网全面检查向随机抽查和重点检查转变,从以往"明查"向注重"暗访"转变;"五个及时",即:及时督促建设项目落实质量安全责任,及时厘清责任,及时通报和处罚,及时公开曝光不规范行为及处理决定,及时向法人单位印发告知函。通过推动监督理念的逐渐转变,实现了监督效能的不断提升,为全面履行好质量安全监督职责打下了坚实基础。二是不断丰富监督手段。先后探索了20余种新举措,在提升监督效能方面成效明显。如:提前介入,将施工标准化、"平安工地"建设活动要求和创新理念及管理措施纳入合同文件,并对招标文件的专用条款、技术规范提出修改建议,明确质量安全管理的各项要求;加强与法人单位的联系,就发现的质量安全问题向法人单位发送"督查情况告知函",约见企业法人代表,加强对参建单位的行为监督;推行"一项目一监督组",并在此基础上每季度调配全局力量组织一次对在建项目的综合督查,监督组负责存在问题整改的跟踪督促,有效解决监督组质监工作质量和标准不均衡的问题;每次综合督查前制定考评标准并征求项目办意见,督查后打分排名、全省通报,并抄报厅主要领导,提高项目办质量安全责任意识;组建原材料质量监督抽检组和实体质量监督抽检组,加大质量监督抽检力度,用检测数据说话;督促指导各在建重点项目在高墩桥梁施工、隧道开挖等关键部位和预制场等重要场地安装视频远程监控系统,推进执法终端系统建设,加强痕迹化管理;有计划、有针对性地重点开展了桩基检测打假、隧道支护偷工减料、桥梁支座质量等专项打假行动等。

4. 强化日常监督检查

1993年以来,对监督的高速公路项目共组织综合、专项、巡视等各类监督检查2800余次,现场签发"质量监督抽查意见通知书"5000余份,印发督查通报800余份。依据督查情况,责令各在建项目对不合格工程坚决予以返工处理,对不合格材料坚决予以清退出场处理。同时严格责任追究,紧密跟踪质量安全问题的整改情况,切实把好质量安全关。

5. 推行现代工程管理

2010年,省厅按照交通运输部在厦门召开的全国公路建设座谈会议精神,在全省高速公路项目启动了为期3年的高速公路建设施工标准化活动。江西省交通建设工程质量监督管理局以此为契机,积极探索提升监督工作水平的有效途径,将推行施工标准化作为实现现代工程管理的重要手段,大力推进活动并逐渐建立长效机制,持续深入推进。一是强力推进施工标准化活动。全面系统地总结近年来、特别是2009年开展公路水运工程混凝土质量通病治理活动以来江西省质量通病治理的成功经验和好的工法,进行提炼、升华,制订《江西省高速公路施工质量控制要点》《一线作业人员岗前安全培训教材(光盘)》和《公路工程试验检测技术教学片》,作为活动配套标准和规范,发放给各项目参建单位推广使用。积极发掘培育典型,发挥典型的示范引领作用。先后建议省厅在九江长江公路大桥、德昌、永武等在建高速公路项目和省内在建的高铁项目召开现场观摩会30余次。编印活动简报32期9200余份、《经验交流材料汇编》3册600余份,并制定"工法开发方案",总结推广了10多个开展活动的制度标准和成功经验以及50余项成熟工法,大力推广好经验好做法。抓好活动考评,严格兑现奖惩。该局结合日常项目监督工作对各项目活动开展情况进行检查指导,及时全省通报活动优胜项目和开展不力的单位,落实信用评价加、扣分奖惩,奖优罚劣。二是巩固和深化活动成果,建立施工标准化长效机制。2012年以来,在总结高速公路建设施工标准化活动成果的基础上,进一步补充完善了《江西省高速公路施工质量控制要点》,开展了《江西省高速公路施工质量控制规程》地方标准研究。配合省厅编制《江西省公路工程施工电子招标标准文件》,统一了招标流程、合同条款和技术规范,将施工标准化和部、省近年出台的质量安全管理规范性文件要求纳入了招标文件,为在新开工项目推行施工标准化打下制度和经费基础。督促指导各项目全面推广应用智能张拉、压浆,路面黑站"黑匣子",沥青装载、运输、储存信息化跟踪,路面强度、厚度、平整度、温度智能监控,隧道进出洞人员识别定位系统等新工艺、新技术,全面提升施工标准化水平。及时建议并配合省厅在全省范围内开展为期2年的"钢筋保护层质量通病治理""路基填筑质量通病治理""工地试验室专项整治""落实施工方案专项行动"4个专项活动,大力整治当前在建项目存在的较为突出的质量安全通病。从日常督查情况和交工质量检测结果看,近年来全省在建高速公路钢筋保护层质量通病治理取得明显成效,钢筋保护层总体合格率达84.1%,预制梁板钢筋保护层工后抽检(总)合格率达94.5%,步入全国先进行列;其他专项整治活动也取得了阶段性成果。

2016年,按照全国公路水运品质工程现场推进会部署,配合省厅认真研究部署全省创建品质工程工作。一是代厅初拟全省创建公路水运品质工程实施方案,明确江西打造"品质工程"的目标要求、方法步骤和任务分工,作为下步创建公路水运品质工程的指导性文件。二是配合省厅在共青城市召开全省创建品质工程动员会,启动为期3年的品质工程创建工作。三是结合打造"品质工程"要求,对《江西省普通国省干线公路建设标准化管理指南》进行修订完善。

6. 推进"平安工地"建设

2011年,将赣崇项目合江三桥、九江长江公路大桥、井睦项目井冈山隧道等工程作为全省首批桥隧施工风险评估试点工程,督促各项目按照部风险评估制度、指南和相关工作要求开展风险评估工作,做到"须评皆评""应评不漏"。以"防坍塌、防坠落、反三违""桥隧工程施工安全专项整治""公路水运工程落实施工方案专项行动"等专项活动为抓手,全面深化安全隐患排查治理,督促项目认真落实施工单位安全生产的主体责任和建设、监理单位安全生产的监管责任,落实整改措施、费用、责任单位和时限,保持了平稳的安全生产态势。代省厅制定"平安工地考核评价工作实施细则",各项目将"平安工地"创建达标活动开展情况作为每月项目综合检查及考核的主要内容,评价结果及时按照规定逐级审核、报备并跟踪存在问题的整改落实。同时配合省厅定期对全省在建高速公路工程项目组织进行"平安工地"考核评价,深入推进"平安工地"建设。加强事前预防。针对在建项目陆续出现的安全质量苗头性问题,及时制订"加强新开工项目大临设施建设和施工图复核工作""加强旋挖钻成孔工艺质量控制""加强钢筋直螺纹连接施工质量控制""加强通车前期交通管制措施"和"加强爆破作业安全管理工作"等安全质量控制要点,及时组织宣贯培训,提醒督促各项目抓好事前预防。

多年来,全省重点工程项目安全生产形势平稳,全省在建交通重点工程自2016年以来未发生人员死亡安全生产事故,安全生产形势持续稳定;彭湖、九瑞、德昌、昌宁、昌栗等高速公路项目实现了"零事故"目标;九江长江公路大桥、井睦、昌宁、昌樟、昌栗高速公路被交通运输部和安全监管总局联合冠名为公路水运建设项目"平安工程"。

7. 强化监理、试验检测行业管理

着力培育监理、试验检测队伍。现有监理甲级企业14家、乙级2家、丙级22家,在交通运输部管理系统注册的监理工程师达1100人;检测机构甲级3家、乙级41家、丙级13家,注册检测人员2180人。按照交通运输部和省厅部署,通过对监理、试验检测企业和个人的考核评价,逐渐将市场管理工作重心由资质的静态管理转到履约信誉、执业状况、执业水平的动态管理上来,同时加大对失信企业的处罚力度,进一步规范了监理、试验检测市场秩序,促进了诚信履约。如:运用部信息管理系统和局管理系统,强化监理从业登记和业绩登记工作;对省内在建项目的第三方检测机构和江西省检测机构及其工地试验室开展专项督查,并及时通报、及时督促存在问题的整改,督查结果与信用评价及资质复审等工作挂钩;出台《公路水运工程试验检测机构申请扩增基桩完整性检测参数的相关规定》,加强对桩基检测人员的能力考核;定期组织试验检测机构比对试验,加强对检测机构的能力验证工作等。加快质监机构自身建设。按照全省交通质监行业"一盘棋"的工作思路,加强对市、县级交通质监机构的培育和指导。分别于2014年年底和2016年年初,配合省厅全面启动市级和县级交通质监机构标准化建设活动。目前上饶、吉安、宜春、萍乡、景德镇、赣州6个市站(局)已通过省厅组织的达标验收;上饶市12个县(市)全部批编成立了县站,其中鄱阳县站定编10人;南昌、九江、吉安、景德镇、宜春等设区市已累计有12个县站批编成立。着力增强依法行政、依法监督能力。2014—2015年,按照省政府和省厅部署,完成了权力清单、权责清单的清理工作,明确现有的行政权力事项为行政确认6项、年审年检2项、审核转报4项、行政处罚30余项。组织全体质监人员参加执法业务培训和考核,取得了执法证。

第五章
高速公路运营管理

从第一条高速公路——昌九高速公路运营管理以来,截至2016年底,全省高速公路通车里程为5908km,其中省高投集团运营管理49条5112km,占全省通车里程的87%,主要经营业务除高速公路投资、建设、经营、管理外,不断开拓新业务,涉足广告传媒、工程施工、监理咨询、物流仓储、核电投资、金融投资、房地产、酒店旅游、能源开发等领域,经营业务向多元化方向发展。

第一节 高速公路收费管理

一、收费公路里程构成情况

2016年底,江西省收费公路里程5058.3km(不含已取消收费公路,下同),占公路总里程16.2万km的3.1%。其中,高速公路5042.3km,独立桥梁隧道16.0km,分别占收费公路里程的99.7%和0.3%。江西省收费公路共有主线收费站18个。其中,高速公路17.5个,独立桥梁隧道0.5个,分别占主线收费站数量的97.2%和2.8%。

2016年底,江西省收费公路累计建设投资总额为2053.5亿元。其中,财政性资本金投入为302.7亿元,非财政性资本金投入526.6亿元,举借银行贷款本金1093.8亿元,举借其他债务本金130.4亿元,分别占收费公路累计建设投资总额的14.7%、25.6%、53.3%和6.4%。江西省收费公路年末债务余额为1080.5亿元。其中,年末银行贷款余额873.3亿元,年末其他债务余额207.2亿元,分别占收费公路债务余额的80.8%和19.2%。

2016年度,江西省收费公路通行费收入为162.5亿元,支出总额为215.9亿元,通行费收支缺口53.4亿元。2016年度的收费公路支出中,偿还债务本金支出94.7亿元,偿还债务利息支出52.2亿元,养护支出38.9亿元,公路及附属设施改扩建工程支出9.4亿元,运营管理支出15.1亿元,税费支出5.5亿元,其他支出0.1亿元,分别占收费公路支出总额的43.9%、24.2%、18.0%、4.4%、7.0%、2.5%和0.0%。

二、政府还贷公路情况

截至2016年底,江西省政府还贷公路里程2198.5km,累计建设投资总额906.3亿元,年末债务余额527.5亿元,年通行费收入83.4亿元,年支出总额108.8亿元,分别占江西省收费公路的43.5%、44.1%、48.8%、51.3%和50.4%。2198.5km政府还贷公路中,全部为高速公路。政府还贷高速公路占收费高速公路总里程的43.5%。906.3亿元政府还贷公路累计建设投资总额中,全部为高速公路累计建设投资。政府还贷公路建设累计资本金投入307.7亿元,资本金比例为34.0%。政府还贷公路建设累计债务性资金投入为598.6亿元,占政府还贷公路累计建设投资总额的66.0%。其中,举借银行贷款本金540.2亿元,举借其他债务本金58.4亿元。

527.5亿元政府还贷公路年末债务余额中,全部为高速公路债务余额。

2016年度,政府还贷公路通行费收入83.4亿元。全部为高速公路通行费收入。2016年度,政府还贷公路支出总额为108.8亿元。其中偿还债务本金支出37.9亿元,偿还债务利息支出27.3亿元,养护支出34.2亿元,公路及附属设施改扩建工程支出0.8亿元,运营管理支出6.5亿元,税费支出2.1亿元,其他支出0.02亿元,分别占政府还贷公路支出总额的34.8%、25.1%、31.5%、0.7%、6.0%、1.9%和0.0%。

2016年度,政府还贷公路通行费收支缺口25.4亿元。全部为高速公路收支缺口。

三、经营性公路情况

截至2016年底,江西省经营性公路里程2859.8km,累计建设投资总额1147.2亿元,年末债务余额553.0亿元,年通行费收入79.1亿元,年支出总额107.1亿元,分别占江西省收费公路的56.5%、55.9%、51.2%、48.7%和49.6%。

2859.8km经营性公路中,高速公路2843.8km,独立桥梁隧道16.0km,分别占经营性公路总里程的99.4%和0.6%。经营性高速公路占收费高速公路总里程的56.5%。

1147.2亿元经营性公路累计建设投资总额中,高速公路1105.7亿元,独立桥梁隧道41.5亿元,分别占经营性公路累计建设投资总额的96.4%和3.6%。

经营性公路建设累计资本金投入521.6亿元,资本金比例为45.5%。经营性公路建设累计债务性资金投入为625.6亿元,占经营性公路累计建设投资总额的54.5%。其中,举借银行贷款本金553.5亿元,举借其他债务本金72.1亿元。

553.0亿元经营性公路年末债务余额中,高速公路524.2亿元,独立桥梁隧道28.8亿元,分别占经营性公路债务余额的94.8%和5.2%。

2016年度,经营性公路通行费收入79.1亿元。其中,高速公路74.4亿元,独立桥梁隧道4.7亿元,分别占经营性公路通行费总收入的94.1%和5.9%。

2016年度,经营性公路支出总额为107.1亿元。其中偿还债务本金支出56.8亿元,偿还债务利息支出24.9亿元,养护支出4.7亿元,公路及附属设施改扩建工程支出8.7亿元,运营管理支出8.5亿元,税费支出3.4亿元,其他支出0.1亿元,分别占经营性公路支出总额的53.0%、23.2%、4.4%、8.1%、8.0%、3.2%和0.1%。

2016年度,经营性公路通行费收支缺口28.0亿元。其中,高速公路27.3亿元,独立桥梁隧道0.7亿元,分别占经营性公路通行费收支缺口97.5%和2.5%。

四、通行费减免情况

2016年度,江西省收费公路共减免车辆通行费25.5亿元。其中,鲜活农产品运输车辆减免14.4亿元,重大节假日小型客车免费通行减免8.6亿元,其他政策性减免2.5亿元,分别占通行费减免总额的56.5%、33.7%和9.8%。

五、收费标准

(1)1993年1月,昌九高速公路开通时,省物价局、省交通厅、省财政厅《关于昌九汽车专用公路收取车辆通行费的通知》(赣价费字〔1993〕7号、赣交财统发〔1993〕3号、赣财综字〔1993〕8号)中,对各类车辆通行费费率标准作出明确规定。如表5-1-1所示。

1993—1994年车型分类及收费标准一览　　　　　表5-1-1

车型	吨(座)位	元/车次(全程)	元/车公里
小型车	货车≤2t,客车≤19座	20	0.177
中型车	货车2.1~7t,客车20~40座	45	0.398
大型车	货车7.1~19t,客车41~60座	65	0.576
特种车	货车≥19.1t,客车≥61座	90	0.798

(2)1994年6月16日起,省交通厅、省物价局、省财政厅《关于适当调整昌九高速公路通行费征收标准的通知》(赣交财统发〔1994〕43号、赣价费字〔1994〕第57号、赣财综字〔1994〕第082号)规定的调整后的各类车型的车公里费率标准如表5-1-2所示。

1994—1995年车型分类及收费标准一览　　　　　表5-1-2

车型	吨(座)位	元/车公里
小型车	货车≤2t,客车≤19座	0.216
中型车	货车2.1~7t,客车20~40座	0.486
大型车	货车7.1~19t,客车41~60座	0.691
特型车	货车≥19.1t,客车≥61座	0.942

(3)1995年4月1日起,省交通厅、省财政厅、省物价局《关于调整昌九高速公路通行费标准的通知》(赣交财统〔1995〕21号、赣财综字〔1995〕37号、赣价费字〔1995〕第13号)规定的调整后的各类车型的车公里费率标准如表5-1-3所示。

1995—1997年车型分类及收费标准一览　　　　　　　　　　　　　　表5-1-3

车型	吨(座)位	元/车公里
小型车	货车≤2t,客车≤19座	0.28
中型车	货车2.1~7t,客车20~40座	0.632
大型车	货车7.1~19t,客车41~60座	0.898
特型车	货车≥19.1t,客车≥61座	1.224

（4）1998年1月1日起,为适应股票上市的需要,筹集公路建设资金,经省人民政府办公厅《关于调整昌九高速公路通行费征收标准的函》（赣府厅字〔1997〕167号）批复,省交通厅、省物价局、省财政厅《关于调整昌九高速公路通行费征收标准的通知》（赣交财统字〔1997〕124号、赣价行字〔1997〕107号、赣财综字〔1997〕206号）规定的调整后的各类车型的车公里费率标准如表5-1-4所示。

1998—2001年车型分类及收费标准一览　　　　　　　　　　　　　　表5-1-4

车型	吨(座)位	元/车公里
小型车	货车≤2t,客车≤19座	0.33
中型车	货车2.1~7t,客车20~40座	0.75
大型车	货车7.1~19t,客车41~60座	1.03
特型车	货车≥19.1t,客车≥61座	1.40

说明：①1998年1月1日,昌樟高速公路开通收费,省物价局、省交通厅、省财政厅《关于南昌至樟树高速公路收取车辆通行费的通知》（赣价行字〔1997〕108号、赣交财统字〔1997〕125号、赣财综字〔1997〕207号）规定的各类车型通行费费率标准与上述标准相同。

②1999年3月,省物价局、省交通厅、省财政厅《关于九景高速公路九湖段收取车辆通行费的通知》（赣价费字〔1999〕13号）规定的各类车型通行费费率标准与上述标准相同。

③2000年11月18日,九景高速公路全线通车,省物价局、省交通厅、省财政厅《关于九江至景德镇高速公路设站收取车辆通行费的批复》（赣价费字〔2000〕75号）规定的各类车型通行费费率标准与上述标准相同。

（5）2001年8月1日起,省物价局、省交通厅、省财政厅《关于调整高速公路车辆通行费收费标准的通知》（赣价费字〔2001〕69号）规定的收费车辆分类及收费标准如表5-1-5所示。

2001—2003年车型分类及收费标准一览　　　　　　　　　　　　　　表5-1-5

车型	吨(座)位	元/车公里	说明
一类车	货车≤2t,客车≤17座	0.40	
二类车	货车2.1~5t,客车18~30座	0.75	
三类车	货车5.1~10t,客车31~50座	1.00	
四类车	货车10.1~15t,客车≥51座	1.35	
五类车	货车15.1~20t	1.70	
六类车	货车≥20.1t	2.10	25t以上车辆每增加5t加收0.4元/车公里

说明:收费额按上述费率标准以行驶里程计算。为便于收费减少找零,收费额尾数以整 5 的倍数计,采取一、二舍,三、四进的方法计收。并规定:鉴于全省高速公路收费站大部分仍是手工计票收费,为便于管理,手工计票收费部门,对于六类车暂按 2.1 元/车公里标准统一计收,待实行计算机计票后,按规定的费率以车辆吨位数累进计费。

(6)2003 年 6 月 28 日,昌泰高速公路开通收费,省发展计划委员会、省交通厅、省财政厅《关于核定昌泰高速公路车辆通行费收费标准的通知》(赣计收费字〔2003〕544 号)规定的各类车型收费标准如表 5-1-6 所示。

2003—2004 年车型分类及收费标准一览　　　　　表 5-1-6

车型	吨(座)位	元/车公里	说　明
一类车	货车≤2t,客车≤17 座	0.40	
二类车	货车 2.1~5t,客车 18~30 座	0.80	
三类车	货车 5.1~10t,客车 31~50 座	1.15	
四类车	货车 10.1~15t,客车≥51 座	1.50	
五类车	货车 15.1~20t	1.85	
六类车	货车≥20.1 吨	2.10	25t 以上车辆每增加 5t 加收 0.4 元/车公里

说明:昌泰高速公路的收费标准与全省 2002 年后开通的高速公路收费标准相同。昌九高速公路、昌樟高速公路、九景高速公路、温厚高速公路等 2002 年以前开通的高速公路仍采用赣价费字〔2001〕69 号文规定的收费标准。

(7)2004 年 11 月 1 日起,省交通厅、省发展计划委员会、省财政厅《关于全省高速公路统一车型分类及统一收费标准的通知》(赣交财审字〔2004〕123 号)规定的收费标准如表 5-1-7 所示。

2004 年车型分类及收费标准一览　　　　　表 5-1-7

车型	吨(座)位	元/车公里	说　明
一类车	货车≤2t,客车≤7 座	0.40	
二类车	货车 2.1~5t,客车 7~19 座	0.80	
三类车	货车 5.1~10t,客车 20~39 座	1.15	国际标准集装箱:本省籍 40 英尺、20 英尺(1 只或 2 只),外省籍 20 英尺国际标准集装箱 1 只
四类车	货车 10.1~15t,客车≥40 座	1.50	国际标准集装箱:外省籍 40 英尺、20 英尺(2 只)
五类车	货车 15.1~20t	1.85	
六类车	货车 20.1~25t	2.10	25t 以上每增加 5t 加价 0.4 元/车公里

(8)2005 年 1 月 1 日起,省交通厅、省发展和改革委员会《关于降低货车车辆通行费标准的通知》(赣交财审字〔2004〕166 号)规定:

高速公路:一~三类车仍执行原统一收费标准,即一类车 0.4 元/车公里,二类车 0.8

元/车公里,三类车 1.15 元/车公里;四类车降至 1.4 元/车公里,五类车降至 1.6 元/车公里;取消第六类车及以上分类,一律按五类车标准计收。

(9)2006 年 7 月 1 日起,省交通厅、省发展和改革委员会、省财政厅《关于印发江西省收费公路载货类汽车计重收费实施方案的通知》(赣交财审字〔2006〕39 号)规定的高速公路计重收费标准为:基本费率为 0.08 元/吨公里。

①正常装载的运输车辆(未超载)收费标准:以收费站实际测量确定的车货总重为依据,小于 10t(含)的车辆,按基本费率计收;10~40t(含)的车辆,10t(含)以下部分按基本费率计收,10t 以上部分,按 0.06 元/吨公里线性递减至 0.03 元/吨公里计收;40t 以上车辆按 40t 计。总重 5t 以下按 5t 计,计费不足 5 元按 5 元计。

②超过公路承载能力的车辆(超载)收费标准:总轴重超过该车对应的公路承载能力认定标准 30%(含)以下的车辆,未超过公路承载能力认定标准部分重量,按正常车辆收费标准计算,超限部分重量暂按基本费率计收。总轴重超过该车对应的公路承载能力认定标准 30%~100%(含)的车辆,该车车货总重中超过公路承载能力认定标准 30%(含)以下的重量部分,按第①款计收,超过公路承载能力认定标准 30% 以上的重量部分,按基本费率的 2 倍线性递增至 4 倍计收。总轴重超过该车对应的公路承载能力认定标准 100% 以上的车辆,该车车货总重超过公路承载能力认定标准 30%(含)以下重量部分,按第①款计收,超过公路承载能力认定标准 30% 以上的重量部分按基本费率的 4 倍计收。

实施计重收费以后,客车的收费标准仍执行赣交财审字〔2004〕123 号文规定的标准如表 5-1-8 所示。

2006—2010 年客车车型分类及收费标准一览　　表 5-1-8

车型	座位	元/车公里	车型	座位	元/车公里
一类车	≤7 座	0.4	三类车	20~39 座	1.15
二类车	8~19 座	0.8	四类车	≥40 座	1.50

(10)2012 年 6 月 15 日,江西省发展和改革委员会、财政厅和交通运输厅发文《关于调整全省收费公路载货汽车超限运输计重收费标准的通知》(赣发改收费字〔2012〕1097 号)规定自 2012 年 7 月 1 日零时起,超限车辆的收费公路计重收费标准调整如下(表 5-1-9)。

江西省收费公路载货汽车超限运输计重收费标准　　表 5-1-9

超限率	一、30%(含)以下	二、30%-100%(含)	三、100% 以上
费率	未超过公路承载能力认定标准部分重量类按正常车辆收费标准计算,超过部分重量按基本费率计收	车货总重中超过公路承载能力认定标准 30%(含)以下的部分,按第一条计收;超过公路承载能力认定标准 30% 以上的重量部分,按基本费率的 3 倍线性递增至 6 倍计收	车货总重中超过公路承载能力认定标准 30%(含)以下的部分,按第一条计收;超过公路承载能力认定标准 30% 以上的重量部分,按基本费率的 6 倍计收

①总轴重超过该车对应的公路承载能力认定标准30%(含)以下的车辆,未超过公路承载能力认定标准部分重量按正常车辆收费标准计算,超限部分重量按基本费率计收。

②总轴重超过该车对应的公路承载能力认定标准30%~100%(含)的车辆,超过30%(含)以下部分,按上述"①"相关标准计收费;超过30%以上的部分,按基本费率3倍线性递增至6倍计收。

③总轴重超过该车对应的公路承载能力认定标准100%以上的车辆,超过30%(含)以下的部分,按上述"①"条计收费;超过30%以上部分,按基本费率的6倍计收。

(11)2013年3月27日,江西省发展和改革委员会、交通运输厅和财政厅发文《关于调整全省高速车辆通行费收费标准的通知》(赣发改收费字〔2013〕583号)规定自2013年4月1日零时起,高速公路车辆通行费收费标准标准调整如下:

①统一调整高速公路客车通行费标准。对客车一类车(7座及以下)车辆通行费标准统一调整为0.45元/车公里。其他类型的客车仍维持原定收费标准。

②统一调整高速公路货车计重收费标准。货车计重收费基本费率为0.09元/吨公里。合法装载车辆10~40t部分,按0.09元/吨公里线性递减至0.045元/吨公里收取,40t以上部分按0.045元/吨公里计费。超限运输车辆按原倍率执收。

六、年度收费数据

1993—1997年通行费收入均来自昌九高速公路,1993年通行费收入3223万元,1994年通行费收入5869万元,比1993年增长82.1%;1995年通行费收入9062万元,比1994年增长54.4%;1996年通行费收入10623万元,比1995年增长17.23%;1997年通行费收入11360万元,比1996年增长6.94%。

1998年通行费收入是21963万元。1999年的通行费收入是31652万元,比1998年度增长40.02%。2000年通行费收入38008万元,比上年度增长20.08%。2001年通行费收入47022万元,比上年增长23.72%。2002年通行费收入59462万元,比上年增长26.46%。2003年通行费收入117639万元,比上年增长97.84%。2004年通行费收入219005万元,比上年增长86.17%。2005年通行费收入283557万元,比上年增长29.48%。2006年通行费收入369267万元,比上年增长27.49%。2007年通行费收入470777万元,比上年增长30.20%。2008年通行费收入500923万元,比上年增长6.40%。2009年通行费收入576306万元,比上年增长15.05%。2010年通行费收入715974万元,比上年增长24.24%。2011年通行费收入781704万元,比上年增长11.44%。2012年通行费收入831618万元,比上年增长6.39%。2013年通行费收入932277万元,比上年增长12.10%。2014年通行费收入980950万元,比上年增长5.22%。2015年通行费收入1036879万元,比上年增长5.7%。具体如图5-1-1所示。

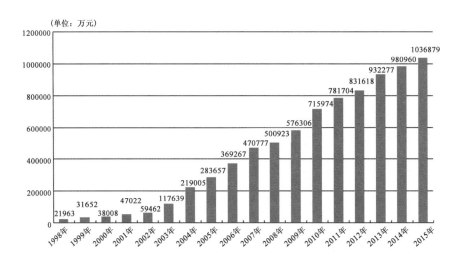

图 5-1-1　1998—2015 年集团公司高速公路通行费收入数据图

七、收费方式

1. 人工收费

人工收费是高速公路收费初期普遍采用的收费方式(图 5-1-2)。省高管局所属昌九高速公路、昌樟高速公路、九景高速公路开通收费时都是实行"入口售票、出口验票"的人工收费方式。对车辆的收费过程是,在高速公路的入口岗亭由收费员判别车辆的车型类别,询问司机下高速公路的出口然后售给驾驶员相应站点的通行费票据,让车辆进入高速公路;在高速公路出口岗亭,由收费员查验车辆的车型类别和通行费票证的出口是否相符,准确无误后放行,如有出入则补缴相应的通行费。这种收费方式收费管理的难度较大。首先是票证种类繁杂,收费员下班后做票证报表时劳动强度大,容易出现长、短款现象。还有就是驾驶员通常采用"买短跑长""以大买小"甚至是"冲岗"等形式偷逃通行费。由于收费验票过程基本上都是收费员一个人独立操作完成,监管难度大,收费人员也容易发生"私售回笼票""私放人情车"等贪污票款的违法违纪事件。2000 年省高管局下属赣粤公司收费部成立后,在原有收费管理制度的基础上,进一步修订或制订《收费人员岗位职责》《费收管理暂行规定》《廉政管理规定》《费收考核暂行规定》《千分制量化考核规定》《星级收费员考评办法》《银三角互通立交桥通行月票管理办法》等一系列收费管理制度,为加强收费管理工作提供制度保证,使堵漏增收工作更有效地开展,也使收费人员的违纪违规事件大为减少。2000 年昌九高速公路大站的票证回笼率达 99.4% 以上,小站的回笼率达 90% 以上,昌樟高速公路大站率达 99.45% 以上,小站的回笼率达 94% 以上,反映收费管理制度的完善带来的成效。

图 5-1-2 人工收费

(除车道挡车杆外,无任何收费设备)

2. 微机收费——半自动化收费

微机收费是高速公路普遍实行的收费方式(图 5-1-3)。收费过程由机器和人工共同完成,通过使用计算机、电子收费设备、交通控制和显示设施代替人工操作的一部分工作,采用入口发 IC 卡或通行券出口验卡(券)收费的方式。微机收费也称之为半自动化收费方式。在这种收费方式下,收费管理更系统化和科学化,收费漏洞得到一定程度控制,收费员的劳动强度有所降低。但这种方式投资大,造价高。要实施微机收费方式,高速公路管理机构必须投资建立一整套机电设备,分收费系统、通信系统、监控系统三大部分。

图 5-1-3 微机收费

(车道设有缴费显示器、摄像头、车道指示灯等设备)

微机收费方式通常是采用"入口发卡、出口收费"的方式收取通行费。对车辆的收费过程是在高速公路入口岗亭,车道上的图像抓拍装置能自动抓拍车辆的图片及车牌号,由收费员将车辆的车型类别输入微机,微机就能将车辆入口信息如站名、车牌、车型类别、进入高速公路时间等信息通过 IC 卡读写器输入通行 IC 卡内,再由收费员将 IC 卡发给车辆的驾驶员;在高速公路出口岗亭,收费员将驾驶员从入口携带的 IC 卡放到 IC 卡读写器上,并确认车辆的车型类别准确无误后(有误可以修正),由微机自动计算出车辆应缴纳的通行费,再由收费员收费后打印通行费票据,完成对车辆的收费过程。完成一次收费,车道系统自动将收费相关信息传输到收费站服务器,再通过服务器传输到路段的信息中心。每天收费站的服务器能自动统计汇总生成收费的班报表和日报表,路段信息中心的服务器能自动生成整条路的相关收费报表。微机收费能减轻收费人员的劳动强度。同时由于微机收费方式有一套监控系统,能从实时监控、录像审带(审核录像带)、收费稽核三个方面对收费员的收费操作进行监督,能有效地防范收费员违规操作及违纪现象的发生。

微机收费方式较好地解决了人工收费方式下车辆"买短跑长"的逃费形式,但"以大买小"的情况与收费员判断操作相关,仍继续存在逃漏费的可能(2002 年以后,"大吨小标"车辆越来越多,"以大买小"的漏费情况较为普遍)。实行微机收费后,还出现"换卡""倒卡""冲岗""U 形行驶""J 形行驶"等逃费方式。昌九高速公路于 2001 年 11 月 22 日开始,实行微机收费,九景高速公路于 2002 年 5 月 1 日开始实行微机收费;昌樟高速公路和昌泰高速公路同时从 2003 年 6 月 28 日开始实行微机收费。从 2002 年开始,收费部补充建立《信息中心工作职责》《票卡员、监控员、系管员、稽核员及审核录像带等人员的岗位职责》,并进一步完善细化收费管理制度,如《费收管理暂行规定》《费收工作考核暂行规定》,编印《收费工作手册》,还制订了《IC 卡管理办法》《车型判别准确率考核办法》《文明服务量化实施细则》《关于组织公司到基层单位蹲点有关规定》等新的收费管理相关制度,从而在微机收费方式下实现收费业绩不断取得新的突破。

3. 联网收费

高速公路联网收费是在微机收费方式基础上的新改进。各条高速公路在实行微机收费方式时,收费软件、机电设备系统都存在较大的差异,车辆通行不同的高速公路时就必须多次停车缴费。这与高速公路"方便、快捷"的宗旨相矛盾。联网收费能很好地解决这个问题,在全省范围内,不管车辆连续通行多少条高速公路,只需一次停车缴费就行。

高速公路实行联网收费,各条高速公路首先必须使用统一的收费软件,机电设备也必须升级改造,以便能适应联网收费软件的良好运行;其次是要使用统一规格的 IC 卡及 IC 卡读写器。全省各高速公路都在 2004 年 6 月底之前完成机电设备的升级改造和收费系统(联网收费软件)的切换更新,从 2004 年 6 月 30 日 8 时起开始,联网收费正式实施。从此,跨路段通行高速公路的车辆通行费必须通过收费软件拆分相应路段的通行费,各条高速公路每日的收费必须由联网中心拆分给各路段(一般需延迟 3~5 个工作日);每月结算 3 次,每 10 天结算 1 次。

高速公路联网收费需要投入较多的资金,实施联网收费后连接高速公路的主线站和端口站都统一撤销,可以节省这些站的运营管理成本,实施联网收费,可以吸引更多的车辆通行高速公路,给高速公路的收费带来一定的增长。

实行联网收费以后,为使各高速公路的收费人员在收费操作和收费管理上尽可能一致,由联网中心牵头,广泛征集各高速公路收费管理部门的意见,制订联网收费的相关管理制度,主要有《江西省高速公路联网收费操作规程》《江西省高速公路联网收费结算划转管理办法》《江西省高速公路收费专用票据管理暂行规定》《江西省高速公路收费 IC 卡管理办法》等。

4. 计重收费

计重收费是高速公路计费方式上的一次新变革(图 5-1-4)。在此之前的高速公路收费是将车辆划分为 4~6 个类别,由物价部门核定每类车的车公里费率(如二类车 0.8 元/车公里),然后根据车辆行驶高速公路的里程,计算车辆应缴纳的通行费。在正常情况下,这种按车型类别计费方式是比较合理的。但现实运输条件下,驾驶员受利益驱动,从 2001 年开始"大吨小标"的车辆起来越普遍,车辆超限、超载的现象日趋严重。一辆核定载货 1.99t 的一类货车竟然装载 20t 货物(比正常情况下四类货车装载得还多)在高速公路上行驶。车辆的严重超载给高速公路的路况造成极大损害。

图 5-1-4 计重收费

(车道上装有动态称重设备、车辆分离器与电子控制柜)

计重收费的原则是公平合理,鼓励运输业户合法装载。计重收费是根据车辆的车货总重和行驶里程来计算通行费的。计重收费的费率制定原则,首先保证车辆合理装载时,计重收费不高于原按车型收费或略偏低;对严重超载车辆(超限 30% 以上),对超限部分按 2~4 倍的基本费率加收通行费。充分体现"空车少收""多载多收""超载处罚"的合理原则。

全省于 2005 年开始启动计重收费的前期工作,经过试点、招标等工作后,从 2006 年 3 月开始,各高速公路开展紧张的车道开挖、秤台安装,计重设备调试、检测及人员培训等工作,其中以昌九高速公路最为艰巨,有4个收费站的收费车道必须先实施降坡处理,还有的站必须拓宽及增加车道,时间紧、难度大、任务重,分管领导非常重视,带领相关人员充分调动所站人员的积极性,克服重重困难,在6月底前基本完成计重收费的各项准备工作,为2006年7月1日全省高速公路正式实行计重收费奠定坚实基础。计重收费的实施给省内所有高速公路带来可喜的收费增长。计重收费较好地解决了车辆"大吨小标""以大买小"等偷逃通行费的问题,但同时又产生新的偷逃费现象,如车辆采用"快速冲磅""走S形绕磅""垫钢板""磅上急刹""加虚轴"等逃漏费方式,给收费管理工作带来新的困扰。

5. ETC收费(全自动收费)

ETC收费是高速公路最先进的收费方式(图5-1-5)。收费过程中无须人工操作,车辆也不需要停车,因此ETC收费方式就是不停车收费方式,也称之为全自动收费方式。ETC收费系统是利用微波(或红外线或射频)技术、电子技术、计算机技术、通信和网络技术、信息技术、传感技术、图像识别技术等设备和软件综合组成的先进收费系统。通行ETC收费车道的车辆,必须先配有专用的电子标签和高速公路专用的缴费卡(也称通行卡)。车辆进入ETC入口车道时,车道设备就能获取车辆电子标签信息(如车辆类别、车牌号等)输入微机系统,同时将车辆入口时间、站名存入车辆的通行卡中;在ETC出口车道,车道设备获取车辆入口信息与电子标签中信息后通过微机算出车辆通行费,自动从车辆的缴费卡上扣除相应的通行费,并完成车辆通行的一次流水记录。由于进出高速公路时,均不需停车,充分体现高速公路的快捷通行宗旨。

图5-1-5　ETC收费
(车道装有不停车自动缴费设备)

ETC收费系统在全省高速公路的适用范围比较小,只适用于按车型类别收费方式,不适用于计重收费方式,也不可能强制让所有小车和客车都装上电子标签,所以ETC收费系统暂时不能完全取代微机收费系统,只能在有条件的收费站建立ETC收费车道。

2007年12月29日,全省完成高速公路收费软件的非现金支付系统建设(发行赣通卡并使用赣通卡支付通行费),并率先在赣粤公司的昌西南、昌北、机场路收费站6个车道试行安装ETC车道,全省共安装8个ETC车道。ETC车道的建设,能够提高收费站的车辆通行能力,减少能源消耗和环境污染,减少收费人员,不直接用现金收费,避免收费舞弊行为的发生,值得推广。根据省交通厅的规划,加快ETC车道的建设进度。至2015年底,省高投集团下属所有路段单位共建成441条ETC车道,实现ETC全覆盖。

6. 无人值守自动发卡

无人值守自动发卡车道是集团下属赣粤公司自主研发的科研成果(图5-1-6)。当车辆进入无人值守自动发卡车道,车道上的设备与微机自动工作,将该车辆的车牌、车型、进站车辆总长度、总轴数、总轮胎数、进站名称、进站时间及图像等信息正确处理完毕后,通过读卡器写入储卡盒内储存的通行卡中,车辆驾驶员可在自动发卡机上取卡,使车辆在高速公路出口处能和人工发卡的车辆一样正常缴费。一个无人值守自动发卡车道,可以节省4名收费员。无人值守自动发卡车道的研发过程:开始是赣粤公司所属温厚高速公路的王铁中站长与温厚所征费室主任胡泰结共同研制"高速公路收费站通行卡自动发卡装置",并于2008年5月开始申报专利;赣粤公司于2009年6月成立"高速公路自动发卡系统研究与开发"课题小组;2009年8月开始,在南昌南、吉安南、南昌北、机场4个收费站安装自动发卡系统试运行;经多次改进,到2010年8月高速公路自动发卡系统基本完善。至2015年底,省高投集团下属各路段收费站共建立138个无人值守自动发卡车道。

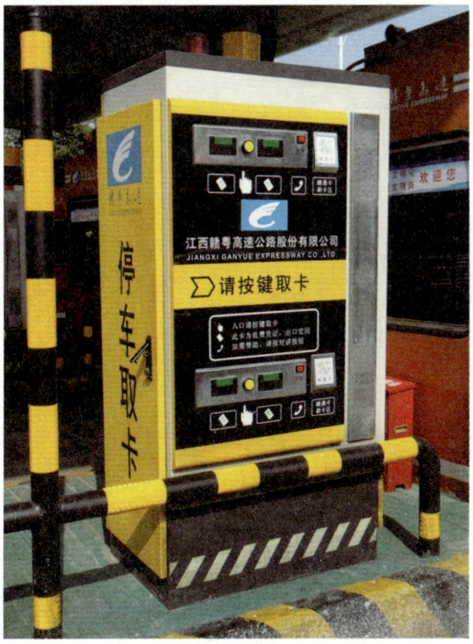

图5-1-6 无人值守自动发卡

八、票据管理

1. 人工票据

人工收费方式时期通行费票据管理是收费中的一项非常重要的工作。当时的票据是一张票据分成三联(报销联、验票联、存根联),票面上印有类别、固定的通行站点及通行费金额,还有年份、编号、收费单位及财政(或税务)监制章,并采用防伪网纹印刷,不同类别的票据使用不同的颜色加以区分。由于人工通行费票据是定额票据其重要性等同于人民币,因此,通行费票据管理的每一个环节均不允许出现差错。票据管理分票据印制、票据领用、票据销售、票据核销4个环节。票据的印制与核销由高速公路路段收费管理部门负责;票据的领用与销售2个重要环节,由收费站的收费员与票管员共同负责做好。每一天,票管员根据收费员的票据请领单登录票据收发台账,还根据每个班次收费员的票据销售报表登录票据销售台账。每月与收费会计对账,确保收费票据达到"日清月结"的要求。票管员每月同收费站管理人员对收费员的票箱不定期抽查2~3次,检查收费员的票据是否有差错。人工票据管理的难点是票据的种类繁多。昌九高速公路2001年7月以前,车型分类只有4种类别,人工票据种类却有364种,每个收费员上班票箱内装有52种。2001年8月以后至实行微机收费之前,车型分类改为6种类别,昌九高速公路的人工票据种类就有546种,每个收费员上班票箱内装有78种。收费员在做收费报表及票管员在登录票据台账时均必须认真、仔细才能避免出差错。出了差错要纠正,是更花费时间的事。收费站的票管房是存放票据的重要场所,必须装防盗门窗(2000年后还加装报警器),24小时均有人值班。票管员岗位是则挑选责任心强、业务熟、素质好的人担任。在新的收费站筹建工作中,首先就要物色好票管员人选,以确保新站开通时,票据管理能顺利进行。

2. 电脑票据

实行微机收费方式后,通行费票据改用电脑票据。电脑票据是一种空白票据,票据上只印有收费管理单位和财政(或税务)监制章及编号,收费时,收费员将票据装在与微机连接的打印机上,在票据上打印车辆在高速公路的入口、出口、车型、金额与收费时间等项内容,交给驾驶员作为缴费的凭据。由于电脑票据是空白票据,不涉及金额,票据管理的4个环节相对就简单多了,只要票据的张数不出现差错,票据管理就能到位。收费站的票管员改为票、卡管理员,其工作重点也放在IC卡管理和错票管理上。在实行微机收费起至2007年12月以前,电脑票据的领用还是和人工票据相似,责任到个人,收费员上班时各自用自己领的电脑票据。从2007年12月7日开始,进行改进。电脑票据装在打印机上连续使用,收费员交接班时要分别确认下班的终止票号与接班的起始票号,缩短交接班时间,票据台账每天要登录使用的票据编号及张数。为确保票据使用上区分责任,在票据打印的内容上增加票号和收费员的工号两项内容。电脑票据管理的重点是错票核销,收费员严格按照操作规程售票,对特殊情况出现的错票,注明错票作废的原因,由班长证明签字,再通过站长审查,稽核员稽核确认后加盖作废章,最后附在废票日报表上,票管员作票据核销台账。由于收费员主观原因打印出来而系统无法作废的错票,由当事人负责赔偿。电脑票据的印制、发放、核销环节在联网收费前,由各路段收费管理部门负责,2004年全省高速公路联网收费后改由省联网中心负责。

九、收费考核

1. 平时考核

1998—2000年,按照省高管局《廉政规定十二条》《八不准、八做到》等规章制度,结合各所站制定的关于劳动纪律及内务管理的相关规定,对收费员每月的收费工作各方面的表现进行考核,由于没有具体量化考核标准,各基层所站的做法均有差异,造成奖惩不一的现象。

2001年开始,在省高管局收费管理制度总体框架下,赣粤公司结合各所站实际,制定收费工作日常考核实施细则。按《千分制量化考核办法》每月对收费员从"行为规范、公共事务、个人能力、工作业绩、廉政建设、安全生产"6个方面进行量化考核。详细内容如下:行为规范考核项包括着装规范、挂牌服务、文明用语、团结协作、行为规范、物品摆放、列队上岗、服务态度;公共事务包括集体活动、政治学习、业务学习、卫生情况、配合综治工作、病事假、旷工、迟到早退、脱岗串岗、睡岗、主动性;个人能力包括业务分析解决能力、业务操作能力;工作业绩包括收费任务、完成工作情况、值班日记、承诺服务、岗位职责、正常操作收费系统、误判率、长短卡率、长短款率、废票率、车牌录入准确率、登录上下班、正确处理违章车、日常工作、交办工作、安全工作;廉政建设包括违法、违纪行为;安全生产包括造成严重安全隐患和安全责任事故。执行《千分制量化考核办法》后,各所站对收费人员的考核工作基本一致。而工作业绩项考核内容随着收费形式的发展进行不断完善。2002年实行微机收费后将废票率纳入考核,2004年实行联网收费后将长短卡率、车牌录入准确率、登录上下班时间等内容纳入考核。

各路段在收费考核方面也进行探索,创新考核方法。2008年昌樟高速公路制定《费收综合考核实施细则》,对收费员进行月度百分制考核。考核细则按百分制模式,分劳动纪律、业务技能、文明服务3项。考核方式主要分两种:①岗亭现场检查,含仪容仪表、岗亭卫生、物品摆放、文明服务、工作速度、票箱情况、交接班、安全措施等,填写检查记录,并对收费人员进行现场点评,指出好的方面及存在的不足,好的方面继续保持,不足之处及时改正,便于现场岗亭检查和收费管理工作的顺利开展;②审带(审查收费监控录像带)

检查,含绿通验货规范程序及服务手势、文明用语、微笑点头、劳动纪律等,把审查出现的问题记录到审带登记本内,并填写好整改通知单,告知收费人员不符合规范的地方,由收费员签字认可。月底将岗亭现场检查和审带检查进行汇总,对照考核细则逐一统分,再由考核小组会议审定认可后,将上月考核报送路段信息中心、收费管理部门审核,并张榜公布。每月考核一次,分一、二、三档次进行300元、200元、100元的奖励,综合素质较优秀的员工年累计可获得3600元的奖励。考核办法还体现多劳多得,有奖有罚,对考核60分以下不合格的职工进行待岗培训,考核合格方能重新上岗。2009年以来,昌泰高速公路收费工作的考核定为每季度考核一次,年终考核按照4个季度的总分排名,评定一年的成绩。季度收费工作考核内容分为3个方面,即收费管理、稽核票卡管理、机电设备管理。考核工作注重日常工作的检查,并从所站抽调相关岗位的人员组成检查小组,采取相互交叉形式的检查,通过组织交叉形式的检查,大家对收费管理工作有了一个全面的交流,同时也发现一些问题,不断相互促进提高。

2. 年终考核

实行人工收费时,收费工作年终检查主要是对收费站的收费工作进行考评。首先是对收费工作3项指标进行考核:①收费增长率(年度同期收费额的增长情况);②票证回笼率(票证的实际回收数占实际售出数的百分比);③解款率(收费额的按要求上缴情况)。再就是检查收费工作的相关内业资料:检查收费相关报表台账,看日常收费报表填写与票据台账是否规范、准确、完整以及收费票据的日清月结情况;检查岗亭值班日志的填写情况;检查收费站抽查收费员票箱的记录。最后是检查收费站的收费环境,主要考核收费站的站区环境及收费秩序。对收费站的平时管理情况,主要根据稽查大队平时抽查收费站的记录考核。

实行微机收费后,对收费站平时管理工作的考核除继续沿用稽查大队的平时抽查收费站情况外,还把监控系统的监控情况作为平时管理的考核。年终考核指标除收费增长率和解款率外增加废票率(产生的废票占实际售出票证的百分比)。年终检查增加对收费监控情况的检查,主要考核机电设备台账录入、设备运转及故障维修、设备日常保养和卫生环境等情况。

2006年,实施计重收费后,征费工作年终检查主要考核方向和指标也发生不同程度的转变,考核更加精准化、明细化和科学化。检查考核主要分以下几项:①计划管理,包括收费任务的预测准确率、分解执行率,解款率、废票率和长短款率;②收费管理,包括收费政策贯彻执行情况、相关资料的报送情况、收费情况分析及内业资料整理情况;③收费监控系统,包括收费监控系统维护、计重设备维护和收费监控管理情况;④其他方面,包括廉洁收费、文明优质服务、联合稽查及收费人员培训、工作创新和现场查看等情况。

2008年起,省高管局所属赣粤公司不再对基层所站进行年终检查,年终检查由路段管理处执行。管理处在对所站征费工作实行年度检查后,改变以往年终集中检查的惯有方式,把侧重点放在对平时收费站各项工作的定期或不定期检查考核上,检查考核内容基本上还是4个方面内容,只负责对所辖路段管理处的收费各项工作进行检查考核。

十、信息监控

1. 收费车道监控

实行微机收费,车道收费有实时监控的手段。初期,基本上每个收费所都设有监控室,负责对该所收费车道的收费监控,各高速公路路段设有本路的(监控)信息中心,指导各所监控室的工作,也负责对该路段收费车道的收费监控。2003年6月,昌泰高速公路开通时设有峡江、吉安南、泰和3个分监控室,马市站撤站后,泰和分监室控撤销。9月,根据赣粤公司的工作部署,昌九高速公路13个所站分监控室进行合并,按地段设立雷公坳收费所、新城收费所、共青收费所、沙河收费所、泊水湖收费所5个监控室,每个监控室负责2~3个收费站收费车道的监控。随着微机收费系统的不断完善,2004年6月30日全省高速公路联网收费后,联网中心对车道收费进行收费监控,大多数收费所站的监控室进行拆并或撤销。2007年8月22日后,昌九高速公路只保留两头大所庐岛与昌北收费所的分监控室,赣粤信息中心监控室直接负责2个分监控室及昌九沿线13个单位的监控。同月,昌樟高速公路和九景高速公路撤销各收费所的监控室后,由路段信息中心负责本路段各收费站的监控工作。2010年底,昌泰信息中心仍负责峡江、吉安南2个分监控室和整路段各收费站的收费监控工作。所站分监控室的撤销,使较多的监控人员充实到收费岗位。对收费车道监控的内容有劳动纪律、着装、按规定收费、文明服务及廉政等方面,发现收费员有违纪违规现象,监控人员及时提醒指正,并做好相关的监控记录。对严重的违纪违规现象,监控员向监控负责人及时报告,监控负责人核实情况后,通报所站相关负责人并上报路段收费部相关负责人跟踪处理,记录处理结果。每个月月初,路段(监控)信息中心下发上月的监控通报,通报各所站收费人员的违纪违规情况。收费站把收费员的违纪违规情况纳入对收费员的平时考核之中。收费监控促进规范收费、文明服务及廉洁收费等项工作,使收费管理水平得到较大的提高。由于路段信息中心还掌握着车辆行驶高速公路的相关信息,能较好地配合收费人员及相关单位查处车辆的逃费现象。

2. 稽核与审查

实行微机收费后,对每一辆车的收费情况,包括车辆的图像、出入口时间、车牌等,计算机内均有记录,收费站的后台系统都能查阅。站稽核员大多是票管员兼职,站稽核只对本站出入口的车辆进行稽核,中心稽核员一般配备专职稽核员,对本路段、跨路段的收费业务进行稽核。实行微机收费早期,稽核是对本站的车辆收费情况进行稽核,进行的是单点稽核,只对本站收费记录进行图像稽核,检查收费员的车型、车种判断是否正确。稽核内容为:收费车、公务车、军警车、冲关车、紧急车、车队、废票、U形、车种和车型的误判等情况。这种稽核形式对于倒卡换卡等异常形式的逃费车辆稽核力度不大,无法查看其他路段的车辆信息,仅限于查看本路段的车辆入口的信息。2004年6月,联网收费后,对稽核程序的查询条件进行更细化的升级,对于可疑车辆通过入口图片、流水信息及卡号路径进行跟踪核实,实行联网稽核。同时对本站的稽核数据导出打印以帮助对异常收费情况的分析,这个系统分为自动播放和手动播放两种形式。2007年12月,联网收费软件再次升级后,进一步完善后台程序(包括稽核系统)。①增加计重收费部分的稽核;②增加收费员的车道操作按键显示;③对车道产生的每条流水都需要手动一条一条地稽核。2008年,收费软件不断完善路径跟踪查询功能,在网络畅通的情况下,对车牌不符、超时、坏卡、无卡、轴型不符、假免费车等异常情况在"收费管理程序的路径跟踪查询"功能里都可以通过卡号和车牌查询,结合所查车辆的入口图片信息和收费员的按键信息等功能对车辆情况进行分析,以达到堵漏增收的目的。具体内容有:①对超时车:通过后台路径查询,会发现最近的入口信息与出口回收的卡信息不一致,可确定车辆逃费。②对套牌换卡车:对多次超时的车辆,如果一辆车同一时间段有两个入口站信息,通过路径查询来查找疑点,最终确定逃费的事实。③对倒卡车辆:明显特征是严重超时,通过比照出入口车辆车牌,同时通过路径跟踪查阅最近一次的入口站,鉴别真伪可确定车辆逃费。④对车型、外观及颜色均一致的换卡车:会发现同一时间段内"同一辆车"在其他收费站或不同方向的路段出入,可确定车辆逃费。⑤出口轴型的核对:对轴型的出入口不一致、出口轴型的更改、删除车辆、合并车辆、分离车辆等异常情况结合路径跟踪功能及审带进行核实。查询同一辆车在各收费站的轴型是否一致,排查是否有虚轴,对安装升降轴的车辆,结合审带对过磅时该轴未放下,一律不予认可;对于后台查询同一辆车的轴型不一致可对照车辆行驶证图片,发现行驶证车辆轴数少于实际轴数的,按行驶证实际轴数认定。

各路段信息中心的稽核岗位,可以全面稽核本路段出入口的通行情况,稽核员每日坚持"看、核、查、审"(看稽核图片、核对入出口图片、查相关记录、审查录像带),及时稽核当日收费数据,重点稽核异常情况的车辆,如丢轴、轴型误判、锁杆、有入口无出口记录的车辆,U形、J形、超时、改型、无卡、换卡、废票、绿色通道、冲岗车、减免费车等情况,逐一排查,认真分析核实。对利用假军牌、假绿通、冲岗等逃费及时联系相关部门,落实情况进行后续跟踪等工作,有效地遏制了利用套牌、假牌逃费的不法行为。对各站收费员的工作动态和稽核情况,进行定期或不定期专项稽查与抽查、监控稽查与现场稽查、明查和暗访相结合;按照有关规定将检查的结果予以通报、表扬;规范车型、车种的操作标准,进一步规范稽核工作的流程。特别是联网收费以后可以全路网联合稽查,更大限度发挥出稽核的作用,对一些跨路段的逃费车辆:黑名单、倒卡、换挂、私增虚轴、超时、假证、换卡、换牌、买短跑长等,稽核员可以直接在路网上查找相关资料进行分析,查出大量逃费车辆,杜绝私放人情车等违规现象,切实保证稽核工作实效的发挥,起到收费监督的作用。

实行微机收费后,系统对每个收费车道收费员的工作情况都进行录像,录像资料一般保存1~2个月后再更新。收费站的管理人员可以通过调看录像资料来了解收费员的工作情况,审带可以弥补实时监控的不足。随着设备的更新,审带工作也日益完善,进一步促进收费工作的开展。

2002年3月,微机收费时启用海特天高的JVC慢转速录像机,这种录像机为长延时录像机,使用180分钟的录像带可以进行3小时、12小时和24小时的录制,由各站监控员分班次进行录制,审带员对监控班及收费班情况进行审核,站级领导批示。内容为着装、坐姿、精神面貌、劳动纪律、文明服务、廉洁征费等。由于录像机录制是按班次进行录制,交班更换录像带会导致短时间的资料空白,且录像带是循环覆盖使用,容易老化,审带时只能通过调看图像来审查相关内容,没有声音,图像存在不清晰现象,例如长短款的审核,人民币的面额看得不是很清晰;而且所需时间段的重要录像不能进行截取保存,只能整盒录像带保存,调看时也只能使用"快进"键前进至所需查看的时间段。2005年10月,更换16路硬盘录像机,对收费站的所有录像资料进行硬盘录制,根据各所站车道岗亭等录像的多少可以保存半个月至1个月左右,能很清晰地对收费员的精神面貌、劳动纪律、文明服务、廉洁征费等录像资料进行审核,对于冲岗等异常情况,能很快捷地使用专用U盘复制所需资料作为备份。

2007年9月,岗亭安装监听,与硬盘录像机连接,通过声音和图像同步审查收费员的文明用语是否到位;审核绿通车辆是否存在不属免费范围或操作流程不规范现象;轴型是否与最终收费轴型一致;模拟线圈等特殊操作是否正常等。审带存在晚上录像质量问题,只要车辆大灯一照什么都看不清,对车牌、轴型全是一个模糊概念,特别是有的收费站没有装收费广场照明灯,审带查看轴型根本看不清。

路段(监控)信息中心起到二级监督的作用,每日审核录像带,对站级未监控到的违纪情况,进行监督提醒、并把审带中发现的违纪情况进行通报。中心审带可以全方位审查路段各单位的工作情况,总结不足,及时改正,同时提炼各单位好的做法,在全段推广,共同促进收费工作的不断完善。

2009—2010年,稽核工作的变化内容有:①取消收费所站对入口车辆的稽核,由信息中心对入口车辆进行抽查稽核;②要求收费所站对出口特情车辆的稽核率必须达到100%,按照收费站车流量比例对出口正常车辆进行稽核;③要求收费所站对出口特情车辆认真细致地核实并进行稽核说明,主要通过复式方法对出口特情车进行稽核,即图像稽核、操作流水稽核、录像资料稽核、路径跟踪稽核等;④对直上直下存在重量差异的车辆信息,要求对比分析差异原因。针对不法车主利用各种手段偷逃、漏缴通行费的现象,稽核方式由单一化转向多样化,加大稽核力度,通过路径跟踪将所站稽核转向全路网稽核,采取"一排二查三追踪"(一排:利用后台业务管理系统下的路径跟踪,通过查看出入口的记录和通行卡号核对,查看是否存在有入口信息而无出口信息,对车辆行驶的频率高又有入口无出口的车辆进行排查,并对可疑车辆名单进行汇总。二查:对排查出来的可疑车牌逐一核对。查看是否有经常性、长时间无正当理由的超时车,结合车型、行驶路线、时间和规律进行分析,查看可疑车辆是否倒卡、携卡逃费。三追踪:通过路径跟踪系统查看可疑车辆出入口的记录;对有入口而无出口信息的车辆进行汇总,再对有入口无出口的通行卡进行追踪查询,如此通行卡号没有下次通行记录,证明该卡已经遗失。结合该车下次入口站名,分析该车的逃费方法与出口地点)的方式,对有嫌疑车辆通知所站进行核实,从而减少通行费的流失,对堵漏增收工作起到了一定的作用。

2009年9月23日,昌樟信息中心协助温厚所查处有入无出逃费的车辆车牌为一油罐车。中心稽核员在后台稽核数据时,在路径跟踪中发现该车存在有入无出的情况,中心稽核员随后与温厚所联系,进一步了解情况。经多方核查该车是温厚路服务区车辆,经常往返赣定省界到温厚路之间,此车从2009年2月开始有入无出28次,其中省界入口21次,新村入口2次,南城入口5次,将该车逃费情况告知温厚所,于9月23日对该车进行处理,追缴通行费16380元。2009年,昌九监控共计审带800余次,发现查处问题60余次;昌泰高速稽核审带共发现收费工作人员违规违纪99人次,已处理99人次,收费过程中误判误操作稽核通报共计62人次,已处理62人次。

2010年3月25日,昌樟信息中心协同所站查处车牌为一货车,利用服务区便道出口逃费的车辆。中心稽核员在稽查后台数据时,在路径跟踪中发现该车从1月20日到3月18日共有48次有入口无出口信息,其中昌西南入口45次,临江入口2次,新余入口1次,卡流失48张。中心将核查的该车的情况告知临江和昌西南所,于3月25日已对此车做出处理,追缴通行费9010元。2010年,昌九监控共计审带1326次,发现查处问题69次;昌泰高速稽核审查共发现收费工作人员违规违纪51人次,已处理51人次,收费过程中误判误操作稽核通报共计81人次,已处理81人次。

十一、道路监控与信息发布

道路监控是通过安装在高速公路上的摄像头了解高速公路车辆通行状况。信息发布是将高速公路上的异常情况,比如交通状况、道路维修、特殊天气情况、道路封闭情况及相关标语通过安装在高速公路上电子可变情报板发布出来,为通行在高速公路的车主用户提供提供信息服务。2003年,"非典"疫情侵袭中国的多个省份,危害着大众的身体健康。为防止疫病的传染,控制疾病的发生,5月,赣粤公司果断采取各所站封闭式管理的决定,从源头上切断疫病的感染。信息中心监控室全体工作人员积极响应号召,服从封闭管理的决定。同时将防"非典"工作确定为重点工作,开展多次防"非典"知识宣传,提高广大职工科学防治知识;坚持每天对监控设备进行消毒,同时及时监督各分监控的"消防"工作;坚持每周一、三、五对全线的IC卡消毒;对全线各收费站区周边的闲杂人员加强监控,发现有外来人员时要求各单位及时进行劝离;对在岗工作人员的防护情况进行监督,防护措施不到位的及时进行提醒纠正。

2005年10月,昌九高速公路迎来全国干线公路养护管理大检查,信息中心监控迅速联动,要求各分监控室为"迎国检"工作积极配合,相互协助,并严格按照中心对监控工作的要求,加强管理,重点加强对征费工作中的文明服务、劳动纪律、廉政建设、车辆堵塞等情况进行实时监督,实时提醒,取得较好成效。各监控员都严格按照要求对路况信息、车辆堵塞信息随时关注,随时上报,高速公路信息中心在核实信息后及时更换可变情报板信息内容,为过往驾驶员选择行车路线提供服务。

2006年4月,《江西省收费公路载货类汽车计重收费实施方案》出台并公布。信息中心监控部门立即按照统一部署、要求,调动一切资源手段,加强对计重收费的宣传、解释、咨询工作。同月,信息中心监控部门还组织业务骨干在货车集中的洪城大市场设立"计重收费宣传亭"发放传单和小纪念品,对车主进行计重收费宣传,起到良好的宣传效果,江西电视台都市频道的记者对活动进行全程采访和拍摄。同时,由于沿线所站计重收费改造工程已陆续开工建设,受车道施工作业影响,个别车流量较大的所站时有车辆拥堵现象发生,信息中心监控立即启动预案,加强监控报告和信息发布力度,有效缓解过往车辆拥堵现象,提高过往车辆通行速度。

2007年5月8日,昌九高速公路技术改造工程正式进入施工阶段,星子站成为昌九高速公路段九江方向的车流重点地段,保畅通压力较大。信息中心监控部门为积极配合征费部良好开展工作,确保收费工作能够平稳有序地进行,做了大量的工作。首先在大厅设置紧急救援电话,以便接听遇困遇险车主用户的求援电话,及时通知救援,随时掌握救援动态,事后电话回访车主用户;其次完善信息中心信息播报传送功能,通过多种渠道及时将路况信息发布。同时因为技改工程的开展,光缆频繁遭到破坏(共计13次),导致新城至泊水湖路段长期处于无法监控、内线无法联系的状态(持续时间最长的一次是5月17日~5月31日),给监控工作带来极大的影响,劳动纪律趋于混乱。虽然实时监督管理经常长时间地无法有效进行,但中心监控部门仍努力最大限度地做好监控工作。同年9月,昌九高速公路技改顺利完成,困扰多时的各种问题都得到解决,全线恢复正常通车,收费秩序好转。

2008年1月中旬,一场百年不遇的灾害性雨雪冰冻天气侵袭中国南方大部分地区,致使全省高速公路通行受阻。将信息中心大厅设立为值班室,要求信息中心靠前指挥,分块负责,齐心协力,为驾驶员车主服务,保障道路畅通。信息中心立即采取封闭式管理,将信息中心"监控台"变成"信息台"。信息中心监控大厅接入6部路况咨询受理电话,多次连线CCTV新闻频道和省交通信息广播,及时将路况信息反应给厅、局、公司和各大媒体。当月,信息中心共计发布实时路况信息186条,短信路况发布1229条,接听咨询电话6300多个。同时,信息中心监控室还有效监控各所站为受阻驾乘人员提供优质、免费服务情况,将"收费站"变"服务站"。与此同时,信息中心还安排工作人员不定时地了解与督促所辖路段的信息服务、撒盐、除雪等各项保畅工作,为全省高速公路取得抗冰保畅全面胜利起了积极作用。

2009年,昌九信息中心共发布路况信息1000条,通过开通的固话短信业务向各级领导、交通信息台、交警、路政发布路况短信8529条,及时路况网站发布异常紧急路况信息200条;昌樟信息中心共发布各类信息1015条;昌泰信息中心共发布各类信息13058条;九景信息中心共发布各类信息456条。

2010年,昌九信息中心共发布路况信息1258条,通过开通的固话短信业务向各级领导、交通信息台、交警、路政发送路况信息7200余条,及时路况网站发布异常路况信息2450条;昌樟信息中心共发布各类信息1290条;昌泰信息中心共发布各类信息14136条;九景信息中心共发布各类信息877条。

十二、收费稽查

人工收费方式时期,收费稽查的内容分3块:①检查各收费站收费人员工作情况,包括上下班情况、着装情况、文明收费情况等;②检查收费人员的廉洁收费情况,经常不定期地随时封闭收费岗亭,检查收费员的票款,是否存在长、短款情况,或是有无贪污票款行为;③稽查车辆的按章收费情况查处车辆逃缴通行费的行为,重点是查处"买短跑长"车辆。1998年,昌九、昌樟靠近两头小站的票据"回笼率"一度偏低,在80%左右,通过稽查大队配合相关所站收费人员大力查处"买短跑长"车辆,使这些站的票据"回笼率"不断提高,到2000年和2001年,这些站的票据"回笼率"基本都在90%以上,有时有的站达到95%左右,昌九、昌樟全路的票据"回笼率"基本都在98.5%以上。微机收费时期,稽查车辆逃缴通行费的重点就放在"坏卡""丢卡""换卡"以及"以大买小"上。2003年9月,为统一车型判别标准,统一收费标准,稽查大队全力配合收费秩序专项整顿活动。整顿初期,由于不少车主不了解车型判别统一标准的新规定,经常发生不肯按新规定缴费以及堵道等现象,给各所站征收工作的开展带来一定困难,稽查大队的队员们积极深入收费一线,协助收费员做好耐心细致的解释工作,并向车主用户大力宣传新规定、新标准。针对多在夜间通行的大吨位车辆,队员们主动放弃夜间和双休日休息时间,开展连续1个月的夜间稽查。共检查过往车辆近1万辆,挽回通行费损失数万元。联网收费和计重收费以后,收费稽查的重点仍放在各种各样逃费行为上。2008年,稽查大队出重拳严厉打击查处较多的逃费车辆。大队全年还分别在泊水湖、共青、通远、昌西南、南昌北、胡家坊、泰和等所站针对垫钢/木板、冲岗、冲/踩磅、假绿通、长短款、千斤顶、走S形车辆进行整治与查处。一年来，查处假绿通车73辆、假赈灾车7辆、冲岗冲磅U形车等上百辆，挽回通行费损失127000余元。2010年通过封岗亭、现场查验票款等方式，每周对各路段所站进行一次全面监督检查，大队1~8月共检查收费岗亭1279个；在各路段监控、信息中心调阅监控录像资料，对收费员收费工作进行实时动态检查，收费监控时长405小时，现场独立检查绿通车辆1036辆，现场监督收费人员查验绿通车754辆。从2010年9月开始，大队每月按照月工作重点开展内部监督检查工作，重点检查各收费所站违规减免和私放人情车、员工自驾车缴费问题、非正常开口、服务区加油车通行费收缴、收费安全和保畅工作、"绿通车"查验、车货总重超限30%的"绿通车"减免操作，票据作废中的廉政情况、作废程序、工作规范以及废票考评制度落实情况，对货车的轴组变更收费操作情况、"未知"车种车辆从收费站入口超宽道逆向出高速缴费的情况，切实维护高速收费操作廉洁性，推进收费工作程序规范化。为加大工作力度，大队开展联合稽查活动，如与九景路段蔡岭、油墩街所站开展"五菱之光"客车整顿活动，与昌泰公司收费部开展收费整顿秩序活动，与昌泰信息中心对有入口无出口记录的货车开展专项检查，协助相关单位加强收费管理。

十三、堵漏增收

1. 车辆偷逃通行费方式

在人工收费方式下，由于实行"入口收费，出口验票"的收费模式，车辆偷逃通行费的主要方式有：①冲岗，车辆利用挡车杆起落的时间差，后面车辆紧跟前面一辆车冲过收费岗亭，使收费员无法收费或验票，同时也存在少数车直接冲开挡车杆的现象。②买短跑长，车辆在高速公路入口站购买邻近1~2个站出口的通行费，而在更远的出口站驶出高速公路，逃缴多行驶高速公路区间通行费。车辆只缴纳很少的通行费行驶高速公路全程或较远区间的里程。③以大买小，在高速公路入口站购买比该车辆实际类别更低的车辆通行费（货车出示假行驶证，客车则拆除若干座位）以达到少缴通行费的目的。④假冒免费车，一般情况是车辆借用别的车辆的免费证件冒充免费车或制作假的免费证或车牌冒充免费车逃缴通行费，如假行驶证车辆、假军（警）车、假绿色通道车辆等。

实行微机收费后，实行"入口领卡，出口缴费"的收费模式，能较好地杜绝"买短跑长"等人工收费时期常见的偷逃通行费现象。但是"冲岗""以大买小""假冒免费车"等偷逃通行费现象仍然存在，并且还出现新的逃费方式：①换卡，车辆在高速公路中途（主要是在服务区）互换入口领的IC卡，企图分别在对方入口站附近的站出口，只缴纳短距离的通行费。这种逃费车一般是外形相似并使用套牌的车辆。②倒卡，车辆设法多获取一张IC

卡(通常以谎称丢失通行卡或通过非正常出口驶出后留有原来的卡),每次在高速公路出口时不出示本次通行所领取的 IC 卡,而是出示上一次在附近站入口时领取的 IC 卡,这样只需缴纳短距离的通行费(实际行驶超出 IC 卡所显示的里程),通过反复倒卡就能实现反复逃费。③U 形、J 形行驶,U 形行驶车辆是从入口站上高速公路行驶若干里程后,中途掉头,返回入口站驶出高速公路。J 形行驶车辆是从高速公路入口站上高速公路行驶若干里程后,中途掉头返回离入口站不远的附近站驶出高速公路的逃费行为。U 形、J 形行驶车辆除出租车外,主要存在于两车中途换客或换货后采用这种方式逃费。

计重收费后,对货车的收费是根据车辆的车货总重来计算通行费的,除微机收费方式的各种逃费方式外,还存在以下逃费方式:①牵引车和挂车分离逃费。车辆行驶至高速公路出口附近的服务区内,将牵引车和挂车分离后牵引车出高速公路后,再从邻近站上高速公路到服务区将挂车牵引出高速公路,使挂车部分的车货总重只缴纳很短距离的通行费,而逃缴长距离的通行费。②冲磅。车辆前轮即将通过称重的秤台时,加速行驶至车辆后轮即将过秤台时采取紧急制动,使货车后轮所承载的重心前移。这样高速行驶后紧急制动的方式可以极大地减轻通过秤台的车货总重,以达到逃缴通行费的目的。③绕磅。车辆经过称重秤台时不是直行通过,而是使车辆通过秤台时走 S 形通过,使两边车辆不是同时压在秤台上,这样称出的车货总重比实际要轻,从而达到少缴通行费的目的。④垫磅。车辆通过称重秤台时,在一侧垫木板或钢板,使这一侧车轮通过时称出的车货总重比实际装载的要轻许多,达到少缴通行费的目的。⑤加装液压装置。车辆在后轴上加装液压装置,正常行驶中该装置收缩,当后轴即将通过秤台时,驾驶员通过操纵液压装置顶起车辆,使车辆重心前移以减少后轴所承载的重量,达到少缴通行费的目的。⑥改型加轴。车辆在后轴加装不承载重量的虚轴,在车辆行驶过程中,它是不接触地面的,在通过稳重秤台时,驾驶员操纵将其放下,人为增加轴数,使车辆变成公路承载能力认定标准更高的车型,达到多超载少缴通行费的目的。

2. 堵漏增收对策

(1)对冲岗逃费行为的处置:对入口冲岗的车辆,收费人员立即用对讲机将车辆的车牌、车型、颜色等通报给其余各站,密切注意,防止其再次冲岗。对出口冲岗的车辆,收费人员在值班日志中记录其冲岗的时间、车牌、车型等信息,待下次该车再次行驶高速公路时,根据冲岗记录要求该车接受处理后再让其正常驶入高速公路。人工收费时期,由于没有监控等设施,证据不充分,对"冲岗"车辆的查处力度不大;实行微机收费后,对冲岗车辆建立"黑名单"制度,车辆冲岗后,收费人员将车辆冲岗的时间、车牌、车型等信息上传至"黑名单"数据库,系统可查询出其入口站及逃费金额,该车下次上高速公路时,系统会自动报警,显示该车曾为冲岗逃费车,必须接受查处后才能取消该车在"黑名单"数据库中的信息,才能在高速公路上正常行驶。

(2)对"买短跑长"行为的处置:主要根据车辆车牌及车辆缴纳 1~2 站通行费来判断其是否存在"买短跑长"的可能性。对有疑问的收费员应及时通知相应的出口站关注该车在相应的时间是否出站,如未发现,出口站的收费员应用对讲机或电话通知前方各出口站注意对该车的查处。在人员较多的站,还可以派一辆车跟踪有"买短跑长"疑问的车辆,在"买短跑长"车通过应出站未出站的高速公路时,工作人员及时将该车拦下并进行查处。

(3)对"以大买小"行为的处置:主要督促收费人员加强业务学习,熟悉常见车辆的车型类别。对不常见车辆的车型判别,2003 年 9 月前主要是参照《公路汽车征费标准计量手册》(第三册)及修订本判别车型分类;2003 年 9 月至 2004 年 6 月主要参照《关于高速公路收费中统一车型判别的若干意见》(赣高路费字〔2003〕20 号)判别车型;在 2004 年 7 月至 2006 年 6 月主要参照国家发改委公布的《载货类汽车质量参数变更表》判别车型。为方便查询,2006 年 10 月,昌九高速公路庐岛收费所监控室编制了供查询的数据库。

(4)对假冒免费车行为的处置:主要是加强对各种免费车的验证放行工作,及时发现"车牌不符"及"假免费证"两类逃费车进行查处。对"假军车"一般是查验"三证一单",即行驶证、驾驶证、军人证、派车单。对"假绿通车"除查验《绿色通道证》外,重点是仔细查验装载的货物是否符合绿色产品装载规定以及行驶的道路是否为免费范围。

(5)对换卡行为的处置:查处换卡车主要根据入出口的时间与通常行驶时间差来判断,配合车辆信息出入口是否完全一致来判断其是否为换卡逃费车。

(6)对倒卡行为的处置:查处倒卡车,首先系统会显示超时,然后通过收费系统后台路径查询,可发现该车最近一次的入口信息与出口交卡显示的信息不一致(主查要是时间信息),从而判断其是否为倒卡逃费车。

(7)对 U 形、J 形行驶行为的处置:U 形行驶车辆因入出口都是同一站,系统会自动提示。J 形行驶车大多会显示该车超时,但一般不易判别(如车辆在服务区修理或休息等情况),容易判别的是收费员注意到车辆下高速公路的方向与车辆入口的方向不一致时,可以断定是 J 形行驶车辆。对入出口固定几乎都超时的车辆就必须重点调查取证后,才可能断定该车是否为 J 形行驶逃费车。

(8)对牵引车和挂车分离行为的处置:牵引车在高速公路出口收费系统会提示出入口车型不一致,此时可通过后台查阅入口图像,即可判定该车是否为此类逃费车。

(9)对冲磅行为的处置:对冲磅车,可根据车辆通过称重秤台时明显不是匀速通过,再发现车货总重与车型(或货物类别)存在偏轻的情况,收费人员可要求其在工作人员的监督下重新匀速过磅。

(10)对绕磅行为的处置:绕磅车也是很明显的,对策与冲磅情形类似,但这种情况在夜间不易觉察。

（11）对垫磅行为的处置：通常在车辆过磅前在车辆的一侧垫钢板或木板，此种情形多发生在夜间。因此对垫磅车，一是加强出口区域现场管理，发现闲杂人员立即劝离；二是对重量偏轻的车辆，在工作人员的监督下可要求其重新称重。

（12）对加装液压装置行为的处置：发现车辆后轴通过称重时，车身有明显起落且重量偏轻的情况时，可要求车辆在工作人员的监督下重新称重。

（13）对改型加轴行为的处置：检查该车行驶证，按行驶证轴数认定；通过手测车胎温度的方法来认定，只在通过秤台才放下的轴，其车胎温度明显比其他轮胎低；通过目测观察其虚轴的安装是否规范来推断。

十四、收费文明服务

1. 服务规范

省高管局始终立足服务开展收费工作，从管理部门到各路段单位再到收费所站，都在增强服务意识，转变服务观念，强化服务措施，打造服务品牌，从服务质量、服务手段、服务内容、服务态度、服务环境等方面入手，不断提高收费工作优质文明服务水平。省高管局下属子公司赣粤公司成立时，统一各单位文明服务工作尺度标准，要求收费员对车主使用两句以上文明用语，即问候语和告别语。在着装方面，佩戴统一样式肩牌、肩章，统一使用红领章。正确安置监督牌、佩挂服务牌，要求收费站环境绿化、美化，通过擦亮窗口形象，不断提升文明服务质量。制定文明服务登记卡，按照文明服务"八项要求"（文明用语、着装整齐、正确安置监督牌、保证车道畅通、启闭杆使用正常、环境卫生整洁、依法按章征费）进行检查，对收费员进行严格的岗位培训和军事化训练，做到动作军事化，行为规范化，列队上下岗，动作规范，步调有序。

2000年，省高管局下属子公司赣粤公司统一部署并制定《费收目标管理责任书》，对文明服务提出5点要求，提出"三优"（优质服务、优良秩序、优美环境）、"五化"（工作程序化、服务规范化、管理科学化、分配合理化、行动军事化）的标准，要求全体收费员全年无车主用户反映乱收费或不文明收费事件发生。2001年，把收费员工队伍综合素质建设作为大事来抓。每年在千分制考核的基础上实行"岗位练兵"和"收费标兵"的考评，并改革"星级收费员"考评，以创造示范岗位能手、班组、岗位为切入点，积极推行"星级收费员"考评制度，实行星级能上能下，大练收费员的基本功，提高收费技能，增强整体队伍的服务素质和业务水平，保证车辆行驶快速通行，减少车主在收费站出入口排队等待时间。2003年，根据收费工作会议精神，统一思想，统一认识，在对外窗口形象规划中，完善收费工作思路，加大各项工作考核，不断提高全所收费员的业务水平，工作责任心及文明服务意识，变被动收费为主动收费，牢固树立"人人有责任，个个是形象"的整体意识。2004年，以抓"文明用语、微笑服务"为着力点，把文明服务渗透在收费工作的全过程，以一声声问候与祝福、一张张笑脸,构成江西高速一个个精彩的专题场景,把每收好一次费、每服务一位车主驾驶员、每规范一次收费管理,作为员工的高度责任、作为一种自觉行为、一种积累和营造和谐发展氛围的精神来塑造,打造示范窗口,提升品牌服务。要求收费员做到车来有笑脸、车走有问候,倡导微笑服务、文明服务成为大家的一种自觉行为,营造一个人人树立精品意识、个个维护窗口形象的良好收费环境。2006年,省高管局下属子公司赣粤公司出台《江西赣粤高速公路股份有限公司文明服务量化实施细则》(赣粤高速费字〔2006〕4号)规定,细化文明收费、热情服务要求,要求收费员在收发卡过程中,坚持使用微笑服务和规范手势动作,规范使用文明用语、唱收唱付,做到车辆驶入车道时主动将手臂直立行举手礼请驾驶员停车,递卡或给票后随手做送行的手势,做到来有迎声、去有送声。2007年7月起,各收费所(站)推行手语服务。统一制定《收费窗口规范化服务操作手册》及教学光盘,从仪容仪表职业规范、仪态举止职业规范、收费工作流程规范、语言行为规范、承诺服务工作规范5个方面做出具体要求及描述,对文明用语和文明手语进行统一规范,做到服务规范有章可循。同时,构建"三岗三心"服务网(三岗:礼仪服务文明岗、快捷服务收费岗、承诺服务便民岗;三心:救援指挥中心、信息播报传送中心、咨询服务中心),通过创新收费岗亭的多项服务,拓展信息中心的服务功能,不断延伸和扩大高速公路的服务内涵,不断提升高速公路的服务水平,力求实现"人际和谐、通行快捷、环境舒适、秩序良好、方便周到"的人性化服务目标。2007年10月,省高管局在雷公坳收费所召开收费窗口规范化服务现场会,标志着收费文明服务进入一个新的阶段。各收费所领导与收费员签订文明服务承诺书,要求收费工作人员热情接待,礼貌待人,耐心正确地解答有关收费政策、收费标准等问题,准确率达100%。不属于自己职权范围内解决的问题,要加以解释,不得拒之不理,冷嘲热讽。在着装规范上,讲究风纪。在收费期间,统一规范着装,佩带《执收证》和监督牌上岗,仪容仪表整洁规范。为把民主评议行风工作不断引向深入,树立高速公路行业良好窗口形象,提高驾乘人员的满意度,紧紧抓住与驾驶员机车主和社会各界联系最紧密的收费窗口,统一规范文明礼仪的服务动作、语言和流程,并强化监督检查机制,成立督导组,使优质服务工作常抓不懈。设立便民服务箱,组织青年志愿者,为车主用户提供便捷、灵活、温馨的服务。

2. 星级收费站评定

为更好地服务于社会驾乘、职工群众,切实提升收费站综合管理水平的目的,在收费站管理上不断创新,2014年,在下属单位评定内部星级收费站的基础上,省高投集团逐步将星级收费站评定推广到全省高速公路管理工作中。2014年下半年制定并印发了《收费站星级评定办法》,并成立星级评定委员会,负责星级收费站申报受理、评定、复核等组织实施工作。星级收费站评定为各路段收费站创新和星级站创建工作指明方向,所辖路段所站积极参与星级收费站创建。

自《收费站星级评定办法》印发后,各单位对星级收费站评定高度重视,并积极参与申请星级,经审核,参加评定的收费站共计44个。经过察看现场、调看录像、指标分析、民意测评、综合考量等,最终提出评价意见,所有考评全程公开,并摄像存档。经过积极创建、严格评定,到2015年底,省高投集团共评定出17个星级收费站,并进行表彰授牌。具体为五星级收费站2个,分别为鹰潭西站、井冈山站;四星级收费站8个,分别为赣州北站、南昌东站、萍乡站、井冈山机场站、吉安西站、婺源站、昌西南站、吉安北站;三星级收费站7个,分别为泰和北站、赣湘界睦村站、梅棠站、赣州西站、瑞洪站、昌北站、彭泽站。星级收费站创建考评工作,直接推动收费站管理,改善收费站内外环境,为高速公路所站内部管理提供了很多的宝贵经验,树立行业新形象。

3. 星级收费员评定

1994年省高管局制定星级收费员的评定办法,目的是为充分调动收费人员的工作积极性,增强责任感,促进收费文明服务。该评定方法是根据收费员从事收费工作的年限、政治业务考试成绩、收费员平时(德、能、勤、绩)的评定成绩3个方面的情况,分别制定一星级、二星级、三星级收费员的评定标准。省高管局下属单位赣粤公司沿用这种方法,每1~2个年度评定一次。2002年以后,对评定的星级的方法与星级津贴标准做出相应改进。2002年起把星级提高到五星级,星级收费员的津贴定为一星级20元/月、二星级40元/月、三星级60元/月、四星级80元/月、五星级100元/月;2004年5月起,执行星级收费员的津贴为一星级20元/月、二星级50元/月、三星级90元/月、四星级140元/月、五星级200元/月;2008年1月起,执行星级收费员的津贴为一星级30元/月、二星级60元/月、三星级100元/月、四星级160元/月、五星级300元/月。2005年之前,星级收费员评定工作由各路段自行组织考试评定。2005年开始,收费员星级考评工作实行分级管理,一、二星级考评由基层收费(管理)所组织和评定,三、四星级考评工作由各路段管理处组织评定,五星级评定由省高管局组织,相关部门、各路段管理处共同派员组成联审小组评定。星级收费员的星级是浮动的,可以上升,也可以下降,取决于收费员的综合素质和平时各方面的表现。

第二节　高速公路联网管理

一、联网管理机构

2002年5月,经江西省编委批准成立,江西省高速公路联网管理中心(以下简称"省联网中心")正式成立,为省交通厅直属自收自支事业单位,具有独立法人资格,是一个集通信中心、收费中心、监控中心为一体的全省高速公路联网管理机构,主要负责全省高速公路联网收费管理工作,包括联网收费的实时管理、通行费的拆分和清算划拨,协调各方事务,收费卡、票的制作、管理,骨干网的建设、维护和管理,收费软件的维护、升级改造和管理,全省监控数据的整理、分析,相关信息的采集、处理与发布等业务。省联网中心的成立,标志着江西高速公路联网管理工作的开始。江西省高速公路联网管理中心受省交通运输厅委托,应用通信、收费和监控三大系统,实施全省高速公路联网管理,倾力服务于全省高速公路联网各单位,服务于在高速公路上通行的广大驾乘人员。

二、联网管理

按照"统一规划、一次设计、分期实施、逐步联网"的建设思路和"统一网管、统一软件、统一IC卡、统一票据"的要求。2004年6月30日,仅仅用了3年时间,江西省"走"完了技术标准的制定、机构设置、项目总体方案设计、初步设计(包括工可报告编制)、工程监理和工程施工单位招标、项目实施的全过程,同时项目建设只用了7个月,仅投资3000多万元,就一次性实现了全省8条1000km高速公路联网收费,成为全国第五个一次性实现全省联网的省份,随后做到了路通网联。

联网管理模式形成后,高速公路建设和经营管理模式由各路独立的收费管理形式转变为全省统一的联网收费管理形式,即形成了"省联网中心—路段分中心—收费站"的三级管理模式,实现了"四个统一",即统一政策、统一标准、统一规范、统一操作。管理模式的统一,使全省高速公路联网收费工作开展得更加顺利。

三、联网管理发展历程

自2004年6月实现全省高速公路联网以来,江西联网管理走过了大大小小的历程,在一个个历史性成绩的推动下,取得了显著的成绩,为江西高速公路的发展书写了浓墨重彩的一笔。

2006年7月1日,江西省高速公路计重收费系统正式开通运行,标志着江西省成为全国第四个一次性实行全省高速公路计重收费的省份。实施计重收费是高速公路车辆通行费征收模式的改革与创新,有利于改革现有货车按车型收费存在的不合理性,有利于形成遏制超限运输的长效经济手段,有利于确保公路通行费收足收好、应收不漏,有利于规范运输行为、完善运输市场、推动汽车产业发展。

2006年11月,建成开通了江西省高速公路车牌路径识别系统,第一个路径识别点在南昌环线高速公路(昌樟路K20+000)建成。2007年1月16日,江西省高速公路路径识别系统正式运行,标志着江西成为全国第一个采用车牌识别法解决联网收费路径识别的省份。

2007年12月29日,举办江西省高速公路非现金支付和不停车收费项目开通仪式,全省实现了非现金缴费和部分高速公路不停车(ETC)收费,成为继广东之后全国第二个开通ETC收费的省份。

2009年5月11日,经省编办批准,江西省高速公路联网管理中心在11个设区市设立分中心,为正科级自收自支事业单位。同年8月8日,11个分中心共20个客服网点正式挂牌运行。这标志着江西省高速公路联网管理中心三级内部管理体系的形成,全省高速公路服务体系更加完善。

2010年7月28日,沪苏皖赣高速公路电子不停车收费系统联网签字仪式在南昌举行,四省市ETC系统联网对接成功,标志着长三角区域沪苏皖赣四省市交通无缝对接和一体化进程的顺利推进。

为满足联网运营管理需要,2010年省交通运输厅投入1352.6万元升级改造高速公路骨干通信网及建设联网收费备份链路项目,同年8月完成了升级改造任务。同时,江西省采用3G无线接入方式构建了联网收费备份链路,并要求在建高速公路按统一技术要求自行配置3G路由器。高速公路联网收费备份链路的建设,对省内联网收费结算、跨省ETC联网、系统远程应急维护具有非常重要的意义。

为更好地做好全省高速公路联网管理工作,根据省交通运输厅部署,2012年3月29日,江西省高速公路联网管理委员会正式成立,管委会由省厅分管领导、相关处室负责人、各高速公路主管单位及省联网中心主要领导组成。管委会根据实际情况,每年不定期召开会议,研究全路网联网管理工作。

2012年8月,江西省高速公路联网管理中心"赣通卡"商标获得了国家工商管理总局商标局签发7个类别的商标注册证,这标志着"赣通卡"商标正式获得了国家法律层面上的承认和保护。获得商标注册证将有利于进一步巩固和推广"赣通卡"业务,加强"赣通卡"品牌建设,保护自主知识产权。

根据交通运输部《关于印发全国高速公路信息通信系统联网工程总体建设方案的通知》(交规划发〔2011〕740号),为满足部省间信息的传输需求,实现全国高速公路光纤通信干线网络的联网,根据交通运输部要求,2012年,江西投入1468万元,建设了全国高速公路信息通信系统联网工程(江西段)项目。

江西作为军车使用ETC通行试点省份之一,自2012年12月启动项目,历时6个多月,完成了方案制订、军车OBU和CPU卡测试、系统软硬件改造、系统测试以及人员培训等工作。根据交通运输部办公厅《关于军车使用ETC试运行的通知》要求,自2013年7月1日起,我省军车使用ETC顺利实现试运行。我省军车使用ETC后,进一步提高了收费站通行能力,有效防范假冒军车、进一步维护了高速公路良好运行秩序。

2013年,根据《江西省高速公路电子收费自助服务系统建设方案》,由省联网中心负

第五章
高速公路运营管理

责,采取与银行合作的模式,完成了江西省高速公路电子收费自助服务系统建设,在全省11条车流量较大的高速公路上开通了第一期21对服务区42套赣通卡自助服务终端,成为全国第三个实现在高速公路服务区开通电子收费自助服务系统的省份,实现了不出高速公路即可完成对赣通卡的充值、转账、查询等业务。电子收费自助服务系统的开通,是方便车主快捷充值、查询的有效措施,是促进ETC快速发展、提高高速公路通行效率的重要载体,也是适应公路网络化管理趋势、发挥公路网整体效益和提升服务水平的现实需要。

准时加入了全国ETC联网。交通运输部将江西省列入第一批全国ETC联网范围,省厅领导高度重视,朱希厅长、王爱和副厅长、王昭春副厅长对ETC工作分别做了重要指示。省厅高位推动,各联网单位积极落实。2014年12月26日,交通运输部召开电视电话会议,宣布全国14个省市高速公路电子不停车收费(ETC)联网正式开通,江西省是首批加入全国ETC联网的14个省市之一。江西省ETC已顺利与北京、天津、河北、山西、辽宁、上海、江苏、浙江、安徽、福建、山东、湖南、陕西13省市联网运行,标志着我省持有赣通卡的车辆从现在开始可以畅行14个省市的高速公路。

2014年10月,省厅首次联合公安、军队、武警,创新开展了通行秩序专项治理活动,车辆通行秩序明显好转,堵漏增收效果成效显著,联勤联动机制初步建立,联网稽查手段逐步增强。省联网中心联合8家联网单位开展了两次联合稽查,进一步纠正了各类不规范的操作。堵漏征收效果明显,全省打击偷逃漏费车辆18237辆次,追缴通行费1068.58万元,追缴金额同比增长25.8%,维护了高速公路收费秩序。

2015年底,累计建成618条,覆盖率98.6%,主线站覆盖率100%,打通与江西相邻省份的24个省界收费站ETC车道,圆满完成全国29省市ETC联网。全省高速公路赣通卡用户突破100万,新增赣通卡用户75万,比2014年及以前累计用户增加3倍,增长300%。新增各类服务终端700多个,累计1000多个,服务终端遍布全省。

全力以赴确保在建高速公路包括南昌至宁都、金溪至抚州、南昌至上栗、寻全高速公路寻乌至安远段、昌樟"四改八"、昌九改扩建通远试验段6个项目668km高速公路的骨干通信网建设、联网收费软件安装调试、卡票发放等工作,确保了新路顺利入网收费。全省高速公路联网里程达到5088km。

2016年,全省高速公路通行费征收跨越式发展,增长率为10.3%;赣通卡用户呈爆发式增长,用户总量突破152万,较2015年增长50%以上;堵漏征收工作成效显著,全年查处逃费车辆12136辆;信息接报及发布及时高效,全年共接报路况信息7620多条,通过江西交通微博发布信息近两万条、通过公众出行网发布近8000条;政务信息公开扎实有力,配合省厅发布信息6300多条,制作视频25个,开展在线访谈3期,报送全国交通信息联播内容达1200多条;"智慧交通"建设初见成效,包括外场监控资源管理子系统、交通运行监测与动态分析子系统、路网运行预测预警子系统、交通诱导与信息发布管理子系统、路网运行综合分析子系统、对部数据报送子系统在内的六大子系统路网监控总平台建设初步完成。

第三节 高速公路经营管理

一、高速公路管理

2009年,省高速公路投资集团加大了高速公路管理力度。从转变服务区管理方式入手,努力建设群众满意的高速公路服务区。为进一步推进全省高速公路服务区经营管理工作,在前期整治工作的基础上,2008年12月至2009年2月,省厅开展了高速公路服务区"规范经营行为,提升服务形象"整治推进活动,通过理顺管理体制,转换经营机制,由"以包代管"模式向以自营为主、多种经营形式为辅的管理模式转型,规范经营行为,提升服务形象,努力建设"服务规范、设施先进、环境优美、群众满意"的服务区。在整治推进活动中,各高速公路管理单位将环境卫生作为整治工作重点来抓,严格按照保洁、保通、保绿、保亮、保安、保形象"六保"要求进行专项整治,全省高速公路服务区环境卫生脏、乱、差问题得到了较大程度改观,社会形象有明显提高。针对早期建设的服务区存在整体规划布局不合理,硬件设施标准偏低,设施设备不完善等问题,各单位通过对硬件设施改建、修复,进一步优化、美化、亮化功能设施,为驾乘人员提供了一个功能齐全、设施先进、环境优美的服务区。各高速公路管理单位根据《江西省高速公路服务区管理规范》,结合本单位实际,积极探索提高服务区经营管理水平的新路子,以行业监管为手段,建立以安全便捷、卫生整洁、环境舒适、服务优质为目标的管理机制,完善服务标准,丰富经营品种,营造市场氛围,提高了管理水平。

为彻底打破高速公路服务区"以包代管"的格局,1月20日,成立了江西畅行高速公路服务区开发经营有限公司,逐步在体制上理顺管理关系,在经营管理上进行有益探索和实践。各高速公路管理单位收回服务区管理权,包括市场主导、物业管理、资产维护、日常管理等,建立管理体系,掌握市场主导权,逐步探索适合江西实际的管理模式。6月底把服务区公益性管理权统一收回,落实管理经费,按要求配备足够的人员和办公设施。

在总结2008年全省交通抗击雨雪冰冻灾害工作经验基础上,编制了《江西省高速公路交通突发事件应急处置预案》,明确组织机构,建立四级应急响应机制,对应急处置程序进行了细化,增强可操作性,为全省高效、有序地开展高速公路应急抢险、救灾,提高应急救援队伍快速反应能力提供制度保障。在全省急剧降温出现冰冻天气情况下,厅领导立即指挥启动高速公路交通突发事件应急Ⅳ级预警处置预案,迅速部署行动。由于应对及时,措施有力,交通干部职工上下一心奋力抗击,有效地保障了全省高速公路的安全畅通,并总结出桥坡重点、巧用设备、力保通行、撒盐防冰、铲雪除冰、履带破冰、间隔破冰、车轮消冰等八法"三十二字"高速公路防抗冰雪灾害经验。

为贯彻省委省政府建设生态省的决策,进一步落实"一大四小"的绿化工作部署,推动全省高速公路绿化再上新台阶。从2009年春季开始,全省高速公路绿化工作实现一年基本覆绿,两年提高完善,三年大见成效,使江西高速公路的生态环境得到改善和恢复,步入良性循环的轨道。全省交通运输系统大力实施"一大四小"工程建设,全力打造绿色和谐公路。武吉管理处在全处范围内开展了以栽种果树、绿化美化所站环境为内容的"建设生态路,绿化我家园"主题活动。该处在此次主题活动中共计栽种橘子树、柚子树、桃树、梨树、葡萄树等果树6000余株。景婺黄管理处将绿化工作与把景婺黄高速公路打造成为联系精品景区的高速纽带结合起来,把江湾段打造成为景婺黄高速绿色生态典型亮点,将绿化植被工作与建设生态和谐社会结合起来,着力构建生态和谐社会,以实现景婺黄高速公路作为全国首批"典型示范"高速公路,同时也是典型生态示范公路的目标。

优化高速公路收费、服务区和绿化环境。一是提升收费环境。采取有效应对措施,着力破解"绿通"免费、车辆逃费等工作难题,实现通行费收入增长,集团所属路段通行费全年收入共计71.59亿元,比2009年增长18.38%。融资运营工作成绩显著,集团分两期成功发行了15亿元短期融资债券,赣粤高速公路采用委托贷款方式募集资金10亿元。二是改善服务区环境。集团公司紧紧抓住建设、管理、环卫监管三个关键环节,服务区硬件设施大有改观、服务水平大有提高、环境卫生大有改善。对石钟山、修水、东乡、峡江等7对服务区进行了改扩建,弥补最初规划上的不足。确定"统一管理、统一收费、分项经营"的经营管理思路,构建畅行公司—中心服务区—普通服务区的三级管理模式,研究制定了服务区运营及管理规范性文件,出台了《江西省高速公路服务区规划与设施建设指南(试行)》《江西省高速公路服务区建设管理规范》。三是改善绿化环境。投入2.2亿元全面完成高速公路绿化改造二阶段任务,各路段中分带绿化全部实现防眩功能,边坡、碎落台基本消除露土流土现象,互通、服务区绿化效果取得突破,隧道广场、收费站院内绿化效果全面提升。进一步完善2209km高速公路主线、222个互通立交、16个枢纽互通、116个收费所站、44对服务区的绿化,基本完成了高速公路绿化"一大四小"工作任务,打造一批绿化典型示范路,互通、服务区、所站等典型示范项目,基本实现了有路皆绿、有土皆绿、有坡皆绿。

2010年,省高投集团公司启动基层管理、服务区体制和养护管理三项改革。一是改革基层管理模式。在区域管理改革方面,研究制定《江西高速集团所辖高速公路区域管理规划方案》,按照地域命名、路段完整、半径合理、原机构尽量保留、逐步整合实施等五大原则,计划在全省范围内设立11个区域管理中心,对集团所辖高速公路实施区域管理。2010年,赣州、抚州、宜春、泰和、景德镇、上高等6个管理中心已经到位,运转顺利,剩余的5个中心将结合新路建成通车逐步设立。在大所制改革方面,改变原有一所一站的设置,逐步推行一所多站的管理模式。9月,以鹰瑞、石吉、彭湖等高速公路通车为契机,在赣州、泰和、抚州管理中心全面实施大所制改革,宜春、景德镇、上高等管理中心已全部做好了规划。二是深化服务区体制改革。对目前分属不同主体的各服务区经营性资产进行评估,以股份合作形式分别注入畅行公司,完成该公司的股份制改造,以实现服务区的统一经营管理。三是明晰养护管理体制改革的思路。在多次专题调研的基础上,对养护管理体制改革的总体思路进行了梳理,明确改革的基本方向、核心问题、层级架构和操作方法,正在逐步推行。

抓好养护迎国检、防汛保畅通和迎中博会工作。2010年,全省高速公路迎国检共投入14.95亿元,其中路面整治工程11.86亿元,"四容四貌"整治工程3.09亿元。迎国检各项工作到位,成效显著。首先,路面维修整治成效明显,昌九、昌金、梨温、昌樟、樟吉、泰赣、温沙等1000多公里高速公路的维修改造工作已基本完成。其次,"四容四貌"整治成效显著,抓好路容路貌、所容所貌、站容站貌、区容区貌的整治,打造一批省界5km精品路段,改造一批规范化所站,统一了高速公路收费站的外观和服务区的外部形象。再次,内业资料整理成效显著,完成内业资料编制整理工作,健全五年规范化管理内业资料,补充编制35个管理制度。

提升收费导服务。出台了《鲜活农产品运输绿色通道政策实施细则》,完善绿通车辆查验制度和工作流程;规范车辆通行证办理,打击遏制车辆在匝道掉头行驶等偷逃费行为;做好收费公路专项清理工作,大幅度降低机场高速公路收费标准,提前撤销105国道峡江收费站。大力开展收费岗位大练兵大比武活动,扎实做好收费员星级考评工作,强化了收费队伍的业务素质;大力开展收费窗口服务品牌创建活动,进一步提升鹰西女子收费站、"映山红"等品牌的影响力,全新打造瑞赣路"心悦客家"、昌金路"雷锋班组"、昌樟路"巾帼班"等一批叫得响的品牌。通行更加便捷,实施收费三大系统硬件改造,完成梨温高速公路梨园收费站拓宽改造工程,做好泛珠大会、七城会等重大活动和节假日期间的通行保畅工作。全年集团通行费总额达到78.17亿元,同比增收6.58亿元、增长9.2%,超额完成了收费指标。

改善服务区管理。深化了体制改革,扎实推进服务区资产整合工作,畅行公司股份制改造取得较大进展。完善硬件设施,完成了吉安、上饶服务区的改造工程,推进黎川、婺源以及武吉高速公路沿线服务区的改造,启动龙虎山服务区新建工程的方案设计和征地工作,统一服务区各类设施的Ⅵ标识,进一步完善功能、提升形象。创新经营管理,出台《服务区经营管理规范》等制度,形成统一的标准和流程,通过采取"物管领先、经营跟进"的策略,做到水电设施长期保持完好、环境保洁长期坚持到位、场地绿化长期巩固提升;在全国首推"卖场经营"模式,引入同城同价和区域特色经营理念,引进李先生餐饮、绿滋肴等品牌,实现了社会效益和经济效益的双赢,打造了庐山、峡江、三清山等一批标杆服务区。

创国检全国排名第六的好成绩。在2011年全国干线公路养护与管理大检查中,江西高速公路取得了在全国省、自治区排名第六的好成绩,为全省养护国检实现"力争前十五,确保进步奖"的目标作出了突出贡献。交通运输部检查组给予了高度评价:"江西高速公路的运营管理走在了全国高速公路行业的前列,为高速公路管理探索了新路、总结了经验。"在迎国检中,突出抓好了路况维修整治,继续加大路面整治投入,及时处治低温雨雪和春运后出现的坑槽、沉陷等病害,实现了路面平整舒适、路况水平达优的目标。突出抓好了"四容四貌"整治。对全省高速公路路容路貌、区容区貌、站容站貌、所容所貌持续进行了整治,精心打造了景婺黄、昌金、温沙、梨温、景鹰等省界5km精品路段,完善了沿线交通标志和安全设施;对基层所站、收费广场、服务区进行美化、亮化,使路域环境更加整洁、优美。突出抓好了"一大四小"绿化改造,采取公开招标、合作共建、自行栽种等方式,投入近1.1亿元完成了第三阶段绿化改造任务。

2012年,省高投集团公司紧紧围绕方便公众出行,积极履行公共服务职能,打造了安全畅通、便捷绿色的通行环境,高速公路成为服务百姓的优质通道。突出收费服务品牌。继续深化收费窗口规范化服务,提升服务水平、突出服务特色,鹰两女子收费站、"映山红"等品牌更加深入人心,"向阳花""春风"等新品牌不断涌现。快捷服务赢口碑,全面推行站长带班和预约服务制,在车流量较大的收费站增设复式收费点,实行客、货车分道行驶,确保了收费道口通行方便快捷。开展岗位大练兵、大比武活动,举办收费服务技能大赛,组织文明礼仪培训,推进仪容仪表、手势动作、文明用语的规范化、职业化,展现了富有江西特色的收费服务形象。设立便民服务亭、爱心流动服务车,进一步拓展综合援助、信息咨询、临时休息等服务项目。改善高速公路路况路貌。强化道路养护,优化行车环境.投入4.5亿元,抓好日常养护和预防性养护,重点处治了昌金、泰赣、温沙等路段的路面病害,道路优良率达98%。继续巩固"一大四小"绿化成果,有针对性地开展了绿化补植,对高速公路沿线、互通、隧道广场进行美化、亮化,加强绿化日常管护,打造了景婺黄、昌金、泰井等一批绿色景观带。打造服务区名片。在三年整治的基础上,经过持续改造、提升,服务区面貌进一步改观。启动了投资1.6亿元的龙虎山服务区新建工程,完成了黎川、婺源服务区一期改造工程,实施了武吉、鹰瑞、梨温、景鹰等高速公路16对服务区。做好绿色通道和政府重大活动收费公路保畅通工作。为泛珠三角区域合作与发展论坛、全国第七届城市运动会、景德镇国际陶瓷博览会、赣台经贸合作研讨会、华侨华人赣鄱投资创业洽谈会等重大活动用车提供安全、便捷、免费的通行车道。继续支持国家关于鲜活农产品运输车辆高速公路免费通行的有关规定。2012年中秋、国庆假日期间,积极组织,狠抓落实,较好地完成了全省2012年中秋、国庆假日免收小型客车通行费工作。9月30日零时至10月7日24时,全省高速公路车流量417.56万辆,其中小型客车车流量353.51万辆,同比增143.2%,小型客车免费额19769.27万元;普通收费公路车流量112.11万辆,其中小型客车车流量85.63万辆,同比增171.9%,小型客车免费额1045.79万元,全省收费公路未发生重大伤亡事故,未出现大面积拥堵。调整高速公路收费标准。为筹集取消普通公路收费省级补助资金和农村公路建设资金,经省人民政府批准,江西省分别于2012年7月1日和2013年4月1日调整了高速公路通行费收费标准。有效缓解了相关资金紧张的局面。积极开展"地域义化、特色经营"活动,打造了一批以红色文化、瓷文化等为主题的特色服务区;全面推行"同城同价"经营理念,引入了李先生餐饮、江南小厨、五芳斋等一批知名品牌,提升了效益,年营业额突破2亿元。以开展"百姓满意服务区"评选活动为契机,加大便民、惠民力度,设立驾乘人员休息室,免费提供常备药品、路况查询、旅游指南等服务。

坚持以人为本、关注民生,全力夯实基层基础,着力优化内部管理,大力弘扬文明新风,创造和谐稳定的大好局丽,助推江西高速的持续发展。搞好基层单位基础建设。结合奉铜、赣崇等新路的开通,优化区域管理格局,深化大所制改革,与原管理模式相比,全年少设置6个路段机构、16个所级机构,降低运营成本,提高管理效率。所站环境更美了。继续深化所站规范化建设,投入2500万元,进一步改善所站办公条件、生活环境、文体设施。推进部分路段单位基地建设,深化子公司薪酬管理体系改革。强化企业内容管理。一是内部管理规范有序。进一步健全管控体系,推进以职代会、企务公开为重点的民主管理,完善公司法人治理结构,抓好子公司"三会"管理和经营业绩考核,规范法律事务处理流程;进一步推动信息化建设,推广应用人力资源信息系统,启动OA办公系统升级和视频会议系统建设,推进养护数据中心建设。二是安全应急扎实有效。开展"安全生产月"活动,做好安全隐患排查整治,全年处置安全隐患238处,进一步夯实了安全基础,保障党的十八大等重要时期的安全稳定;推进应急储备基地建设,新建一万多平方米储备仓库,购置1100多台(套)机械设备、2000多吨融雪材料,各类应急物资储备总量达到一万多吨,12个应急基地初具规模,进一步提升应急水平。营造文明和谐氛围。制定《企业文化建设实施纲要》,深入推进义化建设和宣贯活动,集团被评为全省企业义化建设示范单位;结合迎接党的十八大、高速公路突破4000km等主题,组织"感知江西高速"系列采访宣传,开展了摄影比赛、运动会等文体活动,并在全同、全省多项比赛中获得佳绩。广泛开展文明单位、青年文明号等创建活动。集团总部及44个下属单位成功创建省级文明单位,全年荣获省部级以上荣誉80余项、省直(市厅)级荣誉200余项。组织廉政文化"进机关、进基层、进工地"巡展巡播活动,完善风险岗位廉能管理机制,推进工程建设领域突出问题专项治理。

第五章
高速公路运营管理

2013年,省高速公路收费部门一是提高了通行速度。落实站长带班制、预约服务制,建立了一套分流疏导、快速放行和灵活处置特殊情况的应急管理机制,试点使用自动发卡机、辐射成像"绿通"查验设备等,道口通行更加高效快捷。二是推进了品牌创建。深化收费窗口规范化服务,在落实"三个服务""五个统一"的基础上,组织收费员星级考评,推广星级收费站创建,推动收费服务品牌创建,新推出了"幸福昌铜"、"金庐陵"、江湾女子礼仪班等服务品牌。三是丰富了便民举措。通过发放宣传手册、提供路网信息等引导举措,推出积分送礼、免费救援、特约消费优惠等VIP服务,进一步满足了驾乘需求。

服务区运营更加优质。环境进一步完善。着力抓好硬件设施日常维护,完成了总投资约1.6亿元的龙虎山服务区改址新建,推进了遂川、临川等7对服务区改建、改造工作。效益进一步提升。推广地方"土餐饮"文化、打造农特产品批发市场等,推进多元化、连锁化经营,全年实现营业收入2.25亿元,利润超过3000万元。深入开展"百姓满意服务区"创评活动,立足驾乘多层次、个性化需求,设立医疗救助站、驾乘休息室,试点推行畅行卡,推出修理工具箱、夏季免费淋浴等便民服务。

2014年,省高投集团公司着力提升"三个环境"。①打造优质优美的行车环境。一是道路养护扎实有效。围绕2015年迎"国检",科学制订养护计划和专项整治方案,启动了一批高速公路大中修、专项整治工程,全年累计完成投资近20亿元,完成总工程量的50%,泰赣、昌金、温沙等路面维修工程已基本完成,昌泰技改、梨温改造等专项工程也在积极推进,实现施工通行两不误;制定路容路貌整治标准,在昌金、景婺黄等路段精心打造标准路段,取得明显的示范作用。二是安全应急保障有效。结合"安全生产月"活动,针对重大节假日免费通行保障、养护施工等,开展5次安全生产督查,共排查各类隐患1050处,治理完成866处;累计投入8000多万元,对路段隧道病害缺陷、机电系统等进行改造,对临川、七里岗服务区出入口道路进行整治,消除了安全隐患;推动11个应急储备基地建设,成立隧道应急救援中心,在景鹰高速公路焦家岭隧道开展大型隧道应急演练,建立应急保障队伍12支,管理人员和应急队员达2245人。②打造便捷便民的收费环境。一是抓好规范化管理。严格落实收费站长带班制,加强收费人员业务技能培训,建立收费员星级考评管理平台,制定下发《收费站星级评定管理办法》,率先在泰和中心启动了星级收费站创建。二是突出人性化服务。在收费站设置便民服务台,提供常备药品、简易汽修、便民工具等,建立爱心服务站、VIP客户服务室等,利用微博、微信等新媒体为驾乘提供便捷出行服务;全面启动计重设备"动改静"项目,完成147条ETC车道建设,ETC收费实现全覆盖,自动发卡机车道改造有序推进,在已开通和新通车路段改造、安装56台,进一步提升了道口通行效率。三是推动常态化打逃。针对恶意冲岗、假冒绿通等逃费行为,开展"百日打逃"专项活动,对高速公路车辆通行秩序进行专项治理,全年共查处涉逃车辆16609辆,追缴加收金额1362万元,同比增长31%。2014年,在重大节假日及绿通车辆等减免通行费11.76亿元的情况下,集团全年通行费收入达到98.1亿元,同比增长5.22%。③打造舒适舒心的服务区环境。从改造硬件入手,完成了龙虎山服务区新建工程及鹰潭、吉安、石钟山、黎川、婺源等服务区改造工程,积极完善修水、仙女湖、宜丰服务区自来水及污水处理设备,进一步提升了服务区硬件水平。从提升服务入手,深化便民惠民举措,增设无线WiFi、综合信息查询设备、电子收费自助充值服务系统等设施,推出多种平价商品让利于民;开展"百姓满意服务区""星级服务区"创建活动,庐山、吉安、三清山等21对服务区荣获"百姓满意服务区"称号;突出抓好了春运、国庆等重大节假日、特殊时段的服务保障工作,做到全年无重大服务投诉。

2015年,省高投集团公司推行建管体制改革。一是积极推行"建管养"一体的业主模式。为分解项目建设压力,由开发公司、赣粤公司和6个路段单位承担建设任务,组建11个项目办,做到"谁建设、谁管养",避免了建管养分离的弊端。二是积极试点建管模式改革。井睦项目在国内首次成功采用监管一体化和设计施工总承包模式,随着交通运输部深化公路建管体制改革试点工作的启动,集团在都九高速公路都昌至星子段、上饶至万年、宁都至安远等项目中,全国率先试点自管、改进传统监理、"代建+监理一体化"三种建管模式和机电工程设计施工维护总承包、房建工程设计监理一体化两种承发包模式。三是积极推动投资建设体制改革。2015年促成省政府出台《全省公路建设发展和"十三五"规划工作专题会议纪要》,就"深化高速公路建设体制改革"作了明确,按照"谁提出、谁主导"的原则,对路网规划外市县提出需增加的建设项目,按程序报经省政府批复后,由沿线地方政府负责筹资、建设和营运,项目建成后纳入联网收费系统统一管理。

高速公路收费是省高投集团的主营业务。从最初的昌九高速公路15个收费站与银三角互通立交桥2个收费站起步,随着高速公路发展壮大,至2015年底收费站点增至245个。高速公路通行费也从1993年的3223万元到2015年的1036879万元。收费方式由初期的人工收费逐步升级,经历微机收费、联网收费、计重收费及ETC不停车收费4次大的变革。省高投集团的收费管理顺应收费工作的发展需要,从粗放式管理逐步向规范化、精细化管理迈进,在收费管理中不断创新工作方法、提高窗口服务水平、打造服务品牌,确保收费业绩持续稳定攀升,江西高速形象不断提升。

二、高速公路经营

省高投集团主要经营业务除高速公路投资、建设、经营、管理外,还涉足、服务区经营、广告传媒、房地开发、能源开发、酒店旅游、监理咨询、工程施工、核电投资等领域。

(一)服务区经营

从2008年开始,全省对高速公路服务区通过新建和改扩建的形式进行集中整治,服务区功能配套、外观形象发生翻天覆地变化。2009年,省高投集团通过调整管理模式,明确产权归属,将过去服务区由路段分散管理模式改为由3家单位集中经营管理模式,分别由江西畅行高速公路服务区开发经营有限公司经营管理47对服务区、江西恒辉物业有限责任公司经营管理11对服务区、赣粤高速服务区管理中心经营管理12对服务区。同时,通过不断引入如李先生、五芳斋粽子、江南小厨、京通汽修等餐饮、汽修以及特色小吃等国内知名品牌,提升全省高速公路服务区的品牌形象。

2012年,省文明办、省交通运输厅联合开展为期3年的"全省百姓满意服务区"创建活动。2013年1月23日,省文明办、省交通运输厅评选出庐山、峡江、三清山、石钟山、鄱阳、宜春、庐山西海、吉安、樟树、彭泽、德兴、月亮湖、万年东、七里岗、会昌、泰和东、新余、广昌18对服务区为2012年度"全省百姓满意服务区"。2014年5月8日,省文明办、省交通运输厅评选出庐山、萍乡、宜春、峡江、新余、三清山、广昌、南城、会昌、南丰、石城、庐山西海、泰和东、南康、吉安、石钟山、赣州南、军山湖、七里岗、万年东、鄱阳、彭泽、德兴23对服务区为2013年度"全省百姓满意服务区"。2015年6月11日,省文明办、省交通运输厅评选出庐山西海、庐山、三清山、吉安、石钟山、新余、宜春、萍乡、广昌、鄱阳、南城、峡江、金溪、宜丰、南康、南丰、景德镇、余江、泰和东、奉新、七里岗、石城、万年东、龙虎山、会昌、军山湖、彭泽、德兴28对服务区为2014年度"全省百姓满意服务区"。全省高速公路服务区服务各项工作取得明显成效,服务环境和消费环明显改善,服务水平明显提高,保障能力明显增强,有效提高了服务区的社会效益和经济效益。

2015年11月,全省积极参与交通运输部组织全国高速公路服务区服务质量等级评定,通过各省专家评选,全省评选出南城、泰和东、庐山、龙虎山和庐山西海5对服务区评为"全国百佳示范服务区",三清山、吉安、奉新、石城、新余、会昌、南丰、吉安西、铜鼓、万年东、彭泽、宜春、德兴、军山湖、鄱阳、峡江、黎川、萍乡、石钟山等19对服务区评为"全国优秀服务区",48对达标服务区和1对达标停车区。

1. 江西畅行高速公路服务区开发经营有限公司

2009年1月16日注册成立,注册资本为2000万元,为省高投集团全资子公司,主要负责经营管理省高投集团直属路段服务区。按照"公司本部—中心服务区—普通服务区"的三级架构管理模式,设有南城、庐山、宜春、泰和东4个中心服务区和42对普通服务区(含1对停车区)。其中,南城中心服务区下辖临川、黎川、南城、金溪、南丰、广昌、崇仁、相山、永丰9对普通服务区;庐山中心服务区下辖庐山、七里岗、泉岭、婺源、婺源北、德兴、景德镇、雷公坳8对普通服务区;宜春中心服务区下辖萍乡、宜春、新余、宜丰、银湾桥、仙女湖、上高、修水、何市9对普通服务区;泰和东中心服务区下辖泰和东、宁都南、遂川、横市、于都、兴国、宁都东、石城、会昌、吉安西、崇义、上犹、泰和、井冈山、永新15对普通服务区和白鹭湖停车区1对。

2. 江西恒辉物业有限责任公司

2002年3月19日注册成立,为江西公路开发总公司所属子公司,公路开发总公司于2004年将所属江西恒辉路业有限责任公司、江西公路开发总公司机关物业公司、江西恒路实业有限责任公司重组合并为江西恒辉物业有限责任公司,注册资金1000万元,主要负责经营管理江西公路开发总公司所管辖的高速公路服务区。至2015年底,经营管理的服务区有11对,主要有沪昆高速公路江西梨温段的东乡、龙虎山、鹰潭、上饶、三清山5对服务区,济广高速公路江西景鹰段的余江、万年、月亮湖3对服务区,德昌高速公路的军山湖、万年东、德兴3对服务区。

3. 赣粤高速服务区管理中心

成立于2010年7月,为江西赣粤高速公路股份有限公司直属单位,主要负责赣粤高速公司所管辖的高速公路服务区,下设9个服务区管理分中心,共经营管理或监管12对服务区,其中:樟吉高速的峡江和吉安服务区、杭瑞高速公路江西九景段的石钟山和鄱阳服务区、彭湖高速公路的彭泽服务区、永武高速公路的庐山西海服务区、昌铜高速公路的奉新和铜鼓服务区,共计8对采用自主经营式;沪昆高速公路江西温厚段的南昌南服务区、沪昆高速公路江西昌樟段的樟树和丰城服务区,共计3对采用监管式;福银高速公路江西昌九段的庐山服务区采用委托经营式。

(二)广告传媒

省高投集团所辖高速公路广告资源主要由江西高速传媒有限公司统一集中经营管理。江西高速传媒有限公司的企业资质为中国一级广告企业,其前身为江西高速广告装饰有限公司,2000年成立,由江西赣粤高速公路股份有限公司和江西高速实业有限公司出资组建,注册资本600万元。2011年,省高投集团将旗下全部广告资源进行整合,并对江西高速广告装饰有限公司增资扩股,增加省高投集团、公路开发总公司2家股东,使江西高速传媒有限公司注册资本增加至1600万元,公司更名为江西高速传媒有限公司。2015年,省高投集团成立资产经营公司,并将持有的江西高速传媒有限公司股份划入资产经营公司,使江西高速传媒有限公司作为成为资产经营公司的子公司。

江西高速传媒有限公司拥有省高投集团所管辖的所有已建、待建高速公路广告资源的独家经营权,是省高投集团授权经营管理其所辖高速公路广告的唯一合法单位。媒体资源面积覆盖省内已通车高速公路总里程的90%左右。

(三)地产开发

省高投集团的地产业务主要由江西赣粤高速公路股份有限公司所属子公司江西嘉圆房地产开发有限责任公司和江西公路开发总公司所属子公司江西恒锦地产开发有限公司

组成。

1. 江西嘉圆房地产开发有限责任公司

2001年12月成立,注册资本8000万元,现已开发朝阳嘉园住宅小区、胜利广场、溪霞溪湖园和吉安壹街区等项目,总开发面积达30万m^2。截至2015年底,开发建设的有铜鼓温泉小城镇项目、湾里和谐佳园项目、奉新嘉园二期项目、西海生态旅游巾口项目等。

2. 江西恒锦地产开发有限公司

2012年12月成立,注册资本25800万元。现已完成恒泰花苑项目建设,总建筑面积约17.7万m^2。截至2015年底,在建有九龙湖商业地块项目。

(四)能源开发

省高投集团能源开发业务主要由省高速资产经营有限责任公司负责管理,2014年11月注册成立,为江西省高速集团的全资子公司,注册资本5亿元。公司为省高投集团对外投资和沿路产业投资的重要平台。公司将依托高速公路资源优势,全面介入省内能源市场(油品、LNG、充电桩、光伏、水电等领域)。光伏项目已完成省内高速公路沿线的实地勘察工作,昌东和幽兰收费所站的光伏试点项目已正式发电。

(五)酒店旅游

省高投集团开展酒店旅游业务主要有3家公司:井冈山市景泰酒店管理有限责任公司、江西省景泰酒店管理有限公司、江西景泰国际旅行社有限公司。

1. 井冈山市景泰酒店管理有限责任公司

2008年8月建成开业,由江西昌泰高速公路有限责任公司、江西高速公路投资集团有限责任公司、江西省交通设计研究院有限责任公司共同出资组建。主要经营井冈山景泰酒店,总建筑面积约20000m^2,以井冈山红色文化为依托,成立井冈山革命传统教育基地和金庐陵红色培训基地,通过与井冈山干部学院和江西干部学院等教育培训机构,以红色培训为主题,开拓红色旅游业务。

2. 江西省景泰酒店管理有限公司

2011年5月成立,为江西昌泰高速公路有限责任公司全资子公司,总投资额1.6亿元。依托铜鼓富集生态资源、良好生态品质和高速公路交通枢纽优势,位于宜春市铜鼓县温泉镇。主营业务:①酒店管理;②生态旅游开发。2012年9月,成立江西省景泰酒店管理有限公司九江分公司,投资9500万元购买九江景泰酒店,九江景泰酒店位于庐山西海风景区核心景区,永武高速公路庐山西海服务区内,酒店按四星级酒店标准兴建,集旅游度假、休闲养生、商务会议为一体。

3.江西景泰国际旅行社有限公司

2012年4月17日成立,隶属江西昌泰高速公路有限责任公司,主要承接到井冈山、庐山、婺源、铜鼓温泉、庐山西海等各地考察、观光、会务等旅游业务及全国各地的组团旅游,为游客提供高质量、高标准、高品位旅游服务。经营特色线路包括:铜鼓天柱峰森林氧吧游,庐山西海柘林湖、水世界、桃花溪漂流等乐水游,庐山西海景泰酒店养生游。

(六)监理咨询

省高投集团交通监理咨询业务类单位主要有4家公司:江西交通咨询公司、江西省天驰高速科技发展有限公司、江西省嘉和工程咨询监理有限公司和江西嘉特信工程技术有限公司。

1.江西交通咨询公司

1989年7月成立,前身为江西交通工程监理公司,是一个集公路、水运工程的综合性咨询监理企业,注册资金1200万元,具有公路工程监理甲级、水运工程监理甲级、工程咨询甲级、试验检测乙级、公路工程设计丙级、特殊独立大桥、特殊独立隧道和公路机电监理专项和交通安全设施施工专项等资质,获得对外经营许可权,能承担国内外各种公路水运工程施工监理、咨询、代建、检测和交通安全设施工程施工任务。累计完成1800余公里高速公路、35座特大桥、12座特长隧道、500余公里航道整治、3处水利枢纽和5个大型码头工程的施工监理,完成招标咨询和招标代理业务项目近20个,施工图设计审查项目近30个,重点项目代建5个、可研和项目后评价项目6个。

2.江西省天驰高速科技发展有限公司

天驰公司是省高投集团全资子公司,注册资金1215万元,前身为江西省高等级公路管理局质量监督站(1993年批准设立),2008年事改企后更名为江西省天驰高速科技发展有限公司,主营业务为试验检测、设计、咨询,具有交通运输部综合甲级检测资质、公路设计乙级资质和工程咨询乙级资质。

3.江西省嘉和工程咨询监理有限公司

2003年成立,由江西省高等级公路管理局质量监督站和江西赣粤高速公路股份有限公司共同出资组建,注册资本500万元。2015年底,省高投集团进行股权收购,成为其全资子公司。嘉和公司具有交通运输部公路工程监理甲级资质、公路工程试验检测机构综合类乙级资质、工程咨询丙级资质以及特殊独立特大桥专项资质,是一家专业知识多元化的企业,经营范围包括工程咨询、工程监理、招投标代理、工程施工、试验检测等,并且先后通过质量管理体系认证环境管理体系认证和职业健康安全管理体系认证。

4. 江西嘉特信工程技术有限公司

2004年11月成立,由江西省嘉和工程咨询监理有限公司和北京特希达科技有限公司出资组建,注册资本300万元。2014年12月,成为江西省嘉和工程咨询监理有限公司全资子公司,并将注册资本提升至1080万元。公司拥有建设部结构补强类的特种施工资质,省交通运输厅颁发的一类、二类甲、二类乙、三类甲、三类乙公路养护工程施工资质,以及南昌市技术服务机构资格认定。公司主要从事土木工程结构加固设计与施工、土木工程新材料、新技术的推广与应用,土木工程的监控、检测与咨询以及新建工程设计工作。

(七)工程施工

省高投集团工程施工业务单位主要有2家:江西赣粤高速公路工程有限责任公司和江西恒泰路桥工程有限公司。

1. 江西赣粤高速公路工程有限责任公司

1993年8月成立,注册资本2.19亿元。工程公司拥有国家公路工程施工总承包壹级资质;公路路面工程、路基工程、桥梁工程、隧道工程专业承包壹级资质;市政公用工程施工总承包贰级资质;房建工程施工总承包叁级资质;公路交通工程专业承包交通安全设施施工专项资质;养护工程一类,二类甲、乙,三类甲、乙资质;境外工程承包资质等;并可承担沥青加工业务。工程公司通过质量、环境、健康安全"三合一"管理体系认证,具备年完成产值超15亿元的能力,是集高速公路建设、养护、投融资、材料加工(沥青混凝土冷再生、乳化沥青、改性沥青加工等)、机械设备租赁为一体的现代化综合性企业。自成立以来,承接省内800km高速公路养护;同时先后参加省内大部分重点工程项目建设,主要包括昌九、九景、胡傅、昌泰、泰赣、京福、泰井、瑞赣高速、石吉、昌奉铜、彭湖、德昌、永武、赣崇、德上、井睦、上万、昌宁、昌栗、东昌、都九、安定、铜万、修平等高速公路项目以及九江二桥项目、昌樟高速改扩建项目、南昌市九龙大道等项目,总里程突破800km。

2. 江西恒泰路桥工程有限公司

2003年12月成立,注册资本2.8亿元。公司拥有公路工程施工总承包壹级资质,公路养护一类、二类甲、三类甲级资质,城市园林绿化叁级资质。公司主要从事公路工程、桥梁、市政、建筑工程及信息咨询,机械设备租赁,建筑材料批发零售,房地产开发,城市园林绿化工程,交通安全设施工程,城市及道路照明工程,钢结构工程,桥梁及公路工程试验检测,高速公路养护等业务。

(八)核电投资

2009年,省高投集团下属江西赣粤高速公路股份有限公司与中国核工业集团公司、江西赣能股份有限公司共同投资开发江西万安烟家山核电厂项目达成合作意向,赣粤高速出资比例为24.5%,中核集团为51%,赣能股份为24.5%。2009年10月28日,赣粤高速与中国电力投资集团公司、赣能股份、深圳南山热电股份有限公司共同出资组建江西彭泽核电项目公司达成合作协议,赣粤高速出资比例为20%,中电投55%,赣能股份20%,深南电5%。

江西彭泽核电站规划建设4×125百万千瓦压水堆核电机组,并留有再扩建的可能性。采用一次规划、分期建设方式。一期工程建设规模为2×125百万千瓦核电机组。

万安核电项目规划建设4×125万千瓦AP1000核电机组,一期工程建设2×125万千瓦机组。

2011年3月11日,日本福岛第一核电站发生核事故。福岛事故后,国家有关部门暂停新核电项目的审批。赣粤高速投资的2个核电站目前尚处于等待"路条"阶段。

第六章
高速公路科技创新

自1989年江西高速公路始建后,全省高速公路科技工作始终以现代交通运输事业发展需求为导向,以改革创新为动力,以"科技兴交、科技强交"战略为主线,以创新能力提升、重点项目研发、科技成果推广、标准化建设、现代信息研发与应用为重点,坚持以需求引导、科学统筹、重点突破、全面推进和"四个为主",即实用工程、重点关键技术、解决关键难题、共性技术和基础研究为主的方针和原则,不断加大科技经费投入,强化科技创新能力建设,完善科技管理体制机制,增设省级重点实验室和工程技术研究中心与博士后科研工作站。通过江西交通院校和社会资源,培养和造就一支高素质的科技工作队伍。引导全省交通运输行业干部职工牢固树立"科学技术是第一生产力"的理念,推进交通科技工作迅猛向前发展。

1989—2016年,江西省交通运输厅围绕高速公路建设与桥梁勘察设计、施工、检测、安全生产、公路管养和信息化与标准化建设的关键技术研发、创新及科技成果转化应用,投入专项科研经费2.25亿元,各级交通运输部门安排配套经费2.25亿元,其间,全省交通运输行业还投入交通信息化建设经费1亿多元。2015年,全省重点工程科技项目投入科研经费2036.85万元。2016年,江西省交通运输厅投入科技项目补助经费427万元。据不完全统计,1991—2015年全省确定重点科研项目765个,已通过省交通运输厅技术鉴定的科技成果493个,其中,通过省交通运输厅技术鉴定的高速公路建设科技成果232个。2016年,取得科技成果42个。全省高速公路科技成果中,获得国家科技进步奖的高速公路建设科技创新成果6项,获省科技进步奖59项,获中国公路学会科技进步奖42项,获部省级高速公路优秀设计奖56项,其中,中国公路经典设计奖1项,优秀设计奖14项,并获中国公路优秀设计银奖1项、铜奖3项。此外,尚有一大批获江西省公路学会科技进步奖和一批有关部门颁发的优秀勘察、设计奖的科技项目。研编行业规范、规程和省地方标准与行业标准32项,已由江西省质量技术监督局批准实施。获得国家发明专利、国家实用新型专利、国家专利产品共85项。获得国家颁发的著作权31项,出版发行科技专著13部,为全省交通运输行业转型升级、加快发展,又快又好建设"资源节约型、环境友好型、建设创新型"的"综合交通、智慧交通、绿色交通、平安交通"提供了有力的技术支撑,为加速推进全省创新型交通运输行业建设创造了良好条件,奠定了坚实基础。

第一节　公　路　科　技

公路科技是高速公路科技创新的重中之重。自1989年起,全省结合江西高速公路建设实况,加大科技创新力度,组织科技攻关、技术引进,着力研发新技术、新结构、新材料、新工艺、新产品,并积极做好科技成果转化应用工作。同时,强化行业标准化和信息化建设,集中力量、重点突破影响高速公路建设的发展难题和关键技术。开发一批高速公路建设、管养、安全、环保成套技术,一批科技创新成果达到国内先进水平,有的甚至位居国际前列,为江西交通超常规、跨越式发展做出了积极贡献。

1. 高炉锰铁重矿渣在沥青混凝土面层中的应用

由江西省交通科研所、西安公路学院、新余公路分局共同完成。1992年7月30日,通过江西省交通厅技术鉴定。

该课题对高炉锰铁重矿渣在沥青混凝土面层中的应用从理论分析、经济分析到施工工艺在国内首次进行了全面、系统、深入的研究。主要技术指标:①高炉锰铁重矿渣沥青混合料的配合比试验;②路用性能;③强度形成机理;④施工工艺研究;⑤经济分析。研究成果表明,高炉锰铁重矿渣沥青混凝土具有良好的路用性能,可作为中型交通量的路面面层,并可节约工程投资10%左右;全国各地有许多高炉矿渣,该成果可直接应用于生产中,以新余市为例,仅工程造价一项,每公里路面可节省投资2万元,已铺筑30km的实体工程共节约经费60余万元,还可以节省处理废渣的资金,变废为宝,具有广阔的推广应用前景。

1993年12月,该项科技成果获江西省科技进步奖三等奖。

2. 地区级公路路面维护管理系统

1991年11月27日,由江西省交通科研所、西安公路学院共同研究开发的"地区级公路路面维护管理系统",通过江西省交通厅技术鉴定。

该系统是针对地区级公路管理部门的实际需要而研制的一套路面维修、养护管理系统,具有成果可靠、实用性强、体系完整并符合我国国情的特点,较国内同类型成果具有明显的先进性,部分成果已达国际先进水平。主要技术指标有:①路面监测系统;②路面使用性能的评价模型;③路面使用性能的预测模型;④路面维护管理的决策模型;⑤应用软件JXPMS-91。该成果适用于公路部门及城建部门,经在江西省新余公路分局实际使用表明,仅养护资金使用效益便可提高12%,还可以提高办公效率,它的推广应用已有效缓解公路养护资金需求与投入之间的矛盾,使公路路面的使用性能得到明显的改观。

1993年12月,该项科技成果获江西省科技进步奖三等奖。

3. 利用等高植物篱进行公路边坡防护的研究

2000年10月1日,由上饶公路分局承担和完成的该项研究成果通过江西省交通厅技术鉴定。

等高植物篱是指山丘、坡面上沿等高线按一定的间隔,以线状或条带状密植多年生灌木或草本植物,形成能挡水、挡土的篱笆墙,以达到防治水土流失的目的。该课题组通过对等高植物香根草植物篱的试验,确认其是一种优良的坡地覆盖植物,在公路边坡防护中其特点为:适应性、抗逆性强,对生长要素的要求较低,根系发达、固持土壤,在幼苗期即可有效拦蓄坡面径流,一旦定植成篱后无须特别护理,投资效益高而成本低廉,并能抵御杂草蚕食,耐火、省时、省工、操作方便且不会形成草害。

2002年,该项科研成果获中国公路学会优秀科技奖三等奖。

4. 探地雷达在公路路面工程中的应用和维护

1996年12月,江西省交通科研所承担的科技项目"探地雷达在公路路面工程中的应用和推广"通过江西省交通厅技术鉴定。

该课题针对公路工程线长面广,施工质量难以控制,且传统检测方法(钻孔取芯和挖坑法)不仅有抽测数少、代表性差、费用高、控制速度慢等弊病,且影响因素较多,利用探地雷达技术对公路路面检测具有测点多、代表性好、精度高、检测速度快、费用低、对公路无破坏等优点。

1998年,该项科技成果获江西省科技进步奖三等奖。

5. 高应变检测单桩承载力的推广应用

1995年6月,江西省交通科研所承担的科技项目"高应变检测单桩承载力的推广应用",主要内容是:①改进承载力的计算方法;②设计一套全新的锤击系统;③总结现场检测的操作要点和技术要求。该成果与静载试验相比,具有方便、经济、快捷等优点,为交通工程中桩基承载力的确定提供了科学的经济实用手段。该课题研究中采用的击震装置达到了国内先进水平。

1996年12月,该项科技成果通过江西省交通厅技术鉴定。1997年,获江西省科技进步奖三等奖。

6. 探地雷达水平静校及界面自动追踪技术开发与应用

1996年4月,江西省交通科研所承担并完成的该科技项目,针对该系统原有数据处理与分析的不足,将改进的探地雷达技术与中国的高等级公路路面质量检测与验收工程任务相结合,开发出公路路面铺砌层厚度检测中雷达扫描记录的静校、铺砌层追踪自动计算软件以及其他后处理软件,并在实际工程检测中应用成功。该项科技成果在全国高等级公路路面铺砌层厚度检测的后处理软件的改进与创新方面达到国内领先水平,部分功能达国际先进水平。

1997年4月,该项科技成果通过江西省交通厅技术鉴定,1998年江西获省科技进步奖三等奖。

7. 江西省公路局推广应用"中国干线公路沥青路面管理系统(CPMS)"

该项目是国家"八五"期间重点新科技推广项目。江西被列为全国第一批第二类推广省份。

1992年开始,江西省公路局在全省干线公路沥青路面的养护管理中推广应用CPMS,从点到面分三步实施CPMS工作。到1995年,已在全省国、省道沥青路面养护管理中全面推广应用。4年累计收集1.2万km的国、省道沥青路面破损度、平整度和强度的数据,完成大量的系统模型修整工作,举办培训班15期,培训推广技术人员280人次,连续4年提出油路养护咨询报告。已基本建立一个由专职技术人员利用计算机、高效路面检测设备和CPMS,定期对全省或地、市路网进行检测、评价、预测和辅助决策的工作体系。

1995年12月,江西省CPMS推广应用工作通过验收,是全国第三个完成CPMS验收工作的省份。1997年获江西省科技进步奖三等奖。

8. 公路水泥混凝土路面滑模施工技术应用

2001年4月23日,赣州公路分局博达公路有限公司组织实施的科技项目"公路水泥混凝土路面滑模施工技术应用"通过江西省交通厅技术鉴定。

公路水泥混凝土路面滑模施工技术是发达国家高等级公路施工中广泛应用的一项先进工艺。该工艺从水泥混凝土材料配合比、拌和到路面铺筑实行机械自动化连续作业,铺筑的水泥混凝土路面具有平整度好、强度高、抗滑能力强等特点。2000年,赣州公路分局引进该项设备,用于323国道瑞金至江口段水泥混凝土路面的施工,指定赣州博达公路有限公司承担该项目研究任务。通过课题组在323国道路面的施工应用研究,取得了显著的成果。

经交通部公路科研所、江西省交通厅、江西省公路局、武汉理工大学联合成立的专家鉴定委员会评审认为,水泥混凝土路面滑模施工应用研究项目成功解决了山区公路小半径大于或等于1.40m及纵度小于或等于8%的大超高公路段水泥混凝土路面摊铺的技术问题,在国内水泥混凝土路面滑模施工工艺方面位居领先水平。

9. 九景高速公路建设应用高新技术施工

1999年,建设中的总长3799m的湖口大桥与总长为3260m的雁列山隧道,时为江西公路最长的桥梁和隧道,也是九景高速公路的控制工程,施工中采用高新技术,攻坚克难。

交通部第二公路工程局引进中煤特殊凿井公司技术,采用冻结法成功灌注湖口大桥东塔桩基,不仅填补了国内桥梁水下基础用冻结法施工的空白,而且经济效益和社会效益明显。1999年2月,此项技术通过专家组技术鉴定。中航二局施工的湖口大桥西塔直径为5m的钻孔桩基,孔径时为国内之最。中铁大桥工程局五处项目经理部用冲击钻及循环方法完成了60多米深、2.2m直径的桩基施工,从而修正了大学教科书中关于"深于50m以上的大孔径不宜使用冲击钻施工"的论断。

新技术的推广运用,使九景高速公路桥隧施工质量大幅提升。湖口大桥及雁列山隧道均确保了轴线、几何尺寸的准确,构造物的混凝土强度、路基土石方的压实度等均达到或超过规范要求,浆砌工程工艺讲究,外表美观。

10. 预应力混凝土连续刚构施工控制

2003年2月11日,江西省公路局科研设计所承担和完成的江西省交通重点科学技术项目"预应力混凝土连续刚构施工控制"通过江西省交通厅科技鉴定委员会鉴定。与会专家认为,该套技术概念明确、简单易行,便于推广应用,达到省内领先水平。

该课题主要结合万年县石镇大桥主孔2×75m的连续刚构悬臂施工控制进行研究分析,提出施工控制设计方案和建立完善施工控制系数,实施中主要对线形进行控制,采用前进分析法进行结构计算,采用最小二乘法进行参数估计和调优。通过对连续刚构悬臂施工控制的研究,并将研究成果应用于背景工程——石镇大桥施工,在不增加工程经费的情况下,使合龙后箱梁各截面顶面高程误差最大不超过3cm(规范规定5cm),合龙口最大误差1.2cm(规范规定3cm),满足了工程需要。这次施工控制为江西公路桥梁第一次对大跨度连续梁刚构悬臂施工进行专项控制和研究,为省内类似体系桥梁的施工控制积累了科学资料和经验,产生的经济效益和社会效益良好。

11. 高速路政网络集成管理系统

2004年3月20日,江西省交通厅组织6名专家对江西省高等级公路管理局承担的"江西高速路政网络集成管理系统"科研项目进行鉴定。与会专家听取了该系统的技术研究报告,审查了相关资料,通过质询、答疑、认真讨论,认为该系统具备了科技成果鉴定条件,一致同意通过鉴定。

该系统研发立足路政工作实际,经过严格的研发测试、试运行,并在试点单位稳定应用,对试点单位规范执法、提升效率、树立社会形象等方面有显著成效,达到了系统设计要求。

鉴定委员会一致认为,该系统在技术上有创新。该系统与国内同类系统相比,在GIS技术运用、路线多媒体控制技术及业务系统综合集成方面特点突出,系统方案设计合理,采用技术手段先进,实际运用成效显著,系统的总体技术在国内同类系统中达到了领先水平,具有较大的推广应用价值。

12. 全省道路施工成功应用温拌沥青技术(WMA)

2008年7月4日,在武吉高速公路九岭山隧道路段进行温拌沥青技术(WMA)首次应用并取得成功。

温拌沥青混合料较热拌沥青混合料在不改变施工方法达到同样路面使用性能的前提下,具有节能、减排、环保的优点,节能达40%,即拌和每吨混合料可节省柴油约2kg,温室气体及有害气体减少排放50%,有害气体(沥青烟)减少排放90%。同时,温拌沥青混合料较热拌沥青混合料对温度要求不敏感,具有更好的压实性能,能达到更好的压实效果。温拌沥青混合料对环境温度要求较低,现场的摊铺温度控制在100~130℃即可,这样增加了年均施工时间。由于温度降低,能减少沥青烟的排放,使施工人员具有较好的施工环境并有利于环境保护,能见度增加及施工环境温度的下降有利于加强施工人员的责任心。由于摊铺温度要求不高,温拌料温度散失慢,在进行抗滑表层超薄罩面时可以减少沥青路面摊铺厚度,降低工程成本。

江西省高等级公路管理局省庄养路站经过半年多的技术攻关,解决了温拌沥青技术在道路摊铺施工时温拌剂的选择和最佳掺配比例等技术难题。该技术已在全省沥青道路路面施工和养护中广泛推广应用。

13. 高速公路沥青路面修筑技术

2008年12月16日,由江西省交通科学研究院、乐温高速公路建设项目办公室、长安大学和东南大学共同承担并完成的科技项目"江西省高速公路沥青路面修筑技术"通过省交通厅技术鉴定。

该课题被列为省交通厅重点科技项目和省科技厅技术开发专项计划项目,也是当时江西交通科技专项资金一次性投入最大的课题项目。该课题通过对江西省内已建成高速公路沥青路面病害成因的机理分析和路面结构的力学分析,针对江西气候和交通轴载条件,提出混合式基层高速公路路面结构设计理念。其成果应用对预防高速公路沥青路面早期病害的出现,延长路面使用寿命具有重要意义,经济效益和社会效益显著。

专家组评审认为,该课题研究成果具有创新性,可以在全国相似环境、气候特点的南方地区推广应用。研究成果总体属国内首创,并达到国际先进水平。

14. 废轮胎胶粉改性沥青在高温多雨地区高速公路中的应用

2009年1月10日,景鹰高速公路建设项目办承担的科技项目"废轮胎胶粉改性沥青在高温多雨地区高速公路中的应用"通过江西省交通运输厅技术鉴定。

该课题围绕江西高温多雨的气象特征,重点研究橡胶粉改性沥青及其混合料的技术要求、橡胶粉改性沥青的配制工艺和性能、橡胶粉掺量对沥青性能的影响、橡胶粉改性沥青混合料的配合比设计、橡胶粉改性沥青混合料路用性能研究和橡胶粉改性沥青混凝土路面的综合性能评价;探讨废轮胎橡胶粉应用于沥青及沥青混合料的优越性,并系统比较胶粉改性沥青混合料的高温性能与SBS改性沥青混合料的高温性能;从胶粉改性沥青的加工、生产、混合料设计、性能,以及施工方面进行系统研究,解决废旧轮胎在沥青混合料中应用的一系列关键技术问题。

该项成果揭示了橡胶粉对沥青的改性机理和作用,利用成套加工设备研制出符合路用性能的橡胶粉改性沥青,胶粉掺量达到18%~22%;提出适合于橡胶粉改性沥青混合料的设计方法;全面系统分析了橡胶粉改性沥青混合料的路用性能指标,提出最佳油石比;与其他改性沥青混合料对比,具有良好的抗高温和抗水损坏性能,符合江西高温多雨气候实际需要,已成功应用于景鹰高速公路试验段5km。经专家检测证明:其具有良好的抗高温和抗水损坏性能,可降低噪声20%~30%,具有广泛的推广应用前景。

15. 多遇地震作用下公路隧道抗震设防

2009年3月7日,江西省交通设计院承担的科技项目"多遇地震作用下公路隧道抗震设防研究"通过江西省交通运输厅技术鉴定。

鉴定委员会鉴定意见:①项目组提供的鉴定技术资料齐全,内容完整,符合技术鉴定要求;②现场调研基础上,系统总结分析了隧道及地下结构的震害模式,定性分析影响震害因素,建立隧道围岩相互作用的分析模型;③系统研究隧道洞身在有无地震作用下的衬砌反应以及在不同地震波、地震烈度、地层条件、隧道埋深、隧道形状、衬砌厚度、衬砌类型条件下的动力响应规律,为不同条件下的隧道抗震设计提供理论依据;④通过改变衬砌厚度,对不同围岩地质条件下隧道衬砌厚度进行了优化,得出隧道抗震设计主要控制参数,即衬砌厚度和形状、动剪应力等;⑤首次推导隧道地震动土压力计算公式。该公式不仅与传统的土压力公式的均值接近,而且与隧道侧动土压力合力、有限元动力分析结果接近,建议实际工程设计中宜同时采用两种计算方法对隧道衬砌结构进行抗震验算。

鉴定委员会认为,该成果在公路隧道抗震设防方面取得重要突破,具有较好的推广应用前景,社会效益与经济效益明显,该项科技成果达到国内领先水平。

16. 沥青混合料冷再生上基层在高速公路大修中的应用

2009年8月11日,交通运输部在南昌召开科技项目"沥青混合料冷再生上基层在高速公路大修中的应用"技术鉴定会。专家组认为,该项目富有创新性,填补了国内空白,达到国际先进水平,一致同意通过验收鉴定。

该项目是江西第3个交通运输部交通运输行业联合科技攻关项目。2008年已入选交通运输部行业第二批节能减排示范项目,也是时为全国第1个入选节能减排示范项目。经过近4年的科技攻关,在昌九高速公路技术改造项目中成功实施97km的冷再生上基层,并将该技术成功应用到九景技术改造下面层。昌九高速公路经过2008年冰灾及两年高温、多雨、严冬及日均2.2万辆重载交通车辆通行的考验,道路无坑槽、无车辙,各项路用性能指标优良,获得专家组的一致赞许。

厂拌冷再生技术在上基层的成功应用,为昌九高速公路技改项目节能减排经费约5000万元,节约永久性占地4.7公顷,节约矿山资源48.6万t,减少CO_2排放量486kg。常温施工的冷再生混合料,施工时不产生沥青烟,有利于保障施工人员的健康,具有良好的社会、经济、环保效益。

厂拌冷再生上基层可满足路面结构力学性能要求,技术和施工工艺可行,是解决全国目前半刚性基层路面柔性化转换的较好途径,尤其对国内20世纪90年代建设的"强基薄面"高速公路沥青路面大中修或改建项目提供了良好的借鉴;符合循环经济"减量化""再利用""资源化"原则,是应对公路养护日益严重的能源和环境问题的必由之路,是人类社会实现可持续发展的必由之路之一,符合国家建设资源节约型、环境友好型社会需要,是省交通运输厅打造科技交通、节约型交通的又一成果,也是优秀高新技术企业江西赣粤高速公路股份有限公司的最新科研成果。

17. 外包混凝土加固法受力性能及评价指标

2009年4月25日,江西省交通科学研究院、江西中煤建设工程有限公司、江西公路桥梁工程公司共同承担的科研项目"外包混凝土加固法受力性能及评价指标"通过江西省交通运输厅科技成果鉴定。

本科研项目主要针对外包混凝土加固构件与一次性成型构件的不同,在计算理论、加固前后桥梁的受力性能及评价该法加固效果方面进行一系列研究,取得一系列成果:①研究出能够满足平截面假定的剪力筋配筋方法;确定外包混凝土构件的界限配筋率;探讨新、旧混凝土徐变、收缩应力水平;研究对桥梁采用外包混凝土法进行加固后,全桥整体受力性能的变化情况;从强度、刚度及稳定性三方面对外包混凝土加固法进行综合研究与评价。成功研究出外包混凝土加固受弯构件及加固偏心受压构件的正截面承载能力计算方法。②本项目对理论研究中各因素的考虑与已有研究成果相比,更为贴合工程实际情况:考虑了新、老结构材料不一致的问题;对各种承载能力极限状态的破坏形式考虑得更为全面。与已有桥梁加固效果评价指标相比较,本项目增加了桥梁横向刚度评价指标及稳定性指标,并把强度、刚度及稳定性评价指标均应用到实际桥梁加固效果评价中。③提出控制外包混凝土法加固受弯构件发生超筋脆性破坏的新增受拉钢筋最大配筋率μ_{2max}的计算公式。④对加固偏心受压构件存在九种承载能力极限状态破坏情况予以研究,得出各种可能性发生的破坏情况在不同受压区高度下的正截面承载能力计算公式,并给出各自发生大、小偏压破坏的界限条件及大、小偏压界限高度系数ξ_b的计算公式、受压较大侧新浇筑混凝土滞后应变ε_{c21}及受拉较大侧新增受拉钢筋滞后应变ε_{s21}的计算公式。⑤应用ANSYS软件的"单元生死"和"大变形"功能,对应用外包混凝土法加固前、后的斜腿刚架拱桥进行几何非线性及变结构非线性有限元分析,对各构件的受力性能及加固效果进行研究。各构件采用外包混凝土法的加固效果为:实腹段跨中 > 主拱腿拱脚 > $L/4$截面(主拱肋);外弦杆＞内弦杆(上弦杆)。⑥提出了桥梁加固横向刚度评价指标——横向分布系数变化率及稳定性评价指标——纵向稳定系数变化率及横向稳定系数变化率。本项目完善了该加固方法的理论依据,研究出能够指导加固设计及方案比选的成果,使该方法能够安全、有效地为广大旧桥加固技术人员所使用。

该项目通过开展外包混凝土加固法的计算理论、加固桥梁的适应性、加固前后桥梁各构件及整体受力性能等方面的研究,并从静载试验及评价指标两方面对这种加固方法进行评价,提高了应用外包混凝土这种传统方法加固桥梁的经济性和有效性。外包混凝土加固法因其具有施工简便、加固效果明确的优点,成为优先使用的加固方法之一。本来计划拆除重建的桥梁,通过改造恢复甚至提高了其承载能力和通行能力,无疑延长了桥梁的使用寿命,间接降低了寿命周期内的费用,与拆除重建新桥相比可节约大量建设材料和成本。

18. 彭湖高速公路项目办在全省率先推行多项新工艺、新技术

2010年9月,彭湖高速公路在全省率先推行多项新技术、新工艺。为破解高速公路路面坑槽质量问题,该项目从控制材料入手,从严审查批复了唯一的规模料场,保证材料的稳定性;同时,对粗集料实施水洗新工艺,开创了江西高速公路建设史上对油面料水洗的先河。经检测,实施水洗工艺后,碎石的含泥量降低60%,废料减少20%,沥青黏度大幅提高,质量明显提升。由该项目办参与编制的"江西省高速公路沥青路面集料水洗施工工法"正在全省推广。在对路面底基水稳层的铺设中,彭湖高速公路建设项目办启动严格的底基层规范化施工,在省内率先采用振动成型法进行基层配合比设计,最大限度地减少基层反射裂缝,消除质量通病。同时,在省内率先采用立模施工工艺,保证外侧基层不推移并提高其压实度,确保线形美观流畅,对提升高速公路质量起到积极作用。该项目办还在全省率先采用稀浆封层工艺作为下封层;在全省率先采用消石灰代替水泥作为固体抗剥落剂;在全省率先采用与试验段构造深度相对指标确定离析标准;在全省率先采用探地雷达逐层连续监测技术控制油面各结构厚度等新工艺、新技术,取得了"一个省部联合攻关项目、一项省级工法、两个省级地方标准、一个部省交通行业标准、五个江西省交通重点科技攻关项目"的科研成果。

19. 高速公路路肩震鸣带设计和施工技术

2011年,江西省交通科研院完成科研项目"高速公路路肩震鸣带设计和施工技术",全面分析国内外高速公路沥青路面铣刨式路肩震鸣带设计、施工、维护技术的现状、特点和发展趋势,借鉴和吸收国内外相关成果和先进技术,并结合江西改善高速公路沥青路面路侧行车安全的实际情况,制定设计施工技术规程,拟定高速公路沥青路面铣刨式路肩震鸣带设计、施工技术的适用范围和相关要求,明确路肩鸣带的使用条件,规范路肩震鸣带的设置原则,统一铣刨式路肩震鸣带几何尺寸设计参数的标准推荐值,提供了标准设计图

纸,提出施工组织设计、工艺流程、环保安全、质量控制的相关要求及验收标准。

该项科技成果突出体现公路工程建设中安全、环保以及以人为本的指导思想和建设理念,具有科学性、创新性、先进性、经济性、实用性和易掌握的特点。该项科技成果应用、推广后,车辆掉线事故和路侧二次碰撞事故的大幅减少,有效减少人员伤亡事故和财产损失;由于车辆掉线事故减少,减少了因车辆碰撞而造成的护栏损坏,从而减少交通部门的护栏养护维修费用,节省大量的建筑材料;由于车辆掉线事故和路侧碰撞事故的减少,有效减少公路主管部门的法律责任和由此而来的赔偿损失。

该项目已通过江西省交通运输厅成果鉴定。

20. 高速公路沥路面修筑关键技术和系统集成

2011年,江西省交通科学研究院、江西省交通厅乐温高速公路建设项目办公室和长安大学、东南大学共同完成"高速公路沥青路面修筑关键技术和系统集成"。该科研项目全面系统地分析江西半刚性基层沥青路面早期病害的原因与机理,提出沥青路面各结构层受力特性及使用功能要求。首次提出采用沥青稳定碎石结构层混合式基层的高速公路沥青路面典型结构形式;沥青混合料粗细集料的分界粒径,即认为2.36mm是粗细集料的分界筛孔,4.75~2.36mm颗粒在骨架形成中主要承担骨架作用,突破传统观点中认为4.75~2.36mm颗粒主要起填充作用的结论,有效解决了长期困扰工程界的粗细集料分界标准问题;首次提出以抗裂指数为综合设计指标的水泥稳定碎石混合料设计方法,并对水泥稳定碎石基层的掺砂量提出明确的建议范围(10%左右);开发出适用于半刚性基层沥青路面基面层层间的乳化改性黏结材料——乳化改性沥青;优化路面混合料组成设计,提出路面施工工艺和质量过程控制方法;完成《江西省高速公路沥青路面设计规范(试行)》(DB 36/T 576—2010)和《江西省高速公路沥青路面施工技术规范(试行)》(DB 36/T 577—2010)两项地方标准的编制任务。

该项科研成果在沥青路面结构设计、路面混合料配合比设计以及施工质量控制等方面有所创新和突破,已在1532km高速公路建设中得到应用,充分体现其具有显著的经济效益和社会效益,具有良好的推广应用价值。江西省科技厅认为该项目成果总体达到国际先进水平,被江西省科委评为江西省科技进步奖二等奖。

21. 沥青路面耐久抗裂结构

2011年,鹰瑞高速公路项目办、江西省交通科学研究院、长安大学联合成立"沥青路面耐久抗裂结构"研究课题组,展开对沥青路面耐久性不足的现状进行攻关。通过大量室内外试验和理论分析,并结合鹰瑞高速公路工程试验段的铺筑,对沥青路面耐久抗裂结构的材料组成与路用性能,刚性基层沥青路面结构设计、施工技术及经济分析等方面开展了全面系统的研究,全面完成了技术开发合同书规定的研究工作。该研究成果的应用,显著改善了沥青路面的使用性能,显著延长了沥青路面的使用寿命,对江西甚至全国沥青路面耐久抗裂的设计与施工起到积极的推动作用。同时,保证沥青路面的安全、快捷,减少养护对交通的影响,节约养护资金,节省筑路资源,减少环境污染,对实现公路建设的可持续发展并带动沿线地区经济的快速增长,提高经济与社会效益具有重要意义,其应用前景良好。该项科技成果已通过江西省交通运输厅成果鉴定。

22. 永武高速公路项目办在全国首创新一代智能查询服务系统

2011年5月,永武高速公路项目办研发出一套自助与互动相结合的高速公路信息智能查询系统。

该系统采用国际通用的多媒体触摸屏模式,技术上融合多媒体计算机技术、信息技术、图形展示技术和传统的语音技术;业务上整合公众交通出行服务、高速公路实时路况服务和"96122"交通热线服务等业务功能;充分考虑高速公路不同群体的道路使用者查询信息的方便需求,并采取综合、开放、融合的服务总线架构,具有使用方便、维护简单、内容全面等特点,以及"人机一站式"自助查询功能。驾乘人员只要通过触摸屏操作界面,输入相应查询条件,就能对出行需求信息进行查询,还可以通过电话专线与"96122"座席人员进行语音对话,进行"互动式"语音服务或查询;在自助式信息查询方面,使用者可以查询道路信息、适时路况、出行向导、天气信息、旅游资讯、城市特色、江西特产、常用电话等,整个系统涵盖了出行、旅游等各个方面的即时信息;在系统维护方面,每个模块为独立运行模式,系统管理员可以根据权限和实际情况通过维护终端进行增加、修改、删除,不用更改整个系统。此外,系统备有预留接口,可根据发展需求,随时增添其他功能,其兼容性良好,属全国首创。

23. 德昌高速公路项目办两项信息科研成果达国际领先水平

2012年12月2日,江西省交通运输厅在南昌组织召开了"高速公路软基智能光纤监测技术研究与应用"(项目编号:2010C00013)、"高速公路CFG桩复合地基沉降特性与设计方法研究"(项目编号:2010C00014)成果鉴定会。

中国科学院院士孙钧担任项目鉴定委员会主任。与会专家在认真听取了项目研究总报告、工作报告、应用推广报告并审阅了鉴定文件后,经过质询和讨论,一致认为:"高速公路软基智能光纤监测技术研究与应用"课题研究注重创新,取得一系列重大创新成果,推广应用前景广阔,该成果总体达到国际先进水平,其中,大变形光纤光栅传感器研究成果达到国际领先水平;"高速公路CFG桩复合地基沉降特性与设计方法研究"成果已应用于德昌高速公路软土地基处理中。它通过采用高密度电法进行检测,证明CFG桩复合地基加固效果良好。现金传输系统,是通过气动物流管道传输系统将各收费岗亭与驻地收款室金库连接起来,收费员在亭内可以自行完成现金筒的传输,及时将所收现金传到收款室金库,经济效益显著。

24."高填路堤稳定性及非均匀沉降控制技术"科技项目获省科技进步奖

2013年5月28日,江西省人民政府以赣府发〔2013〕14号文件发布《关于2012年度江西省科学技术奖的决定》。《决定》对江西省交通运输厅"高填路堤稳定性及非均匀沉降控制技术"科技项目授予江西省科技进步奖三等奖。该科技项目由江西省交通运输厅武宁至吉安高速公路项目办与长沙理工大学、江西省公路桥梁工程局共同完成。

25.高速公路填砂路基关键技术研究与应用

2008年,乐温高速公路项目办、同济大学和江西省交通设计院等单位共同完成的科技项目"高速公路填砂路基关键技术研究与应用",获江西省科技进步奖二等奖。

该科技课题的主要内容有:在国内外尚无成功经验可借鉴且现行规范认为河砂不适宜作为高速公路填筑材料的背景下,为攻克填砂路基关键技术,确保乐温高速公路46.5km的全填砂路基顺利建成,项目组提出全面系统了解砂填料的路用性能,探索填砂路基的施工工艺、质量控制技术与方法,掌握填砂路基质量状况,并为制定江西省乃至全国填砂路基设计与施工技术标准而提供系统资料的研究思路。主要围绕6项技术内容展开研究:①江(河)砂路用性能;②填砂路基的施工工艺;③路基沉降与变形特性;④适宜的路面结构体系;⑤填砂路基的边坡防护;⑥填砂路基的应用效果评价。研究的技术手段包括工程调研、室内试验研究、现场试验研究、理论分析及计算机数值模拟等。

该科技项目取得的主要成果有:全面研究江(河)砂作为高等级公路路基填料的路用性能,明确其作为路基填料的适用条件,揭示砂料的双峰击实特性,彻底改变江(河)砂不宜用作路基填料的传统观念,形成的江西省地方标准《公路填砂路基施工技术规范》实用可行,为公路工程建设提供先进、可靠的技术指南,为相关规范的修订提供科学依据。全新的路基填料选择理念大力促进公路工程朝着节约用地、减少取土、安全环保的可持续方向发展,为中国南方水网缺土富砂地区的公路路基工程建设提供理论指导。该项科技成果在乐温高速公路、莲塔公路、上海崇明越江通道工程等多项重大工程中获得成功应用,节省大量工程用地,经济效益巨大。

该项科技成果主要技术创新亮点有:①揭示江(河)砂填料的"双峰"击实特性,提出袋装砂码砌路堤边坡的侧限增强技术,解决了填砂路堤压实和边缘压实的难题。②通过基于弹塑性有限元法与剪切强度折减法的数值模拟,明确不同条件下填砂路基施工全过程的变形与稳定特征,从而指导软土地基上5m以上填砂高路堤的修筑。③基于路基-路面的结构响应与协同设计思想,提出与填砂路基相适宜的新的路面结构体系,即填砂路基与基层之间铺设碎石层,既作为填砂路基的顶封层,又作为路面结构的过渡层,显著提高路面结构的使用性能。④开发"袋装砂分层码砌+空六边形混凝土预制块+培土植草"

的填砂路基边坡防护新技术,实现填砂路基边坡工程防护、生态防护与公路绿化的有机结合。⑤在全国首次成功采用江(河)砂直接填筑长达46.5km的6车道高速公路路堤,改变江(河)砂不宜用作高等级公路路堤填料的传统观念。在填砂路基分层压实技术、填砂路基边缘压实技术、适宜的路面结构体系路堤边坡防护技术等一系列成套新技术研究与应用的同时,该项科研成果填补了该领域现行技术规范的一项空白。

26.湿热山区高速公路沥青路面建设关键技术及示范

主要完成单位:江西省交通运输厅瑞金至寻乌高速公路项目办、江西省交通科学研究院、南昌工程学院。

主要科研内容:"湿热山区高速公路沥青路面建设关键抗水损害技术研究""湿热山区高速公路路面层结合技术研究""红砂岩顺层滑坡防治技术研究""湿热山区高速公路红砂岩路基评价体系研究"4个科研项目。这4个科技项目分别针对江西省高温多雨的气候特点的特殊地质条件,采用工程调查、试验研究和理论分析,研究沥青路面抗水损害技术、路面层间结合技术、红砂岩顺层滑坡防治技术和红砂岩路基评价体系,取得一系列创新性成果。该项科技成果具有先进性和实用性,应用于瑞寻高速公路等工程后,取得的社会和经济效益显著,项目研究成果总体达到国际先进水平。

2013年,该项科技成果获江西省科技进步奖三等奖和中国公路学会科学技术奖三等奖。

27.高速公路沥青路面改造关键技术及其工程应用

2014年11月,江西省高速集团天驰公司完成的科研项目"高速公路沥青路面改造关键技术及其工程应用"获2013年度江西省科学技术进步奖二等奖。

"高速公路沥青路面改造关键技术及其工程应用"是根据九景高速公路技改工程建设的进展与实际,通过厂拌冷再生沥青混合料下面层路用性能及施工控制研究,形成高速公路厂拌冷再生沥青混合料路用性能控制指标及施工控制、检测和验收等各项指标。目前市场上热拌沥青混合料下面层约270~280元/t,而厂拌冷再生沥青混合料下面层仅需180元/t。该项技术既环保又经济,具有广泛推广应用前景。

28.庐山西海高速公路安全绿色交通关键技术研究及工程示范

2015年,江西省高速集团、永武高速公路项目办和江西省交通科学研究院等单位共同承担和完成的科技项目"庐山西海高速公路安全绿色交通关键技术研究及工程示范"获中国公路学会科学技术奖一等奖。

该项科技课题旨在通过理念创新、理论研究、室内外试验、系统开发与集成和工程示范验证等方法,在高速公路水环境安全保障技术、智能公路交通安全保障与应急处置技术、绿色公路建设技术等方面开展科技攻关、集成创新与成果推广应用,从"技术支撑层面"解决庐山西海高速公路设计、建设、运营管理过程中的技术难题和环境、资源约束问题,从"行业理念与技术进步层面"推动绿色公路、平安公路建设理念与技术水平的提升。同时,通过理念与理论、技术与方法、工法与指南等方面的创新,对提升交通科技示范工程管理水平,推进安全、绿色的交通运输体系建设具有重要的促进作用和示范意义。

课题组立足庐山西海高速公路所处自然气候条件、环境特征、功能定位及需求,紧紧围绕"安全、绿色"两大主题,通过理念创新、理论研究、室内外试验、系统开发与集成和工程示范验证等方法,开展高速公路水环境安全保障技术、智能公路交通安全保障与应急处置技术、绿色公路建设技术等方面的科技攻关、集成创新与成果推广应用,建设集中展示安全、绿色交通的科普基地。在技术研发与工程示范的基础上,通过实施效果后评价、技术总结与凝练,从理念与理论、技术与方法、工法与指南等方面构建一套面向绿色公路建设的核心技术体系。系统解决了制约庐山西海高速公路建设与运营的柘林湖水环境保护、湖区路段交通安全保障、旅游景观资源保护及生态保护与恢复等重大技术难点。

该科技项目具有多学科、多专业协同攻关的特点,实现理论研究与工程实践的有机结合和无缝衔接,开发"雾区行车安全保障系统"等软件并获得软件著作权,取得"自动控制的道路危化品运输事故应急处理系统"等实用新型专利,研编《高速公路水环境安全保障技术指南》和《绿色交通关键技术操作手册》,出版《绿色公路建设关键技术研究与实践》等学术专著,建成一条集中展示安全、绿色交通技术的科普基地路。

29. 高应变检测单桩承载力应用研究

1996年,江西省交通科研所承担的该项科技项目,以工程桩动静对比为基础,以实际工程应用加以验证。研究成果有:①改进承载力的计算方法,通过桩顶实测与计算力学参数的拟合比较,提高了检测结果的准确性;②设计一套全新的锤击系统,使用稳定、灵活,提高了现场检测的安全与速度;③总结现场检测的操作要点与技术要求,对指导工程应用具有较好的实用价值。该项研究成果的推广应用,使江西省交通工程的桩基质量检测达到国内先进水平。

1996年,该项科研成果通过江西省交通厅技术鉴定,1997年获江西省科技进步奖三等奖。

30. DEVELOP-A 液压传动式挡车器

1997年,江西省高等级公路管理局研制的 DEVELOP-A 液压传动式挡车器,采用单作用液压缸和叠加阀组等专门设计,用计算机控制,结构合理,功能齐全,操作、维护方便,可靠性及使用寿命优于国内同类产品。适用于公路、桥梁、隧道、停车场、企事业单位大门车辆通行管理、出入口设卡挡车和收费等的需要。1996年,该种挡车器在昌九、昌樟两条高速公路20个收费站(104条收费车道)、湖南省浏阳高等级公路管理局所管辖的各收费站、江西省邮政运输管理局、庐山管理区园门管理所等单位安装使用130余台套,很受用户欢迎。对防止车辆冲岗、严肃公路收费纪律、美化收费道口等方面产生了积极的作用,取得显著的经济效益和社会效益。

1997年,该挡车器获江西省交通优秀科技成果奖一等奖。同年,被交通部列为科技成果应用推荐产品。

31. 高等级公路立交CAD系统

1997年7月7日,江西省交通设计院赵新华、毛荣华承担的"高等级公路立交CAD系统"科研课题通过江西省交通厅科技成果鉴定委员会鉴定。鉴定委员会认为,该课题从申请立项至成果提交,手续完备,资料齐全,完成了合同要求;软件功能设计合理,符合实际工程需要,软件开发技术先进,开发的支撑环境选择合理,课题成果达到国内先进水平,其中,立交动态交互式布线子系统达到国内领先水平;该软件结合工程实践,提高了工效和设计质量,已在该院推广应用。

1997年,该项研究成果获江西省交通优秀科技成果奖二等奖。

32. 永武高速公路项目获国家优质投资项目奖

2013年3月,永武高速公路被中国投资协会评为2012—2013年度国家优质投资项目奖,这是获奖投资项目中唯一一个高速公路建设项目。

永武高速公路项目属江西境内加密高速公路,起于昌九高速公路军山枢纽互通,路线途经永修县和武宁县,终于武宁西枢纽互通,与武吉高速公路相接。路线全长104.487km,批复投资概算41.852亿元。于2009年7月开工建设,2011年9月16日竣工。作为全国"十二五"计划首批首个交通科技示范工程,永武项目办围绕"安全、绿色"两大主题,投资6500万元用于科技示范项目的实施;并与交通运输部联合开展"高速公路沿线水环境安全保障关键技术研究"课题,开发出成套集机电工程、交通安全技术、环保技术于一体的危险化学品运输车辆事故风险防范系统,填补了国内空白;基于三维GIS的高速公路管理与服务信息系统研究,在国内率先实施应用;建成全国第一个低碳服务区——西海服务区;在全国首次应用自动标识系统等。凭借良好的经济效益、社会效益、环境效益、生态效益和体制创新、制度创新、机制创新、管理创新、技术创新,成为江西继景婺黄(常)高速公路项目之后,第二个获此殊荣的高速公路建设项目。

33. 湿热山区高速公路沥青路面建设关键技术及示范

2012年,由瑞寻高速公路项目办、江西省交通科研院、南昌工程学院共同完成的科研项目"湿热山区高速公路沥青路面建设关键技术及示范"通过江西省交通运输厅技术鉴定。

该科研项目由"湿热山区高速公路沥青路面抗水损害技术研究""温热山区高速公路路面层间结合技术研究""红砂岩顺层滑坡防治技术研究""湿热山区高速公路红砂岩路

基评价体系研究"4个科研项目组成,分别针对江西高温多雨的气候特点和特殊地质条件,采用工程调查、试验研究和理论分析,研究沥青路面抗水损害技术、路面层间结合技术、红砂岩顺层滑坡防治技术和红砂岩路基评价体系,取得创新性成果。

验收专家组专家听取项目组成果汇报,审阅相关技术资料,经研讨、审定,一致认为:该项目研究成果具有先进性和实用性,应用于瑞寻高速公路等工程后,社会效益和经济效益显著,项目研究成果总体达到国际先进水平。

34. 沥青混合料冷再生上基层在高速公路大修中的应用

2009年8月11日,交通运输部在南昌召开"沥青混合料冷再生上基层在高速公路大修中的应用研究"项目技术鉴定会。专家组认为该项目富有创新性,填补了国内空白,达到国际先进水平。

该项目是江西承担的第3个交通运输部交通运输行业联合科技攻关项目。2008年已入选交通运输部行业第二批节能减排示范项目,也是当时全国第一个入选节能减排示范工程类项目。江西赣粤高速公路股份有限公司、同济大学等单位经过4年科技攻关,在昌九高速公路技术改造项目中成功实施97km的冷再生上基层,并将该技术成功应用于九景高速公路项目技术改造下面层。昌九高速公路经过2008年冰灾及两年高温、多雨、严冬和日均2.2万辆重载交通的考验,道路无坑槽、无车辙,各项路用性能指标优良,获得专家组的一致赞誉。厂拌冷再生技术在上基层的成功应用,为昌九高速公路技改项目节能减排节省经费约5000万元,节约永久性占地4.7公顷,节约矿山资源48.6万t,减少CO_2排放量486kg。常温施工的冷再生混合料,施工时不产生沥青烟雾,有利于保障施工人员健康,具有良好的社会、经济、环保效益。

沥青路面乳化沥青厂拌冷再生上基层可满足路面结构力学性能要求,技术和施工工艺可行,是解决全国目前半刚性基层路面柔性化转换的较好途径,尤其对国内20世纪90年代建设的"强基薄面"高速公路沥青路面大中修或改建项目提供了良好的借鉴。符合循环经济"减量化""再利用""资源化"原则,是解决公路养护日益严重的能源和环境问题的必由之路;是人类社会实现可持续发展的必由之路之一,对建设资源节约型、环境友好型社会有重要意义。

2010年,由该项科技成果制定出江西省地方标准《沥青路面乳化沥青厂拌冷再生技术规范》。同年,获江西省科技进步奖一等奖。

35. 高速公路路面养护管理系统

2006年7月26日,江西省交通厅在南昌组织有关专家,对江西省交通科学研究院完成的省重点交通科研项目"高速公路路面养护管理系统"进行成果鉴定。

该系统主要内容:采用最新的路面管理系统研究成果和计算机技术,开发高速公路管理系统,包括数据采集、路况评价、维护方案的优化、路况预测、资金计划等。该系统首次实现了远程网络实时管理及分级管理;系统率先提供了基于 MapObject 组件技术的路面养护图形化查询;提供了丰富的报表样式和打印工具,实现了数据断电保护技术,多路数据接口。该系统规划合理,设计先进,功能完整、可靠,操作简便,界面美观,为高速公路路面养护部门提供了科学的管理手段。与会专家一致同意该项科技成果通过技术鉴定。

2006 年,该科研项目获中国公路学会科学进步奖三等奖。

36.废轮胎胶粉改性沥青在高温多雨地区高速公路中的应用

2009 年 1 月 10 日,景鹰高速公路项目办承担的"废轮胎胶粉改性沥青在高温多雨地区高速公路中的应用"课题通过江西省交通运输厅技术鉴定。

该课题围绕江西高温多雨的气象特征,重点研究橡胶粉改性沥青及其混合料的技术要求、橡胶粉改性沥青的配制工艺和性能、橡胶粉掺量对沥青性能的影响、橡胶粉改性沥青混合料的配合比设计、橡胶粉改性沥青混合料路用性能研究和橡胶粉改性沥青混凝土路面的综合性能评价;探讨废轮胎胶粉应用于沥青及沥青混合料的优越性,并系统比较胶粉改性沥青混合料的高温性能与 SBS 改性沥青混合料的高温性能;从胶粉改性沥青的加工、生产、混合料设计、性能以及施工方面进行了系统性的研究,解决了废旧轮胎在沥青混合料中应用的一系列关键技术问题。

该项成果揭示了橡胶粉对沥青的改性机理和作用,利用成套加工设备,研制出符合路用性能的橡胶粉改性沥青,胶粉掺量达到 18%～22%;提出适合于橡胶粉改性沥青混合料的设计方法;全面系统分析橡胶粉改性沥青混合料的路用性能指标,提出最佳油石比,与其他改性沥青混合料对比,具有良好的抗高温和抗水损坏性能,符合江西高温多雨气候的实际,已成功应用于景鹰高速公路试验段 5km。经专家检测证明具有良好的抗高温和抗水损坏性能,可降低噪声 20%～30%,该项科技成果达到国际先进水平,具有广泛的推广应用前景。

37.道路及互通立交计算机辅助设计系统

2000 年,由江西省公路局科研所承担的江西交通重点科研项目"道路及互通立交计算机辅助设计系统"于 2001 年 12 月 21 日通过江西省交通厅科研成果鉴定。

该科技项目是江西省公路局科研所与中国人民解放军理工大学工程兵工程学院、江西省公路工程监理公司联合开发的一套计算机软件。其具有较强的鼠标拖动变化曲线功能以及三维动画效果,可广泛应用于道路及互通式立交勘测与设计;利用先进的计算机辅助设计手段,大幅度提高道路,特别是互通式立体交叉的设计效率。与会专家一致认为,该软件达到国内同类产品先进水平。

38.红砂岩在高速公路路基填筑中的应用

2001 年 12 月,江西公路开发总公司承担的江西省科委重点科研项目"红砂岩在高速公路路基填筑中的应用"通过省科技厅鉴定和验收。

该项科技成果表明：对红砂岩填筑路基，应采用 Y220 型以上的压路机，松铺层厚控制在 35cm，摊铺前最大粒径控制在 23cm 以内；对填筑后的红砂岩路基质量控制可采用压实度检测，试验路段的验收宜采用压实度、沉降、弯沉三控制；施工中应严格监控；做好防护和排水工作；雨过天晴施工最佳；对成型后的红砂岩路基进行冲压补强；红砂岩的爆破作业具有相当大的困难。

本课题成果为江西省内外其他经过红砂岩地区的高速公路施工提供了具体的施工方案和技术标准。通过本课题的研究，实现了红砂岩在高速公路路基中的应用，可收到良好的经济效益和社会效益，应用前景广泛。

2002 年，该项科技成果获江西省科学技术进步奖三等奖。

39. 基于车-路耦合的沥青路面力学性能研究

2016 年，江西省交通科学研究院完成的科技项目"基于车-路耦合的沥青路面力学性能研究"，采用理论研究与数值模拟相结合的方法，对车-路系统相互作用下沥青路面受到的动荷载及沥青路面动力响应进行系统研究，取得较好成效。

该项研究的主要内容：①基于车辆动力学理论，建立包含非线性库仑阻尼力的 1/4 车辆动力学模型及半车模型，在"随机路面"及"波形路面"激励下，通过时域内数值积分方法，得到非线性系统中路面动荷载数值解，并应用非线性振动理论，得到非线性 1/4 车辆振动系统动力响应一次近似解析解，并用来验证路面动荷载数值的正确性。②以"货车非线性悬架参数、货车载质量、波形路面频率、波形路面不平度幅值、随机路面平整度水平及货车运行速度"作为车-路系统参数，研究这些参数对路面动荷载系数 DLC、动荷载概率分布、动荷载系数 DLC 频率响应特性、路面动荷载 PSD 峰值、路面动荷载幅值的影响。③以有限元软件 ABAQUS 为基本工具，建立"动态性"和"移动性"荷载下路基路面三维有限元模型，试算确定模型最优几何尺寸及边界条件，将单轴波形动载、双轴波形动载、单轴随机动载、双轴随机动载与车辆静荷载进行叠加后的动荷载作为路面结构的激励，合理选取路面结构动力响应评价指标，研究车-路系统参数对路面结构动力响应的影响，深入系统地掌握半刚性基层沥青路面的动力响应规律。

2016 年，该项科研成果通过江西省交通运输厅技术鉴定。

40. 桩身自反力平衡荷载测试系统研究开发与应用

2016 年，江西省交通科学研究院完成科技项目"桩身自反力平衡荷载测试系统研究开发与应用"。项目主要内容是：针对传统桩基承载力检测方法的不足及目前国内自平衡测试系统的缺陷，通过试验研究和技术创新开发了精确度更高、稳定性更好的桩身自反平衡荷载测试系统。

该项目独创可卸压回收油缸中的液压油技术装置,保证油压的稳定性,提高测试值的可靠性。首次采用预埋式位移数据采集系统准确测出其沉降量,解决了原有位移数据采集系统中位移杆松脱、变形,位移护管破损等问题,提高了位移值测试精度。该测试系统加载后能够适当泄压,桩基可以适当回弹。采用预埋式位移数据采集系统准确测出沉降量,保证基桩自反平衡试验的位移检测精度。研制出桩身自反力平衡荷载系统检测的反力架检定系统,在桩身自反力平衡荷载系统生产检验中发挥重要作用。

2016年,该项科技成果通过江西省交通运输厅技术鉴定,并取得国家发明专利授权6项。

41. 干法改性沥青在江西抚吉高速公路路面的应用研究与示范

2016年,江西省交通科学研究院承担和完成科技项目"干法改性沥青在江西抚吉高速公路路面的应用研究与示范"。项目主要内容是:基于优良的改性沥青产品要求改性剂以细小的颗粒、稳定、均匀地分散在基质沥青体系当中,体系不发生凝聚、分层或者离析的现象。传统改性沥青材料由于存在与沥青配伍性、易老化性、存储稳定性差、二次加热、价格高等问题,而采用沥青改性新方法——干法改性工艺,将共聚物加入到沥青中,以显著改善沥青路面路用性能,提高沥青路面耐久性。利用共聚物对沥青混合料进行改性,在提高沥青混合料性能的同时,充分回收利用废弃资源,减少环境污染和能源消耗。

本课题在借鉴以往改性沥青路面路用性能经验的基础上,系统研究共聚物干法改性沥青混合料路用性能,提出适合于提高江西高速公路沥青路面路用性能的共聚物干法改性沥青混合料施工技术和方法。采取理论分析、试验结果对比以及试验路应用相结合的方式,研究基于共聚物干法改性沥青路面的应用研究和工程示范;并以沥青混合料的高温稳定性、水稳定性、疲劳性能和低温抗裂性为主要研究对象,利用室内平行试验对共聚物在不同掺量下路用性能进行对比,分析不同条件下共聚物改性沥青混合料的物理力学性质,研究在共聚物干法改性条件下沥青路面路用性能的改善效果。本课题通过共聚物干法改性沥青路面应用方法研究,确定适合江西高速公路共聚物干法改性沥青路面的材料配合比组成和物理力学性能。已通过在抚吉高速公路路面铺筑共聚物干法改性沥青混合料试验路段路面的应用研究与示范,总结出共聚物干法改性沥青混合料(AC-20和SMA-13)施工工艺,并整理得出共聚物干法改性沥青施工技术规范。2016年,该项科技成果通过江西省交通运输厅鉴定。

42. 2017年江西省交通运输厅三项成果获江西省科学技术奖励

2017年9月12日,江西省委、省政府召开全省科学技术奖励大会,表彰荣获2016年度江西省科学技术奖、第三届江西省专利奖的单位和个人,部署全省科技创新工作。江西省交通运输厅选送的三项成果获得江西省科学技术奖励。其中,《大跨度斜拉桥施工及成桥阶段减振抑振综合技术》(主要完成单位:省高速公路投资集团有限责任公司、中铁大桥科学研究院有限公司、省交通设计研究院有限公司)和《桥隧地质建模系统的应用》(主要完成单位:省交通设计研究院有限责任公司、万载至宜春高速公路项目办)获得江西省科技进步奖二等奖;《混凝土工作应力与损伤的超声波识别技术研究及应用》(主要完成单位:江西省公路桥梁工程有限公司、江西省交通科学研究院、重庆交通大学、赣州至崇义高速公路项目办)获得江西省科技进步奖三等奖。

43. 基于振动压实的路面基层材料强度理论及设计方法研究与工程示范

2016年,江西省交通科学研究院完成科技项目"基于振动压实的路面基层材料强度理论及设计方法研究与工程示范"。主要研究内容有:①振动压实机理分析。以振动压实机理分析为基础,建立振动压实数学模型,研究表面振动仪动态响应,为合理选择表面振动仪的工作参数提供依据。②振动压实标准和成型方法研究。通过工作参数对压实效果的影响分析,优化振动工作参数,确定振动压实标准及试验方法。③振动压实集料级配研究。以级配设计理论和方法为基础,采用试验研究和理论计算相结合的方法,研究基于振动压实的多级嵌挤骨架密实级配。④水泥稳定碎石路用性能研究。以室内试验为手段,通过与静力成型法、规范级配对比分析,系统研究振动成型的多级嵌挤骨架密实级配水泥稳定碎石的无侧限抗压强度、劈裂强度、回弹模量、稳定性(水稳定性和冻稳定性)、冲刷性等路用性能,重点研究收缩性能(干燥收缩和温度收缩)和疲劳性能。⑤水泥稳定碎石强度控制标准研究。以水泥稳定碎石抗拉强度结构系数为基础,通过力学强度指标分析和水泥稳定碎石基层层底拉应力水平分析,研究水泥稳定碎石强度控制指标和标准。⑥级配碎石力学特性研究。通过室内试验,系统研究级配碎石的CBR值、无侧限抗压强度、回弹模量和变形特性等,进而研究级配碎石的静态模量和动态模量以及两者的关系,推荐设计模量值。⑦级配碎石颗粒流模拟试验研究。借助先进的现代分析测试手段,开展级配碎石力学特性的颗粒流模拟试验方法的研究,揭示室内试验所无法观测到的材料内部物质的细观力学机制和非线性的力学性状,进而对级配优化结果进行验证。⑧级配碎石材料强度标准与设计方法研究。以循环荷载作用下的级配碎石永久变形试验为基础,研究级配碎石永久变形累积破坏方程,进而研究级配碎石抗剪强度结构系数,由此建立级配碎石材料强度标准,研究级配碎石材料设计方法。⑨施工技术研究及试验工程应用效果分析。以抚吉高速公路为工程依托,结合试验工程分别研究水泥稳定碎石和级配碎石施工技术,并通过试验工程检验应用效果。

2016年,该项科技成果通过江西省交通运输厅技术鉴定,并获江西省科技进步奖三等奖。

44. 基于光纤光栅传感器的沥青路面检测技术研究

2016年,江西省交通科学研究院承担和完成的科技项目"基于光纤光栅传感器的沥青路面检测技术研究",是在分析光纤光栅传感器测量机理和相对于其他测量技术优缺点的基础上,选择合适的光纤光栅传感器进行室内试验模拟,确定光纤光栅传感器用于沥青路面检测的可行性;在工程现场铺设光纤光栅传感器,总结出有效的铺设方法,解决光纤光栅传感器存活率低的难题;通过现场埋设光纤光栅传感器监测施工过程压实、完工后不同轴载和车速作用下沥青路面结构内部力学指标的变化规律;最后总结建立道路监测系统的总体架构,为道路施工、运营和养护决策等提供技术支持。同年,该项科研成果通过江西省交通运输厅鉴定。

45. 高速公路路侧安全问题及对策研究

2009年7月6日,江西省交通运输厅在南昌召开"高速公路路侧安全问题及对策研究"科技成果鉴定会。知名专家、学者一致通过该科技项目评审鉴定。

"高速公路路侧安全问题及对策研究"由江西省高等级公路管理局、江西省交通科学研究院、四维创新交通科技有限公司(TTS)共同承担。与会专家认真听取项目课题组的研究过程及成果汇报,审阅相关文件,经质询与讨论,一致认为:该项目结合江西高速公路路基边坡几何特征和路侧安全特点,首次划分路侧安全水平等级并推荐相应护栏形式,提出改善高速公路路侧安全性能措施和路侧障碍物处理对策,并以瑞赣高速公路项目为依托,应用课题研究成果,有效提高了瑞赣高速公路路侧安全性能。该项研究成果具有创新性,经济与社会效益显著,应用前景良好,成果总体达到国内领先水平。

46. 低应力混凝土结构技术

2004年5月9日,由赣南公路勘察设计院、华中科技大学道路交通系共同完成的科技项目"低应力混凝土结构技术",通过江西省交通厅技术鉴定。

其主要研究内容是:①对低应力(预应力度在$0<\lambda<0.5$范围)混凝土结构技术从理论上进行全面研究分析;②建立低应力混凝土的计算方法,以达到强度控制和裂缝控制的一致;③在理论研究的基础上完成试验桥的设计、施工及测试工作;④研究普通混凝土、全预应力混凝土和低预应力混凝土的性能及其对比。

其主要研究成果有:①对低预应力混凝土结构技术从理论上进行了全面的研究分析,建立了低预应力混凝土的计算方法,使强度控制和裂缝控制一致性在理论上得到了论证;②结合生产实际,通过安义桥三孔不同结构形式试验的对比,证实了低预应力混凝土结构技术能有效控制裂缝,并能做到混凝土强度控制和刚度控制的基本统一;③低预应力结构技术能提高结构的抗裂性及耐抗性,使低预应力过大而出现的缺陷得以解决。该项技术与钢筋混凝土结构相比可节省造价10%左右,与预应力钢筋混凝土结构相比可节省造价15%~20%,并在一定的跨度范围内显示其经济优势。

2005年,该项科技成果获江西省科技进步奖三等奖。

47. 江西红黏土与公路路基工程研究

2001年5月31日,江西省交通设计院承担并完成的科技项目"江西红黏土与公路路基工程研究"通过江西省交通厅鉴定。

江西省内大面积分布有几米至十几米厚度不等的红黏土层。红黏土是一种高含水率、高液限、高塑限的有别于膨胀土的特殊类土。该课题结合省内岩土特性及高等级公路规划情况,确定沿线红黏土的分布范围、成因类型,分别进行室内土工试验及处治试验,取得各种试验成果资料,整理出各种处治条件下的技术方案,再结合现场施工进行试验验证,为建设和设计单位针对不同红黏土类别、建设工期及技术经济条件,选择最佳处治方案提供依据。

该项成果可避免高速公路处治过湿红黏土的盲目性所造成的经济损失,为全省修建高等级公路提供最佳处治红黏土的技术措施和工艺流程,对于高速公路中红黏土作为路基填料与路床的处治技术研究具有重要的现实意义。

2003年,该项科研成果获江西省科技进步奖三等奖。

48. 彭湖高速公路建设资源节约与保护技术

2011年2月18日,交通运输部委托江西省交通运输厅在南昌组织召开省部联合攻关项目"彭湖高速公路建设资源节约与保护技术"科技成果鉴定会。

会议邀请8名全国公路行业资深专家、教授组成鉴定委员会。中国沥青路面理论奠基人、原西安公路交通大学校长王秉纲教授担任鉴定委员会主任。专家组认真听取了项目组的汇报,查阅了相关技术文件,就关键技术问题进行质询。经过充分讨论和评审,专家们一致认为,该项目科技成果在彭湖高速公路等工程中已成功应用,取得了显著的土地资源节约和环境生态保护效果,极具推广价值,其创新性成果主要有:①提出了基于土地资源节约的公路选线、横断面、互通立交和服务区等设计技术;②提出了公路建设中表土资源剥离收集、集中堆放用于临时用地复垦堆形地貌构造等技术;③提出了服务区污水处理土壤渗滤生态床体耦合单元块设计模式、低水位双泵三相控制进水提升系统等污水生态处理技术;④提出了基于植物、表土资源保护的公路施工分步清表方法;⑤定量分析了坡率、坡长、坡向等主要影响因素;⑥提出了利用表土进行路基边坡植被恢复技术。

专家们认为,该项科技项目研究成果达到国际先进水平,一致同意该项目通过技术鉴定。

第二节　桥梁隧道科技

桥梁科技是交通科技的重要组成部分。江西在高速公路建设中加大桥梁科技投入和科技创新力度,研发建桥与桥梁管养、加固、修复新工法、新技艺、新材料和独特施工方法。

应用当代前沿桥梁科技解决公铁双塔混合梁斜拉桥、Y形墩连续梁桥、大型跨线桥、大型互通立交桥、斜腿刚架桥、曲拱桥、钢管拱桥等各种桥梁建设、检测、维修、加固、病害防治和管养等关键问题。依靠科技创新和进步，完成世界最大跨径非对称高低塔混合梁与世界最宽的整体式混凝土箱梁断面大型混合梁斜拉桥——九江长江公路大桥等一批特大桥的设计、施工攻关任务，开创在长江干堤上建设大型基础桥梁与主桥混凝土箱梁顶底板带有小次梁的整体式单箱三室结构的先河，其设计和施工工法均处于国际领先水平。

通过桥梁科技攻关和创新，为全省以完美的设计、良好的造型、最快的速度、一流的质量建成现代化特大桥、大桥、中型桥梁397座提供技术支撑。截至2015年底，全省已有49项桥梁科技成果通过省交通运输厅技术鉴定。获得国家科技进步奖二等奖的桥梁科技项目1项，获得省科技进步奖16项，获得中国公路学会科技进步奖10项，获得省以上桥梁优秀设计奖项目12项，研编桥梁检测评定技术规程1项，获得桥梁科技著作权10项，获得国家发明专利与实用新型专利共4项，出版桥梁科技专著4部。

1. 旧桥加固技术

1992年6月26~28日，江西省交通科研所承担和完成的江西省交通重点科技项目"旧桥加固技术"通过江西省交通厅技术鉴定。

该课题组针对全省的主要桥型双曲拱桥和钢筋混凝土T梁桥，研究旧桥检测鉴定及加固技术、工艺，取得显著效果：①香屯大桥通过喷锚技术加固后，经荷载试验证实，已由原设计荷载汽—13、拖—60，提高到汽车—超20级、挂—120。经交通部科学技术情报研究所"科研项目查新报告"证实：香屯大桥采用喷锚技术加固，从跨径及总长（5孔净跨45m，全长274.55m）提高承受荷载等级两级，当时均属全国第一。与此同时，还证明采用喷锚法加固增强双曲拱桥，不仅不中断交通，而且费用省（加固拱圈仅用38万元），时间短（加固拱圈仅费时3个月），是加固增强双曲拱桥的好方法。此法还可用于其他桥型和部位的加固。②虬津大桥南昌岸桥台采用π形拉梁方法加固，是成功且经济可行的，可供类似桥台加固参考。③通过实桥调查，总结双曲拱桥和T梁桥一般病害，对病害产生的原因进行分析，有助于全省广泛开展旧桥加固工程。据统计，江西省需加固的公路桥梁达360余座，总长在10000m以上，需提高技术标准的桥梁数量众多，其中，双曲拱桥和T梁桥占70%以上，喷锚法加固改造桥梁应用前景广阔。通过对双曲拱桥的新建与喷锚加固经济分析，香屯大桥的喷锚加固费用仅占新建桥梁的19%，值得大力推广。

1994年12月，该项科研成果获省科技进步奖三等奖。

2. 双悬臂钢筋混凝土梁桥加固技术

1996年12月，江西省交通科研所完成的科技项目"双悬臂钢筋混凝土梁桥加固技术"通过省交通厅技术鉴定。

该科技项目针对双悬臂钢筋混凝土梁桥上部结构的特点及病害产生的原因,研究出一整套加固和提高桥梁承载力的技术。其中,该项成果中所采用钢纤维加固旧桥关键部位方面的技术属国内先进水平,已在全省推广应用。

3. 钢筋混凝土简支梁桥上部构造加固拓宽技术

1994年,江西省交通科研所、省公路局、上饶公路分局共同承担和完成的"钢筋混凝土简支梁桥上部构造加固拓宽技术"科技项目,以灵溪大桥实桥加固试验,取得良好效果。

该桥采用先以体外预应力加固T梁,后用锚喷混凝土使预应力钢束与梁体黏合的加固方法。经荷载试验,已由原设计荷载汽—13、拖—60,提高到汽车—20级、挂车—100。采用在墩上浇制的悬臂梁上架设人行道梁以加宽桥面的方法,使桥面净宽从7m+2×0.5m提高到9m+2×1.5m。经测试及使用证明,采用上述方法,使梁的抗弯抗剪强度及刚度得以增大,有效地防止预应力钢束因暴露在大气中引起锈蚀。经交通部科学技术信息研究所"科技信息查新报告"证实:"从所查文献来看,用此法加固梁桥尚无先例,具有较强的新颖性。"该桥加固拓宽工艺简单、施工方便、设备少、工时短、费用省、经济效益显著。

1997年,该项科研成果获江西省科技进步奖三等奖。

4. 旧桥加固技术在上顿渡大桥的应用

1997年11月10日,江西省公路局抚州公路分局针对上顿渡大桥经过30多年的使用后,部分桥梁支座倾倒,抚州岸桥台钢筋混凝土排桩断裂,且当时设计荷载较低,不能适应现行交通流量大、重型车多的运输需要的实况,实施江西省交通重点科研项目"旧桥加固技术在上顿渡大桥的应用",并动工加固该桥。加固主要内容为:主梁采用体外预应用进行加固提载;全桥增设槽钢横隔板,已倾倒的钢板摆轴支座更换成板式橡胶支座,桥面伸缩缝全部更换为钢板伸缩缝,用4cm厚沥青混凝土重新对全桥桥面进行铺装,对桥台、墩、栏杆损坏部分按原式修复。由于主梁进行了预应力体外加固及增设槽钢横隔板,该桥荷载标准已由原汽—13,挂—60,提高为汽车—20级、挂车—100,经济效益和社会效益明显。

1998年10月11日,该桥加固工程结束,同年12月29日,江西省交通厅组织专家进行技术鉴定。与会专家一致认为:①提供的研究鉴定资料齐全、完整,完成了科研课题合同规定的任务,符合科研课题鉴定的要求;②该课题研究范围较广泛,研究程序和方法正确,采用的各项加固方案及工艺合理,简便可行,社会效益和经济效益明显,对于同类桥梁的加固改造具有推广价值;③主梁采用冷拉Ⅳ级粗钢筋加固工艺,受力合理,经费节省,加固效果明显,又不影响正常交通,在加固结构处理上有一定特色;④T梁复位设计方案构思巧妙、合理,施工简便,对于类似的旧桥主梁复位工艺值得借鉴;⑤研究成果及其产生的效益表明,该项科技成果达到国内先进水平,同意通过鉴定。

1999年,该科技项目成果获江西省科技进步奖三等奖。

5.无黏结部分预应力混凝土新工艺在简支桥梁的推广应用

1997年3月,江西省交通科研所承担并完成的"无黏结部分预应力混凝土新工艺在简支桥梁的推广应用"是国家科委"八五"科技成果重点推广项目之一。该课题旨在通过实桥应用观察、试验,进而总结其技术和施工工艺要点,以便在全省推广应用。该项科技成果在江西省内处于领先水平,已通过省交通厅技术鉴定。

6.鄱阳湖大桥索塔节段锚固区足尺模型试验

1998年10月,江西省交通科研所和浙江大学土木工程系共同承担并完成科技项目"鄱阳湖大桥索塔节段锚固区足尺模型试验",主要内容是:通过对主塔的拉索锚固部位的应力、应变和裂缝展开情况作出科学的评价,验证设计的可靠性,直接确定拉索锚固区段的总体安全度和抗裂安全度,以便指导斜索塔索区的设计与施工,为大桥设计与施工提供试验数据。该项科技成果属省内首创,处于国内领先水平。

1999年11月,该科技项目通过江西省交通厅技术鉴定。

7.南昌八一大桥建设项目后评价研究

2001年12月,江西省交通科研所完成的科研项目"南昌八一大桥建设项目后评价研究",通过江西省交通厅技术鉴定。

该科研项目于1998年10月起步,其主要内容是:依据交通部《公路建设项目后评价报告编制办法》,科学、公正地对南昌新八一大桥建设项目从立项、决策、可行性论证、初步设计、施工图设计、施工组织、工程监理、竣工验收与通车运营全过程进行建设成果评定,肯定成绩,总结经验,系统和全面地评价南昌新八一大桥建设项目。

该项科研成果处于国内先进水平。

8.广管线排山桥梁弯桥设计研究

1999年6月,江西省交通科研所完成科技项目"广管线排山桥梁弯桥设计研究",主要内容是:针对江西省的实际情况,选择上饶地区广管线新建的排山桥进行斜弯坡桥设计研究,以期对江西省斜弯坡桥设计与施工提供可资参考的技术资料。

该项科研成果处于省内领先水平。2000年12月,通过江西省交通厅技术鉴定。

9.南昌新八一大桥设计获国家优秀设计铜质奖

2000年,由江西省交通设计院承担的"南昌新八一大桥工程设计"荣获国家优秀设计铜质奖、江西省优秀设计一等奖。

该大桥主孔为双独塔双索面扇形密索体系斜拉桥,系江西首次设计建造的第一座斜拉桥。其主要特点:①全桥总体设计做得较好,在南、北引桥均与城市主要街道连线相通的情况下,未发生堵塞现象;做到了在密集居民区拆迁尽可能少,未拆1幢4层以上的楼房。②4个160m大跨占1040m河槽的60%以上,使高大的斜拉部分覆盖了大部分江面,显得雄伟壮观。一般斜拉桥主副孔梁高度不一,但本桥设计成双独塔加上中间薄墩连续梁,形成520m的连续结构,梁高、外形完全相同,线形流畅。③主孔采用塔、墩固结体系,并与副孔连续成二联结构连接,既方便了施工,又省去设置大吨位支座费用。全桥仅设3道伸缩缝,这是国内罕见的。④主塔锚索区采用分组交叉锚固,属新设计、新结构。⑤主墩基础采用 $4 \times 4m$ 直径钻挖孔桩,为国内首次采用,省工省料。⑥主桥结构采用两种斜拉桥分析程序计算,对结构的特殊部位及受力复杂部位采用空间计算程序进行验算,属省内首次。⑦用料节省。国内斜拉桥主梁中预应力钢材含量在 $15 \sim 25 kg/m^2$,而本桥为 $8.4 kg/m^2$,其他用材指标与国内同类跨斜拉桥相比也偏低。

10. 基桩质量动态检测方法应用

1992年6月26日,由江西省交通科研所承担的科技项目"基桩质量动态检测方法应用",通过江西省交通厅技术鉴定。

该课题以模拟桩试验研究为基础,由实际工程桩加以验证,其验证结果提高了反射波法检测基桩质量技术的现有水平,主要有以下内容:①研制出RX-II型测桩专用陷波器,可有效消除直达波续至区的干扰波。解决了现有技术中在直达波续至区内有信号难以分辨的技术难点。②提出利用陷波原理对桩身浅部存在严重缺陷的情况进行检测,可对桩浅严重缺陷以下的桩身质量情况进行判断。现有技术中,当桩浅部有严重缺陷时,其缺陷以下的桩身质量难以检测。③系统对桩身各类缺陷,尤其是桩身中同时存在多个缺陷的情况提出试验及分析办法。现有技术中一般只能检测到桩身的第一缺陷。④对影响基桩完整性检测效果的各种因素进行系统分析;对激振方式的频谱成分、不同类型及不同特性传感器适用范围及安装方法、接收系统的滤波特性等进行全面深入的研究。其研究结果对指导工程应用有较好的实用价值。已有多家企业购买或订购RX-II型测桩专用陷波器及检测技术。该项研究成果已在更多的基桩检测单位推广使用。传统的钻孔取芯法检验基桩质量,每根桩需花费数千元,而且只能抽检。该课题研究及应用表明,现行只需原价10%的费用即可完成对基桩质量的检测,而且快速,适应于普查,可避免由于施工质量问题所造成的隐患。

1994年12月,该项科技成果获江西省科技进步奖三等奖。

11. 编著《旧桥加固技术与实例》

2001年12月21日,由江西省交通科学技术研究所、省交通工程咨询监理中心、省公路管理局组织有关专家编著的《旧桥加固技术与实例》通过江西省交通厅审定。

该课题以出版专著的形式完成。该著作作者结合近20年所进行的具有代表性的公路旧桥加固改造实践,简要地论述桥梁检测技术和对旧桥评价的原则,并以具体旧桥加固改造实例,阐述了各种旧桥加固的理论原理,分别介绍旧桥加固的各种技术,如:增大截面和配筋法、锚喷混凝土法、粘贴钢板(筋)法、体外预应力法、外包混凝土法、改变结构受力体系法、碳纤维布法、拱圈套拱法、化学灌浆法、桥面补强法等。本著作还翔实地介绍了各实例具体加固设计和施工方法,有很强的针对性和实用性,是一本具有可操作性的工程参考书。

2002年,《旧桥加固技术与实例》一书由人民交通出版社出版。2003年,获江西省科技进步奖二等奖。

12. 桥梁深水桩基冻结挖孔施工工法的研发与应用

鄱阳湖大桥主桥为双索面三跨预应力大小塔斜拉桥,半漂浮体系。该桥大小塔基础均采用4根大直径钢筋混凝土灌注桩,其中,小塔(基础灌注桩直径4m)桥址处地质复杂。基础覆盖层均为软、松、散冲击层,厚度达19m之多。土性以淤泥和淤泥质黏土为主,基岩主要由石英砂岩组成,岩性坚硬脆,裂隙较发育。采用传统的钻孔灌注桩,钢护筒直径达4.5m以上,要下沉到基岩层十分困难,机具设备难以满足施工要求。为确保工期、工程质量及减少投入,施工方借鉴煤炭系统多年来行之有效的地冻结固壁法用于该桥桩基施工实践,研发并创立出一套适合"桥梁深水桩基冻结施工工法"。

2010年,江西省交通科学研究院组织力量编写、完善《桥梁深水桩基冻结挖孔施工工法》,以进一步将这一科技成果在交通建设领域推广应用。该技术的应用,是全球桥梁深水桩基施工首例,填补了国内外空白。

13. 成套模具安装T梁钢筋骨架施工工法

2011年1月20日,江西省公路机械工程局编写的"成套模具安装T梁钢筋骨架施工工法",通过江西省建筑业协会专家评审。

2010年初,江西省公路机械工程局按照建设部、交通运输部《工程建设工法管理办法》和《工法编写与申报指南》的要求,首次开展了"成套模具安装T梁钢筋骨架施工工法"开发和工法编写工作。通过详细收集各项原始数据和施工工艺图片与各种资料,精心编写,不断修改完善,最终编写完成。2010年12月3日,该工法在江西省工法评审会议上,得到评审专家的一致好评,顺利通过专家评审。

2010年12月31日,江西省建设厅向江西省公路机械工程局正式颁发省级工法证书。

14. 大跨径公铁两用桥结构安全监测关键技术与方法

2012年,江西省交通科学研究院、九江长江大桥公路桥管理局、宁波杉结构物监测中心、武汉理工大学和东南大学共同完成的"大跨径公铁两用桥结构安全监测关键技术与方法"科研项目通过江西省交通运输厅技术鉴定。

该科研项目在研究总结现有桥梁健康与安全监测系统的基础上,建立江西省区域桥梁群的健康监测集成平台,并以九江长江大桥监测系统为背景,对监测系统设计与集成、基于监测数据的损伤评估和安全预警方法等关键技术进行研究与开发。课题中设计并制作了相似结构模型,建立试验验证平台,验证应用于桥梁健康监测系统中的结构损伤识别、传感器优化布置等理论和方法;构建基于 Web-GIS 架构的省级区域桥梁群监测集成平台,设计和建立九江长江大桥健康监测系统,实现了监测数据的在线分析及结构安全预警,并进一步研究出一套基于监测数据的结构可靠度及结构特性参数识别和安全评估方法。对桥梁结构安全监测关键技术(传染器布置理论、桥梁群监测平台开发、传染器开发等)与评估方法(桥梁结构损伤识别方法、基于实测数据的结构剩余寿命评估理论等)进行系统研究,并探索一整套公铁两用桥结构安全监测关键技术与方法。

鉴定专家们认为,该项科技成果总体上达到国内领先水平。2013年1月,该项科技成果获中国公路学会科学技术奖一等奖。

15. 九江长江公路大桥 1761t 双壁整体式钢吊箱设计与施工关键技术

2013年5月5日,中国公路学会、江西省交通运输厅在九江市举行"九江长江公路大桥 1761t 双壁整体式钢吊箱设计与施工关键技术"科技成果评审会。

"九江长江公路大桥 1761t 双壁整体式钢吊箱设计与施工关键技术"科技成果成功解决了在地质、水文、航道复杂条件下超重吊箱下水、长距离运输与吊装下沉等关键技术,节约了建设成本,缩短了施工工期,实现了国内最大规模的超大整体钢吊箱工厂化制作、气囊法整体下水、长距离浮运及高精度安装的施工工艺,并首次在国内特大型桥梁承台钢吊箱施工中采用三船抬吊同步吊装施工工艺,对国内外类似工程建设具有借鉴意义。

评审专家组听取了课题组的研究介绍,审阅了研究成果报告资料,实地考察了相关使用情况。一致认为,该课题研究成果总体达到国际先进水平,一致同意该项科技成果通过技术鉴定。

16. 斜拉-连续协作桥 II 形梁与箱梁的衔接结构

2013年8月2日,江西省交通设计研究院有限责任公司承担和完成的"斜拉-连续协作桥 II 形梁与箱梁的衔接结构"科研项目通过省交通运输厅成果验收。

该科研项目主要内容是:研究斜拉-连续协作桥主梁的可选形式及其优缺点;研究斜拉跨采用 II 形主梁和连续跨采用大箱梁的衔接问题,对国内已建斜拉-连续协作桥的 π 形梁与箱梁的衔接方式进行结构分析比较;重点构思一种新的且受力合理的 π 形梁和大箱梁的衔接构造,并对其进行空间有限元分析,必要时进行荷载试验;研究新型衔接结构的合理施工方案,总结出施工监控要点和工序要求及斜拉-连续协作桥新型主梁结构的设计要求和技术。

斜拉-连续协作体系桥与等跨径一般斜拉桥相比,具有刚度大、造价低、桥型美和施工速度快等优点,取得了以下主要创新成果:①提出箱梁的两箱与π形梁的两肋平顺连接方式,外形美观,传力明确,构造简单新颖;②采用数值分析方法对斜拉部分的主梁与连续部分的主梁箱衔接部位进行系统的受力分析,从理论上论证了过渡段结构设计的可行性和有效性,主梁各部分受力均能较好地满足规范要求。③研究成果成功应用于江西丰城剑邑大桥(主跨55m+2165m+55m,斜拉-连续协作体系),经动、静载试验检测表明该项成果可满足规范要求,该桥已营运4年,效果良好。

鉴定委员会认为:该项目研究成果达到国内领先水平,具有推广应用价值。

17. 体外预应力加固桥梁关键技术研究及工程示范

该项科技项目由江西省交通科学研究院、北京交通大学和东南大学共同完成。

主要成果内容:建立了体外预应力筋的极限应力统一计算方法;首次通过试验,研究了体外预应力混凝土连续梁的弯矩重分布,提出了外荷载作用下普通钢筋屈服前,体外部分预应力混凝土梁的短期挠度计算方法;研发了体外预应力加固桥梁的锚固体系,解决了传统混凝土锚固转向体系局部开裂失效的通病问题;改进了空心板梁体外横向预应力加固技术与设计计算方法。项目研究的加固方法和工艺具有效果良好、工艺简单、经济节约、实用性强、特别是无须中断交通即可进行施工等特点,有效解决了体外预应力技术中存在的通病;提出的计算公式被国家规范引用,推动了该领域技术规范的制定和桥梁加固技术的发展,提高了中国在该领域的技术水平与竞争力。该项科技成果已在广东、上海、江苏、江西等省(市)数十座桥梁加固工程中得到成功应用,节约直接工程费用达10亿元。

2013年5月14日,该项科技成果通过江西省交通运输厅技术鉴定。同年,获江西省科学技术进步奖二等奖和中国公路学会科学技术奖三等奖。

18. 大跨度混合梁斜拉桥耐久性的理论与方法

2014年,江西省高速集团参与的科技项目"提高大跨度混合梁斜拉桥耐久性的理论与方法",获江西省科技进步奖二等奖。

该科技项目的主要内容是:①大跨度混合梁斜拉桥病害及成因调研;②大跨度混合梁斜拉桥耐久性失效风险评估;③大跨度混合梁斜拉桥结构性能退化分析;④易损区域或构件的理论、试验和实桥研究;⑤提高大跨度混合梁斜拉桥耐久性的对策研究,包括:提高大跨度混合主梁斜拉桥耐久性的设计对策研究,提高大跨度混合主梁斜拉桥耐久性的施工对策研究,提高大跨度混合主梁斜拉桥耐久性的管养对策研究等内容。

该科技项目取得主要成果有：①针对大跨度混合梁斜拉桥这一结构类型，建立一套完整的提高大跨度混合梁斜拉桥耐久性的理论与方法体系，包括耐久性病害调研、耐久性风险评估体系、易损构件的力学性能分析及设计施工管养对策。②首次提出了大跨度混合梁斜拉桥耐久性失效风险理论和方法。为建立大跨度混合梁斜拉桥的耐久性失效风险评估体系，本研究在分析耐久性和风险已有定义的基础上，从评估角度界定了耐久性失效风险的相关概念；基于耐久性时间跨度大的特点识别长期作用类型的风险因素，采用WBS-RBS技术建立了大跨度混合梁斜拉桥耐久性失效风险层次模型，并提出基于专家调查的模糊层次分析法，用以评估耐久性失效风险；引入风险概率重要度的计算方法用以评价各风险因素的相对排序。研究成果填补了结构耐久性风险评估的空白。③科技创新范围广、内容多：建立了大跨度混合梁斜拉桥耐久性失效风险因素库；提出了耐久性失效风险概率重要度分析的方法；给出了控制大跨度混合梁斜拉桥耐久性风险的措施，以提高其耐久性；完成九江长江公路大桥的耐久性失效风险的评估，针对影响耐久性的主要因素制定控制措施，供大桥建设、设计、试验、施工、管养等参考；首次建立大跨度混合梁斜拉桥结构性能退化分析方法和理论。④开发了一种新型的斜拉索密封体系。⑤项目基于全寿命理念，借助调研、理论分析、模型试验及数值模拟等手段，架构提高大跨度混合梁斜拉桥耐久性的理论体系，提出设计、施工和管养的相应措施，提高结构全寿命周期建设管理的科学性，节约工程费用总开支，契合创建节约型社会的发展模式；增强结构的安全性，减少长期使用过程中出现工程事故的可能性，保证重大交通生命线的稳定性。

该科技项目成果经鉴定总体达到了国际先进水平，其中，大跨度混合梁斜拉桥耐久性失效风险理论与评估方法和全新拉索密封体系成果达到国际领先水平。2014年，该项科技成果获江西省科技进步奖二等奖。

19. 长大跨桥梁结构状态评估关键技术与应用

2014年3月，江西省交通科学研究院与东南大学等单位共同完成的科技项目"长大跨桥梁结构状态评估关键技术与应用"科技成果获国家科学技术进步奖二等奖。

该科研项目基于长大跨桥梁具有投资大、工作环境恶劣、服役周期长、灾变后果严重等特点，针对传统的桥梁维护管理手段单一、自动化和科学化程度低，亟须在理论和实践上得到突破的状况，历时10年，攻克了长大跨桥梁状态评估中的若干关键科学技术问题，形成了长大跨桥梁结构健康监（检）测关键技术与系统、长大跨桥梁风特性及风致抖振的精细化分析方法、长大跨桥梁疲劳损伤演化模型与多尺度分析方法、长大跨桥梁的时变可靠度评估方法等创新成果，并成功应用于润扬大桥、苏通大桥、南京长江大桥等10余座具有世界影响的大跨桥梁，以及国家级文物桥梁兰州黄河铁桥，创造直接、间接经济效益10余亿元，为确保长大跨桥梁的安全、耐久和科学化的养护管理提供了先进理论与系列技术。

20. 公路长大桥梁结构安全网络监控系统省级应用示范

2014年8月7日,江西省交通科学研究院承担的交通运输部科技项目"公路长大桥梁结构安全网络监控系统省级应用示范"(项目编号:2011318780920)通过验收专家组验收。

该项目对公路桥梁结构安全网络监控系统进化系统集成和标准化,完成九江长江大桥(公铁两用桥)、九江二桥、夏萍大桥等6座不同类型桥梁的监测系统实施和监控平台建设。其取得主要成果有:①开发了试用不同桥型的桥梁挠度检测系统、空心板铰缝剪切位移差监测系统;②建立了公路长大桥梁结构安全网络监控平台,为江西省桥梁管理提供了技术支持;③编制了地方标准《公路桥梁健康监测系统设计规范》和《公路桥梁健康监测系统数据服务规范》。

21. 桃木岭高墩高架桥设计与施工关键技术

2005年4月25日,由京福高速公路建设项目办、江西省交通设计院联合完成的科技项目"桃木岭高墩高架桥设计与施工关键技术",通过江西省交通厅技术鉴定。

该科研项目的主要内容是:①根据山区高速公路的具体特点,确定合理的桥梁总体设计方案;②研究高墩桥梁设计中的结构非线性、稳定性、动力特性及车辆荷载对桥梁的影响等;③研究液压滑升模板(滑模)技术和工艺,并应用于高墩的施工和控制;④研究移动模架造桥机技术和工艺,应用于桥梁上部主梁的施工和控制。桃木岭高架桥全桥长808m,全桥连跨5个山头,最高桥墩83m,具有典型的山区高架桥特性。

该科研项目的主要科研成果有:①设计总体方案新颖合理。山区高速公路的特点是地形、地质复杂、路线弯道半径小、纵坡大、结构物多、墩台高、桥孔布置难。该课题针对这些因素,结合桥位实际条件,选择中等跨径刚架与连续梁相结合的高墩高架桥的桥型方案,研究并解决设计与施工关键技术问题,对京福高速公路建设发挥重要作用。②对高墩高架桥结构的设计和施工各阶段做详细的平面和空间计算分析,确保高墩的施工稳定以及桥梁使用的安全。③根据本桥特点,经多方案比选,采用专门设计的移动模架施工直线段上部主梁,在平曲线半径仅463m的上部箱梁中采用在墩顶设横向牛腿导梁的施工工艺,下部高墩采用滑模施工,达到安全、快速、经济的目的,填补了省内空白。

2006年5月,该项科技成果获江西省科技进步奖三等奖。

22. 昌樟高速公路药湖高架桥结构性能改善和病害防治技术

2006年,江西赣粤高速公路股份有限公司昌樟高速公路管理处、江西省交通科学研究院共同完成科研项目"昌樟高速公路药湖高架桥结构性能改善和病害防治技术",主要科研内容为:①针对药湖高架桥上、下部结构特点和存在的病害,在检测和调查分析的基础上,提出改善与加强上部构造预应力空心板维修加固方案及空心板梁底施加横向体外预应力处治方案,并通过理论计算及比较,选择体外应力的横向布置方式及施加体外预应力的大小。②对横向体外预应力改善和加固空心板梁横向整体受力性能的施工工艺进行研究。③通过对施加横向体外预应力加固后和加固前的静载试验结果进行详细分析和比较,验证该项技术的先进性和有效性,进而推广该加固技术用于药湖高架桥全桥的加固维修,同时为药湖高架桥及类似桥梁结构性能改善、加固和病害防治提出一系列技术、措施。

2008年,该项科研成果通过江西省交通厅组织的专家鉴定。

23. 钢管混凝土索拱桥关键技术

2008年12月5日,由江西省公路科研设计院、华东交通大学共同承担和完成的省交通重点科技项目"钢管混凝土索拱桥关键技术"通过江西省交通厅科技鉴定委员会鉴定。

该科技项目对钢管混凝土索拱桥进行了模型试验设计、制作、加载和测试研究后,对钢管混凝土索拱桥的计算理论进行了索力调整方法、参数分析等研究;并根据试验提出无铰拱—拱架—连续梁三体系相结合的索拱桥理论。

该科技项目成果在湖南天子山大桥的工程应用实践表明:钢管拱索桥特别适合V形山谷地域的桥梁建设,相对于悬索、斜拉、一般拱桥和连续刚构桥梁,具有施工容易、造价低、效果好、适合山谷建桥的特点,有着广阔的推广应用前景。

24. 钢混凝土混合梁斜拉桥损伤识别技术

2014年8月7日,江西省交通科学研究院和南昌大学共同承担的交通运输部西部交通建设科技项目"钢混凝土混合梁斜拉桥损伤识别技术"(项目编号:20113187801370)研究成果通过江西省交通运输厅评审鉴定。

该项目组以九江长江公路大桥建设为工程背景,通过模拟试验,对桥梁施工过程和成桥结构性能监测进行模拟,研究钢混结合段等关键部位的受力机理、损伤识别方法以及适用于斜拉桥钢混凝土混合梁多类型传感器优化技术和有限元模型修正技术,有多方面创新:①基于模型试验和有限元数值分析,揭示了钢混凝土混合梁结合段及其构建的受力机理;②研发了基于荷载试验并考虑施工状态的基准有限元模型修正技术;③提出了考虑钢混凝土混合梁斜拉桥动力特性及易损段局部应力特点的传感器优化布置方法。

该项目成果在九江长江大桥工程建设和运营过程中得到应用,对于同类桥梁建设与管理具有良好的推广应用前景,项目研究成果总体达到国际先进水平。

25. 纤维布在钢筋混凝土简支桥梁加固中的应用

2000年8月,江西省交通科研所和江西省公路局科研设计院共同承担并完成科技项目"纤维布在钢筋混凝土简支桥梁加固中的应用",主要内容是:①碳纤维布的受力机理及性能;②碳纤维布加固补强桥梁结构的施工工艺;③碳纤维布加固补强桥梁结构的效果。

该课题系统阐述了碳纤维加固补强混凝土结构的受力特性和工作机理,同时结合景白线双凤桥的加固工程实施施工操作,详细论述这种新兴加固技术的设计原理、设计方法以及有关施工技术措施与施工工艺等。经双凤桥加固前、后静载试验,结果表明采用碳纤维布加固钢筋混凝土简支桥梁效果良好。为今后推广应用此项加固技术积累了经验,具有一定的指导作用。

2002年10月16日,该项科技成果通过江西省交通厅组织的专家鉴定。

26. 江西省公路科研院应用新技术加固旧桥梁

2016年12月,江西省公路科研院对建于1969年的上饶市广丰区慈骑线(K676)五都大桥加固工程采用一种新的加固技术,即用复合结构加固圬工拱桥的关键技术成果用于实体桥梁加固。

近几年,江西省公路科研院联合重庆交通大学共同承担江西省交通运输厅"用复合结构加固圬工拱桥的关键技术"科研课题研究,提出采用在圬工拱圈两侧设置L(槽)形钢筋混凝土拱肋,与原圬工砌体形成复合拱圈共同受力的加固技术。新的技术方式较常规加固方式,可尽量减少对原结构的损伤。加固措施便于实施,可保证施工质量,造价低、工期短,经济效益好,可广泛应用于江西旧危桥改造。五都大桥用复合结构加固圬工拱桥的关键技术加固后,解决了该桥主拱圈砌缝砂浆大面积脱落、严重影响结构安全的难题,取得显著的社会效益和经济效益。

27. 预制T形梁桥结构损伤识别方法研究

2016年,江西省交通科学研究院承担和完成科技项目"预制T形梁桥结构损伤识别方法研究",主要内容是:基于现在全国对中小型混凝土梁桥状态或结构损伤的检测与评定主要采用静力试验等传统手段,而动力检测、诊断等新方法尚处于起步阶段的实际情况,以公路混凝土30m T形简支梁桥为对象,系统分析跨中不同程度损伤对桥梁结构车载动力性能的影响机理和规律。

研究内容与结论如下:根据运营期桥梁结构监测响应数据的非平稳特性,采用时域识别方法进行结构模态参数的识别和统计分析,得到可靠的结构特征参数,验证了振动信号消噪技术、基于HHT及小波变换的模态参数识别方法和程度的正确性和可靠性;采用数值模拟对频率、曲率模态等多类结构模态参数的损伤识别方法进行分析,但考虑到实测数据噪声等方面影响其识别效果有限,故建议对桥梁单处小损伤识别采用频率进行总体控制,还可考虑运营期桥梁在荷载作用下,利用结构响应指标进行评估;考虑桥面不平整度、车桥耦合振动以及单车和车队作用下的结构数值模拟,对梁跨中单元损伤状态进行动力响应计算和分析;分析了D0(完好)、D1(20%)、D2(50%)及D3(90%)四种不同损伤等级对T梁各关键截面的动力响应,结果表明:不管是在单车还是车队条件下,随着损伤程度加大,跨中截面挠度、内力及应力也随之增大,总体结果表现不太显著,但车队作用条件下比单车作用条件下的结果表现明显。

2016年,该项科研成果通过江西省交通运输厅鉴定。

28. 泰井高速公路隧道开发和应用先进的电磁感应灯

2004年,泰井高速公路4座隧道全部开发和应用最先进的电磁感应灯照明,成为世界首条使用电磁感应灯的高速公路。

据有关资料显示,2004年各国高速公路隧道内照明普遍采用高压钠灯。这种灯显色性较差,光强难以通过灯具自身控制,对电压范围要求高,功耗高,使用寿命短,给高速公路安全行车带来一定的影响。使用电磁感应灯不仅光效高、显色强、寿命长,而且节能、安全性好。在同样满足隧道照明的情况下,采用电磁感应灯比高压钠灯可省电400%左右,光照度自然,几乎无眩光,为驾驶员行车安全创造了良好的照明环境。

29. 隧道内驾驶行为特性及事故防治技术

该项科技课题由江西省交通科研院和长安大学共同完成,主要应用于隧道安全设计和运营安全管理,为工程实践和应用提供了驾驶员视觉变化和心理变化规律,通过上述规律提供基础参数。在人—车—路—环境交通系统中,人是最主要因素。驾驶员操作行为过程通常分为信息感知、判断决策和动作执行三个阶段。信息感知的过程发生变化时,必然影响人的行为决策,也进一步影响驾驶操作。由于隧道环境的特殊性,不可避免存在环境照明度低、粉尘、空间封闭、环境单调、内外差异大等问题,加之驾驶员较多时间是在普通道路上行驶,隧道内行车经验相对较少,所以驾驶员行驶在隧道环境外或隧道环境内时,感知到的信息与普通道路差异较大,再加上经验限制,必然会引起心理、生理状态变化。如心理上感到危险、害怕而紧张,或是感到压抑、单调,以及进出隧道时产生的视觉障碍等。心理和生理变化进一步影响驾驶员信息感知和反应操作能力,也影响判断和决策,最终在驾驶行为上体现出来。

本课题针对上述问题,采用现代科学方法,在进行大量公路隧道交通事故调研的基础上,多层次分析公路隧道路段的交通事故特征,研究公路隧道环境中交通事故产生的机理;同时以实车进行公路隧道试验为依据,探索驾驶员动态环境中的眼动注视特征(注视点变化规律)、心率和呼吸率等心理、生理指标变动规律;用定量分析的方法研究公路隧道对驾驶员心理影响和生理负荷间的相关性;在此基础上,分析公路隧道路段驾驶行为的相关特征,为公路隧道设计以及安全运营提供重要理论依据。主要内容是:①研究和分析公路隧道环境中交通事故时空分布规律和隧道交通事故形态及车型分布规律,以及现有隧道交通事故的产生诱因,分析事故各因素的比例,为后续研究打下基础。②提出不同交通流条件下、不同长度类型隧道及隧道各路段驾驶员注视时间、注视次数等眼动特征变化规律和不同交通流条件下、不同长度类型隧道及隧道各路段驾驶员心率、呼吸率等生理特征变化规律,以及不同交通流条件下、不同长度类型隧道及隧道各路段驾驶员驾驶行为特征,提出了公路隧道事故防治技术和措施。③该研究针对隧道不同路段中驾驶员心理和生理变化,系统全面地展开相关研究,获得驾驶员在不同隧道及隧道不同路段生理、心理定量变化规律。将其变化与驾驶行为对应,明确隧道环境中驾驶员视觉信息感知的特点和规律,以及信息对其心理和行为的影响。为改进隧道安全提供了基础性成果,为安全设计提供了创新性依据。④对于改进隧道安全设计、建设、运营等过程中的安全问题进行了事故防治技术研究,提出相应的防治措施和方法,为驾驶员创造安全、平顺的隧道环境,减少事故发生,保护生命财产安全,提高道路运输效率提供了创新性决策依据。

2009年12月28日,该项科技成果通过江西省交通运输厅技术鉴定。

30. 九岭山隧道

江西省交通设计研究院有限责任公司勘察设计的九岭山隧道于2009年建成通车,隧道长5.41km,是江西省当时建成通车最长的双线公路隧道。该公司在隧道勘察设计过程中勇于创新,在隧道选址、总体设计、隧道防排水、监控、通信、电力保障、施工方案等多方面采用多项先进技术,是国内首座网络通风试验隧道,为该院的特长隧道勘察设计积累了经验。

2012年,该公司勘察设计的大庆至广州高速公路(江西境内)武宁至吉安段九岭山隧道荣获2011—2012年度国家优质工程银质奖。

31. 隧道与地下工程重大突涌水灾害治理关键技术及工程应用

2013年,江西省高速集团参与以吉莲高速公路永莲隧道为依托工程的科技项目"隧道与地下工程重大突涌水灾害治理关键技术及工程应用",项目的主要内容是:开展复杂地质条件下隧道突水突泥孕灾环境、隧道断层突水突泥灾害源识别与机理和灾害演化过程研究,以及基于隧道长期运营安全的断层突水突泥灾害防控技术研究。依托吉莲高速公路永莲隧道F2破碎带塌方突水突泥灾害综合处治工程,通过资料收集、国内外调研、案例分析、补充水文地质调查与分析、室内试验、数值分析、理论分析等,研究复杂地质条件下隧道断层突水突泥孕灾环境与致灾机理、突水突泥灾害源识别理论与方法、突水突泥灾害防控理论与技术等关键科技问题,形成隧道断层突水突泥重大灾害防治的核心技术,编制相应的指南,实现复杂地质条件下隧道断层突水突泥灾害的有效防控。

该项科技项目主要创新成果如下:①突破了隧道及地下工程重大突涌水灾害治理的基础理论难题。研发国内外首台大型三维突涌水与注浆模拟试验系统,提出突涌水过程中流态转变模式与注浆封堵判据,首次系统揭示突涌水封堵过程中浆液扩散规律和封堵机理,为重大突涌水灾害治理技术奠定全面的理论基础。②解决了重大突涌水灾害治理的注浆材料、工艺及装备等一系列关键技术难题。研发高早强型膏状加固堵水材料、强渗透型纳米级硅胶注浆材料与高膨胀型充填堵水材料,提出突涌水治理的系列化钻探注浆工艺及实用装备系统,为不同类型重大突涌水治理提供强有力的技术支撑。③攻克了重大突涌水灾害治理设计、注浆施工与围岩安全控制的核心技术难题。首次提出以注浆关键孔为核心的动态设计方法,建立富水断层破碎带、节理裂隙、岩溶管道及孔隙微裂隙型突涌水治理的关键技术及治理体系,实现重大突涌水灾害的有效治理,在交通、水电及矿山等地下工程领域形成4项行业标准。

2013年,该项科技成果获教育部高等学校科学研究优秀成果奖和科学技术进步奖一等奖。2014年,获国家科技进步奖二等奖。

32. 高速公路隧道LED实时照明智能变光测控系统

江西省交通运输厅瑞金至寻乌高速公路项目建设办公室、江西省交通科学研究院共同完成本科研项目。

本项科研成果运用Matlab软件,建立洞外高度、车流量和车速三个参数的线性回归模型;利用DI-Alux验证了LED相对于HPS光源在光效、显色性和节能方面具有优势,证明了中间视觉理论应用于隧道照明设计的重要性。通过对"基于模糊理论控制方案的DALL总线系统"和"元级调光控制方案"两种隧道照明控制廊进行比较分析,验证了隧道LED照明智能无级调光控制方案的节能效果较佳,并提出增强公路隧道LED照明效果的配光方法。

2013年,该项科研成果通过江西省交通运输厅技术鉴定。

33. 多遇地震作用下公路隧道抗震设防研究

2009年3月7日,江西省交通设计院承担的"多遇地震作用下公路隧道抗震设防研究"科技项目成果通过江西省交通运输厅技术鉴定。

该项科技成果是:在现场调研基础上,系统总结分析了隧道及地下结构的震害模式,定性分析了影响震害的因素,建立了隧道-围岩相互作用的分析模型;系统研究隧道洞身在有无地震作用下的衬砌反应以及在不同地震波、地震烈度、地层条件、隧道埋深、隧道形状、衬砌厚度、衬砌类型条件下的动力响应规律,为不同条件下的隧道抗震设计提供了理论依据;通过改变衬砌厚度,对不同围岩地质条件主要控制参数(衬砌厚度和形式、动剪应力等进行研究);首次提出隧道地震动力压力计算公式,该公式不仅与传统的土压力计算的均值接近,而且与隧道侧动土压力合力、有限元动力分析结果接近,实际工程设计中宜同时采用两种计算方法对隧道衬砌结构进行抗震验算。

鉴定委员会认为,该成果在公路隧道抗震设防方面取得了重要成果,具有良好的应用前景,社会经济效益明显。研究成果总体上达到了国内领先水平。

34."公路隧道 LED 照明无级调光系统"科技成果获国家发明专利

专利号:CN201310135055.9;

申请(专利权)人:江西省交通科学研究院;

发明(设计)人:赵华、糜江、雷袁欧忆。

"公路隧道 LED 照明无级调光系统"是一种公路隧道 LED 照明无级调光系统,主要由监控中心、传感信号采集处理模块、亮度传感器、车流量检测器、车速检测器、温度传感器、RS485 接口电路、电源、电源管理模块、存储器、LED 隧道灯控制模块和 LED 隧道灯组构成。

本发明综合利用洞外亮度、车流量及车速数据,可以实时连续地对 LED 隧道灯组进行调光,得到不同亮度水平的光能,能够有效克服分级控制带来的闪烁、照度不均匀等不利于行车安全的因素,使整个隧道的亮度控制和节能能处于优化状态。

2013 年,该项科技成果获国家发明专利。

35."增强隧道照明效果的配光方法"科技成果获国家发明专利

专利号:CN201310135029;

申请(专利权)人:江西省交通科学研究院;

发明(设计)人:糜江、赵华、雷袁欧忆。

"增强隧道照明效果的配光方法"是一种增强隧道照明效果的配光方法。其特征是:在隧道的入口段、出口段、过渡段或基本照明车方向上使用逆光照明,即灯具的光束照射方向与隧道纵断面方向(或称垂直方向)上成 50°~70°夹角;隧道出口段、入口段和过渡段的灯具对称安装在隧道两侧,隧道基本照明段的灯具安装在隧道顶部正中处。

本发明为增强隧道照明效果的配光方法,采用逆光照明方式,可使隧道内障碍物在沿着车辆行驶反方向的光线照射下,形成更大的阴影区,从而增加障碍物的视认性,使路面亮度相对于其他配照明效果提高 120%,特别适合单通道的隧道照明使用。

36.隧道运营安全评价系统

2009 年,由江西省高等级公路管理局、江西省交通科学研究院、长安大学共同承担和完成该科技项目。该项目组从江西省高速公路隧道运营安全现状出发,应用系统工程和安全评价理论与方法,对影响隧道运营安全的因素进行研究,划分了隧道运营安全设防等级,提出了具体的等级评判函数、分级指标、隧道运营安全预防措施决策框架及相应的预防性运营安全管理对策;研发了隧道运营安全评价及信息管理系统,并在此平台上设立了公众服务模块。专家委员会评审经过讨论认为,该项科技成果总体达到国内领先水平,一致同意该科技成果通过评审鉴定,并建议在全省交通运输系统推广应用。

第三节 科技成果

江西高速公路建设科技成果主要有江西省交通运输厅通过鉴定的科技成果、单项和综合性科技成果与成套科技成果3种类型；有国家科委、省科委、中国公路学会颁发的科技进步奖与优秀勘察设计奖，以及获得科技著作权、国家发明专利与实用新型专利、编著科技专著与研编的省地方标准和行业标准5个方面。1991—2016年，全省交通运输系统共取得上述几方面的科技成果556项。此外，还获得省公路学会颁发的一批科技创新成果奖及由有关主管部门颁发的高速公路建设信息化建设成果奖、优秀勘察设计成果奖和QC国优、省优成果奖。

江西省高速公路建设所取得的科技成果，见表6-3-1～表6-3-8。

通过江西省交通运输厅鉴定的部分科技成果　　　　表6-3-1

项目编号	项目名称	承担单位	负责人	成果鉴定时间或编号
—	双悬臂钢筋混凝土梁桥加固技术	江西省交通科研所	黄振刚	1996年12月通过江西省交通厅技术鉴定
—	公路环境评价与保护	江西省交通科研所	雷茂锦	1999年12月通过江西省交通厅技术鉴定
—	桥梁动载试验应用技术	江西省交通科研所	李向东 黄振国	1999年12月通过江西省交通厅技术鉴定
—	八一大桥引道（复合式）路面裂缝原因及修护技术	江西省交通科研所	陈国强 帅长斌	1999年12月通过江西省交通厅技术鉴定
—	湖口大桥索塔节段锚固区足尺模型试验与研究	江西省交通科研所、浙江大学土木工程系	项怡强 智　广	1999年11月通过江西省交通厅技术鉴定
—	大吨位静荷载试验在桩基检测中的应用	江西省交通科研所	刘红生 吴伟明	2003年11月通过江西省交通厅技术鉴定
—	南昌八一大桥建设项目后评价研究	江西省交通科研所	湛润水 帅长斌	2001年12月通过江西省交通厅鉴定
—	公路旧桥加固技术与实例	江西省公路局科研设计所	湛润水 胡钊芳	2001年12月通过江西省交通厅鉴定
—	碳纤维布在钢筋混凝土简支桥梁加固中应用研究	江西省公路局科研设计所	湛润水 胡钊芳	2002年10月通过江西省交通厅鉴定
200113	预应力混凝土连续刚构施工控制	江西省公路局科研设计所	胡钊芳	赣交科鉴字〔2003〕01号
200108	涵洞通道设计系统	江西省交通设计院	陈国	赣交科鉴字〔2003〕02号

续上表

项目编号	项目名称	承担单位	负责人	成果鉴定时间或编号
200119	江西省高速公路营运信息管理系统	江西公路开发总公司等单位	方壮壮	赣交科鉴字〔2003〕92号
200004	利用层布钢纤维提高混凝土路面性能	南昌公路分局科研科	左 俊	赣交科鉴字〔2003〕06号
200311	公路桥梁载荷试验	江西省公路局交通科研所	湛润水	赣交科鉴字〔2003〕08号
199915	公路桥梁结构缺陷补强技术应用	江西省交通科研院	邹剑华	赣交科鉴字〔2003〕09号
199914	大吨位静荷载试验在基桩检测中的应用	江西省交通科研院	刘红生	赣交科鉴字〔2003〕10号
200010	探地雷达技术在公路病害检测中的应用	江西省交通科研院	梅志华	赣交科鉴字〔2003〕11号
199916	公路桥涵规范检索系统	江西省交通科研院	车英俊	赣交科鉴字〔2003〕12号
200303	江南湿热多雨区高速公路沥青路面高温稳定性及水损害防治技术	京福高速公路建设项目办	—	赣交科鉴字〔2005〕02号
200304	沥青马蹄碎石（SMA）混合料在江西高速公路工程中的推广应用	京福高速公路建设项目办	—	赣交科鉴字〔2005〕03号
200305	桃木岭高墩高架桥设计与施工关键技术	京福高速公路建设项目办	—	赣交科鉴字〔2005〕05号
200316	环保型道路热熔标线涂料研制生产及应用	江西省公路局交通工程公司	—	赣交科鉴字〔2005〕06号
200201	高速公路路面养护管理系统	江西省交通科研院	—	赣交科鉴字〔2005〕08号
200213	运用Pocketpc配合GPS的道路勘测设计系统（GPSROAO）	吉安公路勘察设计院	—	赣交科鉴字〔2005〕09号
200414	体外预应力混凝土梁桥非线性分析	江西省交通桥梁检测加固公司	—	赣交科鉴字〔2005〕11号
200202	预应力简支梁后浇普通钢筋混凝土体系转换结构连续桥梁研究	江西省交通科研院、江西省公路局科研设计院	—	赣交科鉴字〔2005〕12号
200118	路基土壤强固剂技术的应用	萍乡市公路勘察设计院	—	赣交科鉴字〔2005〕13号
200205	生物护坡与工程技术	江西省公路管理局、赣南公路勘察设计院	—	赣交科鉴字〔2005〕14号
200320	2020年江西公路科学技术发展研究	江西省公路学会	—	赣交科鉴字〔2005〕15号

续上表

项目编号	项目名称	承担单位	负责人	成果鉴定时间或编号
200301	钢渣在高速公路底基层应用技术	江西省公路管理局	—	赣交科鉴字〔2005〕033号
200413	大跨度预应力混凝土连续梁桥施工控制技术	乐温高速公路建设项目办	—	赣交科鉴字〔2005〕17号
200302	江西省高速公路边坡综合防护技术	江西省高等级公路管理局	—	赣交科鉴字〔2006〕02号
200117	聚丙烯腈纤维沥青混合料加强筋应用	南昌市公路勘察设计院	—	赣交科鉴字〔2006〕03号
200412	山区高速公路路基工程地质病害勘测、评价和处治	江西省交通科研院	—	赣交科鉴字〔2006〕05号
200403	高速公路交通安全评价体系研究与应用	江西省交通科研院	—	赣交科鉴字〔2006〕06号
200304	电热法施加预应力技术	赣南公路勘察设计院	—	赣交科鉴字〔2006〕19号
200307	改性沥青在江西省高等级公路的研制及应用	江西省公路管理局	—	赣交科鉴字〔2006〕08号
200307（补）	高速公路填砂路基关键技术研究与应用	乐温高速公路建设项目办	—	赣交科鉴字〔2006〕22号
200312	江西山区高速公路边坡稳定性监控与防护效果评价	江西省高等级公路管理局	—	赣交科鉴字〔2006〕17号
200314	压实方可视化交互土石方调配系统	江西省交通设计院	—	赣交科鉴字〔2006〕24号
200311	江西省交通系统2003—2010年信息化规划及研究	江西省交通厅信息中心	—	赣交科验字〔2006〕25号
200301	江西省收费公路载货汽车计重收费系统技术规范	江西省交通科研院	—	赣交科软评字〔2004〕08号
200306	乐温高速公路过湿土基填料处治技术	江西省交通设计院	—	赣交科验字〔2006〕11号
200313	公路工程地质软件开发	江西省交通设计院	—	赣交科验字〔2006〕12号
200305	公路VRMI虚拟现实及三维建模系统	江西省交通设计院	—	赣交科鉴字〔2006〕13号
200310	江西省公路收费站地理信息系统	江西省交通厅信息中心	余力克	赣交科验字〔2007〕01号
200522	优化拱轴线混凝土拱涵应用技术	景婺黄项目办、武汉理工大学	邝宏柱 朱美琪	赣交科验字〔2007〕02号

第六章 高速公路科技创新

续上表

项目编号	项目名称	承担单位	负责人	成果鉴定时间或编号
计划外	高速公路建设项目信息管理系统	景鹰高速公路项目办等	陈国强	赣交科鉴字〔2007〕03号
计划外	江西省交通运输安全GPS监控系统	江西省交通厅信息中心	余力克	赣交科鉴字〔2007〕04号
200523	隧道渗漏水病害的现场观察与防治技术	景婺黄高速公路项目办、长沙理工大学	高燕希 谢来发	赣交科鉴字〔2007〕05号
200302	基于GIS的高速公路养护管理决策支持系统	江西方兴科技公司等	邹国平	赣交科鉴字〔2006〕07号
200408	电磁感应灯在隧道照明系统中的应用	江西方兴科技公司等	黄　铮	赣交科鉴字〔2007〕11号
200418	公路四阶段交通量预测系统	江西省交通设计院	赵新华	赣交科鉴字〔2007〕12号
200518	桥梁管理系统中技术状态评估方法研究—中小跨径RC梁桥	江西省公路管理局、武汉理工大学、华东交通大学	胡钊芳	赣交科鉴字〔2007〕13号
200322	利用藤蔓植物恢复公路工程石质边坡生态景观新技术	江西省公路学会、南昌工程学院	傅恒生	赣交科验字〔2007〕14号
200510	高速公路路表排水方法分析及典型结构研究	江西省交通设计院	吴纪才	赣交科鉴字〔2007〕15号
200417	标准跨径高墩桥抗震安全性评价	江西省交通设计院	李程华	赣交科鉴字〔2007〕16号
200504	景婺黄（常）高速公路隧道群施工若干关键技术	景婺黄项目办、同济大学、江西省公路科研院	谢来发	赣交科鉴字〔2007〕17号
200406	泰井高速公路工程坡面恢复自然植被的技术方案及施工工艺	泰井项目办、铁四院武汉绿茵草坪公司	彭发根	赣交科鉴字〔2007〕19号
200400015	重力式U形桥裂缝缺陷调查与处治	江西省交通工程质量监督站	栾建平	赣交科鉴字〔2008〕01号
Z20050003	景婺黄（常）高速公路隧道防灾与安全管理系统	景婺黄（常）项目办、同济大学	郭忠印	赣交科鉴字〔2008〕08号
Z200550001	抗滑表层SMA及沥青碎石排水基层ATB设计与应用技术	景婺黄（常）项目办、同济大学	邝宏柱	赣交科鉴字〔2008〕09号
200500024	体外预应力加固预应力混凝土梁式桥应用研究	江西交通职业技术学院	刘开健	赣交科验字〔2008〕10号
200600015	江西省高速公路养护规划研究	江西省交通厅规划办	冯义卿	赣交科软评字〔2008〕12号
200200016	网络化公路工程信息管理系统	京福高速公路项目办、江西省公路局通信总站	袁望京	赣交科验字〔2008〕16号

江 西

续上表

项目编号	项目名称	承担单位	负责人	成果鉴定时间或编号
200400005	昌九高速公路技术改造之试验研究	赣粤高速公路公司等	谭生光	赣交科鉴字〔2008〕18号
200500014	旧混凝土路面加铺新混凝土路面层技术研究与应用	赣东公路设计院、抚州市公路局	吴宜义	赣交科验字〔2008〕17号
2008y0001	RS2000抗车辙改性沥青在昌九高速公路技术改造中的应用	赣粤高速公路公司等	谭生光	赣交科验字〔2008〕19号
200400011	昌金高速公路沥青路面结构层综合研究	昌金高速公路项目办、长沙理工大学	冯义卿	赣交科验字〔2008〕22号
200600026	公路桥梁移动荷载振动响应及冲击系统	鄱余公路项目管理处、华东交通大学	吴铭汉	赣交科鉴字〔2008〕24号
200500016	钢管混凝土索拱桥关键技术	江西省公路科研设计院、华东交通大学	彭德清	赣交科鉴字〔2008〕25号
200600018	大厚度、大宽幅摊铺应用技术	景婺黄(常)项目办、长沙理工大学	邱文东	赣交科鉴字〔2008〕26号
200100002	公路隧道信息化施工与质量检测技术	江西省交通科研院	雷茂锦	赣交科鉴字〔2008〕149号
200400024	江西省高速公路沥青路面修筑技术	江西省交通科研院	雷茂锦	赣交科鉴字〔2008〕29号
200600014	基于航测遥感技术的公路数字影像集成系统	江西省交通设计院、江西省测绘局	陈 国	赣交科鉴字〔2008〕30号
200600013	隧道洞口三维设计系统	江西省交通设计院	朱海涛	赣交科鉴字〔2008〕35号
200500017	钢筋混凝土肋拱偏心距增大系数研究	江西省交通科研院	丁 青	赣交科鉴字〔2008〕37号
200600007	昌樟高速公路药湖高架桥结构性能改善和病害防治技术	昌樟高速公路管理处、江西省交通科研院	彭发根	赣交科鉴字〔2008〕38号
20060006	高速公路联网收费路径识别技术	江西省高速公路联网中心	夏太胜	赣交科鉴字〔2008〕39号
200910067	江西省高速公路收费站管理用房建设指南编制研究	石吉高速公路项目办、南昌大学城市研究院	邝宏柱	赣交软字〔2009〕01号
200708	废轮胎胶粉改性沥青在高温多雨地区高速公路中的应用	景鹰高速公路建设项目办	陈书全	赣交科鉴字〔2009〕03号
200611	多遇地震作用下公路隧道抗震设防	江西省交通设计院	聂复生	赣交科鉴字〔2009〕06号
200416	V形刚构组合拱桥施工监控技术	江西省交通工程咨询监理中心	俞文生	赣交科鉴字〔2009〕07号

续上表

项目编号	项目名称	承担单位	负责人	成果鉴定时间或编号
200711	外包混凝土加固法的受力性能及评价指标	江西省交通科研院	谌洁君	赣交科鉴字[2009]09号
200621	道路冷铺沥青混合料的试验与研究	江西省交通科研院	彭德清	赣交科鉴字[2009]10号
200608	路堑高边坡稳定性评价和预测方法在泰赣高速公路中应用	江西省交管昌赣州管理处	曹耐尔	赣交科鉴字[2009]11号
200603	简支桥梁桥面连续破损机理及其处治对策	梨温高速公路公司、江西公路开发总公司	颜杏生	赣交科鉴字[2009]13号
200612	江西省交通岩土工程信息系统	江西省交通设计院	罗细雅	赣交科鉴字[2009]14号
200407	高速公路机电工程软件开发技术	江西方兴科技有限公司	邹国平	赣交科鉴字[2009]15号
200820	公路隧道围岩变形预警监控技术在武吉高速公路上的应用	江西省公路工程监理公司	龙华青	赣交科鉴字[2009]17号
200718	LED(发光二极管)技术在隧道照明系统中的应用	江西省交通运输厅信息中心	颜庆华	赣交科鉴字[2009]146号
2007353336150	沥青混合料冷再生上基层在高速公路大修中的应用	赣粤高速公路公司、同济大学	孙斌	赣交科鉴字[2009]20号
200410	高速公路通行费预测体系研究及收费动态管理软件开发	江西方兴科技有限公司、赣粤高速公路公司	汪建明	赣交科鉴字[2009]29号
200705	高性能路面混凝土及其工程应用	上饶市公路局、华东交通大学	徐建云	赣交科鉴字[2009]30号
200702	宜安公路安全评价技术研究与开发	江西省公路科研设计院	熊慎文	赣交科鉴字[2009]34号
2008B1325200	隧道内驾驶行为特性及事故防治技术	江西省交通科研院、长安大学	丁光明	赣交科鉴字[2009]222号
—	旧水泥混凝土路面柔性基层加铺层材料组成和结构设计及应用	宜春市公路勘察设计院、长沙理工大学	王宁辉	2010年2月2日通过江西省交通运输厅鉴定
—	赣江公路大桥锚定基础关键技术	赣州赣康高速公路公司、同济大学	雷湘湘	2010年4月25日通过江西省交通运输厅鉴定
—	《沥青路面乳化沥青厂拌再生技术规范》研编	江西省交管局质量监督站、赣粤高速公路公司	孙斌	2010年3月20日通过江西省交通运输厅鉴定
—	赣江公路大桥结构抗风性能数值模拟研究	赣州赣康高速公路公司、同济大学	马光彬	2010年4月25日通过江西省交通运输厅鉴定
—	桥梁结构全过程状态监测安全评估技术及在鄱阳湖大桥的应用	江西省高速集团、长沙理工大学	彭发根	2010年5月17日通过江西省交通运输厅鉴定

续上表

项目编号	项目名称	承担单位	负责人	成果鉴定时间或编号
—	高速公路路侧安全问题及对策研究	江西省交管局、省交通科研院	谢来发	2010年7月6日通过江西省交通运输厅鉴定
—	隧道运营安全评价系统	江西省交通科研院、南大建筑学院	丁 青	2010年7月16日通过江西省交通运输厅鉴定
—	昌樟高速公路沥青路面结构水损害综合处置技术	赣粤高速公路公司、长沙理工大学	范秋华	2010年8月12日通过江西省交通运输厅鉴定
—	弹性波速与公路土石方开挖等级的相关性研究	江西省交通设计院	李汉江	2010年8月6日通过江西省交通运输厅鉴定
—	高速公路自动发卡系统研究与开发	赣粤高速公路公司等	汪建明	2010年8月12日通过江西省交通运输厅鉴定
—	赣江公路大桥寿命期集约化管理体系研究	江西方兴科技公司、同济大学等	孟 宁	2010年11月2日通过江西省交通运输厅鉴定
—	赣江公路大桥抗震性能研究	赣州赣康高速公路公司、同济大学	钟成林	2010年11月2日通过江西省交通运输厅鉴定
—	隧道塌方预警预测体系及治理措施	武吉高速公路建设项目办、同济大学	彭爱红	2010年10月15日通过江西省交通运输厅鉴定
—	连拱隧道衬砌结构受力体系转换研究	武吉高速公路项目办、同济大学	王运金	2010年10月15日通过江西省交通运输厅鉴定
—	跨高速公路分离式立交桥结构形式及其景观效果	江西省公路科研设计院华东交大等	胡钊芳	2010年12月31日通过江西省交通运输厅鉴定
2009C0006	江西省交通行业节能减排管理系统	赣粤高速公路公司、彭湖项目办	颜庆华	赣交科鉴字〔2011〕01号
200500020	公路隧道支护结构的安全性与可靠性评价	江西省交通设计院、武汉理工大学等	刘劲勇	赣交科鉴字〔2010〕05号
计划外	温拌沥青混合料路面施工技术规范	江西省高速集团、江西高速公路工程公司	陈 涛	DB 36/T 605—2011
计划外	九江长江公路大桥1761t双壁整体式钢吊箱设计与施工关键技术	江西省高速集团、中交第二航务工程局	刘 理	赣交科鉴字〔2011〕07号
200700016	连续移动模架"分块、逐孔"施工新技术	江西省交通设计院、华东交通大学、江西蓝天学院	张 憬	赣交科鉴字〔2011〕09号
200700008	基于裂缝分析的国省道中小跨径混凝土桥梁选型研究	上饶市交通运输局、武汉理工大学、省交通科研院	徐华兴	赣交科鉴字〔2011〕10号
20050009	控制跨度PC梁桥持续下挠关键技术	江西省交通科研院、华东交通大学	郭圣栋	赣交科鉴字〔2011〕11号

第六章
高速公路科技创新

续上表

项目编号	项目名称	承担单位	负责人	成果鉴定时间或编号
20070003	瑞赣高速公路人工湿地营造技术研究与示范	赣瑞高速公路项目办、江西农业大学	吴克海	赣交科鉴字〔2011〕12号
200500019	高速公路岩洞穴探测的综合方法技术	江西省交通设计院、东华理工大学	赵卫楚	赣交科鉴字〔2011〕13号
2009C0040	赣大高速公路柔性基层施工质量动态控制技术	赣州赣大高速公路公司等	刘伟胜	赣交科鉴字〔2011〕14号
2009C0017	实现加快江西省高速公路项目建设工期目标的保障措施	鹰瑞高速公路项目办、江西省交通科研院	江学功	赣交科鉴字〔2011〕16号
20080006	江西省高速公路沥青路面预防性养护关键技术	梨温高速公路公司、江西省交通科研院	颜杏生	赣交科鉴字〔2011〕17号
200700040	长大隧道防火防灾技术在广石隧道中的应用	江西省交通工程质量监督站	彭东领	赣交科鉴字〔2011〕18号
2009H0035	高速公路路肩震鸣带设计和施工技术	江西省高速科研院、石吉高速公路项目办	刘小勇	赣交科鉴字〔2011〕15号
200700010	路基回弹模量快速检测技术	江西省交通工程质量监督站、长沙理工大学	栾建平	赣交科鉴字〔2011〕19号
2010X0038	高速公路绿色通道货物检测系统研发与应用	赣粤高速公路公司、深圳迪科电力系统集成有限公司	汪建明	赣交科鉴字〔2011〕22号
2009T0018	省交通厅科技项目管理系统	江西交通职业技术学院	张志雄	赣交科鉴字〔2011〕22号
200800031	沥青路面耐久抗裂结构	鹰瑞高速公路项目办、江西省交通科研院等	俞光华	赣交科鉴字〔2011〕23号
200800025	加强江西公路交通防灾抗灾能力研究	江西省公路学会	胡建国	赣交科鉴字〔2011〕25号
200800033	鹰瑞高速公路工程项目管理模式研究	梨温高速公路公司、江西省交通科研院	颜杏生	赣交科软字评审字〔2011〕31号
200600019	轮胎橡胶粉沥青路面修筑技术研究与应用	南昌市公路勘察设计院、江西省公路局	喻建平	赣交科软验字〔2011〕35号

续上表

项目编号	项目名称	承担单位	负责人	成果鉴定时间或编号
200100017	连续玄武岩纤维加固桥梁结构技术	江西省交通设计院	余少华	赣交科鉴字〔2011〕36号
2009C002	彭湖高速公路路基沉降观测与变形规律	赣粤高速公路公司、华东交通大学	刘辉明	赣交科鉴字〔2012〕01号
200700003	改性乳化沥青在江西公路建设和养护中的推广应用	江西省公路局物资储运总站	赖文华	赣交科鉴字〔2013〕03号
2005800015	山区高速公路填方暗桥设计	江西省交通设计院	吴　刚	赣交科鉴字〔2012〕04号
20080008	地震作用下斜拉桥主副孔间防碰撞措施	江西省交通设计院	李程华	赣交科鉴字〔2012〕05号
200700015	加肋钢管混凝土在桥墩中的应用	江西省交通设计院、华东交通大学	李维徽	赣交科鉴字〔2012〕06号
200800014	高速公路冷再生沥青混合料设计性能研究	赣粤高速公路公司、南昌工程学院	朱明元	赣交科鉴字〔2012〕07号
2009H0033	江西省公路水泥混凝土路面耐久性研究	江西省交通科研院	雷茂锦	
2010C0015	钢桁拱桥组合结构与关键点受力性能研究	赣州市交通运输局、同济大学	何德福	赣交科鉴字〔2012〕12号
200700032	高填路堤稳定性及非均匀沉降控制技术	武吉高速公路项目办、长沙理工大学、江西省公路桥梁工程局	余文生	赣交科鉴字〔2012〕12号
2010C0064	温热山区高速公路路面间结合技术	瑞寻高速公路项目办、江西省交通科研院	童毅涛	赣交科验字〔2012〕47号
2010C0066	温热山区高速公路红砂岩路基评价体系	瑞寻高速公路项目办、江西省交通科研院等	吴文清	赣交科验字〔2012〕48号
200800002	公路填砂路基施工规范	江西省公路局、同济大学	任东红	赣交科软评字〔2011〕37号
2011C10052	《江西省高速公路服务区建设指南》研编	吉莲高速公路项目办、江西省交通运输厅规划办等	邝宏柱	赣交科软评字〔2012〕30号
200700039	特长隧道的通风防灾关键技术	武吉高速公路项目办、重庆交通科研院	王运金	赣交科鉴字〔2012〕32号
200700034	复杂公路隧道TSP综合超前地质预报理论与技术	武吉高速公路项目办、石家庄铁道大学	凌宏亿	赣交科鉴字〔2012〕33号
200700037	中小跨径混凝土连续梁桥上部结构性能比较	武吉高速公路项目办、同济大学	程继顺	
2010C0035	基于开裂试验的混凝土结构性能研究	九江长江大桥项目办、江西省公路科研设计院等	胡钊芳	赣交科鉴字〔2012〕38号

第六章
高速公路科技创新

续上表

项目编号	项目名称	承担单位	负责人	成果鉴定时间或编号
计划外	温热山区高速公路沥青路面建设关键技术及示范	瑞寻高速公路项目办、江西省交通科研院	钱志民	赣交科鉴字〔2012〕40号
2010C0016	填方路基压实质量的波电场耦合快速检测技术	赣州市高速公路公司、重庆交通大学	周军平	赣交科鉴字〔2012〕41号
2010C0013	高速公路智能光纤监测技术研究与应用	江西公路开发总公司、南昌工程学院	周阮芳	赣交科鉴字〔2012〕42号
2010C0014	高速公路CFG桩复合地基沉降特性与设计方法	江西公路开发总公司、南昌工程学院	陈书全	赣交科鉴字〔2012〕43号
2009H0026	山区高速公路特殊小桥涵设计集成系统	江西省交通设计院	陈 国	赣交科鉴字〔2012〕44号
2010C0063	温热山区高速公路路面抗水损害技术	瑞寻高速公路项目办、江西省交通科研院、南昌工程学院	朱能维	赣交科鉴字〔2012〕45号
200800010	大跨径公铁两用桥结构安全监测关键技术与方法	江西省交通科研院	江祥林	赣交科鉴字〔2012〕28号
2009C0003	彭湖高速公路建设资源节约与保护技术	赣粤高速公路公司、江西省交通科研院	孙 斌	—
200800034	江西高速公路生态经济景观结合型路域生态恢复技术与模式	鹰瑞高速公路项目办、江西省公路机械工程局、江西农大	张 诚	
计划外	江西省高速公路沥青路面粗集料水洗技术规程	江西省交通科研院、江西省交通工程集团	雷茂锦	赣交科鉴字〔2012〕21号
200700020	基于GIS的高速公路机电设备维护管理系统研究与开发	赣粤高速公路公司、江西方兴科技公司	邹国平	赣交科鉴字〔2012〕22号
200800032	安全环保降噪型沥青混合料在隧道路面中的应用	鹰瑞高速公路项目办、江西省公路机械工程局	王国强	赣交科鉴字〔2012〕24号
200700033	山区高速公路沥青路面结构及材料组成设计研究	武吉高速公路项目办、东南大学交通学院	俞文生	—
计划外	基于实景影像GIS定位的高速公路综合管理系统	赣粤高速公路公司、江西方兴科技公司	黄 峥	赣交科鉴字〔2012〕27号
2009H0021	江西省路用乳化沥青技术指标与标准	江西省交通工程质量监督站	吴幸华	赣交科鉴字〔2012〕29号
2009C0043	厂拌冷再生沥青混合料下基层在高速公路大修工程中的应用	赣粤高速公路公司、江天驰高速公路科技公司等	林天发	赣交科鉴字〔2013〕01号
2009C0041	江西高速公路桥梁铺装防水黏结层典型结构	赣粤高速公路公司、江西天驰高速公路科技公司等	胡文华	赣交科鉴字〔2013〕02号

续上表

项目编号	项目名称	承担单位	负责人	成果鉴定时间或编号
2009C0042	高模量沥青面层技术在江西高速公路调坡路面中的应用	赣粤高速公路公司、江苏省交通科研院	胡文华	赣交科鉴字〔2013〕03号
2010T0062	江西高速公路节能减排路径与综合管理体系	江西赣粤高速公路公司	梁志爱	赣交科软评字〔2013〕11号
2010H0030	基于视觉的大型桥梁路面减损及交通安全改善技术	九江长江大桥公路桥管理局	户才金	赣交科验字〔2013〕12号
2011C0015	湖沥青在上武高速公路路面施工中的应用研究与示范	上武高速公路建设管理处、上饶市交通工程质监局	万益春	赣交科鉴字〔2013〕13号
2009H0027	斜拉-连续协作π形梁与箱梁的衔接结构	江西省交通设计研究院有限责任公司	聂复生	赣交科鉴字〔2013〕14号
2009H0026	山区高速公路特殊小桥涵设计集成系统	江西省交通设计研究院有限责任公司	陈国	赣交科鉴字〔2013〕15号
DB 36/T 698—2013	高速公路服务区设计规范	江西省交通运输厅规划办、吉莲高速公路项目办、南昌大学设计研究院	刘维文	赣交软评字〔2013〕18号
DB 36/T 699—2013	高速公路收费所(站)管理设计规范	江西省高速集团、江西省交通运输厅规划办、南大设计研究院等	邝宏柱	赣交软评字〔2013〕22号
2010C0069	高速公路沥青路面热反射涂层应用技术	永武高速公路项目办、重庆大学等	樊友伟	赣交科监〔2013〕16号
DB 36/T 744—2013	废旧橡胶粉改性沥青在高速公路路面中的应用	赣粤高速公路公司、江西省公路科研设计院、同济大学	彭德清	赣交科软评字〔2013〕24号
2009C0038	新型公路照明灯HID技术应用	鹰瑞高速公路项目办、江西省公路机械工程局	朱能维	赣交科验字〔2013〕07号
2010C0067	高速公路隧道LED实时照明智能变光测控系统	瑞寻高速公路项目办、江西省交通科研院	胡智	赣交科验字〔2013〕08号
2010H0028	体外预应力加固桥梁关键技术研究及工程示范	江西省交通科研院、北京交通大学、东南大学	江祥林	赣交科鉴字〔2013〕09号
200835	新型公路边坡柔性支护技术应用	鹰瑞高速公路项目办、江西省公路机械工程局、长安大学	喻光华	赣交科鉴字〔2013〕10号
2011C005J	桥梁基桩施工质量的超声波CT检测技术及应用	赣崇高速公路项目办、重庆交通大学、南昌工程学院等	彭爱红	赣交科鉴字〔2014〕36号
2012C0010	公路建设安全生产胁迫因子及胁迫效应	赣崇高速公路项目办、长沙理工大学等	邹志强	赣交科鉴字〔2014〕37号
2012C0011	滑坡落石对陡坡山林体处桥梁高墩的破坏机理及防护对策	赣粤高速公路项目办、东南大学等	聂洪林	赣交科鉴字〔2014〕38号

第六章
高速公路科技创新

续上表

项目编号	项目名称	承担单位	负责人	成果鉴定时间或编号
2012C0012	连续刚构三向预应力孔道压浆性能试验及施工控制	赣崇高速公路项目办、东南大学等	张龙生	赣交科鉴字〔2014〕39号
2010C0003	大跨径混合主梁斜拉桥疲劳分析与设计关键技术	江西省交通科研院、江西省高速集团、九江公路大桥项目办、长沙理工大学等	谢来发	赣交科鉴字〔2014〕15号
2010C0001	超大跨度复杂体系斜拉桥施工全过程非线性控制	江西省交通科研院、江西省高速集团、长安大学等	江祥林	赣交科鉴字〔2014〕16号
2010C0005	钢桥面耐久性铺装关键技术	江西省交通科研院、江西省高速集团、东南大学等	刘理	赣交科鉴字〔2014〕09号
2011T0037	高速公路养护市场化模式与运行机制	江西省高速集团、长沙理工大学等	胡孝望	赣交科软评字〔2014〕10号
2012C0002	提高大跨度混合斜拉桥耐久性的理论和方法研究	江西省高速集团、江西省交通科研院等	刘理	赣交科鉴字〔2014〕26号
2010C0007	九江长江公路大桥清水混凝土施工技术研究与应用	江西省高速集团、九江长江大桥项目办	江祥林	赣交科鉴字〔2014〕27号
2012X0059	高速公路便携式移动收费系统的研究与应用	江西方兴科技有限公司	汪建明	赣交科鉴字〔2014〕22号
2011C0002	高速公路桥高墩结构形式分析研究	赣粤高速公路公司、昌铜高速公路项目办、华东交通大学	王德山	赣交科鉴字〔2014〕24号
2011C0004	公路梁桥车桥耦合震动实验对比研究	赣粤高速公路公司、昌铜高速公路项目办、华东交通大学	王德山	赣交科鉴字〔2014〕25号
2011C0001	高速公路建设项目适时管控系统的研究与开发	赣粤高速公路公司、昌铜高速公路项目办、北京特希达科技公司	谭生光	赣交科鉴字〔2014〕29号
2010C0009	索塔高性能混凝土配合比及泵送施工工艺	江西省高速集团、武汉理工大学等	万纯斌	赣交科鉴字〔2014〕32号
2010C0002	大跨径混合主梁斜拉桥结合段主梁结构性能研究	江西省高速集团、江西省交通设计院、同济大学	吴宝诗	赣交科鉴字〔2014〕33号
2010C0010	九江长江公路大桥结构健康监测关键技术	九江长江公路大桥项目办、江西省高速集团、江西省交通科研院	孔秋珍	赣交科鉴字〔2014〕34号
2012C0029	高速公路监控平台前端设备控制与访问接口技术规范研究	抚吉高速公路项目办、长安大学等	孙宏	赣交科验字〔2015〕01号

续上表

项目编号	项目名称	承担单位	负责人	成果鉴定时间或编号
2010H004	昌傅至金鱼石高速公路边坡滑塌病害处治技术	江西省交通科研院、江西省高速集团宜春管理中心	肖武光	赣交科验字〔2015〕02号
2010H0026	土袋技术在公路填土路基和边坡处治中的应用	江西省交通科研院、南昌航空大学	彭明	赣交科验字〔2015〕03号
2011T0033	高速公路服务区污水处理集成技术	江西省交通科研院、南昌航空大学、江西公路开发总公司	徐颖	赣交科验字〔2015〕04号
2009X0049	桥隧三维地质成图系统研究与开发	江西省交通设计院有限责任公司	朱海涛	赣交科验字〔2015〕05号
2013C0002	桥隧三维地质成图系统在万宜高速公路项目的应用	江西省交通设计院有限责任公司、万宜高速公路项目办	张红宇	赣交科验字〔2015〕06号
2012C0008	高速公路代建与监理模式(即监管一体化)研究	井睦高速公路项目办、江西交通工程咨询公司、中国公路学会	王昭春	赣交科验字〔2015〕07号
2012C0009	旧混凝土路面面板材料再生利用关键技术及其应用	九江市公路局、长沙理工大学	黄伟	赣交科验字〔2015〕08号
2011C0053	高速公路安全保障与突发事件处置技术研究	德上高速公路项目办、华中科技大学	胡文华	赣交科验字〔2015〕09号
2012C0020	深厚湖积淤泥质土地基抛石填方路基关键技术	赣北公路勘察设计院、同济大学	宁建根	赣交科验字〔2015〕10号
2011C0011	装配式混凝土空心板铰缝施工技术及质量控制方法	吉莲高速公路项目办、东南大学	韩根生	赣交科验字〔2015〕11号
2012T0053	江西省道路运输行政执法模式研究	江西省公路运输管理局、南昌大学	唐晓鸣	赣交科验字〔2015〕12号
2012X0046	江西省道路运输行业诚信系统研究与开发	江西省运管局、江西省交通运输厅信息中心	唐晓鸣	赣交科验字〔2015〕13号
2011H0017	常温速强沥青面层材料研究	江西省公路局物资储运总站等	赖文华	赣交科验字〔2015〕14号
2012C0015	基于振动压实的基层材料设计方法及力学强度标准	江西交通咨询公司、抚吉高速公路项目办、江西省交通科研院	樊文胜	赣交科验字〔2015〕15号
2012C0027	环氧乳化沥青在桥面黏层中的应用	吉莲高速公路项目办、长安大学、江西省交通科研院	张伟联	赣交科验字〔2015〕16号
2012C0016	高速公路低碳交通系统构建与预控技术	江西省高速集团、抚吉高速公路项目办、长安大学	徐重财	赣交科验字〔2015〕17号

第六章
高速公路科技创新

续上表

项目编号	项目名称	承担单位	负责人	成果鉴定时间或编号
2012C0013	混凝土结构全寿命可靠度随机过程演化研究	赣崇高速公路项目办、江西省公路桥梁局、武汉理工大学	邹志强	赣交科验字〔2015〕18号
2012H0046	预应力混凝土桥梁开裂后的力学性能研究与工程应用	江西省交通科研院、武汉理工大学	彭明	赣交科验字〔2015〕19号
2012C0019	路基路面压实度自动连续检测新技术	抚吉高速公路项目办、江西交通咨询公司、重庆交通大学	樊文胜	赣交科验字〔2015〕20号
2012C0024	高韧性与优良耐久性混凝土桥面铺装技术研究	抚吉高速公路项目办、江西交通咨询公司、重庆交通大学	舒小清	赣交科验字〔2015〕21号
2012C0025	高模量耐久性沥青路面应用技术	抚吉高速公路项目办、江西交通咨询公司、重庆交通大学	徐重财	赣交科验字〔2015〕22号
2012C0022	基于CT技术的沥青路面施工质量数字化控制	抚吉高速公路项目办、江西省交通工程咨询公司、南昌工程学院	樊文胜	赣交科验字〔2015〕23号
2010X0045	《高速公路交通机电系统维护技术规范》研编	江西路通科技有限公司	秦小明	赣交科验字〔2015〕25号
2012H0039	等级公路减速设施设置技术	江西省公路局、重庆交通大学、泰和县交通局		赣交科验字〔2015〕26号
2013C0001	高速公路建设项目廉政监管效力后评估指标体系研究及应用	江西省交通科研院、抚吉高速公路项目办		赣交科验字〔2015〕27号
2013R0003	高速公路后评价指标体系研究	江西交通咨询公司		赣交科验字〔2015〕28号
2009C0007	异形结构围岩压力在线检测与分析技术研究	江西省高速集团、石吉高速公路项目办、中南大学	仰建岗	赣交科验字〔2015〕29号
2009C0014	基于路面非均匀性特征的沥青路面施工质量控制技术	江西省高速集团、石吉高速公路项目办、长安大学	廖良生	赣交科验字〔2015〕30号
2009C0010	高边坡施工期安全控制技术	江西省高速集团、石吉高速公路项目办、同济大学	李文华	赣交科验字〔2015〕31号
2009C0015	应用生物防护技术实现红岩路堑边坡植被的研究	江西省高速集团、石吉高速公路项目办、中铁第四勘察设计院	李文华	赣交科验字〔2015〕32号
2009C0009	山区高速公路安全体系建设与管理综合技术	江西省高速集团、石吉高速公路项目办、江西省交通科研院	谢来发	赣交科验字〔2015〕33号

续上表

项目编号	项目名称	承担单位	负责人	成果鉴定时间或编号
2009C0013	长大纵坡路段沥青路面修筑关键技术	江西省高速集团、石吉高速公路项目办、长安大学	彭发根	赣交科验字〔2015〕34号
2014B0005	江西省道路运输企业安全生产标准化达标考试指标实施细则	江西交通职业技术学院	黄盈盈	赣交科验字〔2015〕35号

获得国家、省科技进步奖的科技项目　　　　　表6-3-2

科技项目名称	完成单位	奖项名称	等级	颁奖机关	获奖时间
尾矿坝灾变机理研究及综合防治技术	江西省公路局、中国瑞林工程技术公司	国家科技进步奖	2	国家科委	2010年1月11日
公路在用桥检测评定与维修加固成套技术	江西省公路管理局	国家科技进步奖	2	国家科委	2010年1月11日
隧道与地下工程重大突涌水灾治理关键技术及工程应用	江西省高速公路投资集团等单位	国家科技进步奖	2	国家科委	2014年3月
滨海地区粉细砂路基修筑与长期性能保障技术		国家科技进步奖	2	国家科委	
长大跨桥梁结构状态评估关键技术与应用	江西省交通科研院、东南大学	国家科技进步奖	2	国家科委	2014年3月
道路交通收费网络监控系统的研制和推广应用	江西省稽征局	国家科技进步奖	3	国家科委	1999年
地区级公路路面维护系统	江西省交通科研所	省科技进步奖	3	江西省科委	1991年
江西丰城赣江大桥设计	江西省交通设计院	省科技进步奖	3	江西省科委	1996年5月
干线公路沥青路面管理系统与推广应用	江西省公路局	省科技进步奖	3	江西省科委	1997年
高应变检测单桩承载力的应用	江西省交通科研所	省科技进步奖	3	江西省科委	1997年
钢筋混凝土简支梁桥上部结构加固扩宽技术	江西省交通科研所	省科技进步奖	3	江西省科委	1997年
收费站计算机监控收费系统	江西省稽征局	省科技进步奖	3	江西省科委	1997年
DEVELOP-A液压传动式挡车器	江西省高管局	省优秀科成果奖	1	江西省科委	1997年
高等级公路立交CAD系统	江西省交通设计院	省科技进步奖	3	江西省科委	1997年

第六章 高速公路科技创新

续上表

科技项目名称	完成单位	奖项名称	等级	颁奖机关	获奖时间
探地雷达技术在公路路面检测中的应用	江西省交通科研所	省科技进步奖	3	江西省科委	1998年
江西省交通稽征费广域管理信息系统	江西省交通科研所	省科技进步奖	2	江西省科委	1998年
道路交通收费网络监控的研究和推广应用	江西省交通科研所	省科技进步奖	2	江西省科委	1998年
三向预应力新技术、新工艺在大跨度连续梁上的应用	江西省交通设计院	省科技进步奖	3	江西省科委	1998年
探地雷达水平静校及界面自动追踪技术应用	江西省交通科研所	省科技进步奖	3	江西省科委	1998年
探地雷达在公路路面厚度检测中的应用	江西省交通科研所	省科技进步奖	3	江西省科委	1998年
南九一级汽车专用公路扩建工程设计	江西省交通设计院	省科技进步奖	3	江西省科委	1999年
旧桥加固技术在上顿渡大桥的应用	江西抚州公路分局	省科技进步奖	3	江西省科委	1999年
江西红黏土与公路路基工程	江西省交通设计院	省科技进步奖	3	江西省科委	2003年
公路旧桥加固技术与实例	江西省交通科研所	省科技进步奖	2	江西省科委	2002年
山区高速公路路沟软基础处理技术	赣定高速公路工程建设指挥部	省科技进步奖	2	江西省科委	2004年
公路桥梁荷载试验	江西省交通科研所	省科技进步奖	3	江西省科委	2004年
低预应力混凝土结构技术	赣南公路勘察设计院	省科技进步奖	3	江西省科委	2004年
姚木岭高墩高架桥设计与施工关键技术	京福高速公路项目办	省科技进步奖	3	江西省科委	2005年
景婺黄（常）高速公路隧道群使用若干关键技术	景婺黄（常）高速公路建设项目办	省科技进步奖	3	江西省科委	2008年
基于现代空间信息技术的公路设计仿真集成系统	江西省交通设计院	省科技进步奖	3	江西省科委	2009年
山区高速公路标准化桥隧结构抗震设防	江西省交通设计院	省科技进步奖	3	江西省科委	2009年
长陵互通式立交桥设计研究	江西省交通设计院	省科技进步奖	3	江西省科委	1995年

续上表

科技项目名称	完成单位	奖项名称	等级	颁奖机关	获奖时间
江西省高速公路边坡防护技术	江西省高管局等	省科技进步奖	3	江西省科委	2006年
桥梁支座计算机PLC全监控更换系统及成套技术	江西赣粤高速公路股份有限公司	省科技进步奖	3	江西省科委	2006年
高速公路填砂路基关键技术研究与应用	乐温高速公路项目办、同济大学	省科技进步奖	2	江西省科委	2008年
高速公路建设项目管理信息系统的开发与应用	景鹰高速公路建设项目办	省科技进步奖	3	江西省科委	2008年
沥青混合料冷再生上基层在高速公路大修中的应用	赣粤高速公路股份有限公司	省科技进步奖	1	江西省科委	2009年
在役混凝土梁桥安全评估与加固成套技术及工程示范	赣粤高速公路股份有限公司、江西省交通科研院	省科技进步奖	3	江西省科委	2010年
江西省高速公路沥青路面修筑关键技术和系统集成	江西省交通科研院、乐温高速公路项目办	省科技进步奖	2	江西省科委	2011年
桥梁结构全过程状态监测及安全评估关键技术	赣粤高速公路股份有限公司	省科技进步奖	3	江西省科委	2011年
隧道围岩稳定性评价及预警体系	武吉高速公路项目办、同济大学	省科技进步奖	3	江西省科委	2011年
高填路堤稳定性及非均匀沉降控制技术	武吉高速公路项目办、长沙理工大学	省科技进步奖	3	江西省科委	2012年
高速公路沥青路面改造关键技术及其工程应用	赣粤高速公路股份有限公司公司、同济大学	省科技进步奖	2	江西省科委	2013年
湿热山区高速公路沥青路面建设关键技术与示范	江西省交通科研院、江西省公路管理局	省科技进步奖	2	江西省科委	2013年
提高大跨度混合梁斜拉桥耐久性的理论与方法	江西省高速集团、江西省高速科研院	省科技进步奖	2	江西省科委	2015年7月27日
高速公路填砂路基关键技术研究与应用	乐温高速公路项目办、江西省交通集团公司	省科技进步奖	2	江西省科委	2007年
江西省交通运输安全GPS监控系统	江西省交通科研院	省科技进步奖	2	江西省科委	2007年
高速公路建设项目管理信息系统	景鹰高速公路建设项目办	省科技进步奖	3	江西省科委	2007年

第六章
高速公路科技创新

续上表

科技项目名称	完 成 单 位	奖项名称	等级	颁奖机关	获奖时间
江西省高速运输安全 GPS 监控系统	江西省交通运输厅信息中心	省科技进步奖	3	江西省科委	2007 年
桥梁支座计算 PLC 全监控更换系统及全套技术开发	江西省高管局、江西省交通工程质监站	省科技进步奖	3	江西省科委	2006 年
赣江公路大桥悬索桥锚碇基础关键技术	赣康高速公路公司	省科技进步奖	3	江西省科委	2011 年
沥青路面乳化沥青厂拌冷再生成套技术研究与实践	赣粤高速公路股份有限公司	省科技进步奖	3	江西省科委	2011 年
九江长江公路大桥双壁整体式钢吊箱设计与施工关键技术	江西省高速集团	省科技进步奖	3	江西省科委	2011 年
基于裂缝分析的国省道中小跨径桥梁造型参数	上饶市交通局、江西省交通科研所	省科技进步奖	3	江西省科委	2011 年
大跨径公铁两用桥结构安全监测关键技术与方法	江西省交通科研院	省科技进步奖	2	江西省科委	2013 年
武吉高速公路九岭山隧道工程	江西省高速集团	国家优秀工程奖	银质奖		2012 年
公路三维地理信息选线技术	江西省交通设计研究院有限责任公司	省科技进步奖	2	江西省科委	2015
福银高速公路九江长江大桥 1761t 双壁整体式钢吊箱设计与施工关键技术	江西省交通科研院	省科技进步奖	3	江西省科委	2015 年
沥青路面耐久抗裂结构研究	江西省交通科研院	省科技进步奖	3	江西省科委	2015 年
填方路基压实质量的波电场耦合快速检测技术及应用	江西省交通科研院	省科技进步奖	2	江西省科委	2016 年 7 月 25 日
基于振动压实的路面基层材料强度理论及设计方法研究与工程示范	江西省交通科研院	省科技进步奖	3	江西省科委	2016 年 7 月 25 日
大跨度斜拉桥施工及成桥阶段减振抑振综合技术	江西省高速集团、江西省交通设计研究院有限责任公司等	省科技进步奖	2	江西省科委	2017 年 9 月 12 日
桥梁隧道地质建模系统的应用	江西省交通设计研究院有限责任公司、万宜高速公路项目办	省科技进步奖	2	江西省科委	2017 年 9 月 12 日
混凝土工作应力与损伤的超声波识别技术研究与应用	江西省公路桥梁公司、江西省交通科研院等	省科技进步奖	1	江西省科委	2017 年 9 月 12 日

获得中国公路学会科技进步奖的科技项目　　　　　　表 6-3-3

科技项目	完成单位	奖项名称	等级	颁奖机关	获奖时间
公路旧桥加固技术与实例	江西省公路局	科技进步奖	2	中国公路学会	2002年
红砂岩在高速公路路基填筑中的应用	江西公路开发总公司	科技进步奖	2	中国公路学会	2002年
红黏土与公路路基工程研究	江西公路开发总公司	科技进步奖	3	中国公路学会	2003年
利用等高植被进行公路边坡防护新技术	江西省公路局	科技进步奖	3	中国公路学会	2002年
桥梁支座计算机PLC全监控更换系统及成套技术	赣粤高速公路股份有限公司	科技进步奖	1	中国公路学会	2006年
收费站综合信息联网查询系统	江西省稽征局	科技进步奖	1	中国公路学会	2006年
公路旧桥测定与加固技术研究及推广应用	江西省公路局	科技进步奖	1	中国公路学会	2006年
高速公路路面养护管理系统	江西公路开发总公司、江西省交通科研院	科技进步奖	3	中国公路学会	2006年
运用POCKETPC配合GPS的道路勘察设计系统(GPSROAO)	吉安市公路勘察设计院	科技进步奖	3	中国公路学会	2006年
道路运输企业并购整合与预警管理	江西省公路运输管理局	科技进步奖	3	中国公路学会	2007年
高速公路填砂路关键技术研究与应用	江西省交通科研院	科技进步奖	3	中国公路学会	2007年
桥梁支座计算机PLC监控更换系统及成套技术开发	江西省高速集团	科技进步奖	3	中国公路学会	2007年
公路旧桥检测评定与加固技术研究及推广应用	江西省交通科研院	科技进步奖	1	中国公路学会	2007年
基于GPS的高速公路养护管理决策支持系统	江西方兴科技有限公司	科技进步奖	3	中国公路学会	2008年
江西省高速公路沥青路面修筑技术	乐温高速公路项目办、江西省交通科研院	科技进步奖	3	中国公路学会	2009年
大厚度、大宽幅、抗离析摊铺应用技术	江西省交通集团、景婺黄(常)高速公路项目办	科技进步奖	3	中国公路学会	2009年
在役混凝土梁桥安全评估与加固成套技术及其工程示范	江西省交通科研院	科技进步奖	2	中国公路学会	2010年
现代空间信息技术的路线、桥隧三维定线集成系统	江西省交通设计院	科技进步奖	3	中国公路学会	2010年

第六章
高速公路科技创新

续上表

科 技 项 目	完 成 单 位	奖项名称	等级	颁奖机关	获奖时间
江西省交通岩土工程信息系统	江西省交通设计院	科技进步奖	3	中国公路学会	2010年
沥青路面乳化沥青厂拌冷再生成套技术研究与实践	江西赣粤高速公路股份有限公司、同济大学	科技进步奖	2	中国公路学会	2011年
九江长江大桥双壁整体式吊箱设计与施工关键技术	江西省高速集团	科技进步奖	2	中国公路学会	2011年
西部公路建设中水资源保护技术	江西赣粤高速公路股份有限公司	科技进步奖	3	中国公路学会	2011年
高填路堤稳定性与加固综合处治技术	武吉高速公路项目办、长沙理工大学	科技进步奖	2	中国公路学会	2012年
高速公路全路段气象检测与交通信息适时提示系统	江西方兴科技有限公司	科技进步奖	2	中国公路学会	2012年
彭湖高速公路建设资源节能与保护技术	江西赣粤高速公路股份有限公司	科技进步奖	3	中国公路学会	2012年
高速公路深厚软基加固与智能信息化监测关键技术	江西公路开发总公司等	科技进步奖	3	中国公路学会	2013年
湿热气候红砂岩山区高速公路沥青路面建设关键技术及示范	江西省交通科研院、江西省公路局	科技进步奖	3	中国公路学会	2013年
废旧橡胶粉改性沥青在高速公路路面中的应用	江西赣粤高速公路股份有限公司等	科技进步奖	3	中国公路学会	2013年
绿色公路建设关键技术	永武高速公路项目办	科技进步奖	2	中国公路学会	2014年
填方路基压实质量的波电场耦合快速检测技术	赣州高速公司股份有限公司	科技进步奖	2	中国公路学会	2014年
庐山西海高速公路安全绿色交通关键技术研究及工程示范	江西省高速集团等	科技进步奖	1	中国公路学会	2014年
高速公路代建与监理合并管理模式(监管一体化)研究	江西省高速集团、江西省交通咨询公司	科技进步奖	2	中国公路学会	2015年
桥梁基桩施工质量的超声波CT检测技术及应用	江西省公路桥梁局	科技进步奖	3	中国公路学会	2015年
装配式混凝土空心板裂缝新材料与施工质量控制	吉莲高速公路项目办	科技进步奖	3	中国公路学会	2015年
桥隧地质三维成图系统研究与应用	江西省高速集团、江西省交通设计院	科技进步奖	3	中国公路学会	2015年
基于零弯矩的连续漂桥移动模架分块逐孔设计施工成套技术	江西省高速集团、江西省交通设计院	科技进步奖	3	中国公路学会	2013年

续上表

科 技 项 目	完 成 单 位	奖项名称	等级	颁奖机关	获奖时间
体外预应力加固桥梁构造体系研究	江西省交通科研院	科技进步奖	3	中国公路学会	2013年
公路工程水文勘测设计规范	江西省交通设计院参编	科技进步奖	3	中国公路学会	2003年
高速公路路面养护管理系统	江西省交通科研院	科技进步奖	3	中国公路学会	2006年
普通干线路网运行监测与应急处置平台应用关键技术	江西省公路管理局、江西路通科技公司等	科技进步奖	2	中国公路学会	2016
基于振动压实条件的路面基层材料关键技术研究与应用	江西省高速集团、江西省交通科研院、长安大学等	科技进步奖	3	中国公路学会	2016
桩身自反力平衡荷载测试系统研究开发与利用	江西省交通科研院、江西省高速集团、江西交通咨询公司等	科技进步奖	3	中国公路学会	2016

获得国家著作权的科技项目　　　　表6-3-4

科技项目名称	获得单位	著作权类别	著作权登记号	批准单位	时间(年份)
压实方可视交互式土石方调配系统(YSFTSFDP)Ⅵ·O	江西省交通设计院有限责任公司	计算机软件著作权	软著登字第072053号	国家版权局	
公路网规划分科软件Ⅵ·O(简称NAM)	江西省交通设计院有限责任公司	计算机软件著作权	软著登字第0220403号	国家版权局	
立交动态交互式布线系统Ⅵ·O(简称LJBXS)	江西省交通设计院有限责任公司	计算机软件著作权	软著登字第0220402号	国家版权局	
涵洞通道设计系统Ⅵ·O(简称HDCAD)	江西省交通设计院有限责任公司	计算机软件著作权	软著登字第022039号	国家版权局	
桥梁与隧道地质成图系统Ⅵ·O(简称BT3DCS)	江西省交通设计院有限责任公司	计算机软件著作权	软著登字第0220401号	国家版权局	
公路全景三维动画系统Ⅵ·O(简称HLGHAY3D)	江西省交通设计院有限责任公司	计算机软件著作权	软著登字第0220395号	国家版权局	
江西省交通岩土工程信息系统Ⅵ·O	江西省交通设计院有限责任公司	计算机软件著作权	软著登字第0220398号	国家版权局	
基于GIS的高速公路养护管理决策支持系统Ⅵ·O	江西赣粤高速公路股份有限公司	软件著作权	软著登字第080523号	国家版权局	
电子不停车收费系统Ⅵ·O	江西赣粤高速公路股份有限公司	软件著作权	软著登字第115272号	国家版权局	
开放式公路计重收费系统Ⅵ·O	江西赣粤高速公路股份有限公司	软件著作权	软著登字第115272号	国家版权局	

续上表

科技项目名称	获 得 单 位	著作权类别	著作权登记号	批准单位	时间(年份)
基于地理数字平台的高速公路综合信息系统 VI·O	江西赣粤高速公路股份有限公司	软件著作权	软著登字第115271号	国家版权局	
高速公路道路监控系统 VI·O	江西赣粤高速公路股份有限公司	软件著作权	软著登字第115269号	国家版权局	
基于GIS的高速公路机电设备维护管理系统 VI·O	江西赣粤高速公路股份有限公司	软件著作权	软著登字第115273号	国家版权局	
基于自定义工作流的协同办公系统 VI·O	江西赣粤高速公路股份有限公司	软件著作权	软著登字第115274号	国家版权局	
江西省交通运输行业节能减排管理系统 VI·O	江西赣粤高速公路股份有限公司	软件著作权	软著登字第0247265号	国家版权局	
基于交通运输企业的人力资源管理信息系统 VI·O	江西赣粤高速公路股份有限公司	软件著作权	软著登字第0304323号	国家版权局	
大跨径公铁两用桥健康监测关键技术	江西省交通科研院	软件著作权		国家版权局	2010年
既有桥梁结构状态评估系统	江西省交通科研院	软件著作权		国家版权局	2010年
基于三维有效独立法传感器优化布置系统	江西省交通运输技术创新中心	软件著作权		国家版权局	2010年
长大公路桥梁集约化安全监测与评估系统	江西省交通运输技术创新中心	软件著作权		国家版权局	2010年
钢桁架桥梁结构可靠度分析系统	江西省交通科研院	软件著作权		国家版权局	2010年
大跨径钢桁架桥梁损伤识别系统	江西省交通科研院	软件著作权		国家版权局	2010年
基于长标距(布拉格光纤光栅传感器)FBC传感器的桥梁结构损伤识别系统	江西省交通科研院	软件著作权		国家版权局	2010年
道路检测数据处理系统	江西省高速集团天驰公司	软件著作权		国家版权局	2013年2月20日
第三方公路工程试验检测机构信息管理系统	江西省高速集团天驰公司	软件著作权		国家版权局	2013年2月20日
多用户桥梁报告生成与管理系统	江西省高速集团天驰公司	软件著作权		国家版权局	2013年2月20日
多用户桥梁评定计算软件	江西省高速集团天驰公司	软件著作权		国家版权局	2013年2月20日
天驰科技执业能力认定考试系统	江西省高速集团天驰公司	软件著作权		国家版权局	2013年2月20日
桥梁快速检测车视频监控系统	江西交通职业技术学院	软件著作权		国家版权局	2013年
江西省交通环境监控平台——环境监控云平台V1.0	江西省交通科研院	软件著作权		国家版权局	2016
第三方检测实验室管理系统V1.0	江西省交通科研院	软件著作权		国家版权局	2016

获得高速公路优秀设计奖的项目

表 6-3-5

获奖项目名称	完 成 单 位	奖项名称	奖项等级	颁奖单位	颁奖时间
323国道瑞金至江口段改建工程设计	赣南公路勘察设计院、江西省公路科研所	优秀工程设计奖	3	江西省第十次勘察设计"四优"评选会	2002年
九江至景德镇高速公路工程设计	江西省交通设计院	优秀工程设计奖	铜奖	江西省第十次勘察设计"四优"评选会	2003年
梨温至温家圳高速公路工程设计	江西省交通设计院	优秀工程设计奖	1	江西省交通厅	2004年
南昌市墨山立交桥工程设计	江西省交通设计院	优秀工程设计奖	1	江西省交通厅	2004年
赣粤高速公路昌傅至泰和段工程设计	江西省交通设计院	优秀工程设计奖	1	江西省交通厅	2004年
涵洞、通道系统设计	江西省交通设计院	优秀计算机软件奖	2	江西省交通厅	2004年
南昌绕城高速公路乐化至温家圳新建工程设计	江西省交通设计院	优秀工程设计奖	1	江西省第十二次勘察设计"四优"评选会	2007年
温家圳至沙塘隘高速公路工程设计	江西省交通设计院	优秀工程设计奖	1	江西省第十二次勘察设计"四优"评选会	2007年
桃木岭高墩高架桥新建工程设计	江西省交通设计院	优秀工程设计奖	1	江西省第十二次勘察设计"四优"评选会	2007年
泰和至井冈山高速公路新建工程设计	江西省交通设计院	优秀工程设计奖	1	江西省第十二次勘察设计"四优"评选会	
峡江赣江大桥新建工程设计	江西省交通设计院	优秀工程设计奖	2	江西省第十二次勘察设计"四优"评选会	2007年
厚田互通式立交工程设计	江西省交通设计院	省优秀工程设计奖	2	江西省第九届勘察设计"四优"评选会	2000年
龙王庙大桥工程设计	江西省交通设计院	省优秀工程设计奖	2	江西省第九届勘察设计"四优"评选会	2000年
公路全景三维动画系统	江西省交通设计院	省优秀工程设计软件奖	1	江西省第九届勘察设计"四优"评选会	2000年
高等级公路立交CAD系统	江西省交通设计院	省优秀工程设计软件奖	1	江西省第九届勘察设计"四优"评选会	2000年
公路多媒体设计软件包	江西省交通设计院	省优秀工程设计软件奖	2	江西省第九届勘察设计"四优"评选会	2000年
湖口（鄱阳湖）大桥工程设计	江西省交通设计院	省优秀工程设计奖	1	江西省第十届勘察设计"四优"评选会	2002年

第六章
高速公路科技创新

续上表

获奖项目名称	完成单位	奖项名称	奖项等级	颁奖单位	颁奖时间
雁列山隧道工程设计	江西省交通设计院	省优秀工程设计奖	1	江西省第十届勘察设计"四优"评选会	2002年
九江至景德镇高速公路新建工程设计	江西省交通设计院	省优秀工程设计奖	1	江西省第十届勘察设计"四优"评选会	2002年
南昌至厦门高速公路(南城至隘岭段)工程设计	江西省交通设计院	省优秀工程设计奖	2	江西省第十届勘察设计"四优"评选会	2002年
胡家坊至昌傅高速公路工程设计	江西省交通设计院	省优秀工程设计奖	2	江西省第十届勘察设计"四优"评选会	2002年
武宁特大桥工程设计	江西省交通设计院	省优秀工程设计奖	2	江西省第十届勘察设计"四优"评选会	2002年
江西洪门大桥工程设计	江西省交通设计院	优秀设计奖	2	交通部	1992年
丰城赣江大桥工程设计	江西省交通设计院	全国第八届优秀设计奖	铜奖	全国勘察设计"四优"评选会	1996年
南昌至九江高速公路工程设计	江西省交通设计院	全国第八届优秀设计奖	银奖	全国勘察设计"四优"评选会	1999年
南昌新八一大桥工程设计	江西省交通设计院	全国第九届优秀工程设计铜奖	铜奖	全国勘察设计"四优"评选会	2000年
公路全景三维动画系统	江西省交通设计院	国家级铜质奖	铜奖	全国勘察设计"四优"评选会	2000年
南昌新八一大桥工程设计	江西省交通设计院	省优秀设计奖	1	江西省第九届勘察设计"四优"评选会	2000年
温厚高速公路工程设计	江西省交通设计院	省优秀设计奖	1	江西省第九届勘察设计"四优"评选会	2000年
省庄互通立交工程设计	江西省交通设计院	省优秀设计奖	2	江西省第九届勘察设计"四优"评选会	2000年
昌樟高速公路工程设计	江西省交通设计院	省优秀设计奖	2	江西省第九届勘察设计"四优"评选会	2000年
南昌市一江两岸道路工程设计	江西省交通设计院	省优秀设计奖	2	江西省第九届勘察设计"四优"评选会	2000年
昌赣高速公路珠湖隧道新建工程设计	江西省交通设计院	优秀工程设计奖	2	江西省第十二次勘察设计"四优"评选会	2007年
昌赣高速公路佛子岭隧道新建工程设计	江西省交通设计院	优秀工程设计奖	2	江西省第十二次勘察设计"四优"评选会	2007年
206国道洪源杨家岭段新建工程设计	江西省交通设计院	优秀工程设计奖	2	江西省第十二次勘察设计"四优"评选会	2007年

续上表

获奖项目名称	完成单位	奖项名称	奖项等级	颁奖单位	颁奖时间
大广线赣州至龙南段高速公路新建工程设计	江西省交通设计院	优秀工程设计奖	2	江西省第十二次勘察设计"四优"评选会	2007年
沪瑞高速公路昌傅至金鱼石段新建工程设计	江西省交通设计院	优秀工程设计奖	2	江西省第十二次勘察设计"四优"评选会	2007年
吉水赣江大桥工程设计	江西省交通设计院	优秀工程设计奖	2	江西省第十二次勘察设计"四优"评选会	2007年
苏州市友新快速路高架桥新建工程设计	江西省交通设计院	优秀工程设计奖	3	江西省第十二次勘察设计"四优"评选会	2007年
婺溪伐金盘桥无黏结预应力混凝土工程设计	江西省交通设计院	优秀工程设计奖	2	江西省交通厅	2003年
320国道大城至万载段公路工程设计	宜春勘察设计院	优秀工程设计奖	2	江西省第十四次勘察设计"四优"评选会	2012年
武宁至吉安高速公路铜鼓互通连接线工程设计	宜春勘察设计院	优秀工程设计奖	3	江西省第十四次勘察设计"四优"评选会	2012年
江西景德镇—婺源—黄山高速公路工程设计	江西省交通设计院	新中国成立60周年公路交通勘察设计经典设计		中国勘察设计协会	2009年
南昌绕城高速公路乐化至生米段工程设计	江西省交通设计院	优秀工程设计奖		江西省第十三次勘察设计"四优"评选会	2009年
江西景德镇至鹰潭高速公路景德镇枢纽互通立交新建工程设计	江西省交通设计院	优秀工程设计奖	1	江西省第十三次勘察设计"四优"评选会	2009年
景鹰高速公路岗上枢纽互通立交工程设计	江西省交通设计院	优秀工程设计奖	2	江西省第十三次勘察设计"四优"评选会	2009年
基于航测遥感技术的公路数字影像集成系统	江西省交通设计院	优秀计算机软件设计奖	1	江西省第十三次勘察设计"四优"评选会	2009年
九江长江公路大桥设计	江西省交通设计研究院有限责任公司	中国公路勘察设计行业优秀设计奖	1	中国公路勘察设计协会	
永修至武宁高速公路交通工程设计	江西省交通设计研究院有限责任公司	中国公路勘察设计行业优秀设计奖	1	中国公路勘察设计协会	
武吉高速公路九岭山隧道设计	江西省交通设计研究院有限责任公司	中国公路勘察设计行业优秀设计奖	2	中国公路勘察设计协会	

第六章
高速公路科技创新

续上表

获奖项目名称	完成单位	奖项名称	奖项等级	颁奖单位	颁奖时间
井睦高速公路井冈山隧道设计	江西省交通设计研究院有限责任公司	中国公路勘察设计行业优秀设计奖	2	中国公路勘察设计协会	
南昌至奉新高速公路设计	江西省交通设计研究院有限责任公司	中国公路勘察设计行业优秀设计奖	1	中国公路勘察设计协会	
永修至武宁（庐山西海）旅游高速公路交通工程及沿线设施设计	江西省交通设计研究院有限责任公司	中国公路勘察设计行业优秀设计奖	1	中国公路勘察设计协会	2015年3月11日
福州至银川高速公路九江长江公路大桥设计	江西省交通设计研究院有限责任公司、湖北省交通规划设计院	中国公路勘察设计行业优秀设计奖	2	中国公路勘察设计协会	2015年3月11日
大庆至广州高速公路江西武宁（鄂赣界）至吉安段九岭山特长隧道（B3、B4标段）设计	江西省交通设计研究院有限责任公司、中交第二公路勘察设计研究院有限公司	中国公路勘察设计行业优秀设计奖	2	中国公路勘察设计协会	2015年3月11日
G1517莆炎高速公路井冈山至睦村段井冈山特长隧道设计	江西省交通设计研究院有限责任公司	中国公路勘察设计行业优秀设计奖	2	中国公路勘察设计协会	2015年3月11日

编制省地方标准、行业标准、规范、规程　　　　表6-3-6

项目名称	项目鉴定编号	研编单位	批准机关	批准时间
公路工程勘察设计检查、验收、评定规程	DB 36/T 535—2008	江西省交通设计院	江西省质量技术监督局	2008年5月28日
沥青路面乳化沥青厂拌冷再生技术规范	DB 36/T 537—2010	赣粤高速公路股份有限公司、江西省高管局质监站	江西省质量技术监督局	2010年3月15日
高速公路沥青路面设计规范	DB 36/T 576—2010	江西省交通科研院、赣粤高速公路股份有限公司	江西省质量技术监督局	2010年9月1日
高速公路沥青路面施工技术规范	DB 36/T 577—2010	江西省交通科研院、赣粤高速公路股份有限公司	江西省质量技术监督局	2010年9月1日
公路填砂路基施工技术规范	DB 36/T 655—2012	江西省公路局、江西省交通设计院、同济大学等	江西省质量技术监督局	2012年7月1日

续上表

项目名称	项目鉴定编号	研编单位	批准机关	批准时间
高速公路沥青路面粗集料水洗技术规程	DB 36/T 676—2012	江西省交通科研院、赣粤高速公路股份有限公司、江西省交通工程集团	江西省质量技术监督局	2012年9月1日
高速公路沥青路面铣刨式路肩震鸣带设计施工技术规程	DB 36/T 681—2012	江西省交通科研院、江西省交通工程集团等	江西省质量技术监督局	2012年9月1日
高速公路服务区设计规范	DB 36/T 689—2013	江西省交通运输厅规划办、吉莲高速公路项目办等	江西省质量技术监督局	2013年3月1日
高速公路收费站(所)管理用房设计规范	DB 36/T 699—2013	江西省高速集团、吉莲项目办、江西省交通运输厅规划办等	江西省质量技术监督局	2013年3月1日
高速公路机电系统维护技术要求 第一部分 通用技术要求	DB 36/T 743.1—2013	江西放兴科技公司、江西路通科技公司	江西省质量技术监督局	2013年8月1日
高速公路机电系统维护技术 第二部分 监控设施	DB 36/T 743.2—2013	江西放兴科技公司、江西路通科技公司	江西省质量技术监督局	2013年8月1日
高速公路机电系统维护技术 第三部分 通信设施	DB 36/T 743.3—2013	江西放兴科技公司、江西路通科技公司	江西省质量技术监督局	2013年8月1日
高速公路红砂岩路基施工技术规范	DB 36/T 713—2013	江西省交通科研院、瑞寻高速公路建设项目办	江西省质量技术监督局	2013年8月1日
公路工程水文勘测设计规范		江西省交通设计院(参与)	江西省质量技术监督局	2003年11月
江西省高速公路红砂岩路基施工技术规范		江西省交通设计院	江西省质量技术监督局	2013年
高速公路绿化设计技术规程			江西省质量技术监督局	2014年
高速公路绿化施工技术规程			江西省质量技术监督局	2013年
高速公路绿化质量评定与验收标准			江西省质量技术监督局	2013年
废轮胎橡胶沥青路面施工技术规范			江西省质量技术监督局	2014年

续上表

项目名称	项目鉴定编号	研编单位	批准机关	批准时间
山区高速公路路基工程地质病害勘察、评价与处治指南		江西省交通科研院、江西省路桥工程局、长沙理工大学	江西省质量技术监督局	2007 年
路用改性乳化沥青技术指标与标准		江西省交通工程质量监督站	江西省质量技术监督局	2010 年
江西省台汽车客运站出站车辆安全例行检查技术规范			江西省质量技术监督局	2008 年
江西省高速公路服务区规划与设施建设指南			江西省质量技术监督局	2008 年
汽车维修业快修开业条件				
江西省高速公路联网收费技术要求				
公路工程设计后期服务规范				
公路填砂路基施工技术规范				
江西省高速公路沥青路面设计规范			江西省质量技术监督局	2010 年
江西省机动车维修服务质量规范			江西省质量技术监督局	2010 年
公路路况评价系统		江西省公路局、江西省交通科研院、西安公路学院		1991 年 11 月 27 日
江西省既有公路桥梁检测、评定技术规程		江西省公路局		2010 年
公路填砂路基施工规范		江西省公路局、同济大学		2011 年

获国家发明专利、国家实用新型专利、国家专利产品的科技成果　　表 6-3-7

专利名称	取得单位(人员)	专利授权号	批准单位	专利类别	批准时间
填砂路基空心块生态防护方法	江西省公路局 任东红等	ZL200710052857.8	国家知识产权局	实用新型专利	2009 年 5 月

续上表

专利名称	取得单位(人员)	专利授权号	批准单位	专利类别	批准时间
旧路沥青稳定碎石加铺改造方法及其结构	江西赣粤高速公路股份公司 况小根、谭生光等	ZL200910148777.1	国家知识产权局	实用新型专利	2011年8月
破损路面冷再生上基层成型方法及冷再生材料组合结构	江西赣粤高速公路股份公司 孙斌、谭生光等		国家知识产权局	实用新型专利	2012年3月
用于路面摊铺的冷再生沥青混合料处理方法	江西赣粤高速公路股份公司 孙斌、谭生光等	ZL201010000232.9	国家知识产权局	实用新型专利	2012年9月
冷再生乳化沥青混合料及其用于路面改建方法	江西赣粤高速公路股份公司 江涛、孙斌等	ZL200910242467.6	国家知识产权局	实用新型专利	2011年7月
破损路面冷再生层结构	江西赣粤高速公路股份公司 江涛、孙斌等	ZL200920179977.9	国家知识产权局	实用新型专利	2010年11月
压电式动态条形称重板	江西省交通科研院	200920185860.1	国家知识产权局	国家发明专利	2009年7月20日
压电式动态条形称重板	江西省交通科研院	2009101115717.X	国家知识产权局	实用新型专利	2009年7月20日
夯实机行走装置	南丰公路段	99242836.X	国家知识产权局	国家专利产品	1999年11月
环刀及渗透仪	江西省交通设计研究院有限责任公司 嵇其伟	ZL201520107135.8	国家知识产权局	国家实用新型专利	2015年6月17日
一种防止斜拉桥在地震作用下发生碰撞的方法	江西省交通设计研究院有限责任公司 李程华	ZL201310300701.2	国家知识产权局	国家实用新型专利	2015年6月11日
一种基于VRML模型的涵洞可视化设计施工的控制方法	江西省交通设计研究院有限责任公司 陈国	ZL201310022036.5	国家知识产权局	国家实用新型专利	2015年10月21日
一种路桥安全综合检测监控预警装置的安装和使用方法	江西省交通设计研究院有限责任公司 朱海涛	ZL201210481586.9	国家知识产权局	国家实用新型专利	2014年11月26日
一种剪切波速仪	江西省交通设计研究院有限责任公司 嵇其伟	ZL201520348418.1	国家知识产权局	国家实用新型专利	2015年9月2日

第六章
高速公路科技创新

续上表

专 利 名 称	取得单位(人员)	专利授权号	批准单位	专利类别	批准时间
一种隧道勘察方法	江西省交通设计研究院有限责任公司	ZL200910114986.4	国家知识产权局	技术发明专利	
一种采用军用桁架移模分块浇筑混凝土连续梁桥的方法	江西省交通设计研究院有限责任公司	ZL201010266702.6	国家知识产权局	技术发明专利	
一种桥梁勘察方法	江西省交通设计研究院有限责任公司	ZL201210042283.7	国家知识产权局	技术发明专利	
一种公路三维选线方法	江西省交通设计研究院有限责任公司	ZL200910115129.6	国家知识产权局	技术发明专利	
一种路桥隧安全综合检测监控预警装置	江西省交通设计研究院有限责任公司	ZL201220626515.9	国家知识产权局	技术发明专利	
一种模拟边坡降雨系统	江西省交通设计研究院有限责任公司	ZL201320482161.X	国家知识产权局	技术发明专利	
一种边坡仿真试验装置	江西省交通设计研究院有限责任公司	ZL201320480337.8	国家知识产权局	技术发明专利	
桥梁加固基础及桥梁	江西省交通设计研究院有限责任公司	ZL201320709444.3	国家知识产权局	技术发明专利	
支盘桩桥梁基础	江西省交通设计研究院有限责任公司	ZL201320880895.3	国家知识产权局	技术发明专利	
微型加固式桥梁基础及桥梁	江西省交通设计研究院有限责任公司	ZL201320708516.2	国家知识产权局	技术发明专利	
一种地下工程岔洞接头的设计方法	江西省交通设计研究院有限责任公司	ZL201210381802.2	国家知识产权局	技术发明专利	
设计院图文档管理系统V1.0	江西省交通设计研究院有限责任公司	软著登字第0797133号（2014SR127890）	国家知识产权局	技术发明专利	
设计院项目管理系统V1.0	江西省交通设计研究院有限责任公司	软著登字第0797131号（2014SR127888）	国家知识产权局	技术发明专利	
设计院生产经营管理系统V1.0	江西省交通设计研究院有限责任公司	软著登字第0798471号（2014SR129228）	国家知识产权局	技术发明专利	

续上表

专利名称	取得单位(人员)	专利授权号	批准单位	专利类别	批准时间
一种路桥隧安全综合检测监控预警装置的安装和使用方法	江西省交通设计研究院有限责任公司	ZL201210481586.9	国家知识产权局	技术发明专利	
一种防止斜拉桥在地震作用下发生碰撞的方法	江西省交通设计研究院有限责任公司	ZL201310300701.2	国家知识产权局	技术发明专利	
环刀及渗透仪	江西省交通设计研究院有限责任公司	ZL201520107135.8	国家知识产权局	技术发明专利	
一种桥梁沉箱基础	江西省交通设计研究院有限责任公司	ZL201520583604.3	国家知识产权局	技术发明专利	
三种隧道车行横洞的设置及其使用方法	江西省交通设计研究院有限责任公司	ZL20141004612.9	国家知识产权局	技术发明专利	
一种环刀对开型黏性土渗透仪	江西省交通设计研究院有限责任公司	ZL201620310606.X	国家知识产权局	技术发明专利	
一种野外勘察后勤保障车辆	江西省交通设计研究院有限责任公司	ZL201620342327.1	国家知识产权局	技术发明专利	
一种波形钢腹板与混凝土顶底板连接结构	江西省交通设计研究院有限责任公司	ZL201620342328.6	国家知识产权局	技术发明专利	
一种基于空间匹配技术的互通立交三维仿真设计方法	江西省交通设计研究院有限责任公司		国家知识产权局	技术发明专利	
一种采用砂石桩分离式基础结构的暗桥	江西省交通设计研究院有限责任公司	2016206956333	国家知识产权局	技术发明专利	
一种采用砂石桩整体基础结构的暗桥	江西省交通设计研究院有限责任公司	2016206956329	国家知识产权局	技术发明专利	
一种采用换填垫层分离式基础结构的暗桥	江西省交通设计研究院有限责任公司	2016206956314	国家知识产权局	技术发明专利	
一种采用换填垫层整体式基础结构的暗桥	江西省交通设计研究院有限责任公司	2016206953886	国家知识产权局	技术发明专利	
一种采用水泥粉煤灰碎石桩分离式基础结构的暗桥	江西省交通设计研究院有限责任公司	2016206953871	国家知识产权局	技术发明专利	

第六章
高速公路科技创新

续上表

专利名称	取得单位(人员)	专利授权号	批准单位	专利类别	批准时间
一种采用水泥粉煤灰碎石桩整体式基础结构的暗桥	江西省交通设计研究院有限责任公司	2016206954319	国家知识产权局	技术发明专利	
一种桥梁基础结构	江西省交通设计研究院有限责任公司	ZL201520583397.1	国家知识产权局	技术发明专利	
一种新型黏土渗透仪	江西省交通设计研究院有限责任公司 嵇其伟	ZL201520180747.8	国家知识产权局	国家实用新型专利	2015年10月21日
液压传动防撞挡车器	江西赣粤高速公路股份有限公司	ZL01134669.8	国家知识产权局	国家发明专利	
车辆号牌实时精确识别方法	江西赣粤高速公路股份有限公司	ZL200810225448.8	国家知识产权局	国家发明专利	2008年
液压传动式挡车器	江西赣粤高速公路股份有限公司	ZL01134668.X	国家知识产权局	国家发明专利	
机械传动式挡车器	江西赣粤高速公路股份有限公司	ZL01134732.5	国家知识产权局	国家发明专利	
高速公路收费站通行卡自动发卡装置	江西放兴科技有限公司	ZL2009201423934	国家知识产权局	国家发明专利	2009年
高速公路收费站计量衡器动态计量检定方法	江西赣粤高速公路股份有限公司	ZL200910186131.2	国家知识产权局	国家发明专利	2009年
基于线阵CCD摄像机的车辆速度测量装置	江西赣粤高速公路股份有限公司	ZL200910119341.X	国家知识产权局	国家发明专利	2009年
抗车辙路面RS2000改性沥青混合配料比及施工工艺	江西赣粤高速公路股份有限公司	ZL200910136261.5	国家知识产权局	国家发明专利	2009年
高速公路收费站动态称重计量衡器控制管理系统	江西赣粤高速公路股份有限公司	ZL200910186130.8	国家知识产权局	国家发明专利	2009年
冷再生乳化沥青混合料及其用于路面改建方法	江西赣粤高速公路股份有限公司	ZL2009102424676	国家知识产权局	国家发明专利	2009年
RS2000抗车辙改性沥青加工工艺	江西赣粤高速公路股份有限公司	ZL200910136260.0	国家知识产权局	国家发明专利	2009年
旧路沥青稳定碎石加铺改造方法及其结构	江西赣粤高速公路股份有限公司	ZL200910148777.1	国家知识产权局	国家发明专利	2009年
车牌号实时识别系统	江西赣粤高速公路股份有限公司	ZL200820123342.2	国家知识产权局	国家实用新型专利	2008年
破损路面冷再生层结构	江西赣粤高速公路股份有限公司	ZL200920179977.9	国家知识产权局	国家实用新型专利	2009年

续上表

专利名称	取得单位(人员)	专利授权号	批准单位	专利类别	批准时间
高速公路中央绿化带龙门剪平装置	江西赣粤高速公路股份有限公司	ZL201020219024.3	国家知识产权局	国家实用新型专利	2010年
高速公路收费站动态称重控管装置	江西赣粤高速公路股份有限公司	ZL200921089348.4	国家知识产权局	国家实用新型专利	2009年
Cold-recyclingemulsifiedasphaltmixtureandmethodforpavementreconstruction	江西省交通科研所	innovationPatet（澳洲专利）	国家知识产权局		2009101336
一种功能分区的水泥混凝土路面板	江西省交通科研所	ZL201120048123.4	国家知识产权局	国家实用新型专利	2011年
高速公路沥青路面集料破碎水洗工艺	江西省交通科研院	CN200910115891.4	国家知识产权局	发明专利	2009年
ZH-1.2夯实机	南丰公路段	99242836.X	国家知识产权局	国家专利产品	1999年11月
滚动筛	南丰公路段	99242836.X	国家知识产权局	国家专利产品	1999年11月
基于WEBGIS技术平台桥梁群健康监测系统	省交通科研院	201010604542.1	国家知识产权局	国家发明专利	2010年
基于物联联网技术桥梁健康监测系统	江西省交通科研院	201020679059.5	国家知识产权局	国家发明专利	2010年
带电支座电阻应变式传感器	江西赣粤高速公路股份有限公司	1959215088.2	国家知识产权局	国家发明专利	1989年
高速公路自动发卡装置系统	江西方兴科技公司			国家发明专利	2009年
压电式动态条形称重板	江西省交通科研院	20091011S717.XO	国家知识产权局	国家发明专利	2009年7月20日
压电式动态条形称重板	江西省交通科研院	20092018S860	国家知识产权局	国家发明专利	2009年7月20日
一种玄武岩纤维复合筋网与锚间加固条联合的边坡稳定装置	江西省交通科研院	ZL201120048124.9	国家知识产权局	国家实用新型专利	
加固混凝土盖梁的体外预应力结构	江西省交通科研院	ZL201220334609.9	国家知识产权局	国家发明专利	2012年
公路隧道LED照明无级调光系统	江西省交通科研院	CN201310135055.9	国家知识产权局	国家发明专利	2013年
增强隧道照明效果的配光方法	江西省交通科研院	CN201310135029	国家知识产权局	国家发明专利	2013年

续上表

专 利 名 称	取得单位(人员)	专利授权号	批准单位	专利类别	批准时间
双向长标距光纤栅应变传感器	江西省交通科研院	CN201310260304	国家知识产权局	国家发明专利	2013年
空心板梁桥的体外预应力加固系统	江西省交通科研院	ZL201320011710.5	国家知识产权局	国家实用新型专利	2013年
加固混凝土盖梁的体外预应力结构	江西省交通科研院	ZL201220334609.9	国家知识产权局	国家实用新型专利	2012年
水下墩柱的加固装置	江西省交通科研院	ZL201320011706.9	国家知识产权局	国家实用新型专利	2012年
一种新型预应力碳纤维布锚固装置	江西省交通科研院	ZL201220334626.2	国家知识产权局	国家创新型专利	2012年
一种测量铰接缝剪切变形的传感器	江西省交通科研院	ZL201220334607.X	国家知识产权局	国家实用新型专利	2012年
预应力纤维复合板材的锚固系统	江西省交通科研院	ZL201320011690.1	国家知识产权局	国家实用新型专利	2013年
桥隧地质三维成图系统	江西省交通设计研究院有限责任公司		国家知识产权局	国家发明专利	2015年
山区高速公路特殊小桥涵设计集成系统	江西省交通设计研究院有限责任公司		国家知识产权局	国家发明专利	2015年

已出版的科技专著　　　　　　　　　　　　　　　　表6-3-8

科技专著名称	编著单位(人员)	出版单位	出版时间
九景高速公路	九景高速公路建设指挥部	人民交通出版社	2003年5月
景鹰高速公路项目建设信息管理系统	陈国强、万保安等	中国大地出版社	2007年
高速公路交通机电工程软件开发技术	邹国平、黄铮	电子工业出版社	2008年
高速公路软基智能信息化监测技术	万保安等	冶金工业出版社	2013年
庐山西海高速公路安全绿色交通科技示范工程论文集	江西省交通运输厅、江西省高速公路投资集团、江西省交通咨询公司	人民交通出版社	2013年5月
预应力高强钢丝绳加固混凝土结构技术规程	吁新华	中国建筑工业出版社	2014年1月
旧桥加固技术与实测	江祥林等	人民交通出版社	2002年11月1日
公路桥梁荷载试验	江西省交通科研所、江西公路开发总公司、江西省公路管理局	人民交通出版社	2003年11月

续上表

科技专著名称	编著单位(人员)	出版单位	出版时间
江西交通"八五"科技成果汇编	江西省交通运输厅		1997年6月
美国道路交通标志与标线	江西省交通科研院	人民交通出版社	2010年2月
体外预应力加固桥梁技术与工程实例	江西省交通科研院		2013年
山区高速公路路基工程地质灾害勘测、评价与处治指南	江西省交通科研院、江西省路桥工程局、长沙理工大学		2007年
高速公路交通机电工程软件开发技术	江西赣粤高速公路股份有限公司	电子工业出版社	2008年

第七章
人物、先进集体

江西高速公路始建以来,广大交通建设者拼搏奉献、攻坚克难,精英辈出,贤能不断,铸就辉煌业绩。在高速公路建设中涌现出一大批(优秀科技工作者、省部级以上劳模、先进工作者)先进人物与先进集体,为江西高速公路建设作出突出贡献,全省高速公路实现了跨越式发展。

第一节 人物传略

张天佑

张天佑(1922—1996年) 大学文化,南城县人,1956年加入中国共产党,江西省公路管理局副总工程师。

20世纪40年代,张天佑在吉安求学于国立第十三中学,后就读于设在泰和杏岭的国立中正大学,1947年毕业后在当时的江西省公路局任职。新中国成立后,他历任江西省公路管理局公路科科长、计划科科长、副总工程师,1988年成为教授级高级工程师。曾兼任《江西公路史》主编、江西省高等级公路管理局技术顾问和省公路学会理事,并被江西省政府聘任为省政府决策咨询委员会委员、省革命委员会老根据地建设办公室顾问。张天佑在从事公路建设计划规划、勘察设计、技术攻关、质量管理事业的50年奋斗历程中,不仅出色完成组织交给的各项工作任务,还结合江西实际提出许多科学、合理的公路建设意见、建议与方案。他在去世前的3个月中,仍顽强地坚持与病魔作斗争,向江西省交通厅提出"关于南昌东侧外环高速公路路线方案的探讨和建议""关于南九公路立交多个收费口集并为一个收费口方案的探讨和建议",以及"关于赣粤汽车专用公路规划路线走向的几点意见"。

自1985年以后,连续被中共江西省直机关工委、省交通厅、省公路管理局评为优秀共产党员。1996年4月逝世后,江西省交通厅党组追授他"全省交通系统优秀工程师"称号,并号召全省交通系统广大干部职工学习他爱岗敬业、无私奉献的精神,为江西交通事业的改革发展作出新贡献。

1996年4月,张天佑病逝于南昌。

李克湘

李克湘(1918—2004年) 广东省翁源县人,1944年7月毕业于国立中正大学工学院土木工程系,1957年11月加入中国共产党。江西省第五届人民代表大会代表、省交通设计院院长兼总工程师。1984年1月至1986年12月任江西省交通厅史志办主编。

自1951年3月起,李克湘主要在公路建设部门工程师岗位上从事工程技术管理工作。他曾被江西省革命委员会授予"质量优胜奖"。他的研究项目"渣油路面无土砂砾基层结构研究"科研成果,经1973年在清江至萍乡公路芦溪段铺筑试验段检验,具有良好的经济效益和社会效益。在全省得到普遍推广运用,并引起外省同行的关注。湖南、湖北、安徽、广西等省、自治区分别派员到江西参观学习后,运用于公路建设领域。1978年该项科研成果先后获江西省科技大会奖和交通部重要科技成果奖。1978年3月,在全国科技大会上获得先进科技工作者称号。1978年9月,被中共江西省委、省革命委员会授予"江西省劳动模范"称号。

2004年4月,李克湘病逝于珠海。

郭 燚

郭燚 1985年3月出生,南丰县人,中专文化,江西省高速公路投资集团公司温沙高速公路管理处路政员,2008年1月29日殉职。

郭燚于2004年9月毕业后步入温沙高速公路管理处路政大队临川中队从事路政管理工作。他一边积极工作,一边努力自修路政管理知识和相关法律法规,以及单位所辖高速公路地形、路况,被中队同事称为"活地图"。2008年年初,江西自1959年有气象记录以来,从未有过的特大雨雪冰冻灾害袭击全省。郭燚在高速公路坚持抗灾抢险中,连续拼搏15个日日夜夜,坚持不停地铲冰除雪、疏通交通、救助驾乘人员。1月24日,他协助交警疏导300多辆受阻车辆。1月26日,他与前来救助的武警官兵一道,将省防总支援的25万只草袋散铺在大桥、特大桥、陡坡、弯道和匝道等重点部位上。1月29日上午,临川公路段多处10万V高压线快被冰雪压断,受阻车辆排成数里,严重威胁驾乘人员和广大旅客生命安全,情况万分火急。10时30分,已经在南城连续奋战3天3夜,长达72小时没有休息的郭燚得知后,主动请缨前去支援,获准后,冒着路面异常滑的极大风险,以最快的速度直奔事故地段。10时36分,当车辆行至临川K449+10处时,车辆猛滑不止,猛烈撞到护栏上,郭燚遭受重型脑颅损伤。13时41分,经医院抢救无效,不幸殉职,年仅23岁。交通部与江西省交通厅分别作出决定,号召全国与全省交通行业广大干部职工向郭燚学习。共青团江西省委追授郭燚"青年五四奖章标兵"称号,号召全省广大团员青年向郭燚学习。2月1日，中华全国总工会追授郭燚全国五一劳动奖章。

第二节　人物简介、人物表

1991—2017年间，在全省交通系统高速公路建设中受到省、部级以上表彰的先进模范人物中选择15位有代表性的人物，分别作人物简介。

车宇琳

车宇琳　1941年10月出生，贵溪县人。1959年毕业于江西省交通学院中专部，1966年毕业于同济大学道路工程专科。他自参加工作以来，一直从事公路、桥梁勘察设计和科学研究工作，参与和主持完成20余条公路、2条铁路和40余座大中型桥梁的勘测设计。1992年获国务院颁发的享受政府特殊津贴的工程技术人员证书，1998年获中国公路学会"百名优秀工程师"称号，2004年获建设部"中国工程设计大师"称号。历任江西省交通设计院副总工程师、总工程师、副院长兼总工程师、院长兼党委书记等职。任中国公路学会桥梁与结构工程分会名誉理事、江西省力学学会副理事长、省公路学会名誉理事、省工程咨询委员会专家等。

他主持和参与南昌至九江等高速公路勘测设计以及江西省第一座桁架拱桥——前进大桥、我国第一座公路预应力斜腿刚架桥——江西洪门大桥、我国第一座预应力V形托架连续刚构桥——丰城赣江大桥、江西省第一座斜拉桥——南昌新八一大桥、鄱阳湖大桥等30余座大中桥梁的勘测设计，退休后还主持国内第一大跨度的无背索斜拉桥——贵溪信江大桥设计。

他从事设计的项目获得8次国家级和省部级优秀设计奖，其中包括国家级的一个银质奖和两个铜质奖。他发表过有价值的学术论文40余篇。其中有多篇论文、程序受到国内同行好评，有的文章内容和结论已被有关专著引用。

退休后，车宇琳继续发挥其技术专长，先后对安庆长江大桥、贵州坝陵河大桥、广州东环高速珠江大桥、厦门东通道工程跨海大桥、上海崇明岛越江工程、山东青岛海湾大桥、江苏泰州长江大桥、安徽阜六高速公路淮河大桥、河南桃花峪黄河大桥、港珠澳大桥等独立大桥以及省内多条高速公路、桥梁工程进行设计审查、方案评选、设计评标和咨询工作，并结合新时期公路工程上出现的问题撰写《高速公路桥梁设计的常见问题浅析》《对桥型方案比选的探讨》《对中小跨度梁式桥的若干意见》等多篇论文，并参加编撰《桥梁设计常用数据手册》《桥梁设计工程师手册》两本工具书。

任东红

任东红 女,1958年1月出生,河北省满城县人,大学文化,中共党员,江西省高速公路投资集团有限责任公司总经理、教授级高级工程师、全国劳动模范。

1995年,任东红担任昌樟高速公路建设项目办副主任,1998年担任胡傅高速公路项目办主任,2002年担任昌金高速公路项目办副主任,2003年又挑起乐温高速公路项目办主任的重担。

2009年3月,任东红担任江西对口支援小金县现场指挥部美汗公路项目组组长。

从2000年底到2014年初,任东红历任江西省公路管理局县乡公路管理处处长、副局长、局长。

2014年3月,任东红调任江西省高速集团总经理。

经过她和团队一班人与广大建设者的顽强拼搏,打造了一批精品工程,九江长江二桥项目获"中国建设工程鲁班奖",吉莲高速公路永莲隧道科技项目获国家科技进步二等奖。30多年来,任东红受到各级组织的表彰。曾被江西省交通运输厅评为全省交通运输系统巾帼建功标兵和授予"优秀共产党员"称号;2005年11月,被江西省人民政府评为全省先进工作者;2005年,被国务院授予"全国劳动模范"称号;2008年,被交通运输部评为全国交通行业抗震救灾先进个人;2009年被江西省省直机关工委评为第五届"人民好公仆";2016年12月,获国务院颁发的国家科学技术进步二等奖。

张小明

张小明 1964年10月出生,丰城市人,1987年毕业于同济大学道路工程专业,教授级高级工程师,注册土木工程师,中共党员,江西省交通设计研究院有限责任公司副总经理。

自1987年7月参加工作后,一直坚持理论与实践相结合,加强自修,很快便成为该院技术部门负责人。他先后主持完成昌樟、胡傅、泰井、温沙、武上、鹰瑞、抚吉、昌栗、修平及广吉等高速公路的勘察设计任务,并编写、完善江西省交通设计院的多项质量管理文件,建立健全一整套较完备的勘测设计项目质量管理体系。1996年与1997年,张小明被评为南昌市科技先进工作者;1997年与2001年被评为昌樟、胡傅高速公路建设项目办劳动模范;2002年获得全国金桥奖。2005年3月,被人事部、交通部授予"全国交通系统先进工作者"称号。2007年获得中国公路学会"第四届中国公路百名优秀工程师"称号。

主持省内外重点工程勘察设计项目十余项,担任过多条高速公路勘察设计的项目负责人或技术负责人,累计参与完成高速公路建设里程2000余公里的勘察设计任务工作,获多项省、部级优秀工程设计奖、优秀工程成果咨询奖及省科技进步奖。

董显林

董显林 1966年8月出生,赣州市人,初中文化,江西通威公路建设集团有限公司高级技工,江西省劳动模范。

投身公路建设,他先后参与江西省13条省重点公路项目建设,有12次被评为工程建设先进个人。2002年还被323国道改造工程项目办公室评为劳动模范。

他几乎把所有业余时间都用于自修、钻研技术业务上。如今,他已是通威集团的高级技工、公路桥梁工程施工的行家里手。他从1992年起,一直承担工程项目现场管理工作,先后在9条(座)公路、桥梁建设项目中负责管理工程施工,出色地完成任务。

2004年11月,他被抽调到景婺黄(常)高速公路B1标担任新亭中桥现场施工技术负责人。他为保护生态环境,主动把临时工棚搭在远离工地的水库边;没有道路运送开挖机械,他就率领员工人力平整现场,用最原始的肩抬背扛,把桥梁桩基和部分急用设备强行运进施工现场,进而在没有施工条件的情况下创造施工条件。他负责的施工项目从未出现质量事故,在他和员工们的共同努力下,提前3个月完成大桥建设任务,创造全线桥梁建设速度之最。2005年11月,江西省人民政府授予他"江西省劳动模范"称号。

万文利

万文利 女,1966年9月出生,南昌县人,硕士学位,江西省交通设计研究院有限责任公司第二设计分院副院长,教授级高级工程师,全国五一巾帼标兵。

她于1987年7月由华东地质学院毕业后,在江西省水利水电总公司参加工作。1995年调入江西省交通设计院。先后参与赣粤高速公路、南昌市东外环高速公路等工程可行性研究报告的编写工作。成为泰井高速公路、泉州至南宁国家高速公路吉安至莲花段等工程可行性研究项目的负责人,并担任济南至广州国家高速公路景德镇至鹰潭D段、大庆至广州国家高速公路武宁至吉安B段工程勘察设计项目主任工程师,以及萍乡至洪口界、南昌市西外环、德兴至南昌、兴国至赣县等高速公路的勘察设计项目负责人。2009年,她担任全长达205km的德兴至南昌高速公路勘察设计总项目组组长。设计工作时间紧、任务重,地形地质复杂多变,勘察设计难度极大。为了选出最优的路线方案,她带领项目组成员冒着酷暑走遍沿途的山岭沟壑,反复进行踏勘调查,了解沿线地形地物,经过反复比选、多次优化,确保推荐的路线方案满足"安全、舒适、环保、经济"的设计新理念要求。与此同时,她率领项目组全体成员吃住在工地,狠抓项目进度,白天收集资料,晚上及时整理,严把质量关,确保数据准确。经过大家的共同努力,按时完成施工图设计任务,确保该项目于2009年7月16日如期动工建设。2009年7月至2011年,她担任全长205km的德兴至南昌高速公路项目建设办公室设计代表处处长期间,面对从赣东北山区至鄱阳湖平原水网区,地形地质条件复杂,施工过程中问题较多等重重困难,解决一系列施工难题,为确保德昌高速公路2011年9月16日如期建成通车作出积极贡献。

万文利先后获国家级优秀工程咨询成果二等奖1项,省优秀工程咨询成果一等奖1项、二等奖2项,省优秀工程设计一等奖3项。曾多次被江西省交通设计院评为"双文明"建设先进工作者;2006年被评为江西省交通系统劳动模范;2003年、2008年被评为江西省交通厅巾帼建功标兵;2010年被评为江西省巾帼建功标兵;2013年3月,被中华全国总工会授予全国五一巾帼标兵称号。

刘伟胜

刘伟胜 1968年9出生,于都县人,大学文化,中共党员,赣州高速公路有限责任公司总经理助理、大广高速公路龙杨项目办主任,教授级高级工程师,江西省五一劳动奖章获得者。

1987年7月,他自江西省交通学校毕业后,在交通运输行业工作。工作之余,刻苦钻研技术业务,考入同济大学深造,取得大学本科学历。2011年12月,被破格晋升为教授级高级工程师。自1992年9月起,先后担任赣州公路分局赣南公路勘察设计院测设所所长、赣定高速公路前线指挥部工程处处长、总工办主任,赣州市绕城高速公路项目办总经理助理兼项目主任,以及江西省寻全高速公路公司常务副总经理兼项目办主任。2012年2月起至今一直担任赣州高速公路有限责任公司总经理助理、副总工程师与大广高速公路龙杨项目办主任。

2012年2月初,他接任龙杨项目办主任,围绕龙杨段项目年底建成通车的总体目标,针对影响工程建设项目的问题全面谋划。他以改革为突破口,创新工作机制、管理体制,紧抓关键,科学组织,灵活调度,多措并举,讲求实效。先后建立并实行项目办班子成员"1+1"挂点帮扶责任制。采取由一位班子成员挂点帮扶一个进度相对滞后的标段,靠前指挥调度,主动及时解决问题,做到挂点领导、管理工程师、高驻办、项目经理部密切配合,齐心协力,推进关键、滞后工程实现节点目标,加快工程建设速度,取得明显成效。在他和他的团队共同努力下,经过广大工程建设者的顽强拼搏,龙杨项目在前期工程进展落后4个月的情况下,工程建设快速跨入"快车道",提前13天实现项目的试运营通车,得到省、市各级领导的充分肯定,龙杨建设项目受到江西省人民政府的通令嘉奖。

在绕城、寻全、龙杨等高速公路项目建设中,屡次出色完成各项任务,并为江西2010年全省高速公路通车里程突破3000km、2012年突破4000km作出突出贡献,多次受到省、市有关部门及其所在单位的表彰。2007年12月,被赣州市科学技术协会评为赣州市优秀科技工作者;2008年12月,被江西省科学技术协会授予"江西省第五届科学技术协会优秀科技工作者"称号;2008—2010年,被赣州市人民政府评为赣州市重点工程建设先进个人;2010年9月,被江西省高速公路建设领导小组授予"赣州绕城高速公路工程建设劳动模范"称号;2012年12月,被江西省人民政府评为大广高速公路龙杨段项目建设先进个人;2013年4月,获江西省五一劳动奖章。

敖志凡

敖志凡 1969年9月出生,湖南省岳阳市人,大学文化,中共党员,江西省交通工程咨询监理中心监理工程师,高级工程师,井睦高速公路项目办总监办主任,全国五一劳动奖章获得者。

他自1989年参加工作,2003年取得交通部监理工程师的资格。多年来,他一直奋斗在交通运输施工一线,先后参与10余条高速公路建设,监理大小工程项目12个,从未出现任何质量问题。

2011年4月,他担任井睦高速公路项目办总监办主任后,井睦高速公路是全国首次试行"高速公路代建与监理合并管理模式"的工程建设项目。2012年5月,在中国交通建设监理行业新风建设活动中,他所带领的团队被授予"全国'十佳'公路水运工程优秀总监(驻地)办"称号。

敖志凡曾多次被评为江西高速公路建设先进个人、劳动模范;2013年6月19日,他被中共江西省委宣传部、省文明办、省总工会、省妇联、团省委评为敬业奉献模范;同年6月,被评为第三届江西省道德模范,并被有关组织推荐为第四届全国道德模范候选人,获第四届全国道德模范提名奖;同年,还被有关组织推荐参评第十三届全省职工道德建设标兵和"中国好人";2014年,获全国五一劳动奖章。2015年4月27日,被交通运输部评为全国交通运输系统劳动模范。

何水标

何水标 1971年6月出生,东乡县人,大学文化,中共党员,江西省高速公路投资集团有限责任公司赣州管理中心泰赣养护中心主任,高级工程师,全国劳动模范。

1994年7月,他自西安公路学院毕业后,参加赣州管理中心公路建设事业,先后担任总工程师、项目经理和赣州管理中心养护中心主任。在其参与昌九高速公路、南昌八一大道路面改造、九景高速公路、昌泰高速公路等有关项目建设中,亲临一线指导生产,严格把关,严格按规范规程施工,确保工程高质、高效、安全、环保,并培训和带出一支思想红、技术精的业务队伍。其主持的养护中心创出"管理零缺陷、质量无差错、生产零事故"的佳绩。2010年至今,何水标担任泰赣养护中心主任。其间,他带领职工在"迎国检"QC课题小组评比中取得优异成绩,多次及时完成边坡损毁塌方抢修任务,累计完成路面灌缝32万m,全年养护生产工作总产值达11310万元,并获得全国交通行业优质小组称号。

1988—1999年,何水标连年被江西省高等级公路管理局评为"十佳"职工;1998年被江西省交通厅评为全省交通系统先进个人和抗洪抢险先进个人;2000—2004年,先后被九景高速公路建设指挥部与昌泰、泰赣高速公路建设部门授予"劳动模范"称号;2005—2006年,被江西省交通厅评为全省交通系统优秀共产党员;2007年、2009年分别被赣州管理中心与江西省高管局评为优秀共产党员和劳动模范;2010年12月25日,被江西省人民政府评为江西省劳动模范;2015年4月,被中共中央和国务院授予"全国劳动模范"称号。

李程华

李程华 女,1972年2月出生,新余市人,在职研究生,中共党员。江西省交通设计研究院有限责任公司副总工程师,全国交通行业巾帼文明岗建功标兵。

李程华自1994年7月参加工作以来,一直在交通建设第一线从事勘察设计工作。她作为技术骨干,参与南昌新八一大桥、武宁特大桥、宜春袁河大桥等十多个项目的勘察设计,做了大量的工作;她在南昌东外环高速公路、景德镇南环高速公路、辽宁铁朝高速公路、苏州友新高架桥、景德镇至鹰潭高速公路等十多个大中型建设项目中担当技术重任。后来她又担任景婺黄高速公路、九江至瑞昌高速公路、吉水赣江大桥等省重点工程建设项目负责人。

2007年,李程华作为课题组长主持完成"标准跨径高墩桥抗震安全性评价研究"科研项目,研究成果达到国内领先水平,填补省内空白,获江西省交通行业科技进步一等奖并获江西省科技进步三等奖;2008年作为主要研究骨干完成"地震作用下公路隧道抗震设防研究",总体成果达到国内领先水平,获江西省交通行业科技进步一等奖;2009年她承担"地震作用下斜拉桥主副孔间防碰撞措施研究"科研项目,担任课题组长,获江西省交通行业科技进步一等奖。她参与的勘察设计项目中有多个获得不同等级的奖励,如南昌新八一大桥工程获国家铜质奖及江西省优秀设计一等奖;景德镇至鹰潭高速公路景德镇枢纽互通获江西省优秀设计一等奖;景婺黄高速公路获江西省优秀设计一等奖、新中国成立60周年经典工程、第十一届中国土木工程詹天佑奖。赣粤高速公路(昌傅至泰和段)工程可行性研究报告获国家优秀咨询成果二等奖及省优秀咨询成果一等奖;苏州友新高架桥获江西省城乡建设优秀设计三等奖、吉水赣江大桥获省设计二等奖、武宁大桥获省优秀设计二等奖。昌赣高速公路珠湖隧道获江西省优秀设计二等奖。2007年2月全国妇联巾帼建功活动领导小组授予李程华"全国巾帼建功标兵"荣誉称号;2012年获交通运输部"交通科技英才"称号;2015年入选"江西省百千万人才工程"。

郑鸿英

郑鸿英 女,1972年9月出生,上饶市信州区人,大学文化,中共党员,上饶市交通投资集团公司项目管理部部长,高级工程师,全国交通运输系统劳动模范。

1992年,郑鸿英从江西工业大学毕业后,投身交通运输事业,先后在江西9条公路建设中的工程技术岗位工作。自1993年起,她先后担任上饶市交通投资集团公司工程技术与质量监理负责人、项目经理、项目管理部部长。多年来,她负责完成上分线上饶至禹溪段等二级公路137.3km、京福高速公路A6-2标段等38.38km路面等工程施工任务。在公路建设中,坚持阳光操作、透明计量、工程资金公开支付,主动接受干部职工与社会监督。曾先后多次被工程建设单位评为先进工作者、优秀项目经理和劳动模范;2004年,郑鸿英被江西省交通厅评为全省交通运输系统巾帼建功标兵;2006年,被江西省交通厅评为全省交通运输系统劳动模范;同年,被有关部门破格晋升为高级工程师;2008年4月,被上饶市直机关评为"十大优秀青年"之一;2009年,被江西省交通运输厅授予全省交通运输系统巾帼建功标兵称号;同年12月,被人力资源和社会保障部、交通运输部评为全国交通运输系统劳动模范。

樊友庆

樊友庆 1974年1月出生,南昌人,大学本科学历,中共党员,高级工程师,现为江西省高速公路投资集团安定项目办副主任。

自1995年参加工作以来,一直奋战在高速公路建设一线,先后参与泰赣、瑞赣、寻全等高速公路的建设和管理工作。

1995年7月,樊友庆从省交通学校毕业后,进入江西省高等级公路管理局工作。

2006年7月,瑞赣高速公路开工建设,作为工程处负责人。

2007年参与瑞赣高速公路的建设后,他结合江西省高速公路路基边坡几何特征和路侧安全特点,首次划分路侧安全水平等级并推荐相应的护栏形式,提出改善高速公路路侧安全性能的建议措施和路侧障碍物处理对策,得到业内专家的广泛认可。他的课题"高速公路路侧安全问题及对策研究"被江西省公路学会评为2011年度科学技术奖三等奖,其研究成果在全省高速公路推广。

2014年9月,樊友庆调任安定项目办副主任,分管现场和安全。他个人先后10次被江西省高等级公路管理局评为先进工作者,2015年被中共江西省委省政府评为"江西省劳动模范"。

雍成香

雍成香 女,1974年4月出生,安徽省和县人,大学文化,中共党员,江西高速集团赣粤高速昌九管理处庐岛所党支部书记,全国五一劳动奖章获得者。

1994年7月,雍成香由省体工队女子篮球队调入省交通运输行业工作,先后担任昌九高速公路邹家河管理所、通远管理所等6家收费所所长，所到之处样样干得出色。

2008年初，她任通远管理所所长时，一场五十年未遇的雪灾袭来，她率领全所员工夜以继日奋战在一线，连续八天七夜奋战在抢险救灾第一线，被员工和广大驾乘人员雅称为"雪中铁娘子"。2010年底，雍成香调任彭泽收费所所长，江西再次遭遇特大冰雪灾害。此时雍成香因喉咙囊肿导致囊肿发炎、高烧40℃，但她排除万难，带领全体员工奋力抗灾救灾。她连续六天六夜战斗在抗冰雪一线，六天六夜累计休息也不到20个小时，直到全部铲完雪、瘫倒在地。

2010年8月，在赣粤高速试行大所制管理模式中，她通过总结自己积累的丰富经验和不断探索新所制管理模式，推出以"五新"（新理念、新模式、新目标、新形象、新起点）为努力方向，以"六个突出"（在业务上突出精、在思路上突出新、在工作上突出勤、在环境上突出美、在纪律上突出严、在态度上突出诚）管理模式，深入动员和组织全所员工竭尽全力在建设学习型队伍上下功夫，在团结谋事、努力做事上下功夫，在收费工作上下功夫，在廉洁、综治、安全方面进一步下功夫，使该所员工精神面貌焕然一新，各项工作效能创新，窗口亮点特色众多，牢固树立起良好的窗口品牌形象，屡次受到上级表彰。

她先后主持过邹家河管理所、庐岛收费所、雷公坳收费所、通远收费所、彭泽收费所工作。这些单位有的获"全国五一劳动奖状"，有的被交通运输部评为全国交通行业抗冰保畅先进集体，以及"江西省抗冰救灾先进集体"，有的被授予"省级青年文明号""全省巾帼文明岗""九江市文明单位"等称号。

雍成香投身交通运输行业20多年，2001年，她被江西省交通厅党委评为优秀共产党员；2003年被评为先进工作者；2008年2月，被交通部评为全国交通行业抗灾保通先进个人；2008年3月，被江西省委、省政府评为江西省抗雪救灾模范；2008年与2009年，被赣粤公司党委评为优秀管理者；2008年被江西省交通运输厅党委评为优秀共产党员；2009年被江西省委评为优秀共产党员；2010年被江西省交通运输厅党委评为优秀共产党员；2010年9月，被交通部评为全国交通运输行业文明职工标兵；2011年4月，获全国五一劳动奖章；2011年7月，被江西省人民政府评为江西省劳动模范；2012年3月，被江西省妇联授予"江西省巾帼建功标兵"称号。

江祥林

江祥林 1975年8月出生，婺源县人，工学双博士，研究员。现任江西省交通科学研究院院长、江西省桥梁结构重点实验室主任、长大桥梁建设技术及装备交通运输行业研发中心主任（交通运输部）、九江长江二桥建设项目办副主任（技术）、长安大学硕士研究生导师、江西省交通科研院博士后科研工作站博士后研究导师。

1994年中专毕业后一直潜心于桥梁技术研究,特别在大跨径桥梁结构力学行为、桥梁加固与安全监测领域取得了丰硕成果。其中,一项成果获2013年国家级科技进步奖二等奖,获得省(部)科技进步一等奖1项、省(部)科技进步二等奖4项、省(部)科技进步三等奖3项,合著桥梁检测与加固技术专著3部(《体外预应力加固桥梁技术与工程实例》《公路旧桥加固技术与实例》《公路桥梁荷载试验》),发表具有学术价值论文30多篇。因成绩特别突出,先后获得国务院特殊津贴专家、省自学成才奖、省百千万人才工程人选、省赣鄱英才555工程人选、全国优秀科技工作者、交通部青年科技英才、中国公路第二届青年科技奖、中国五四青年奖章、全国交通系统青年岗位能手、省五一劳动奖章、江西省十大杰出青年、江西省优秀共产党员等荣誉称号。

熊文清

熊文清　1983年1月出生,南昌市人,大专文化,江西省高速公路投资集团公司梨温玉山收费站副站长,全国五一劳动奖章获得者、江西省劳动模范。

2006年7月9日下午4时30分左右,熊文清骑摩托车赴姐姐家接母亲。当他行至昌万公路麻丘段时,一辆满载39名乘客的旅游大巴从他身边越过后,便撞上路旁的电线杆。车头变形,车身受损,一头栽进2m多深的水坑里。熊文清见状,一边立即报警,一边冲入车内救人。他冒着油箱漏油、车内温度骤升、车辆变形,随时都有爆炸的危险,半个小时内,一口气将27名困在车内的受伤乘客一个一个地救出来,安置在安全地带。在消防和交警救援人员赶到后,又配合他们将剩下的受伤人员救出车外,然后悄然离去。2006年10月12日,中央电视台"中国骄傲"栏目播出熊文清救人专题片。10月中旬,入围"中国骄傲"候选人,后通过全国网民投票及评审团综合评议,被评为2006"中国骄傲"人物,并参加11月5日晚中央电视台的颁奖晚会。2006年11月8日,在人民大会堂召开的第三届"全国十大见义勇为好司机"评选表彰大会上,熊文清又获此项殊荣,并代表获奖者作先进事迹介绍。

2006年9月,江西省委宣传部、省总工会、共青团江西省委、省交通厅联合授予熊文清"模范青年职工"称号,并于10月18日在南昌隆重举行熊文清先进事迹报告会暨表彰大会。同年9月,江西公路开发总公司授予熊文清"雷锋式的好青年""见义勇为积极分子"称号,并将其评为劳动模范。2007年熊文清还获得江西省五一劳动奖章和全国五一劳动奖章。江西省交通厅组织熊文清先进事迹报告团赴全省各设区市巡回演讲。熊文清的事迹感动全国,先后受到中华全国总工会、江西省人民政府、中华见义勇为基金会、江西省总工会等各级组织的表彰。

刘圣卿

刘圣卿　1983年12月出生,都昌县人,本科学历、硕士学位,中共党员,江西省高速公路联网管理中心通信监控科副科长,全国交通运输系统先进工作者。

2004年7月,他自江西师范大学毕业后,投身交通运输事业,从事高速公路联网管理通信监控工作。

2006年,他单独完成科研项目"高速公路联网收费路径识别技术研究"中路径识别后台拆分程序,确保通行费的准确拆分,后来该课题经相关专家鉴定总体达到国内领先水平。同年,他又作为主要技术人员参与完成省交通厅2005年度厅重点工程——"江西省收费公路载货汽车计重收费项目",并单独完成联网收费业务管理软件开发升级工作。2007年,他作为技术骨干全程参与并完成省交通厅重点工程——"江西省高速公路非现金支付和电子不停车收费项目研究"。2014年,他作为技术人员参与江西省高速公路新一代收费系统、监控系统相关课题研究,圆满完成组织交给上述各项科研项目相关任务。

2008年,刘圣卿被江西省高速公路联网管理中心评为先进工作者;2010年,被江西省春运办授予"江西省春节运输工作先进个人"称号;2011年被江西省高速公路联网管理中心评为先进工作者;2012年,被交通运输部评为2010—2011年度全国交通运输行业文明职工标兵;2015年4月,被交通运输部授予"全国交通运输系统先进工作者"称号。

1991—2017年全省交通系统获全国、全省表彰劳动模范、先进工作者,见表7-2-1。

1991—2017年全省交通系统获全国、全省表彰劳动模范、先进工作者称号名录　　表7-2-1

姓　名	荣誉称号	工作单位	授予单位	年　份
罗志勇	全国交通系统先进工作者	江西省交通设计院	人事部、交通部	1995
刘学斌	江西省五一劳动奖章	江西省交通设计院	江西省总工会	2000
邹国平	江西省五一劳动奖章	江西省高等级公路管理局	江西省总工会	2001
李文峰	江西省劳动模范	江西省高等级公路管理局	江西省委、省政府	2003
车宇琳	中国工程设计大师	江西省交通设计院	建设部	2004
李文峰	全国五一劳动奖章	江西省高等级公路管理局	全国总工会	2004
陈　国	全国交通系统青年岗位能手	江西省交通设计院	交通部、共青团中央	2004
江祥林	全国交通系统劳动模范	江西省交通科学研究院桥梁研究所	人事部、交通部	2004
张小明	全国交通系统先进工作者	江西省交通设计院	人事部、交通部	2004
任东红	全国劳动模范	江西省公路管理局	中共中央、国务院	2005
刘向东	全国劳动模范	吉安市公路管理局吉水分局	中共中央、国务院	2005
董显林	江西省劳动模范	江西通威公路建设集团有限公司	江西省委、省政府	2005
何少平	江西省劳动模范	江西省现代路桥工程总公司	江西省委、省政府	2005
任东红	江西省先进工作者	江西省公路管理局、乐温高速公路建设项目办公室	江西省委、省政府	2005

第七章
人物、先进集体

续上表

姓　名	荣誉称号	工作单位	授予单位	年　份
王庆祝	江西省先进工作者	宜春市公路管理局	江西省委、省政府	2005
江祥林	江西省五一劳动奖章	江西省交通科学研究院桥梁研究所	江西省总工会	2005
熊小军	江西省五一劳动奖章	宜春通达路桥建设有限公司	江西省总工会	2005
曾年根	全国交通系统劳动模范	江西省新余市公路局渝水分局路达沥青有限公司	人事部、交通部	2005
熊文清	全国五一劳动奖章	江西公路开发总公司梨温高速公路公司玉山管理处	全国总工会	2007
李程华	全国巾帼文明岗建功标兵	江西省交通设计院第三设计所	全国妇联	2007
熊文清	江西省劳动模范	江西公路开发总公司梨温高速公路公司玉山管理处	江西省委、省政府	2007
熊文清	江西省五一劳动奖章	江西公路开发总公司梨温高速公路公司玉山管理处	江西省总工会	2007
徐　变	江西省"巾帼建功"标兵	江西省交通设计院	江西省妇女联合会	2008
郭　燚	全国五一劳动奖章	江西省高速公路投资集团公司温沙高速公路管理处	全国总工会	2008
郭　燚	江西省青年五四奖章标兵	江西省高速公路投资集团公司温沙高速公路管理处	共青团江西省委	2008
龚爱罩	全国五一劳动奖章	宜春市公路管理局铜鼓分局	全国总工会	2009
郑鸿英	全国交通运输系统劳动模范	上饶市交通投资集团有限公司	交通运输部、人社部	2009
雍成香	2008—2009年度全国交通运输行业文明职工标兵	江西赣粤高速公路股份有限公司昌九管理处通远收费所	交通运输部	2010
熊　艳	2008—2009年度全国交通运输行业文明职工标兵	江西省高速公路投资集团公司梨温高速公路玉山管理站	交通运输部	2010
龙　文	全国五一巾帼标兵	吉安市路桥工程局	全国总工会	2010
李桂兰	全国巾帼建功标兵	江西省高速公路投资集团公司省庄养路站	全国妇联	2010
何水标	江西省劳动模范	江西省高等级公路管理局赣州管理处	江西省委、省政府	2010
吴燕友	江西省劳动模范	吉安市公路管理局万安分局路桥工程有限公司	江西省委、省政府	2010
谭生光	2010年度江西省优秀企业家	江西赣粤高速公路股份有限公司	江西省政府	2010
万文利	江西省五一巾帼建功标兵	江西省交通设计院	江西省总工会	2010
龙　文	江西省五一劳动奖章	吉安市路桥工程局	江西省总工会	2011

续上表

姓 名	荣誉称号	工作单位	授予单位	年 份
龙 文	江西省"巾帼建功"标兵	吉安市路桥工程局、江西井冈路桥(集团)有限责任公司	江西省妇联	2011
谢 泓	江西省五一巾帼标兵	江西省高速公路投资集团公司	江西省总工会	2011
雍成香	全国五一劳动奖章	江西赣粤高速公路股份有限公司九景管理处彭泽收费所	全国总工会	2011
雍成香	江西省劳动模范	江西赣粤高速公路股份有限公司九景管理处彭泽收费所	江西省委、省政府	2011
蔡志荣	江西省"巾帼建功"先进工作者	江西昌泰高速公路公司	江西省妇联	2012
潘伟辉	2011—2012年度国家优质工程奖先进个人	江西省交通设计研究院有限责任公司	国家工程建设质量奖审定委员会	2012
周小勇	全国交通建设优秀监理工程师	江西交通咨询公司	中国交通建设监理协会	2012
黄小明	全国交通建设优秀监理工程师	江西交通咨询公司	中国交通建设监理协会	2012
卢和远	全国交通建设优秀监理工程师	赣州诚正公路工程监理有限公司	中国交通建设监理协会	2012
许小明	全国交通建设优秀监理工程师	赣州诚正公路工程监理有限公司	中国交通建设监理协会	2012
李裕洪	全国交通建设优秀监理工程师	江西省公路工程监理公司	中国交通建设监理协会	2012
康明铨	全国交通建设优秀监理工程师	江西省公路工程监理公司	中国交通建设监理协会	2012
薄秋月	江西省五一巾帼标兵	江西省高速公路投资集团有限责任公司抚州管理中心	江西省总工会	2012
黄 娟	江西省五一巾帼建功标兵	江西省交通工程质量监督站	江西省妇联	2012
刘 雯	江西省五一巾帼建功标兵	江西赣粤高速公路股份有限公司九景信息中心	江西省妇联	2012
刘伟胜	江西省五一劳动奖章	江西省赣州高速公路有限责任公司	江西省总工会	2012
徐 刚	全国五一巾帼标兵	九江长江公路大桥B2合同段	全国总工会	2013
万文利	全国五一巾帼标兵	江西省交通设计研究院有限责任公司第二设计分院	全国总工会	2013
敖志凡	全国五一劳动奖章	江西省交通工程咨询监理中心、井睦项目办总监办	全国总工会	2014
刘计忠	全国交通运输系统劳动模范	江西省高速公路投资集团有限责任公司泰和管理中心	交通运输部	2014
应真红	江西省五一巾帼标兵	江西省高速集团物资公司	江西省总工会	2014

续上表

姓 名	荣誉称号	工作单位	授予单位	年 份
高红艳	江西省五一巾帼标兵	江西省高速集团昌樟管理处温厚收费所南昌南站	江西省委、省政府	2014
徐俊芳	江西省五一巾帼标兵	江西省高速集团泰和管理中心石城管理所石城南收费站	江西省委、省政府	2014
何水标	全国劳动模范	江西省高等级公路管理局赣州管理处	中共中央、国务院	2015
刘圣卿	全国交通系统先进工作者	江西省高速联网管理中心通信监控科	交通运输部	2015
敖志凡	全国交通运输系统劳动模范	江西省交通工程咨询监理中心、井睦项目办总监办	交通运输部	2015
陈 江	江西省劳动模范	江西赣东路桥建设集团有限公司	江西省委、省政府	2015
樊友庆	江西省劳动模范	江西省高速集团赣州管理中心	江西省委、省政府	2015
文 林	江西省劳动模范	江西省公路桥梁工程有限公司	江西省委、省政府	2015
于文金	"十二五"全省安全生产工作先进个人	江西省交通建设工程质量监督管理局	江西省政府	2015
王兰荣	全国五一劳动奖章	江西赣粤高速公路股份有限公司服务区管理中心昌九分中心	全国总工会	2015
赵 华	江西省五一巾帼标兵	江西省交通科学研究院	江西省总工会	2015
李 庚	江西省劳动模范	江西省高速公路投资集团宜春管理中心湘东管理所	江西省委、省政府	2015
王兰荣	江西省五一劳动奖章	江西赣粤高速公路股份有限公司服务区管理中心昌九分中心	江西省总工会	2015
高红艳	江西省先进工作者	江西省高速集团昌樟管理处温厚收费所南昌南站	江西省委、省政府	2015
俞祖旺	江西省先进工作者	上饶市公路管理局万年分局	江西省委、省政府	2015
任东红	国家科学技术进步二等奖	江西省高速集团公司	国务院	2016

第三节　先进单位、先进集体

1991—2017年间，全省交通系统涌现出许多先进单位、先进集体。本节谨将受省、部级以上表彰及省总工会与国家有关部门表彰的先进单位、先进集体列表入实录。

一、全国表彰的先进集体（表 7-3-1）

1991—2017 年全省交通系统获全国表彰的先进集体名录　　表 7-3-1

工作单位	荣誉称号	授予单位	年份
江西省交通设计院	"八五"期间全国工程建设管理先进单位	建设部	1998
梨温高速公路建设项目办	全国"五一劳动奖状"	人事部、交通部	2002
江西省交通设计院	全国交通系统创建文明行业工作先进单位	交通部	2005
江西公路开发总公司	全国交通行业文明单位	全国文明办	2008
江西省高等级公路管理局通远收费所	全国"五一劳动奖状"	人事部、交通部	2008
江西赣北公路工程有限公司（景鹰高速公路 B1 标）	全国公路建设施工企业重点工程劳动竞赛优胜奖	中国海员建设工会全国委员会	2008
江西省交通质量监督站	全国交通系统精神文明建设先进单位	全国文明办	2009
江西省交通设计院景婺黄（常）高速公路	建国六十周年公路交通勘察设计经典工程	中国公路勘察设计协会	2009
江西省交通质量监督站	全国交通运输行业文明单位	全国文明办	2010
江西赣粤高速公路昌九高速公路信息中心	全国五一巾帼标兵岗	全国妇联	2010
江西省高速公路投资集团有限责任公司泰和管理中心井冈山管理所	全国五一巾帼标兵岗	全国妇联	2010
江西公路开发总公司梨温高速公路公司	全国交通运输系统先进集体	交通运输部	2010
江西省交通设计院试验室 QC 小组	2011 年度国家工程建设（勘察设计）优秀 QC 小组	中国勘察设计协会	2011
江西省高速集团赣粤高速公路股份公司九景高速公路信息中心	全国五一巾帼标兵岗	全国妇联	2011
江西公路开发总公司	2010—2011 年度全国交通运输行业文明单位	交通运输部	2012
江西省交通设计研究院有限责任公司	2011—2012 年度国家优质工程银奖	国家工程建设质量审定委员会	2012
江西省高速公路投资集团股份有限公司	全国五一劳动奖	全国总工会	2013
江西省高速集团景德镇管理中心景北管理所	全国五一巾帼标兵岗	全国妇联	2013
江西省高速集团赣粤高速公路股份公司九景管理处彭泽收费所	全国五一巾帼标兵岗	全国妇联	2013

续上表

工作单位	荣誉称号	授予单位	年份
江西交通工程咨询监理中心抚州至吉安高速公路项目建设办公室	全国公路交通系统重点工程劳动竞赛先进单位	交通运输部	2013
江西赣东路桥建设集团有限公司	全国公路交通系统重点工程劳动竞赛先进单位	交通运输部	2013
江西省交通设计研究院有限责任公司	全国先进工程勘察设计企业	住房和城乡建设部	2013
江西景德镇至婺源(塔岭)高速公路	第十一届中国土木工程詹天佑奖创新集体	中国土木工程学会 北京詹天佑土木工程科学技术发展基金会	2013
江西省高速公路投资集团有限责任公司赣州管理中心	全国文明单位	中央文明委	2014
江西省高速公路投资集团有限责任公司宜春管理中心	全国文明单位	中央文明委	2014
江西省高速公路投资集团有限责任公司景德镇管理中心	全国文明单位	中央文明委	2014
江西省高速公路投资集团有限责任公司九景管理处鄱阳收费所	全国文明单位	中央文明委	2014
江西交通建设工程监理所	全国交通运输系统先进集体	交通运输部	2014
江西赣粤高速公路股份有限责任公司服务区管理中心吉安分中心	全国交通运输系统先进集体	交通运输部	2014
九江长江公路大桥建设项目	中国建设工程鲁班奖(国家优质工程)	中国建筑业协会	2015
江西交通建设工程监理所	全国交通运输系统先进集体	人力资源社会保障部、交通运输部	2014
昌樟高速公路	全国绿色公路交通示范项目	交通运输部	2015
九江长江公路大桥建设项目(九江长江二桥)	第十四届中国土木工程"詹天佑奖"	中国土木工程学会 北京詹天佑土木工程科学技术发展基金会	2017

二、省级表彰的先进集体(表7-3-2)

1991—2017年全省交通系统获省级表彰的先进集体名录　　表7-3-2

工作单位	荣誉称号	授予单位	年份
江西省交通设计院	1998—2000年全省加快公路建设三年决战先进单位	江西省政府	2000
江西省交通设计院	全省群众性经济技术创新活动先进单位	江西省总工会	2002
江西省交通设计院	全省"五一劳动奖状"获得单位	江西省总工会	2002
江西省高等级公路管理局	全省群众性经济技术创新活动先进单位	江西省总工会	2003

续上表

工作单位	荣誉称号	授予单位	年份
江西省交通设计院	江西省第九届文明单位	江西省政府	2003
江西省交通设计院	江西省"五一劳动奖状"获得单位	江西省总工会	2003
江西省交通设计院	江西省第十届文明单位	江西省政府	2005
江西省交通厅	江西省"十五"重点工程建设先进单位	江西省政府	2005
江西省交通厅梨温高速公路建设项目办公室	江西省"十五"重点工程建设先进单位	江西省政府	2005
江西省交通厅昌赣高速公路建设项目办公室	江西省"十五"重点工程建设先进单位	江西省政府	2005
江西省交通厅京福高速公路建设项目办公室	江西省"十五"重点工程建设先进单位	江西省政府	2005
江西省交通厅昌金高速公路建设项目办公室	江西省"十五"重点工程建设先进单位	江西省政府	2005
江西省交通厅泰井高速公路建设项目办公室	江西省"十五"重点工程建设先进单位	江西省政府	2005
江西省交通厅乐温高速公路建设项目办公室	江西省"十五"重点工程建设先进单位	江西省政府	2005
江西省交通设计院	江西省"十五"重点工程建设先进单位	江西省政府	2005
江西省交通工程集团公司	江西省"十五"重点工程建设先进单位	江西省政府	2005
江西省公路桥梁工程局	江西省"十五"重点工程建设先进单位	江西省政府	2005
江西交通工程监理公司	江西省"十五"重点工程建设先进单位	江西省政府	2005
江西交通建设工程监理所	江西省"十五"重点工程建设先进单位	江西省政府	2005
九江长江大桥公路桥管理局	全省"五一劳动奖状"获得单位	江西省总工会	2006
江西省交通设计院	文明单位	省委、省政府	2007
江西省公路科研设计院	全省群众性经济技术创新活动先进单位	江西省总工会	2008
江西省交通设计院	文明单位	江西省委、省政府	2009
江西省高速公路投资集团有限责任公司抚州管理中心监控中心	江西省"巾帼文明岗"	江西省妇联	2011
江西昌泰高速公路公司妇委会	江西省"巾帼建功"先进集体	江西省妇联	2011
江西省公路管理局交通工程监理公司	全省职工经济技术创新活动先进集体	江西省总工会	2011
江西省交通科学研究院	全省职工经济技术创新活动先进集体	江西省总工会	2011
江西省交通科学研究院创新中心	全省职工经济技术创新活动先进集体	江西省总工会	2011
江西省交通运输厅景婺黄(常)高速公路建设项目办公室	江西省"十一五"重点工程建设先进单位	江西省政府	2011
江西省交通运输厅景鹰高速公路建设项目办公室	江西省"十一五"重点工程建设先进单位	江西省政府	2011

续上表

工作单位	荣誉称号	授予单位	年份
江西省交通运输厅鹰潭至瑞金高速公路建设项目办公室	江西省"十一五"重点工程建设先进单位	江西省政府	2011
江西省交通运输厅石城至吉安高速公路建设项目办公室	江西省"十一五"重点工程建设先进单位	江西省政府	2011
江西省交通运输厅瑞金至赣州高速公路建设项目办公室	江西省"十一五"重点工程建设先进单位	江西省政府	2011
江西省交通运输厅彭泽至湖口高速公路建设项目办公室	江西省"十一五"重点工程建设先进单位	江西省政府	2011
赣州康大高速公路有限责任公司	江西省"十一五"重点工程建设先进单位	江西省政府	2011
南昌市西外环高速公路建设项目办公室	江西省"十一五"重点工程建设先进单位	江西省政府	2011
赣州高速公路有限责任公司(赣州至大余高速公路茅店—三益段)	江西省"十一五"重点工程建设先进单位	江西省政府	2011
江西省交通设计院	江西省"十一五"重点工程建设先进单位	江西省政府	2011
江西省交通工程集团公司	江西省"十一五"重点工程建设先进单位	江西省政府	2011
江西省公路桥梁工程局	江西省"十一五"重点工程建设先进单位	江西省政府	2011
江西省公路机械工程局	江西省"十一五"重点工程建设先进单位	江西省政府	2011
江西赣粤高速公路工程有限责任公司	江西省"十一五"重点工程建设先进单位	江西省政府	2011
江西交通咨询公司	江西省"十一五"重点工程建设先进单位	江西省政府	2011
江西省公路工程监理公司	江西省"十一五"重点工程建设先进单位	江西省政府	2011
江西交通建设工程监理所	江西省"十一五"重点工程建设先进单位	江西省政府	2011
江西嘉和工程咨询监理有限公司	江西省"十一五"重点工程建设先进单位	江西省政府	2011
江西省交通设计研究院岩土工程所	工人先锋号	江西省总工会	2011
江西赣粤高速公路股份有限公司沥青再生技术研究团队	江西省职工经济技术创新活动先进集体	江西省劳动竞赛委员会、省总工会	2013

续上表

工作单位	荣誉称号	授予单位	年份
江西省高速集团景德镇管理中心三清山管理所收费站	江西省"巾帼文明岗"	江西省妇联	2014
江西省高速集团畅行公司庐山中心服务区	江西省"巾帼文明岗"	江西省妇联	2014
九江长江公路大桥(九江长江二桥)	中国建设工程鲁班奖(国家优质工程)	住房城乡建设部	2015

第四节 获奖项目

现将获得詹天佑奖和鲁班奖的优秀建设工程项目情况介绍如下。

1. 中国土木工程詹天佑奖——景德镇至婺源(塔岭)高速公路项目、九江长江公路大桥(九江长江二桥)

中国土木工程詹天佑奖是中国土木工程领域科技创新最高荣誉奖,自1999年创立以来,得到科技部、住房城乡建设部、铁道部、交通运输部、水利部等部门的大力支持,至2013年已评选十一届。詹天佑奖旨在奖励"自主创新",奖励在工程建设中科技创新与新技术应用方面成绩显著的项目,评选范围覆盖建筑、铁道、交通、水利系统以及航天、海洋、核电等特种工程,评选过程充分体现创新性、先进性与权威性。

2013年7月9日,詹天佑奖颁奖大会在北京隆重举行,32项精品工程获得表彰,其中公路工程仅有3个,景德镇至婺源(塔岭)高速公路项目(简称景婺黄高速公路项目)成为江西省唯一获此殊荣的项目,填补该省在这一奖项上的空白。景婺黄高速公路是国家高速公路网杭州至瑞丽高速公路在江西省境内的一段,起点位于皖赣两省分界处的塔岭,止于景德镇市以西鲤鱼洲,与九景高速公路相接,路线全长116km,2004年11月开工,2006年11月建成通车,2010年9月通过竣工验收,综合评价等级为优良。在建设过程中,景婺黄高速公路项目突出管理创新,作为交通部公路勘察设计典型示范工程,该项目提出"新理念设计、规范化管理、环保型施工、全优良品质"的建设思路,确定"理念新、质量优、环境美、特色强"的建设目标,把勘察设计典型示范延伸至项目建设的全过程;突出设计创新,落实"自然式设计""乡土化设计""保护性设计"及"恢复性设计"等先进理念,因地制宜地进行动态设计,使路线走向与山川、河流、大地的走势相吻合,使高速公路与沿线自然生态协调统一;突出环保创新,摒弃"先破坏、后恢复"的传统环保思想,提出"不破坏就是最好的保护"的理念,绿化与施工同步进行,建设一处、绿化一处,施工一片、恢复一片,做到"施工不流土,竣工不露土",做到"边施工、边绿化,力求自然""多保护,少破坏,不留伤痕"。特别是在全国首创圆弧形上边坡,通过放缓、修圆,使边坡与周边山体融为一体,使道路看上去是"生"出来、"长"出来的路,而不是"劈"出来、"炸"出来的路,实现路景相融、自然天成的美好景色,在全省高速公路建设中得到推广。突出施工创新,严格按照精细化、规范化要求施工,从分项首件工程入手,牢牢把握住质量控制的各个关口;从影响施工质量的重要环节入手,把质量要求细化到每一个细节;从检查和整改入手,把质量规范落到实处,打造过硬的工程品质。突出科研创新,在全省率先全面推行内部网络办公,开展"隧道群施工若干关键技术研究""大厚度、大宽度抗离析摊铺应用技术研究""优化拱轴线混凝土拱涵应用技术研究"等课题研究,多项研究成果获江西省科技进步奖和中国公路学会科技奖。该项目还先后获得国家优质投资项目奖、全国生产建设项目水土保持示范工程、公路交通勘察设计经典工程等奖项。

2017年4月14日,第十四届中国土木工程詹天佑奖颁奖大会在北京举行,全国共29项工程项目获奖,九江长江公路大桥项目入选。

九江长江公路大桥(九江长江二桥)连接江西和湖北两省,为主跨818m双塔单侧混合梁斜拉桥,主跨跨径居世界已建成通车斜拉桥第七位。该项目已获得2014—2015年度中国建设工程鲁班奖,是江西省工程建设领域唯一同获"鲁班奖""詹天佑奖"两项国家级奖殊荣的项目,属江西省交通工程建设标志性工程。

2.鲁班奖——九江长江公路大桥(九江长江二桥)

2016年4月28日,江西省住房和城乡建设厅召开"江西省荣获2014—2015年度中国建设工程鲁班奖(国家优质工程)"新闻发布会,九江长江公路大桥建设项目获鲁班奖,并作为建设单位代表作经验交流发言。九江长江公路大桥在建设施工中,各施工单位及一线建设者们努力拼搏、精心作业,于2013年度获得交通运输部公路水运建设"平安工程"称号,2014年度获得中国公路交通优秀勘察设计一等奖,江西省优质建设工程"杜鹃花"奖、江西省科技进步奖,并于2015年11月获得中国建设工程质量最高奖——鲁班奖,为江西省交通运输建设事业树立质量标杆,也成为目前为止江西省唯一获此殊荣的项目。九江长江公路大桥为主跨818m双塔混合梁斜拉桥,2009年9月开工建设,2013年10月建成通车。项目部获得国家级及省部级奖项共66项。

第八章
高速公路文化

诗歌、文艺作品、节目演出、体育活动、摄影作品及书法是集中华民族传统文化的瑰宝,是现代精神文明建设的重要成果,在江西全省高速公路建设中起到鼓舞斗志、振奋精神、推动发展的重要作用。

文化是精神的载体,也是一种思维方式的体现,更是一个单位生产和营销两大环节组成文化发展的"灵魂"。江西高速公路系统坚持精神文明、政治文明、物质文明"三个文明"建设一起抓,重视加强基层文化干部队伍建设,重视全面提高员工的文化素质。坚持高速公路建设和文化建设同步发展,立足全省高速公路实际,开展形式丰富多彩、健康愉快、生动活泼的高速公路群众性文化活动,形成昂扬向上的干部、职工精神面貌和团队意识,促进全省高速公路快速发展。积极鼓励干部、职工创作出一批健康向上、凝聚人心、鼓舞士气,具有浓郁的行业特色、时代精神和高尚品味的优秀文化作品,既宣传全省高速公路文化建设的伟大成就,又全方位展示和弘扬高速公路干部、职工的时代风采,丰富高速公路文化的精神载体与物质载体,充分调动广大干部、职工的积极性和创造性,以新时期的"高速精神"、核心价值观和行业理念为指导,使先进事迹深入人心,使高速公路文化建设成果不断创新。坚持以群众文化活动为主支点,积极推进企业文化建设,建立理念、行为、视觉识别系统等文化体系,形成"高速高效,同行同德"的企业精神,"项目建设的大业主、服务社会的大窗口、集约经营的大平台、永续发展的大集团"的战略定位,"路畅人和,利国利民"的核心价值观,"天下更小,人心更近"的企业使命,"心通路通,人达已达"的企业哲学。

2003年12月29日,江西高速公路文学协会成立,选举产生第一届理事会。2004年4月7日,江西高速公路文学协会昌泰分会成立大会在昌泰公司吉南所召开,大会选举产生分会首届理事会,有会员35人。2005年2月18日,江西高速公路文学协会九景高速公路文学分会在都昌召开成立大会。之后,相继成立"高速艺协""高速影协""高速体协""高速书协"等群众性文体组织机构。在每条高速公路项目建设的同时,投入一定数量的资金,建成一批功能齐全、设施完备的文化活动场馆(所)。全面加强企业文化宣传,积极鼓励各基层单位开展专项文艺会演、职工体育竞赛、全民健身、交友联谊、大众摄影和书法等活动。在多年的探索与实践中,全省高速公路文化建设硕果累累,在全省企业职工文化建设中取得较高的成绩和声誉。如:《文化手册》的编印、高速公路长卷《大道如画》的成功创作、泰和管理中心"微笑映山红"获得全国交通运输行业十大文化品牌等,江西省高速公路集团赣粤高速服务公司被评为全国交通运输行业文化建设示范单位。

江西高速公路人深深体会到,持久开展形式多样的群众性精神文化活动,既能有效地凝聚人心、鼓舞斗志、树立形象、推动发展,又能极大地丰富员工文化生活,提高员工的幸福指数。坚持文化建设,提升整体形象,完善行为规范,铸就精神风貌。在干部、职工的工作、学习和生活中坚持行为文化这条红线,倡导爱国守法、明礼诚信、团结友爱、勤俭自强、敬业奉献的基本道德规范,积极践行社会主义核心价值理念。

第一节 诗 歌

诗歌是中华民族文学宝库中的瑰宝,是文学语言的精华,是幻化万千的亮点,是人性之美的灵光,是精神家园的花朵,是人类智慧的结晶,是华夏千年的传承。诗歌就像一面面镜子,反映社会生活,映照人心,启迪人智,传承美德,颂扬正能量。中华民族创造的灿烂的诗歌文化,已成为一个国家的根本标志、生命活力和精神象征。中华民族诗歌文化凝结着各族儿女的心理、性格、情感、价值、理想和追求,积淀着中华民族的人文血脉和道德精华。江西高速公路人秉承中华文化之精华,在热火朝天的高速公路建设和人生历程中,用自己的灵感和才智书写一篇又一篇气吞山河、激情四射的诗赋,为中华民族伟大复兴的中国梦画上一页绚丽多彩的史篇。

2004年6月28日,机场路所全所党员、入党积极分子和青年职工欢聚一堂,以深情吟诵职工自编自创诗歌,庆祝"七一"党的生日,表达全所职工热爱高速公路、建设高速公路、发展高速公路的豪情壮志。

2005年8月,为鼓励文学创作,挖掘文学人才,推出文学佳作,进一步提高全局职工的文学创作水平,江西高速公路文学协会于3月起在全局范围内开展租赁杯"春天的故事"文学季赛。比赛共收到作品47篇,经过评委们认真评分,最终新港所张继梅《燕子来时花见泪》获一等奖,都昌所徐良芳《把春天留住》、培训中心张学梅《艾团》获二等奖,桥隧所陈琳凤《小山春色》、邹家河所杨红艳《那年春天,我珍藏了母亲的旗袍……》、峡江所付丹《春天的呼唤》获三等奖。

2007年12月10日,由江西省高管局主办、江西省高速公路、江西省高速公路文联承办的"爱我高管之家,实现'三个定位'"文学作品巡展正式拉开帷幕,共精选100余幅获奖、入选的优秀作品参展。此次诗歌参展作品有:赣粤公司艾城所琚丽君

《回首来时路》、赣粤公司邹家河所钟菊华《别把家的钥匙交给别人》、赣州处鄢儒薇《实现"三个定位"目标,创造江西高速辉煌》、赣粤公司邹家河所李红《创业歌》、赣州处桥隧所陈琳凤《家的故事》、梅林路政大队叶小燕《我是路》等10首获奖作品。

2010年5月20日,昌九高速庐岛所组织开展"红五月——爱我高速,青春飞扬"诗歌、散文朗诵比赛。由员工自创的15篇诗词、散文作品,经过认真评比,自创作品《微笑》获得一等奖。

2012年6月26日,为纪念樟吉高速公路通车8周年,赣粤高速公路股份有限公司(以下简称"赣粤公司")昌泰公司举行樟吉高速公路通车9周年主题诗歌会活动,诗歌会以抒情散文、诗词为主,纪念通车9周年,活动的主题突出,内容丰富。参加的职工全部经过所、中心选拔。6月28日,赣粤公司宜春管理中心举办"学习雷锋好榜样,爱党爱国爱高速"配乐诗歌朗诵比赛。同年,该管理中心组织参加"中国梦·劳动美·幸福路"首届全国职工诗词大赛。9月20日,赣粤高速泰和管理中心举行"喜迎十八大,实现新发展"配乐诗文朗诵比赛。经过激烈角逐,井冈山机场路所获朗诵比赛一等奖,井冈山所、兴国所获二等奖,养护中心、信息分中心、泰和北所获三等奖。同月,为迎接党的十八大胜利召开,江西省高速公路路政总队参加江西省交通工会举办的"喜迎十八大,交通建新功"配乐诗文朗诵比赛,最终获得大赛第二名好成绩,彰显路政人顽强拼搏、不畏强手的精神风貌。10月19日,在南昌大学前湖校区音乐厅内举行的江西省交通运输厅"喜迎十八大,交通建新功"配乐诗文朗诵比赛落下帷幕。来自省高速公路集团公司《高速公路之歌》夺取一等奖,省高速公路工程公司《青春闪辉高速路》《崛起路上的公路人》《我骄傲,我是一名高速养路人》获二等奖,省高速公路联网中心《放歌十八大,我们为祖国发展添光彩》获三等奖。同月,江西省公路局举行"作风大转变,管理大提升,行业大发展"诗歌朗诵比赛。来自江西省公路系统17个单位的19个节目全部由各单位自编自演,突出歌颂党,歌颂祖国,弘扬时代主旋律,讴歌全省公路部门在改革发展中取得的辉煌成就、涌现的先进典型及广大职工群众多姿多彩生活。

本节共收录高速公路建设诗词赋共20首,作者有专家学者、部门领导和高速公路一线劳动者。他们感情真实、语言淳朴、抒情明畅,表达对参与建设高速公路的决心、信心、坚强和顽强拼搏、乐于奉献的精神。这20首诗词赋,讴歌伟大的时代,歌颂建设者吃苦耐劳的意志,颂扬爱国敬业的社会主义价值观,叩击着一代又一代人的心灵。

【诗词赋创作】

【九江长江大桥高速公路桥通车典礼】

胡迎建

(江西省社科院赣鄱文化研究所所长、二级研究员 1993年8月)

百柱齐擎千丈红,茫茫九派一桥通。
楼船东去仍无碍,车队南驰似御风。
作势龙蛇终起陆,不羁骐骥欲腾空。
万人倾巷欢声动,我亦跻身手拍红。

【梨温高速公路碑铭】

胡迎建

(中华诗词学会副会长、江西省诗词学会会长 2002年12月28日)

江西境内公路迂曲而不平,向有行路难之叹,为制约江西经济发展之瓶颈,于是乃有昌九、昌樟高速公路之修筑。近年来,省委省政府又毅然决策,花大力气再建梨温高速公路。此为上海至瑞丽国道主干线在江西境内之东段。始于玉山县梨园,东与浙江衢州至窑里高速公路相接,途经11市区,止于进贤县温家圳,与温厚高速公路相连。为江西"天"字形高速公路主骨架第2划之东截,全长244.759km。自2000年春动工以来,2万人马奋战于工地,运用现代化设备,调度有方,紧张有序。热火朝天,沐风栉雨。削麓坡,填低谷。逢山开山,遇水架桥。保优质,一诺千金;创高效,一鼓作气;抓安全,一丝不苟;讲廉洁,一尘不染。优秀人物,层出不穷;先进事迹,可歌可泣。地方政府识大体,勤协调,沿线群众拆新房,献良田,仅历两寒暑而化崎岖为坦途,可以任奔轮追风掣电而畅通无阻矣。是以铭曰:

大局在握,高瞻远瞩。精心设计,运筹帷幄。
夙兴夜寐,风餐露宿。挥汗如雨,尘面仆仆。
岩峦让路,狮蹲虎伏。大道如砥,平铺宽筑。
长桥如虹,卧波越谷。载歌载舞,欢呼高速。

【《沁园春》——颂武吉建设百日】

饶美珍

（江西省公路机械工程局　2006年8月25日）

百里武吉，机器轰鸣，人声嘈嘈，看公路儿女，战天斗地。涵隧当房，路桥为床，红土作裳。星月相伴，雄心豪迈斗志高。待明日，赣三纵四横，再架新桥。

莫道风狂雨骤，看无限春光无限娇。再战五百日，彩虹飞架，蛟龙盘旋，样板高速，风景如画，车流如潮，武宁吉安须臾到。齐奋进，铸千秋伟业，独领风骚。

【泰井高速赋】

蒋　武

（泰井高速公路项目办　2007年10月19日）

巍巍井冈，历史辉煌。朱毛会师，农村根据地首创；三湾改编，确定党指挥枪。黄洋界炮声，八角楼灯光；五反围剿，战地花黄；长征始发，抗日北上；星火燎原，红旗神州飞扬。

雄鸡唱白，乾坤气朗。改革开放辟新宇，革命老区续华章。今莺歌燕舞，流水潺潺，茂林修竹，杜鹃芬芳，仙山琼阁，曲径幽香。悠悠岁月，红色摇篮，遗志生辉，传统教育好课堂；茫茫云海，绿色憩园，圣地焕彩，休闲旅游欢乐邦。

新世纪，新篇章。忆昔朱德挑粮经小道，今建高速公路，施工现场，斗志高昂。曾副主席深情寄厚望，言辞恳切意长，教诲铭记心上，如金风送爽。桥隧相连，天堑变通途；层峦叠嶂，高路入云端。行路间放鹤而歌，鼓翅而翔，快捷安全舒畅。群山环抱，可览城乡景色；古树参天，可观田园风光。芳草依依，卉木丛中百鸟唱。生态环保，示人文关怀，无闹市喧哗，有碧野恬静，心旷神怡，宠辱皆忘。老区矗新城，大路奔小康。

饮水思源，缅怀先烈，井冈精神，延绵久长。看江西崛起，飞虹雨霁放霞光。

（注：曾副主席，即曾庆红，时任中共政治局常委、国家副主席。）

《采桑子》——【昌九高速公路叹】

彭年祥

（共青城诗词学会会长　2009年8月23日）

鄱湖近岸新开道，喇叭长鸣，免费通行，惬意逍遥过镇城。

沿途路口人车怕，不设红灯，事故频生，便捷还期保障增。

第八章
高速公路文化

【梨温高速礼赞】

陈培文

(梨温高速公路玉山管理处　2009年10月)

不可摇撼的神圣,
不可注视的威严。
这腾跃,这横蟠,
这难以缔造的峻险!
看!那蚕丛栈道处,
是一根根线将天的两边连成一本,
在无限广博的怀抱间,
这磅礴的伟象显现!

是谁的想象,是谁的意境?
是谁的工程与博造的手广痕?
在这亘古的山麓中,
陵慢着巨龙与巨象!
有时朵朵明媚的彩云,
清颤的,妆缀着巨龙的双翼,
像一树荫绿的垂柳在阳光下,
展现着婀娜婷婷的舞姿!
远方掠过的鹊莺,
也在沿着巨龙多变的身姿尽情翱翔。

晨曦,朝霞抚摸着那纤纤身影,
山中异鸟为之欢呼,
在她如画的身旁怯怯的透露。
黄昏,晚霞铺罩着那厚实臂膀,
万盏长灯为之串联,
在她宽广的胸襟里尽情涌动,
不寐的星光月影,隐逸的深山幽谷,
也为之唱着浪漫的歌调。

那是灵气的赞许,那是恩宠的赠予灵魂!
记起这从容与伟大,
在梨温高速前饱啜自由的山风!
这是赣鄱大地上的智慧结晶,
凝聚成风景如画的建筑神工,
给人间一个不朽的凭证——
梨温山水千里秀,赣浙风光一路通。

【龙腾赣鄱万里春】

娄鸿雁

(江西省公路局 2010年1月)

巍巍井冈,彩练舞空绵亘千里;
浩浩鄱湖,蛟龙腾飞碧波万顷。
崛起的江西,
以一个个骄人的业绩,
实现了又一次历史性的跨越,
让华夏喝彩,叫世人惊叹!
看,
纵横驰骋的高速路,
头顶中原,尾连百粤,背靠荆楚,面向江浙;
方便迅捷的经济圈,
承东启西,贯南通北,沟通百姓,连接小康。
听,
奔腾不息的车流,
像一首首激情澎湃的大合唱,
人声鼎沸的工地,
像一曲曲催人奋进的新乐章。
是啊,
曾经被狭窄的小道束缚了奋力的臂膀,
曾经被叠嶂的大山阻挡了前进的行装:
是省委省政府科学决策,

第八章
高速公路文化

用纵横乾坤的大气魄,
制定出"对接长珠闽,融入全球化"的新战略;
用跨越天地的大手笔,
描绘出"三纵四横,纵贯九州"的大画卷。
跨过千难万险,
一处处坎坷被踏平,
化成了一条条通天的大道;
一个个窗口被打开,
映出了一道道美丽的画廊。
踏遍万水千山
一座座深山被唤醒,
插上了一双双腾飞的翅膀;
一条条动脉被激活,
镶嵌出一串串绚丽的花环。
二十条高速公路,
如长虹横空出世,气贯寰宇;
两千千米玉带,
似巨龙跨越风雨,激情飞扬。
请走一走我们的红色路吧,
喝一口红井的水滋润着心田,
唱一曲红色的歌激发远大的理想。
走一段红军的道路追寻先辈的脚步,
为了共同的目标相聚在军旗升起的地方。
请看一看我们的绿色生态路吧,
如歌的行板回旋在花香鸟语的世界,
如梦的玉带蜿蜒在山清水秀的城乡。
车在仙境走,人在画中游,
点点水墨丹青,处处美丽风光。
请品一品我们的文化路吧,
朝览匡庐秀色,
体验"飞流直下三千尺,疑是银河落九天"的奔放;
午登滕王高阁,
放眼"落霞与孤鹜齐飞,秋水共长天一色"的壮观;

江西
高速公路建设实录

暮赏井冈风云，

抒发"世上无难事，只要肯登攀"的气魄与昂扬。

在这歌如潮、花如海的时代，

我们要把最美的歌，

献给勤劳勇敢的交通人。

他们用艰辛的汗水把大山的寂寞融化，

用火红的事业把荒野的孤独驱赶。

他们用新的理念推开叠叠险阻，

用新的工艺克服重重困难。

站起来，他们是一座坚实挺拔的挡墙，

躺下去，他们是一座气势如虹的桥梁。

他们用"天当棋盘星作子"的胆略，

叫高山低头，河水让路；

他们用"天当棋盘星作子"的胆略，

让大桥飞天堑，高路入云端。

回首昔日，

崛起路上我们挥洒汗水，无私奉献。

昌九路实现了江西高速"零"的突破，

昌樟路开创了自主建设高速公路的新篇章。

蜿蜒的泰赣路，第一次让腾飞的巨龙跨越崇山峻岭，

绿色的泰井路，率先把高速路通往革命摇篮。

流畅的梨温路，创造了高速公路建设的新速度，

柔美的乐温路，首次让六道彩虹环绕在英雄城南昌。

侧耳倾听，

幸福路上我们豪情满怀、快乐荡漾，

景鹰路满载着龙虎山轻松的微笑，

九景路飞扬着鄱阳湖愉悦的歌声。

昌泰路上，红色的歌谣动听嘹亮，

西外环路上，崭新的洪城脚步铿锵，

机场路上，腾飞的轰鸣震撼大地，

温厚路上，和谐的汽笛更加激强。

极目远眺，

小康路上我们团结创新、奋发图强。

武吉路传递着赣鄂两省的友谊,

康大路流淌着梅岭驿道的芳香,

特色的赣定路飘来岭南的风雨,

环保的景婺黄路连着皖浙的深情,

景观的温沙路通往八闽的大地,

生态的昌金路连着三湘的青山。

千里赣鄱一日还啊,不再是人们心中的梦想。

"三个基地,一个后花园啊",沐浴着更加绚丽灿烂的阳光!

啊,美丽的江西,

你的笑容如此灿烂,让五洲四海的宾朋流连忘返。

创新创业的新江西,

你的脚步如此铿锵有力,像蛟龙腾飞在日新月异的河山。

绿色生态的新江西,

你的舞姿是那么多彩,醉了山川河流,醉了月亮和太阳。

和谐平安的新江西,

你的歌声如此嘹亮,引得春夏秋冬来伴唱、东西南北作和声。

我们要用日月彩霓般的画笔,

在赣鄱大地上描绘更加壮丽的画卷;

我们要用气冲霄汉的力量,

在天地间架起和谐幸福的桥梁。

让我们在党的十七大精神指引下,

高举红旗,继往开来,求真务实,科学发展,

携手再创江西交通的新辉煌!

【《江神子》——雨中工地】

王昭春

(江西省交通运输厅副厅长,时任江西省高速集团副总工程师 2010年4月)

春天到,胜利望。

敢叫天堑变通畅,

雨中桩机,要把工期抢。

保质量。

监理忙,
高速工地如战场。

暖风吹,柳树扬。
河边青草悠悠长,
一片金黄,油菜花正香。
万物爽。
春雷响,
杜鹃花开满山冈。

【赣粤高速路桥选】

胡迎建

(江西省诗词学会会长 2010年9月)

莫愁章贡水迢迢,
纵有关山愁尽销。
更看重山穿隧洞,
烟波江上起虹桥。

【彭湖高速赋】

周 皓

(昌九高速公路管理处党群部 2010年12月3日)

彭湖高速公路全长64km,于2008年10月破土动工,经万名建设者历时两载之努力,不日将竣工通车。在人们额手称庆之际,作为一名亲历者,吾不禁心花怒放,感慨良多,虽杂务缠身,仍欣然命笔。

雄踞吴头楚尾,环视四面八方。南濒千顷鄱湖,北瞰万里长江。东连济广而达鲁粤皖,西接杭瑞以通滇鄂湘。浩浩汤汤,远望若蛟龙横空出世;巍巍峨峨,仰眺如彩虹凌空翱翔。

沿途风景旖旎,万千气象,举目处,无不溢彩流光。最是山环水绕,钟灵毓秀,动人心肠。遇水则襟江带湖,波光潋滟;遇山则茂林修竹,峰峦叠嶂。更有沃野良田,扬花吐穗,雪蕊含芳[①]。嗟夫! 石钟之神韵、龙宫[②]之雄奇、桃红之鹿影[③],令多少赤子魂牵梦绕;长江

第八章
高速公路文化

之激流、鄱阳之烟波、太泊之浩渺,让几多过客心驰神往。

念天地悠悠,过客匆匆,潮落又潮涨。倚控江扼湖之势,居高临下之险,成就兵家古战场。昔周公瑾备战曹孟德,朱元璋搏杀陈友谅[4],石达开大破曾国藩,李烈钧声讨袁世凯[5],还有马当沉船化作抵御倭寇铁屏障[6]。呜呼!多少刀光剑影,多少血雨腥风,多少金戈铁马,便纵有漫山碑文,道不尽千古悲壮。毋忘矣,狄公受诬遭贬,情系一方黎民;陶令挂印归隐,留下千古绝唱[7]。

往事俱已矣,建盖世之功,看今朝儿郎。盖夫帽山核站[8],富民兴邦;鄱湖开发[9],人心所向。心系苍生,决策者运筹帷幄、调兵遣将;肩负重托,筑路人殚精竭虑、摩拳擦掌。邀云为笺,写日月星辰兮九霄光芒;铺路当席,绘春夏秋冬兮四季模样。风猎猎兮,吹不动如磐之信念;雨潇潇兮,浇不熄如火之激情;赤日炎炎兮,炼不化如钢之意志;白雪皑皑兮,冻不住如虹之理想。闻鸡起舞兮,寄壮志于蓝天;攻坚克难兮,创伟业于僻壤。争分夺秒兮,以"三超"[10]诠释几许担当;精雕细琢兮,以"三新"[11]彰显几分信仰;珠联璧合兮,以"三零"[12]见证几度辉煌。若夫设计图为古村落改写[13],隔音墙为梅花鹿守望,坦途为古樟易辄,清风伴白鹭栖翔。噫吁兮,青山有幸,绿水无恙。

抚今追昔,阅世道沧桑;登高望远,看盛世浩荡。雄哉!漫漫彭湖高速。奇思妙想,巧夺天工;福泽万代,功利八方。若修长之飘带兮,连乡野与街巷;如造化之神臂兮,托山岳与河江;似展翅之凤凰兮,撒光明与希望。伟哉!浩浩建设大军,奠百代之宏基,遂千秋之夙愿;展百年之风流,写千古之辉煌。予观乎车流如织,风驰电掣,当开怀畅饮,击节吟唱。有路如斯,圣者先贤当含笑,黎民百姓皆安康。壮哉!春风浩荡,大道康庄。崛起之日可待,苍生福泽无疆。诗曰:

> 彭蠡之滨风云动,崇山峻岭布阵营。
> 旌旗猎猎抒壮志,战鼓隆隆展豪情。
> 披荆斩棘开新路,越岭翻山舞蟒龙。
> 艰难困苦何所惧?甘当核电急先锋。

【注释】

①彭泽、湖口两县均为产棉大县。

②在彭泽县城西南36km的乌龙山麓,有一个1600m的地下溶洞,因酷似《西游记》中所描述的东海龙宫,故名龙宫洞。

③桃红岭梅花鹿国家级自然保护区,是我国最大的野生南方亚种梅花鹿保护基地,梅花鹿数量占世界野生梅花鹿总量近一半,江西彭泽因此被命名为"中国梅花鹿之乡"。

④1363年,朱元璋在鄱阳湖大战陈友谅,陈兵败突围时中流矢而亡。

⑤1913年,李烈钧发动讨伐袁世凯的湖口起义,史称"二次革命"。

⑥抗战时期,中国军民在彭泽马当要塞以沉船的方式抵御日军从水路进犯。

⑦狄仁杰和陶渊明均在彭泽当过县令。

⑧彭湖高速公路为策应彭泽帽子山核电站建设提前7年修建。

⑨2009年12月12日,国务院正式批复《鄱阳湖生态经济区规划》,标志着鄱阳湖生态经济区建设上升为国家战略。

⑩三超:超常规、超负荷、超极限。

⑪三新:新技术、新材料、新工艺。彭湖高速公路建设者大胆创新,亮点频现,在技术改进、材料运用等方面,多达20余项省内率先。

⑫三零:投资零贷款、招标零投诉、安全生产零死亡。

⑬为保护百年古村周通湾不被分割,建设者几经论证,不惜耗巨资将原设计方案改成高架桥。

【九江大桥主塔封顶感怀】

马志武

(江西省人大常委会副主任 时任江西省交通运输厅厅长 2012年4月28日)

双塔飞峙大江,激起浪花千丈。

巍峨耸立入云端,当代鲁班绝唱。

交通儿女多壮志,敢与天公较量。

【愿高速公路联网的旗帜高高飘扬】

(纪念江西省高速公路联网管理中心成立十周年)

周绍芹

(江西省高速公路联网管理中心 2012年10月)

今天,是你的生日,

我们挚爱的联网中心。

炎炎夏日弥漫着浓浓的喜庆,

朵朵白云映衬着灿烂的笑脸,

盛开的花儿向人们倾诉着你的喜悦,

枝头的鸟儿向你诉说着声声的祝福。

联网中心——

你是我们成就事业的阶梯,

第八章

高速公路文化

孕育着无尽的希望。
你是一轮冉冉旭日，
照亮了我们前进的道路。

不论是百鸟欢唱的夏日，
还是果实醉红的秋季，
抑或是冰封雪地的冬天，
这里，我们挚爱的联网中心，
你总是春暖花开、和风煦畅。

金色的阳光正弹奏着
火热的爱，
豪放的雨滴正挥洒着
激荡的情。
我们拥着你走来，
你的步履是那样坚定而豪迈，
你的身姿是那样矫健而舒展。

怎能忘记
十年前，
那个醉人心扉、激动人心的日子。
在一页薄薄的白色纸张上，
显耀着的是你诞生的名字。
从此，
五名拓荒者轻轻挽起衣袖，
书写着你成长历程的第一个篇章。

怎能忘记
八年前，
那个阳光明媚、金光灿烂的日子，
全省高速公路千余千米一次性实现联网，
怀揣着希望的你开始迈步前进。
从此，

开始绵延流长、不绝于缕的梦想。

十年,
你刻下了
一道道攀登的艰辛,
你写下了
一页页奋飞的回响。
计重收费的参与,
路径识别的完善,
不停车收费的建设,
客服业务的拓展,
三大系统的建设与管理,
一个个技术难题被破解,
一次次管理服务在提升。
我们为你骄傲!

十年,
你实践着
上级托付的各项重任,
你坚守着
高速公路联网的战场。
你走过十载的风雨,
你迎来十年的辉煌。
十年,你迎难而上;
十年,你团结进取;
十年,你与时俱进;
十年,你健步如飞;
十年,你光彩夺目。
我们为你自豪!

今天是你的生日,我们挚爱的联网中心!
穿越十年的沧桑,
开始了又一次壮丽的飞翔,

从此,架起了高速公路联网信息化、智能化的桥梁。
是你,带给了我们新的希望和无限的梦想!
今天,我们站在了新的起跑线上,
让我们扬起高速公路联网事业的风帆,
荡起创新的双桨。
乘风破浪,
高唱赞歌,
用我们沸腾的热血,
铸就联网事业更加辉煌灿烂的明天!

【题上饶—德兴高速公路通车】

汪俊辉

(江西省诗词学会副会长　2012年12月31日)

云洞天桥卧赣东,轻车游驾半空中。
开窗可摘三清月,放马犹乘万壑风。
偶有猿啼惊远客,纵无鬼斧建神功。
曾为志敏鏖兵地,唤醒忠魂看彩虹。

【梦醉景婺黄】

骆贝贝

(江西省高速公路集团　2013年6月)

第一乐章:梦乡·印象景婺黄
你是赣鄱大地的秀美诗句
你是豫章星空的华丽诗篇
你用丰满的内涵
打开了创意遐想的广阔空间
你用超然的身姿
表达着时代审美的崭新观念
你是云端的彩虹
映衬人们多彩多姿的向往

你是天使的翅膀

引领人们跋山涉水的飞翔

在你的陪伴下

人们迎来清晨朝阳的第一缕曙光

在你的拥抱里

人们沉醉黄昏落日的霞彩光芒

因为有你

人们有更多的情感得以张扬

身处熙熙攘攘纷纷扬扬的尘世

你端庄、高贵

面对尘土飞扬杂乱无章的喧嚣

你清新、安详

你用舒展的热情

迎接南来北往的人们

你用恬然的包容

融化世间迷茫的烦恼与惆怅

你的伟岸

延绵至身边驿站神奕的风采

你的柔美

撩动着过往路人初恋的心田

你是人类文明史上

一部隽永的宏伟画卷

第二乐章：梦境·生态景婺黄

你穿过山野

矫健的身躯分明在诉说对绿意的爱怜

你跨越江河

湍急的流水也忍不住与你共舞同眠

舒缓的曲线

如一道柔和的触角向远方悠悠伸展

天然的形态

似一幅和谐的画卷在眼前徐徐翻开

桥梁

第八章
高速公路文化

拉近了原始与现代相融的时空距离
隧道
诉说着古朴与时尚相守的美丽传说
层峦叠嶂怎及你风情万千
青山绿水只为你生机盎然
美
蕴含在你坦然优雅身影的每一个角落
爱
散发在你和谐共处万物的每一份情怀
在绿叶和阳光中穿梭
仿如一曲曲天籁的歌声在心窝中飘过
在雨露和微风中行走
让心灵沐浴于圣洁山色的清新与空蒙
你那原生态的仪容
分明是大自然的杰作
鬼斧神工
见证的是开拓者智慧的闪耀和不朽

第三乐章：梦游·大美景婺黄

你是一幅精美的佳作
缤纷的色彩在眼中闪烁
你是一条闪亮的丝带
成功的喜悦缔结着你我
你串结着颗颗闪亮的明珠
玲珑剔透拨弄人心
跨中国最美乡村
你伴随万里金黄迎风起伏
越千年瓷都古城
你出入深潭幽谷探索其中
你伸出友善的双手
温暖了西子姑娘翘首以盼的期待
圆满了六山三湖四城的热切相拥
行云流水

说不完的是你逶迤天风光
鲜花绿叶
道不尽的是你柔情衷肠
生灵为你雀跃
蓝天为你讴歌
大地为你而倍感骄傲
随你一路走来
素雅高洁洗涤着人们的心灵
浪漫风情唤起着人们的眷恋
你如梦般的景色
留给人们的是
一个又一个引人入胜的境界

第四乐章:梦幻·畅想景婺黄
你连接城市和乡村
昔日的隔阂在渐渐消融
现代文明的扩张
新的围城故事又在徐徐演绎
喧闹与安谧
繁华与素雅
时尚与古朴
在你的面前汇集交融
梦想
因有你而不再彷徨
伊甸园的故事已不再是神话
世外桃源的恬静又有了新的传说
时光
浓缩分秒向前滚滚翻过
思绪
伴随车轮激起层层波浪
多少智慧还在诠释你的完美
多少双手还在成就你的传奇
一切都这么自然而然

没有做作

没有哗宠

那唯美气质

正是你超凡脱俗的品格

就让动人的旋律一直这样跳跃吧

就让秀美的身姿一直这样舞动吧

谁也阻挡不了你活力四射的激情

谁也抵受不住你生机勃勃的诱惑

此刻

我深情地依偎你——

美丽的景婺黄

我多想再活五千年

饱蘸浓墨

描绘你动人的风采

一展歌喉

唱响你美好的明天

【《破阵子》——筑路人】（外一首）

周 皓

（昌九管理处 2016年1月13日）

2016年1月13日，南昌至宁都、南昌至上粟两条高速公路正式建成通车。至此，江西高速公路总里程突破5000km。1989年，"江西第一路"——昌九高速公路破土动工，由此拉开了江西高速公路建设发展的大幕。28个春秋的艰苦卓绝，28个春秋的风雨洗礼，28个春秋的攻坚克难，江西高速公路从无到有，从少到多，实现历史性跨越。在4500万赣鄱儿女欢欣鼓舞之际，笔者写诗填词各1首以贺之。

破阵子·筑路人

处处风驰电掣，时时温暖如春。

大道如虹通四海，要让赣鄱转乾坤。

拳拳赤子心。寄壮志于琼宇，展宏图于星辰。

一万里路风和雨，二十八年晨与昏，悠悠筑路魂。

七律·鲲鹏展翅千万里

鲲鹏展翅千万里，一路高歌任纵横。
玉带飘飞腾四海，长虹高耸入苍穹。
披荆斩棘开新路，饮露餐风保畅通。
风雨兼程真情在，千秋功业照碧空。

【微笑映山红赋】

付宣雯

（泰和管理中心吉安西管理所　2016年3月25日）

某与其华年之际，幸阅"微笑映山红"品牌之风采，常自思量叹美，无以文笔而谈，窃斗胆发文以记之！

吴头楚尾，粤户闽庭，饱经沧桑迎盛世，笑看风云说既往。情有独钟，秀色芳容，云凝翡翠，风拂明珠。瞰远山，峰峦如聚，万紫千红星点点；望赣江，波涛如怒，玉珠金盘雾茫茫。巍峨高峻，如文山横刀引吭；婷婷俊秀，似宓妃映水拭妆。

夫微笑者，与人和睦融洽，沟通之心灵桥梁也。映山红者，江西省花是也。长于深山，不显于世，其叶嫩碧，花色血丹。或红如火齐，或紫似山樊。花枝搊互，蔽日焰天。夺红桃之夭夭，艳素李之翩翩。岂柳条之柔媚，伊苦竹之贞坚。不恋尘寰，惟高寒之浸蕴。感其品格，简约质朴，热情奔放，不弃山野之贫瘠，不美城郭之繁锦；凛凛战严寒于冬末，殷殷献芬芳于春初；不与百花争娇艳，但得孤芳斗春寒。此质隐喻高速养护员扎身野外、自强不息、吃苦肯干之坚韧毅力；亦扬收费员工热情服务、微笑真诚、甘于奉献之服务精神。泰和中心以此创设品牌文化，实属立意高明深远之举也！

古之路阻遥远，音信难求。今兴百代功业，江西高速万车齐骋。喜逢清明盛世，复有志士龚老，创全珍班组，承时代精神。忽如春风重又至，道路无限风光。寒梅傲雪笑风霜，凝铸微笑映山红。且看：真诚服务，一路欢歌畅享高速路。全程无忧，遍地锦绣领唱映山红。三尺岗亭，酬青春之事业；一腔热忱，创星级化服务。深化管理，利十方百姓。竭诚为民，暖万众心田。芬芳满路，称赞之声兮尽入我耳；清香遍野，褒奖之惠兮具濡己身。决策人之宏图，继昔日革命伟业；管理者之远志，创今朝天路辉煌！天堑已成过往，服务深入民心。热情红土地，孕育映山红。华与实并茂，兰与芷齐芳。借诸君之玉手兮，携我于九天之傲云。乘六龙之御风兮，置口于尘埃之舞起。越红尘之浩荡兮，持扶摇于凌霄之金阶。弃身外之所物兮，余立于万仞之巅峰。

壮哉！福泽万代，创一流品牌文化；伟哉！功利八方，建现代高速丰碑。习总书记有言：踏石留印，抓铁有痕。品牌力量定将引领高速事业丰功树碑、健步辉煌！诗曰：

> 江西高速美如画，最美不过映山红。
> 微笑真诚形象美，环境优化路畅通。
> 热情服务人夸赞，耐心话语意交融。
> 品牌定位筹深远，万里惠民作先锋。

【访资溪高速公路施工现场】

姚晓明

（江西省诗词学会副会长　2016年11月）

> 赣道萦纡接闽关，山高林密绕河湾。
> 凿开峻岭桥飞架，从此驰驱若等闲。

【题九江长江公路二桥】

姚晓明

（江西省诗词学会副会长　2016年11月）

> 浩浩长江拍岸潮，中流双塔锁云霄。
> 长虹稳卧通天堑，笑渡关山万里遥。

【为高速公路题赞】

徐人健

（江西省诗词学会常务理事、江西散曲社社长　2016年11月）

> 穿山跨海显神通，圆梦中华一彩虹。
> 五岭勾连伸引线，三江对接送归鸿。
> 飞车难改门前柳，鱼雁何忘屋后枫。
> 乡里风云惊不失，蓝天信步与谁同？

第二节 文艺会演

文艺会演是指通过文学艺术加工改造,以语言、肢体表演创造出的艺术形象,形成大众欣赏的文艺表演节目。文艺会演节目的内容和形式都是互相依存,互相制约,不可分割的,其题材、人物、情节、环境等都是文艺会演节目的重点要素和"雅""俗"标准。符合人民利益,代表人民心声,能促进社会向前发展,为人民大众所喜闻乐见的,思想健康、道德高尚、艺术性强、风格独特、物中藏情、喻中含理、形神兼备的文艺表演节目就是好作品。

自1998年全省第1条高速公路——昌九高速公路建设起,高速公路文艺节目演出就成为全省高速公路文化建设的一面旗帜。在上级主管部门的正确领导和大力支持下,坚持符合广大人民利益,坚持改革创新,坚持队伍和基础设施建设,坚持各项文艺活动快速发展,坚持推动社会向前进步发展这条红线,积极开展全方位、深层次、高品位、正能量的文艺会演群众性活动,形式丰富多彩,内容厚积薄发。在隆重庆祝中国共产党成立90周年、新中国成立60周年、中共十七大、中共十八大等重大历史时期和重要节日及全省高速公路营运里程突破2000km、3000km、4000km、5000km的大喜日子里,在省交通运输厅的统一组织指导下,全省高速公路系统圆满完成各项演出任务,为广大职工和社会各界奉上"和谐交通,美丽江西,盛世中华"大型庆祝文艺会演、全省高速公路系统学习贯彻党的十七大精神暨庆祝景鹰高速公路通车《龙腾赣鄱》大型文艺晚会、江西省高速公路通车里程突破4000km文艺会演、"中国梦·劳动美"全省交通职工特色文艺展示等文艺活动。节目涵盖歌舞、演唱、曲艺、朗诵、器乐等各种表演形式,其中,绝大多数节目均为自创、自编、自导、自演,充分展示江西高速公路人的精神风貌和高速公路文化的博大精深,更进一步促进全省高速公路广大建设者、经营者、管理者为实现中华民族伟大复兴的"中国梦"作出更大的努力和贡献。

一、文艺会演

2004年4月26日,在赣鄱大地吹响"树立科学发展观、建设美好新江西"的号角中,省高速公路管理局(以下简称"省高管局")在"五四"青年节前隆重举行"爱我中华"第七届青年歌手大赛,高扬"爱国"主题,弘扬"五四"精神,丰富文化生活,展示青年风貌。

2005年8月26日,省高管局文艺会演声乐专场暨第八届青年歌手大赛总决赛举行,比赛分民族唱法、通俗唱法,评选出民族唱法一等奖1名、二等奖2名、三等奖5名;通俗唱法一等奖1名、二等奖3名、三等奖4名;还评选出十佳歌手10名、最佳台风奖、最富活

第八章
高速公路文化

力奖、最具潜力奖、观众最喜爱歌手奖各1名。9月2日,省高管局举行文艺会演舞蹈和曲艺专场比赛,在舞蹈专场中,省庄养路站的印度舞《梦幻天竺》荣获一等奖,赣粤公司的现代舞《请茶歌》和3人舞《狂飙之悟》、赣州管理处当代舞《万泉河水》获二等奖;在曲艺专场中,九景鄱阳所小品《嫦娥征婚》荣获一等奖,工程处小品《盼归》、湖口所诗朗诵《感恩的心》、赣粤公司快板《光辉灿烂高速情》获二等奖。11月2日,全省交通系统职工文艺会演专场比赛在南昌拉开帷幕,共41个单位、120个优秀节目、近1200余名演职人员参加比赛。经过比赛,省高管局大合唱《为江西喝彩》、舞蹈《诗茶歌》、管乐合奏《抗战叙事——胜利之歌》分别获得声乐类、舞蹈类、曲艺类专场一等奖,二重唱《美丽的心情》、舞蹈《拉丁舞》、手语表演《感恩的心》分别获声乐类、舞蹈类、曲艺类专场比赛二等奖,时装表演《时装秀》获曲艺类专场比赛三等奖。

2007年9月15日晚,首届全省高速公路歌手比赛在省公路局大会议室举行,经过激烈比拼,温沙管理处获得一等奖。10月28日,省高速公路联网管理中心举办"5+1"新春联欢晚会(图8-2-1),中心员工以饱满的激情,表演形式多样的舞蹈、唱歌、武术等节目,给全场观众带来一个欢庆祥和的新年之夜。11月27日,省交通厅"学习贯彻党的十七大精神暨庆祝景鹰高速公路通车《龙腾赣鄱》大型文艺晚会"隆重举行,晚会在豪迈的情景歌舞《公路伴我行天下》中拉开序幕。晚会节目由创业篇、发展篇、和谐篇3个部分组成,以独唱、合唱、舞蹈、音乐快板、民乐联奏、情景歌舞等形式颂扬江西高速公路建设的巨大成就,展示高速公路广大建设者的精神风采。整台晚会高潮迭起,激情飞扬,赢得阵阵掌声与喝彩。

图8-2-1 2007年江西省高速公路联网管理中心"5+1"新春联欢晚会

2008年1月20日,为庆祝武吉高速公路基本建成通车暨江西高速公路通车里程突破2000km,省交通厅在南昌隆重举办"庆祝江西高速公路通车里程突破2000km文艺晚会"。晚会在大型舞蹈《满堂红》中拉开序幕,舞蹈《小河淌水》、歌曲表演《感恩的心》、

《天路》和著名女歌唱家邬成香倾情演唱《大地丰收》《红土飞歌》将晚会推向高潮。整台晚会星光闪耀,节目魅力绽放,表达全省高速公路人携手再创新辉煌的壮志和决心。最后,晚会在大合唱《我们和高速公路同行》的雄壮歌声中结束。

2009年8月26~28日,省高管局组织全省交通运输系统庆祝新中国成立60周年暨第二届职工文艺会演活动,文艺会演共分专场比赛和汇报演出两个阶段,其中,专场比赛分声乐、舞蹈、曲艺3个专场,共29个单位、73个节目参加。选手们通过歌曲、舞蹈、快板、小品、戏曲、器乐等多种形式生动展现江西交通建设取得的辉煌成就和交通建设者朝气蓬勃、锐意进取的精神风貌。在26日声乐专场比赛中,省高管局《祖国颂》、省公路开发总公司《我的共和国》荣获声乐专场比赛特别奖;省高管局的女声表演唱《致祖国》获一等奖,男声组合唱《向快乐出发》获三等奖。在27日舞蹈专场比赛中,省高管局选送的节目《高速花开迎华诞》荣获舞蹈专场一等奖,省交通工程咨询监理中心的《家园》荣获舞蹈专场二等奖。在28日曲艺类专场比赛中,省高管局选送的音诗画《高速情怀》获第1名,葫芦丝合奏《月光下的凤尾竹》获第2名。10月,省交通运输厅文艺表演团先后赴石吉高速公路、德昌高速公路、鹰瑞高速公路、景鹰高速公路进行慰问演出。这次慰问演出主题为"和谐交通,美丽江西,盛世中华",节目以歌舞、演唱、曲艺、朗诵等形式,生动表现江西交通建设60年来的历史巨变和取得的各项辉煌成就。为使慰问演出能达到最佳效果,每场演出都由南昌电视台著名节目主持人安然、邹伟主持,江西省著名艺术家、国家一级演员邬成香、青年歌唱家张红英与王小平等和来自省交通各条战线的演员为重点工程建设者和当地群众奉献一顿丰盛的精神大餐,受到广大观众的热烈欢迎。

2010年9月16日,鹰瑞、石吉、彭湖、赣州绕城高速公路建成通车暨全省高速公路通车里程突破3000km庆典文艺演出在南昌隆重举行。演员们通过歌舞、演唱等形式,唱响全省高速公路建设所取得的骄人成绩和辉煌成就。12月13日,省高速集团召开企业歌曲颁奖答谢会,省内部分词曲作者和艺术家代表参加会议(图8-2-2)。省高速集团面向全国征集企业歌曲活动,自5月17日启动以来,共收到词曲作品160余件,经组织专家评审,共评选出一等奖(1首)、二等奖(2首)、优秀奖(5首)。12月14日,由赣粤公司和江西省音乐家协会联合举办的"唱响赣粤高速"歌咏比赛暨企业歌曲征集颁奖典礼在南昌隆重举行,赣粤公司所属10个合唱代表队参与角逐。以《我们的赣粤我们的爱》为代表的主题曲、形象曲、岗位曲展现江西高速人对祖国、对家乡的无限热爱,引起现场观众强烈共鸣。本次颁奖典礼歌唱获奖者分获一、二、三等奖,共6名词曲作者获创作奖,其中,昌九管理处获第1名,昌泰公司获第2名。

2011年6月16日,省高速集团在南昌举行纪念中国共产党成立90周年红歌会暨"爱我高速"企业歌曲歌唱大赛,本次大赛以"唱响红歌"和"唱响高速公路企业歌曲"为主题,分个人和合唱两种表演形式,每个选手和代表队必须演唱1首红歌和1首企业歌曲。经过激烈的比拼,最终产生合唱组比赛前3名和个人组比赛前3名。6月24日,省高速集团合唱团在全省交通运输系统(南昌地区)庆祝中国共产党成立90周年职工大合唱比赛中荣获大赛特等奖。6月27日,省公路开发总公司举行"创先争优活动表彰暨庆祝建党90周年"红歌演唱会,来自总公司机关和所属单位与纪检、监察等9支代表队参加,经过激烈角逐,梨温公司代表队获第1名,总公司机关、景鹰公司代表队获第2名,养护公司、恒辉公司、锦路公司获第3名,纪检、监察代表队获组织奖。

图 8-2-2 省高速公路集团企业歌曲征集活动颁奖答谢会

2012年12月,省高速公路联网管理中心10周年庆典暨职工大型文艺联欢晚会在南昌举行。

2013年8、9月,抚州管理中心精心组织排练情景剧《文化托起中国梦》,参加省交通运输厅主办、省高速集团协办的"中国梦·劳动美"全省交通职工特色文艺展示比赛,荣获一等奖。11月14日,在省文学艺术界联合会、省国有资产监督管理委员会主办的"江铃杯全省企业职工歌手大赛"中,省高速集团选派歌手获得三等奖。

2014年6月28日,宜春管理中心举行"庆七一职工合唱比赛"文艺晚会。9月16日,由省高速集团员工组成的省交通运输厅代表团参加省直机关"实干兴赣,圆梦中国"庆祝新中国成立65周年群众性歌咏比赛,荣获组唱类比赛一等奖。

2015年10月20日,江西省第九届文明健康艺术活动周节目展演活动在南昌市八一公园百花大舞台开演,省高速集团畅行公司表演的《畅行礼赞》用肢体语言展示江西高速公路服务区的文明形象和文化内涵(图8-2-3);昌铜公司表演的小品《幸福昌铜平安行》,以"囧途"中的"泪点"和"笑点"谱写一篇平凡而又感人的故事;一首《老阿姨》深情演唱表达对龚全珍老阿姨的敬仰之情,一首《映山红》唱响那段激情燃烧的岁月的时代精神,二人合唱《中国之最》唱出中华民族屹于世界民族之林的豪迈。

2016年6月6日下午,在省交通运输厅举办庆祝中国共产党成立95周年群众性合唱

图 8-2-3　省高速集团畅行公司表演的礼仪服务展示《畅行礼赞》

比赛中,由省高速集团选派的合唱代表团经过激烈角逐,荣获比赛二等奖,省公路管理局、省公路路政管理总队获得三等奖(图8-2-4~图8-2-6)。6月7日,省交通运输厅从省公路局、省高速集团等单位省抽调11人加入合唱队,参加6月12~14日省直机关赛区"跨越时空的井冈山精神"庆祝中国共产党成立95周年歌咏比赛(图8-2-7),省交通代表队演唱合唱《把一切献给党》、组唱《中国,我为您歌唱》、对唱《党旗更鲜艳》等,经过激烈角逐,组唱节目晋级复赛,参加6月28日在江西省艺术中心举办的"光辉的历程·永恒的誓言"江西省庆祝中国共产党成立95周年大型群众歌咏比赛(图8-2-8)。8月5日下午,抚州管理中心举办首届"向阳花"杯职工文化节歌唱比赛,来自该中心机关和全线各管理所共计21支代表队参加本次比赛,小合唱《我的祖国》《唱支山歌给党听》《映山红》等一首首红歌引发全场观众的掌声,经过激烈角逐,最终评选出前3名。

图 8-2-4　省高速公路投资集团有限责任公司合唱代表团

第八章

高速公路文化

图 8-2-5　省公路管理局合唱代表团

图 8-2-6　省公路路政管理总队合唱代表团

图 8-2-7　省直机关赛区"跨越时空的井冈山精神"庆祝中国共产党成立 95 周年歌咏比赛初赛

图 8-2-8　江西省庆祝中国共产党成立 95 周年大型群众歌咏比赛

二、组织与机构

江西省高速公路文学艺术联合会(以下简称"省高速文联"),2007 年 3 月 30 日成立,是江西省高等级公路管理局领导下的群众性组织,是全局文学艺术爱好者自愿组成的行业性、联合性的群众团体,现有团体会员 15 个,其中包括摄影协会、文学协会、书法美术协会、管乐团、合唱团与高管局机关分会等 10 个文联分会(图 8-2-9)。省高速文联成立后,紧密团结集团全体职工和一大批文学艺术爱好者,按照构建社会主义和谐社会的要求,贯彻"百家争鸣,百花齐放"的方针,以服务高速公路中心工作为出发点,以提高职工文化素质、满足职工日益增长的文化需求为目标,推进全局文艺事业的发展,推动"高管文化"建设,打造富有特色、催人奋进、和谐向上的"高管文化"品牌,为实现江西高速公路事业又好又快发展作出新贡献。

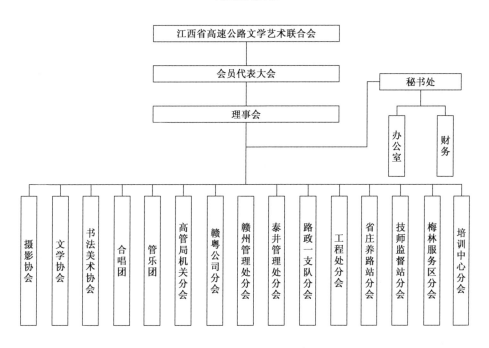

图 8-2-9　江西省高速公路文学艺术联合会组织机构

第三节　体育运动

在企业文化建设中,离不开职工群众体育活动的持续开展。可以说,精神文化是企业的灵魂,企业要有蓬勃的生机和旺盛的活力,离不开企业员工精力充沛的健康体魄。开展群众体育活动,就是提高人们的精神状态和身体素质,从而成为推动企业发展的动力。开展群众体育活动,对于搞好企业文化建设,提高精神文明和全员的健康水平,陶冶员工情操,增强凝聚力,促进施工生产,推动企业健康发展具有重要意义。开展群众体育活动,就是构建和谐企业的基础,群众体育活动能够提高员工的健康素质。通过开展各种体育活动,员工在完成自己的本职工作后,进行业余体育锻炼,既增强体质,又活跃气氛,陶冶情操,从而达到领导与员工、员工与员工之间的团结和友谊、密切和沟通,建立同事之间轻松融洽的和谐关系。同时,通过各种体育比赛,职工顽强拼搏的精神得到锻炼和提高,个人特长得到充分发挥;企业充满生机与活力,充分体现企业文化建设的底蕴。

2005 年 4 月 28 日,江西省高速公路体育协会(以下简称"省高速体协")正式建制。之后,在短短的几年内,各直管单位体协分会全部成立,部分专项体育分会或俱乐部也相应组成,全省高速体协组织网络覆盖省内每条高速公路中心站所。各体协组织加大投入,保障职工体育活动场馆设施建设和改造。开展群众性的传统体育项目组织、培训与普及和巩固发展乒乓球、羽毛球、篮球、排球,是省高速体协及各分会每年职工体育活动的两大任务。通过抓好队伍建设,协会领导骨干带动,吸引广大职工积极参加广播操、健身舞、棋牌、拔河、登山、游泳、太极拳、钓鱼、台球及趣味活动等体育运动和赛事活动,增强职工身体素质,扩大社会影响认知,铸就时代先进团队。坚持举办系统内"四大球类"、田径比赛活动,检验竞技水平,选拔专项体育竞技队伍代表省交通运输厅参加省级、国家级全民体育运动盛会和省内、国内及国际不同行业职工体育活动的交流。

一、体育活动

1994年4月26日,省高管局举办首届"庐山杯"登山比赛。

1996年初,省高管局开展"迎新春"系列体育活动,包括"省庄杯"自行车慢骑比赛、"雷公坳杯"羽毛球比赛、"蛟桥杯"射击比赛等13种项目,参加活动人员达1000余人次。

1998年10月,在江西省第十届运动会上,省交通厅体育代表团取得金牌总数第三、奖牌总数第五、24枚金牌、21枚银牌和8枚铜牌,其中,省高管局共夺得17枚金牌、15枚银牌和5枚铜牌。

1999年12月1日,省高管局举办首届职工运动会,运动会共设16个竞赛项目,34个小项目,有28个代表队、近400名运动员参加,共产生团体冠军5个,单项冠军29个。

2000年10月,省高管局举办首届职工排球赛,共27个单位分别组织男、女队参加6个赛区预赛,20支队伍进入总决赛,最终产生男队、女队前3名。

2001年12月6日~8日,省高管局第二届职工运动会成功举行,全局有2000多人参加预赛,750多人参加决赛,共54人次超创15项首届职工运动会纪录。

2002年5月~11月,省高管局开展"迎接十六大,树立新形象"(拔河比赛、第三届职工篮球赛、第二届职工排球赛、第六届庐山杯登山比赛)等系列体育比赛活动。

2003年8月,省高管局举办篮球、网球等比赛,共1670人次参加活动。11月15日,省高管局第七届"庐山杯"登山比赛在庐山碧龙潭风景区举行,全局50多个单位、12个团体代表队和91名运动员参加本次比赛,经过激烈拼搏,最终产生团体冠、亚、季军。

2004年3月8日,在江西省庆祝"三八"国际劳动妇女节94周年大会上,省高管局女职工健身队等14个单位(集体)获"全省亿万妇女健身活动巾帼文明健身队"称号。5月~6月,全省交通系统第一届全民健身运动会篮球赛在宜春公路分局举行,赣粤公司荣获篮球女子第1名,男子第4名。7月13日,全省交通系统第一届全民健身运动会乒乓球比赛在省高管局职工培训中心举行,共有厅直及各设区市交通部门34个代表队、233名运动员参加,由赣粤公司牵头组织的省高管局代表队包揽乒乓球男单三甲,男子团体冠军,女子团体亚军;男子双打冠军,女子双打亚军,女子单打亚军。8月22日~30日,省交通厅首届运动会职工运动会广播体操、拔河比赛在省高速局培训中心举行,赣粤公司获广播体操第 8 名,拔河比赛第 3 名。9 月 1 日,赣粤公司参加江西省首届羽毛球 2005 年"金圣杯"公开赛,荣获男双第 6 名,女单第 2 名。9 月 11 日,全省交通系统首届职工全民健身运动会田径比赛在江西交通职业技术学院举行,省高管局代表队以 8 金、10 银、4 铜的好成绩名列金牌数和总积分两项第一。10 月 16 日~17 日,省高管局"昌樟杯"机关干部羽毛球赛在江西师范大学羽毛馆举行,比赛分团体赛和领导单项赛两个项目,省高管局、赣州管理处、赣粤公司、昌泰公司、昌樟公司等 5 支机关队伍参加比赛。10 月 24 日~26 日,华东地区新闻界与企业界乒乓球赛在南昌举行,赣粤公司代表队获得混合团体第 1 名,男单前 3 名,女单第 2 名。

2005 年 9 月 24 日~10 月 16 日,赣粤公司代表队在华东地区新闻界与企业界乒乓球赛中获混合团体第 1 名和男单前 3 名、女单第 2 名。9 月 27 日~11 月 18 日,省公路开发总公司梨温公司举行第二届"梨温杯"篮球比赛,经过激烈比赛,东乡管理处获得第 1 名。12 月 10 日~11 日,由省体育总会主办的全省第六届健美、健身先生、健身小姐、健美操锦标赛在南昌举行,省庄养路站健美操队代表省高管局参加比赛,并荣获行业组一等奖。12 月 17 日~18 日,赣粤公司参加江西省"金圣杯"2005 年首届科教界乒乓球公开赛,荣获团体第 1 名、男单第 1 名、男单第 2 名、男单第 3 名、女单第 1 名、女单第 2 名。

2006 年 1 月 1 日~3 日,赣粤公司代表队参加全省首届羽毛球、乒乓球 2005 年"金圣杯"运动会公开赛,获羽毛球男双第 6 名,女单第 2 名;获乒乓球女团体第 1 名,男子单打第 1 名,第 2 名,女子单打第 3 名。5 月 29 日,江西省首届企业体育运动会在南昌举行,赣粤公司获得金牌 13 枚,银牌 6 枚,铜牌 4 枚。6 月 17 日~18 日,由省上市公司协会主办的"2006 年江西省上市公司协会羽毛球赛"在江西师范大学体育馆举行,全省上市公司共 11 支代表队参加比赛,经过 2 天的比赛,赣粤公司代表队蝉联团体冠军,并获男子单打第 1 名、女子单打第 1 名、混合双打第 1 名。9 月~10 月,省第十二届运动会在南昌举行,赣粤公司代表队在羽毛球和乒乓球比赛中共获 12 枚金牌、3 枚银牌、8 枚铜牌。10 月 11 日,省第十二届运动会社会组女子篮球赛在华东交大体育馆开赛,省高管局女篮代表省交通厅队参赛并获得冠军。10 月中旬,江西公路开发总公司举办首届职工运动会,公司机关和各管理处组队参加 10 个项目的比赛,鹰潭管理处获积分排名第一,梨温公司机关获金牌数第一。12 月末,赣粤公司参加省总工会 2006 年"金圣杯"首届运动会,荣获乒乓球团体第 1 名,男子单打第 1 名和第 2 名,女子单打第 3 名。

2007 年 10 月,江西省第三届全民健身运动会在南昌市举行,赣粤公司代表队获得"体育道德风尚运动队"称号,并在网球、羽毛球和乒乓球项目上共获 12 枚金牌、3 枚银牌、6 枚铜牌。11 月 10 日,由省公路开发总公司梨温公司组建的"江西高速篮球俱乐部"代表队不负众望,经过 9 场激烈比拼,最终获得"贺龙杯"CBO 全国总决赛第 10 名。

2008 年 3 月 28 日,由省高速体协主办、昌泰公司承办的"昌泰杯"篮球友谊赛顺利举行,共有8支球队参加比赛,最终,政路一支队代表队获得冠军,昌泰公司代表队获得亚军,赣粤公司获得季军。6月6日,赣粤公司代表省交通运输厅参加省直机关运动会,在网球、羽毛球和乒乓球项目上共获4枚金牌、2枚铜牌。7月10日,梨温公司男子篮球队在来自全国各地共12支劲旅参加的2008"恒盛杯"中国CBO男子业余篮球俱乐部锦标赛上,成功晋级6强。10月30日~31日,省公路局举办首届"高速杯"职工篮球比赛,经过2天的激烈角逐,温沙管理处篮球队夺得冠军。

2009年6月18日~20日、23日~27日,全省交通系统"赣粤杯"职工羽毛球赛、第三届"交通杯"篮球赛正式举行,来自系统内11支羽毛球与8支篮球代表队100多名羽毛球运动员和95名篮球运动员参赛。羽毛球赛竞赛项目为混合团体、男子双打(另副处以上男子双打)、女子双打(另副处以上女子双打),每场比赛5局,最后决定名次。篮球赛采用最新循环赛制,分2个组单循环赛和按小组交叉赛进行,角逐前4名。羽毛球赛经过2天的激烈比拼,省公路局、赣粤公司、省公路开发总公司分获团体前3名,并产生副处以上男子双打前3名、副处以上女子双打前3名和男子、女子双打前3名。篮球赛经过5天的激烈角逐,省公路开发总公司摘得桂冠,省公路局、省高管局分获2、3名。10月28日,省高速体协在南昌举行"昌九杯"职工趣味运动会,15个体协分会代表队的100余名参赛队员参加"跳球接力""过河""滚雪球""50m障碍接力"和"4人4足"等5个项目的比赛。最终产生各赛项前3名。11月,梨温公司男子篮球队在云南开远市举办的2009年度中国CBO男子业余篮球俱乐部锦标赛中,以4胜3负的战绩获锦标赛第9名。

2010年5月9日~10月28日,省高速集团组织58名运动员,代表省交通运输厅参加江西省第十三届运动会暨第三届省直机关运动会登山、健步走、接力袋鼠跳、游泳、拔河、田径、乒乓球、羽毛球、篮球、网球等10个项目的比赛,共获得奖牌35枚(其中,金牌13枚,银牌9枚,铜牌6枚)。5月9日在登山比赛中,获男子乙组第1名和第3名和女子乙组第2名。6月19日,健身走比赛中,获得男子乙组第1名和第2名和女子乙组第3名。9月16日在羽毛球比赛中,获得金、银、铜牌各1枚。乒乓球比赛中获得金、银牌各1枚及混合团体赛第2名。9月30日在100m、200m自由泳比赛中,获得第1名。10月11日~15日在网球比赛中,共获得5金2银1铜。10月14日在篮球比赛中,先后战胜省公安厅代表队、省国安厅代表队、华能电力队、省矿务局代表队等8支球队,最终以102∶40的比分战胜江西气象局队,获得第1名。至10月27日,省交通运输厅代表队在江西省第十三届职工运动会暨第三届省直机关运动会上所获积分为434.2分,高居省直93个代表队之首。11月19日~20日,省高速集团2010年乒乓球比赛在南昌举行,比赛共吸引22个代表队、109名选手参加。经过2天近250场比赛的激烈角逐,最终产生混合团体前3名,男子单打前3名和女子单打前3名。

2011年9月28日~29日,省高速集团第一届职工田径运动会在南昌八一体育场举行,集团各直属单位16支参赛队参加男子100m、200m、400m、1500m赛跑,4×100m接力,跳高、跳远、铅球;女子100m、200m、400m、800m赛跑,跳高、跳远、铅球等项目角逐。经过2天激烈比拼,最终决出团体比赛前3名和各单项比赛前3名。

2012年5月10日,2012中国CBO男子篮球联赛在南昌国际体育中心体育馆举行,省高速集团队以58:56险胜江苏华宏队。5月14日~17日,昌泰公司职工万磊在省第四届健身运动会暨省第三届工会运动会游泳比赛中,荣获男子蛙泳50m第1名、200m第1名、4×50m接力第1名,6×50m混合接力第1名。5月27日~31日,由交通运输部文明办等部门联合举办的"柳工杯"第二届全国公路职工乒乓球大赛在陕西省西安市举行,经过为期4天的紧张比赛,省高速集团代表队荣获男子团体第5名、女子团体第5名、领导干部组第4名和女子单打第6名。8月27日,江西高速"畅行杯"中国CBO男子篮球俱乐部联赛(南昌赛区)落下帷幕,省高速集团篮球队获第3名;畅行公司被中国业余篮协授予"热情参与巨大支持"奖。8月29日至11月,江西省第四届全民健身运动会暨第三届工人运动会全面展开,由省高速集团选拔组织的省交通运输厅代表队参加乒乓球、羽毛球、排舞、女子拔河、游泳、登山等6个项目的比赛,并冠名"交通高速集团",组织承办乒乓球、羽毛球和排舞3个项目的比赛。经过激烈比拼,共获奖牌28枚(其中,金牌14枚、银牌10枚、铜牌4枚),3个项目获"体育道德风尚奖运动队",7人获"体育道德风尚奖运动员";江西交通体育代表团荣获系统组团体总分第一、体育道德风尚奖和优秀组织奖。8月29日~30日,省第四届全民健身运动会暨第三届工人运动会游泳比赛在新余市举行,由省高速集团选拔组织的江西交通游泳队共获得9枚金牌、7枚银牌、2枚铜牌,并以总分191分的总成绩位居系统组榜首。其中,获男子蛙泳50m第1名、200m第1名、4×50m接力第1名、6×50m混合接力第1名;男子自由泳100m第2名、200m第3名、6×50m混合接力第1名,4×50m蛙泳接力第1名;女子蛙泳50m第1名、100m第2名、6×50m混合接力第1名,6×50m混合自由泳第1名;女子蛙泳50m第2名、100m第1名、混合接力6×50m第1名;女子自由泳50m第2名、100m第2名、6×50m混合接力第1名;女子自由泳6×50m混合接力第1名。9月9日,由南昌市人民政府主办的"香溢花城杯"乒乓球锦标赛落下帷幕,经过2天的激烈角逐,省高速集团队获男子团体第1名。9月26日~29日,江西省第四届全民健身运动会暨第三届工人运动会羽毛球赛在九江市举行,经过激烈的角逐,省高速集团代表队共获得5枚奖牌;系统组男子团体第2名,女子团体第3名;系统组男子单打第3名,女子单打第2名。10月14日,江西省第四届全民健身运动会暨第三届工人运动会运动会登山赛在南昌梅岭举行,省高速集团代表队喜获乙组团体第1名;女子乙组第1名、第2名,男子乙组第2名和运动员体育道德风尚奖。10月23日,江西省第四届全民健身运动会暨第三届工人运动会拔河比赛在南昌举行,由省高速集团5名女职工组成的江西交通女子拔河队喜获系统组第1名。同日,省高速集团在南昌洪都体育馆举行"喜迎十八大,建功在高速"职工运动会,共有来自集团各单位的17支参赛队伍、共计310名职工参加。运动会共设"8"字跳绳、拔河比赛、25m袋鼠跳接力、25m摸石过河接力、25m转呼啦圈接力等5个团体比赛项目,经过激烈的角逐,畅行公司、抚州管理中心、赣州管理中心3支代表队分获团体总分前3名,上高管理中心、交通总咨询公司、宜春管理中心、九景管理处、梨温公司、昌樟管理处代表队获优秀组织奖,万年管理中心、省公路开发公司及子公司、赣粤股份公司及子公司代表队获体育道德风尚奖。11月3日,江西省第三届工人运动会排舞比赛在南昌举行,12个单位参赛。省高速集团代表队参加全部比赛项目,最终获团体第2名、双人舞第2名和体育道德风尚奖。12月5日,省公路开发总公司第三届职工运动会在南昌市八一体育场举行,本次运动会共有19支代表队、400名运动员参加(图8-3-1)。比赛共设拔河、篮球、羽毛球、乒乓球、跳绳、呼啦圈、田径7大项29个小项,其中,个人项目26项,团体赛3项。机关代表队获得团体总分第1名,杨梅岭代表队获得团体总分第2名。

图8-3-1 省公路开发总公司第三届职工运动会

2013年5月1日,省发改委与省高速集团在南昌举办一场乒乓球友谊赛(图8-3-2),本次比赛设团体赛,每队由5名选手组成,共分5场对抗赛。经过激烈角逐,省高速集团以3∶2胜出。5月31日,省交通运输厅机关篮球队与省高速集团篮球队在雷公坳举行篮球友谊赛(图8-3-3),比赛采用国际篮球比赛规则进行,最终双方以65∶65的比分握手言和。6月24日,由省交通工会主办的"中国梦·劳动美"全省交通职工羽毛球比赛在雷公坳服务区羽毛球馆落下帷幕,来自全省交通运输系统的26个代表队、170余名运动员参赛,经过3天343场比赛的激烈角逐,省高速集团代表队获得团体第1名、男子单打乙组第1名、男子双打乙组第1名和男子双打甲组第1名。7月5日~7日,省高速集团2013年网球选拔赛(图8-3-4)在雷公坳服务区全民健身运动基地网球场举行,来自集团各体协分会的27名选手参加比赛,经过3天的激烈角逐,省高速集团、省公路开发总公司、赣粤公司3名选手分获男子组前3名;赣州管理中心、省公路开发总公司、泰和管理中心3名选手分获得女子组前3名。8月1日,省高速集团与国家开发银行江西分行举行篮球友谊赛(图8-3-5),最终省高速集团以38∶42的比分负于国家开发银行江西省分行。10月11日,省高速集团举行2013年职工登山比赛,来自集团所属各单位的16支代表队、96名职工参加比赛。经过激烈角逐,赣州管理中心、泰和管理中心、赣粤公司分获前3名;省公路开发总公司本部、上高管理中心、高速物资公司、交通咨询公司、嘉和公司、畅行公司、集团总部及天驰公司获得组织奖。11月5日,第五届"梨温高速杯"篮球赛(图8-3-6)落下帷幕,经过激烈争夺,公司机关代表队获得冠军,鹰潭代表队获第2名,杨梅岭队获第3名。11月16日,由省交通工会组织的"中国梦·劳动美"南昌地区交通职工拔河比赛在江西交通干部学院举行,比赛共有13支代表队参加,省高速集团代表队获得冠军。11月16日~17日,以省高速集团员工组建的江西省交通代表队参加2013年"梦之蓝杯"首届南昌市业余网球团体赛,本次比赛共有24支队伍、200多名运动员参加。江西交通代表队历经6轮角逐,最终荣获大赛第2名。

图8-3-2　省发改委与省高速集团乒乓球友谊赛

图8-3-3　省交通运输厅机关篮球队与省高速集团篮球队友谊赛

图 8-3-4　省高速集团 2013 年网球选拔赛

图 8-3-5　省高速集团与国家开发银行江西分行篮球友谊赛

图 8-3-6　第 5 届"梨温高速杯"篮球赛

2014年4月29日,江西省第十四届运动会机关部暨全省第四届机关运动会登山比赛在南昌市梅岭举行,由省高速集团组建的代表队代表省交通运输厅参加比赛,最终,获得女甲组第3名。同月,省高速集团男子篮球队代表省交通运输厅参加省直机关第三届篮球友谊赛,此次比赛共历时2个多月,共进行11场比赛,最终取得8胜3负的成绩。6月26日,"2014农商银行杯"中俄双子城篮球邀请赛在黑龙江黑河市举行,来自国内6省和俄罗斯阿梅基斯、阿州城市服务集团共8支队伍参加比赛。经过4天激烈比拼,江西高速公路集团男子篮球队连赢6场最终夺冠。9月25日,全省首届职工网球大赛落幕,省高速集团代表省交通运输厅获得省产业直属工会组团体第5名,男子单打第1、2名,女子单打第2名。

2015年4月21日,由省总工会主办全省职工核心价值观工间操大赛排舞比赛在南昌铁路文化宫举行,由全省高速公路一线收费员组成的代表队参赛,比赛当天,省高速代表队的排舞以独具拉丁风格的舞姿,层次立体的编排,融合拉丁与伦巴的特色演绎,让现场评委与观众为之眼前一亮,荣获一等奖。4月22日,省高速集团第二届职工运动会登山比赛(图8-3-7)在宜春市温汤镇举行,来自集团直属各单位的11支队伍、共69名职工参加比赛,经过激烈角逐,分别产生男子、女子青年组和中年组前3名。4月26日下午,省发改委与省高速集团"迎五一,健身心"乒乓球联谊赛在抚州管理中心举行,经过近3个小时的激烈比拼,省高速集团获第1名。5月20日~21日,省高速集团第二届职工运动会网球赛在南昌举行,来自集团总部和各直属单位的60名选手参加,经过2天的激烈角逐,分别产生男子、女子青年组和中年组前3名。7月,省路政总队在南昌梅岭举办2015年职工登山比赛,全省11个高速路政支队和总队机关共81名选手参加活动,经过激烈角逐,吉安、景德镇、鹰潭、九江、宜春支队的选手获男子青年组、女子青年组、男子中年组、女子中年组、处级领导干部组第1名;宜春、九江、吉安代表队分获团体总分前3名。7月8日~9日,省高速集团第二届职工运动会乒乓球赛在南昌市国体中心综合楼乒乓球

图8-3-7　省高速集团第二届职工运动会登山比赛

馆举行,本次比赛共有11支代表队、77名队员参赛,经过2天的角逐,省公路开发总公司获第1名,赣粤公司和集团总部分获第2、3名。7月22日~23日,省高速集团第二届职工运动会象棋比赛在永武高速西海服务区举行,来自集团总部及直属单位11个代表队、33名运动员参赛,省公路开发总公司、赣粤公司、景德镇管理中心分别获得团体前3名。8月20日,省高速集团第二届职工运动会篮球比赛圆满闭幕,此次比赛共有11支代表队参赛,经过37场比赛的激烈角逐,省公路开发总公司、赣州管理中心、赣粤公司代表队分别荣获1、2、3名。

2016年1月31日,省高速集团、省发改委迎新春乒乓球友谊赛(图8-3-8)在赣粤公司职工之家举行,来自双方的20余名乒乓球爱好者上演一场场精彩又激烈的对决。2月18日,省高速公路集团机关与赣粤公司本部联合举办迎新春拔河、牌类等趣味文体活动(图8-3-9),充分展现干部职工拼搏精神和奋发有为的精神面貌。5月12日~13日,省高速集团2016年职工羽毛球选拔赛(图8-3-10)在南昌顺利举行,来自集团各单位的11支代表队、近100名选手参加比赛,经过2天的激烈角逐,分别产生男子青年组、女子中年组、女子青年组和男子中年组单打前3名。5月30日~6月1日,省交通工会在吉安市体育馆举办的为期3天的2016年全省交通职工羽毛球比赛,共有来自全省29个交通基层单位、190余名运动员参加比赛,经过3天激烈的角逐,省高速集团代表队荣获团体赛第1名,并分别获领导干部组第1名和第3名,男子单打乙组第2名,女子甲组第1名和本次比赛优秀组织奖,体育道德风尚奖。9月7日~13日,"猛犸象"杯2016年中国CBO男子篮球俱乐部联赛总决赛(图8-3-11)在黑龙江省青冈县举行,省高速篮球队参赛并取得第4名好成绩,这也是省高速篮球队荣获10年来CBO全国总决赛最佳成绩,同时,省高速集团被中国业余篮球公开赛组委会授予"十年相伴、共创辉煌"10周年优秀组织奖。9月16日,2016年"红谷滩杯"全省网球俱乐部团体邀请赛在南昌国际体育中心网球场举行,来自全省各地200余名网球爱好者组成的21支队伍参赛,经过1天的激烈角逐,省高速代表队最终取得团体第2名。10月11~14日,"德鲁泰杯"第四届全国公路职工乒乓球大赛在四川成都举行,省高速集团乒乓球队所参赛的4个项目均取得全国前8的好成绩,其中,男子团体获得第5名,公仆杯(单打)获得第7名,男子单打成年组(40岁及以上)获得第4名,男子单打青年组(40岁以下)获得第5名。10月24日~26日,来自省公路开发总公司所属单位23支队伍在华东交大室外排球场上演龙争虎斗(图8-3-12),在冠亚军争夺战中,梨温公司赣浙代表队夺得第1名,玉山代表队、东乡代表队分获第2、第3名。11月17日~18日,省路政总队举办全省高速公路路政系统首届"路政杯"乒乓球比赛,来自全省高速公路路政系统的12支代表队、68名运动员参加比赛。经过1天半激烈角逐,分别产生领导干部组、男子单打、女子单打、混合团体前3名。11月20日~23日,江西省第三届职工网球大赛在南昌举行,来自各区市(县)、产业工会、省直各厅局的 22 支代表队、245 名选手参加比赛,省高速集团代表队最终夺得总决赛冠军。12 月 18 日,首届"江西交工杯"厅直属单位(南昌地区)青年男子篮球联赛冠亚军决赛开赛,本次青年男子篮球联赛共有 11 支队伍报名参赛,经过 33 场比赛角逐,省交通咨询公司代表队以 89∶80 的比分击败省交通工程集团公司代表队,荣获冠军;省交通工程集团公司、省公路开发总公司篮球队分获亚、季军,厅机关、省运管局等篮球队分获公平竞赛奖和道德风尚奖。12 月 24 日上午,省高速集团总部、赣粤公司本部、交通咨询公司在瑶湖水上中心联合举办"迎新春,欢乐行"职工健步走比赛,最终 32 位参赛职工分获男子中年组、女子中年组、女子青年组等各组前 8 名。

图 8-3-8　省高速公路集团、省发改委迎新春乒乓球友谊赛

图 8-3-9　省高速公路集团机关与赣粤公司本部联合举办迎新春拔河、牌类等趣味文体活动

图 8-3-10　省高速公路集团 2016 年职工羽毛球比赛

图 8-3-11　"猛犸象"杯 2016 年中国 CBO 男子篮球俱乐部联赛总决赛

图 8-3-12　省公路开发总公司排球赛

二、组织与机构

2004年,昌泰公司成立体育协会分会。选举产生昌泰公司第一届体协分会和分会主席、秘书长。

2005年4月,江西省高速公路体育协会成立并召开第一届会员大会。8月4日,江西高速体协九景分会成立大会在鄱阳所隆重召开。

2006年1月8日,昌泰公司选举产生第二届体协分会和分会主席、秘书长。

2010年6月,昌泰公司选举产生第三届体协分会和分会主席、秘书长。8月,工程公司成立第一届体协分会和分会主席、秘书长。

2011年6月,宜春管理中心成立第一届体协分会和分会主席、秘书长。

2014年1月,昌泰公司选举产生第四届体协分会和分会主席、秘书长。10月,宜春管理中心选举产生第二届体协分会和分会主席、秘书长。11月,梨温公司成立机关羽毛球协会和协会主席、秘书长。

三、场地建设

2003年,梨温公司建成田径场16000m^2、塑胶网球场210m^2、机关塑胶篮球场450m^2、普通篮球场5块各450m^2。

2004年,昌泰公司投入40万元,为各管理所、养护中心兴建健身房、多功能厅,并配置2万元健身器材。

2005年,昌泰公司投入基建资金474万多元,为各管理所、养护中心兴建集办公、学习、娱乐为一体的综合楼,总建筑面积5053.62m^2,其中,除陆续新建和完善健身房、篮球场场地设施外,在吉安南所院内新建标准网球场、排球场、羽毛球场、乒乓球馆各1处,极大丰富了职工的业余文化生活。

2007年,昌金管理处多渠道筹措资金,安排专项经费10余万元,对全处各所站体育场地、体育设施和健身器材进行全面整修、完善和添置更新。

2009年,上高管理中心为13个基层单位安装单双杠、篮球架、室外跑步机等9套室外健身器材。昌泰公司投入36万元,对3个单位的篮球场实施塑胶化工程;投资23万元为吉安南管理所的排球场进行塑胶化工程。赣浙收费处将篮球场进场改造为塑胶篮球场。抚州管理中心温沙管理处出资16万多元为全线所站购买安装室外健身器材83件。

2010年,宜春管理中心建成400m^2室内羽毛球馆、网球场。昌泰公司为养护中心建造1个职工活动中心,面积360m^2,内设活动大厅、健身房、棋牌室、心理辅导室和休息室,健身器材齐全、功能完善。为吉安北管理所建设1个标准化健身房,面积20m²;两项工程总投资43万元。该公司投入72万元,将吉安县所、吉安北所、吉水所和泰和所等6个单位的水泥篮球场改建成塑胶篮球场。

2011年,梨温公司对机关篮球场进行封顶改造,建成室内塑胶篮球场。宜春管理中心修建职工游泳池。嘉和公司建立各驻地篮球场、员工健身活动室。天驰公司建立篮球场、员工健身活动室。

2013年,梨温公司将东乡、鹰潭、杨梅岭、玉山4个管理处篮球场改造为塑胶篮球场。万年管理中心为德昌高速公路各管理处、收费站配置室外健身器材,为浮梁和万年管理处改造篮球场地,将水泥场地更换为硅PU场地。天驰公司完成员工健身活动室的改造,新购置乒乓球桌、台球桌、健身器材。

2014年,嘉和公司完成对各驻地单位健身活动室的改造,新购置乒乓球桌、台球桌、健身器材,让职工在工作之余感受运动乐趣。昌泰公司机关工会投入9万元,建成健身房1个、练舞厅1个等。

2015年,昌泰公司投入近40万元,新建1个室内篮球训练馆和1个网球场。

第四节　摄影、摄影作品

摄影与摄影作品是现代文化领域中一个重要组成部分。摄影是一种情结、是一种激情、是一种浪漫、是一种精神的驿站。摄影作品则是通过光影作画,记录时代的变化,也记录着人们人生奋斗中的酸甜苦辣、喜怒哀乐。它真实表达人对大自然、对社会、对生活的理解和追求,也深深蕴涵着人们对成熟艺术的感悟和对文化思想的领会。

江西省高速公路文学艺术联合会摄影协会(以下简称"省高速摄协")自成立以来,在摄影艺术创作、摄影人才培养等方面做了大量工作,取得重大成绩,为丰富江西高速公路系统职工精神文化生活、助推省高速集团企业文化建设,在集团所属各部门相应成立影协分会,组织、带领广大会员和摄影爱好者,按照"立足高速行业、服务中心工作、丰富员工生活、提升企业形象"的要求,用手中的镜头聚焦高速公路建设、管理、服务等工作,积极参与各类摄影采风、培训、参赛活动,努力创作优秀作品,宣传江西高速公路行业发展成就,展示江西高速公路行业良好形象。作为全省摄影界的一支劲旅,全省广大高速摄影人弘扬时代精神,把镜头对准行业,对准身边,用光影展现高速公路发展和高速公路职工精神风貌。省高速摄协及各分会始终坚持正确方向,做到小活动不断、大活动常有。自21世纪初起,在不同的重要历史阶段,先后组织举办全省交通(高速公路)系统群众性、多类型的摄影活动和摄影作品大赛,如:江西省第一至六届"赣粤高速杯"摄影作品大赛和获奖作品艺术展、第四届江西高速公路摄影艺术展、第一至四届全省高速公路"映山红杯"摄影作品大赛和获奖作品艺术展、江西高速摄影长卷制作、"江西高速公路发展历程"画册等。同时,也培养出不少优秀人才、创作出不少优秀精品,为江西群众性摄影走出省门和国门再立新功。省高速摄协依照章程,抓好组织、队伍、阵地三项建设,夯实摄影工作基础;开展摄影季赛、采风创作、培训交流三项活动,繁荣摄影艺术创作;大力加强协会自身建设,紧密结合并自觉服从服务江西高速公路融资建设经营管理中心工作和集团改革发展大局,为省高速集团企业文化建设作出应有贡献。

一、摄影活动

2004年4月2日,省高速摄协主办的"三月春"摄影比赛的评奖和颁奖在南昌方兴大厦8楼进行,比赛共收到来自全局各分会的作品近100幅,经过认真评选,作品《沐浴》获金奖,作品《静》《微笑》《夜未央》《春花烂漫》《戏》获银奖,作品《情》《功模》《动脉》《鸳鸯戏水》《春意盎然》《蜿蜒》《霓虹畅想》《万人空巷》获铜奖。8月6日~8日,为充分反映高速公路建设者艰苦奋斗的风采,记录下泰井高速公路建设过程中的精彩瞬间,省高速摄协组织会员采风。8月13日,省高速摄协第二次季赛评选结果揭晓,经省摄影家协会精心评选,在公路建设类作品中,昌樟公司赵伟《工地对称之美》(组照)及高速广告公司朱广元《工地写生》(组照)同获一等奖,银乙站蔡寒操《英姿》等6幅作品获二等奖,共青所张立《泰井掠影》等8幅作品获三等奖;在风光风情类作品中,共青所张立《魅》(组照)获一等奖,通远所饶小虎《唱江南》等3幅作品获二等奖,赣粤公司舍里甲所吴烨《恋歌》等6幅作品获三等奖。9月4日,省交通厅和省摄影家协会联合主办,省高速摄协承办的江西省"交通杯"摄影比赛评选结果揭晓,省高速摄协作品获得1个金奖、4个银奖、9个铜奖。10月1日~5日,省高速摄协举办题为"千里高速驰赣鄱"的团体摄影展,共展出省高速摄协会员作品73幅,分为高速乐章、大桥雄姿、隧道之韵、建设风采、人物写生等5个类别。10月,在省委宣传部、省文联等联合举办的"树立科学发展观,建设美好新江西"全省摄影美术书法作品展中,省高速广告公司朱广元《脊梁》《隧道工》、潘卫《蓝色畅想曲》3幅作品入选全省摄影美术书法展。11月28日,省高速摄协"方兴杯"3季度摄影比赛评选结果揭晓,赣州管理处郭本星《龙宫》获A组(省级会员组)一等奖,都昌所李富根《老宅》和黄金所段友情《凝固的江河》获B组(省高速摄影会员组)一等奖。

2005年4月25日,省高速摄协举办"我身边的共产党员"和"泰赣杯"摄影比赛,经过精心评选,雷公坳所段卫党《咱们的谢书记》(组照)获"我身边的共产党员"主题一等奖,通远所饶小虎《奇观》获"泰赣杯"A组一等奖。5月10日~9月9日,省高管局、省摄影家协会、赣粤公司、《中国交通报》江西记者站联合举办江西省第二届"赣粤高速杯"摄影艺术展,经过评委精心评选,省高速摄协段友情《快乐音符》(组照)获高速公路类金奖,南昌市武敦瑜《祝您一路平安》获高速生活类金奖,上饶汪维炎《水墨三清(组照)》获风光民俗类金奖。此次比赛还按类评选出银奖6幅、铜奖18幅。7月15日,省高管局安全生产委员会、省高速摄影协会和嘉圆房地产公司联合举办"安全生产杯"主题摄影赛暨"嘉圆杯"2季度摄影比赛,经过省摄影协会专家评选,庐岛所陈陆清《血的教训》(组照)获主题组一等奖,雷公坳所段卫党《梯田印象》获A组一等奖,湖口所陈恩华《义务》获B组一等奖;比赛共评选出3个组别的等次奖18个。9月4日,省交通厅与省摄影家协会联合主办,江西省"交通杯"摄影比赛,省高速摄协获1个金奖,4个银奖,9个铜奖。

2006年5月,第四届江西省摄影艺术展览评选揭晓,省高速摄协吴烨《演示》获银奖。5月28日,由《大众摄影》杂志社专家组成的评委会,对省高速摄协影友带来的近300余幅作品进行评比,共评选一等奖1名、二等奖2名、三等奖4名,并颁发证书和奖励。7月30日,省高管局"学习践行社会主义荣辱观"主题摄影比赛在南昌方兴大厦8楼举行,经省摄协精心评选,共产生一等奖1幅,二等奖2幅、三等奖3幅。

2007年5月,在中国公路摄影协会主办的2007年"百和杯"中国公路摄影大赛中,省高速摄协陈陆清作品《天网》荣获一等奖,陶光辉、周皓、周剑光、吴烨和李富根作品荣获三等奖,省高速摄协荣获组织奖。10月12日,省高管局安全生产委员会和省高速摄协联合举办2007年度"聚焦昌九技改暨安全生产杯"摄影比赛,经评委精心评选,在"聚焦昌九技改"作品中,赣粤公司沙河所张立《夜战》获一等奖,赣粤公司王卫娥《沉默的激昂》、赣粤公司徐政方《喜悦》、昌樟管理处李欣《祥光》获二等奖,另有6幅作品获三等奖;在"安全生产杯"作品中,赣州处黄金所段友情《平安使者》获一等奖,路政一支队沙河路政郭斌《情洒高速路》、赣粤公司沙河所张立《平安线》获二等奖,另有3幅作品获三等奖。12月10日,由省高管局主办、省高速文联承办的"爱我高管之家,实现'三个定位'"摄影书画文学作品全局巡回展览在庐岛所拉开帷幕,此次获奖摄影作品有:赣州处黄金所段友情《工地狂想曲》(组照)获一等奖,昌泰公司峡江所周剑光《生态高速路》、局机关陶光辉《力之美》、九景处信息中心刘雯《连心桥》获二等奖,局机关陶光辉《繁忙的收费道口》、九景处湖口所陈恩华《家》、赣州处黄金所段友情《天使之梦》和《托起蓝图》、赣州处周振华《爱我家园》、赣粤公司银甲站胡敏《月儿弯弯照我"家"》获三等奖。

2008年1月22日,省交通厅和省文联联合举办"江西高速公路通车里程突破2000公里"摄影图片展,共收到来自全省各地1500余幅作品,共评出入选获奖作品200幅。3月1日,省高速摄协组织"走进瑞赣"摄影采风活动,20余名摄协会员参加活动。3月8日,温沙摄影协会朱益明真实拍摄《抗灾》照片入选由中华全国新闻工作者协会和中国新闻摄影学会联合举办的"抗击冰雪,心系人民"新闻摄影展,并先后在《人民摄影》《人民日报》选登。7月17日,在省文联、省摄影家协会共同举办第五届江西省青年摄影艺术展览中,省高速摄协李欣《祈祷的少女》、陈琳凤《中国加油》获得纪实组一等奖,段友情《往事如烟》获得创意组二等奖、陈琳凤《抬故事》获得三等奖。9月20日,在省委宣传部、省摄影家协会等联合发起《纪念改革开放30周年江西省摄影艺术展览》中,漆志平《绿色之路》荣获金奖,周剑光《高路入支端》、李欣《军民鱼水情》获银奖,吴烨《你拥我抱》、段友情《砖窑印象》(组照)、蔡寒品《隧道鸣》、焦鹏鹏《绿色的绚丽》、张立《夜战》获铜奖。11月,由中国交通报社主办的第三届"陆德筑机杯"全国公路建设摄影大赛评选结果揭晓,省公路局王林水《青春的火花》获三等奖。11月18日,省摄影家协会、省高管局、赣粤公司和《中国交通报》驻江西记者站联合举办的江西省第三届"赣粤高速杯"摄影艺术展,共收到参评作品2000余幅,经专家大众评选,产生高速公路类金奖2名、银奖4名、铜奖8名(图8-4-1、图8-4-2);生活类和风光类金奖各1名、银奖各3名、铜奖各6名。

图8-4-1 金奖《火树银花映谷》(段友情 赣粤公司)

图8-4-2 银奖《细节决定成败》(李 欣 赣粤公司)

2009年8月28日,省高管局举办庆祝中华人民共和国成立60周年职工摄影比赛,共收到作品300余幅,赣州管理处段友情的摄影作品《沸腾的工地》获得一等奖。

2010年12月3日,为庆祝九景高速公路开通10周年,配合"爱我高速""江西高速公路通车里程突破3000公里"的文化体育摄影美术书法活动,由九景管理处和大江网九江频道共同举办高速公路职工摄影作品大赛,共收集参赛作品565幅。经中国摄影家协会会员燕平、宋小勇、罗匡龙等有关人员组成的评审组评审,作品《焊接》《通途》《劳动者》分别获得高速公路建设管理营运类、高速公路风光类、高速公路生产生活类一等奖(图8-4-3～图8-4-5)。

图8-4-3　高速公路建设管理营运类一等奖《焊接》(王卫娥　赣粤公司)

图8-4-4　高速公路风光类一等奖《通途》(徐阳平　泰和分会)

图 8-4-5　高速公路生产生活类一等奖《劳动者》(李　欣　赣粤分会)

2011年6月26日,"赣粤高速杯"全省高速公路服务区主题摄影比赛评选在赣粤公司举行,本次比赛共收参赛作品261幅(组),经过专业人士的评选,赣州管理中心段友情作品《憩园印象(组图)》获金奖,赣粤公司王卫娥作品《驿站书屋》等3幅作品获银奖,畅行公司葛铖曦作品《宜春服务区》等6幅作品获铜奖。8月22日,由省高速集团文联主办、省高速摄协承办的"映山红杯"全省高速公路收费形象摄影比赛获奖作品展评会在省高速集团举行,此次比赛共收到参赛作品300余幅。经评审委员会评选,省高速摄协赣粤分会陈恩华《汗水》、泰和管理中心温荣生《快乐工作》获金奖;省高速摄协直属分会周剑光《接班准备》、省高速摄协赣粤分会《璀璨机场站》获银奖;省高速摄协泰和分会徐阳平《礼仪之窗》、省高速摄协赣粤分会徐丽《团结的力量》、省高速摄协赣粤分会蒋昊《上岗了》获铜奖。11月25日~27日,江西省第二届摄影艺术节在萍乡市隆重举行,省高速摄协受邀在艺术节上展出的"崛起高速畅通赣鄱"主题摄影展受到广泛关注。摄影展分路、桥、隧、建设、管理5大类,共展出摄影作品66幅。12月29日,由省交通运输厅主办,省高速集团、江西摄影家协会、《中国交通报》江西记者站联合承办的江西省高速公路通车里程突破3000公里暨第四届"赣粤高速杯"摄影艺术展览在江西省文联开幕。

2012年8月29日,由省高速文联主办、省高速摄协共同承办的第二届"映山红杯"江西高速公路收费窗口摄影大赛在南昌举行,参赛作品共320余幅,经省摄影家协会主席徐渊明等专家评委评选,产生金奖2名、银奖3名、铜奖4名(表8-4-1)。10月11日,江西省第七届青年摄影艺术展评选结果揭晓,省高速摄协赣粤公司分会李欣《梦回故乡》获一等奖,抚州管理中心分会朱益明《寻梦徽州》获二等奖,畅行公司分会陈林凤《晨梦》和上高管理中心分会邵晋《彩虹隧道》获三等奖;部分获优秀奖及入选作品如图8-4-6~图8-4-9所示。12月17日,由省交通运输厅、省文联联合举办的"和谐交通秀美赣鄱"庆祝全省高速公路通车里程突破4000公里暨江西省第五届"赣粤高速杯"摄影艺术展览在南昌开幕,收到应征作品共1285幅(组),入展作品200幅(组),其中,高速公路风貌类、高速路建设类、交通运输管理类各评出金奖1幅、银奖2幅、铜奖4幅,评选获奖名单见表8-4-2,部分优秀作品见图8-4-10~图8-4-21。

第二届"映山红杯"江西高速公路收费服务窗口摄影大赛获奖名单　　　表8-4-1

名　次	作品名称	作　者	所属分会
金奖	《井冈山花映山红》	胡艳梅	泰和分会
	《一卡通》	周剑光	直属分会
银奖	《为民服务》	夏睿德	直属分会
	《上岗》	温荣生	泰和分会
	《岗前》	王卫娥	赣粤分会
铜奖	《守望》	孙承学	上高分会
	《家》	程　巍	开发分会
	《业余生活真多彩》	胡　敏	赣粤分会
	《勤奋》	温荣生	泰和分会

图8-4-6　优秀奖《迎接曙光》(王卫娥　赣粤公司分会)

第八章
高速公路文化

图 8-4-7　优秀奖《工人》（巫过房　直属单位分会）

图 8-4-8　入选作品《撒工业盐》（邵　晋　上高管理中心分会）

图 8-4-9　入选作品《绽放》（王小武　泰和管理中心分会）

江西

"和谐交通秀美赣鄱"江西省第五届"赣粤高速杯"摄影艺术展览评选获奖作品名单　　表8-4-2

高速公路风貌类				
序　号	奖　项	作品名称	作　者	单　位
1	金奖	《桥基之韵》	谷志斌	吉安
2	银奖	《蓝色畅想》	王志梅	赣州
3		《绿叶对路的情意》	王卫娥	高速
4	铜奖	《江西高速欢迎您》	李　欣	高速
5		《沃野千里舞长蛇》	周剑光	高速
6		《和谐之美》	陈华英	上饶
7		《桥》	周建林	萍乡
高速公路建设类				
序　号	奖　项	作品名称	作　者	单　位
1	金奖	《工地夕照》	程　政	上饶
2	银奖	《人》	朱承志	公路
3		《快乐民工》	张宝源	宜春
4	铜奖	《桥索护士》	谷志斌	吉安
5		《破难而上》	陈银先	吉安
6		《筑路工人》	巫过房	高速
7		《看看俺们照成啥样子了》	胡　敏	高速
交通运输管理类				
序　号	奖　项	作品名称	作　者	单　位
1	金奖	《岗前》	王卫娥	高速
2	银奖	《隧道圆舞曲》	段友情	高速
3		《战冰灾保畅通》	李清泉	公路
4	铜奖	《水上应急演练》	曾万荣	省直
5		《平安》	徐　丽	高速
6		《听我指挥》	张　立	高速
7		《风雪护路人》	余昌喜	公路

图8-4-10　《夜战》(王卫娥　赣粤高速公司)

第八章
高速公路文化

图 8-4-11 《工人》（胡　敏　赣粤高速公司）

图 8-4-12 《隧之嬗变》——拍摄于昌九改扩建庐山南隧道（张　立　省高速集团）

图 8-4-13 《流畅的大动脉》(余为干　抚州管理中心)

图 8-4-14 《高速公路养护人的微笑》(张志斌　瑞通养护公司)

图 8-4-15 《辉煌》(沈宏波　省高速集团)

第八章
高速公路文化

图 8-4-16 《喷撒希望》(陈银先 吉安分会)

图 8-4-17 《曲线》(罗建伟 省高速集团)

图 8-4-18 《阳光交通》(罗 名 省高速集团)

图 8-4-19 《展示青春》(陈林凤　畅行分会)

图 8-4-20 《穿钢绳协奏曲》(胡　敏　赣粤分会)

图 8-4-21 《巴士书馨香》（赣粤工程公司）

2013年7月8日~9日,抚州管理中心和省高速摄协联合开展"向阳花"服务品牌摄影采风活动,该活动在"向阳花"服务品牌创建单位广昌管理所举办,30余名摄影爱好者参加活动。本次摄影采风活动包括"向阳花"窗口服务风采、"向阳花"文化生活风采、抚州管理中心廉政文化建设成果及鹰瑞高速公路沿线荷花景色,拍摄人员重点拍摄"向阳花"女子收费班礼仪服务,展现她们积极工作、快乐生活的精神风貌;廉政文化创作则集中拍摄南昌东管理所廉政文化长廊、廉政剪纸艺术。活动共征集到作品220幅,其中,"向阳花"窗口服务及文化生活类作品112幅,"廉品莲韵"类作品108幅。12月5日,抚州管理中心"向阳花"服务品牌摄影采风评选活动结果揭晓,经评审,窗口服务及文化生活类产生金奖1名、银奖2名、铜奖3名;"廉品莲韵"类产生金奖1名、银奖2名、铜奖3名。

2014年3月24日,第三届"映山红杯"江西高速风采摄影大赛评选结果揭晓,大赛共收到参赛作品300余幅(组),经评审委员会评选,最终产生一等奖3名、二等奖4名、三等奖6名(表8-4-3)。5月3日,昌樟管理处李欣摄影组照《建设者》在由《中国交通年鉴》社主办的首届"大美中国交通"摄影大赛中获得金奖,并入选2013年度《中国交通年鉴》(图8-4-22)。10月8日,由交通运输部主办、《中国交通报》和北京市交通委员会承办、中国交通建设集团公益支持的第二届全国交通运输行业"中国梦·美丽交通"摄影大赛,江西公路系统3幅摄影作品从2万多幅参赛作品脱颖而出,其中,《隧道奏鸣曲》(娄鸿雁)获"美丽交通"优秀奖(图8-4-23)。11月6日,由省文联、省国资委联合主办的"我的中国梦·美丽祖国好风光"全省企业职工庆祝建国65周年摄影作品展评选揭晓,省高速集团获优秀组织奖,李欣《弹奏》(图8-4-24)、张立《孔雀开屏》获二等奖(图8-4-25),朱益明《云雾缭绕》、胡敏《无限风光在险峰》、胡艳梅《雪域光芒》获三等奖。

第三届"映山红杯"江西高速风采摄影大赛获奖名单　　　　表8-4-3

奖　类	作品名称	作　者	单　位
一等奖	《画里画外》	温荣生	泰和管理中心
	《笑迎四方客》	李　欣	昌樟管理处
	《花开高速路》	李　欣	昌樟管理处
二等奖	《托起梦想》	温荣生	泰和管理中心
	《记者变身收费员》	李　欣	昌樟管理处
	《最美劳动者》	赵　娟	高速物资公司
	《阳光天使》	温荣生	泰和管理中心
三等奖	《快乐金庐陵》	王卫娥	赣粤高速公司
	《昌樟改扩建工地施工忙》	戴梅苓	昌樟改扩建项目办
	《工地上的婚礼》	戴梅苓	昌樟改扩建项目办
	《江西高速盛开映山红》	徐阳平	泰和管理中心
	《微笑绽放》	王小武	泰和管理中心
	《一卡在手通赣鄱》	温荣生	泰和管理中心

图 8-4-22 《建设者》(李 欣 赣粤分会)

获首届"大美中国交通"摄影大赛金奖,入选由国际摄影艺术联合会主办的 2012 年第 7 届阿联酋国际摄影大赛(EPC)

图 8-4-23 获"美丽交通"优秀奖《隧道奏鸣曲》(娄鸿雁 省高速摄协)

图 8-4-24 二等奖《弹奏》(李 欣 赣粤高速公司)

图 8-4-25 二等奖《孔雀开屏》(张 立 省高速集团)

2015年4月7日,"中国梦·高速美"江西省第六届"赣粤高速杯"摄影艺术展评选落下帷幕,经评委组评选,共评出金奖4幅,银奖9幅,铜奖18幅(表8-4-4、图8-4-26~图8-4-36)。8月27日,"赣粤高速杯"江西首届高速公路最美服务区摄影比赛评选结果揭晓,共评出特等奖1幅、金奖2幅、银奖3幅、铜奖4幅(表8-4-5)。9月10日,第四届"映山红杯"江西高速养护风采摄影大赛评选揭晓,共选出金奖作品2幅、银奖作品3幅、铜奖作品4幅(表8-4-6、图8-4-37~图8-4-44)。

"中国梦·高速美"江苏省第六届"赣粤高速杯"摄影艺术展名单　　　表8-4-4

高速公路风貌类				
序　号	奖　项	作品名称	作　者	单　位
1	金奖	《高速画卷》	段友情	省高速摄影协会
2	银奖	《西海之夜》	王卫娥	省高速摄影协会
3		《蝶舞》	徐　静	省高速集团

续上表

\multicolumn{5}{	c	}{高速公路风貌类}
序　号	奖　项	作品名称	作　者	单　位
4	铜奖	《风雪南昌西》	李　欣	省高速摄影协会
5		《高架晨曲》	王永红	江西丰城
6		《绿色高速》	王源清	省高速集团
7		《流光溢彩》	陈海婴	省高速集团

\multicolumn{5}{	c	}{高速公路建设类}
序　号	奖　项	作品名称	作　者	单　位
1	金奖	《旧貌换新颜》	李　欣	省高速摄影协会
2	银奖	《公路梦》	晏　青	省高速集团
3		《劳动交响曲》	朱志辉	省高速集团
4	铜奖	《点线圆》	段友情	省高速摄影协会
5		《织网护坡》	蓝雨萍	省高速集团
6		《空中抚琴》	王崇柏	省高速摄影协会
7		《时空隧道》	李跃平	江西公路

\multicolumn{5}{	c	}{交通运输管理类}
序　号	奖　项	作品名称	作　者	单　位
1	金奖	《笑迎八方客》	李　欣	省高速摄影协会
2	银奖	《爱心一刻》	段友情	省高速摄影协会
3		《鄱湖写意》	曾万荣	省港航局
4	铜奖	《雨中情》	尚小亮	江西公路
5		《画里画外》	温荣生	省高速摄影协会
6		《姐妹》	巫过房	省高速摄影协会
7		《搏》	陈林凤	省高速摄影协会

\multicolumn{5}{	c	}{江西风光风情类}
序　号	奖　项	作品名称	作　者	单　位
1	金奖	《练为战》	方永进	省高速集团
2	银奖	《秋之灵》	陈林凤	省高速摄影协会
3		《水韵》	徐政方	省高速摄影协会
4		《踏实》	姚晓勇	江西宜丰
5	铜奖	《冷水秋韵》	刘永华	江西鹰潭
6		《赛龙舟》	杨中宪	江西赣州
7		《家园印象》	李　欣	省高速摄影协会
8		《超越》	梁　海	江西修水
9		《醉美乡村》	李爱明	江西贵溪
10		《丰收的喜悦》	徐　岚	宜春宜丰

第八章
高速公路文化

图 8-4-26　金奖《高速画卷》（段友情　省高速摄影协会）

图 8-4-27　银奖《蝶舞》（徐　静　省高速集团）

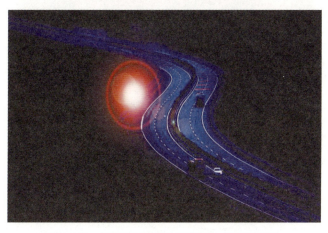

图 8-4-28　铜奖《绿色高速》（王源清　省高速集团）

图 8-4-29　铜奖《流光溢彩》(陈海婴　省高速集团)

图 8-4-30　金奖《旧貌换新颜》(李　欣　省高速摄影协会)

图 8-4-31　银奖《公路梦》(晏　青　省高速集团)

图 8-4-32　银奖《劳动交响曲》(朱志辉　省高速集团)

图 8-4-33　铜奖《点线圆》(段友情　省高速摄影协会)

图 8-4-34　铜奖《织网护坡》(蓝雨萍　省高速集团)

图 8-4-35　金奖《笑迎八方客》（李　欣　省高速摄影协会）

图 8-4-36　金奖《练为战》（方永进　省高速集团）

"赣粤高速杯"江西首届高速公路最美服务区摄影比赛获奖名单　　　　　　表 8-4-5

序　号	奖　项	作品名称	作　者	单　位
1	特等奖	《庐山西海之夜》	陈林凤	畅行公司
2	金奖	《服务区印象》	段友情	赣粤高速公司
3		《保洁辛勤工作》	付新霞	赣粤高速公司
4	银奖	《驿站之夜》	王婷玉	赣粤高速公司
5		《服务区施工组照》	葛铖曦	畅行公司
6		《窗》	韩玉兰	畅行公司
7	铜奖	《文明出行你我他》	吴志岗	赣粤高速公司
8		《梦幻驿站》	柯　琴	赣粤高速公司
9		《赢在细节》	王卫娥	赣粤高速公司
10		《迎着朝阳》	万绍龙	永武高速公司

第八章
高速公路文化

第 4 届"映山红杯"江西高速养护风采摄影大赛获奖作品名单　　　　表 8-4-6

奖　项	作品名称	作　者	所在摄影分会
金奖	《把心放在路上》(组图)	巫过房	省高速集团直属分会
	《夜战》	段友情	赣粤分会
银奖	《挑灯夜战》	胡　敏	赣粤分会
	《护理》	徐阳平	泰和管理中心分会
	《齐动手·美家园》	陈　艳	泰和管理中心分会
铜奖	《齐心协力》	李　欣	赣粤分会
	《火树银花》	沈宏波	赣粤分会
	《最后的决战》	陈林凤	畅行公司分会
	《高速进永新》	陈靓珂	社会投稿

图 8-4-37　金奖《把心放在路上》(组图)(巫过房　省高速集团直属分会)

图 8-4-38　金奖《夜战》（段友情　赣粤分会）

图 8-4-39　银奖《挑灯夜战》（胡　敏　赣粤分会）

图 8-4-40　银奖《护理》（徐阳平　泰和管理中心分会）

第八章
高速公路文化

图 8-4-41　银奖《齐动手　美家园》(陈　艳　泰和管理中心分会)

图 8-4-42　铜奖《齐心协力》(李　欣　赣粤分会)

图 8-4-43　铜奖《最后的决战》(陈林凤　畅行公司分会)

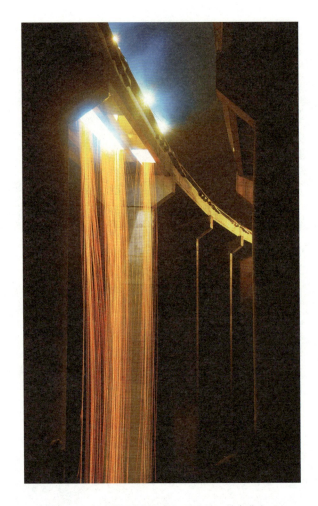

图 8-4-44　铜奖《火树银花》(沈宏波　赣粤分会)

2016年9月18日,省高速集团组织"我身边的共产党员"暨"两学一做"402幅主题摄影比赛作品评选,最终,梨温公司胡丹作品《G20+G60》获金奖(图8-4-45),赣粤高速公路昌樟管理处段友情作品《夜学》(图8-4-46)、泰和管理中心胡艳梅作品《闪光的"星星"》获银奖,赣州管理中心涂序东作品《炙论》(图8-4-47)、赣粤高速公路九景管理处桥隧所余玉华作品《风雪护桥人》(图8-4-48)、景德镇管理中心德上所周夏欢作品《抗冰保畅》获铜奖(图8-4-49)。11月7日,"李先生杯"全国高速公路服务区"文明出行·快乐共享"随手拍摄影比赛评选揭晓,由赣粤高速公路服务区管理中心选送的4幅作品全部获奖,其中,徐政方作品《焦急等待的出游人群》(组照)获一等奖,万秋卉作品《服务区的便民充气筒》获三等奖。12月19日,在省总工会举办的"中国梦·劳动美"全省产业职工摄影作品比赛中,省高速集团摄影爱好者荣获1个一等奖、2个二等奖、4个三等奖。

第八章

高速公路文化

图 8-4-45　金奖《G20 + G60》(胡　丹　省公路开发总公司梨温公司)

图 8-4-46　银奖《夜学》(段友情　赣粤高速公路昌樟管理处)

图 8-4-47　铜奖《炙论》(涂序东　赣州管理中心)

图 8-4-48　铜奖《风雪护桥人》(余玉华　赣粤高速公路九景管理处桥隧所)

图 8-4-49　铜奖《抗冰保畅》(周夏欢　景德镇管理中心德上所)

二、组织与机构

2004年3月9日,江西省高速摄协昌泰分会成立大会在吉安南所会议室举行。7月7日,江西省高速摄协第四次会员代表大会闭幕,省高速摄协主席娄鸿雁、蔡寒操2人当选理事,娄鸿雁1人当选常务理事。8月11日,经江西省摄影家协会会员资格评审组讨论审查,江西省高速摄协会员郭志峰、漆志平、饶小虎、张立、吴烨、魏和仁、郭本星、蒋吴、周皓、陈陆清等10人被批准为江西省摄协会员,省高速摄协中省摄协会员数也由原先的8名增至18名。

2005年1月13日,经江西省摄影家协会会员资格评审组讨论审查,江西省高速摄协会员张月东、段卫党、王建霞、段友情、郑勇、陶光辉等6人被批准为江西省摄协会员,自此,省高速摄协中省摄协会员数增至24人。5月13日,省高速摄协召开2005年第一次理事会。8月3日,江西高速摄协泰井分会成立大会在拿山所召开。

2006年5月20日,中国公路摄影协会在桂林召开成立大会,省高速摄协漆志平被选举为常务理事,段卫党、陶光辉被选举为理事。

2007年4月20日,省高速摄协召开2007年第一次理事会,省高速文联主席魏炳彦、省摄影家协会主席许景辉、副主席汪小毅出席会议,省高速摄协全体理事参加会议。同年,经省摄影家协会会员资格评审组讨论审查,省高速摄协会员朱广元、陈恩华、温荣生、徐政方等4人被批准为省摄协会员,自此,省高速摄协中省摄协会员数增至38人。

2008年2月22日,省高速摄协在南昌召开2008年第一次理事会。讨论通过《江西省高速公路摄影协会考评办法》,评选赣粤、泰赣、九景3个分会为2007年度省高速摄协先进分会,17名会员为2007年度省高速摄协优秀会员。

第五节 书 法

江西省高速公路书法协会(以下简称"省高速书协")是全省高速公路系统广大书法、篆刻爱好者在省高速集团公司统一领导下,自愿结合组织的群众性专业团体,是江西省书法家协会的团体会员。省高速书协实行团体会员和个人会员相结合的管理体制,对书协团体会员有联络、协调、指导、服务的职责。

自省高速书协成立以来,通过建立的机构网络,组织会员与广大职工加强书法的学习与创作,提倡艺术风格和流派的并存发展,努力提高创作的思想、艺术水平。组织会员参加省书法家协会和本书协举办的各类书法艺术活动,扩大艺术交流。组织会员整理研究书法文化遗产,弘扬传统艺术。加强书法普及、培训工作,广泛开展形式多样的社会书法活动,培养书法人才,丰富人民群众的文化生活。积极组织开展书法创作、比赛、展览、评奖等群众活动。组织会员深入生活,开阔视野,努力提高书法创作水平。

省高速书协在省高速集团党委领导下,遵循国家法规,遵守社会道德风尚,坚持文艺为人民服务、为社会主义服务的方向,坚持先进文化的前进方向,与时俱进,不断创新;提倡创作履新,不断提高集团职工书法创作水平;为继承和发扬中华民族的优秀传统文化,促进繁荣和发展全省高速公路文化建设,为实现中华民族伟大的"中国梦"而不断前进。

2005年7月,省交通厅纪委举办全省交通系统反腐倡廉书画作品展,共收到参展作品79件,展出68件。省高速书协积极组织参加作品展,其中,省公路局蓝天书法作品《反腐倡廉警句》获二等奖。

2007年6月,"'赣粤高速杯'纪念建军80周年、秋收起义80周年、井冈山革命根据地创建80周年全国书画展览"作品征集评比活动在南昌进行,省书法协会主席祝新穗、秘书长毛国典担任评委,经认真评选,省庄养路站郑明浪《风月无古今句》获一等奖,省庄养路站欧阳天水《录王昌龄〈出塞〉》、九景管理处陈峰《录岳阳楼记》获二等奖,新港所王会杰《山色湖光联》、沙河路政郑敏《厚德载物》、省高管局陶光辉《录毛主席六言诗》获三等奖。12月10日,由省高管局主办、省高速文联承办的"爱我高管之家,实现'三个定位'"书画作品巡回展在庐岛所拉开帷幕,省高速文联从书画参赛作品中精选100余幅作品参展,赣粤公司田塘所刘祖林《三个定位》、赣粤公司邹家河所郑敏《鹤鸣九泉》、省高速广告公司朱广元《建设者风采》获二等奖,九景管理处陈峰《心清室雅》、泰井管理处汤世岚《西江月·井冈山》、局机关陶光辉《奔马图》获三等奖。

2009年8月28日,省高管局举办职工书法比赛,共收到全局干部、职工作品300余幅,九景管理处陈峰书法作品《山居秋暝》获得书画类一等奖。10月,"赣粤高速杯"职工书法比赛获奖作品共51幅(组),其中,舒建平硬笔书法录王羲之《兰亭集序》、张卫东书李清照《遇故人庄》获一等奖,张云福书周敦颐《爱莲说》与书毛泽东《减字木兰花·广昌路上》、一幅联书、熊星亮书《陆游诗二首》、舒平建书《五帧》、王辰祖书岳飞《满江红》获二等奖,黄建琴、宋国华、朱益民分别书毛泽东诗词、欧阳修作品获三等奖。

2012年11月9日,省高速集团"迎接十八大,实现新发展"书法比赛评比结果揭晓。19幅书法作品从众多参赛作品中脱颖而出,经专家与群众评选,书法类:一等奖1幅,二等奖3幅,三等奖6幅(表8-5-1、图8-5-1~图8-5-5)。

江西省高速文联、江西省高速书法协会"迎接十八大,实现新发展"书法比赛获奖名单

表8-5-1

获奖级别	作品名称	作者姓名	单位
一等奖	《对联》	朱益明	抚州管理中心工程队
二等奖	《将进酒》	杨文峰	昌樟管理处临江收费所
	《长征》	陈斌	抚州管理中心广昌管理所
	《沁园春·雪》	付伟	抚州管理中心南城管理所
三等奖	《集团企业精神》	刘楚有	公路开发公司
	《风雪炼精神江山开眼界》	钟斌	畅行公司
	《水调歌头·重上井冈山》	温荣生	泰和管理中心
	《沁园春·长沙》	宋华	赣粤高速嘉旺物业公司
	《沁园春·长沙》	龚小琪	昌樟管理处胡家坊收费所
	《集团战略定位》	孙承学	上高管理中心

第八章
高速公路文化

图 8-5-1　一等奖《对联》（朱益明　抚州管理中心工程队）

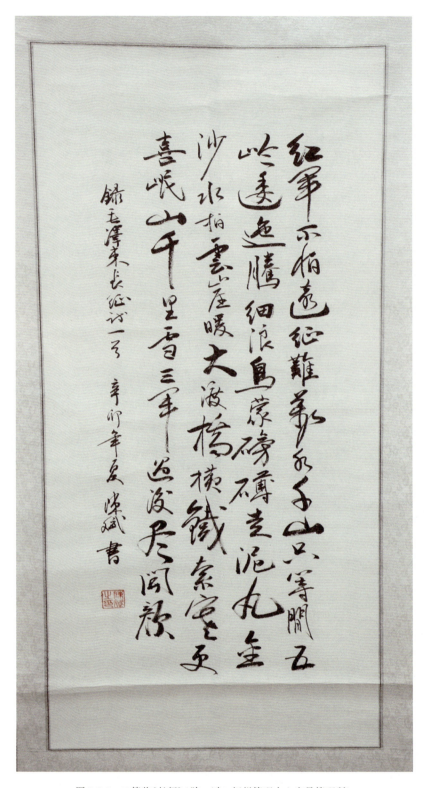

图 8-5-2 二等奖《长征》(陈 斌 抚州管理中心广昌管理所)

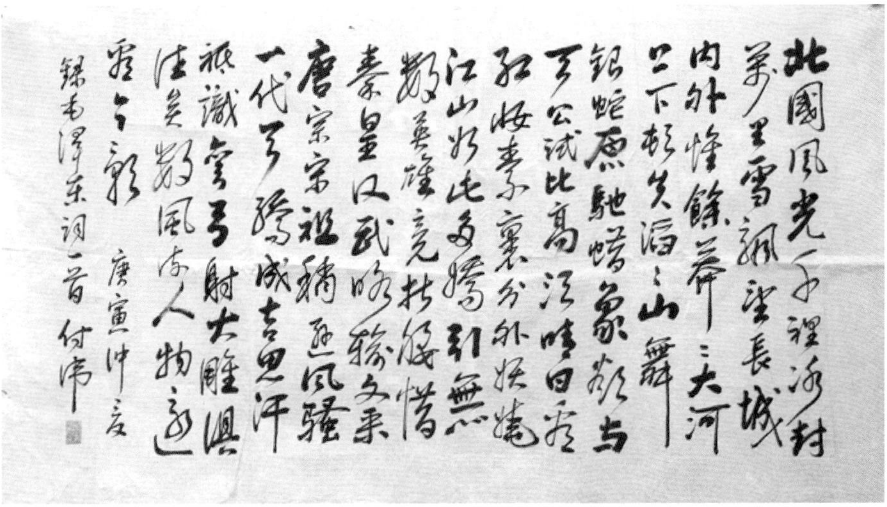

第八章

高速公路文化

图 8-5-3　二等奖《沁园春·雪》（付　伟　抚州管理中心南城管理所）

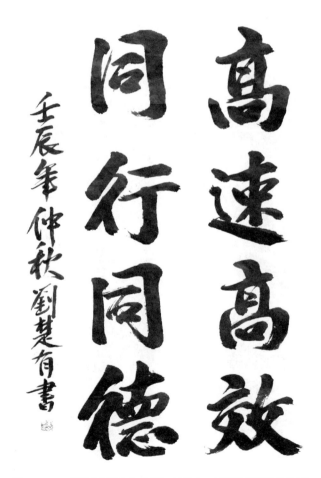

图 8-5-4　三等奖《集团企业精神》（刘楚有　江西公路开发总公司）

图 8-5-5 三等奖《风雪炼精神　江山开眼界》（钟　斌　畅行公司）

第八章
高速公路文化

2013年10月28日，省高速集团廉政书法美术摄影作品评展在集团1楼会议室举办，本次展览共收到116幅（组）作品。经评委组的评选，书法作品一等奖1名，二等奖1名，三等奖1名，优秀奖3名（表8-5-2）。

省高速集团廉政书法作品评展获奖名单　　　　表8-5-2

获奖级别（幅数）	作品名称	作者姓名	单　位
一等奖（1幅）	《千字文》	查　阳	万年管理中心余江管理处
二等奖（1幅）	《淡泊》	陈　峰	九景管理处
三等奖（1幅）	《云晖玉宇》	朱益明	抚州管理中心工程队
优秀奖（3幅）	《清正廉洁》	谭　文	万年管理中心德兴管理处
	《浩然正气》	黄淑珍	万年管理中心德兴管理处
	《俭以养德　廉以立身》	郑文胜	畅行公司黎川服务区

2015年2月2日，省高速集团举行迎春送"福"暨"核心价值观"主题春联创作书法活动，集团内部书法爱好者饱含创作热情，挥毫泼墨，为干部职工送上猴年新春的美好祝福（图8-5-6）。本次春联创作活动共有167名书法爱好者参加，共收到作品316对，并组织专家进行选评。2月3日上午，省高速书协在沪昆高速公路新余服务区开展"送春联"活动，组织多名会员书写春联近200幅，全部免费赠送给过往的车主和乘客，受到大家的欢迎和喜爱。9月25日，由省高速文联主办，省高速书协承办的"江西高速文化"书法作品征集活动评选结果揭晓，共评选出书法作品金奖1幅、银奖2幅、铜奖4幅（表8-5-3）。

图8-5-6　省高速集团举行迎春送"福"暨"核心价值观"主题春联创作书法活动

"江西高速文化"书法作品征集活动获奖名单　　　　表8-5-3

奖　项	作品名称	作　者	单　位
金奖	《竹雨谈经》	陈　峰	九景高速管理处
银奖	《铁保诗句》	朱益明	抚州管理中心
	《豪情》	陈　斌	抚州管理中心
铜奖	《驿站如家　畅行天下》	李　云	畅行公司
	《群季俊秀　皆为惠连》	李大保	抚州管理中心

续上表

奖 项	作品名称	作 者	单 位
铜奖	《取之有道　不贪为宝》	修国梅	抚州管理中心
	《稻盛和夫语录100条》（硬笔书法）	聂建春	赣粤高速昌泰公司

2016年1月22日，省高速文联开展2016年春联征集活动，共有167名书法爱好者参加，报送作品316幅，经评委会评选出录用作品1幅，候选作品2幅，入围作品11幅（图8-5-7）。

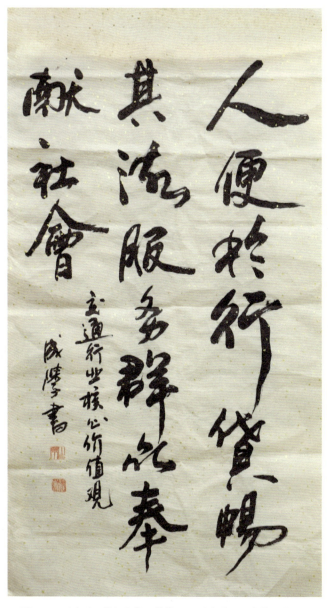

图8-5-7 《交通运输行业核心价值观》（孙成学　上高管理中心）

附录

江西高速公路建设大事记

1989 年

7月28日,江西第一条高速公路——南昌至九江高速公路动工建设,开创了江西重点工程建设4个第一:第一次实行项目人责任制;第一次利用世界银行贷款;第一次采取国际竞争性招标选定施工、监理单位;第一次在工程管理方面全面实行《菲迪克》条款。

1993 年

1月18日,(南)昌九(江)高速公路(单幅)建成通车,于1989年7月28日动工,全长134.245km。

2月2日,省交通厅路桥建设领导小组成立,组长张宗耀。昌九公路建设总指挥蒲日新。

9月20~23日,昌九高速公路拓宽工程一阶段施工图纸设计审查会在共青城举行。

12月9日,昌九高速公路蛟桥高架桥竣工,桥长536m,宽24m。

1994 年

1月10日,南昌大桥竣工通车。该桥为双层式主体分流预应力钢筋混凝土连续梁,上层设置六车道,桥面宽23m。下层为非机动车和人行道,两边各5m。于1987年9月动工建设,全长8982.53m,总投资5.8亿元。

同日,昌九高速公路南昌至蛟桥段建成通车。主线长18.5km,匝道和支线长10.5km,路基宽24.5m,双向四车道,路面宽21m,工程总投资2.7亿元。

2月20日,省计委、省交通厅联合向省委、省政府呈文,提出建设始于南昌,途经樟树、吉安、赣州,止于赣粤边境的高速公路。该路全长580km,计划建设期为10年左右。建设标准为四车道、全封闭、全立交,初步匡算静态总投资为100亿元。

3月3日,昌九高速公路拓宽工程与长江大桥高速公路工程开工建设。

4月4日,江西省高速公路建设领导小组成立,组长黄智权,副组长王明善、张宗耀。领导小组办公室设在省交通厅,办公室主任张宗耀(兼)。

7月31日,昌九高速公路建设工程通过交通部验收,并被评为优良工程。

1995年

12月18日,赣粤高速公路南昌至樟树段开工建设。建设标准为四车道、全封闭、全立交高速公路,全长70km,工程总投资15亿元。

1996年

1月28日,昌九高速公路南昌大桥至九江长江大桥高速公路全线建成通车。全长138km,路基宽度24.5m,设计速度100km/h,荷载为汽—超20、挂—120,全封闭、全立交、双向四车道,工程总投资15.9亿元。

4月25日,赣粤高速公路南昌至樟树段工程动工建设,1997年12月31日建成通车,全长70.42km,工程总投资15.36亿元。

5月1日,省计委将九景高速公路总投资调整为31.897亿元。投资来源为亚行贷款12.457亿元,交通部补助8.304亿元,省自筹11.136亿元。

11月4日,国家计委正式批准九景一级汽车专用公路为1996年基本建设新开工大型项目,年内开工建设。

12月,昌樟高速公路已竣工工程经有关部门评审为优质工程,位居全国在建高速公路第三位。

1997年

10月1日,南昌新八一大桥建成通车。该桥系江西第一座斜拉桥,双向四车道。全长6km,其中,主桥长1040m,南引桥2017m,北引桥1314m,桥面最大宽度28m,主孔跨度160m,塔高103m。于1995年11月5开工建设,工期23个月。总造价4.39亿元,折合时价黄金3388kg。

11月13日,九江至景德镇高速公路全线开工建设。该路是国家和江西"九五"期间重点工程建设项目。西起九江市金三角立交桥,终于景德镇罗家滩,全长133.64km,设计概算为28.8亿元,其中,利用亚行贷款1.5亿美元。

11月10日,九景高速路公路利用亚行贷款建设合同签字仪式在南昌举行。省公路管理局局长席芳柏受九景公路建设办公室委托,先后在B3、B4、B5、E6标段合同上签字。

1998年

1月1日,昌樟高速公路药湖高架桥建成通车。该桥双向四车道,高程30.57m,设计荷载为汽—超20、挂—120,全长9100m,工程总投资1.4亿元。

1月2日,温(家圳)厚(田)高速公路龙王庙大桥建成通车。该桥于1996年2月开工建设,全长2077.8m,工程总投资1.61亿元。

附 录
江西高速公路建设大事记

6月12~13日,省政府在南昌召开全省加快公路建设工作会议。会议确定全省公路3年决战必须完成公路建设投资121.94亿元。

同月,昌樟高速公路厚田互通立交建成通车。该工程于1995年12月动工建,工程占地59.13公顷,线路全长13.77km,工程总投资7510万元。

12月8日,昌北机场专用高速公路建成通车。该路双向四车道、全封闭、全立交,主线全长4.18km,于1997年6月18日开工建设,工程总投资1.2亿元。

1999年

2月8日,温(家圳)厚(田)高速公路建成通车。该路起于进贤县温家圳,终于新建区厚田乡,于1996年12月动工建设,全长35.5km,工程总投资10.3亿元。

同日,温厚高速公路张家铁路跨线大桥建成通车。桥长1365m,桥宽27.5m,主跨100m,跨越京九、浙赣铁路和向塘铁路编组站,设计速度100km/h,工程总投资7890.15万元。

2月14日,九(江)景(德镇)高速公路九江至湖口段建成通车,全长14.82km。

7月4日,九景高速公路北港湖特大桥竣工。该桥于1997年底开工建设,桥长1206m,桥宽24m。

10月24日,胡(高安市胡家坊)傅(樟树市昌傅镇)高速公路肖江大桥竣工,桥长535m。

11月11日,九景高速公路雁列山隧道主体工程竣工。该隧道分1号、2号(左、右线)建设,总长3260m,工程总投资9000万元。

11月23日,九景高速公路鸡冲岭隧道主体工程竣工。该隧道位于都昌县境内,按双洞单向设计,单洞净宽10.25m,行车道宽7.5m,全长512m,工程总投资1400万元。

2000年

6月18日,九景高速公路湖口特大桥(后更名为鄱阳湖大桥)建成通车。1997年12月22日开工建设,全长3799m,东西两个子母塔高分别为92m和115m,主桥桥面宽27.5m,双向四车道。工程总投资5.25亿元。

11月18日,九景高速公路建成通车。该路起于九江市木家垄,终于景德镇市罗家滩,双向四车道、全封闭、全立交。于1997年3月开工建设,全长133.64km,路基宽24.5m,工程总投资25亿元。

12月28日,沪(上海)瑞(丽)国道主干线玉山梨园至进贤温家圳高速公路开工建设。该路东起浙赣交界的玉山县梨园,西至进贤县温家圳,全长245km,工程总投资52.86亿元。

2001年

1月1日，胡(家坊)(昌)傅高速公路建成通车。该路起于高安市胡家坊，终于樟树市昌傅镇，于1998年9月3日开工建设，全长33km，路宽27m，设计速度120km/h，工程总投资6.7亿元。

6月28日，赣粤高速公路昌傅至泰和段开工建设，2003年6月28日建成通车，全长147.7km，工程总投资30.14亿元。

2002年

6月9日，梨(园)温(家圳)高速公路信江大桥合龙，该桥共22孔，全长706.1m。

9月15日，沪瑞国道主干线江西昌傅至金鱼石高速公路开工建设，2004年9月26日建成通车。该路东起于樟树市昌傅镇，西讫于萍乡市与湖南省醴陵市交界的金鱼石，全长167.875km，路基宽26m，双向四车道，设计速度100km/h，工程总投资44.03亿元。

12月28日，梨(园)温(家圳)高速公路建成通车。该路起于玉山县梨园，终于进贤县温家圳，于2000年12月28日开工建设，全长245km，工程总投资52.68亿元。

2003年

5月7日，福(州)银(川)高速公路温家圳至沙塘隘段抚河特大桥主体工程完工。该桥于2002年8月1日开工建设，全长687m，桥面宽26.5m，外加两边人行道各1.5m，工程总投资3576万元。

6月28日，昌(傅)泰(和)高速公路建成通车暨泰(和)井(冈山)高速公路奠基典礼在泰和县举行。昌泰高速公路起于樟树市昌傅镇，终于泰和县马市镇，2001年6月28日开工建设，双向四车道，全长147.7km，工程总投资30.14亿元。

同月，赣粤高速公路昌傅互通立交竣工通车。该工程占地25.95公顷，设计荷载为汽—超20、挂—120，于2001年6月动工建设，工程总投资4774万元。

8月28日，福银高速公路江西境内临水河特大桥合龙，桥长846m，桥面宽29.5m，工程造价3900万元。

9月19日，九景高速公路外汇置换贷款合同签字仪式在南昌举行。省交通厅和国家开发银行江西分行负责人分别代表各自单位签字。此次外汇置换贷款节约利息5.8亿元。

10月22日，泰(和)井(冈山)高速公路开工建设。该路始于泰和县南源镇，终于井冈山厦坪镇，2005年3月31日建成通车，全长82.6km，工程总投资25.88亿元。

12月12日，福银高速公路江西境内乐化至温家圳高速公路开工建设。该路起于新建县乐化镇的昌北机场高速公路与昌九高速公路交汇处，终于京福高速公路与沪瑞高速公路的交汇点——进贤县墨溪陈家枢纽,全长71.645km,工程总投资39亿元。

12月31日,福银高速公路温家圳至沙塘隘高速公路桃木岭高架桥竣工通车。该桥于2002年7月1日开工建设,桥位最低高程187m,最高高程269m,合同投资额(含200m引道)为9622万元。

同月,赣粤高速公路万安连接线建成通车。该线路起于万安韶口中舍,终于桂江乡荷村,全长36.68km,工程总投资4.4亿元。

2004年

1月1日,南昌大桥和南昌新八一大桥按省计委规定新标准收费,收费年限21.5年,自2004年1月1日起至2025年6月30日止。

1月13日,福银高速公路桃木岭高架桥左幅贯通,桥面分左右幅,每幅宽12m,长808m,该桥横跨5座山峰,最高墩柱83m,被称为"江西第一墩"。

1月16日,赣粤高速公路泰赣高速公路建成通车。该路起于泰和县马市镇,终于南康区金鸡岭。于2001年11月18日开工建设,全长128.2km,工程总投资36.8亿元。

1月26日,赣(州)定(南)高速公路建成通车。该路北起南康市龙岭镇,终于定南县赣粤交界处的野猪塘。于2001年12月28日开工建设,全长126.1km,工程总投资43.7亿元。

1月28日,梨(园)温(家圳)高速公路鹰潭连接线梅园大桥建成通车。桥长638.08m,桥宽26m,于2001年12月动工建设,总造价2001.6万元。

同日,赣粤高速公路泰赣段赖坪高架桥建成通车。该桥右线长848.8m,左线长1208.8m,总造价6500万元。

同月,赣粤高速公路杨公山隧道建成通车。该隧道分上、下行分离成两座独立隧道,长度分别为1552.92m与1555m,工程总投资1.19亿元。

2月2日,赣州梅林大桥及其连接线建成通车。梅林大桥及其连接线分别于2001年4月与2003年1月开工建设。梅林大桥全长558.25m,桥宽26m。工程总投资1.6亿元。

2月5日,赣州杨梅渡大桥建成通车。桥长584m,桥宽26m,于2002年2月26日动工建设,工程总投资9982.21万元。

4月18日,抚(州)吉(安)高速公路吉水赣江特大桥建成通车。该桥于2001年12月动工建设,设计荷载为汽—超20、挂—120,全长1057m,工程总投资8820.85万元。

5月28日,厦(门)蓉(成都)高速公路赣州城西段高速公路建成通车。该路起于赣州黄金立交桥,终于南康区唐江镇,于2002年5月6日动工建设,全长11.7km,工程总投资2.91亿元。

6月,福银高速公路温家圳至沙塘隘段盱江特大桥竣工通车。桥长848m,桥宽

29.5m,于 2002 年 8 月 5 日开工建设,工程总投资 4901 万元。

7月3日,吉安峡江赣江特大桥建成通车。该桥东连水边镇,西接赣粤高速公路,主桥长1258.7m,设计荷载为汽—20、挂—100,于 2002 年 10 月 1 日动工建设,工程总投资 9776.1 万元。

7月16～17日,交通部专家组一行7人到景德镇市,对景(德镇)鹰(潭)高速公路、景德镇环城公路湘湖至丽阳段进行勘察评估。该路全长 202km,双向四车道,设计速度 100km/h,工程总投资 61 亿元。

9月26日,沪(上海)瑞(丽)高速公路江西境内昌(傅)金(鱼石)高速公路建成通车。该路起于樟树市昌傅镇,终于萍乡市与湖南省交界处的金鱼石,于 2002 年 9 月 15 日开工建设,全长 168.3km,总投资 44.03 亿元。

同日,福银高速公路江西境内温(家圳)沙(塘隘)高速公路建成通车。该路起于进贤县温家圳墨溪陈家立交桥,终于赣闽两省交界处的黎川县熊村镇沙塘隘。设计速度 80～100km/h,于 2002 年 6 月 18 日开工建设,全长 177.36km,工程总投资 47.33 亿元。

同月,福银高速公路温家圳至沙塘隘段墨溪陈家互通立交竣工通车。该工程占地 60.2hm^2,设计荷载为汽—超20、挂—120,工程总投资 1.0235 亿元。

10月9日,中共中央政治局常委、国家副主席曾庆红到江西泰井高速公路视察工程建设情况。

2005 年

3月31日,泰(和)井(冈山)高速公路建成通车。该路全长 82.6km,于 2003 年 10 月 22 日开工建设,工程总投资 25.79 亿元。

8月26日,赣粤高速公路新吉安大桥建成通车。该桥全长(含引桥)2.62km,于 2002 年 12 月动工建设,工程总投资 2.9 亿元。

9月9日,隘岭—瑞金、萍乡—洪口界、九江—瑞昌高速公路项目特许经营合同签约仪式在厦门市金海岸大酒店举行。省交通厅厅长与香港大益置业建筑有限公司法人代表分别在特许经营合同上签字。3 条高速公路主线全长共计 113.7km,估算工程总投资 42.69亿元。

9月28日,赣粤高速公路吉安城北连接线动工建设。该路为双向六车道,全长 6.7km,工程总投资 1.12 亿元。

11月16日,国道主干线乐(化)温(家圳)高速公路建成通车。该路起于新建县乐化镇昌九高速与机场高速公路交汇处,终于进贤县温家圳,于 2003 年 12 月 12 日动工建设,设计速度为 100km/h,系全省第一条全封闭、全立交、双向六车道高速公路,全长 71.645km,工程总投资 38.5 亿元。

同日,赣(州)韶(关)高速公路南康区三益镇至大余县梅关段开工建设,全长56.645km,项目概算总投资19.96亿元。

同月,景鹰高速公路岗上枢纽互通立交开工建设。该工程占地46.34公顷,项目概算总投资1.1024亿元。

同月,景鹰高速公路徐家信江大桥开工建设。该桥全长1385m,桥面宽左、右线分设为25.5m与29m,项目概算总投资1.2696亿元。

2006 年

11月10日,梨温高速公路玉山管理处员工熊文清荣获"中国骄傲""全国十大见义勇为好司机"称号。翌年3月27日,荣获"江西省十大爱心人物"称号。

11月19日,景婺黄(常)高速公路建成通车。该路由景德镇至婺源(塔岭)高速公路项目和白沙关至婺源高速公路项目组成,于2004年11月1日开工建设,总长151.304km,工程总投资66.7亿元。

2007 年

3月8日,世行贷款项目厦门至成都高速公路江西境内的瑞金至赣州高速公路开工建设,2009年4月28日建成通车,全封闭、全立交,双向四车道,全长117.2km,工程总投资56.17亿元。

8月17日,中共中央政治局委员、国务院副总理回良玉在江西省委书记孟建柱等陪同下,视察景婺黄高速公路。

9月28日,沪昆高速公路药湖大桥经过6个月维修后竣工通车,该桥于1995年12月开工建设,1998年1月1日建成通车,2006年12月动工维修,桥长9100m,工程总投资1.4亿元。

同月,新余天工大桥建成通车。该桥系新余南接赣粤高速公路、北接沪瑞高速公路的枢纽,于2003年12月28日动工建设,桥长505m,桥宽20m,双向四车道,工程总投资4697.23万元。

11月18日,赣州大桥开工建设,2009年底建成通车。该桥线路总长11.65km,主桥长1037m,设计速度60km/h,双向四车道,概算总投资5.992亿元。

11月28日,景(德镇)鹰(潭)高速公路建成通车。该路起于浮梁县桃墅店,终于鹰潭市余江县洪湖镇。于2005年11月22日开工建设。全封闭、全立交、双向四车道,全长202.633km,工程总投资为61.92亿元。

2008 年

1月27日～2月2日,全省遭受历史罕见的雨雪冰冻灾害,损坏高速公路路面

580km,损失达 2.9 亿元;损坏国、省道公路路面 890km,损失达 2.67 亿元;公路绿化损失达 1500 万元;损坏 600 万元的交通运输设备,以及其他损失。全省交通运输系统共造成直接经济损失 12.5 亿元。

5月28日,江西首条红色旅游公路——泰井高速公路通过省交通厅验收,被评为优良工程。

8月23日,武吉高速公路建成通车。该路北起赣鄂省界武宁县,南至吉安市吉州区,与赣粤高速公路相接,于 2006 年 4 月 28 日开工建设,全长 285.809km,工程总投资 131.577亿元。

10月18日,九江彭泽至湖口高速公路开工建设。2010 年 9 月建成成通车,全长 64km,连接线长 8.1km,工程总投资 21 亿元。

12月28日,在全省"江西改革开放三十年十件大事"评选中,九江港被评为江西改革开放三十年十件大事之一;昌九高速公路被评为入选江西改革开放三十年十件大事之一。

2009 年

2月13日,省委、省政府决定,组建江西省交通运输厅,不再保留江西省交通厅,并明确原省建设厅指导城市客运(含出租车行业管理)的职责,整合划入省交通运输厅。2月20日省委决定程受锭任省交通运输厅党委书记。

2月24日,省第十一届人大常委会第八次会议决定任命马志武为省交通运输厅厅长。3月20日省交通运输厅正式成立。

2月21日,自即日零时起,全省境内 83 个政府还贷二级公路收费站取消收费,其中,省属收费站 24 个,设区市收费站 45 个,县(区、市)收费站 14 个。全省仍保留的一级公路收费站 27 个、经营收费站 13 个。

3月9~12日,赣粤高速公路股份有限责任公司自主创新科技成果——沥青混合料厂拌冷再生技术通过交通运输部专家认定,并被选入交通运输行业第二批节能减排示范项目。

4月16日,昌铜高速公路南昌至奉新(靖安)段高速公路获准立项建设。该路全长 36.34km,路基宽 26m,设计为双向四车道、设计速度为 100km/h,估算总投资 17.68 亿元。

4月28日,厦(门)蓉(成都)高速公路江西境内瑞(金)赣(州)高速公路建成通车。该路起于瑞金市云石乡陂下村,终于赣州市城西。双向四车道,全封闭、全立交,于 2007 年 2 月 28 日开工建设,全长 117.12km,工程总投资 56.2 亿元。

5月21日,抚州市交通管理局与新天地投资高速公路签订由该集团投资建设江西资溪至福建光泽高速公路。该路全长 40km,工程总投资 20 亿元。

9月27日,福银高速公路九江长江公路大桥,即九江长江二桥开工建设。该桥起自九江市七果湖南,终于湖北省黄冈市黄梅县小池北。大桥工程项目由南岸、北岸引道和跨江大桥三部分组成,全长25.193km,桥长8462m。采用双向六车道高速公路标准建设,为双塔单侧混合梁斜拉桥,主跨跨径818m,主桥桥面38.9m(含风嘴),副孔、引桥桥面宽33.5m,分别位居已建和在建同类桥梁的"世界第七、全国第四、江西第一",属江西交通工程建设标志性工程。该桥于2013年10月28日建成通车。工程总投资44.78亿元。已获得2014—2015年度中国建设工程鲁班奖,是江西省工程建设领域唯一同获"鲁班奖"和"詹天佑奖"两项国家级奖殊荣的项目。

2010年

1月28日,赣州火车站至南康区潭口镇高速公路改造工程动工。全长7.268km,路基宽31.5m,按双向六车道高速公路标准建设,项目概算总投资2.92亿元。

3月16日,赣闽两省资溪—光泽—邵武高速公路交界处接点协议签订仪式在抚州举行。该线路是沟通鹰瑞高速公路和福建光泽与邵武高速公路的加密高速公路,全长40km,工程总投资20亿元。

8月9日,赣州—崇义、吉安—莲花、奉新—铜鼓、上饶—德兴、浮梁—黄山(赣皖界)高速公路开工建设。上述5条高速公路总里程405km,工程总投资236亿元。

9月16日,济(南)广(州)高速公路江西境内鹰(潭)瑞(金)高速公路建成通车。该路北起鹰潭市余江县洪湖水库黄柏张家,与景鹰潭高速公路相连,南至瑞金市武阳乡,与206国道相接。于2008年6月30日开工建设,全长308.843km,工程总投资127.6亿元。

同日,彭(泽)湖(口)高速公路建成通车。该路起于彭泽县马当镇,终于瑞杭高速公路九景段K457+700处,2008年10月18日开工建设,全长51.93km,项目概算投资20.75亿元。

同日,石(城)吉(安)高速公路建成通车。该路起于石城县五里亭,终于泰和县石山乡,于2008年8月16日开工建设,全长190.719km,工程总投资101亿元。

同日,赣州绕城高速公路建成通车。该路起于赣县茅店镇燕子岩,终于南康区三益镇,于2008年7月1日开工建设,全长52.7km,工程总投资21.6亿元。

同日,省委、省政府在南昌举行鹰瑞、石吉、彭湖、赣州绕城高速公路建成通车暨全省高速公路通车里程突破3000km(达到3042km)庆典,并向省交通运输厅颁发嘉奖令、奖牌和奖金。

9月19日,福银高速公路乐温段瑶湖特大桥扩建工程与麻丘互通立交竣工通车。该工程于2010年1月31日开工建设,主线长3.71km,桥长1928m,桥宽33.5m,双向六车道,设计速度为100km/h。

11月26日,江西省第十一届人大常委会第二十次会议审议通过《江西省道路运输条例》,自2011年1月1日起施行。

同月,杭(州)瑞(丽)高速公路江西境内九江至瑞昌高速公路建成通车。该路起于九江县曹家坳,终于赣鄂界的界首。2008年7月1开工建设,全长48.14km,工程总投资19.8亿元。

2011年

1月25日,萍乡、于都、南城、广昌、宁都东、泰和东、银湾桥和宜丰8个高速公路服务区正式投入运营。

5月19日,永修至武宁高速公路工项目被交通运输部评为全国交通运输行业"安全绿色交通科技示范路",成为交通运输部"十二五"时期首个"科技示范工程",也是江西首条全国交通科技示范路。

9月16日,德兴至南昌高速公路建成通车。该路起于德兴市新岗山镇,终于南昌市高新区麻丘镇,于2009年9月16日动工建设,全长204km,工程总投资98.88亿元。

同日,永修至武宁(庐山西海)高速公路建成通车。该路起于永修县军山分厂庄上自然村,终于武宁县巾口乡(宋溪镇)。2009年7月16日动工建设,全长104.487km,工程总投资41.85亿元。

10月20日,厦蓉高速公路江西境内隘岭至瑞金高速公路建成通车。该路起于瑞金市隘岭,终于瑞金市云石乡陂下村,于2009年7月22日开工建设,全长31.108km。至此,全省高速公路通车里程达到3405km。

11月16日,上饶至武夷山(闽赣界)高速公路建成通车。该路于2009年7月1日开工建设,全长52.966km,工程决算总造价28.28亿元。

12月28日,济南至广州国家高速公路江西境内瑞(金)寻(乌)高速公路建成通车。该路起点位于瑞金市武阳乡的大陂头村,终于寻乌县。于2009年9月27日开工建设。全长123.96km,建设工期24个月,工程总造价60.13亿元。

同日,南昌至奉新(靖安)高速公路建成通车。该路起于新建区望城镇青西村,终点互通连接奉新、靖安两县,于2009年7月16日动工建设,设计速度100km/h,全长36.35km,工程概算总投资17.5亿元。

2012年

1月12日,奉新至铜鼓高速公路项目银团贷款签字仪式在南昌举行。国家开发银行江西省分行、农业银行江西省分行、交通银行江西省分行、中国邮政储蓄银行江西省分行决定为该项目贷款45亿元。

7月5日,省政府在南昌召开全省在建高速公路施工进展情况调度会,调度全省9个在建高速公路项目施工进展情况,部署年底前累计完成通车里程突破4000km总体目标任务。

7月26日,厦蓉高速公路赣(州)崇(义)段最长隧道——尖锋岭隧道左幅历经19个月施工后贯通。尖锋岭隧道地处省赣州市上犹县与崇义县交界处,左线长4065m、右线长4105m,时为全省排名第四的公路特长隧道。

8月29日,浮梁至黄(山)祁(门)(赣皖界)高速公路建成通车。该路于2010年8月9日开工建设,全长15.65km,路宽24.5m,双向四车道,设计速度80km/h,工程总投资6.3亿元。

10月26日,省政府在南昌召开兴国—赣县、金溪—抚州、资溪花山界—里木高速公路建设项目征地与房屋征收动员会。上述3个项目共需征用土地1200公顷,征收各类房屋约16万m^2。此3个项目线路总长149km,工程总投资共107.66亿元。

10月28日,奉新至铜鼓高速公路建成通车。该路起于奉新县干州镇,终于铜鼓县排埠镇华联村。于2010年8月9日开工建设。全长155.383km,其中,新建里程133.9km,与武吉高速公路共线20.6km,工程总投资69.5亿元。

12月31日,厦蓉高速公路江西境内赣(州)崇(义)高速公路建成通车。该路于2010年7月开工建设,系时为江西每公里投资多、地势落差变化大、地形地貌复杂的一条高速公路,全长88.129km,工程总造价68.95亿元。

同日,龙南里仁至杨村、吉安至莲花、抚州至吉安、德兴至上饶、赣州至崇义5条高速公路正式建成通车。其中,龙南里仁至杨村高速公路全长60.834km,投资39.799亿元;德兴至上饶全长61.222km,投资47.917亿元。至此,江西高速公路通车总里程达到4260km,江西境内"三纵四横"国家高速公路网路段全面建成通车。

2013年

2月1日,高安市西环高速公路大桥项目开工建设。该工程全长3946.8m,其中,桥长470.5m,桥宽29m,工程总投资1.93亿元。

3月上旬,永修至武宁(庐山西海)高速公路被中国投资协会评为2012—2013年度国家优质投资项目。这是继景婺黄(常)高速公路获此荣誉称号之后,全省第二条获此殊荣的高速公路。

3月29日,省政府在南昌召开全省落实省政府《关于进一步加快江西交通运输事业发展的意见》会议。会议确定,全省至2020年高速公路通车里程应突破6000km,全省行政村25户以上人口的自然村应建成水泥路。

8月9日,昌九高速公路通远段拓宽工程全面启动,由四车道拓宽成八车道,全长10km,工程总投资8亿余元。

8月16日,省政府在南昌召开南昌至宁都、南昌至上栗高速公路建设项目征地与房屋征收动员会,部署工程征地和房屋征收工作。上述两个项目总里程471km,总投资290亿元。

8月30日,省政府在南昌召开九江长江大桥公路桥成建制整体交接会议,正式将九江长江大桥公路桥移交给由赣粤皖三省投资方出资设立的赣粤皖路桥投资有限公司。

9月26日,吉安市新井冈山大桥动工建设。该桥位于井冈山大桥4.6m处,工程项目全长3.56km,其中,桥长1.22km,施工期28个月,工程概算总投资12.78亿元。

10月1日,抚吉高速公路崇仁连接线全线建成通车。该路于2012年1月12日开工建设,设计速度60km/h,全长9.336km,工程总投资1.43亿元。

10月26日,南昌至宁都高速公路开工建设。2016年1月31日建成通车。设计速度100km/h,双向四车道,全长248.586km,路面宽26m,工程估算总投资182亿元。

10月28日,井(冈山)睦(村)高速公路建成通车。该路起于井冈山厦坪镇菖蒲村,终于井冈山与湖南省交界处的睦村乡。2011年1月21日开工建设,设计速度为80km/h,双向四车道,全长43.574km。工程总投资32.76亿元。

12月12日,抚吉高速公路临川连接线建成通车。该线路于2012年开工建设,全长9.015km,路宽40m,双向六车道,工程总投资2.2亿元。

2014年

1月15日,省交通运输厅在全国首批开通"12328"交通运输服务监督电话,已与原有交通服务热线"96122"并行运行,覆盖全省各地。

同月,资溪花山界(赣闽界)至里木高速公路开工建设,2017年1月4日建成通车,全长38.75km,全长38.75km,工程概算总投资27.61亿元。

5月6日,吉莲高速公路永莲隧道左洞贯通(11月4日右洞贯通)。该隧道全长5.108km,Ⅴ级以上围岩达70%,大变形突水突泥灾害频发,安全风险极高,被誉为"国内罕见、江西第一难隧道"。

5月15日,交通运输部"十二五"时期首个启动实施的科技示范工程——庐山西海高速公路安全绿色交通科技示范工程通过验收。

8月26日,德(兴)上(饶)高速公路三清山连接线建成通车。该路全长17km,路面宽20m,双向四车道,工程总投资3.12亿元。

8月29日,沪昆高速公路江西境内上饶市经开区互通立交连接线及其收费站建成通车。该工程于2012年8月动工建设,工程总投资3.9亿元。

9月16日,江西首条高速铁路——沪昆客运专线南昌至长沙高速铁路开通。同日,沪昆高速铁路高安火车站及80km高铁线路正式投入营运,至此,高安县没有铁路成为历史。

10月30日，昌樟高速公路改扩建项目头号控制性工程药湖大桥新桥建成通车。该桥于2012年11月开工建设。该桥全长9100m，桥面宽27m、高程30.57m，桥下净高11.45m，桥下墩台453个，设计荷载汽—超20、挂—120，设计速度100km/h。

12月5日，奉新至铜鼓高速公路铜鼓县花山隧道建成通车。该隧道全长5.5km，宽10m，单洞双向四车道，工程总投资2.1亿元。

12月16日，万载至宜春高速公路工程通过验收。该路起于万载县西郊省道高速公路，终于袁州区互通出口处收费站，于2012年11月开工建设，全长34.78km，工程总投资20.21亿元。

12月26日，九江绕城高速公路建成通车。该路设计速度为100km/h，双向四车道，全封闭、全立交，全长46.637km，工程总投资31.39亿元。

同日，萍乡至洪口界高速公路建成通车。该路于2006年11月26日开工建设，2007年10月因资金链问题停工，后于2013年5月复工。全长33.796km，路宽26m，工程总投资33.796亿元。

同日，东乡至昌傅高速公路开工建设。该线路起于东乡县茶林镇，终于樟树市昌傅镇，全线按全封闭、全立交、双向四车道标准建设，设计速度100km/h。2017年1月4日建成通车，全长152.13km，工程概算总投资99.7286亿元。

12月30日，上（饶）武（夷山）高速公路铅山连接线全线贯通。全长10.3km，按一级公路标准建设，双向四车道，工程总投资2.3亿元。

2015年

1月9日，吉安至莲花高速公路全线通车。该路起于泰和县石头山，终于赣湘两省交界处的界化垄，与湖南省的垄茶高速公路相连，于2010年8月9日开工建设，全长106.661km，工程总投资51.3亿元。

2月1日，昌樟高速公路一期改扩建工程药湖大桥至樟树枢纽段建成通车。全长72.34km，双向八车道，设计日交通流量6万～8万辆、最高日交通流量9万辆，全线为ETC车道和电子监控全覆盖。

2月18日，福银高速公路临川北互通立交建成通车。该工程于2013年3月开工建设，全长20km，工程总投资8000万元。

9月28日，省人大常委会第二十次会议通过《江西省公路条例》。经省人大常委会第76号公告发布，于2015年12月1日起正式实施，《江西省高速公路管理条例》同时废止。

10月27日，江西赣粤高速公路股份有限公司温厚收费所班长高红艳、省高速集团宜春管理中心信息分中心黄丽被有关部门评为"全国交通运输系统第二届'最美中国路姐'"；昌泰高速公路公司"金庐陵"综合援助服务班组、梨温高速公路公司鹰潭西收费站被评为"最美中国路姐团队";赣州管理中心"红高速·客家情"收费班组和昌铜高速公路收费所"红豆杉"示范班组被评为"最美中国路姐团队"入围奖。

11月5日,九江长江公路大桥工程项目获有关部门颁发的2014—2015年度鲁班奖。至此,九江长江公路大桥工程项目先后共获省部级奖项66项。

11月6日,金溪至抚州高速公路建成通车。该路于2013年8月开工建设,全长39.58km,路基宽26m,全封闭、全立交、双向四车,工程概算总投资19.9亿元。

同日,全省第一条"四改八"改扩建高速公路——昌樟高速改扩建工程建成通车。该项目于2012年7月28日开工建设,全长86.545km,工程概算总投资61.5亿元。

12月18~19日,第九届中国高速公路服务区管理年会在南昌召开。会议评定江西省庐山西海、南城、龙虎山、泰和东服务区为"全国百佳示范服务区"。

2016年

1月13日,南昌至宁都高速公路建成通车。该路起于南昌县冈上镇,终于宁都县赖村镇,采用双向四车道高速公路标准建设,于2013年10月28日开工建设,全长248.601km,路基宽26m,设计速度100km/h,工程概算总投资173.93亿元。

同日,南昌至上栗高速公路建成通车。该路起于新建区罗家老屋,终于上栗县金山镇,采用双向四车道高速公路标准建设,设计速度100km/h,于2013年10月28日开工建设,全长223.09km,工程总投资114.22亿元。

同日,南昌至宁都,南昌至上栗高速公路建设成通车暨全省高速公路通车里程突破5000km(达到5088km)新闻发布会在南昌召开。会上,省委、省政府对省交通运输厅及昌宁、昌栗高速公路项目办颁发了嘉奖令。

3月9日,省高速公路投资集团发行首单超短期融资券,实现该集团10亿元超短期融资券在国内首发,期限180天,发行利率2.55%,为同期市场最低,可节约利息40%以上。

4月28日,省交通运输厅应急指挥中心(信息中心)与省高速公路联网管理中心成功实现合署办公,形成一个集交通信息化、应急指挥、高速联网与路网服务为一体的综合大中心体系。此举为打造国内领先、行业一流的信息化技术团队奠定了坚实基础,为江西进一步以信息化、智能化推动"四个交通"建设和发展提供了有力的技术保障。

5月27日,全省"2015江西经济十件大事"评选结果发布。省交通运输厅被评为"2015江西经济十件大事"主导单位;省高速公路投资集团、江西赣粤高速公路股份公司、江西公路开发总公司被评为"2015江西经济十件大事功勋企业"。

6月6日,五年一次的全国公路养护管理会议在江苏徐州召开。会议授予江西省交通运输厅"全国公路养护管理先进单位"称号。江西公路养护管理综合评价在全国(不含直辖市)排名第十位,与"十一五"时期检查结果相比提升4位,创历史最好成绩。

12月,省政府重点调度项目——樟吉高速公路互通口连接线"二改一改建工程"交工验收。该工程于2016年7月底建成通车,全长21.847km,路基宽30m,工程概算总投资4.49亿元。

同年,江西高速公路建设完成投资376亿元的工程建设任务。至此,建成28条出省通道,高速公路通车里程达6000km,位于全国第7位。

后　记

　　江西高速公路建设从1989年开始起步,经过28年的发展,高速公路建设取得了巨大成就,截至2017年初,江西基本建成高速公路6000km,实现了县县通高速公路目标。高速公路建设很不容易,总结这个建设的过程及其经验,记录下江西交通人及社会各界对交通建设的突出贡献及其辉煌业绩十分必要。2014年3月,交通运输部启动了《中国高速公路建设实录》编撰工作,并要求各省编辑分册。

　　接到交通运输部相关文件后,江西省交通运输厅高度重视。2015年2月6日,成立了由厅主要领导担任主任、分管领导和省高速集团主要领导担任副主任的《中国高速公路建设实录·江西分册》(后改名为《江西高速公路建设实录》,以下简称《实录》)编委会,厅机关处室、厅直属单位以及南昌、上饶、赣州交通运输局领导共24人为委员。编委会下设编辑部,编辑部日常事务由省交通运输厅史志办承担。

　　2015年2月,省交通运输厅召开了《实录》编撰工作启动会,认真学习传达部启动会精神,对编撰工作进行动员部署,讨论通过《实录》编撰工作草案和编撰工作安排。参加会议的有《实录》江西分册编委会全体委员和编辑部全体成员共66人。会后,各有关单位进行了层层传达和动员部署。

　　2015年3月16日,省交通运输厅印发《实录》编撰工作方案。这个方案明确《实录》编撰的指导思想、主要任务、资料提供、编目及编撰单位分工、内容和结构、工作部署和时间安排、工作要求等7个方面。《实录》江西分册的篇目主要依据交通运输部和兄弟省市的编写大纲结合江西实际拟定,除了前面有高速公路图、高速公路彩照,后有重要文件、规章制度附录外,主体正文分概述,大事记,全省公路建设和发展情况,高速公路建设发展,高速公路建设管理,高速公路科技创新,高速公路文化,人物、先进集体等6章23节。这个方案在后来的编撰实践中调整为概述、主体八章及大事记、后记。

　　《实录》江西分册的时间界限为1989—2017年。编撰的时间安排如下:2015年2~3月为部署动员阶段,完成工作方案和篇目拟定、成立机构、选配人员、召开编撰工作启动会。2015年4月~2016年3月为资料收集汇编阶段,在这个阶段各承编单位按照省交通运输厅拟篇目细化分解制订各自单位的编写大纲,全面收集资料并形成资料汇编,于2016年4月底送省交通运输厅史志办,省交通运输厅史志办再用3个月时间对所有资料进行分类、排比、整理、考证,编撰资料长编。2016年10~12月为撰写《实录》初稿阶段,各编辑按照篇目要求撰写各个部分文稿交给主编(副主编)进行总撰,形成初审稿。2017年1~6月为补充资料,完善初审稿阶段。这个阶段增补了2016—2017年高速公路建设

后　记

情况及数据，改写完善初稿。2017年7~12月为审稿、修改、验收、出版阶段。按照交通运输部和人民交通出版社股份有限公司的要求，对《实录》进行认真的审查校改，组织由领导、专家、行业人员参加的审稿会，广泛听取意见，再提交人民交通出版社股份有限公司出版。

在编撰过程中，我们的工作得到了《中国高速公路建设实录》编委会主任、原交通部部长黄镇东的充分肯定。2015年9月9日，黄镇东同志专程来赣调研江西《实录》编撰工作并提出许多指导性意见。得到了《中国高速公路建设实录》编委会、人民交通出版社股份有限公司等部门的大力支持。2017年4月14日，省交通运输厅史志办邓振胜、陈明中赴京，分别向交通运输部《中国高速公路建设实录》编委会、人民交通出版社股份有限公司征求意见，部编委会联系人赵乐、人民交通出版社股份有限公司公路出版中心副主任刘永超提出了许多宝贵意见。得到江西省领导、省交通运输厅领导、厅机关各处室的关心和支持，得到厅直有关单位和相关设区市交通运输局的大力支持和帮助，相关单位为《实录》提供了大量的资料。得到江西省社科院研究员胡迎建、江西师范大学副研究员黎志辉、路桥专家蔡甘牛等专家学者的精心指导。他们对《实录》提出了许多宝贵的意见。在此，我们一并表示诚挚的谢意！

由于编辑水平有限，本书难免有一些差错和疏漏之处，敬请读者批评赐教。

编　者

2017年10月